"十三五"江苏省高等学校重点教材

江苏省高等学校精品教材

会计学国家级一流本科专业教材

中级财务会计

第 6 版

朱学义　高玉梅　吕延荣　编著

机械工业出版社

"十三五"江苏省高等学校重点教材《中级财务会计》（第6版）（苏高教会〔2019〕35号：立项序号：29）由全国优秀教师、国务院政府特殊津贴终身享受者朱学义教授，以及高玉梅副教授、吕延荣副教授（高级会计师）根据财政部2020年实施的最新《企业会计准则》编著。全书包括总论，货币资金，交易性金融资产，应收款项，存货，非流动资产投资，固定资产，无形资产及其他资产，流动负债，长期负债，收入、费用和利润，所有者权益，财务会计报告十三章内容。

本书可作为高等院校会计学专业本、专科学生的教材，也可作为教师、企事业单位会计和审计人员以及参加会计专业技术资格和注册会计师全国统考人员的参考书。

图书在版编目（CIP）数据

中级财务会计/朱学义，高玉梅，吕延荣编著．—6版．—北京：机械工业出版社，2021.3（2025.1重印）

江苏省高等学校精品教材 "十三五"江苏省高等学校重点教材

ISBN 978-7-111-67247-0

Ⅰ.①中… Ⅱ.①朱… ②高… ③吕… Ⅲ.①财务会计-高等学校-教材 Ⅳ.①F234.4

中国版本图书馆CIP数据核字（2021）第002303号

机械工业出版社（北京市百万庄大街22号　邮政编码100037）

策划编辑：曹俊玲　　责任编辑：曹俊玲
责任校对：梁　倩　　封面设计：张　静
责任印制：张　博
北京建宏印刷有限公司印刷
2025年1月第6版第4次印刷
184mm×260mm·26.5印张·637千字
标准书号：ISBN 978-7-111-67247-0
定价：69.00元

电话服务　　　　　　　　网络服务
客服电话：010-88361066　机 工 官 网：www.cmpbook.com
　　　　　010-88379833　机 工 官 博：weibo.com/cmp1952
　　　　　010-68326294　金 书 网：www.golden-book.com
封底无防伪标均为盗版　机工教育服务网：www.cmpedu.com

序

2003 年 12 月，江苏省教育厅遴选出 3 个首届省级会计学品牌专业，中国矿业大学管理学院会计学专业被批准为"江苏省高等学校品牌专业建设点"（2006 年 1 月正式授予省级"品牌专业"称号）。省级品牌专业是教育教学思想、人才培养方案符合时代发展要求，人才培养质量及其专业建设、改革、管理水平和办学水平在省内达到领先水平，在国内达到一流水平，具有很高的社会声誉，得到社会公认的示范性专业。因此，构建会计教育模式，更新会计教学内容，改进会计教学方式，加强会计学科建设是会计学品牌专业的重点建设内容。而所有这些内容的建设和实现，必须有高质量的教材体系做保证。正是为适应这一要求，我们编写了江苏省高等学校会计学品牌专业教材。

本套教材由 8 本教材组成，分别是《基础会计学》《中级财务会计》《高级会计学》《成本会计学》《财务管理学》《管理会计》《电算化会计》《审计学》。

适应知识经济对会计学专业本科教育的挑战，紧跟中国会计改革与发展的步伐，满足社会主义市场经济会计模式对会计人才培养的要求，遵循会计学专业本科教育的规律，并服务于会计学专业培养目标，是我们编写本套教材的基本指导思想。其具体原则是：

（1）基础性。注重对会计学各学科基本理论、基础知识和基本技能的全面介绍和准确表述，确保系列教材的理论高度和知识含量。

（2）实践性。遵循会计实际工作规律，反映实际工作经验，满足会计实务工作既立足中国实际，又与国际会计准则趋同的需要，实现会计国家化与国际化的协调。

（3）规范性。强调教材中所涉及的业务内容和会计处理方法，既符合我国现行会计准则体系规定的要求，又适应会计规范化改革的趋向。

（4）系统性。强调各教材之间内容上的衔接和互补，结构上的一致性，逻辑上的严密性，使之真正成为科学、完善的会计学专业教材体系。

（5）前瞻性。力求对各学科所含知识的最新发展动态做出概括反映和科学预测，以教材的超前性保证其稳定性。

由于我们的学术水平和实践经验有限，在本套教材的编写过程中对一些问题的认识还不够深刻，各教材中均可能存在不成熟或谬误之处，恳请读者批评指正。

江苏省高等学校会计学品牌专业教材编审委员会

第 6 版前言

本书第 3 版 2009 年被评为江苏省高等学校精品教材，2010 年 6 月出版第 4 版，该版共印刷 5 次（2011 年 4 月第 2 次印刷，2012 年 1 月第 3 次印刷，2013 年 5 月第 4 次印刷，2014 年 8 月第 5 次印刷），2016 年 2 月出版第 5 版，该版共印刷 3 次（2017 年 7 月第 2 次印刷，2019 年 7 月第 3 次印刷）。2019 年 11 月，本书第 5 版被评为"十三五"江苏省高等学校重点教材，2019 年 12 月，中国矿业大学会计学专业被评为国家级一流本科专业（教高厅函〔2019〕46 号），恰逢财政部全面推行新修订的企业会计准则体系，包括 1 个基本准则、42 个具体准则和 13 个企业会计准则解释。2020 年 1 月 1 日起实施的《企业会计准则》（2020 年版）和《企业会计准则应用指南》（2020 年版）成为本书修订的主要动因。本书第一作者朱学义是中国矿业大学教授、博士生导师，2015—2017 年是常州大学特聘教授，2017 年 9 月起为南通理工学院特聘二级教授。为了省级重点教材建设，他统领了本书的修订工作，对以下内容做了重大修改：

（1）在"总论"一章修改了会计要素变革的内容，尤其是所有者权益中新增加了"其他权益工具""其他综合收益"等新内容。

（2）在"交易性金融资产"一章修改了金融资产的内涵和分类，调整了相应的账务处理内容。

（3）在"应收款项"一章对"应收账款融资"按资产负债表新体系设置了"应收款项融资"的核算内容，并按新修订的会计准则的规定进行了新的处理。

（4）在"非流动资产投资"一章修改了"可供出售金融资产""持有至到期投资"等内容，按金融资产新分类和对外投资新规定设置了"债权投资核算""其他债权投资核算""长期股权投资核算""其他权益工具投资核算"等内容，配备了新的账务处理体系。

（5）在"固定资产"一章修改了"固定资产租赁核算"和"固定资产减值核算"的内容。

（6）在"无形资产和其他资产"一章，为适应营业税改增值税的变化，修改了相应的账务处理，增加了"应收融资租赁款"的内容，并对分期应收款核算等按新修订的收入准则的规定进行了调整处理。

（7）在"长期负债"一章修改了"可转换公司债券"的核算和"长期应付款"的核算。

（8）在"收入、费用和利润"一章修改了收入确认和计量的依据，调整了增值税税率变动及账务处理的数据，对新修订的收入准则所确定的"特殊业务"进行了新的处理，并修改了所得税会计的核算内容。

（9）在"所有者权益"一章增加了"其他权益工具""其他综合收益"内容的核算。

　　(10) 在"财务会计报告"一章对"资产负债表""利润表""现金流量表""所有者权益变动表"的变动内容及完整配套的经济业务和数据进行了全面修改，尤其是现金流量表三种编制方法数据的调整，还对报表附件及财务指标计算进行了修改。

　　本书第一、二、三、四、五章由高玉梅副教授修改，第七、八、九、十章由吕延荣副教授修改，第六、十一、十二、十三章由朱学义教授修改，全书最终由朱学义教授把关定稿。

　　对本书存在的缺点和错误，恳请读者批评指正，以便进一步修改和完善。

作　者

第 5 版前言

本书第 3 版 2009 年被评为江苏省高等学校精品教材，自 2010 年 6 月第 4 版第 1 次印刷以来已 5 次印刷（2011 年 4 月第 2 次印刷，2012 年 1 月第 3 次印刷，2013 年 5 月第 4 次印刷，2014 年 8 月第 5 次印刷）。2014 年，财政部修订了《企业会计准则——基本准则》《企业会计准则第 2 号——长期股权投资》《企业会计准则第 9 号——职工薪酬》《企业会计准则第 30 号——财务报表列报》《企业会计准则第 33 号——合并财务报表》《企业会计准则第 37 号——金融工具列报》，并新发布了《企业会计准则第 39 号——公允价值计量》《企业会计准则第 40 号——合营安排》《企业会计准则第 41 号——在其他主体中权益的披露》《金融负债与权益工具的区分及相关会计处理规定》。《企业会计准则》和会计制度的这些变化涉及《中级财务会计》许多内容的变化，故出版《中级财务会计》第 5 版。朱学义教授 2015 年被常州大学聘为会计学"省级品牌"专业建设工程项目特聘教授。为了出好省级品牌专业教材，发挥省级精品教材的作用，本次修订的主要内容有：

（1）在"货币资金"一章增加了电子汇兑、网银转账、增值税变革等内容。

（2）在"应收款项"一章对"应收账款出售"按《企业会计准则第 23 号——金融资产转移》的规定进行了新的处理。

（3）鉴于许多企业材料核算都采用"物资供应管理信息系统"商用软件，在"存货"一章实际成本计价核算中增加了与该商用软件密切结合的账务处理。

（4）在"非流动资产投资"一章修改了长期股权投资的核算内容，尤其增加了"优先股"的核算内容、成本法与权益法的转换内容。

（5）在"固定资产"一章修改了"预计负债——预计弃置费"的内容。

（6）在"流动负债"一章增加了"短期融资券"的核算，修改了"职工薪酬"的核算。

（7）在"长期负债"一章修改了"可转换公司债券"的核算，增加了"中期票据"的核算。

（8）在"收入、费用和利润"一章增加了"文化建设事业费"的核算，对资源税"从价计征"的变革和优先股分配股息做了相应修改。

（9）在"所有者权益"一章增加了普通股股票、优先股股票回购的核算。

（10）涉及"营业税"改"增值税"的变动内容在相关章节进行了修改。

上述各项内容的变化最终在"财务会计报告"一章做了相应的修改和调整。

本书前 4 版由朱学义教授独写，第 5 版第二、三、四、五、六、七章由王一舒副教授修改，第九、十、十一、十二、十三章由李兴尧副教授修改，第一、八章由朱学义教授修改，全书最终由朱学义教授把关定稿。

对本书存在的缺点和错误，恳请读者批评指正，以便进一步修改和完善。

作 者

第 4 版前言

自从 2006 年财政部新修订颁布 39 项企业会计准则、应用指南以来，财政部又发布了多项《企业会计准则解释》。2008 年 11 月 10 日，国务院新修订颁布了《中华人民共和国增值税暂行条例》《中华人民共和国营业税暂行条例》《中华人民共和国消费税暂行条例》，从 2009 年 1 月 1 日起施行。新的税收条例变化最大的是在全国范围内实施增值税转型改革，即将原来实行的"生产型增值税"（主要是外购固定资产支付的增值税进项税额不得从销项税额中抵扣）转为"消费型增值税"。消费型增值税的核心是允许增值税一般纳税人购进（包括接受捐赠、实物投资）或者自制（包括改扩建、安装）固定资产发生的进项税额可凭增值税专用发票、海关进口增值税专用缴款书和运输费用结算单据从销项税额中抵扣。这一变化涉及《中级财务会计》许多内容的变化，故出版《中级财务会计》第 4 版。本书第 3 版自 2007 年 5 月第 1 次印刷以来，分别于 2007 年 7 月、2007 年 10 月、2008 年 4 月进行了第 2、3、4 次印刷，2009 年被评为江苏省高等学校精品教材。为了提升教材编写质量，反映新的情况及变化，本次修订的主要内容有：

（1）在"固定资产"一章增加了增值税进项税额和销项税额的核算。

（2）在应收账款、无形资产、负债等章节增加了与固定资产有关的诸如非货币性资产交换、债务重组等内容的核算。

（3）修改了分期收款含税（增值税）的账务处理；修改了收入核算中涉及增值税、营业税、消费税的核算内容；修改了"会计报表"一章中涉及增值税和其他综合收益的核算内容。

（4）修改了"可供出售金融资产"的部分核算内容，主要是对可供出售金融资产减值损失的确认做了调整。

（5）按《企业会计准则解释》第 3 号通知要求修改了"长期股权投资"的成本法核算；同时，对其中涉及的固定资产投资核算增加了增值税的核算内容。

（6）按财政部会计司编写组所编的《企业会计准则讲解——2008》修改了投资性房地产等内容的核算。

本书在修订过程中充分吸收了卜华教授、林爱梅教授、张亚杰副教授、李文美副教授、李秀枝副教授、苏海雁、刘梅玲等多位教师的意见，他们的许多创新性提议已在教材中得到体现，在此深表谢意！

对本书在修订中存在的缺点和错误，恳请读者批评指正，以便进一步修改和完善。

作　者

第3版前言

《中级财务会计》自1997年1月出版以来，在教学中使用十年多。2006年2月15日，财政部颁布及修订颁布了1个基本准则和38个企业具体准则，2006年10月30日财政部又发布了《企业会计准则——应用指南》，其准则体系从2007年1月1日起实施。这是我国会计准则同国际会计准则"趋同"的重要体现，标志着我国会计核算工作全面走上了新的台阶。

本次修订的主要内容有：

(1) 增添了"金融资产"的核算内容。以"交易性金融资产"的核算代替了原来的"短期投资"的核算，并增加了"交易性金融负债"内容的核算；以"持有至到期投资"核算代替了原来的"长期债权投资"的核算，并将原书中"长期投资"一章的内容修改为"非流动资产投资"，分别阐述了"可供出售金融资产核算""持有至到期投资核算""长期股权投资核算""投资性房地产核算""其他非流动资产投资核算"等新准则规定的核算内容。

(2) 修改了"无形资产"的核算内容。将其中的"商誉"核算单列一节，按《企业会计准则第20号——企业合并》的规定进行处理。

(3) 修改了"固定资产"的核算内容，突出了"资产组"减值核算。

(4) 修改了"所得税会计""应付职工薪酬"的核算内容，增添了"长期应收款"等核算内容。

(5) 修改、补充和完善了相应会计报表的系列内容。

本书在修订过程中充分吸收了卜华教授、林爱梅副教授、张亚杰副教授、李文美副教授、李秀枝（博士）、苏海雁、刘梅玲等多位教师的意见，他们的许多创新性提议已在教材中得到体现，在此深表谢意！

对本书在修订中存在的缺点和错误，恳请读者批评指正，以便进一步修改和完善。

作　者

第2版前言

《中级财务会计》自1997年1月出版以来，已印刷两次，在教学中使用近六年。我国1993年7月1日全面进行会计制度改革，并实施企业基本会计准则。1997年5月起，我国陆续发布、实施企业具体会计准则。2001年1月1日起，我国陆续实施国家统一会计核算制度，包括实施《企业会计制度》《金融企业会计制度》《小企业会计制度》。这是我国会计改革的又一里程碑，标志着我国会计核算工作又迈上了新的台阶。

高等学校会计学专业的教材必须同会计改革的现实密切结合，不仅反映现有的改革成果，还要反映未来会计改革的趋向。本次修订教材的主要内容有：

(1) 增添了非货币性交易、债务重组、存货、投资、租赁、固定资产、无形资产、固定资产、或有事项、借款费用、建造合同、收入、现金流量表等准则的新内容。

(2) 修改补充了资产减值准备、接受捐赠、递延收益等《企业会计制度》规定的新的核算内容。

(3) 修改补充了会计报表的系列内容。

(4) 修改增补了一套完整的、典型的经济业务实例，从第十一章收入、费用和利润设账、登账开始，直至最终产生系列会计报表，数据连贯，系统性强，模拟现场实务，实用性强。

对本书在修订中存在的缺点和错误，恳请读者批评指正，以便进一步修改和完善。

作 者

第1版前言

1997 年，我国正式颁布、试行《中国企业具体会计准则》，它是继我国 1993 年 7 月 1 日全面进行会计制度改革后的又一重大举措，标志着我国现阶段的会计制度改革进入了最后阶段。在我国企业具体会计准则制定过程中，正值 1995 年 1 月 1 日生效的新修订的国际会计准则颁发之时，这使我国具体会计准则的制定有了更高的起点，可以说，它在同国际接轨方面已经做到了基本到位。中国会计准则体系的形成，必将使会计工作更好地适应社会主义市场经济发展的需要。

本书以国际、国内科学的会计理论、会计标准和会计方法为指导，以《中国企业具体会计准则》为依据，吸收我国行业财务会计制度的有效内容，适应我国税制改革的需要，从理论和实际的结合上阐述了总论、货币资金、短期投资、应收款项、存货、固定资产、无形资产和其他资产、流动负债、长期负债、收入费用和利润、所有者权益、财务报告等十三章核算内容。

本书具有四大特色：①内容新。集中体现在两方面：一是反映了我国 1994 年进行税制全面改革的新内容，克服了过去将应交税金集中于负债章节阐述，使会计分录前后不一致的缺陷，而是将新税制内容贯穿全书各有关章节，并在负债章节做全面系统的总结和概括。二是反映了我国 1997 年 1 月 1 日试行的新的企业会计具体准则的内容。其中属于新增加的主要内容有所得税会计、现金流量表、债务重整、房地产投资、住房基金、成本与市价孰低、权益法下投资确认差额的摊销、可转换债券和认股权证的核算、应付借款票据、非常净损失、易货贸易、重估价准备，等等。②先进性和实用性相结合。既反映会计改革发展的国际趋向，力求同国际惯例接轨，又体现中国特色，同我国实际情况密切结合。③讲究公认性和系统性。全书主要突出我国已经定论和已经做出统一规定的具有较强生命力的内容，对我国目前尚未出现未来必然出现的内容借鉴国际会计准则处理；同时，在内容结构上做到循序渐进，难点分散，以充分的实例予以说明，并将收入、税金等核算例解贯连到最终报表中体现。④按财政部《财务会计通论》教学大纲的要求组织内容，同时，兼顾了广大会计人员会计专业技术资格统考和注册会计师资格统考内容的要求，尽可能使全书内容有较广泛的适用性。

由于作者水平有限，书中不当之处在所难免，敬请读者批评指正。

作　者

目　录

第一章

总 论

第一节 财务会计概述

一、财务会计的定义

财务会计是以编制财务报表为目的，主要向企业外部投资者和贷款者、政府机关及其他与企业有利害关系的单位提供有关企业财务状况和经营成果信息的财务管理活动。由于财务会计主要是向企业外部使用者提供会计信息，因此它又称为"对外报告会计"。对外提供报告的具体手段是财务报表，从这点上来讲，财务会计又可称为"财务报表会计"。

现代企业会计的两大分支是财务会计和管理会计。管理会计主要为企业内部经营管理提供信息，也称为"对内报告会计"。财务会计与管理会计相配合，共同为现代企业服务。

企业财务会计报告的目标是提供会计信息，反映管理层受托责任的履行情况，有助于使用者做出经济决策。

二、财务会计的特点

（1）会计处理的主要依据是，财政或主管部门所规定的财务会计制度、税法和法令规定以及公认的会计准则。

（2）收集资料的方法是，根据发生的经济业务，以货币为主要计量单位，按照一定的会计处理程序，连续、系统、全面地编制会计凭证，登记账簿，直至编制会计报表。

（3）会计信息的性质是，强调组织整体情况，并着重于历史性资料。

（4）接受信息的对象主要是，企业外部现有的和潜在的信息使用者。具体讲，分为以下几类：

1）投资者。投资者包括政府（作为投资者代表的国家有关部门）、其他单位、个人等。他们作为投资者，关心投资的内在风险和投资收益，需要通过会计资料来帮助他们处置投资，决定买进、持有或卖出，以及评估企业支付投资报酬的能力。

2）贷款人。贷款人包括银行、非银行金融机构、债券购买者及其他提供贷款的单位或个人。他们对自己放出的贷款和贷款利息能否按期偿付的资料尤为关心。

3）供应商和其他商业债权人。供应商和其他商业债权人包括向企业提供原材料、设备和劳务等以企业为顾客的单位。他们对别人所欠款项能否如期支付的资料尤为关心。

4）顾客。顾客包括一切使用企业商品、劳务的单位及个人，特别是与企业有长期性联系或者依赖企业供应和售后服务的单位和个人。他们对企业延续性的资料有兴趣。

5）职工。职工包括职工个人和他们的工会组织。他们所需要的会计资料或评估资料是，企业的稳定性和获利能力如何，企业提供劳动报酬、退休福利和就业机会的能力如何。

6）政府及其机构。政府及其机构包括税务、海关、统计、工商行政和主管部门等。他们关心国家资源的分配和企业的活动。为了履行国家管理职能，他们需要用于决定税收政策、国民收入统计、制定经济法规和方针等方面的资料。

7）社会公众。社会公众包括各种受到企业影响的单位和个人。企业的存在和发展，对所在地的经济会产生有利或者不利的影响，包括扩大就业、繁荣商业等。公众对企业的兴衰趋势、近期发展和活动范围的资料有兴趣。

（5）会计的目的是，按财务会计法规制度及税务等法令规定，向企业外部有关者提供有助于经济决策的会计信息。

三、财务会计的职能

会计的职能是指会计在经济管理中所具有的功能。会计有三项职能：一是核算，二是监督，三是参与经营决策。⊖前两项是会计的基本职能，第三项职能可以扩展为控制、分析、预测、决策职能。会计三项职能的特点、内容如下：

1. 会计核算职能是指会计反映经济活动情况，为各类报表使用者提供信息

会计核算反映的信息与其他活动提供的信息相比，有三大特点：①会计主要以货币为计量单位，从价值量方面反映各单位的经济活动。②会计核算已经发生的事实，具有可验证性。③会计的反映具有完整性、连续性和综合性。

会计核算的组成内容，按《中华人民共和国会计法》（简称《会计法》）规定有：款项和有价证券的收付；财物的收发、增减和使用；债权债务的发生和结算；资本、基金的增减；收入、支出、费用、成本的计算；财务成果的计算和处理；需要办理会计手续、进行会计核算的其他事项。

2. 会计监督职能是指监督经济活动按照有关法规和计划进行

会计监督与其他形式的经济监督相比，有三大特点：①会计监督伴随会计核算同时进行，具有完整性和连续性。②会计监督主要利用各种价值指标，以财务活动为主，具有综合性。③会计监督以国家的财经法规和财经纪律为准绳，具有强制性和严肃性。

会计监督的内容，按《会计法》规定有：①各单位应当建立、健全单位内部会计监督制度。单位内部会计监督制度的基本内容有：会计事项相关人员的职责权限应当明确；重大经济业务事项的决策和执行程序应当明确；要定期或不定期进行财产清查；要对会计资料进行内部审计。②明确相关人员在单位内部会计监督中的职责权限。单位负责人对本单位的会计工作和会计资料的真实性、完整性负责；会计机构、会计人员对违反会计法和国家统一会计制度规定的会计事项，有权拒绝办理或者按照职权予以纠正。③任何单位和个人对违反会计法和国家统一会计制度规定的行为有权检举，有关部门对其应当及时处理并为检举人保密。④会计工作的社会监督主要由社会中介机构，如会计师事务所进行。⑤会计工作的国家监督以政府财政部门为主体。财政部门以查询的方式监督各单位是否依法设置会计账簿，会

⊖　西方会计强调会计的"服务"职能，认为"会计是一项服务活动"，包括：职业服务（会计工作服务、审计工作服务、税务筹划服务）、鉴证服务、社会服务等。引自艾哈迈德·里亚希－贝克奥伊著，钱逢胜等译，《会计理论》（第4版），第32－33页，上海财经大学出版社2004年5月第1版。

计资料是否真实、完整，会计核算是否符合法定要求，从事会计工作的人员是否具备从业资格。国家其他有关部门，包括审计、税务、人民银行、证券监管部门、保险监管部门等，应当依照有关法律、行政法规规定的职责对有关单位的会计资料实施监督检查。

3. 会计参与经营决策职能是指会计通过分析、预测，提出合理方案或有价值的建议供领导决策参考

会计分析是以会计核算资料为主要依据，结合计划、统计和其他资料，运用专门的分析方法，对单位的财务状况做全面深入的分析研究，借以揭示问题，找出改进工作的措施。会计预测是根据历史资料，通过一定的数学方法和逻辑推理，对单位经济活动的未来前景所进行的预计和推测，其目的是定量或定性地判断、推测和规划经济活动发展变化规律，并对此做出评价，用以指导和调节经济活动，谋求最佳经济效益。会计参与决策是指会计参与拟订经济计划、业务计划，考核、分析预算、财务计划的执行情况，提出合理方案或有价值的建议供领导决策参考。

必须指出，会计行使其职能总是在一定的社会环境之中进行的，不可避免地受所处的社会、政治、经济、文化环境的影响和制约，总是服务于一定社会环境下的会计主体。会计与社会环境的关系可概括如下：

会计本身是随着社会经济环境的不断运动、不断演变和发展而产生和发展的；由于科学技术的进步，特别是电子技术的发展，会计核算手段也从手工操作发展到全面机械化和电子化；会计对社会经济环境有反作用，它能促进社会经济繁荣兴旺；会计作为经济管理的重要组成部分，不仅是微观经济管理的重要手段，而且在宏观经济调控中发挥着重要作用。

四、财务会计课程的分类

会计学专业的主干课程是：基础会计、财务会计、成本会计、财务管理、管理会计、审计学、电算化会计和财务分析。

财务会计又分成以下两门课程或分支：

（1）中级财务会计。中级财务会计主要阐述财务会计的基本理论和基本方法，侧重于共性会计业务的处理，又称为财务会计通论或中级会计学。

（2）高级财务会计。高级财务会计主要阐述经济生活中的一些特殊业务及复杂财务会计问题。其中，特殊经济业务有信托与专营权业务、租赁业务、分期收款销售业务、期货交易、外币业务、房地产经营、独资经营、合伙经营、企业破产清算等；复杂财务会计问题有物价变动会计、总分店经营的财务报告、合并报表、集团公司分部财务报告、增值报告、股票上市公司财务信息的公开揭示要求等。高级财务会计又称为高级会计学。

五、财务会计规范

会计规范是管理会计活动的法律、法令、条例、规章、制度等规范性文件的总称。我国会计规范，按其内容分为会计法、会计机构和会计人员法规、会计业务处理法规三类。

（一）会计法

会计法是会计工作的准绳、依据和总章程，是一切会计法规、制度的"母法"。我国《会计法》于1985年1月公布，1993年12月、1999年10月、2017年11月修订。它包括总则，会计核算，公司、企业会计核算的特别规定，会计监督，会计机构和会计人员以及违反

会计法的法律责任等。制定会计法的目的是规范会计行为，保证会计资料真实、完整，加强经济管理和财务管理，提高经济效益，维护社会主义市场经济秩序。

（二）会计机构和会计人员法规

会计机构和会计人员法规是有关会计机构的设置，会计机构内部稽核，会计人员的配备、职责、职务、任免和奖惩等方面的法律规范的总称。

1. 会计机构

会计机构是由专职会计人员组成、负责组织领导和从事会计工作的职能单位。中央和地方各级企业管理机关一般设财务（会计）司（局），或财务（会计）处（科）；大型企业设财务部（处）；中小型企业设财务（会计）科（股）（组）。上市公司或一些大的企业集团一般设财务部。各单位如何设置会计机构，会计法规并未做出具体规定，只规定了一般设置原则：各单位应当根据会计业务的需要设置会计机构，或者在有关机构中设置会计人员并指定会计主管人员（见《会计法》第36条）。

在会计机构内部要进行必要的分工。在较大企业财务科内部应设置材料组、薪酬组、成本组、财务组、综合组等小组，从事会计专门业务工作。会计机构内部应当建立稽核制度。国有的和国有资产占控股地位或者主导地位的大、中型企业必须设置总会计师，形成以总会计师为首的，以财务处（科）长为主管的，包括若干小组分工协作的财务、会计组织体系。

2. 会计人员

会计人员是从事会计工作的专职人员，如财务员、会计员、记账员、出纳员、稽核员、财会主管人员等。会计人员的主要职责有：进行会计核算；实行会计监督；拟订本单位办理会计事务的具体办法；参与拟订经济计划、业务计划，考核、分析预算、财务计划的执行情况；办理其他会计事务。

（1）我国会计人员的职称（职务）分类。

1）会计员。会计员应初步掌握财务会计知识和技能；熟悉并能执行有关会计法规和财务会计制度；能担负一个岗位的财务会计工作；具有规定学历。

2）助理会计师。助理会计师应掌握一般的财务会计理论和专业知识；熟悉并能执行有关的财经方针、政策和财务会计法规制度；能担负一个方面或某个重要岗位的财务会计工作；具有规定学历和专业工作经历。

3）会计师。会计师应较系统地掌握财务会计基础理论和专业知识；掌握并能贯彻执行有关的财经方针、政策和财务会计法规、制度；具有一定的财务会计工作经验，能担负一个单位或管理一个地区、一个部门、一个系统某个方面的财务会计工作；具备规定学历和专业工作经历。

4）高级会计师。高级会计师应较系统地掌握经济、财务会计理论和专业知识；具有较高的政策水平和丰富的财务会计工作经验，能担负一个地区、一个部门、一个系统的财务会计管理工作；具有规定的学历和专业工作经历。

5）教授级高级会计师（正高级会计师）。根据1978年9月12日国务院颁布的《会计人员职权条例》确定的会计人员的"技术职称"，1986年4月10日中央职称改革工作领导小组转发财政部制定的《会计专业职务试行条例》实行"会计专业职务"聘任制度的规定，会计"技术职称"（"会计专业职务"）定为会计员、助理会计师、会计师、高级会计师四种。江苏省2008年7月率先在全国试行"正高级会计师"（也称"教授级高级会计师"）资格评审。在具备规定的学历、资历、专业技术工作经历、工作业绩与成果、出版著作和发表论文的基础上，要有必备的专业理论水平：一是精通会计专业理论，掌握会计专业国内外发展最新动态，对会计专业理论有深入、系统的研究，能利用研究成果解决会计及相关专业工作中重要或关键的问题；二是通晓与本专业有关的法律法规、规章制度，掌握现代会计管理方法，并能为本部门或本地区经济社会发展提供决策咨询服务。

（2）我国会计人员专业技术资格考试。我国于1992年开始实行全国会计专业技术资格统一考试。从2001年起，全国会计专业技术资格统一考试按财政部、原人事部的规定，考试级别分为"初级资格统考""中级资格统考"两类；从2003年起，又对高级会计师实行统考试点。具体考试科目如下：

1）初级资格统考。考试科目包括经济法基础和初级会计实务。

2）中级资格统考。考试科目包括财务管理、经济法、中级会计实务。

3）高级会计师资格统考。考试科目为高级会计实务。

需要说明的是，从2008年开始在部分省市试行的"教授级高级会计师"（或正高级会计师）不需要进行"资格统考"，只需要通过省级高评委评审，认定后享受相关待遇，并延续到退休以后继续享受。

（3）我国会计人员职称和专业技术资格的关系。参加全国会计专业技术资格统考获得财政部、原人事部颁发的会计初级资格证书的会计人员，经单位考评，符合专业技术职务任职条件的，可聘为会计员或助理会计师；获得财政部、原人事部颁发的会计中级资格证书的会计人员，经单位考评符合专业技术职务任职条件的，可聘为会计师；获得财政部、原人事部颁发的会计高级资格证书的会计人员，再经过专家评定，可以确认为高级会计师，根据单位需要，可以聘为高级会计师。企业总会计师是一个行政职位，同企业总工程师、总经济师一样，是企业厂长（经理）的左右手。获得会计师、高级会计师资格的人员，才有资格任企业的总会计师。我国的总会计师相当于西方的CFO（Chief Financial Officer），即财务总监。我国上市公司或一些大型企业设"财务总监"职务，行使"总会计师"职能。

（三）会计业务处理法规

1. 会计准则

会计准则是进行会计工作的规范，是处理会计业务和评价会计资料质量的准绳，也称为"会计标准"。会计准则可由政府主管会计工作的机关（如我国的财政部）制定，也可由法律授权制定会计法规机构支持的民间权威会计组织（如美国"证券交易委员会"支持的美国"财务会计准则委员会"）制定。会计准则一般分为企业会计准则、非营利单位会计准则和政府会计准则等几类。企业会计准则分为基本会计准则和具体会计准则两个层次。

（1）基本会计准则。基本会计准则简称为基本准则。它是进行会计核算工作必须共同遵守的基本要求，包括会计核算的基本前提、会计核算的一般原则、会计对象要素核算和会计报表编制的基本要求四项内容。基本准则的特点是覆盖面广、概括性高，又可称为指导性准则。在我国，1992年11月30日财政部颁布自1993年7月1日起施行的《企业会计准则》，是企业会计的基本准则，2006年、2014年又对其进行了修改，自2007年1月1日起实施。2012年12月财政部修订通过了《事业单位会计准则》，这是事业单位会计的基本准则，自2013年1月1日起施行。

（2）具体会计准则。具体会计准则简称具体准则。它是在基本准则基础上进一步做出具体规定的准则，包括各行业共同经济业务准则、特殊经济业务准则和会计报表准则三大类。具体准则的特点是针对性强和便于操作，又可称为应用性准则。我国企业具体准则的项目有42项（1～42号），它们分别是：存货，长期股权投资，投资性房地产，固定资产，生物资产，无形资产，非货币性资产交换，资产减值，职工薪酬，企业年金基金，股份支付，债务重组，或有事项，收入，建造合同，政府补助，借款费用，所得税，外币折算，企业合并，租赁，金融工具确认和计量，金融资产转移，套期保值，原保险合同，再保险合同，石油天然气开采，会计政策、会计估计变更和差错更正，资产负债表日后事项，财务报表列报，现金流量表，中期财务报告，合并财务报表，每股收益，分部报告，关联方披露，金融工具列报，首次执行企业会计准则，公允价值计量，合营安排，在其他主体中权益的披露，持有待售的非流动资产、处置组和终止经营。

2. 国家统一会计制度

会计制度是进行会计工作所应遵循的规则、方法和程序的总称。国家统一会计制度是指国务院财政部门根据会计法制定的关于会计核算、会计监督、会计机构和会计人员以及会计工作管理的制度。就企业而言，国家统一的会计核算制度由《企业会计制度》（2001年1月1日实施）、《金融企业会计制度》（2002年1月1日实施）和《小企业会计制度》（2005年1月1日实施）三部分组成。2007年1月1日，首先在上市公司实施的《企业会计准则》，将《企业会计制度》《金融企业会计制度》纳入会计准则体系。2011年10月18日，财政部废除《小企业会计制度》，发布《小企业会计准则》，从2013年1月1日起实施。企业会计准则体系由"基本准则""具体准则""应用指南""准则解释"四部分组成。其中，《企业会计准则——应用指南》除了对42项准则中的36项重要准则进行了解释、6个准则说明了重点难点外，还增加了"会计科目和主要账务处理"附录。该附录的实质内容就是原来的《企业会计制度》《金融企业会计制度》的主体内容。

3. 会计的其他规范

凡是企业必须遵守的、与企业会计工作密切相关的其他规范，也属于会计的规范。比如公司法、票据法、保险法、担保法、证券法、各种税法（尤其是所得税法）等，会计在处理业务时都必须遵守执行。

第二节　会计假设

会计假设也称"会计基本假设"，是对会计实践的一定环境、一定对象与控制手段所做的判断与限定，是组织会计核算工作应当具备的前提条件，所以它又称为"会计核算的基本前提"。会计假设通常包括会计主体假设、持续经营假设、会计分期假设和货币计量假设四个主要内容。会计的基本准则和具体准则都是在这些会计假设的基础上制定出来并加以运用的。

一、会计主体

"会计主体"也称"经济主体"，或"记账主体"或"会计实体"或"独立实体"，就是会计为之服务的特定单位。会计主体的弹性很大，凡具有经济业务的任何特定的独立实体都可以也需要进行独立核算，成为一个特定的会计主体。也就是说，作为一个会计主体，必须具有实体、统一体和独立体这三个特征。会计主体可以是一家企业，也可以是由若干家企业通过控股关系组织起来的集团公司。

应该把会计主体看作一个独立的整体。其原因有二：①会计主体在经济上是独立的，所以不仅要把会计主体之间的经济关系划分清楚，而且还要把企业的财务活动与企业主及企业职工的个人财务活动相分离。②会计主体是一个整体，反映和处理企业的生产经营活动与财务问题都要从企业整体出发。因为企业内部资金财产的调拨，既不会增加企业的收益或损失，也不会增加企业的资产和负债。例如，一家总厂的分厂之间相互销售产品，只能视作产品的内部转移，而不能作为总厂的营业收入增加，更不能增加总厂的本期利润；同样，总厂与分厂之间、分厂与分厂之间的应收应付款也应相互抵消，不能由于内部资金的划拨而增加总厂的资产和负债。因此，只有从会计主体的整体出发，才能正确计算企业损益，计量其资产、负债，从而为经济决策提供有用的信息。

会计主体与法律主体（即法人）并不完全等同，二者是有区别的。例如，独资与合伙企业通常不具有法人资格，它们所有的财产和对外负债，在法律上仍视为业主或合伙人的财产与债务，但在会计核算中则须把它们作为独立的会计主体来处理，把企业的经营活动与业主或合伙人的个人的财务活动严格区分开。再如，集团公司是由若干具有法人地位的企业所组成的，但在编制集团公司的合并报表时，只能把集团公司看作一个独立的整体，需要采用特定的方法把集团公司所属企业之间的债权债务相互抵消，扣除由于所属企业之间销售活动而产生的利润。

二、持续经营

持续经营是指会计核算应以企业既定的经营方针、目标和持续、正常的生产经营活动为前提。这里有两层含义：一是会计主体能按预定的目标从事正常的营利活动；二是会计主体在可预见的未来将不会面临破产清算，它对它所承担的债务能按期偿还。假定会计主体持续经营的意义很大：①它不仅是建立会计计量和确认等会计基础的前提，而且还使常见的财产计价和收益确定问题得到了解决。例如，对长期资产的取得如按历史成本记账，应在使用过程中分期转作费用；对各种预付费用应分次计入成本，由未来时期的收益来补偿；对企业需要持续使用而不打算出售或转让的资产，各营业期末就不考虑其变现价值；等等。这些方法的确定都是以持续经营为前提的。②在持续经营的前提下，企业在收集和处理经济信息时所使用的会计程序才得以保持稳定，才得以在持续的基础上恰当地记载和陈报企业的经济活动，从而提供可以信赖的数据。

然而，在市场经济条件下，每个企业都存在经营失败的风险，有些企业会无力偿债而被迫宣告破产或进行法律上的改组（如关停并转），这时，持续经营这一假设对这些企业已不能成立，由此形成的各种会计准则将不再适用，而只能采用另外一些特殊的会计准则。例如，企业破产清算时确认财产价值，不宜采用历史成本，只能采用清算价格。当然，从总体上讲，破产清算的企业终究是少数，因此对绝大多数企业而言，持续经营的假设还是合理的、适用的。

三、会计分期

会计分期是指在持续经营的前提下，人为地把持续不断的企业生产经营活动划分为一个个首尾相接、间距相等的期间，以便确定每一个会计期间的收入、费用、利润，期初期末资产、负债和所有者权益的数量，按期结账、编表，向企业内外部信息使用者提供管理、考核和决策的会计信息。

会计期间通常是一年，称为会计年度。会计年度可以与日历年度相一致，也可以不一致。我国规定，以日历年度作为企业的会计年度，即以公历 1 月 1 日起至 12 月 31 日止为一个会计年度。此外，企业还需按季、按月编制会计报表，即把季度和月份也作为一种会计期间，前者可称为会计季度，后者可称为会计月度。

在会计分期假设下，会计核算需要确认一系列新问题。例如，发生了跨越会计期间的交易，就要确定这些交易与特定会计期间的相关性，选择是采用收付实现制记账，还是采用权责发生制记账，其交易额怎样在各有关期间恰当地加以摊配，由此又会涉及收入与费用的配比，等等。从这点讲，会计分期是正确计算各期收入和费用的必要条件。

四、货币计量

货币计量是指对所有会计核算的对象都使用货币作为统一计量的共同尺度，并将企业经营活动、经营状况和经营成果的数据转化为按统一货币单位反映的会计信息。这一前提包括三方面的内容：①货币是会计最基本的计量单位。财产物资可以采用不同的计量单位，如自然单位、物理单位、劳动时间单位、货币单位等，但在会计核算中，只有货币计量单位能全面、系统、连续、综合地记录、汇总、分析和揭示企业的经营过程和财务成果。从这个意义上讲，货币是会计的基本计量单位，其他量度是会计的辅助计量单位。②在有外币记账的情况下，需要确定一种货币为记账本位币。记账本位币是指企业经营所处的主要经济环境中的货币。它可以是人民币，也可以是某种外币。中国企业通常应选择人民币作为记账本位币。业务收支以人民币以外的货币为主的中国企业，可以选定其中一种货币作为记账本位币，但是编报的财务报表应当折算为人民币反映。③货币是价值形式的终极形态，表现价值的是价格，因此货币计量实际上是以价格来量化的，通常采用市场上成交的客观价格。但在没有这种客观价格或难以确定时，如企业内部财产的转移、非货币性资产交换、接受捐赠财产等，往往需要选择恰当的计价方法来计量。

以货币作为统一计量单位，还包含着币值稳定的假设，即假定货币本身的价值稳定不变。也就是说，货币购买力的波动不予考虑。按各国会计惯例，当货币本身的价值波动不大，或前后波动能抵消时，会计核算可以不考虑这些波动，仍然认为币值是稳定的。但在发生剧烈的通货膨胀时（如出现年通货膨胀率达 26%，或三年的通货膨胀率达 100% 的恶性通货膨胀时），币值稳定不变这一假定就严重脱离了现实，需要采用特殊的会计准则加以处理。

第三节   会计核算的原则和要求

会计原则是指导会计工作的理论思想、方针政策和技术标准的总称，是会计工作所应遵循的规范。其主要内容有：会计核算的基本前提（会计假设），会计核算的一般要求（一般原则和计量要求），等等。我国《企业会计准则》规定，会计核算的一般要求紧紧围绕"会计信息质量要求"和"会计计量"要求两个层面展开。

一、反映会计信息质量要求的一般原则

1. 客观性原则⊖

《企业会计准则——基本准则》第十二条规定："企业应当以实际发生的交易或者事项为依据进行会计确认、计量和报告，如实反映符合确认和计量要求的各项会计要素及其他相关信息，保证会计信息真实可靠、内容完整。"对这一规定进行提炼，会计界将其定义为可靠性原则或客观性原则。从后者分析，它有以下三层含义：①具有真实性，即会计反映的结果应当同企业实际的财务状况和经营成果相一致。②具有可靠性，即会计信息应避免错误并减少偏差，不偏不倚，以客观事实为依据，准确反映企业的财务情况。③具有完整性，即会计资料及手续必须完整，包括：编报的报表和附注内容要完整，不能随意遗漏或减少应披露的信息，与使用者决策相关的有用信息都应当充分披露。这种完整性要经得起复核和验证，即用可核性或可检验性评价会计资料及手续的完整性。对于同一会计核算业务，分别由两个或两个以上会计人员同时进行会计处理，如果得出相同的会计核算结果，就被认为符合可检验性的要求。会计信息内容完整是可验证性的前提。可验证性还包括有合理合法的凭证可供事后检查。强调客观性原则，就是要使会计核算的内容真实、数字准确、资料可靠、内容完整。客观性是会计信息的生命。

2. 相关性原则

相关性也称有用性，是指企业提供的会计信息与财务会计报告使用者的经济决策需要相关，有助于财务会计报告使用者对企业过去、现在或者未来的情况做出评价或者预测。

3. 可理解性原则

可理解性原则是指企业提供的会计信息应当清晰明了，便于财务会计报告使用者理解和使用，也称明晰性原则。

4. 可比性原则

可比性原则是指会计核算必须按规定的会计处理方法进行，提供相互可比的会计信息。它有两层含义：①不同企业相同时期的会计信息可比。这要求所有企业都应当采用规定的会计政策，确保会计信息口径一致，相互可比。这样，会计提供的信息能在不同企业之间进行比较、分析和评价，国家也能有效地汇总会计数据，满足国民经济宏观管理和调控的需要。②可比性要求同一企业不同时期发生的相同或者相似的交易或者事项，应当采用一致的会计政策，不得随意变更。如有必要变更，应将变更的情况、变更的原因及其对单位的财务状况和经营成果的影响，在财务报告附注中说明。坚持会计前后一贯的会计政策，能正确反映单位各期的财务状况和经营成果，为管理和决策提供正确的、前后期具有可比性的会计信息；也有利于防止会计人员随意调整会计处理方法而影响会计数据客观性的行为发生。

⊖ 还有的称为"可靠性原则"。《会计新辞典》（经济科学出版社 1993）、《会计辞典（第二版）》（立信会计出版社 2002）等辞书只有"客观性原则"条目，没有"可靠性原则"。1989 年 7 月，国际会计准则委员会《关于编制和提供财务报表的框架》提出财务报表信息质量特征之一为"可靠性"。我国财政部会计司编写组编制《企业会计准则讲解——2006》（人民出版社 2006）将我国《企业会计准则——基本准则》第十二条规定解释为"可靠性"。中国内部审计协会 2003 年 4 月发布《内部审计基本准则》将"独立性""客观性"作为内部审计的一般原则。由于客观性原则包括可靠性内容，又为了与内部审计准则要求相适应，作者选择"客观性原则"作为会计信息质量的要求。"客观性"比作为财务报表信息质量的"可靠性"更宽泛实用。

5. 及时性原则

及时性是企业对于已经发生的交易或事项应当及时进行会计确认、计量和报告，不得提前或延后。不仅要求会计事项的处理要及时，而且要求会计报告在会计期间结束后规定的日期内呈报给有关部门和人士。因此，及时性原则就是要求及时收集会计信息，及时加工处理会计信息，及时传递会计信息。

6. 谨慎性原则

谨慎性原则也称为稳健性原则，或保守性原则或审慎原则，是指企业对于交易或事项进行会计确认、计量和报告应当谨慎，不应高估资产或者收益、低估负债或者费用。例如，对应收账款提取坏账准备，固定资产采用加速折旧法，存货计价采用成本与可变现净值孰低法，或有事项的确认，等等，都是谨慎性原则的体现。

市场有竞争，企业就有风险。针对经济生活中的不确定性和风险，提出和运用谨慎性原则，有利于增强企业在市场上的竞争力，有利于保护债权人的利益，有利于企业根据经营风险做出正确决策。采用谨慎性原则必须注意的是：对费用和损失的估计，要保持在合理的限度内，符合风险的概率（例如历史上坏账损失一般占应收账款数额的1%），按国家的规定执行，决不允许借谨慎性原则故意低估收入、高估成本，随意调节盈亏。

7. 重要性原则

重要性原则是指企业提供的会计信息应当反映与企业财务状况、经营成果和现金流量等有关的所有重要交易或事项。重要性的确定主要从以下三方面加以衡量：

（1）从会计主体取得会计信息要付出的代价来衡量。取得信息的代价越大，重要性就越强，在会计核算上反映就更详尽；反之亦然。

（2）从经济业务本身的定量与定性上衡量。相同的经济业务在不同的企业重要程度是不一样的，如固定资产与低值易耗品在不同的企业有不同的划分标准。

（3）从会计信息利用者的立场来衡量。如果某些项目（如即将到期的巨额负债等），对投资者和债权人的影响程度大，就需要详细列示。当然，重要性也是相对的，必须视具体情况而定。

8. 实质重于形式原则

实质重于形式是指经济实质重于具体表现形式，即它要求企业应当按照交易或事项的经济实质进行会计确认、计量和报告，而不应当仅仅以交易或者事项的法律形式为依据。

在实际工作中，交易或事项的外在法律形式或人为形式并不总能完全反映其实质内容。但会计必须根据交易或事项的实质和经济现实，而不能仅仅根据它们的法律形式进行核算和反映。例如，以融资租赁方式租入的资产，虽然从法律形式来讲承租企业并不拥有其所有权，但是由于租赁合同中规定的租赁期相当长，接近于该资产的使用寿命，租赁期结束时承租企业有优先购买该资产的选择权，在租赁期内承租企业有权支配资产并从中受益，所以从其经济实质来看，企业能够控制其创造的未来经济利益，则会计核算上将以融资租赁方式租入的资产视为承租企业的资产。又如，企业将商品售给客户，商品所有权或实物在形式上已经交付，但附在商品所有权上的主要风险和报酬（如售出商品需安装，售出商品按合同规定可退货等）而未发生实质性转移，则企业售出商品时不应作为收入实现。

如果企业的会计核算仅仅按照交易或事项的法律形式或人为形式进行，而其法律形式或人为形式又没有反映其经济实质和经济现实，那么其最终结果将不仅不会有利于会计信息使用者的决策，反而会误导会计信息使用者的决策。

实质重于形式原则是一项重要的国际惯例，恰当地运用这一原则，有助于会计信息更切合现实。

二、会计确认和计量的基本要求

1. 会计基础[一]

企业会计的确认、计量和报告应当以权责发生制为基础。权责发生制是指凡是当期已经实现的收入和已经发生的或应当负担的费用，不论款项是否收付，都应作为当期的收入和费用处理；凡是不属于当期的收入和费用，即使款项已在当期收付都不应作为当期的收入和费用处理。也就是说，它以权利和责任的发生与转移作为收入和费用发生的标志，而不以款项是否收付作为收入与费用发生登记入账的依据。我国《企业会计准则》规定："企业应当以权责发生制为基础进行会计确认、计量和报告。"采用权责发生制有助于正确计算企业的经营成果。

权责发生制主要体现在两个方面：①对收入和费用，是以能够体现各个会计期间的经济成果和收益情况为标准，来确定其归属期。②在期末结账时，应将本期应收未收的收入和应付未付的费用及本期已预收的收入和已预付的费用，采用应收、应付，预收、预付，待摊、预提等方法，正确记录当期实现的收入和当期发生的费用。

与权责发生制相对称的概念是收付实现制。收付实现制是以款项的实际收到和付出作为收入和费用发生的标志，并据以入账，而不论权利和责任是否发生与转移。我国企业采用权责发生制记账，采用收付实现制编制现金流量表；行政事业单位（不含企业化管理的事业单位）目前采用收付实现制。

2. 会计计量属性

会计计量是指对经济业务的数量关系进行计算和衡量，其实质是以数量（主要是以货币表示的价值量）关系揭示经济事项之间的内在联系。会计计量包括计量单位的应用和计量属性的选择两个基本要素。计量单位包括名义货币量度单位（如美元、人民币元等）和不变购买力货币单位（如不变美元等）。计量属性"是指被计量客体的特性或外在表现形式"[二]。我国《企业会计准则》规定：会计计量属性主要包括："历史成本""重置成本""可变现净值""现值""公允价值"。"企业在对会计要素进行计量时，一般应当采用历史成本，采用重置成本、可变现净值、现值、公允价值计量的，应当保证所确定的会计要素金额能够取得并可靠地计量。"可见，历史成本是会计主要的计量属性。

按历史成本计量也称为按实际成本计价，是指企业取得的各种财产物资，形成的各种权益，都按取得或形成时的实际成本或实际发生金额作为核算依据。当物价变动时，除国家另有规定者外，不得调整其账面价值。采用历史成本计价的优点是：取得实际成本资料比较容易，有凭据可以查验，按实际交易反映的经营收益不易歪曲，核算手续简化，因而被认为最具有客观性和可核性。采用历史成本计价的缺点是：当货币购买力变动和物价上涨时，它不能确切地反映资产的价值；不同时期取得的相同资产，其历史成本不同，将它们加总在一起难以做出合理解释；在计算利润时，采用现时价值的收入很难和历史成本价值合理配比。

　㊀ 此概念由财政部会计司编写组编的《企业会计准则讲解——2006》第 5 页提出，人民出版社 2007 年 4 月出版。

　㊁ 葛家澍等主编《会计大典（第一卷）——会计理论》第 251 页，中国财政经济出版社 1998 年版。

按《企业会计准则》规定，企业在某些情况下，可以放弃历史成本计价。例如，依法进行财产重估后，可用现时重置成本来报告资产的价值；期末存货按成本与可变现净值孰低法计价；确定资产减值时，要预计未来现金流量的现值，将其作为计价基础；进行非货币性资产交换时，在满足一定条件时要以公允价值作为计价基础；等等。

第四节　会计要素与会计等式

一、会计要素

会计要素是会计对象要素的简称，是指会计对象主要组成内容，包括财务状况要素（资产、负债、所有者权益）和经营成果要素（收入、费用、利润）两部分。会计要素是设置会计科目的基本依据，也是构成会计报表内容的基本框架。

（一）财务状况要素

1. 资产

资产是指企业过去的交易或者事项形成的、由企业拥有或者控制的、预期会给企业带来经济利益的资源。所谓经济利益，是指直接或间接流入企业的现金或现金等价物。可见，作为资产，它反映未来可收回的金额。如果有迹象表明一项资产已失去效用，不能为企业带来新的经济利益时，它就应转为本期费用，而不再作为资产处理。资产不仅包括各种有形的财产物资，如存货、固定资产等，还包括企业拥有的债权和其他权利，如各种应收账款、无形资产等。资产按流动性质分为流动资产和非流动资产两类。流动资产是指可以在一年或超过一年的一个营业周期内变现或耗用的资产，包括货币资金、交易性金融资产、应收及预付款项、存货等；不符合上述条件的均为非流动资产，包括债权投资、其他债权投资、长期股权投资、其他权益工具投资、投资性房地产、固定资产、工程物资、在建工程、固定资产清理、无形资产、商誉、长期待摊费用、长期应收款及其他长期资产等。资产的分类如图1-1所示。

2. 负债

负债是指企业过去的交易或者事项形成的、预期会导致经济利益流出企业的现时义务。负债分为流动负债和长期负债两类。流动负债是指将在一年（含一年）或者超过一年的一个营业周期内偿还的债务，包括短期借款、交易性金融负债、应付票据、应付账款、预收款项、合同负债、应付职工薪酬、应交税费、其他应付款、持有待售负债、其他流动负债等；长期负债（也称"非流动负债"）是指偿还期在一年或者超过一年的一个营业周期以上的债务，包括长期借款、应付债券、长期应付款、租赁负债、预计负债等。负债的分类如图1-2所示。

3. 所有者权益

所有者权益是指企业资产扣除负债后由所有者享有的剩余权益。股份公司的所有者权益又称为股东权益。所有者权益的来源包括所有者投入的资本、直接计入所有者权益的利得和损失、留存收益等。直接计入所有者权益的利得和损失，是指不应计入当期损益、会导致所有者权益发生增减变动的、与所有者投入资本或者向所有者分配利润无关的利得或者损失。利得是指由企业非日常活动所形成的、会导致所有者权益增加的、与所有者投入资本无关的经济利益的流入。损失是指由企业非日常活动所发生的、会导致所有者权益减少的、与向所有者分配利润无关的经济利益的流出。

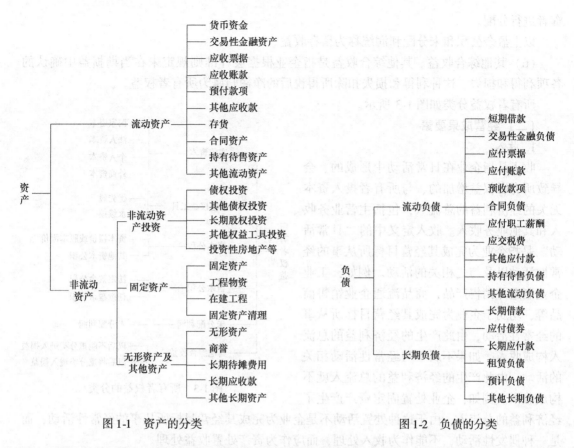

图 1-1　资产的分类　　　　　　　　　图 1-2　负债的分类

列入资产负债表的所有者权益项目主要有以下六项：

（1）实收资本（或股本）。实收资本（股本）是投资者按企业章程，或合同、协议的约定，实际投入企业的资本。在股份制企业，实收资本称为股本。实收资本包括国家资本（国家投入企业的资本）、法人资本（具有法人资格的企业、事业单位和社会团体依法将可支配的、允许用于经营的资产投入企业形成的资本）、个人资本（自然人以其个人合法财产投入企业的资本）和外商资本（外商投入企业的资本）四部分。投资者向企业投入资本，必须在工商行政管理部门进行登记注册。投资者投入的资本全部到位后和注册资本是一致的。

（2）其他权益工具。其他权益工具是企业发行在外的除普通股以外分类为权益工具的金融工具，包括企业发行优先股股东的权益、企业发行可转换债券确认为权益工具的持券人权益。它与"实收资本"（"股本"）的投资身份不同，其他权益工具不是普通股东（普通投资者）的权益，而是优先股东、持券待转股东的权益。

（3）资本公积。资本公积是投资者或者他人投入到企业，所有权归属于投资者，并且金额上超过法定资本部分的资本或者资产。资本公积包括资本溢价（或股本溢价）、其他资本公积等。

（4）盈余公积。盈余公积是企业从盈利中提取的各种公积金，包括法定盈余公积、任意盈余公积两部分。

（5）未分配利润。未分配利润是企业实现的净利润经过弥补亏损、提取盈余公积和向投资者分配利润后留存在企业的、历年结存的利润。未分配利润通常用于留待以后年度向投资者进行分配。

以上盈余公积和未分配利润统称为留存收益。

(6)其他综合收益。其他综合收益是指企业根据会计准则规定未在当期损益中确认的各项利得和损失。这种利得和损失扣除所得税后的净额归属为所有者权益。

所有者权益分类如图1-3所示。

(二)经营成果要素

1. 收入

收入是指企业在日常活动中形成的、会导致所有者权益增加的、与所有者投入资本无关的经济利益的总流入,包括主营业务收入和其他业务收入。收入定义中的"日常活动"是指企业为完成其经营目标所从事的经常性活动以及与之相关的活动。例如,工业企业制造并销售产品,商品流通企业销售商品等,均属于企业为完成其经营目标所从事的经常性活动,由此产生的经济利益的总流入构成收入。如果不属于与经常性活动相关的活动,由此产生的经济利益的总流入就不构成收入。例如,企业处置固定资产产生了

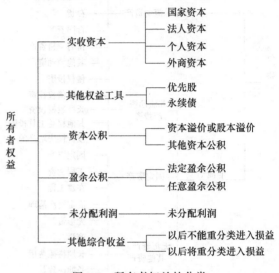

图1-3　所有者权益的分类

经济利益的总流入,由于这种处置活动不是企业为完成其经营目标所从事的经常性活动,而是一种偶发性活动,不能作为收入处理,而应作为资产处置收益处理。

2. 费用

我国《企业会计准则——基本准则》规定:"费用是指企业在日常活动中发生的、会导致所有者权益减少的、与向所有者分配利润无关的经济利益的总流出。"费用的处理可以对象化,也可以期间化。对象化的费用形成产品成本或劳务成本,在确认其收入时将已销产品或已提供劳务的成本计入当期损益。费用不能归属产品、劳务等核算对象的,应该直接计入当期损益。它分为两种情况:一是这些支出不产生经济利益或者即使能够产生经济利益但不符合或者不再符合资产确认条件的,应当在发生时确认为费用,计入当期损益;二是企业发生的交易或者事项导致其承担了一项负债而又不确认为一项资产的,应当在发生时确认为费用,计入当期损益。直接计入期间损益的费用有销售费用、管理费用、研发费用、财务费用、税金及附加、支出或损失、所得税费用等,其中,狭义的期间化费用仅包括销售费用、管理费用、研发费用、财务费用、税金及附加。

国际会计准则在定义费用概念时指出:费用是指会计期间经济利益的减少,包括企业日常活动中发生的费用和损失,其形式表现为现金、现金等价物、存货和固定资产的流出或折耗。在西方,费用大体分为三类:第一类是与营业收入有直接因果关系的销货成本;第二类是与营业收入之间存在间接因果关系的销售费用和管理费用;第三类是和某笔特定的营业收入不一定有任何直接关系的其他费用,如所得税费用、慈善性捐款等。

从以上中西方对费用概念的定义看,西方定义的费用概念比较广泛和明确,即企业从收入到净利润的全部扣除项目都是费用的内容,是一种广义的费用概念。

3. 利润

利润是指企业在一定会计期间的经营成果。利润包括收入减去费用后的净额、直接计入当期利润的利得和损失等。直接计入当期利润的利得和损失是指应当计入当期损益、会导致所有者权益发生增减变动的、与所有者投入资本或者向所有者分配利润无关的利得或者损失。直接计入当期利润的利得有公允价值变动收益、投资收益、营业外收入等；直接计入当期利润的损失有公允价值变动损失、投资损失、营业外支出。公允价值变动收益和公允价值变动损失统称为公允价值变动损益；投资收益和投资损失统称为投资损益，投资收益减去投资损失后的余额为投资净损益；营业外收入和营业外支出统称为营业外收支净额。企业利润表上利润的主要形式有以下几种：

（1）营业利润。营业利润由利润净额⊖、减值损失、公允价值变动损益、其他各种收益四部分内容组成。利润净额是收入减去各项费用后的净额。减值损失是指已入账资产价值发生变动而确认的损失，包括资产减值损失、信用减值损失。公允价值变动损益是指企业按公允价值模式计量的已入账的资产、负债及其他有关业务的账面价值与现时公允价值不同而产生的计入当期损益的利得或损失。其他各种收益⊖包括投资净收益、资产处置收益、其他收益等。投资净收益是企业对外投资所取得的收益扣除投资损失后的净额。

（2）利润总额。利润总额由营业利润和营业外收支净额两部分组成。营业外收支净额是指与企业日常经营活动没有直接关系的各项收入减去各项支出后的余额。

（3）净利润。净利润是利润总额扣除所得税费用后的余额，也称税后利润或净收益。

以上三项经营成果要素如图 1-4 所示。

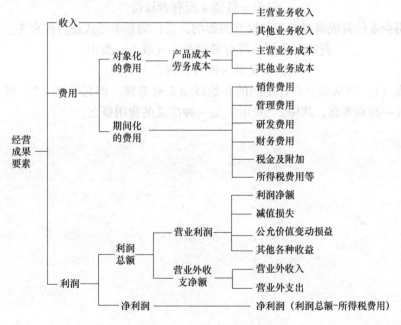

图 1-4　经营成果要素

⊖ 第十一章第三节将其定义为"营业活动利润"。
⊖ 第十一章第三节将其定义为"持有收益"。

二、会计等式

会计等式也称为会计恒等式或会计方程式，是揭示各会计对象要素之间联系的数量上的平衡公式。它是复式记账、试算平衡及编制会计报表的理论依据。

（一）会计的基本等式

会计的基本等式为

$$资产 = 权益$$

任何企业要进行各种经济活动必须具备一定的资产，而这些资产均有其来源。权益代表企业资产的来源，是对企业资产所拥有的权利。因此，资产和权益是一个事物的两个方面：一方面，从资产本身考察，它是企业的资源，表现为企业存在的物质形态等；另一方面，从资产来源考察，它反映了资产主体对资产提出要求的权利。资产和权益是互相联系、互相依存的：有一定的资产，就必然有对该资产的求偿权（即权益）；资产丧失，权益也自然丧失；资产增加，权益也随之相应增加，所以两者永远相互对应，彼此相等。

（二）会计基本等式的扩充

权益是资产主体对企业资产所拥有的权利。资产主体包括投资主体和债权主体。投资主体是把资产投给企业的各个投资者，称资产所有者；债权主体是以"债"的方式把资产借给企业使用的债权人，称债主。所有者和债权人都对企业资产享有一定的权利。所有者享有的权利，是所有者权益，股份制企业称为股东权益；债权人享有的权利，是债权人权益，表现为企业的负债。因此，会计的基本等式可扩充为

$$资产 = 负债 + 所有者权益 \tag{1}$$

为了说明企业经营成果对资产和权益的影响，会计的基本等式还可扩充为

$$资产 = 负债 + 所有者权益 + （收入 - 费用） \tag{2}$$

或

$$资产 = 负债 + 所有者权益 + 利润$$

扩充等式（1）可从某个会计期间的开始或结束时考察；扩充等式（2）可从会计期间未结算前的任一时刻考察，其中，"费用"是一种广义的费用概念。

第二章

货币资金

货币资金是企业生产经营过程中停留在货币形态的那部分资金。按其存放的地点和用途不同，分为库存现金、银行存款和其他货币资金三部分。

货币资金与货币性资产不是一回事。货币性资产是企业拥有的货币资金和其他固定金额的债权。其他固定金额的债权是企业拥有的收回定量货币的权利，包括应收账款、应收票据、有价证券、长期证券投资等。

我国的货币资金相当于西方会计中的"现金"。西方会计中入账的现金包括企业所拥有的硬币、纸币、银行活期存款，以及其他各种交换媒介，如支票、银行汇票、银行本票、邮局汇票、银行出具的信用证等。我国在编制现金流量表时使用西方会计中的现金概念。

货币资金具有流动性大的特点，又处于企业资金运动的起点和终点，在企业资金循环和周转过程中发挥着连接和纽带作用。正确、及时、完整地反映货币资金的收、付、存情况，严格监督检查货币资金管理制度的执行情况，合理地使用货币资金，保护货币资金的安全完整，是进行货币资金核算和管理的基本要求。

第一节　库存现金

一、库存现金的管理

为了加强和改善现金管理，国务院 1988 年颁发了《现金管理暂行条例》。企业各种款项的收支必须遵守并执行国家现金管理制度和结算制度的规定。

（一）现金的使用范围

根据《现金管理暂行条例》的规定，开户单位应在下列范围内使用现金：①职工工资、津贴。②个人劳务报酬。③根据国家规定颁发给个人的科学技术、文化艺术、体育等各种奖金。④各种劳保、福利费用以及国家规定的对个人的其他支出。⑤向个人收购农副产品和其他物资的价款。⑥出差人员必须随身携带的差旅费。⑦结算起点以下的零星支出。⑧中国人民银行确定需要支付现金的其他支出。

（二）库存现金的限额

为了满足企业日常零星开支的需要，每个企业必须经常保留一定数额的库存现金。库存现金限额为多少，由银行根据企业实际需要核定，一般保持企业 3 ~ 5 天的零星开支量，边远地区和交通不便地区的企业的库存现金限额可多于 5 天，但最多不得超过 15 天的日常零星开支。必须指出，核定库存现金限额中的日常零星开支量不包括定期发放的工资和不定期支付的差旅费等大额现金支出。

（三）现金的日常收支管理

（1）企业取得的现金收入应于当日送存开户银行。当日送存确有困难的，由开户银行确定送存时间。

（2）企业支付现金，可从现金限额中支付或从开户银行提取，一般不得坐支现金。所谓坐支现金，是指从企业现金收入中直接支付自身的支出。因为企业取得现金收入时，要及时送存银行，在送款单上注明款项的来源；企业支取现金时，在现金支票上注明款项的用途，银行对违反现金管理制度规定的款项随时拒绝办理。如果企业坐支现金，就逃避了银行的监督，扰乱了现金收支渠道，为许多不良行为提供了条件。当然企业因特殊情况需要坐支现金的，应事先报开户银行审查批准，由开户银行核定坐支范围和限额；坐支单位应定期向开户银行报送坐支金额和使用情况。

（3）企业从开户银行提取现金，应签发现金支票，注明用途，由本单位财会部门负责人签字盖章，经开户银行审核后得以获得现金。

（4）设立内部牵制制度。所谓内部牵制制度，是指凡涉及财物和货币资金的收付、结算及其登记的任何一项工作，必须由两人或两人以上分工掌管，以起相互制约作用的一种内部控制制度，包括会计与出纳分管、审批与经办分管、账与货分管、钱与物分管等。在货币资金管理方面，要实行钱账分管，即经管现金的出纳人员不得兼管收入、费用、债权、债务等账簿的登记工作以及会计稽核和会计档案保管工作；非出纳人员管账不管钱。出纳人员妥善保管有关印章，严格按规定用途使用，但签发支票所使用的各种印章不得全由出纳一人保管。

（5）规定票据的管理办法。出纳人员保管企业的空白收据、空白支票和各种有价证券，专设登记簿办理空白收据、空白支票的领用注销手续。

（6）严格现金收支手续。会计人员填制收付款凭证，经会计主管人员审核后，由出纳人员办理款项收付。出纳人员收付款后，要在收付款凭证上签章，并加盖"收讫""付讫"戳记，据以登记日记账。

（7）建立现金收支的审核、检查制度。出纳人员保管库存现金，登记库存现金日记账，要做到日清月结，账款相符。财务主管人员要对其进行抽查和稽核。一旦发现现金溢缺，要查明原因，及时处理。开户银行应检查企业是否遵守现金管理制度规定。比如，企业是否谎报用途套取现金，是否利用银行账号为其他单位和个人套取现金，是否将企业的现金收入作为个人储蓄存入银行，是否保留账外公款（即建立"小金库"），等等，如有违反，应进行相应罚款或处罚。

二、库存现金的核算

企业一切现金收支都必须取得或填制原始凭证，作为收付款的书面证明。比如，企业向银行提取现金，要以现金支票存根作为提现的证明；将现金存入银行，要以送款单回单作为存入现金的证明；职工交来现金，要以开给的收款收据副联作为收款的证明；支付职工借支的差旅费，要以经有关人员签证的借款单作为付款证明；收入小额销售货款，要以销售部门开出的发票副联作为收款证明；等等。会计部门对一切收付款的原始凭证都要进行认真审核，符合规定要求的原始凭证可据以填制收款凭证或付款凭证。

要设置库存现金日记账进行现金的序时核算。库存现金日记账的账页一般采用收付余三栏式，由出纳人员按业务先后顺序根据收付款凭证逐笔登记。每日终了，要计算全日的现金收入合计数、现金支出合计数和结存数，并与实际库存数核对相符。有外币现金的企业要分别人民币、每种外币设置库存现金日记账进行序时核算。库存现金日记账的账页还可以采用多栏式格式。账页内按现金收支的对应科目设置专栏。这种日记账，可以是现金收支一本账，也可以是现金收入和现金支出两本账。在两本账下，每日终了要将现金支出日记账当日支出的合计数过入现金收入日记账支出合计栏，以便结出当日余额。多栏式库存现金日记账可以反映现金的来龙去脉，并能代替汇总收款凭证和汇总付款凭证，为登记现金总账提供方便，还为编制现金流量表（直接法）直接提供依据。

库存现金除了进行序时核算（明细核算）外，还要进行总分类核算。现金总分类核算是在会计总账上通过设置"库存现金"账户进行的。该账户可根据收付款凭证或汇总收付款凭证登记，也可根据科目汇总表登记，还可根据多栏式日记账登记，企业应视会计核算形式而定。必须注意的是，在按多栏式日记账合计数登记总账之前，应由非出纳人员对多栏式日记账记录加以审核，以保证总账登记的正确性。

月末终了，"库存现金日记账"余额应与总账上"库存现金"账户余额核对相符。

三、库存现金的清查

库存现金清查的基本方法是实地盘点，包括出纳人员的每日清点和清查小组定期和不定期清查。清查的库存现金实有数应与账面余额相符。这里所指的库存现金实有数不包括白条抵充的现金。《现金管理暂行条例》规定，不准白条顶库，即不准以不符合财务会计制度规定的凭证（如借条、收据等白条）顶替库存现金。现金清查中发现有待查明原因的现金短缺或溢余，大中型企业应通过"待处理财产损溢"科目核算。查明原因后，属于应由保险公司或责任人赔偿的现金短缺，记入"其他应收款"科目；无法查明原因的现金短缺，经批准后记入"管理费用"科目；属于应支付给有关人员或单位的现金溢余，记入"其他应付款"科目；无法查明原因的现金溢余，经批准后记入"营业外收入"科目。

四、库存现金的主要账务处理

（1）从银行提取现金400元：
借：库存现金　　400
　　贷：银行存款　　400
（2）销售产品收到现金56.50元，其中价款50元、增值税款6.50元：
借：库存现金　　56.50
　　贷：主营业务收入　　50
　　　　应交税费——应交增值税（销项税额）　　6.50
（3）行政人员王玉报销差旅费260元，交回现金余款40元（原借300元）：
借：库存现金　　40
　　管理费用　　260
　　贷：其他应收款——备用金——王玉　　300
（4）行政部门购买办公用品付现金80元：
借：管理费用　　80
　　贷：库存现金　　80

（5）现金清查中发现现金溢余 30 元：

借：库存现金　　　　　　　　　　　　　　　　　　　　　　　　　30

　　贷：待处理财产损溢——待处理流动资产损溢　　　　　　　　　　　　30

（6）上述现金溢余未查明原因，报经批准作营业外收入处理：

借：待处理财产损溢——待处理流动资产损溢　　　　　　　　　　　30

　　贷：营业外收入——现金溢余　　　　　　　　　　　　　　　　　　30

（7）现金清查中发现现金短缺 70 元：

借：待处理财产损溢——待处理流动资产损溢　　　　　　　　　　　70

　　贷：库存现金　　　　　　　　　　　　　　　　　　　　　　　　　70

（8）经查，上述现金短缺是出纳员张俊责任，应由张俊赔偿：

借：其他应收款——应收现金短缺——张俊　　　　　　　　　　　　70

　　贷：待处理财产损溢——待处理流动资产损溢　　　　　　　　　　　70

第二节　银行存款

一、银行存款账户的开立

银行存款是指企业存入银行或其他金融机构账户上的货币。按规定企业除了可以用现金收付的现金结算外其他各项经济业务都必须通过银行办理转账结算。我国《商业银行法》第 48 条和《银行账户管理办法》规定，企事业单位日常转账结算和现金收付应自主选择一家银行的一个营业机构开立一个基本存款账户，企事业单位的工资、奖金等通过该账户支取。企事业单位还可在其他银行的一个营业机构开立一个一般存款账户，该账户可办理转账结算和存入现金，但不得支取现金。企业根据需要，还可在银行开立临时存款账户（适应临时经营活动需要而开立的账户）、专用存款账户（因特定用途需要而开立的账户）等。

二、银行存款的核算

（一）总分类核算

会计人员在总账上设立"银行存款"账户，总括地反映银行存款的收支结存情况。

（二）序时核算

为了随时掌握银行存款动态，合理组织货币资金收支，企业应按开户银行（或其他金融机构）、存款种类及货币种类设置银行存款日记账进行序时核算。银行存款日记账的格式可以采用三栏式或多栏式。采用多栏式既可以反映银行存款的来源和用途，代替汇总收付款凭证，又可以为编制现金流量表提供便利。

在经济业务种类繁多的企业，多栏式银行存款日记账对应科目过多，势必造成栏目过多、账页过宽的现实，不太实用。为了解决这一问题，可采用"重点突出、一般兼顾"的办法设置栏目，即收入方或支出方各选择一两个最常用的对应科目设置专栏，其他对应科目在收入方或支出方专设一栏，并在账页最右边增设对应科目汇总栏，以反映对应全貌关系。其格式举例见表 2-1。

表 2-1　银行存款日记账

户名：工行存款　　　　　　　　　　　　　　　　　　　　　　　　　第　　页；银汇字　　号

×××年		凭证		摘要	收入				支出				结余	对应科目汇总			
					应贷科目			收入合计	应借科目			支出合计		银行存款收入		银行存款支出	
月	日	种类	号数		主营业务收入	应交税费	其他科目编号		材料采购	应交税费	其他科目编号			对应科目	金额	对应科目	金额

银行存款日记账由出纳人员根据收付款凭证按业务发生顺序逐日逐笔登记，每日结出余额，月末结出本月收入合计、本月支出合计和月末结余。

三、银行存款的清查

为了检查企业和开户银行账目是否有错漏，查明银行存款实有数，企业应定期将银行存款日记账记录和银行对账单进行核对（每月至少一次）。如有不符，应查明原因，及时调整。一般来说，两者存款余额不一致，除企业或银行记账差错外，还可能存在着未达账项。所谓未达账项，是指一方已经登记入账而另一方尚未登记入账的款项。具体有以下四种情况：①企业已经收款入账，而银行尚未入账的款项。②企业已经付款入账，而银行尚未入账的款项。③银行已经收款入账，而企业尚未入账的款项。④银行已经付款入账，而企业尚未入账的款项。

企业收到银行对账单后，应与银行存款日记账收支数逐笔核对，发现未达账项，应编制银行存款余额调节表。现举例予以说明。

某企业 20××年4月30日银行存款日记账账面余额 24 400 元，银行对账单上该企业存款余额为 25 880 元，经过核对，存在以下未达账项：

（1）4月29日，企业送存银行的转账支票 1 300 元，银行尚未入账。

（2）4月29日，企业开出转账支票 1 500 元，持票人尚未到银行办理转账手续。

（3）4月30日，企业委托银行托收款项 2 000 元，银行已收妥入账，但收款通知尚未到达企业。

（4）4月30日，邮电局委托银行向该企业收取电话费 720 元，银行已办付款手续，但付款通知尚未到达企业。

根据以上未达账项，编制银行存款余额调节表，见表 2-2。

表 2-2 中，调节后存款余额 25 680 元是该企业4月30日银行存款实有数。经过上述调整，如果余额仍不相符，表明账目有差错，应进一步查明原因，加以更正。对于银行已经入账企业尚未入账的项目，我国规定待结算凭证到达后再进行账务处理，这主要是出于简化会计核算工作的需要。但如果这部分款项期末金额很大，势必会影响企业财务状况的正确反映。按照国际流行的做法，这部分款项需在编制银行存款余额调节表时就编制分录予以入账。

表2-2 银行存款余额调节表

20××年4月30日 （单位：元）

项 目	金 额	项 目	金 额
企业银行存款日记账余额	24 400	银行对账单余额	25 880
加：银行已收，企业未收的款项	2 000	加：企业已收，银行未收的款项	1 300
减：银行已付，企业未付的款项	720	减：企业已付，银行未付的款项	1 500
调节后的存款余额	25 680	调节后的存款余额	25 680

企业存在银行或其他金融机构的款项有确凿证据已部分或全部不能收回，如这些单位破产等，应将其转作营业外支出。

四、银行往来的汇总登记

企业如果在多个银行开户，除了按各开户银行设置银行存款日记账外，还应该设置"银行往来登记簿"，根据各个银行存款日记账按日登记各户头存款每日收入、支出和结余额，再汇总计算出全部银行存款收支存总额。举例见表2-3。

表2-3 银行往来登记簿 （单位：元）

20××年		中国工商银行			中国建设银行			本日合计		
月	日	收入	支出	余额	收入	支出	余额	收入	支出	余额
4	30			24 400			68 600			93 000
5	1	6 300	5 800	24 900	8 760	9 200	68 160	15 060	15 000	93 060

五、银行转账结算方式

银行转账结算是通过银行用转账的方式清理债权、债务的结算。其方式分为同城（同一城市）结算和异地结算。前者有支票、银行本票、银行汇票、委托收款、商业汇票结算；后者有汇兑、银行汇票、托收承付、委托收款、商业汇票、信用证（卡）结算。

（一）托收承付结算方式

托收承付结算方式是由收款单位根据经济合同发货后，委托银行向异地的付款单位收取款项，付款单位根据经济合同核对单据或验货后向银行承认付款的一种结算方式。其结算程序如图2-1所示。

1. 结算程序说明

①发运商品。②填写托收承付结算凭证一式五联，连同发票、运单一起交给开户行办理托收手续。③银行受理，退回托收承付结算凭证回单（第1联），留下第2联。④寄送托收承付凭证第3～5联、发票和运单。⑤通知承付。交给发票、运单和托收承付第5联（承付通知），银行留下托收承付结算凭证第3联、第4联，暂存等待处理。⑥同意承付。承付分为验单承付和验货承付

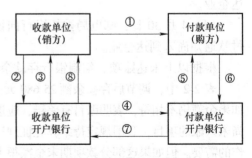

图2-1 托收承付结算程序

两种。在验单承付方式下，购方将银行传来的单据与合同核对相符后即可承付，承付期3天，即3天内不去银行，表示同意承付。在验货承付方式下，购方要等到货物到达，检验货物的品种、数量、质量、单价，与合同相符后才予以承付，承付期10天。如果在验单或验货过程中发现与合同不符的情况，可填写"拒付理由书"，在承付期内送银行办理全部或部分拒付手续。如果承付期满，购方无款支付，可延付，但要按日支付滞纳金。延付期最长不超过3个月。⑦划转款项。有两种划款方式：邮划（用邮寄信件方式划款）和电划（用拍电报的方式划款）。图2-1采用邮寄托收承付结算凭证第4联（收账通知）的方式划款。⑧通知收款。即将托收承付第4联（收账通知）交给销方。

2. 销方账务处理

举例： 振华公司向金东工厂发出商品一批，开给增值税专用发票，发票上价款15 000元，计收增值税1 950元，发货时向铁路局支付代垫运杂费1 000元（用转账支票支付）。振华公司有关账务处理如下：

（1）振华公司（一般纳税人）发出商品代垫运杂费，同时办妥托收手续取回托收承付结算凭证第1联回单时：

```
借：应收账款                                    17 950
    贷：主营业务收入                                 15 000
        应交税费——应交增值税（销项税额）              1 950
        银行存款                                     1 000
```

（2）收到银行传来的收账通知时：

```
借：银行存款                                    17 950
    贷：应收账款                                     17 950
```

3. 购方账务处理

（1）金东工厂（一般纳税人）承付购料款时（仍以上例为例）：

```
借：材料采购                                    16 000
    应交税费——应交增值税（进项税额）             1 950
    贷：银行存款                                     17 950
```

（2）收到原材料入库时：

```
借：原材料                                      16 000
    贷：材料采购                                     16 000
```

4. 有关增值税问题

增值税是以商品（含应税劳务）在流转过程中产生的增值额作为计税依据而征收的一种流转税。增值额是商品价值或劳务价值扣除相应外购材料等价值的差额。我国规定，增值税是价外税，即在商品或劳务价格外按一定税率（13%或9%或6%或3%或零税率）计税。上述振华公司外售商品时，就在价款15 000元以外计收13%的增值税1 950元，这是销售项目（包括销售商品、材料、固定资产等）的税额，称为销项税额。如果振华公司本月份外购材料价款10 000元，支付增值税1 300元，这是购进项目（包括购买材料、商品、固定资产等）支付的税额，称为进项税额。进项税额可以抵扣销项税额。抵扣后振华公司本月应向税务局缴纳增值税650元（1 950 - 1 300）。增值税最终由不产生增值额的消费者承担。我国1984年10月1日推行增值税，纳税人主要是工业企业、商业企业（增值税税率为

17%或13%）。从2013年8月1日起，全国交通运输业和部分现代服务业试行增值税代替原先的营业税（增值税税率分别为11%、6%），从2014年1月1日起，全国铁路运输和邮政业试行增值税代替原先的营业税（增值税税率均为11%），从2014年6月1日起，全国电信业试行增值税代替原先的营业税（基础电信服务的增值税税率为11%，增值电信服务的增值税税率为6%），从2014年10月1日起，全国建筑及房地产业、金融业和生活服务业等领域推行增值税代替原先的营业税（增值税税率分别为11%、6%、6%）。

2018年5月1日，根据《财政部 税务总局关于调整增值税税率的通知》（财税〔2018〕32号）规定，纳税人发生增值税应税销售行为或者进口货物，原适用17%和11%税率的，税率分别调整为16%、10%。

2019年3月21日，财政部、国家税务总局、海关总署等三部门发布的《关于深化增值税改革有关政策的公告》明确规定，增值税一般纳税人发生增值税应税销售行为或者进口货物，原适用16%税率的，税率调整为13%；原适用10%税率的，税率调整为9%；纳税人购进农产品，原适用10%扣除率的，扣除率调整为9%；纳税人购进用于生产或者委托加工13%税率货物的农产品，按照10%的扣除率计算进项税额；原适用16%税率且出口退税率为16%的出口货物劳务，出口退税率调整为13%；原适用10%税率且出口退税率为10%的出口货物、跨境应税行为，出口退税率调整为9%。

上述业务假设增值税纳税人（振华公司、金东工厂）都为一般纳税人，其在购销过程中均要开给或取得增值税专用发票，到税务局抵扣时，主要是以专用发票税额为依据。除了一般纳税人外，还有小规模纳税人（指应税销售额在规定标准以下的纳税人）。他们购买货物支付的增值税不得抵扣；同时他们销售货物只按征收率3%计算应向国家缴纳的增值税，不得使用增值税专用发票，只能开给增值税普通发票，但必要时可通过税务局代开专用发票。小规模纳税人和一般纳税人的会计核算主要有三点不同：一是向供方支付的增值税计入购货及劳务成本；二是销售货物或劳务如为含税销售额要换算为不含税的计税销售额［计税销售额＝含税销售额÷（1＋征收率）］；三是"应交税费"科目仅进行二级核算，不核算进项税额或销项税额。现举例说明如下：

假定上述金东工厂为小规模纳税人，本月购料付款18 550元（其中含增值税550元），本月销售产品含税销售额20 600元未收，增值税征收率为3%。

购料时：借：材料采购　　　　　　　　　　　　　　　18 550
　　　　　　贷：银行存款　　　　　　　　　　　　　　　　　18 550
售货时：借：应收账款　　　　　　　　　　　　　　　20 600
　　　　　　贷：主营业务收入（20 600÷1.03）　　　　　　　　20 000
　　　　　　　　应交税费——应交增值税（20 000×3%）　　　　　600

（二）委托收款结算方式

委托收款结算方式是收款人委托银行向付款人收取款项的一种结算方式，分为邮划和电划两种。其结算程序和托收承付结算方式相同，账务处理也一致。

委托收款结算方式与托收承付结算方式有以下不同点：

（1）适用范围不同。委托收款结算方式适用于单位和个人已承兑商业汇票、债券、存单等付款人债务证明办理款项的结算；托收承付结算方式适用于异地订有购销合同的商品交易。

（2）金额起点不同。委托收款结算方式不受金额起点限制；托收承付结算方式金额起点除了新华书店系统每笔金额起点为 1 000 元外，其余为 10 000 元。

（3）办理收款手续的依据不同。采用委托收款结算方式向银行办理委托收款手续时要有债务证明作为依据；采用托收承付结算方式向银行办理托收手续时，必须提供铁路、航运、公路等运输部门签发的运单、运单副本和邮局包裹回执等有关凭证，只有这样银行才予以受理。

（4）银行所起的作用不同。委托收款结算中发生争议，由购销双方自行处理，发生拒付款，银行不审查拒付理由，仅办理退回单证的手续；托收承付结算发生拒付时，银行要根据有关规定审查拒付理由等，履行监督职能。

（三）支票结算方式

支票是由出票人签发的，委托办理支票存款业务的银行在见票时无条件支付确定的金额给收款人或持票人的票据，一般分为现金支票和转账支票两种。

1. 现金支票

我国《票据法》第 83 条规定："支票中专门用于支取现金的，可以另行制作现金支票，现金支票只能用于支取现金。"现金支票有两大作用：一是用于本单位向其开户行提取现金；二是用于同城有关单位的款项结算。企业开给收款单位现金支票后，收款单位需在支票背面签章（称为背书），然后到签发单位开户行提取现金。现金支票采用单联式格式：右边为现金支票，左边为现金支票存根。

2. 转账支票

转账支票是由付款单位签发给收款人从其开户行账户上支取款项办理划账结算的一种凭证。转账支票只能用于转账，不能提取现金。它用于同城或票据交换地区商品交易、劳务供应、清偿债务以及其他款项的结算。《票据法》规定：支票的持票人应当自出票日起 10 天内提示付款；支票限于见票即付，不得另行记载付款日期；禁止签发空头支票（即签发的支票金额超过付款人实有存款金额而不能兑现的支票）。

转账支票为单联式，没有起点金额限制。付款单位用墨汁或碳素墨水笔签发转账支票后，留下存根，将转账支票交给收款单位。收款单位收到转账支票后，填写进账单一式两联，将支票和进账单交其开户行收款入账。开户行受理后退回进账单第 1 联（回单）；将转账支票传送付款单位开户行，自己留下进账单第 2 联（收入凭证）。转账支票在中国人民银行总行批准的地区背书转让，即由收款人在支票背面签章将支票款项转让给另一个收款人（被背书人）。

转账支票在同城结算中用得较广泛，但从 2006 年 12 月 18 日起，企事业单位和居民个人签发的支票可以在北京、天津、上海、广东、河北、深圳 6 地互相通用结算，2007 年 7 月在全国通用。

企业签发支票购买材料、办公用品等，借记"材料采购""管理费用"等科目，贷记"银行存款"科目。收款单位收到转账支票送存银行，根据进账单回单、销售货物或提供劳务的增值税专用发票等凭证，借记"银行存款"科目，贷记"主营业务收入""应交税费——应交增值税（销项税额）"等科目；收到现金支票提回现金，借记"库存现金"科目，贷记有关科目。

（四）汇兑结算方式

汇兑结算方式是汇款人委托银行将款项汇给外地收款人的一种结算方式，分为信汇和电汇两种。采用这一方式不受金额起点限制，可用于异地各种资金调拨、清理旧欠、结算货款等项结算。

1. 信汇凭证结算程序（见图 2-2）

说明：①填写信汇凭证第 1～4 联交给银行办理汇款。②银行受理退回信汇凭证第 1 联（回单），留下第 2 联（支款凭证）。③邮寄信汇凭证第 3 联、第 4 联。④交给信汇凭证第 4 联（收款通知），银行留下信汇凭证第 3 联（收款凭证）。⑤发出货物（也可先发货后收款）（若清理旧欠、开立采购专户等无此步骤）。

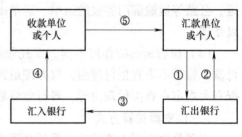

图 2-2　信汇凭证结算程序

2. 电汇凭证结算程序

①汇款单位填写电汇凭证第 1～3 联交给银行办理汇款。②银行受理退回电汇凭证第 1 联（回单）。③电报划款，以电汇凭证第 3 联做发报依据，银行留下电汇凭证第 2 联（付出传票）。④汇入银行收电报后，填写"电寄（收方）补充报单"，将其中"收账通知"联交给收款单位。

3. 电子汇兑和网银转账

（1）电子汇兑。当银行实行计算机联网后，各银行之间可利用计算机进行电子转账。汇兑方式采用计算机电子转账的，称为电子汇兑。汇款单位进行电子汇兑时，需到开户银行填写"结算业务申请书"，列明申请人和收款人的名称、银行账号、联系电话，汇入行名称和地点、汇款金额、扣款方式（选择"转账"，另可选择"现金"或"其他"）、汇款用途、支付密码和附言。开户行受理后将其输入计算机，并通过联网，传到汇入方开户行；汇入银行收到电子汇兑信息，用计算机打印出"客户贷记通知单"，在通知联上加盖银行印章后交给收款单位。电子汇兑的结算程序如图 2-3 所示。

说明：①汇款单位经办人填写第 1～2 联的"结算业务申请书"交给银行办理汇款。②银行受理退回"结算业务申请书"第 2 联（客户回单联），留下第 1 联（银行留存联），同时在计算机系统上填写"国内汇款付款通知单"，在空白纸张上打印一份标明"第二联（客户留存）"的凭证，盖上银行"业务

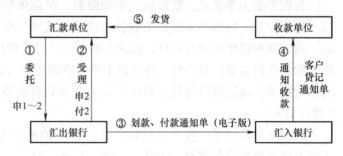

图 2-3　电子汇兑结算程序

专用章"交给汇款人，再打印"第一联（银行留存）"。③将"国内汇款付款通知单"电子版通过联网传到汇入银行。④汇入银行打印"客户贷记通知单"，盖上银行"业务专用章"交给收款单位，通知收款。⑤收款单位发出货物（也可先发货后收款）（若清理旧欠、开立采购专户等无此步骤）。

采用"电子汇兑"结算方式后，信汇、电汇结算方式不再使用。

（2）网银转账。网银转账是"网上银行转账"的简称，适用于同城或异地款项业务的结算。收付款双方财务部门均要到开户银行办理"网上银行——企业服务签约单"手续，取得两个"网银操作员标识"号码（一个是网银操作员号码，另一个是网银审核员号码）和两个优盘（如中银 E 盾 USBKey 盘），并将优盘连接到计算机在网上设置"优盘密码""用户名""登录密码"。付款单位需要通过网上银行进行转账付款时，付款经办人需要通过单位财务部门填写"支付业务委托书"，列明收款单位的名称、开户银行、银行账号、汇款内容，同时需要提供购销合同、付款审批手续等作为汇款的依据。单位财务部门网银操作员将网银优盘插入计算机进行网上操作。

以中国银行网上银行为例，网银操作员在计算机上插入网银优盘，进入中国银行网站（http://www.boc.cn/），选择"企业客户网银登录"——"CA"登录（另有"动态口令登录""短信验证登录"不要选），输入"优盘密码""用户名""登录密码"后，进入中国银行本单位所开设的网银账户，选择"转账汇款"——"对公单笔汇款"，输入收款人账号、收款人户名、付款金额和用途，在"付款方式"下选"实时付款"，再输入"客户业务编号"，进行"普通"结算（另可"加急"结算），并选择"短信提醒"收款人或审核人（输入姓名），确定本笔交易"支付手续费账号"，再单击"提交"，显示"交易提交成功"，产生"客户申请号：×××…"。

单位财务部门网银审核员采用上述登录流程进入中国银行本单位所开设的网银账户后，选择"转账汇款——授权"，单击上述"客户申请号：×××…"，选择"授权通过"——确认，输入网银审核员优盘密码，在优盘显示屏上显示"货币人民币付款人账号×××…"——按"OK"键——返回。上述付款业务随即完成，网银审核员随时收到由中国银行 95566 发来的付出多少金额的信息。在实际工作中，授权审核汇款可以逐笔授权进行，还可以设置授权额度，超过一定金额的业务才由网银审核员按"授权"流程办理转账汇款业务。

上述业务办完后，单位财务部门出纳员将经办人事先填制的电子介质的"支付业务委托书"打印出两份让付款经办人签字确认，其中，一联给经办人，一联留存财务部门。留存财务部门的"委托书"和开户银行传来的"客户申请号：×××…"凭证及其他有关凭证将作为财务部门进行账务处理的依据。

4. 账务处理

（1）汇方在异地开立采购专户的账务处理。采购人员去外地采购材料物资，如果交易单位不能事先确定，又不能随身携带过多现金，可通过银行汇款，在外地开立采购专户，再据以结算采购款项。采购专户的有关业务处理，通过设置"其他货币资金——外埠存款"科目核算。下面举例予以说明：

1）采用电子汇兑方式将 50 000 元汇到北京市某银行开立的采购专户。

　　借：其他货币资金——外埠存款　　　　　　　　　　　　50 000
　　　　贷：银行存款　　　　　　　　　　　　　　　　　　　　50 000

2）收到采购原材料的支出报销凭证，共报销货款 47 460 元，其中价款 42 000 元，增值税 5 460 元。

　　借：材料采购　　　　　　　　　　　　　　　　　　　　42 000
　　　　应交税费——应交增值税（进项税额）　　　　　　　　5 460
　　　　贷：其他货币资金——外埠存款　　　　　　　　　　　　　47 460

3）上述原材料验收入库。

借：原材料　　　　　　　　　　　　　　　　　　　42 000

　　贷：材料采购　　　　　　　　　　　　　　　　　　　42 000

4）银行传来收账通知，外埠存款多余款2 540元，已退回。

借：银行存款　　　　　　　　　　　　　　　　　　2 540

　　贷：其他货币资金——外埠存款　　　　　　　　　　　2 540

（2）清理旧欠的账务处理。

借：应付账款　　　　　　　　　　　　　　　　　　×××

　　贷：银行存款　　　　　　　　　　　　　　　　　　×××

（3）收方账务处理。收方收到货款，发出货物，借记"银行存款"科目，贷记"主营业务收入""应交税费"等科目。

（五）银行本票结算方式

本票是由出票人签发的，承诺自己在见票时无条件支付确定的金额给收款人或持票人的票据。简言之，本票是由出票人本身付款的票据。由企业签发的本票叫商业本票；由银行签发的本票叫银行本票。我国目前仅开办银行本票结算。它分为定额本票和不定额本票两种。前者指的是预先印好固定面额的银行本票，如1 000元、5 000元、10 000元、50 000元；后者指的是根据实际需要填写金额的银行本票，没有起点金额限制。银行本票一律记名，即填写收款人名称，适用于同城范围内单位、个体经济和个人之间的商品交易、劳务供应以及其他款项的结算。银行本票可以转账结算，也可以到兑付行支取现金，还可以背书转让。银行本票付款期限自出票日起最长不得超过2个月。

1. 不定额银行本票结算程序（见图2-4）

说明：①填写银行"结算业务申请书"第1~2联申请签发银行本票。②签发一式两联不定额银行本票，将银行本票第1联和银行"结算业务申请"第2联交给申请人，银行留下银行本票第2联和申请书第1联。③持银行本票第1联购货，留下银行"结算业务申请"第2联。④填写一式两联进账单，连同银行本票第1联交给银行办理兑现手续。⑤银行受理，退回进账单第1联（回单），留下进账单第2联（收入凭证）。⑥传送银行本票第1联，向签发银行兑换票据。

2. 定额银行我本票结算程序（见图2-5）

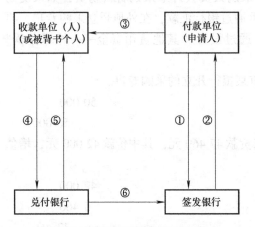

图2-4　不定额银行本票结算程序

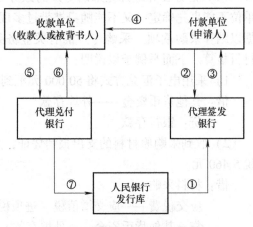

图2-5　定额银行本票结算程序

说明：①领取未签发的定额银行本票。②填写银行"结算业务申请书"第1~2联，申请签发银行本票。③签发单联式银行本票，连同申请书第2联交给申请人，银行留下申请书第1联。④持票购货结算，留下申请书第2联。⑤填写进账单一式两联，连同银行本票交给银行兑现票款。⑥银行受理，退回进账单第1联回单，银行留下进账单第2联。⑦将银行本票送交人民银行发行库。

3. 账务处理

银行本票签发后，付款单位的银行存款就按签发金额转在银行本票上了。银行本票在一定结算期限内使用或转让，直至兑现为止。为了反映银行本票的形成、结算、兑付等过程，企业应设置"其他货币资金——银行本票"科目进行核算。

（1）付款单位账务处理。

1）申请签发银行本票10 000元，该单位（小规模纳税人）根据结算业务申请书第2联（客户留存）进行账务处理。

借：其他货币资金——银行本票　　　　　　　　　　　　　　　　10 000
　　贷：银行存款　　　　　　　　　　　　　　　　　　　　　　　　10 000

2）持票购买工具一批，货款共计9 984元（只取得增值税普通发票），多余16元返回现金［注：银行本票实行全额结算，多余或不足款以现金（或支票）退回或补足］。

借：材料采购　　　　　　　　　　　　　　　　　　　　　　　　9 984
　　库存现金　　　　　　　　　　　　　　　　　　　　　　　　　　16
　　贷：其他货币资金——银行本票　　　　　　　　　　　　　　　10 000

3）工具全部验收入库。

借：周转材料——低值易耗品　　　　　　　　　　　　　　　　　9 984
　　贷：材料采购　　　　　　　　　　　　　　　　　　　　　　　　9 984

（2）收款单位账务处理。接上例，收款单位（小规模纳税人）收到银行本票，提交工具给购货方，办理了票款兑现手续，据进账单回单、销售发票等凭证进行账务处理。

借：银行存款　　　　　　　　　　　　　　　　　　　　　　　10 000
　　贷：主营业务收入（9 984÷1.03）　　　　　　　　　　　　9 693.20
　　　　应交税费——应交增值税（9 693.20×3%）　　　　　　　290.80
　　　　库存现金　　　　　　　　　　　　　　　　　　　　　　　16

（六）银行汇票结算方式

汇票是由出票人签发的，委托付款人在见票时或者在指定日期无条件支付确定的金额给收款人或持票人的票据，分为银行汇票和商业汇票两种。

银行汇票是由企业单位或个人将款项交存银行，由银行签发给其持往异地采购商品时办理结算或支取现金的票据。银行汇票通常不记载付款日期，即它是见票即付的汇票，其有效期为1个月（自出票日起计算）；没有汇款金额起点限制；可用于同城结算和异地结算；可背书转让或转汇到其他地点；签发时一律记名。银行汇票结算程序如图2-6所示。

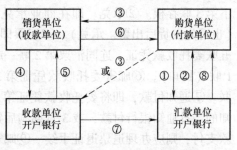

图2-6　银行汇票结算程序

说明：①填写银行"结算业务申请书"第1~2联委托银行签发银行汇票。②签发银行汇票一式四联，将银行汇票第2联、第3联和申请书第2联交给汇款单位，银行留下银行汇票第1联、第4联和申请书第1联。③持银行汇票第2联、第3联购货结算，留下申请书第2联（如需到兑付银行支取现金，则在签发汇票时填写"现金"字样）。④填写进账单第1~2联，连同银行汇票第2联、第3联一起交给银行办理进账手续。⑤银行受理，退回进账单第1联回单，银行留下进账单第2联和银行汇票第2联。⑥提供商品。⑦邮寄银行汇票第3联，通知汇款已解付。⑧退回多余款，交给银行汇票第4联，银行留下银行汇票第3联（若无多余款，银行汇票第4联留在银行）。

银行汇票结算业务通过"其他货币资金——银行汇票"科目进行处理。企业申请签发银行汇票后，借记"其他货币资金——银行汇票"科目，贷记"银行存款"科目；企业持票购货取得购料发票等，借记"材料采购""应交税费——应交增值税（进项税额）"等科目，贷记"其他货币资金——银行汇票"科目；购入原材料等验收入库时，借记"原材料"等科目，贷记"材料采购"科目；接到银行退回汇票多余款通知时，借记"银行存款"科目，贷记"其他货币资金——银行汇票"科目。

收款单位收到银行汇票款，并发出货物时，借记"银行存款"科目，贷记"主营业务收入""应交税费"等科目。

（七）商业汇票结算方式

商业汇票是由出票人签发的，委托付款人在指定日期无条件支付确定的金额给收款人或者持票人的票据。凡是在银行开立存款账户的法人以及其他组织之间，具有真实的交易关系或债权债务关系，均可使用商业汇票结算。商业汇票一律记名，可以背书转让、贴现。

商业汇票按其承兑人不同，分为商业承兑汇票和银行承兑汇票两种。承兑是指汇票付款人承诺在汇票到期日支付汇票金额的票据行为，也就是在汇票正面记载"承兑"字样和承兑日期并签章，承认汇票到期日见票付款。由企业承兑的汇票称为商业承兑汇票；由企业委托其开户银行承兑的汇票称为银行承兑汇票。承兑期由购销双方商定，最长不超过6个月。商业汇票可以定日付款（即付款期限自出票日起计算，并在汇票上记载具体的到期日），也可以出票后定期付款（即付款期限自出票日按月计算，并在汇票上记载），还可以见票后定期付款（即付款期限自承兑或拒绝承兑日起按月计算，并在汇票上记载）。

1. 商业承兑汇票结算程序（见图2-7）

说明：①出票。销货单位（也可由购货单位本身）签发一式三联"商业承兑汇票"，留下第3联存根。②承兑。即在商业承兑汇票上签章，留下第1联。③按约定交货日期发货（也可先发货后出票、承兑）。④汇票即将到期，销货单位提前办理收款手续，即填制一式五联委托收款凭证，连同汇票第2联一起交给开户银行。⑤银行受理，退回委托收款凭证第1联（回单）。⑥邮寄委托收款凭证第3~5联和汇票第2联，银行留下委托收款凭证第2联。⑦通知付款，即将委托收款凭证第5联（支款通知）交给购货单位。⑧在收到付款通知的当日通知银行付款，或3日期满后银行划付票款。若3日期满后购货单位存款户头上无款支付，则应办理退票退证手续。⑨邮寄委托收款凭证第4联（也可电划划款）。⑩通知收款，传给委托收款凭证第4联（收账通知）。

2. 银行承兑汇票结算程序（见图2-8）

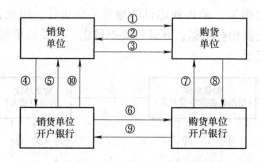

图2-7　商业承兑汇票结算程序

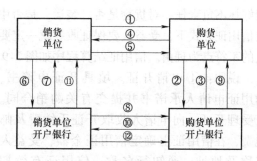

图2-8　银行承兑汇票结算程序

说明：①签发一式四联银行承兑汇票，留下第4联（存根）（也可由购货单位自行签发），将汇票第1~3联交给购货单位。②填写银行承兑协议一式三联，连同汇票第1~3联及购销合同，一起交给银行，委托银行承兑。③银行同意承兑，按票面金额收取一定比例的承兑手续费，填写"手续费收费凭证"一式三联，将收费凭证第1联，承兑协议第1联，汇票第2联、第3联，以及购销合同交给申请承兑人，银行留下收费凭证第2联、第3联，承兑协议第2联及副本，汇票第1联。④将已承兑的汇票第2联、第3联交给收款单位，留下手续费收费凭证第1联、承兑协议第1联和购销合同。⑤按合同规定日期发货（也可先发货，后出票、承兑）。⑥汇票即将到期，销货单位提前办理收款手续，即填制一式五联委托收款凭证，连同汇票第2联、第3联一起交给开户银行。⑦银行受理，退回委托收款凭证第1联（回单），留下汇票第2联、第3联。⑧邮寄委托收款凭证第3~5联，银行留下委托收款凭证第2联。⑨通知付款，即将委托收款凭证第5联（支款通知）交给购货单位，若3日后申请承兑人户头上无款可扣，则承兑银行无条件付款，同时转作申请承兑人逾期贷款。⑩邮寄委托收款凭证第4联（也可电划划款）。⑪通知收款，传给委托收款凭证第4联（收账通知）。⑫清算资金，邮寄银行承兑汇票第3联（解讫通知）。

对于商业汇票业务，销方（或收款方）设置"应收票据"科目核算，购方设置"应付票据"科目核算。具体账务处理在第四章第三节、第九章第四节阐述。

（八）信用证结算方式

信用证是指开证行依照申请人的申请开出的，凭符合信用证条款的单据支付的付款承诺。中国人民银行1997年8月1日颁布的《国内信用证结算办法》明确规定，国内信用证为不可撤销、不可转让的跟单信用证。它适用于国内企业之间商品交易的结算，而且只限于转账结算，不得支取现金。信用证属于银行信用，采用信用证支付，对销货方安全收回货款较有保障；对购货方来说，由于货款的支付是以取得符合信用证规定的货运单据为条件的，避免了预付货款的风险。因此，信用证结算方式在一定程度上解决了购销双方在付款和交货问题上的矛盾。

信用证结算方式主要有三大特点：一是开证行负第一性付款责任。即一旦信用证申请人未能履行付款义务，只要受益人所提交的单据与信用证条款一致，开证行应承担对受益人的第一性付款责任。二是信用证作为一项独立文件，不受购销合同的约束。即信用证一经开出，在信用证业务处理过程中，各当事人的责任与权利都以信用证为准。如开证行付款时仅审核单证与信用证规定的单证是否相符，而不管销货方是否履行合同以及履行的程度如何。

三是信用证业务只处理单据，一切都以单据为准。即银行是凭相符单据付款，而对货物的真假好坏不负责任，对货物是否已装运，是否中途损失，是否到达目的地等不负责任。因此，在信用证方式下，受益人要保证收款就一定要提供相符单据，开证行要拒付也一定要以单据上的不符点为理由。信用证结算程序如图 2-9 所示。

说明：①申请开证。填具开证申请书、信用证申请人承诺书并提交有关购销合同。②受理开证。向申请人收取开证手续费及邮电费，在信用证上确定信用证金额、受益人名称及地址、通知行名称、信用证有效期（最长不超过 6 个月）、付款方式（即期付款、延期付款或议付）等事项。其中，延期付款信用证的付款期限为货物发运日后定期付款，最长不得超过 6 个月。议付信用证应在信用

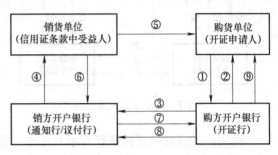

图 2-9 信用证结算程序

证条款中指定受益人的开户行为议付行，并授权其办理议付事宜。③寄送信用证（称"信开信用证"）或电传信用证（称"电开信用证"）。信开信用证应由开证行加盖信用证专用章和经办人名章并加编密押，寄送通知行；电开信用证应由开证行加编密押，以电传方式发送通知行。④通知行填写信用证通知书，连同信用证一起交给受益人。⑤在信用证允许的金额内按合同规定发货。⑥信用证条款中受益人填写委托收款结算凭证（如需议付，还应填写议付/委托收款申请书和议付凭证请求议付），并提交有关结算单据给通知行。⑦通知行将委托收款凭证、单据、信用证正本及寄单通知书寄交开证行办理交单和收款手续。⑧办理付款有关事宜。即开证行在收到通知行有关凭证的次日起 5 个营业日内，及时核对单据表面与信用证条款是否相符。无误后，对即期付款信用证从申请人账户收取款项支付给受益人；对延期付款信用证，应向议付行或受益人发出到期付款确认书，并于到期日从申请账户收取款项支付给议付行或受益人。开证行付款后，随即在信用证正本背面记明付款日期、业务编号、增额、付款金额、信用证余额、开证行名称，加盖业务公章。⑨通知付款。开证行将信用证来单通知书连同有关单据交给开证申请人，通知款项已付。若申请人存款账户余额不足以支付结算款，由于开证行已在规定的时间内向受益人付了款，则对不足支付的部分转作逾期贷款处理。

信用证结算业务通过"其他货币资金——信用证保证金存款"科目进行。企业向银行申请开立信用证，交纳保证金，银行受理开证，据银行退回的进账单第 1 联，借记"其他货币资金——信用证保证金存款"科目，贷记"银行存款"科目；根据开证行传来的信用证来单通知书及有关单据列明的金额，借记"材料采购""应交税费——应交增值税（进项税额）"等科目，贷记"其他货币资金——信用证保证金存款""银行存款"科目；购入原材料等验收入库时，借记"原材料"等科目，贷记"材料采购"科目。

收款单位收到信用证保证金存款，并发出货物时，借记"银行存款"科目，贷记"主营业务收入""应交税费"等科目。

（九）信用卡结算方式

信用卡是指商业银行向个人和单位发行的，凭以向特约单位购物、消费和向银行存取现金，且具有消费信用的特制载体卡片。信用卡按使用对象分为单位卡和个人卡；按信誉等级

分为金卡和普通卡。

凡在中国境内金融机构开立基本存款账户的单位可申领单位卡。单位卡可申领若干张，持卡人资格由申领单位法定代表人或其委托的代理人书面指定和注销，持卡人不得出租或转借信用卡。单位卡账户的资金一律从其基本存款账户转账存入，在使用过程中，需要向其账户续存资金的，也一律从其基本存款账户转账存入，不得交存现金，不得将销货收入的款项存入其账户。严禁将单位的款项存入个人卡账户中。单位卡一律不得用于10万元以上的商品交易、劳务供应款项的结算，不得支取现金。

信用卡在规定的限额和期限内允许善意透支，透支额金卡最高不得超过10 000元，普通卡最高不得超过5 000元。透支期限最长60天。透支利息，自签单日或银行记账日起15日内按日息万分之五计算，超过15日按日息万分之十计算，超过30日或透支金额超过规定限额的，按日息万分之十五计算。透支计算不分段，按最后期限或者最高透支额的最高利率档次计息。超过规定限额或规定期限，并且经发卡银行催收无效的透支行为称为恶意透支，持卡人使用信用卡不得发生恶意透支。

单位或个人申领信用卡，应按规定填制申请表，连同有关资料一并送交发卡银行。符合条件并按银行要求交存一定金额的备用金后，银行为申请人开立信用卡存款账户，并发给信用卡。

需要说明的是，为了加强银行卡业务的管理，中国人民银行于1999年1月5日发布了《关于下发〈银行卡业务管理办法〉的通知》（银发〔1999〕17号，该办法于1999年3月1日起施行）。该办法的主要内容如下：

（1）该办法规定，银行卡是指由商业银行（含邮政金融机构）向社会发行的具有消费信用、转账结算、存取现金等全部或部分功能的信用支付工具。银行卡包括信用卡和借记卡。

银行卡按币种不同分为人民币卡、外币卡；按发行对象不同分为单位卡（商务卡）、个人卡；按信息载体不同分为磁条卡、芯片（IC）卡。

信用卡按是否向发卡银行交存备用金分为贷记卡、准贷记卡两类。贷记卡是指发卡银行给予持卡人一定的信用额度，持卡人可在信用额度内先消费、后还款的信用卡。准贷记卡是指持卡人须先按发卡银行要求交存一定金额的备用金，当备用金账户余额不足支付时，可在发卡银行规定的信用额度内透支的信用卡。

借记卡按功能不同分为转账卡（含储蓄卡）、专用卡、储值卡。借记卡不具备透支功能。转账卡是实时扣账的借记卡，具有转账结算、存取现金和消费功能。专用卡是具有专门用途、在特定区域使用的借记卡，具有转账结算、存取现金的功能。专门用途是指在百货、餐饮、饭店、娱乐行业以外的用途。储值卡是发卡银行根据持卡人要求将其资金转至卡内储存，交易时直接从卡内扣款的预付钱包式借记卡。

（2）银行卡的计息包括计收利息和计付利息两种。发卡银行对准贷记卡及借记卡（不含储值卡）账户内的存款，按照中国人民银行规定的同期同档次存款利率及计息办法计付利息。发卡银行对贷记卡账户的存款、储值卡（含IC卡的电子钱包）内的币值不计付利息。

（3）单位人民币卡账户的资金一律从其基本存款账户转账存入，不得存取现金，不得将销货收入存入单位卡账户。单位外币卡账户的资金应从其单位的外汇账户转账存入，不得在境内存取外币现钞。其外汇账户应符合下列条件：一是按照中国人民银行境内外汇账户管理的有关规定开立;二是其外汇账户收支范围内具有相应的支付内容。

个人人民币卡账户的资金以其持有的现金存入或以其工资性款项、属于个人的合法的劳务报酬、投资回报等收入转账存入。个人外币卡账户的资金以其个人持有的外币现钞存入或从其外汇账户(含外钞账户)转账存入。该账户的转账及存款均按国家外汇管理局《个人外汇管理办法》办理。个人外币卡在境内提取外币现钞时应按照我国个人外汇管理制度办理。

除国家外汇管理局规定的范围和区域外,外币卡原则上不得在境内办理外币计价结算。

(4) 单位人民币卡可办理商品交易和劳务供应款项的结算,但不得透支;超过中国人民银行规定起点的,应当经中国人民银行当地分行办理转汇。

发卡银行对贷记卡的取现应当每笔授权,每卡每日累计取现不得超过 2 000 元人民币。发卡银行应当对持卡人在自动柜员机(ATM 机)取款设定交易上限,每卡每日累计提款不得超过 5 000 元人民币。

(5) 同一持卡人单笔透支余额个人卡不得超过 2 万元(含等值外币),单位卡不得超过 5 万元(含等值外币)。同一账户月透支余额个人卡不得超过 5 万元(含等值外币),单位卡不得超过发卡银行对该单位综合授信额度的 3%。无综合授信额度可参照的单位,其月透支余额不得超过 10 万元(含等值外币)。外币卡的透支额度不得超过持卡人保证金(含储蓄存单质押金额)的 80%。从《银行卡业务管理办法》施行之日起新发生的 180 天(含 180 天)以上的月均透支余额不得超过月均总透支余额的 15%。准贷记卡的透支期限最长为 60 天。贷记卡的首月最低还款额不得低于其当月透支余额的 10%。

单位申请使用信用卡,应按发卡银行的规定向发卡银行填写申请表,连同支票和进账单一并送交发卡银行,根据银行盖章退回的进账单第 1 联,借记"其他货币资金——信用卡存款"科目,贷记"银行存款"科目;用信用卡在特约单位购物或消费时,按实际支付的金额,借记"管理费用"等科目,贷记"其他货币资金——信用卡存款"科目;在信用卡上续存资金时,借记"其他货币资金——信用卡存款"科目,贷记"银行存款"科目。

六、其他货币资金的核算

企业设置"其他货币资金"一级科目。在该科目下设"外埠存款""银行本票""银行汇票""信用证保证金""信用卡""存出投资款"等明细科目。其中,存出投资款是指企业已存入证券公司但尚未进行短期性证券投资的现金。

第三节 外 币

一、外币的有关概念

1. 外币

外币是指记账本位币以外的货币。如流入我国的美元、日元等。

2. 外汇

外汇是指以外国货币表示的,用于国际结算的支付手段,也就是国外货币资金,包括外国货币、外国有价证券(如政府公债、国库券、公司债券)、外币支付凭证(如票据、银行存款凭证、邮政储蓄凭证)和其他外汇资金。

3. 外币业务

外币业务是指企业以记账本位币以外的货币进行的款项收付、往来结算以及计价等业务。

4. 外币交易与外币兑换

外币交易是指以外币计价或者结算的交易。外币兑换是指企业从银行买入外汇、把外汇卖给银行以及以一种货币兑换为另一种货币的行为。这种兑换主要是为了清偿国际贸易往来所发生的各种债权债务。

5. 外币折算

外币折算也称为外币换算，是指将一国货币反映的业务或表述的报表折算为另一国货币反映或表述的过程。

二、外币记账要求

1. 确定记账本位币

我国《企业会计准则》规定，会计核算以人民币为记账本位币。业务收支以外币为主的企业，也可选定某种外币作为记账本位币，但在编制会计报表时应当折算为人民币反映。境外企业向国内有关部门呈报的会计报表，也应当折算为人民币反映。

2. 外币业务应按汇率折算为记账本位币金额记账

汇率是两种货币相互交换的比率，也称为汇价。例如，1 美元可以兑换 6.60 元人民币，即美元与人民币汇率比为 $1 = ￥6.60，简称美元汇率6.60 元。汇率从银行买卖外币角度分类，分为买入汇率、卖出汇率和中间汇率。买入汇率是指银行向客户买入外币时所采用的汇率。卖出汇率是指银行向客户出售外币时所采用的汇率。中间汇率是指银行买入汇率和卖出汇率的平均数。我国各外汇指定银行每天都有不同的汇率。如果一个企业在几个银行开户，同一天的交易则有多个不同的汇率，给核算带来不便。中国人民银行每天都对不同的市场汇率进行汇总，平均计算、公布统一的市场汇价。会计则采用统一的市场汇价的中间价记账。《企业会计准则第 19 号——外币折算》及应用指南规定："外币交易应当在初始确认时，采用交易发生日的即期汇率将外币金额折算为记账本位币金额；也可以采用按照系统合理的方法确定的、与交易发生日即期汇率近似的汇率折算。""即期汇率，通常是指中国人民银行公布的当日人民币外汇牌价的中间价。""即期汇率的近似汇率，是指按照系统合理的方法确定的、与交易发生日即期汇率近似的汇率，通常采用当期平均汇率或加权平均汇率等。企业通常应当采用即期汇率进行折算。汇率变动不大的，也可以采用即期汇率的近似汇率进行折算。"以人民币兑美元的周平均汇率为例，若周一至周五人民币兑美元每天的即期汇率分别为 5.8、5.9、6.1、6.2、6.15，则周平均汇率为 6.03[（5.8 + 5.9 + 6.1 + 6.2 + 6.15）÷5]。月平均汇率的计算方法与周平均汇率相同。月加权平均汇率要以当月外币交易的外币金额作为权重进行计算。

对平时外币业务增减处理所选择的市场汇价既可以是业务发生日的即期汇率，也可以是业务发生当月确定的即期汇率的近似汇率。但选择哪种汇率记账一经确定一般不得随意改变。会计记录外币业务时，要同时反映外币金额、汇率和记账本位币金额。

3. 会计期末要将所有外币货币性项目的外币余额按期末汇率折算为记账本位币金额反映

所谓货币性项目，是指企业持有的货币资金和将以固定或可确定的金额收取的资产或者偿付的负债。货币性项目分为货币性资产和货币性负债。货币性资产包括库存现金、银行存款、应收账款、其他应收款、长期应收款等；货币性负债包括短期借款、应付账款、其他应付款、长期借款、应付债券、长期应付款等。反映外币货币性项目的账户（涉及外币记账的账户）有：库存现金——某外币、银行存款——某外币、应收账款、应收票据、预付账款、其他应收款、长期应收款、短期借款、长期借款、应付账款、应付票据、应付职工薪酬、应付股利、预收账款、应付债券、长期应付款等。这些账户按期末汇率折算的记账本位币金额与按此汇率折算前账面记账本位币余额之间的差额即为汇兑差额（或称汇兑损益），一般计入当期损益。

三、外币业务记账方法

外币业务记账方法一般有"外币统账法"和"外币分账法"两种。外币统账法也称为统一货币记账法或记账本位币法，是指企业选择一种货币作为记账本位币，对发生的各种非记账本位币的业务均按一定汇率全部折算成记账本位币金额入账的方法。在此方法下，如果每一笔外币业务按业务发生当日市场汇价（率）入账的，称为逐日折算法；如果按业务发生当月1日的市场汇率（月初汇率）入账的，称为月终调整法。外币分账法也称为原币记账法或分币记账法，是指企业发生的涉及货币性项目的外币业务按原币记账，涉及非货币性项目的外币业务按规定汇率折算为编表货币金额记入相应账户的一种记账方法。企业一般采用外币统账法，其中，金融企业既可以采用外币统账法，也可以采用外币分账法。

四、外币业务核算举例

（一）外币交易业务核算举例

【例1】　方达公司（一般纳税人）在银行已开立外汇账户（即在银行有现汇账户直接办理外币的收支或存取），采用统一货币记账法记账。3月31日，"银行存款——美元户"账户结余10 000美元，汇率为6.50元："应收账款——A公司"借方余额30 000美元，汇率为6.50元。4月份发生下列外币业务：

（1）4月4日，向某国B公司购入材料，货款5 000美元，运保费600美元，款暂欠，当日汇率6.54元。该材料进口时免征关税，但向海关申报缴纳增值税4 761元，用银行存款（人民币）支付。

（2）4月15日，收回A公司欠款25 000美元，当日汇率6.55元。

（3）4月22日，出售商品，价款1 000美元，已收存银行，当日汇率6.52元（该出口商品计收增值税采用零税率）。

（4）4月29日，从美元存款中支出1 500美元，向银行兑换成港元存入银行。当日，银行买入美元汇率为6.50元，卖出美元汇率为6.65元，买入港元汇率为0.78元，卖出港元的汇率为0.82元。

（5）4月30日，按市场美元汇率6.60元、港元汇率0.79元调整汇兑差额。

1. 采用逐日折算法

（1）借：材料采购　　　　　　　　　　　　　　　　　　　　36 624

　　　　贷：应付账款——B公司（$5 600×6.54）　　　　　　　36 624

　　　借：应交税费——应交增值税（进项税额）　　　　　　4 761

　　　　贷：银行存款——人民币户　　　　　　　　　　　　　　4 761

（2）借：银行存款——美元户（＄25 000×6.55）　　　　　　　　163 750

　　　　　贷：应收账款——A公司（＄25 000×6.55）　　　　　　　　163 750

（3）借：银行存款——美元户（＄1 000×6.52）　　　　　　　　　6 520

　　　　　贷：主营业务收入　　　　　　　　　　　　　　　　　　　6 520

（4）美元中间汇率为6.575元［（6.50＋6.65）÷2］；港元中间汇率为0.80元［（0.78＋0.82）÷2］；实得11 890.24港元（1 500×6.50÷0.82）。

　　借：银行存款——港元户（HK＄11 890.24×0.80）　　　　　　　9 512.19

　　　　财务费用——汇兑损益　　　　　　　　　　　　　　　　　　350.31

　　　　　贷：银行存款——美元户（＄1 500×6.575）　　　　　　　9 862.50

（5）将以上业务登记入账（为了简化，仅列示外币货币性项目账户，见表2-4、表2-5、表2-6、表2-7，美元单位为美元，人民币单位为元，港元单位为港元），根据各账户按期末市场汇价反映的人民币余额和调整前人民币余额之差确定汇兑差额，编制相应会计分录。

表2-4　银行存款——美元户

××××年		凭证号数	摘要	借方			贷方			借或贷	余额		
月	日			美元	汇率	人民币	美元	汇率	人民币		美元	汇率	人民币
4	1		月初余额							借	10 000	6.50	65 000
	15	（2）	收回欠款	25 000	6.55	163 750				借	35 000		228 750
	22	（3）	出售商品	1 000	6.52	6 520				借	36 000		235 270
	29	（4）	兑换港元				1 500	6.575	9 862.5	借	34 500		225 407.5
	30	（5）	损益调整			2 292.5				借	34 500		227 700
	30		4月份月结	26 000		172 562.5	1 500		9 862.5	借	34 500	6.60	227 700

表2-5　银行存款——港元户

××××年		凭证号数	摘要	借方			贷方			借或贷	余额		
月	日			港元	汇率	人民币	港元	汇率	人民币		港元	汇率	人民币
4	29	（4）	港元兑入	11 890.24	0.80	9 512.19				借	11 890.24	0.80	9 512.19
	30	（5）	损益调整						118.90	借	11 890.24		9 393.29
	30		4月份月结	11 890.24		9 512.19			118.90	借	11 890.24	0.79	9 393.29

表2-6　应收账款——A公司

××××年		凭证号数	摘要	借方			贷方			借或贷	余额		
月	日			美元	汇率	人民币	美元	汇率	人民币		美元	汇率	人民币
4	1		月初余额							借	30 000	6.50	195 000
	15	（2）	收回欠款				25 000	6.55	163 750	借	5 000		31 250

（续）

××××年		凭证号数	摘　要	借　方			贷　方			借或贷	余　额		
月	日			美元	汇率	人民币	美元	汇率	人民币		美元	汇率	人民币
	30	(5)	损益调整			1 750				借	5 000		33 000
	30		4月份月结			1 750	25 000		163 750	借	5 000	6.60	33 000

表 2-7　应付账款——B 公司

××××年		凭证号数	摘　要	借　方			贷　方			借或贷	余　额		
月	日			美元	汇率	人民币	美元	汇率	人民币		美元	汇率	人民币
4	4	(1)	购料欠款				5 600	6.54	36 624	贷	5 600	6.54	36 624
	30	(5)	损益调整				336			贷	5 600		36 960
	30		4月份月结			336	5 600		36 624	贷	5 600	6.60	36 960

1）根据表 2-4 编制调整美元存款户汇兑损益分录。

借：银行存款——美元户　　　　　　　　　　　　　　　2 292.50
　　贷：财务费用——汇兑损益　　　　　　　　　　　　　　　2 292.50

2）根据表 2-5 编制调整港元存款户汇兑损益分录。

借：财务费用——汇兑损益　　　　　　　　　　　　　　　118.90
　　贷：银行存款——港元户　　　　　　　　　　　　　　　118.90

3）根据表 2-6 编制调整美元债权账户汇兑损益分录。

借：应收账款——A 公司　　　　　　　　　　　　　　　1 750
　　贷：财务费用——汇兑损益　　　　　　　　　　　　　　　1 750

4）根据表 2-7 编制调整美元债务账户汇兑损益分录。

借：财务费用——汇兑损益　　　　　　　　　　　　　　　336
　　贷：应付账款—— B 公司　　　　　　　　　　　　　　　336

2. 采用月终调整法

依例 1，4 月 1 日美元汇率 6.53 元，港元汇率 0.84 元，则 4 月份编制的会计分录金额均用美元乘以 6.53 或港元乘以 0.84 得出，登账后，月末汇兑损益调整额计算如下：

1）表 2-4 汇兑损益 $= 227\ 700 - [65\ 000 + (26\ 000 - 1\ 500) \times 6.53] = 227\ 700 - 224\ 985 = 2\ 715$（元）。

2）表 2-5 汇兑损益 $= 9\ 393.29 - 11\ 890.24 \times 0.84 = -594.51$（元）。

3）表 2-6 汇兑损益 $= 33\ 000 - (195\ 000 - 25\ 000 \times 6.53) = 1\ 250$（元）。

4）表 2-7 汇兑损益 $= 36\ 960 - 5\ 600 \times 6.53 = 392$（元）。

（二）外币买卖业务核算举例

【例 2】　华翔公司没有在银行开立现汇账户。按规定，该公司取得的任何外汇都必须随时卖给银行（称为向银行结汇），对外结算需要外币，再从银行买入外币（称为向银行购汇)。5月份发生下列业务：

（1）5月5日，出口商品一批，售价 2 000 美元（增值税采用零税率），当日市场汇价为 $1＝¥6。

（2）5月10日，上列款项收到，并随时向银行结汇，当日市场汇价（中间价，下同）为 $1＝¥6.4，结汇银行的美元买入价为 $1＝¥6.3，实际收到人民币 16 600 元。

（3）5月20日，为归还一笔 1 500 美元的应付账款向银行购入外汇，当日市场汇价为 $1＝¥6.5，银行美元卖出价为 $1＝¥6.6，企业实付人民币 9 900 元。

（4）5月31日，市场汇价为 $1＝¥6.7，调整"应收账款"账户、"应付账款"账户（4月30日应付 1 500 美元的市场汇价为 $1＝¥6.1）汇兑损益。

该公司采用统一货币记账制下的逐日折算法，编制的会计分录如下：

1）借：应收账款（$2 000×6）　　　　　　　　　　　　　　12 000

　　　贷：主营业务收入　　　　　　　　　　　　　　　　　　　　12 000

2）借：银行存款——人民币户　　　　　　　　　　　　　　12 600

　　　　财务费用——汇兑损益　　　　　　　　　　　　　　　 200

　　　贷：应收账款（$2 000×6.4）　　　　　　　　　　　　　　12 800

3）借：应付账款（$1 500×6.5）　　　　　　　　　　　　　　 9 750

　　　　财务费用——汇兑损益　　　　　　　　　　　　　　　 150

　　　贷：银行存款——人民币户　　　　　　　　　　　　　　　 9 900

4）"应收账款"账户汇兑损益＝12 000－12 800＝－800（元）。

借：应收账款　　　　　　　　　　　　　　　　　　　　　　 800

　　贷：财务费用——汇兑损益　　　　　　　　　　　　　　　　 800

"应付账款"账户汇兑损益＝$1 500×6.5－$1 500×6.1＝600（元）。

借：财务费用——汇兑损益　　　　　　　　　　　　　　　　 600

　　贷：应付账款　　　　　　　　　　　　　　　　　　　　　　 600

此外，外币借款业务、外币资本投入业务等将在后述有关章节中阐述。

企业如果发生的汇兑损益数额过大，也可单独设置"汇兑损益"科目核算。

第三章

交易性金融资产 ●

第一节 金融资产概述

一、金融资产的内涵与分类

金融资产是指企业或其他经济组织中持有的以价值形态存在的资产[一]，是企业持有的现金、其他方的权益工具以及符合金融资产界定条件的合同权利、衍生或非衍生工具合同。它代表持有者对资产的索取权[二]，即对有形资产所创造的一部分收入流量的索取权，这种索取权能够为持有者带来货币收入流量[三]。

我国《企业会计准则第 22 号——金融工具确认和计量》第十六条规定，企业根据管理金融资产的业务模式和金融资产的合同现金流量特征，将金融资产划分为三类：①以摊余成本计量的金融资产。②以公允价值计量且其变动计入其他综合收益的金融资产。③以公允价值计量且其变动计入当期损益的金融资产。该准则第十九条还对金融资产进行了特殊分类，即将非交易性权益工具投资指定为以公允价值计量且其变动计入其他综合收益的金融资产。

二、金融资产的会计确认与核算

会计确认是指对经济业务是否作为会计要素正式加以记录和报告所做的认定，包括会计记录的确认和编制会计报表的确认。会计确认的首要工作是确认（规定）会计科目。我国《企业会计准则第 22 号——金融工具确认和计量》应用指南规定，企业对金融资产的核算应设置以下会计科目：

（1）设置"交易性金融资产"科目。它是一个流动资产类的会计科目。该科目核算企业分类为以公允价值计量且其变动计入当期损益的金融资产，包括为交易目的所持有的股票投资、基金投资和可转换债券投资等。企业持有的直接指定为以公允价值计量且其变动计入当期损益的金融资产，也在本科目核算。

（2）设置"债权投资"科目。它是一个非流动资产类的会计科目。该科目核算企业以摊余成本计量的金融资产，如企业持有至到期的债券投资的摊余成本等。

（3）设置"其他债权投资"科目。它是一个非流动资产类的会计科目。该科目核算企业以公允价值计量且其变动计入其他综合收益的金融资产，如企业持有的、不准备至到期的、相时变现的、非交易性债券投资。

（4）设置"其他权益工具投资"科目。它是一个非流动资产类的会计科目。该科目核

[一] 王世定主编《西方会计实用手册》第 411 页，中国社会科学出版社 1993 年第 1 版。

[二] 冯淑萍主编《简明会计辞典》第 110 页，中国财政经济出版社 2002 年第 1 版。

[三] 李扬、王国刚主编《资本市场导论》，中国社会科学院研究生教材，经济管理出版社 1998 年第 1 版。

算企业指定为以公允价值计量且其变动计入其他综合收益的非交易性权益工具投资，如企业购买的股票既不是交易性目的，也不是控制或影响被投资企业目的，而是相时观望变现的投资，即为其他权益工具投资。

（5）设置"应收账款""应收票据""应收股利""应收利息""其他应收款""贷款""银行存款""其他货币资金"等会计科目，核算金融资产中以摊余成本计量的"应收款项"内容和货币资金内容。

在以上会计科目设置过程中，本章重点阐述"归为流动资产类的投资项目"——交易性金融资产的核算，对于"归为非流动资产类的投资项目"——债权投资、其他债权投资、其他权益工具投资的核算内容列入第六章"非流动资产投资"阐述；对于"应收款项"的核算内容列入本书第四章阐述。

第二节　交易性金融资产的核算

交易性金融资产中的"交易性"术语是我国的特定术语，是对国际会计准则使用的"为交易而持有"术语的提炼。判别"交易性"金融资产的基本条件是：主要是为近期出售目的而获得或发生。交易性金融资产核算包括交易性股票投资核算、交易性债券投资核算、交易性基金投资核算、交易性权证核算等。

一、交易性股票投资核算

企业从证券交易所购买股票，一般要支付三部分款项：①股票的买价，包括股票票面价格（面值）和溢价两部分。②交易费用，包括支付给代理机构（如证券交易所等）、咨询公司、券商等的手续费和佣金，缴纳的税金（印花税、交易税）及其他必要支出，但不包括融资费用、内部管理成本及其他与交易不直接相关的费用。③支付给股票持有人应获取的已宣告分红但尚未发放的现金股利。

《企业会计准则第22号——金融工具确认和计量》第三十三条规定："企业初始确认金融资产或金融负债，应当按照公允价值计量。"根据这一规定，企业取得交易性金融资产，按其公允价值计入"交易性金融资产"科目。所谓公允价值，是指市场参与者在计量日发生的有序交易中，出售一项资产所能收到的收益或者转移一项负债所需支付的价格。市场参与者是指在相关资产或负债的主要市场（或最有利市场）中相互独立（不存在关联方关系）、熟悉情况（能够根据可取得的信息对相关资产或负债以及交易具备合理认知）、有能力并自愿进行相关资产或负债交易的主体。有序交易是指在计量日前一段时间内相关资产或负债具有惯常市场活动的交易。清算等被迫交易不属于有序交易。投资者计量交易性金融资产时，在活跃的证券交易市场中（如在证券交易所），股票持有人的股票报价能被购买人接受而成交，则股票报价应作为股票的公允价值计量。企业在购买股票过程中发生的交易费用，在企业以公允价值计量且其变动损益计入当期损益的计价模式下，直接记入"投资收益"科目，视为当期损益的减少。企业在购买股票时支付给股票持有人应获得的现金股利，是一种暂付性债权，记入"应收股利"科目，待股份公司实际发放股利时再收回暂付性款项，转销已入账的债权。

企业取得的交易性金融资产按其公允价值入账，但由于市场交易的公允价值会不断变动，企业应设置"公允价值变动损益"科目反映这种情况的变动。与此相对应，"交易性金融资产"科目除了设置"成本"明细科目外,还应设置"公允价值变动"明细科目。其中,"成本"明细科目,在以公允价值计量且其变动损益计入当期损益的计价模式下反映投资的买价,在其他计价模式下反映投资的买价和交易费用。《企业会计准则应用指南》(2020年版)附录一介绍会计科目应用时指出:期末,应将"公允价值变动损益"科目的余额转入"本年利润"科目,结转后该科目无余额。

1. 股票购买、持有业务的核算

【例1】 华能公司1月10日购入益侨公司普通股票3 000股,每股付款20元,另付各项交易费用450元。华能公司对该股票投资准备近期变现,购入时做如下会计分录:

借:交易性金融资产——益侨股票(成本)　　　　　　　60 000
　　投资收益　　　　　　　　　　　　　　　　　　　　450
　　贷:银行存款　　　　　　　　　　　　　　　　　　　　　60 450

1月31日,上述股票价格每股升为23元,共升值9 000元。华能公司月末做如下会计分录:

借:交易性金融资产——益侨股票(公允价值变动)　　　9 000
　　贷:公允价值变动损益——交易性金融资产损益　　　　　　9 000
借:公允价值变动损益——交易性金融资产损益　　　　　9 000
　　贷:本年利润　　　　　　　　　　　　　　　　　　　　　9 000

2月28日,上述股票价格每股降为21元,共贬值6 000元。华能公司月末做如下会计分录:

借:公允价值变动损益——交易性金融资产损益　　　　　6 000
　　贷:交易性金融资产——益侨股票(公允价值变动)　　　　6 000
借:本年利润　　　　　　　　　　　　　　　　　　　　6000
　　贷:公允价值变动损益——交易性金融资产损益　　　　　　6 000

【例2】 华能公司3月25日又购入益侨公司普通股票4 000股,每股价格22元,另付已宣告但尚未发放的现金股利4 000元和各项交易费用660元。华能公司对该股票投资也准备近期变现。

华能公司3月25日购买该股票前,益侨公司已于3月20日宣布分派股利,每股股利1元,股利于4月5日按4月1日股东名册支付。华能公司在3月25日购买股票时就办妥了过户手续,到4月5日可分得股利4 000元。华能公司3月25日购入股票时做如下会计分录:

借:交易性金融资产——益侨股票(成本)　　　　　　　88 000
　　投资收益　　　　　　　　　　　　　　　　　　　　660
　　应收股利　　　　　　　　　　　　　　　　　　　　4 000
　　贷:银行存款　　　　　　　　　　　　　　　　　　　　　92 660

此项股利是华能公司向原股票持有者的垫支,待益侨公司发放股利时予以收回,因此,它属于债权业务,通过"应收股利"科目核算。

3月31日,上述股票价格每股升为22.50元,共升值6 500元〔(3 000×1.50)+(4 000×0.50)〕。华能公司月末做如下会计分录:

借:交易性金融资产——益侨股票(公允价值变动)　　　6 500
　　贷:公允价值变动损益——交易性金融资产损益　　　　　　6 500
借:公允价值变动损益——交易性金融资产损益　　　　　6 500
　　贷:本年利润　　　　　　　　　　　　　　　　　　　　　6 500

4月5日,华能公司分得股息4 000元时做如下会计分录:

借：银行存款 4 000
　　贷：应收股利 4 000

说明：如果下期华能公司在自身持票期间，益侨公司宣告分配现金股利时，华能公司应确认为自身的投资收益，做如下会计分录：

借：应收股利 ×××
　　贷：投资收益 ×××

2. 股票出售业务的核算

企业在安排年度货币资金使用计划时，将近期内需要变现的股票等证券列作交易性金融资产。企业一旦资金紧张，就可将这些证券进行转让、出售。出售交易性金融资产，应按实际收到的金额，借记"银行存款"等科目，按该金融资产的账面余额，贷记"交易性金融资产"科目，按其差额，贷记或借记"投资收益"科目。

【例3】 4月26日，华能公司将拥有益侨公司的7 000股股票全部出售，每股24元，另付各种交易费用1 260元，实际收款166 740元。该股票记入"交易性金融资产——益侨股票（成本）"明细科目的账面余额（借方）为148 000元（60 000＋88 000），记入"交易性金融资产——益侨股票（公允价值变动）"明细科目账面余额（借方）为9 500元（9 000－6 000＋6 500）。转让金融产品增值税率为6%。该企业4月26日做如下会计分录：

借：银行存款 166 740
　　贷：交易性金融资产——益侨股票（成本） 148 000
　　　　交易性金融资产——益侨股票（公允价值变动） 9 500
　　　　应交税费——转让金融产品应交增值税 1 132.08
　　　　投资收益 8 107.92

注：企业从证券市场上购入基金的核算（交易性基金投资核算）、购入认股权证的核算（交易性权证投资核算）与购入股票的核算（交易性股票投资核算）相同。

二、交易性债券投资核算

企业购买债券，包括购买政府发行的国库券、国家重点建设债券，银行发行的金融债券，企业发行的企业债券（也称公司债券）等。这些债券分为两大类：一是债权人身份不变的债券，如企业购买的国库券、公司债券；二是债权人身份可转换为股东身份的债券，如可转换债券。对于后者，如果企业在初始计量时将其作为"一个整体"（即不将债权和股权进行单独分拆）进行核算，与第一类债券核算相同。

企业购买债券时，可以按债券票面价格（面值）购买，或溢价购买，或折价购买。债券的这种价格（含折溢价），统称为"买价"，记入"交易性金融资产"科目。企业购买债券时同样要发生一定的交易费用，包括支付给承销机构（如证券交易所、建设银行、工商银行等）、咨询公司、券商等的手续费和佣金及其他必要支出，但不包括债券溢价、折价、融资费用、内部管理成本及其他与交易不直接相关的费用。这些交易费用记入"投资收益"科目，反映当期损益的减少。企业购买债券时，如果付款额中包含债券已到付息期但尚未领取的利息，那是持券人的收益，企业应设置"应收利息"科目核算暂付性债权，待以后实际收到利息时再转销已入账的债权。

1. 债券购入、持有业务的核算

【例4】 红星厂4月1日购入海洋公司当日发行的3年期、年利率8%、面值48 000元的债券，付经纪人佣金150元。债券每年9月30日和3月31日付息，到期一次还本。红星厂对该债券投资准备近期变现。红星厂4月1日购入债券时做如下会计分录：

借：交易性金融资产——海洋债券（成本）   48 000

  投资收益   150

 贷：银行存款   48 150

【例5】 如果上项债券红星厂于10月1日按面值购进的同时，债券已含有6个月利息1 920元（48 000×8%×6/12）在出售债券时债券持有者尚未领取，则债券持有者要求购买债券者支付这部分利息。红星厂10月1日购进债券共支付50 070元时做如下会计分录：

借：交易性金融资产——海洋债券（成本）   48 000

  投资收益   150

  应收利息   1 920

 贷：银行存款   50 070

10月5日，红星厂收到海洋公司第一期利息1 920元存入银行时做如下会计分录：

借：银行存款   1 920

 贷：应收利息   1 920

12月31日，红星厂在资产负债表日计算海洋公司债券自10月1日至12月31日的利息960元（48 000×8%×3/12）时做如下会计分录（《企业会计准则应用指南》（2020年版）关于"会计科目和主要账务处理"规定中指出，资产负债表日，企业按分期付息、一次还本债券投资的票面利率计算的应收未收利息计入"应收利息"科目；第22号准则应用指南指出，企业购入的一次还本付息的债券投资持有期间取得的利息，在"债权投资"科目核算）：

借：应收利息   960

 贷：投资收益   960

12月31日，红星厂持有的海洋公司债券公允价值变为47 000元，减值1 000元，红星厂做如下会计分录：

借：公允价值变动损益——交易性金融资产损益   1 000

 贷：交易性金融资产——海洋债券（公允价值变动）   1 000

借：本年利润   1000

 贷：公允价值变动损益——交易性金融资产损益   1 000

对于溢价或折价购入的债券仍按"买价"记入"交易性金融资产"科目，账务处理与上例相同，其计息的基数仍然是债券面值。

2. 债券出售业务的核算

【例6】 上述红星厂于第二年2月1日将上年10月1日购入的海洋公司的债券全部售出，实际收到现款51 200元。该债券记入"交易性金融资产——海洋债券（成本）"明细科目的账面余额（借方）为48 000元，记入"交易性金融资产——海洋债券（公允价值变动）"明细科目账面余额（贷方）为1 000元，记入"应收利息"科目的账面余额（借方）为960元。红星厂2月1日做如下会计分录：

借：银行存款   51 200

  交易性金融资产——海洋债券（公允价值变动）   1 000

 贷：交易性金融资产——海洋债券（成本）   48 000

   应收利息   960

   投资收益   3 240

第四章

应收款项

第一节　应收款项的内容

应收款项是指企业在经营过程中同企业外部和内部单位或个人发生的在货币、商品、劳务等方面的索取权。应收款项按营业性质分为营业应收款项和非营业应收款项两种。营业应收款项主要是来自赊销商品或提供劳务方面的款项，如应收账款等；非营业应收款项是跟赊销商品或提供劳务没有直接关系的款项，如应收利息、应收职工欠款等。应收款项按内容分为以下六类：

1. 应收账款

应收账款是指企业因销售商品或提供劳务等经营活动而形成的债权。

2. 应收票据

应收票据是指企业因销售商品或提供劳务等而收到票据所形成的债权。

3. 预付款项

预付款项是指企业按照合同规定预付的款项。预付款项通过设置"合同资产"或"预付账款"等科目核算，详见第五章第二节、第三节预付货款及第七章第五节预付工程款核算，本章节不再赘述。

4. 应收股利

应收股利是指企业因股权投资而应收取的现金股利或因其他投资而应收其他单位的利润。前一章已述，本章不再赘述。

5. 应收利息

应收利息是指企业因债权投资而应收取的利息。前一章已述，本章不再赘述。

6. 其他应收款

其他应收款是指除应收账款、应收票据、预付款项、应收股利和应收利息等以外的各种应收、暂付款项，包括应收各种赔款和罚款、存出保证金、备用金、应收出租包装物租金、应向职工收取的各种垫付款项等。

需要说明两点：①与应收款项相似的另一个概念是"合同资产"。《企业会计准则第14号——收入》应用指南指出："合同资产，是指企业已向客户转让商品而有权收取对价的权利，且该权利取决于时间流逝之外的其他因素。"合同资产和应收款项虽然都是企业拥有的有权收取对价的权利，但两者有三大区别：一是两者的条件属性不同。应收款项代表的是企业无条件收取合同对价的权利。其中，无条件是指企业仅仅随着时间的流逝即可收取，没有其他条件性条款；而合同资产是企业有条件收取对价的权利，其有条件是指时间流逝之外的其他因素，如履约合同中的其他履约义务。二是收取对价的形式有差异。应收款项收取的合同对价一般是现金对价，而合同资产收取的对价一般是非现金对价，如实物资产、无形资产、股权、客户提供的广告服务等。三是风险不同。企业对于应收款项，仅承担货款到期有可能收不回货款的信用风险，而合同资产除了承担信用风险外，还要承担其他风险，如履约风险等。②与应付款项相似的另一个概念是"合同负债"。《企业会计准则第14号——收入》应用指南指出："合同负债，是指企业已收或应收客户而应向客户转让商品和义务。"合同负债和应付款项的区别类推合同资产和应收款项。

第二节　应收账款

一、应收账款的计价

应收账款的计价是指企业赊销活动中与应收账款有关的实际入账金额以及入账后估计应收账款所实现的价值。涉及应收账款计价的内容有：成交价格（货价－商业折扣）、销货运费、销货退回、销售折让、坏账、应收账款净值。

（一）赊销收入的确认

企业销售商品时可能收到货款，也可能未收到货款。未收取货款的售出商品就是赊销商品，但狭义的"赊销"仅指有延期付款协议的商业信用形式或商业交易形式，本章节指广义的"赊销"。赊销商品与结算方式有关：销货单位采用"委托收款""托收承付"等结算方式主动收款，或购货单位在延期付款协议下采用汇兑等结算方式主动付款一般会产生列入"应收账款"的赊销商品收入；采用"支票""本票""银行汇票"结算的钱货两清交易不存在赊销商品收入；采用"商业汇票"结算的约期付款交易不作为"应收账款"的赊销收入处理，而作为"应收票据"的业务范畴（第三节详述）。

（二）销货折扣

销货折扣是指销货活动中卖方给买方价格上的优惠，它分为商业折扣和现金折扣两种。

1. 商业折扣

商业折扣是指从商品价目单上规定的价格中扣除的一定数额。这项扣除数通常用百分率表示，如5%、10%等，也称商业折扣率。例如，某一级批发站发行1万册图书，每册书上标价3元，商业折扣率为20%，则该发行企业实际单位售价为2.4元［3×（1－20%）］，实际销售收款2.4万元，批发站享受了0.6万元的商业折扣。一般来说，卖主从商品价目单价格中减去商业折扣后作为实际销货价格开具发票，买主按实际结算价格付款，商业折扣无须在会计记录上反映，因此，商业折扣一般采用净额法核算，即销货单位按扣除商业折扣后的净值记账。但是，在售价（或码价）核算制下，为了反映售（码）价、折扣和实际收入的情况，则应采用总额法核算，即销售收入按不扣除商业折扣的总额核算。

在总额法下，企业应设置"销售折扣与折让"科目单独核算发生的商业折扣。该科目发生额期末转入（冲减）"主营业务收入"科目。抵减后的主营业务收入净额列入利润表"营业收入"项目。

2. 现金折扣

现金折扣是销货企业对于提前偿还货款的客户所给予低于发票价格的优惠。它是鼓励客户在一定期限内早日付款的一种手段。现金折扣的一种表示方式是："2/10、1/20、n/30"，其含义是：赊销期限为30天，若客户在10天内付款，则可少付发票价格的2%；若客户在

20 天内付款，则可少付发票价格的 1%；若在 30 天内付款，则按发票全价支付。例如，有一笔赊销款，发票金额为 1 万元，规定的现金折扣条件为"2/10、n/30"。如果客户在 10 天内付款，则扣除 2% 的折扣，实际收款的数额为 0.98 万元；如果客户在 30 天内付款，就按全数计算，实际收款的数额为 1 万元。现金折扣的另一种表示方式是："2/10，EOM"[EOM 是英语"月底"（End of Month）的缩写]，其含义是：月底前付款；如果 10 天内付款，则可享受 2% 的折扣。在有现金折扣的情况下，应收账款按什么金额入账呢？国际上常用的方法有：总价法（"应收账款"账户按发票金额 1 万元记账）或净价法（赊销时，"应收账款"账户按扣除折扣后的净值 0.98 万元记账）。

（三）销货运费

企业出售商品时，发生的运输费、保险费等费用是由买方负担还是由卖方负担，这取决于双方在商品成交时的约定。在西方会计中，有"起运点交货"和"目的地交货"两种方式。前者买方要负担商品运输费用；后者卖方要负担商品运到买方目的地的运输费用。在我国，往往有这种情况：双方确定目的地交货，但运输费用由买方承担。如何结算这些运输费用呢？一种方式是购货单位先向销货单位预付运输费用；另一种方式是先向承运部门垫付运费，待购货单位支付货款时一起收回。在后一种方式下，销货单位应收账款中有一部分是替购货单位垫付的运费。销货运费是由买方还是卖方承担，一般在购销合同中给予规定，可以由买方负担，也可以由卖方负担。由卖方负担时，卖方作为"销售费用"处理；由买方负担时，卖方代垫运费通过"应收账款"科目核算。

（四）销货退回

销货退回（或称销售退回）是指购买者由于所购商品质量或品种不符合规定要求，而将已购买的这部分商品退回给出售单位的事项。企业发生的销货退回（包括本年内或以前年度内销售的退货），为了简化核算，一律冲减当期销售收入（除了作为资产负债表日后事项调整的以前年度退货）。

（五）销货折让

销货折让（或称销售折让）是指企业售出的商品由于品种或质量不符合规定要求不作销货退回而同意给购方在价格上一定减让（即折让）的事项。销货折让是销售收入的抵减项目。在西方，企业将销货折让和销货折扣合并起来设置"销售折扣与折让"科目核算，并抵减销售收入后，在损益表上反映收入的净额。我国规定，发生销货折让一律冲减当期销售收入，发生的现金折扣一律作为当期财务费用。

（六）坏账

坏账是指无法收回的应收款项。由此发生的损失称为坏账损失（或称坏账费用）。企业坏账的处理方法有两种：直接转销法和备抵法。

1. 直接转销法

直接转销法是指实际发生坏账时直接将其损失作为当期费用——信用减值损失并同时直接冲销应收账款的处理方法。

2. 备抵法

销货单位为经营上的稳健，合理计量资产价值，使收入更好地与费用相配比，应事先估计可能发生的坏账损失列作当期费用，形成坏账准备，待实际发生坏账时再转销估计的坏账准备。这种按期估计坏账损失，转作费用，记入备抵账户的处理方法，称为备抵法。

估计坏账损失有以下四种方法：

（1）销货百分比法。这是以赊销金额的一定百分比估计坏账损失的一种方法。其依据是坏账与当期赊销额有关。如果某企业本期实际赊销额为 20 万元，估计坏账额占赊销额 2%，则本期的坏账准备为 0.4 万元。

（2）应收账款余额百分比法。这是按应收账款余额的一定百分比估计坏账损失的一种方法。其依据是坏账与未收回的账款有关。企业根据实际需要，按期末应收账款余额的一定比例（0.3%、0.5%、1%、2%、5% 等）提取坏账准备，记入当期"信用减值损失"科目；当年实际发生的坏账损失，冲减坏账准备。

（3）账龄分析法。这是根据应收账款账龄长短来估计坏账损失的一种方法。账龄是指客户所欠账款的期间。一般来说，拖欠期越长，产生坏账的可能性就越大，这就是账龄分析法的理论依据。

举例见表 4-1、表 4-2。

表 4-1　应收账款账龄分析表

20××年 12 月 31 日　　　　　　　　　　　（单位：元）

购货单位	余　　额	账　　　　龄					
		未　到　期	过期 1～30 天	过期 31～60 天	过期 61～90 天	过期 91～120 天	过期 120 天以上
A　厂	14 600	4 000		1 600	5 000	4 000	
B　厂	10 000		6 000	1 000			3 000
C 公司	15 000	10 000	3 000	2 000			
D 公司	10 300	3 000	1 800	2 500	2 000	1 000	
E　厂	5 500		3 100	2 400			
总　额	55 400	17 000	13 900	9 500	7 000	5 000	3 000
占总额比例（%）	100	30.69	25.09	17.15	12.64	9.03	5.40

表 4-2　估计坏账损失表

20××年 12 月 31 日　　　　　　　　　　　（单位：元）

账　　　龄	应收账款余额	估计坏账损失率	估计坏账损失金额
未到期	17 000	1%	170
1～30 天	13 900	2%	278
31～60 天	9 500	3%	285
61～90 天	7 000	7%	490
91～120 天	5 000	12%	600
120 天以上	3 000	30%	900
合　计	55 400		2 723

（4）个别认定法。如果债务方已有确凿证据（如资不抵债、现金流量严重不足、发生严重的自然灾害等）表明没有偿债能力，则债权方应对该项应收款项全额计提（计提率 100%）坏账准备。这种对债务方陷入财务困境而单独进行分析确认计提坏账准备的方法，称为个别认定法。

我国规定，计提坏账准备的方法由企业自行确定。计提坏账准备的比例应根据企业以往的经验、债务单位的实际财务状况和现金流量的情况，以及其他相关信息合理估计。当债务单位撤销、破产、资不抵债、现金流量严重不足、发生严重的自然灾害等导致停产而短期内无法偿付债务等，以及应收账款已逾期 3 年以上时，这种应收账款不能收回，或收回的可能性不大，企业应该对此全额计提坏账准备。

（七）应收账款净额

企业期末资产负债表上"应收账款"项目列示应收账款净额。它等于"应收账款"账户期末余额减去"坏账准备"账户期末余额。由于"坏账准备"是个估计数，所以应收账款净额也是个估计的可变现净值。

二、应收账款的核算

1. 应收账款形成核算

【例1】 某企业向通达公司发出商品一批，用转账支票向承运部门支付运费（代垫运费）300元，价款20 000元，计收增值税2 600元，当即到银行办妥了委托收款手续。

借：应收账款——通达公司　　　　　　　　　　　　　　　　　　22 900
　　贷：主营业务收入　　　　　　　　　　　　　　　　　　　　20 000
　　　　应交税费——应交增值税（销项税额）　　　　　　　　　　2 600
　　　　银行存款　　　　　　　　　　　　　　　　　　　　　　　300

【例2】 四华公司向某企业汇来5 000元定金购买甲产品。5天后向四华公司销售甲产品一批，价款16 000元，计收增值税2 080元，剩余款13 080元，已向银行办妥了托收手续。

（1）收到汇款时：
借：银行存款　　　　　　　　　　　　　　　　　　　　　　　　5 000
　　贷：应收账款——四华公司⊖　　　　　　　　　　　　　　　　5 000
（2）销售甲产品时：
借：应收账款——四华公司　　　　　　　　　　　　　　　　　　18 080
　　贷：主营业务收入　　　　　　　　　　　　　　　　　　　　16 000
　　　　应交税费——应交增值税（销项税额）　　　　　　　　　　2 080

2. 销货折扣核算

【例3】 某图书发行企业发行某种图书，价目单上规定每册10元（含税），发给某一级批发站3 000册，商业折扣率为20%，增值税税率为9%。

（1）在总价法下，发出图书时：
借：应收账款——某批发站　　　　　　　　　　　　　　　　　　24 000
　　销售折扣与折让⊜（30 000÷1.09×20%）　　　　　　　　　5 504.59
　　　　贷：主营业务收入（30 000÷1.09）　　　　　　　　　　27 522.94
　　　　应交税费——应交增值税（销项税额）［（27 522.94 − 5 504.59）×9%］

　　　　　　　　　　　　　　　　　　　　　　　　　　　　　1 981.65
（2）在净价法下，发出图书时：
借：应收账款——某批发站　　　　　　　　　　　　　　　　　　24 000
　　贷：主营业务收入（30 000÷1.09×80%）　　　　　　　　　22 018.35
　　　　应交税费——应交增值税（销项税额）［（27 522.94 − 5 504.59）×9%］

　　　　　　　　　　　　　　　　　　　　　　　　　　　　　1 981.65

⊖ 如果是按合同规定预收的货款，则贷记"合同负债"科目。
⊜ 该科目是企业根据本单位实际情况和财政部赋予的权利，借鉴西方会计的做法，自行增设的会计科目。

【例4】 某企业向大利厂赊销商品一批，专用发票上价款为 10 000 元，增值税为 1 300 元，现金折扣条件为"2/10、n/30"（按净价法核算⊖）。

（1）赊销商品时：

借：应收账款——大利厂　　　　　　　　　　　　　　　　　　　　　11 100

　　贷：主营业务收入　　　　　　　　　　　　　　　　　　　　　　　　9 800

　　　　应交税费——应交增值税（销项税额）　　　　　　　　　　　　　1 300

（2）在折扣期内收到大利厂偿付货款时：

借：银行存款　　　　　　　　　　　　　　　　　　　　　　　　　　11 100

　　贷：应收账款——大利厂　　　　　　　　　　　　　　　　　　　　11 100

（3）如果大利厂超过了折扣期付款，则必须付 11 300 元，企业收到该货款时：

借：银行存款　　　　　　　　　　　　　　　　　　　　　　　　　　11 300

　　贷：应收账款——大利厂　　　　　　　　　　　　　　　　　　　　11 100

　　　　财务费用　　　　　　　　　　　　　　　　　　　　　　　　　　200

3. 销货退回核算

【例5】 某企业上月售给华联厂已收款 6 780 元（其中价款 6 000 元，增值税 780 元）的商品因质量不符合要求全部退回。企业办完了退货入库手续后已通过银行退还了全部货款。

商品退回入库时，企业应填写入库凭证（注明"退货"），将其一联交仓库，作为在"库存商品明细账"发出数量栏登记红字的依据。库存商品明细账发出栏记红字，意味着本月已发出商品的减少，致使月终库存商品的增加；从库存商品总账看，如果本月已售商品成本的结转与月终据本月商品发出总数（已扣除退货入库数和未实现销售数）一起做一笔分录，则总账发出金额自然同其明细账一致，致使月终余额也一致。因此，上月或本月销售本月退回入库的商品一般不必编制入库分录（它通过红字登账，已体现在商品库存中了，也同时反映了其对应科目"主营业务成本"的冲销），只编制以下退款分录即可：

借：主营业务收入　　　　　　　　　　　　　　　　　　　　　　　　6 000

　　应交税费——应交增值税（销项税额）　　　　　　　　　　　　　　　780

　　贷：银行存款　　　　　　　　　　　　　　　　　　　　　　　　　6 780

如果企业发出商品时随时结转成本，或是退货登在"库存商品明细账"收入栏，则在上述处理的同时，还要编制以下会计分录：

借：库存商品　　　　　　　　　　　　　　　　　　　　　　　　　（成本价）

　　贷：主营业务成本　　　　　　　　　　　　　　　　　　　　　　（成本价）

4. 销货折让核算

【例6】 某企业上月赊销给东塔厂价值 29 380 元（价款 26 000 元，增值税 3 380 元）的商品因质量不符合要求，对方请求让价。经协商，同意降低一个等级计价，共让价 10%，计 2 938 元。该企业收到对方所在地税机关开具的索取折让折扣证明单。东塔厂本月偿付 26 442 元欠款已收到。收款会计分录如下：

借：银行存款　　　　　　　　　　　　　　　　　　　　　　　　　　26 442

<hr>

⊖ 按 2018 年 1 月 1 日起施行的《企业会计准则第 14 号——收入》规定，采用"净价法"核算。见朱学义，高玉梅、马颖莉《新收入准则下现金折扣及销售折扣券的业务处理》，《财务与会计》2020 年第 2 期 57～60 页。

$\qquad$主营业务收入（2 938÷1.13）$\qquad$2 600

$\qquad$应交税费——应交增值税（销项税额）（2 600×13%）$\qquad$338

$\qquad$贷：应收账款——东塔厂$\qquad$29 380

5. 坏账的核算

【例7】 企业按应收账款余额的一定比例计提坏账准备2 700元，计提前"坏账准备"账户无余额。会计分录如下：

$\qquad$借：信用减值损失——应收账款信用损失$\qquad$2 700

$\qquad\qquad$贷：坏账准备$\qquad$2 700

【例8】 某企业以前售给白云公司3 000元商品逾期屡经催收无效，经批准同意作坏账损失转销（该企业"坏账准备"账户贷方余额仅为2 700元）。会计分录如下：

$\qquad$借：坏账准备$\qquad$3 000

$\qquad\qquad$贷：应收账款——白云公司$\qquad$3 000

转销后，"坏账准备"账户出现借方余额300元（2 700–3 000）。

【例9】 上项坏账损失转销后，白云公司又偿付了全部欠款3 000元。会计分录如下：

$\qquad$借：应收账款——白云公司$\qquad$3 000

$\qquad\qquad$贷：坏账准备$\qquad$3 000

$\qquad$借：银行存款$\qquad$3 000

$\qquad\qquad$贷：应收账款——白云公司$\qquad$3 000

注：2007年1月1日实施的《企业会计准则》规定，企业还可以直接借记"银行存款"科目，贷记"坏账准备"科目，即仅做一笔会计分录。

【例10】 年终，企业按年末应收账款余额的一定比例计算应计提坏账准备2 800元，而计提前"坏账准备"账户贷方余额2 700元（–300+3 000），计提坏账准备的分录如下：

$\qquad$借：信用减值损失——应收账款信用损失（2 800–2 700）$\qquad$100

$\qquad\qquad$贷：坏账准备$\qquad$100

假定上述企业年终计算应提坏账准备2 800元，而计提前"坏账准备"账户为借方余额400元，则上述分录的金额为3 200元（2 800+400）。又假设上述企业年终计算应提坏账准备2 800元，而计提前"坏账准备"账户为贷方余额2 950元，则应冲销多提的坏账准备150元（2 950–2 800），即借记"坏账准备"科目150元，贷记"信用减值损失"科目150元。

第三节　应收票据

一、应收票据的内容

商业活动越发展，票据使用越广泛。所谓票据，是指出票人签发的，具有一定格式的，约定出票人或付款人无条件向持票人支付一定金额的债据凭证。按我国《票据法》规定分类，票据分为汇票、本票和支票三类。汇票分为银行汇票和商业汇票两种；本票分为银行本票（《票据法》仅规定了此种本票）和商业本票两种；支票分为现金支票和转账支票两种。我国会计制度统一规定：银行本票、银行汇票通过设置"其他货币资金"科目核算；支票通过"银行存款""库存现金"科目核算；商业汇票（包括商业承兑汇票和银行承兑汇票）通过设置"应收票据"科目核算。

应收票据分为带息票据（即票面上注明了利率和付息日期的票据）和不带息票据两种。对带息应收票据，企业应按期确认利息收入，冲减当期财务费用，相应增加票据的账面价值。企业还可将未到期的票据背书转让，用于抵付欠款，或向银行办理贴现，获取现款，以缓解资金紧张的局面。但已贴现的票据到期时有可能兑现不了，则背书贴现的企业负有连带付款责任，贴现时就存在着或有负债。

综上所述，我国应收票据的内容仅指商业汇票，其核算包括无息和带息应收票据的核算、应收票据的贴现和贴现票据的或有负债处理等方面。

二、无息应收票据的核算

【例11】 A企业向江卫厂销售甲产品一批，价款20 000元，计收增值税2 600元，当即收到江卫厂签发、承兑的面额为22 600元的商业承兑汇票一张，承兑期两个月。A企业根据专用发票等凭证做如下会计分录：

借：应收票据——江卫厂　　　　　　　　　　　　　　　　　　22 600
　　贷：主营业务收入　　　　　　　　　　　　　　　　　　　　20 000
　　　　应交税费——应交增值税（销项税额）　　　　　　　　　2 600

对货票分离的业务，通过"应收账款"科目过渡；对用商业汇票抵付欠款的业务，借记"应收票据"科目，贷记"应收账款"科目。

两个月后，A企业收到商业承兑汇票票款22 600元，做如下会计分录：

借：银行存款　　　　　　　　　　　　　　　　　　　　　　　22 600
　　贷：应收票据——江卫厂　　　　　　　　　　　　　　　　　22 600

若两个月后，江卫厂无力偿付到期汇票的票款，A企业接到对方退回的有关单证做如下会计分录：

借：应收账款——江卫厂　　　　　　　　　　　　　　　　　　22 600
　　贷：应收票据——江卫厂　　　　　　　　　　　　　　　　　22 600

三、带息应收票据的核算

【例12】 B企业4月20日赊销产品一批，价款52 000元，增值税6 760元，当即收到东远公司当日开出的期限为90天，票面利率为9%，面值为58 760元的商业承兑汇票一张。

说明：票据到期日（即付款日期）的确定以票据上注明的承诺为准。我国《票据法》对商业汇票规定的付款日期有三种：①定日付款。自出票日起计算，并在汇票上记载到期日。②出票后定期付款。自出票日起按月计算，并在汇票上记载到期日。一般是在票据上付款人承诺"在出票日后几个月付款"，比如三个月，则到期日是三个月后与出票日同一日。如上例为三个月期，则7月20日到期。若为月末（如31日）出票，则到期日仍为月末日（31日或30日或28日或29日）。③见票后定期付款。自承兑日或拒绝承兑日起按月计算，并在汇票上记载，就是承兑后按月计算到期日。

在西方，还有一种按天计算到期日的办法。一般是在票据上付款人承诺"在出票日后多少天付款"，则按实际日历天数计算到期日，采用"算头不算尾"（出票日计息，到期日不计息）或"算尾不算头"的方法计算。如上例到期日为7月19日（4月份10天+5月份31天+6月份30天+7月份19天）。与此同时，计息时的年利率要化成日利率（年利率÷

360）计算。银行利率有三种表示方式：年利率（年息），用%表示；月利率（月息），用‰表示；日利率（日息），用万分号表示。

（1）B企业4月20日赊销产品收到票据时：

借：应收票据——东远公司　　　　　　　　　　　　　　　　58 760

　　贷：主营业务收入　　　　　　　　　　　　　　　　　　　　52 000

　　　　应交税费——应交增值税（销项税额）　　　　　　　　　6 760

（2）B企业7月19日收到全部票款利息[利息=58 760×（9%÷360）×90=1 322.10]时：

借：银行存款　　　　　　　　　　　　　　　　　　　　　60 082.10

　　贷：应收票据——东远公司　　　　　　　　　　　　　　　58 760

　　　　财务费用　　　　　　　　　　　　　　　　　　　　　1 322.10

若票据到期，东远公司无力偿付票据，则B企业借记"应收账款"60 082.10元。

四、应收票据的贴现

贴现是指企业以未到期票据向银行融通资金，银行按票据的应收金额扣除一定期间的利息后的余额付给企业的融资行为。

应收票据贴现一般有两种情形：一种是不带追索权，即贴现票据上的风险（也就是票据到期有收不回票款的风险）和未来经济利益全部转让给了银行；另一种是带追索权，即贴现企业因背书而在法律上负有连带偿还责任，也就是票据到期，如果贴现银行收不到票款，仍向贴现企业收回贴现款项。这两种情况在会计核算上的区别是：前者在贴现后，贴现企业直接贷记"应收票据"科目，并在当期财务报告附注中予以说明。后者贷记"短期借款"科目⊖。需要说明的是，西方专门设置"应收票据贴现"账户作为"应收票据"的备抵账户，待票据到期贴现银行收到票款时，贴现企业再转销这两个账户的相应金额。我国贴现票据都附有追索权。

（一）无息应收票据的贴现

【例13】　5月5日，企业将一张未到期的商业承兑汇票拿到银行申请贴现。该票据4月5日开出，面值22 600元，为期3个月，即7月5日到期。银行月贴现利率为9.6‰（注：向银行支付贴现利息一律按实际日历天数计算），贴现票据不附追索权。

贴现天数=5月份27天+6月份30天+7月份4天=61天

贴现利息=22 600×（9.6‰÷30）×61=441.15（元）

实得贴现额=22 600-441.15=22 158.85（元）

企业根据贴现凭证（收账通知）做如下会计分录：

借：银行存款　　　　　　　　　　　　　　　　　　　　　22 158.85

　　财务费用　　　　　　　　　　　　　　　　　　　　　　441.15

　　贷：应收票据　　　　　　　　　　　　　　　　　　　　22 600

若上述贴现票据附追索权，则将贷记"应收票据"科目改为贷记"短期借款"科目（下同）。

⊖　《企业会计准则——应用指南》（2007年1月1日起施行）第165页有贷记该科目的规定，但没有界定是否带有"追索权"。《小企业会计准则》（2013年1月1日起施行）第36页明确规定：银行无追索权的，贷记"应收票据"科目；银行有追索权的，贷记"短期借款"科目。

（二）带息应收票据的贴现

【例 14】 6 月 10 日，企业将一张 4 月 20 日开出，面值 58 760 元，利率 9%，为期 90 天
（7 月 19 日到期）的商业承兑汇票向银行申请贴现，银行同意后，按贴现率 8% 计算贴现利
息，该贴现票据不附追索权。

票据到期利息 = 58 760 × （9% ÷ 360）× 90 = 1 322.10（元）

票据到期值 = 本金 + 利息 = 58 760 + 1 322.10 = 60 082.10（元）

贴现天数 = 6 月份 21 天 + 7 月份 18 天 = 39 天

贴现利息 = 60 082.10 × （8% ÷ 360）× 39 = 520.71（元）

实得贴现款 = 60 082.10 - 520.71 = 59 561.39（元）

企业据有关贴现凭证做如下会计分录：

借：银行存款　　　　　　　　　　　　　　　　　　　　　　59 561.39

　　贷：应收票据　　　　　　　　　　　　　　　　　　　　　　　58 760

　　　　财务费用（1 322.10 - 520.71）　　　　　　　　　　　　　801.39

若应收利息小于贴现利息，则借记"财务费用"科目。

五、贴现票据的或有负债与到期转销

或有负债是指企业潜在的可能发生的债务。已贴现的票据到期时，如果付款人或承兑人
无力偿付票款，那么贴现人需要负代为偿付的责任，使贴现时的或有负债在到期时成为实际
负债；如果付款人或承兑人按期兑付票款，就不成为贴现人的实际负债。企业采用银行承兑
汇票结算，由于票据到期承兑人是银行，收款人在票据到期时保证收到款，将这种票据拿到
银行贴现，不存在或有负债，没有追索权，会计账上直接注销"应收票据"价值，在未来
票据到期时，贴现企业也不需要做任何账务处理。企业采用商业承兑汇票结算，由于票据到
期承兑人是购货企业，票据到期时，持票人有可能收不回款，这种票据贴现后就存在着或有
负债。贴现票据一般附有追索权（除协议明确规定不附追索权外），会计在办完贴现手续时
贷记"短期借款——贴现票据借款"科目，不注销"应收票据"科目，期末还要在会计报
表附注中予以说明，反映或有负债的形成。这种附有追索权的贴现票据到期分两种情况处
理：一是银行收到贴现票据款通知贴现企业时，贴现企业借记"短期借款——贴现票据借
款"科目，贷记"应收票据"科目；二是银行没有收到贴现票据款而转为贴现企业"逾期
贷款"时，贴现企业借记"应收账款"科目，贷记"应收票据"科目，同时，借记"短期
借款——贴现票据借款"科目，贷记"短期借款——临时借款"科目。

（一）无息贴现票据到期转销

【例 15】 接例 13，7 月 5 日贴现票据到期，贴现银行收到票款，贴现企业不需做任何
会计分录。

若到期收不到票款，由于不附追索权，则贴现企业做如下会计分录：

借：应收账款——江卫厂　　　　　　　　　　　　　　　　　　22 600

　　贷：银行存款（或短期借款）　　　　　　　　　　　　　　　　22 600

说明：西方会计在设置"应收票据贴现"备抵科目的情况下，具有追索权的贴现票据
到期，要根据贴现银行收到票款和收不到票款两种情况处理：①在贴现银行收到票款的情况
下，由于先前贴现时已贷记"应收票据贴现"科目，则贴现票据到期，贴现银行收到票款

时，贴现企业应借记"应收票据贴现"科目（22 600 元），贷记"应收票据"科目（22 600 元）。②在贴现银行收不到票款的情况下，不仅要转销先前挂账科目，借记"应收票据贴现"科目（22 600 元），贷记"应收票据"科目（22 600 元），还要借记"应收账款"科目（22 600 元），贷记"银行存款"或"短期借款"科目（22 600 元）。

（二）带息贴现票据到期转销

【例 16】 接例 14，7 月 19 日贴现票据到期，贴现银行收到票款，贴现企业不做任何会计分录。

若到期收不到票款，贴现银行要向贴现企业收取票据的本金、利息和拒付的有关费用（此题假定为 170 元），则贴现企业做如下会计分录：

借：应收账款——东远公司　　　　　　　　　　　　　　　　　60 252.10
　　贷：银行存款（或短期借款）（60 252.10 = 58 760 + 1 322.10 + 170）　60 252.10

说明：在设置"应收票据贴现"备抵科目的情况下，如果是具有追索权的贴现票据到期，贴现银行收不到票款，那么贴现企业还要借记"应收票据贴现"科目（58 760 元），贷记"应收票据"科目（58 760 元）。

"应收票据贴现"备抵账户期末余额抵减"应收票据"账户期末余额后进入资产负债表"应收票据"项目。

需要注意的是：到期未兑付的应收票据款（包括已贴现和未贴现的票据款）转作应收账款后，一方面要积极派人催收、清算，另一方面在年末也要将此款同应收账款的其他户头余额一起计提坏账准备，以便对付可能出现的商业信用风险；未转作应收账款的未到期应收票据，单独计提坏账准备（下述）。

还需要注意的是：企业如果将未到期的商业汇票向银行抵押借款，银行与企业签订协议约定，票据到期若不能兑现票款的风险仍由企业承担的，则企业取得借款贷记"短期借款"科目，不能贷记"应收票据"科目。

六、应收票据坏账准备的计提

未到期的应收票据，如确有证据表明不能收回或收回的可能性不大，应该计提减值准备。会计分录如下：

借：信用减值损失
　　贷：坏账准备

期末，"应收票据"账户余额扣除其"坏账准备"账户余额（如有"应收票据贴现"账户余额也予以扣除）后的净额列入资产负债表"应收票据"项目。

第四节　其他应收款

"其他应收款"科目核算除应收账款、应收票据、预付款项、应收股利和应收利息等以外的其他各种应收、暂付款项，包括备用金，应收的各种罚款、赔款，应向职工收取的各种垫付款，应计收的利息和存出保证金等。

一、其他应收款的账务处理

企业发生各项其他应收款时记入该科目的借方，收回其他应收款时记入该科目的贷方。

下面以备用金为例说明其核算方法。

（一）在定额备用金制度下

（1）拨付备用金时：

借：其他应收款⊖——备用金——××

　　贷：银行存款（或库存现金）

（2）据报销凭证补足备用金时：

借：管理费用（或其他有关科目）

　　贷：库存现金（或银行存款）

（3）收回备用金时：

借：管理费用（或其他科目）　　　　　　　　　　　　　　（应报销的凭证金额）

　　库存现金　　　　　　　　　　　　　　　　　　　　　（结余的现金）

　　贷：其他应收款——备用金——××　　　　　　　　　（定额数）

（二）在临时备用金制度下

【例17】　张强预借备用金200元时：

借：其他应收款——备用金——张强　　　　　　　　　　　200

　　贷：库存现金　　　　　　　　　　　　　　　　　　　　　200

张强出差归来报销差旅费170元，余款交回。

借：管理费用　　　　　　　　　　　　　　　　　　　　　170

　　库存现金　　　　　　　　　　　　　　　　　　　　　　30

　　贷：其他应收款——备用金——张强　　　　　　　　　　200

若报销额超过预借款补给现金时，贷记"库存现金"科目。

从上可见，其他应收款按项目分类，按债务人设户进行明细核算。

二、其他应收款坏账准备的计提

其他应收款在期末也要计提坏账准备。计提方法与前述应收账款相同。期末，"其他应收款"账户余额扣除其"坏账准备"账户余额后的净额列入资产负债表"其他应收款"项目。

值得注意的是：对于预付款项，如供货方破产、撤销等原因已无望再收回所购货物，原《企业会计制度》规定应将其转入"其他应收款"账户后再计提坏账准备。2007年1月1日实施的《企业会计准则——应用指南》附录中规定，应单独对"预付款项"计提减值准备。期末，"预付账款"账户借方余额扣除其"坏账准备"账户余额后的净额列入资产负债表"预付款项"项目。

第五节　债务重组

一、债务重组的含义

债务重组是指在不改变交易对手方的情况下，经债权人和债务人协定或法院裁定，就清偿债务的时间、金额或方式等重新达成协议的交易。债务重组是从债务人角度出发的概念，如果从债权人角度出发，它应称为债权重组。为了便于表述，债务人和债权人可以通用

⊖　《小企业会计准则》规定设置"其他货币资金"科目核算"备用金"。

"债务重组"概念。

进行债务重组的情形主要有以下两种：①债务人发生财务困难时债权人做出让步所进行的债务重组。市场经济条件下企业之间存在着激烈竞争，任何一家企业都有可能拥有暂时的优势，也有可能处于不利地位。在不利的环境下，企业可能会出现资金周转困难，以至于无法还清所积欠的债务。对此，债权人有两种不同的做法：一是采取强制性措施（如诉讼到法院）追收债务，这很可能导致债务人破产清算，到头来债权人有可能会因此蒙受较大的损失；二是帮助债务人进行债务重组，如改变负债条件，降低负债额度等，帮助债务人渡过暂时的困难，让其持续经营下去，尽早恢复经济实力，这样做，或许债权人的经济损失可以减少到较低程度。后一种做法对债权人和债务人均有利，是债权人为最大限度减少经济损失而必须考虑的问题。②债务人没有发生财务困难，债权人也没有做出让步，而是双方就债务条款重新达成协议所进行的债务重组。例如，债务人用自己生产的产品等值抵债，债务人为了避免承担过重的利息而提前偿还所欠款项，债权人在减免债务本金的同时提高剩余债务利息等。

我国《企业会计准则第 12 号——债务重组》规定的债权和债务范围，是指《企业会计准则第 22 号——金融工具确认和计量》规定的债权和债务范围，包括各种应收款项和应付款项的债务重组、各种借款和贷款的债务重组、租赁应收款和租赁应付款的债务重组，但不包括针对合同资产、合同负债、预计负债等进行的交易安排。

二、债务重组的方式

债务重组的方式有以下四种：

（1）以资产清偿债务，如债务人转让其资产给债权人以清偿债务的债务重组方式，用现金、应收账款、存货、长期股权投资、投资性房地产、固定资产、在建工程、无形资产、生物资产、未确认的内部生产的品牌等。

（2）将债务转为权益工具，如债务人将债务转为资本，同时债权人将债权转为股权等。

（3）修改其他债务条件，如调整债务本金、改变债务利息、变更还款期限等。

（4）重组方式的重组，即在上述三种重组方式中有两种或两种以上的方式进行的重组称为混合重组。

通过债务重组，企业既可以结清全部债务，也可以结清部分债务。

三、债务重组的核算

1. 以资产清偿债务的核算

（1）债务人以金融资产清偿债务。在债务人以单项或多项金融资产清偿债务时，债权人收到金融资产进行初始确认时应以公允价值（和交易价格一致）计量。金融资产确认金额与债权终止确认日账面价值之间的差额，记入"投资收益"科目。应收账款账面价值是应收账款账面余额扣除其备抵项目（坏账准备）后的净额。下面以现金资产清偿债务为例予以说明：

【例 18】甲企业应收淮东厂货款 100 000 元，久欠不能收回，甲企业已计提坏账准备 3 000 元。现进行债务重组，甲企业同意豁免 10 000 元债，并收到 90 000 元现款了结此债。甲企业做如下会计分录：

借：银行存款　　　　　　　　　　　　　　　　　　　　　90 000
　　坏账准备　　　　　　　　　　　　　　　　　　　　　　3 000
　　投资收益　　　　　　　　　　　　　　　　　　　　　　7 000

　　　　贷：应收账款——淮东厂　　　　　　　　　　　　　　　　　　100 000

　　（2）债务人以非金融资产抵债。在债务人以非金融资产抵债时，债权人收到存货、固定资产、无形资产等非现金资产，应当以其成本入账。入账成本与重组债权的账面价值的差额记入"投资收益"科目。债务重组时债权人入账的存货成本，包括放弃债权的公允价值，以及使该资产达到当前位置和状态所发生的可直接归属于该资产的税金、运输费、装卸费、保险费等其他成本；债权人入账的固定资产的成本，包括放弃债权的公允价值，以及使该资产达到预定可使用状态前所发生的可直接归属于该资产的税金、运输费、装卸费、安装费、专业人员服务费等其他成本；债权人入账的无形资产成本，包括放弃债权的公允价值，以及可直接归属于使该资产达到预定用途所发生的税金等其他成本。

　　【例19】 甲企业应收 A 公司货款 150 000 元，已计提坏账准备 1 500 元。现 A 公司用材料一批抵债。该材料市场上价款 120 000 元（作为计税的公允价值），增值税 15 600 元。

　　甲企业应收账款账面价值 148 500 元（150 000 – 1 500）大于抵债的材料价值 135 600 元（120 000 + 15 600），为甲企业放弃债权的公允价值，其损失 12 900 元（148 500 – 135 600）是一种债务重组损失，记入"投资收益"科目。甲企业收到材料后做如下会计分录：

　　　　借：材料采购　　　　　　　　　　　　　　　　　　　　　　　120 000
　　　　　　应交税费——应交增值税（进项税额）　　　　　　　　　　　15 600
　　　　　　坏账准备　　　　　　　　　　　　　　　　　　　　　　　　1 500
　　　　　　投资收益　　　　　　　　　　　　　　　　　　　　　　　　12 900
　　　　　　贷：应收账款——A 公司　　　　　　　　　　　　　　　　150 000
　　　　借：原材料　　　　　　　　　　　　　　　　　　　　　　　　120 000
　　　　　　贷：材料采购　　　　　　　　　　　　　　　　　　　　　120 000

　　如果企业将材料按实际成本计价核算，那么上述分录不通过"材料采购"科目核算，而是直接借记入"原材料"科目。如果换入材料发生运输费、装卸费、保险费等，也记入"材料采购"科目，它同放弃债权的公允价值一起组成入账材料的成本（增值税进项税单独入账予以抵扣）。

　　【例20】 东方工厂应收 A 公司货款 80 000 元，已计提坏账准备 400 元。现因 A 公司财务困难，东方工厂同意 A 公司以一设备偿还债务。该设备 A 公司账面原值 120 000 元，已计提折旧 30 000 元，其抵债价值 75 000 元（其中，设备公允价值 66 371.68 元，增值税 8 628.32 元）。东方工厂认为，A 公司设备只值 75 000 元，抵不了 80 000 元欠款，要求 A 公司补价。最终 A 公司仅补价 2 000 元了结此债。

　　东方工厂应收账款账面价值 79 600 元（80 000 – 400），抵债固定资产的实际价值 77 000 元（75 000 + 2 000），为东方工厂放弃债权的公允价值，其损失 2 600 元（79 000 – 77 000）记入"投资收益"科目。东方工厂在收到设备时做如下会计分录：

　　　　借：固定资产　　　　　　　　　　　　　　　　　　　　　　66 371.68
　　　　　　应交税费——应交增值税（进项税额）　　　　　　　　　　8 628.32
　　　　　　坏账准备　　　　　　　　　　　　　　　　　　　　　　　　 400
　　　　　　银行存款　　　　　　　　　　　　　　　　　　　　　　　2 000
　　　　　　投资收益　　　　　　　　　　　　　　　　　　　　　　　2 600
　　　　　　贷：应收账款——A 公司　　　　　　　　　　　　　　　 80 000

　　需要说明，换入固定资产如果发生运输费、装卸费、安装费、专业人员服务费等，直接记入"固定资产"科目，或通过"在建工程"科目核算后转入"固定资产"科目。这部分成本同放弃债权的公允价值一起组成入账固定资产的成本（增值税进项税单独入账予以抵扣）。

2. 将债务转为权益工具的核算

这里的权益工具，债务人体现为实收益本（或股本）、资本公积等，债权人体现为长期股权投资等。如将债务转为资本，是指债务人不再需要偿还所欠债务，而是将所欠债务转为实收资本。这时，债权人将应收债权转为股权投资，债权人变成投资者（生产资料所有者），简称"债转股"。在债转股中，债权人设置"长期股权投资"账户按公允价值确认初始权益工具（股权）金额。如果权益工具的公允价值不能可靠计量的，应当按照所清偿债务的公允价值计量。所清偿债务账面价值与权益工具确认金额之间的差额，记入"投资收益"科目。

【例21】　东方工厂应收 C 公司货款 200 000 元，已计提坏账准备 10 000 元。现因 C 公司财务困难，经法院裁定进行债务重组，东方工厂同意将债权转为股权。该股权公允价值 188 000 元（拥有 C 公司 15% 的股权）。东方工厂做如下会计分录：

借：长期股权投资　　　　　　　　　　　　　　　　　　　188 000
　　坏账准备　　　　　　　　　　　　　　　　　　　　　　10 000
　　投资收益　　　　　　　　　　　　　　　　　　　　　　 2 000
　　贷：应收账款——C 公司　　　　　　　　　　　　　　　　　　200 000

如果上例中股权公允价值不能可靠计量，而清偿债务的公允价值为 190 000 元，则"长期股权投资"科目确认 186 000 元，"投资收益"科目确认 4 000 元（200 000 − 10 000 − 186 000）。

3. 修改其他债务条件的核算

《企业会计准则第 12 号——债务重组》应用指南规定："债务重组采用以修改其他条款方式进行的，如果修改其他条款导致全部债权终止确认，债权人应当按照修改后的条款以公允价值初始计量重组债权，重组债权的确认金额与债权终止确认日账面价值之间的差额，记入'投资收益'科目。如果修改其他条款未导致债权终止确认，债权人应当根据其分类，继续以摊余成本、以公允价值计量且其变动计入其他综合收益或者以公允价值计量且其变动计入当期损益进行后续计量。对于以摊余成本计量的债权，债权人应当根据重新议定合同的现金流量变化情况，重新计算该重组债权的账面余额，并将相关利得或损失记入'投资收益'科目。重新计算的该重组债权的账面余额，应当根据将重新议定或修改的合同现金流量按债权原实际利率折现的现值确定，购买或源生的已发生信用减值的重组债权，应按经信用调整的实际利率折现。对于修改或重新议定合同所产生的成本或费用，债权人应当调整修改后的重组债权的账面价值，并在修改后重组债权的剩余期限内摊销。"

【例22】　B 公司 20×1 年 6 月 30 日开给江都工厂面值 55 000 元、利率 10%、期限 6 个月的商业承兑汇票一张。20×1 年 12 月 30 日票据到期，B 公司财务发生极大困难，无法偿还，本息共 57 750 元 [其中，江都工厂已入账（记入"应收票据"账户利息 = 55 000 元 ×（10% ÷ 12）× 6 = 2 750 元]。经协商，于 20×1 年 12 月 31 日进行债务重组：将债务延期到 20×2 年 12 月 31 日偿还，本金减至 50 000 元，免去所欠利息 2 750 元，同时，延期一年按 50 000 元加收 6% 的利息，折现率为 5%。

此项债务重组属于"修改其他债务条件"未导致债权终止确认的情况。江都工厂（债权人）"应收票据"账面余额按原先实际票面利率 10% 计算的本息现值为 57 750 元，债务重组新确认的债权按实际利率折现的价值为 50 476 元 [50 000 ×（1 + 6%）÷（1 + 5%）]，两者差额 7 274 元（57 750 − 50 476）记入"投资收益"科目。江都工厂的会计分录如下：

(1) 20×1 年 12 月 31 日（债务重组日）：

借：应收账款——债务重组（B 公司） 50 476

投资收益 7 274

贷：应收票据——B 公司 57 750

(2) 20×2 年 12 月 31 日收回本息 53 000 元 [50 000×(1+6%)] 时：

借：银行存款 53 000

贷：应收账款——债务重组（B 公司） 50 476

财务费用 1 974

【例 23】 江都工厂应收 C 公司货款 20 万元，已计提坏账准备 3 万元。C 公司连年亏损，资金周转困难，不能偿付欠款。双方协商，同意进行债务重组。重组协议规定：豁免债务 2 万元，剩余 18 万元延长一年，延长期间收取 6% 的利息，折现率为 5%。

此项债务重组属于"修改其他债务条件"未导致债权终止确认的情况。江都工厂（债权人）债务重组新确认的债权现值为 18.17 万元 [18×(1+6%)÷(1+5%)]。江都工厂的有关会计分录如下：

(1) 江都工厂债务重组时：

借：应收账款——债务重组（C 公司） 18.17 万元

坏账准备 3 万元

贷：应收账款——C 公司 20 万元

投资收益 1.17 万元

(2) 江都工厂一年后收到货款本息 19.08 万元 [18×(1+6%)] 时：

借：银行存款 19.08 万元

贷：应收账款——债务重组（C 公司） 18.17 万元

财务费用 0.91 万元

4. 组合方式的重组核算

组合方式的重组涉及多种债务重组方式，一般可以认为是对全部债权的合同做了实质性修改，债权人要终止确认全部债权，并按修改后的条款确认新金融资产。

【例 24】 江都工厂应收 C 公司货款 20 万元，已计提坏账准备 1.60 万元。C 公司连年亏损，资金周转困难，不能偿付欠款。双方协商，同意进行债务重组。重组协议规定：C 公司先用一批产成品抵债（产成品市场上价款 4 万元，增值税 0.52 万元）；豁免债务 2 万元；剩余 13.48 万元（20−4−0.52−2）延长一年，延长期间收取 2% 的利息。

此项重组属于"修改其他债务条件"导致全部债权终止确认的情况。江都工厂计算放弃债权的公允价值为 13.48 万元（20−4−0.52−2），并将此作为应收债权的公允价值入账。

(1) 江都工厂债务重组时：

借：应收账款——债务重组（C 公司） 13.48 万元

库存商品 4 万元

应交税费——应交增值税（进项税额） 0.52 万元

坏账准备 1.60 万元

投资收益 0.40 万元

贷：应收账款——C 公司 20 万元

（2）江都工厂一年后收到货款本息 13.7496 万元 [13.48×（1+2%）] 时：

借：银行存款 13.749 6 万元

　　贷：应收账款——债务重组（C 公司） 13.48 万元

　　　　财务费用 0.269 6 万元

第六节　应收账款融资

应收账款融资是以应收账款作为担保品来筹措资金的一种方式，具体说又有应收账款抵借和应收账款出售两种形式。2019 年 4 月 30 日，财政部修订印发《2019 年度一般企业财务报表格式的通知》规定，资产负债表中要增列 "应收款项融资" 项目，反映资产负债表日以公允价值计量且其变动计入其他综合收益的应收票据和应收账款等。

一、应收账款抵借

应收账款抵借是指以应收账款作为担保品，向银行或其他金融机构取得借款。借款比率视抵押应收账款客户的信誉而定，从 75% 到 95% 不等，一般为 80%。

企业以应收账款向外抵押借款，通常并不让欠款人知道。因此，企业仍向欠款人收取账款，但每收一笔款就得将收款额外加利息转交给提供借款的信贷机构。应收账款抵押借款的利息一般按日计息，有两种计算依据：一是按抵押的应收账款余额计息；二是按应收账款借款额计息。

处理应收账款抵借业务，西方通常设 "抵借应收账款" 科目核算。抵借时，借记 "抵借应收账款" 科目，贷记 "应收账款" 科目；收回抵借应收账款时，借记 "银行存款" 科目，贷记 "抵借应收账款" 科目，同时再将收到的银行存款偿还给提供借款的信贷机构。对于抵借款的取得和偿还通过设置 "其他应付款" 科目核算。我国 2007 年 1 月 1 日实施的《企业会计准则》、2013 年 1 月 1 日实施的《小企业会计准则》没有明确规定应收账款抵借业务的处理，但 2005 年 1 月 1 日实施的《小企业会计制度》规定：应收账款抵借时不设置 "抵借应收账款" 科目，而是保留原有 "应收账款" 科目金额不变；同时规定，取得和偿还抵借款通过设置 "短期借款" 科目核算。

自 2019 年 4 月 30 日财政部要求在资产负债表中增列 "应收款项融资" 项目后，应收账款抵借有了新的计量属性——公允价值计量，并规定其公允价值变动计入其他综合收益。但企业会计准则未规定应收账款抵借所设置使用的会计科目。本书作者认为，企业应增设 "应收账款融资——应收账款抵借" 科目，核算应收账款抵借业务。

下面以我国会计制度规定及报表增列项目为依据举例予以说明：

【例 25】　C 企业 20×1 年 12 月 28 日以应收账款 100 000 元向华丰信贷公司借得 80% 的借款 80 000 元。

（1）C 企业 20×1 年 12 月 28 日编制以下会计分录：

借：应收账款融资——应收账款抵借（成本） 100 000

　　贷：应收账款 100 000

借：银行存款 80 000

　　贷：应付账款——华丰信贷公司 80 000

如果 C 企业借款时签发了票据，则上述第二笔分录中应贷记 "应付票据" 科目。如果借款需要支付一定的手续费，则应借记 "财务费用" 科目。

（2）20×2年1月7日，C企业收到上述抵借账款中某一客户的账款30 000元，做如下会计分录：

借：银行存款　　　　　　　　　　　　　　　　　　　　　30 000
　　贷：应收账款融资——应收账款抵借（成本）　　　　　　　　30 000

C企业于收款当日（1月7日）将账款30 000元连同借款利息一起归还给华丰信贷公司。利息按借款额9‰计算，为240元[80 000×（9‰÷30）×10]。C企业做以下会计分录：

借：应付账款——华丰信贷公司　　　　　　　　　　　　　　30 000
　　财务费用　　　　　　　　　　　　　　　　　　　　　　　240
　　贷：银行存款　　　　　　　　　　　　　　　　　　　　　30 240

需要说明的是：企业也可以进行"应收票据抵借"，即将未到期的商业汇票向华丰信贷公司抵押借款，会计分录据应收账款抵借类推。用应收账款抵借或应收票据抵借，有可能发生或有负债，企业应在资产负债表附注中予以说明。

（3）20×2年1月31日，C企业评估已抵借的应收账款发现，剩余70 000元（100 000 - 30 000）的抵借款市场价值（公允价值）仅有60 000元，即有一个客户所欠10 000元款难以收回。C企业做如下会计分录：

借：其他综合收益——信用减值准备　　　　　　　　　　　　10 000
　　贷：应收账款融资——应收账款抵借（公允价值变动）　　　　10 000

由于利润表中"其他综合收益"项目要填列扣除所得税后净额，则信用减值准备还要扣除25%的所得税2 500元。20×2年1月31日，C企业做所得税调整的会计分录如下：

借：所得税费用　　　　　　　　　　　　　　　　　　　　　2 500
　　贷：其他综合收益——信用减值准备　　　　　　　　　　　　2 500

二、应收账款出售

应收账款出售是企业将应收账款出售给银行等金融机构以筹措资金的一种方法。银行等金融机构对此要收取一定比例的佣金（为该项应收账款净额的1%或2%左右）和利息作为回报。应收账款出售分为附有追索权出售和不附有追索权出售两种。应收账款是一种金融资产。按《企业会计准则第23号——金融资产转移》规定，附有追索权的金融资产出售，由于"保留了金融资产所有权上几乎所有风险和报酬，不应当终止确认相关金融资产"（即不能贷记"应收账款"等金融资产科目），但要设置"继续涉入资产"科目进行核算。在不附有追索权的情况下，企业出售应收账款的同时要通知购货客户，请客户以后将账款直接付给金融机构。如有拖欠，由金融机构催收；如客户无力偿付，出售账款的企业不承担损失。由于出让风险和报酬已全部转给了金融机构，则可终止确认应收账款，但对应收账款中可能出现的现金折扣、销售折让、销货退回，金融机构要预先扣存最终清算。除现金折扣外，扣存款由双方商定，一般为应收账款的10%。

【例26】　D公司将20万元应收账款以90%的价格出售给龙潭公司，不附追索权，D公司当即收到18万元存入银行。D公司出售应收账款时做如下会计分录：

借：银行存款　　　　　　　　　　　　　　　　　　　　　18万元
　　财务费用（20×10%）　　　　　　　　　　　　　　　　2万元
　　贷：应收账款　　　　　　　　　　　　　　　　　　　　20万元

【例27】　E公司将46 800元应收账款出售给华丰信贷公司，不附追索权，但有扣存款事项：该笔赊销款现金折扣为800元（还有15天到期），信贷公司按应收账款净额（46 800 -

800）收取 10% 的扣存款。此外，华丰信贷公司要按应收账款净额收取 2% 的手续费作为回报。E 公司出售应收账款时做以下两笔会计分录：

（1）反映应收账款出售的分录。要终止确认应收账款，即注销应收账款账面价值。

借：财务费用（46 000 × 2%） 920
  其他应收款——预计现金折扣 800
    ——让售扣存款（46 000 × 10%） 4 600
    ——华丰公司 40 480
 贷：应收账款 46 800

（2）反映出售应收账款收款的分录。这笔应收账款赊销期限还有 15 天，合同商定年利率 8%。E 公司于出售日取得全部出售款，支付利息 135 元［40 480 × (8% ÷ 360) × 15］，做如下会计分录：

借：银行存款（40 480 − 135） 40 345
 财务费用 135
 贷：其他应收款——华丰信贷公司 40 480

该笔应收账款按时收回，未出现销售退回和折让，客户享受了现金折扣 800 元，华丰信贷公司已退回了全部扣存款。E 公司做如下会计分录：

借：银行存款 4 600
 财务费用 800
 贷：其他应收款——让售扣存款 4 600
    ——预计现金折扣 800

若有销售退回和折让，要借记"主营业务收入""应交税费"等科目。

对于出售多笔应收账款，还要以每笔应收账款净额为权数，计算平均到期日（赊销期限），以此确定向信贷公司支付利息的天数。

【例 28】 F 公司将 30 万元应收账款（A 客户）以 95% 的价格出售给洪桥公司，附追索权，F 公司当即收到 28.5 万元存入银行。F 公司出售应收账款时做如下会计分录：

借：继续涉入资产——应收账款出售（成本） 30 万元
 贷：应收账款 30 万元
借：银行存款 28.5 万元
 财务费用 1.5 万元
 贷：短期借款[⊖] 30 万元

月末，上述已出售的应收账款公允价值 28 万元，所得税率 25%。F 公司反映公允价值变动时做如下会计分录：

借：其他综合收益——信用减值准备（30 − 28） 2 万元
 贷：继续涉入资产——应收账款出售（公允价值变动） 2 万元
借：所得税费用（2 × 25%） 0.5 万元
 贷：其他综合收益——信用减值准备［(30 − 28) × 25%］ 0.5 万元

当月月末，F 公司资产负债表上"应收款项融资"填写 28 万元（30 − 2），"其他综合

⊖ 2005 年 1 月 1 日实施的《小企业会计制度》规定：企业出售附有追索权的应收债权按"质押"贷款的会计处理原则执行。

收益"项目填写 –1.5 万元 (0.5 – 2)，利润表上在"将重分类进损益的其他综合收益"下增列"出售应收账款公允价值变动"项目填列 –1.5 万元。

下月 15 日，洪桥公司告知 F 公司，上述应收账款 30 万元已向 A 客户全部收取。F 公司做如下会计分录：

借：短期借款　　　　　　　　　　　　　　　　　　　　30 万元
　　继续涉入资产——应收账款出售（公允价值变动）　　　2 万元
　　贷：继续涉入资产——应收账款出售（成本）　　　　　　　30 万元
　　　　其他综合收益——信用减值准备　　　　　　　　　　1.5 万元
　　　　财务费用　　　　　　　　　　　　　　　　　　　　0.5 万元

若下月 15 日洪桥公司没有收到上述应收账款，按附有追索权的"应收账款出售协议"规定，洪桥公司应向 F 公司追回上述应收债权出售款，F 公司做如下会计分录：

借：短期借款　　　　　　　　　　　　　　　　　　　　30 万元
　　贷：其他应付款——洪桥公司　　　　　　　　　　　　　　30 万元
借：应收账款　　　　　　　　　　　　　　　　　　　　30 万元
　　继续涉入资产——应收账款出售（公允价值变动）　　　2 万元
　　贷：继续涉入资产——应收账款出售（成本）　　　　　　　30 万元
　　　　其他综合收益——信用减值准备　　　　　　　　　　1.5 万元
　　　　财务费用　　　　　　　　　　　　　　　　　　　　0.5 万元

F 公司向洪桥公司支付追索权款时做如下会计分录：

借：其他应付款——洪桥公司　　　　　　　　　　　　　30 万元
　　贷：银行存款　　　　　　　　　　　　　　　　　　　　30 万元

F 公司向原欠款客户——A 客户催收款时，仅收到 5 万元，做如下会计分录（其余欠款续收时会计分录与此相同）：

借：银行存款　　　　　　　　　　　　　　　　　　　　5 万元
　　贷：应收账款——A 客户　　　　　　　　　　　　　　　　5 万元

第五章

存 货

第一节 存货核算概述

一、存货的定义

我国《企业会计准则第1号——存货》定义的存货，是指企业在日常活动中持有以备出售的产成品或商品、处在生产过程中的在产品、在生产过程或提供劳务过程中耗用的材料和物料等。

存货是流动性极大的一种资产，属于流动资产性质。存货金额通常占流动资产的绝大部分，是流动资产管理的重点；同时，存货的会计计量直接关系到资产负债表上资产价值的确定和利润表上收益的确定。报表使用者利用存货的信息能有效地预测企业未来的现金流量，安排货币资金使用。因此，明确存货的性质，做好存货的管理和核算意义十分重要。

二、存货的分类

（一）按经济用途分类

（1）商品存货。商品存货是指商业企业购入的、用于转手出售的库存货品。这些货品，其实物形式在转手销售以前保持其原状。

（2）制造业存货。制造业存货是指制造业企业的存货，包括原料及主要材料、辅助材料、外购半成品、修理用备件、燃料、包装物、低值易耗品、在产品、自制半成品、库存商品、外购配套商品。

（3）杂项存货。杂项存货是指供近期耗用的库存事务用品、运输用品等。

（二）按存放地点分类

（1）库存存货。库存存货是指已经运达企业，并已验收入库的各种材料和商品，以及已验收入库的自制半成品和库存商品。

（2）在途存货。在途存货是指货款已经支付，尚未验收入库，正在运输途中的各种材料和商品。

（3）加工存货。加工存货是指正在加工中的存货，包括正在本企业加工中的在制品和委托外单位加工的各种材料和半成品。

（三）按直接来源分类

（1）外购存货。外购存货是指从企业外部购入的存货，包括外购的商品、原材料、包装物、低值易耗品、半成品等。

（2）自制存货。自制存货是指企业在生产经营过程中自行制造的存货，包括自制的材料、包装物、低值易耗品以及在产品、半成品和库存商品等。

（3）委外加工的存货。委外加工的存货是指委托外单位加工完成验收入库的存货，包括加工完成的原材料、包装物、低值易耗品、半成品、库存商品或加工商品。

（4）投资者投入的存货。投资者投入的存货是指股东、法人、个人及外商投入的各种存货。

（5）接受捐赠的存货。

（6）抵债换取的存货。抵债换取的存货是指企业接受的债务人以非现金资产抵债方式取得的存货，或以应收债权换入的存货。

（7）以非货币性资产换入的存货。

（8）盘盈的存货。

三、存货的入账

（一）存货的入账价值

存货的入账价值是指可以计入购货成本的与存货形成有关的价值，也就是记入存货类账户所包含的内容。影响存货入账价值的因素主要有：购货折扣、购货费用、制造费用。

1. 购货折扣

购货折扣是指购货企业以赊购方式购货，销货企业允许在规定的现金付款限期内按货价给予购货企业一定比例的现金折扣优惠。对购货折扣的会计处理，通常有总价法、净价法和净额法三种。

（1）总价法。总价法是指购货成本和应付账款都按未减现金折扣的总价入账，而将实现的购货折扣列为当期收益或作为购货项目的扣除数。这种方法简便易行，但由于按总价入账，致使购货、存货和应付账款虚增；同时，购入货物和付出货款，从理论上讲是不能产生收益的。

（2）净价法。净价法是指购货成本和应付账款按扣除现金折扣后的净额入账，而付款不及时没有得到现金折扣时，列作"折扣损失"，期末调增应付账款。这种以净价记录购货成本的理论依据是：净价法如实反映了存货成本和相应的债务责任，现金折扣的丧失反映出一个企业财务管理的低效率。

（3）净额法。净额法也称折半净价法，是指购货成本按扣除折扣后的净额入账，应付账款按总价入账，两者差额列入"购货折扣"账户，当付款不及时丧失现金折扣时，再将其转作财务费用处理。这一方法的特点是：购货折扣不论是否实现，都从购货成本中扣除，因而存货始终以净额反映；付款超过折扣期未获折扣，意味着销货企业暂时向购货企业提供了资金而发生了利息，在购货企业账上如实反映为信贷费用。

从以上分析中可见，净价法、净额法反映购货成本真实、合理，但会计处理较复杂，故西方会计实务中未被广泛采用；相反，总价法由于简便，在西方会计实务中广泛流行。我国目前的企业购销活动中有商业折扣，往往采取折价销售的办法处理，即按售价的一定比例直接扣除，购货仍按实际付款额作为购货成本入账。随着今后现金折扣的出现，存货采购成本按总价法入账较简便易行。

2. 购货费用

购货费用是指与购入存货有关的附带支出，也称附带成本，包括购货过程中的附带支出（如运费、保险费等），购货部门的费用（购货人员及机构经费等）和仓库储存费用。从理论上讲，购货费用均应计入购货成本，但实际工作中为了简化核算，不一定全部计入购货成本。对此，不同的企业有不同的处理规定。

（1）工业等企业计入材料采购成本的采购费用有：①运杂费（包括运输、装卸、保险、包装、仓储等费用）。②运输途中的合理损耗。③入库前的挑选整理费用。④购入材料负担的税金，包括支付的关税、消费税、资源税、增值税等，但可作为进项税额抵扣的增值税不计入存货成本。⑤可归属采购成本的其他费用。需要说明的是：对于采购人员差旅费、采购机构经费、企业供应部门和仓库的经费，如果归属采购成本不是太复杂，则计入存货采购成本，这符合采购成本理论的要求；如果归属采购成本很麻烦，为了简化核算，则可以记入"管理费用"科目。

（2）商品流通企业进货过程中发生的进货费用，包括应由企业负担的运输费、装卸费、包装费、保险费、运输途中的合理损耗、入库前的挑选整理费、按规定计入成本的税金及其他费用，应当计入商品的采购成本。如果进货费用不能直接计入有关商品采购成本的，也可以先进行归集，期末根据所购商品的存销情况进行分摊：对于已售商品的进货费用，记入当期"主营业务成本"科目；对于未售商品的进货费用，计入期末存货成本。商品流通企业采购商品的进货费用金额较小的，可以在发生时直接计入当期损益（销售费用）。

3. 制造费用

制造费用是指制造业企业为生产产品和提供劳务而发生的各项间接费用，包括工资和福利费、折旧费、修理费、办公费、水电费、机物料消耗、劳动保护费、低值易耗品摊销、差旅费、运输费、保险费、非融资性租赁费、设计制图费、试验检验费、环境保护费（即排污费、绿化费等）、在产品存货盘亏（减盘盈）毁损、季节性和修理期间的停工损失、其他制造费用。制造费用按一定标准分配计入成本核算对象。因此，制造业存货不仅包括直接材料、直接人工，还包括分摊的制造费用。

（二）存货的入账依据

会计凭证是登记会计账簿的依据。会计凭证分为原始凭证和记账凭证两类，原始凭证是会计入账的原始依据。存货入账的原始依据有以下三类：

（1）采购凭证。采购凭证包括银行结算凭证、供货单位发货票、运单、提货单及其他单据。

（2）入库凭证。入库凭证包括收料（货）单、收购凭证、交（入）库单、验收单及各种入库汇总凭证。

（3）出库凭证。出库凭证包括领料单、限额领料单、领料登记表、配比发料单、发货票（单）、提货单、发料（货）汇总凭证及其他出库凭证。

以上收发凭证中，除汇总凭证外，一般要一式多联，分别给财务部门、供销部门和仓库作为记账、稽核以及汇总的依据。

许多企业材料核算都采用"物资供应管理信息系统"⊖商用软件（简称"物供软件"）。该软件中有"采购管理"模块（包括采购订单、采购发票、采购结算、采购查询等）、"库存管理"模块（包括入库业务、出库业务、库存存量查询等），还有"合同管理"模块、"内部交易"模块。作为存货入账的采购凭证信息，由企业采购部（也称"供应科"）核算人员输入"物供软件"中"采购管理"相关栏目；入库凭证信息，由材料仓库人员输入"物供软件"中"库存管理——入库业务"栏目下，出库凭证信息，由材料仓库人员输入"物供

⊖ 它可以是一个独立的商用软件，也可以是企业管理信息系统的一个子系统。

软件"中"库存管理——出库业务"栏目下。财务部门、采购部门和仓库需要进行相关业务的处理，可登录"物供软件"调用有关信息，通过打印留下自制原始凭证的依据。

（三）存货的账簿体系

存货入账，最终要记录到各个具体账户，还要保持账户间的勾稽关系。一般来说，存货应采用三级账簿体系，即总账—二级账—明细账。有时，存货也可以采用两级账簿体系，即总账—明细账。各级账簿应分别由有关部门及人员登记。

四、存货的归属

存货的归属以所有权为划分标准。确定存货的一条规则是：凡在盘存日期，法定所有权属于企业的全部存货，不论其存放在何处，均视为该企业的存货。如制造业企业的存货包括销售机构库存的部分，委托代销的部分，外出参展的部分。相反，那些已经销售入账而替顾客保管的商品存货、委托代销商品库存、委托加工物资库存等，由于所有权已经转移或仍属于他人，均不包括在本企业的存货范围内。

对于进出口货物，其所有权应视购销合同的有关条款而定。从进口货物看，如果在起运点交货，则货物装船离岸后货物归买方所有；如果在目的地交货，则货物运达口岸后才归买方所有。从出口货物看，如果合同为离岸交货，则货物装船离岸后，其所有权归对方；如果在目的地交货，则在到达目的地之前，这批货物仍属于本企业的存货。

确定存货归属是从存货盘存日期的时点上考察的。存货盘存有两种方法：一是定期盘存制；二是永续盘存制。根据存货所包括的范围，采用这两种盘存方法，就能确定体现法定所有权的存货的实物数量。

五、存货会计的基本目的

存货会计的基本目的是计算确定销货成本，以便和营业收入相配比，恰当确定企业的净收益；同时，提供资产负债表上存货价值。弄清销货成本与存货成本的关系，对实现存货会计的基本目的十分重要。

存、销关系式可表示为

$$期初存货 + 本期购货净额 - 期末存货 = 本期销货成本$$

亦即

$$本期可供出售商品成本 - 期末存货 = 本期销货成本$$

从上列等式中可以看出：在存货入账的基础上，确定了期末存货价值就能计算出本期销货成本，或者确定了本期销货成本就能计算出期末存货价值。而存货价值的确定，涉及存货的计价基础和方法。存货的计价基础和方法有实际计价法、计划计价法、估价法、成本与可变现净值孰低法，掌握这些应用方法既是正确计算存货成本的前提，又是存货会计的基本要求。

第二节　存货的实际成本法

存货的实际成本法，也称为存货的实际价格法或存货的实际计价法，是指存货日常核算中的收发凭证的填制和存货账簿的登记均按实际成本记录，期末，存货账簿上的余额反映存货的实际成本。

一、外购存货的核算

在实际成本计价方式下，外购存货核算要分别设置"在途物资""原材料""库存商品"等科目，也有的企业设置"材料采购"科目代替"在途物资"科目。一些中小企业外购存货的核算要视钱货是否分离的情况采用不同的账务处理方法。

（一）钱货两清

【例1】 A工厂购进原材料一批，价款5 000元和增值税650元用转账支票支付，材料已验收入库。

借：原材料 5 000
　　应交税费——应交增值税（进项税额） 650
　　　贷：银行存款 5 650

（二）先付款，后收货

【例2】 A工厂购入原材料一批，价款40 000元，增值税5 200元，对方代垫运杂费300元（其中运费127.30元），银行传来托收承付结算凭证付款通知，承付托收款项45 500元，货未到（按税法规定，企业负担的货物运输费用127.30元可抵扣9%的进项税额11元，下同）。

借：在途物资 40 289
　　应交税费——应交增值税（进项税额） 5 211
　　　贷：银行存款 45 500

上列材料到达，已验收入库：

借：原材料 40 289
　　　贷：在途物资 40 289

（三）先收货，后付款

先收货后付款由两个原因引起：一是结算凭证传递慢于货物运输，即货物先到，凭证后到，称为临时收货；二是采用赊购方式，销货单位先给购买单位货物，并提供发票和有关标明付款条件和期限的凭证，如标明现金折扣等，购买单位收货后要根据货币资金的宽松程度，在折扣期限内或超过折扣期在最终付款期限内给予付款。这两种情况应分别对待，分别处理。

1. 临时收货

【例3】 A工厂5月25日购进一批原材料已验收入库，5月28日银行传来委托收款结算凭证付款通知，承付价款8 800元、增值税1 144元和对方代垫运费200元（运费抵扣增值税18元）。

对于收货时未付款的物资，一般过几天就会接到结算凭证而付款，因此，在收货时一般不做会计分录，只是在有关存货的明细账上登记数量，待付款时做钱货两清的分录，同时在其明细账上补记金额。该厂5月28日做如下会计分录：

借：原材料 8 982
　　应交税费——应交增值税（进项税额） 1 162
　　　贷：银行存款 10 144

如果上项入库材料等到月终结算凭证还未到，为了反映材料入库和款项未付的情况，则应按合同价或其他价暂估料款入账。假设该工厂按上次购货价格暂估8 900元入账，则5月

31 日做如下会计分录：

  借：原材料   8 900

    贷：应付账款   8 900

  6 月 1 日，用红字冲销上月底暂估价：

  借：原材料   8 900

    贷：应付账款   8 900

  冲销是为了在下月付款时，按正常的钱货两清业务处理。但对于上月底前货已收、结算凭证和发票也收到，企业无款支付的业务，应按实际款项借记"原材料""应交税费——应交增值税（进项税额）"科目，贷记"应付账款"科目，下月初不要用红字冲销。

  2. 赊购收货

  【例4】 A 工厂采用总价法核算现金折扣。4 月 5 日赊购原材料一批，已取得专用发票，价款 30 000 元，增值税 3 900 元，付款条件是"2/10、1/20、n/30"，料已入库。4 月 14 日，该厂付款 33 300 元，享受折扣 600 元。该厂 4 月 5 日购料时编制如下会计分录：

  借：原材料   30 000

    应交税费——应交增值税（进项税额）   3 900

    贷：应付账款   33 900

  4 月 14 日付款时做如下会计分录：

  借：应付账款   33 900

    贷：银行存款   33 300

      财务费用   600

  若上项款于 4 月 24 日支付，该厂享受 1% 的现金折扣 300 元（30 000×1%），则做如下会计分录：

  借：应付账款   33 900

    贷：银行存款   33 600

      财务费用   300

  若上项款于 4 月 28 日支付，该厂不能享受现金折扣，则做如下会计分录：

  借：应付账款   33 900

    贷：银行存款   33 900

  【例5】 某批发企业采用净价法核算现金折扣。6 月 18 日赊购商品一批已验收入库，价款 5 000 元，增值税 650 元，付款条件是"2/10、n/30"。该企业 7 月 10 日付款 5 650 元，未享受现金折扣。该企业 6 月 18 日做如下会计分录：

  借：在途物资 [5 000×(1-2%)]   4 900

    应交税费——应交增值税（进项税额）   650

    贷：应付账款   5 550

  借：库存商品   4 900

    贷：在途物资   4 900

  7 月 10 日付款（未享受现金折扣）做如下会计分录：

  借：应付账款   5 550

    财务费用   100

　　贷：银行存款　　　　　　　　　　　　　　　　　　　　　　　　　　　5 650

　　注：商品流通企业购买商品时，如果是先付款后入库的情况，在付款时借记"在途物资"科目，入库时再借记"库存商品"科目，贷记"在途物资"科目。

（四）先预付，后收货

【例6】　某商品流通企业按合同规定预付购货款 2 000 元。该企业据信汇结算凭证回单做如下会计分录：

　　借：预付账款　　　　　　　　　　　　　　　　　　　　　　　　　　　2 000
　　　　贷：银行存款　　　　　　　　　　　　　　　　　　　　　　　　　2 000

　　对方发来商品一批已验收入库，同时，收到增值税专用发票等凭证，价款 3 000 元，增值税 390 元，补付货款 1 390 元。该企业做如下会计分录：

　　借：库存商品　　　　　　　　　　　　　　　　　　　　　　　　　　　3 000
　　　　应交税费——应交增值税（进项税额）　　　　　　　　　　　　　　390
　　　　贷：预付账款　　　　　　　　　　　　　　　　　　　　　　　　　3 390
　　借：预付账款　　　　　　　　　　　　　　　　　　　　　　　　　　　1 390
　　　　贷：银行存款　　　　　　　　　　　　　　　　　　　　　　　　　1 390

　　若企业预付货款情况不多，也可不设"预付账款"科目，而通过"应付账款"科目核算。

　　许多企业，尤其是大型企业，材料核算量很大，一般采用"物资供应管理信息系统"软件和"财务核算系统"软件中"往来管理"子系统进行具体核算。在"买方市场"（即市场物资供应丰富，对购买方十分有利的市场）下，一种物资的供应商往往有好多家，购买方一般不存在预付款项、随时付款的情况，而是拖延到下个月特定时段（由双方签订的"购销合同"确定）付款。沿用上述例1~例3（A 工厂所有付款在下月10日进行），对 A 工厂材料采购业务通过计算机软件分以下四步进行处理［例1~例3 的编号分别为(1)~(3)］：

　　第一步：平时，A 工厂财务部材料核算员根据供应商提供的材料发票、运输费用发票等原始凭证编制采购欠款的会计分录如下（在"财务核算系统"软件中编制记账凭证）：

　　(1) 借：材料采购　　　　　　　　　　　　　　　　　　　　　　　　　5 000
　　　　　　应交税费——应交增值税（进项税额）　　　　　　　　　　　　650
　　　　　贷：应付账款　　　　　　　　　　　　　　　　　　　　　　　　5 650
　　(2) 借：材料采购　　　　　　　　　　　　　　　　　　　　　　　　　40 289
　　　　　　应交税费——应交增值税（进项税额）　　　　　　　　　　　　5 211
　　　　　贷：应付账款　　　　　　　　　　　　　　　　　　　　　　　　45 500
　　(3) 借：材料采购　　　　　　　　　　　　　　　　　　　　　　　　　8 982
　　　　　　应交税费——应交增值税（进项税额）　　　　　　　　　　　　1 162
　　　　　贷：应付账款　　　　　　　　　　　　　　　　　　　　　　　　10 144

　　说明：如果购买方在采购过程中自己支付装卸、搬运等费用，应单独进行账务处理：借记"材料采购"科目，贷记"库存现金"或"银行存款"科目。

　　第二步：月末，A 工厂财务部材料核算员登录"物资供应管理信息系统"软件"入库业务"栏目，调出本月入库材料的全部收料单号，与采购入账的原始凭证进行核对，分以下三种情况进行处理［见业务(4)~(6)］：

（4）对已编制采购欠款记账凭证并已入库的材料（例1、例2、例3）处理如下：

借：原材料（5 000 + 40 289 + 8 982）　　　　　　　　　　54 271

　　贷：材料采购　　　　　　　　　　　　　　　　　　　　　　　　　54 271

（5）对已经入库、尚未传来发票账单的材料按"暂估料款"业务处理如下：

借：原材料　　　　　　　　　　　　　　　　　　　　　　× × ×

　　贷：应付账款——暂估料款　　　　　　　　　　　　　　　　× × ×

（6）对只编制采购欠款记账凭证，没有办理入库手续的材料，按"在途材料"业务处理如下：

只打印或抄列"在途材料"清单，以便和下个月各该材料入库收料单核对，不需要编制会计分录。在实际工作中，买方购买材料的一般程序是：供货商送货到本单位，办理材料验收、入库手续，通知供应商开具发票，偿付购料欠款。在这种程序下，买方月末一般不会出现"在途材料"业务。

（7）下月初，用红字冲销上月末暂估材料价款［对应上述业务(5)］：

借：原材料　　　　　　　　　　　　　　　　　　　　× × ×

　　贷：应付账款　　　　　　　　　　　　　　　　　　　　× × ×

（8）下月10日，A工厂财务部往来核算员登录"财务核算系统"软件中"往来管理"子系统，调出往来欠款名单，与采购部传来的"应付账款审批表"核对，向供应商支付上月所购材料欠款共计54 271元，做如下会计分录：

借：应付账款　　　　　　　　　　　　　　　　　　　　54 271

　　贷：银行存款　　　　　　　　　　　　　　　　　　　　　54 271

二、自制存货的核算

1. 自制材料完工入库

借：原材料　　　　　　　　　　　　　　　　　　　　（实际成本）

　　贷：生产成本　　　　　　　　　　　　　　　　　　　　（实际成本）

2. 自制半成品完工入库

借：自制半成品　　　　　　　　　　　　　　　　　　（实际成本）

　　贷：生产成本　　　　　　　　　　　　　　　　　　　　（实际成本）

3. 自制库存商品完工入库

借：库存商品　　　　　　　　　　　　　　　　　　　（实际成本）

　　贷：生产成本　　　　　　　　　　　　　　　　　　　　（实际成本）

4. 委托外单位加工材料完工收回入库

借：原材料等　　　　　　　　　　　　　　　　　　　（实际成本）

　　贷：委托加工物资　　　　　　　　　　　　　　　　　　（实际成本）

三、存货发出的核算

（一）存货发出的计价方法

存货属于流动资产，随着经营活动的变化而不断改变其存在的形态和分布位置。存货的发出包括向两个方向流动：一是存货向生产阶段流动，如材料投入生产，半成品继续加工；有时，存货也流向非生产经营项目，如在建工程领用生产材料等。存货经过第一阶段的流动，就由储备资金转化为生产资金或非生产资金。二是存货向销售阶段流动，如库存商品销售，它由存货资金转化为货币资金。

存货流转有实物流转和成本流转两个方面，两者从理论上讲应一致，但实际工作中很少一致。发出存货计价以存货成本流转假设为依据。

发出存货的价值是由存货"流出"存储阶段的数量与单位成本决定的。存储阶段每批存货的单位成本由于产地、价格、运输费用、生产耗费条件不同也往往是不相同的。一个会计期间既有新购入或新收入的存货，又有原有存货，而该期间发出的存货常常是既有原有的，又有新进的，则发出存货的实际单位成本的确定就有多种计价方法。企业应视存货的性质、生产特点和经营管理要求，选择某一种方法确定发出存货的价值。在实际成本计价方式下，发出存货的计价方法有个别计价法、分批实际法、加权平均法、移动平均法、先进先出法、后进先出法等，我国《企业会计准则第 1 号——存货》规定采用先进先出法、加权平均法或个别计价法确定发出存货的实际成本。

1. 个别计价法与分批实际法

个别计价法也称为个别确认法，是指按各个存货的个别成本计价的一种方法。采用这种方法，对每次收货分别记录，标明它们的单价，实际领用时，领用哪次购买的货物就用哪种单价。这种方法适用于不可替换使用和为一个特定项目专门购入或制造且单独存放的存货。

分批实际法是以每批收货的实际单价计算每批发货成本和结存成本的一种计价方法。采用这种方法，要辨清每批发货和期末存货所属的购货批别或生产通知单号码，分别按发票价格或成本计算单上的单位成本确定其价值。这样，有必要在货品上附加标签或编写一定的号码，以便区分批次，确定各批存货的成本。这一方法适用于体积较大或成本较高和数量较少的存货。

个别计价法与分批实际法都是具体辨认法，适用于价值高、容易辨认的存货。

现举例说明分批实际法的应用方法。假定某企业某年 7 月某种商品存货的入库、发出和结存的资料见表 5-1。

表 5-1 某存货收发存资料 （金额单位：元）

日 期	摘 要	入 库			发 出			结 存		
		数量（件）	单价	金额	数量（件）	单价	金额	数量（件）	单价	金额
7/1	期初结存							520	1.00	520
7/5	购入	300	1.20	360				820		
7/10	发出				600			220		
7/15	购入	450	1.10	495				670		
7/21	发出				400			270		
7/25	购入	230	1.21	278.3				500		
7/31	合计	980		1 133.3	1 000					

经确认，7 月 10 日发出 600 件，有 400 件是期初结存的，有 200 件是 7 月 5 日购进的；7 月 21 日发出 400 件，均是 7 月 15 日购进的，则

本期发出存货总成本 $= 400 \times 1.00 + 200 \times 1.20 + 400 \times 1.10 = 1\,080$（元）

期末存货总成本 $= 120 \times 1.00 + 100 \times 1.20 + 50 \times 1.10 + 230 \times 1.21 = 573.30$（元）

2. 加权平均法

加权平均法是指在计算存货的单位成本时，用期初存货数量和本期各批收入的数量作

为权数的计价方法。它适用于定期盘存的存货。其计算公式及计算结果如下（据表 5-1，下同）：

$$加权平均单位成本 = \frac{期初结存存货实际成本 + 本期收入存货实际成本}{期初结存存货的数量 + 本期收入存货的数量}$$

本期发出存货成本 = 本期发出存货的数量 × 加权平均单位成本

$$\frac{期末结存}{存货成本} = \frac{期初结存}{存货的成本} + \frac{本期收入存货}{的实际成本} - \frac{本期发出}{存货的成本}$$

$$加权平均单位成本 = \frac{520 \times 1.00 + 300 \times 1.20 + 450 \times 1.10 + 230 \times 1.21}{520 + 980} \approx 1.10（元）$$

本期发出存货的成本 = $1\,000 \times 1.10 = 1\,100$（元）

期末结存存货的成本 = $520 \times 1.00 + 300 \times 1.20 + 450 \times 1.10 + 230 \times 1.21 - 1\,100$

$= 1\,653.30 - 1\,100 = 553.30$（元）

3. 移动平均法

移动平均法是指每次收入存货以后，根据库存数量以及总成本计算出新的平均单位成本，再将随后发出的存货数量按这一平均单位成本计算出发出存货的成本。它适用于需要随时确定发出存货成本的货品，也就是说，它适用于永续盘存的存货。其计算公式为

$$移动平均单位成本 = \frac{本次收货前结存存货实际成本 + 本期收入存货实际成本}{本次收货前结存存货的数量 + 本期收入存货的数量}$$

本期发出存货成本 = 本期发出存货的数量 × 当前移动的平均单位成本

$$\frac{期末结存}{存货成本} = \frac{本期收货前}{结存存货成本} + \frac{本期收入存货}{的实际成本} - \frac{本期发出}{存货的成本}$$

根据前述表 5-1 资料，采用移动平均法计算登记的某存货明细账见表 5-2。

表 5-2　移动平均法下某存货明细账　　　　　　　　（金额单位：元）

年		凭证号数	摘要	收　入			发　出			结　存		
月	日			数量（件）	单价	金额	数量（件）	单价	金额	数量（件）	单价	金额
7	1	略	期初结存							520	1.00	520
7	5		购入	300	1.20	360				820	1.07	880
7	10		发出				600	1.07	642	220	1.08	238
7	15		购入	450	1.10	495				670	1.09	733
7	21		发出				400	1.09	436	270	1.10	297
7	25		购入	230	1.21	278.30				500	1.15	575.30
7	31		本期发生额及期末余额	980		1 133.3	1 000		1 078	500	1.15	575.30

4. 先进先出法

先进先出法是指"先入库的存货先发出"，并根据这一假定的成本流转顺序，对发出存货和结存存货进行计价的一种方法。在这种方法下，每次发出存货时都假定发出的是库存最久的存货，期末存货则是最近入库的存货。因此，这种方法的适用条件是：假定存货按先进先出顺序流动。如果企业发出存货时需要随时确定成本，又要使库存存货的价值接近于近时取得的存货成本，则一般采用这种方法。

根据前述表 5-1 资料，采用先进先出法计算登记的某存货明细账见表 5-3。

表 5-3　先进先出法下某存货明细账　　　　　　　（金额单位：元）

年 月	年 日	凭证号数	摘要	收入 数量（件）	收入 单价	收入 金额	发出 数量（件）	发出 单价	发出 金额	结存 数量（件）	结存 单价	结存 金额
7	1	略	期初结存							520	1.00	520
7	5		购入	300	1.20	360				520 300	1.00 1.20	520 360
7	10		发出				520 80	1.00 1.20	520 96	220	1.20	264
7	15		购入	450	1.10	495				220 450	1.20 1.10	264 495
7	21		发出				220 180	1.20 1.10	264 198	270	1.10	297
7	25		购入	230	1.21	278.30				270 230	1.10 1.21	297 278.30
7	31		本期发生额及期末余额	980		1 133.3	1 000		1 078	270 230	1.10 1.21	297 278.30

5. 后进先出法

后进先出法是指"后入库的存货先发出"，并根据这一假定的成本流转顺序，对发出的存货和期末存货进行计价的一种方法。在这种方法下，期末结存存货的价值是反映最早的收货成本，而本期发货成本则比较接近现时成本水平。当物价不断上升时，采用这种方法使发货成本同营业收入的配比更有意义。因此，它适用于不动用基本存量，且不考虑期末存货偏离现时成本的情况。

根据前述表 5-1 资料，采用后进先出法计算登记的某存货明细账见表 5-4。

表 5-4　后进先出法下某存货明细账　　　　　　　（金额单位：元）

年 月	年 日	凭证号数	摘要	收入 数量（件）	收入 单价	收入 金额	发出 数量（件）	发出 单价	发出 金额	结存 数量（件）	结存 单价	结存 金额
7	1	略	期初结存							520	1.00	520
7	5		购入	300	1.20	360				520 300	1.00 1.20	520 360
7	10		发出				300 300	1.20 1.00	360 300	220	1.00	220
7	15		购入	450	1.10	495				220 450	1.00 1.10	220 495
7	21		发出				400	1.10	440	220 50	1.00 1.10	220 55
7	25		购入	230	1.21	278.30				220 50 230	1.00 1.10 1.21	220 55 278.30
7	31		本期发生额及期末余额	980		1 133.3	1 000		1 000	500		553.30

6. 最近进价法

最近进价法也称为最后进价法，是指期末存货按最近（后）一次收货的单价计算，然后再倒挤本期发货成本的一种计价方法。这种方法适用于存货品种比较复杂，收货单价变动幅度较小，且期末结存与最后一次收货数量相接近的情况。

根据前述表 5-1 资料，采用最近进价法的计算过程如下：

期末结存存货成本 = $500 \times 1.21 = 605$（元）

本期发出存货成本 $=520+1\,133.30-605=1\,048.30$（元）

7. 次批购价先出法

次批购价先出法是指企业一切发货成本都按次一批收货单位成本计算的一种计价方法。它适用于物价上涨的情况。

根据前述表 5-1 资料，采用次批购价先出法的计算过程如下：

7 月 10 日发货成本 $=600\times1.20=720$（元）

7 月 21 日发货成本 $=400\times1.10=440$（元）

本期发货成本 $=720+440=1\,160$（元）

期末结存货成本 $=520+1\,133.30-1160=493.30$（元）

8. 基本存量法

基本存量法又称为正常存量法，是假定库存货品必须经常保持一个最低的限度或基本的存量，才能得以使生产经营活动持续下去的一种计价方法。它适用于进货渠道不够稳定的存货。采用基本存量法计算登记的某存货明细账见表 5-5。

表 5-5　基本存量法下某存货明细账　　　　　　（金额单位：元）

年		凭证号数	摘　要	收　入			发　出			结　存		
月	日			数量（件）	单价	金额	数量（件）	单价	金额	数量（件）	单价	金额
7	1	略	基本存量 额外存量							500 100	1.00 1.10	500 110
7	5		购入	300	1.20	360						
7	10		发出				300 100	1.20 1.10①	360 110			
7	15		购入	450	1.30	585						
7	25		发出				400	1.30	520			
7	31		基本存量 额外存量	750		945	800		900	500 50	1.00 1.30	500 65

① 7 月 10 日发货 400 单位也可按 1.20 元计价。

以上介绍了存货计价的九种方法，均属于成本基准法。企业一旦选用某种方法，就应前后连贯，一般年内不予变动。此外，我国商业批发企业还采用"毛利率计算法"确定主营业务成本，商品零售企业采用"差价分摊法"调整确定已销商品实际成本。由于这两种方法不以实际成本为计价基础，故列入第四节阐述。在以上九种方法中，移动平均法和加权平均法都是平均成本法。在通货膨胀的情况下，采用后进先出法、次批购价先出法，能使本期发货成本和现时收入相配比，企业当期收益降到较低程度，成本得到足够补偿。

（二）存货发出的账务处理

存货发出，一是用于生产消耗，二是用于销售，其账务处理应分别对待。

（1）发出存货用于生产消耗时：

借：生产成本、制造费用、管理费用、销售费用等

　　贷：原材料等

（2）发出存货委托外单位加工时：

借：委托加工物资等

　　贷：原材料等

（3）生产领用自制半成品继续加工时：

借：生产成本

　　贷：自制半成品

（4）为销售而发出自制半成品、库存商品、商品、材料等，在结转销售成本时：

借：主营业务成本、其他业务成本

　　贷：自制半成品、库存商品、原材料等

（5）受托代销商品销售后，结转销售成本时：

借：主营业务成本

　　贷：发出商品

对于上述受托代销商品及委托代销商品经济业务，2018年1月1日实施的新修订的《企业会计准则第14号——收入》应用指南有新的规定：

（1）委托代销商品方的核算——采用"手续费结算"方式：甲公司发出商品委托乙公司销售时，借记"发出商品"科目，贷记"库存商品"科目；收到乙公司代销清单，发生增值税纳税义务时，借记"应收账款"科目，贷记"主营业务收入""应交税费——应交增值税（销项税额）"科目；同时结转代销商品成本，借记"主营业务成本"科目，贷记"发出商品"科目；结算应收手续费用时，借记"销售费用——代销手续费""应交税费——应交增值税（进项税额）"科目，贷记"应收账款"科目；收到乙公司支付的货款时，借记"银行存款"科目，贷记"应收账款"科目。

（2）接收受托商品方的核算——采用"收取手续费"方式：乙公司接收受托商品入账时，按售价（不含税）借记"受托代销商品"科目，贷记"受托代销商品款"科目；出售受托商品收款时，借记"银行存款"科目，贷记"受托代销商品""应交税费——应交增值税（销项税额）"科目；填列销售清单，跟委托方结算手续费，收到委托方开来的增值专用发票时，借记"受托代销商品""应交税费——应交增值税（进项税额）"科目，贷记"应付账款"科目，同时借记"受托代销商品款"科目，贷记"应付账款"科目；实际支付受托商品款时，借记"应付账款"科目，贷记"银行存款""其他业务收入——代销手续费""应交税费——应交增值税（销项税额）科目"需要说明的是，该方式下前两个增值税是商品的销项税额、进项税额，第三个增值税是手续费的销项税额。

（3）接收受托商品方的核算——采用"购销"方式：乙公司接收受托商品入账时，借记"受托代销商品"科目，贷记"受托代销商品款"科目；出售受托商品收款时，借记"银行存款"科目，贷记"主营业务收入""应交税费——应交增值税（销项税额）"科目；结转受托主营业务成本时，借记"主营业务成本"科目，贷记"受托代销商品"科目，同时借记"受托代销商品款"科目，贷记"应付账款"科目；实际支付受托商品款时，借记"应付账款"科目，贷记"银行存款"科目。

注：对应于上述购销方式的委托方，视同一般产品销售业务的核算。

采用"物资供应管理信息系统"软件的单位，平时生产车间等单位领料时，都要登录该软件"出库业务"栏目，填写"领料单"等，办理材料出库手续。月末，采购部在软件系统内编制"材料出库汇总表"（出库计价金额均由软件采用"移动平均法"自动生成），财务部材料核算员调出"材料出库汇总表"进行差错检验，确认无误后编制材料出库的会计分录（汇总上述业务（1）～（5），登录"财务核算系统"软件完成业务处理）。

第三节　存货的计划成本法

存货的计划成本法，是指存货日常核算中的收发凭证的填制和存货账簿的登记均按计划成本记录。对存货计划成本偏离实际成本的差异，单独设置账户进行核算，并利用它将发出存货的计划成本调整为实际成本；期末，存货账簿上的余额和它相应差异账户余额之和（差）就是存货的实际结存额。

存货计划成本的确定一般采用两种方法：一是市场价格法，即某种存货的计划单价按市场单价加上一定的运杂费确定，或直接按市场售价确定；二是成本调整法，即某种存货的计划单价以上年实际成本（上年平均实际成本或上年最后一次实际成本）为基础，预计当年物价等变动因素确定。存货的计划单价确定后，如无特殊情况，年内一般不做变动。

本节以制造业企业为例来阐述存货计划成本计价的核算方法。

一、材料按计划成本计价核算

（一）外购材料核算

1. 科目的设置

在计划成本下，工业企业外购材料要设置"材料采购""原材料""材料成本差异"等科目核算。

"材料采购"科目核算企业购入各种材料的采购成本。该科目核算的内容如下：

材料采购

内容	内容
① 货款已付或已承兑，并已验收入库的材料采购实际成本	① 货款已付或已承兑，并已验收入库的材料的计划成本
② 货款已付或已承兑，尚未到达入库的材料实际成本	② 转出的材料采购成本超支差异
③ 转出的材料采购成本节约差异	③ 转出途中运输超定额损耗，以及已经查明和尚未查明原因的材料短缺数额
余额：反映在途材料的实际成本	

说明：材料实际成本小于计划成本的差额为节约差异（也称为节约价差）；反之，为超支差异。

"材料成本差异"科目核算企业各种材料的计划成本与实际成本的差异。其核算内容如下：

材料成本差异

内容	内容
① 入库材料的超支差异	① 入库材料的节约差异
② 库存材料计划成本调低额	② 发出材料应负担的超支价差
③ 发出材料应负担的节约价差	③ 库存材料计划成本调高额
余额：库存材料应负担的超支差异	余额：库存材料应负担的节约差异

"原材料"科目核算企业库存的各种材料，包括原料及主要材料、辅助材料、外购半成品、修理用备件、燃料等的计划成本。其核算内容如下：

原材料等

入库材料的计划成本	发出材料的计划成本
余额：结存材料的计划成本	

2. 账务处理

（1）9 月 3 日，购入甲材料 1 000kg，专用发票单价 3.10 元，增值税 403 元，材料计划单价 2.90 元，该材料货款已付，并已验收入库。

借：材料采购   3 100

  应交税费——应交增值税（进项税额）   403

   贷：银行存款   3 503

借：原材料   2 900

   贷：材料采购   2 900

（2）9 月 10 日，从利民厂购入乙材料 4 000kg，价款 37 964 元，增值税 4 935.32 元，运杂费 200 元（其中，运费 155.56 元，可抵扣 9% 的增值税 14 元），当即提交面值 43 099.32 元、为期一个月的商业承兑汇票一张。

借：材料采购   38 150

  应交税费——应交增值税（进项税额）   4 949.32⊖

   贷：应付票据   43 099.32

（3）9 月 12 日，上列材料到达，已验收入库，计划单价 9.90 元。

借：原材料   39 600

   贷：材料采购   39 600

（4）9 月 15 日，从红旗厂赊购丙材料 500 件，材料已验收入库，计划单价 100 元。对方提供的付款条件是“2/10、n/30”，每件实际单价为 96.04 元，增值税共计 6 242.60 元（按总额法核算现金折扣）。

借：材料采购   48 020

  应交税费——应交增值税（进项税额） 6 242.60

   贷：应付账款   54 262.60

借：原材料   50 000

   贷：材料采购   50 000

（5）9 月 24 日，支付上列材料货款 53 302.20 元，享受现金折扣 960.40 元。

借：应付账款   54 262.60

   贷：银行存款   53 302.20

    财务费用   960.40

（6）9 月 27 日，从东化厂购入甲材料 600kg，已验收入库，计划单价 2.90 元，结算凭证未到。

借：原材料   1 740

   贷：材料采购   1 740

（7）9 月 30 日，上列入库材料的结算凭证仍未到。按入库的计划价格暂估料款：

借：材料采购   1 740

   贷：应付账款   1 740

下月初，用红字做同样的分录予以冲销：

⊖ 这里运费抵扣增值税，按运费专用增值税发票采用逐笔处理的方法。按规定，企业还可采用月末汇总倒扣的方法，即平时运费全部记入“材料采购”科目借方，月末再扣出来转入“应交税费”科目借方。

借：材料采购 $\boxed{1\ 740}$

　　贷：应付账款 $\boxed{1\ 740}$

（8）9月30日，结转本月入库外购材料的节约差异3 230元（由第（1）至（5）笔业务组成，即（1）200－（3）1 450－（4）1 980＝－3 230）：

借：材料采购 3 230

　　贷：材料成本差异 3 230

如果为超支差异，分录相反。其实，月终采购材料成本差异总额是根据材料采购明细账上差异汇总额得出（后述）的，这里只是核算思路概括而已。

（9）对于按合同规定实行预付货款的业务，其账务处理图如图5-1所示。

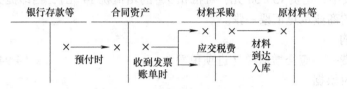

图5-1　预付款账务处理

以上账务处理采用的是逐笔结转法，即每笔付款和每笔收料都随时编制会计分录，这对采购业务较少的企业或对采购业务较少的某些（类）材料适用。对采购业务频繁的企业，则采用综合结转法，即每笔付款随时编制分录，每笔收料要定期汇总，于月末编制出收料汇总表，然后再根据汇总数据一笔编制材料入库的分录。

现以上述业务为例说明收料汇总表的编制和应用（见表5-6）。

表5-6　收料凭证汇总表

×××年9月　　　　　　　　　　　　　　　　　　　　　　（单位：元）

应贷科目	应借科目			
	原　材　料	包　装　物	…	合　　计
材料采购				
1 至 10 日	2 900	…	…	2 900
11 至 20 日	89 600	…	…	89 600
21 至 30 日	…	…	…	…
小计	92 500	…	…	92 500
应付账款	1 740	…	…	1 740
生产成本	…	…	…	…
1 至 10 日	…	…	…	…
11 至 20 日	…	…	…	…
21 至 30 日	…	…	…	…
小计	…	…	…	…
本月收料合计	94 240	…	…	94 240

表中"…"表示应发生的材料及金额本期假定未发生；表中"生产成本"汇总内容表示本期自制材料入库的计划成本（后述）。

月终根据表5-6可编制一笔材料入库分录：

借：原材料 94 240

　　贷：材料采购 92 500

　　应付账款　　　　　　　　　　　　　　　　　　　　　　　1 740

　　这笔分录正好是逐笔结转法下第（1）（3）（4）（6）（7）笔业务中材料入库分录和暂估料款分录的综合。可见，综合结转法比逐笔结转法的业务工作量要少得多。

　　必须注意：在综合结转法下，月终暂估料款及其下月初冲销的分录和逐笔结转法不同，参见表5-7（仍用前例）：

表5-7　材料收发核算方法比较　　　　　　　　　　　（单位：元）

业 务 内 容	综合结转法		逐笔结转法
（6）9月27日材料入库	不编分录，仅汇入收料汇总表		借：原材料　　　　　1 740 　贷：材料采购　　　　　　1 740
（7）9月30日暂估料款	借：原材料　　　　　1 740 　贷：应付账款　　　　　1 740		借：材料采购　　　　　1 740 　贷：应付账款　　　　　　1 740
（7）10月1日冲销	借：原材料　　　　　1 740 　贷：应付账款　　　1 740		借：材料采购　　　　　1 740 　贷：应付账款　　　1 740
（10）10月5日付款1 808元	借：材料采购　1 600 　应交税费　　208 　贷：银行存款　1 808	并汇入收料汇总表	借：材料采购　　　1 600 　应交税费　　　　208 　贷：银行存款　　1 808

　　从表5-7中可见，未付款的收料，在逐笔结转法下通过"材料采购"科目核算，只是临时性的过渡需要，并不改变"材料采购"科目的核算内容，它的缺陷是导致"材料采购"科目借贷方虚增。

　　3. 明细账的设置

　　（1）材料采购明细账的设置。材料采购明细核算应按材料类别设置明细账页，账内按付款、入库等内容设置多栏（格式见表5-8）。

表5-8　材料采购明细账

明细科目：原材料　　　　　　　　　　　　　　　　　　　采购资金限额：　　元

记账凭证		发票账单编号	收料凭证			供货单位名称	材料名称规格	借方金额（元）			贷方金额（元）			材料成本差异（元）	备注
日期	编号		日期	编号	数量			买价	采购费用	合计	计划成本	其他	合计		
9/3	付1		9/3		1 000kg		甲	3 100		3 100	2 900		2 900	+200	
9/10	转2		9/12		4 000kg		乙	37 964	186	38 150	39 600		39 600	-1 450	
9/24	付5		9/15		500 件		丙	48 020		48 020	50 000		50 000	-1 980	
9/27	转6		9/27		600kg		甲				1 740		1 740		
9/30					本月合计			89 084	186	89 270	94 240		94 240	-3 230	
9/30	转7				结转暂估料款						1 740				
9/30	转8				结转材料差异						3 230				
9/30					本月发生额合计					94 240			94 240		

　　注：若本期借方有记录，贷方无记录的，为在途物资，月终同样要"结转在途物资"；在综合结转法下，暂估款不登入此账；月终根据此账"材料成本差异"本月合计编制结转入库外购材料节约差异的分录（见前例业务（8））。

　　该账采用横线登记法，即同一笔业务的付款和收料记录登记在同一条横线上。账中借方根据付款凭证等单据登记实际采购成本；贷方根据收料单等单据登记材料计划成本。每月终了，凡是有付款记录而无收料记录的，表示在途物资，应结转抄入下月该账内；对于未付款的收料，在综合结转法下不登入材料采购明细账，在逐笔结转法下登入材料采购明细账，月终将这部分暂估料款结转抄入下月该账内。现以上述业务为例说明材料采购明细账的登记方法（采用逐笔结转法），见表5-8。

（2）材料成本差异明细账的设置。材料成本差异明细核算按材料类别设账页（要与材料采购明细账的材料类别一致），账内除反映材料成本差异外，为了在账簿内计算材料成本差异率，还要反映收发材料的计划成本。计算材料成本差异率的目的是要把发出材料的计划成本调整为实际成本。账中材料节约（或超支）价差、材料计划成本根据转账凭证登记。在逐笔结转法下，它按转账凭证随时登账；在综合结转法下，由于收发材料及其价差的转账凭证是在月终编制的，所以此账也只能月终登记。下面列示材料成本差异明细账的格式，并以逐笔结转法为范例说明其登记方法（依据前述业务资料和后述发料资料），见表5-9。

表5-9 材料成本差异明细账

明细科目：原材料 （单位：元）

××××年		凭证号数	摘　要	收入材料计划成本	发出材料计划成本	差异分配率	借方（超支）	贷方（节约）
月	日							
9	1		月初余额	35 760			1 930	
9	3	略	外购材料	2 900				
9	12		外购材料	39 600				
9	15		外购材料	50 000				
9	27		暂估料款	1 740				
9	30		收料差异					3 230
9	30		本月发料		70 000			
9	30		分配差异			−1%		700
10	1		月初余额	60 000				600

账内材料成本差异率按下列公式计算登记：

$$材料成本差异率 = \frac{月初结存材料成本差异 + 本月收入材料成本差异}{月初结存材料计划成本 + 本月收入材料计划成本} \times 100\%$$

$$= \frac{+1\,930 + (-3\,230)}{35\,760 + (2\,900 + 39\,600 + 50\,000 + 1\,740)} \times 100\% = -1\%$$

−1%为节约差异率，其含义是：每100元计划成本的材料，节约额为1元，即计划成本100元，实际成本99元。有了材料成本差异率，可按下列公式计算出本月发出材料应分配的差异：

$$发出材料应分配的材料成本差异 = 发出材料计划成本 \times 材料成本差异率 \times 100\%$$

$$= 70\,000 \times (-1\%) = -700（元）$$

通过分配材料成本差异，就把发出材料的计划成本调整为实际成本，即发出材料计划成本70 000元，实际成本69 300元（70 000 − 700）。

（3）材料明细账的设置。库存材料明细核算，应按照材料的保管地点（仓库）、材料的类别、品种和规格设置材料明细账（或材料卡片），按收料凭证和发料凭证逐笔登记。在采用三级账簿体系的情况下，财务部门进行库存材料的总账核算，采购部门进行二级核算（按仓库设置材料类别账），仓库进行明细核算（设置材料明细账）。月终，仓库编制仓库材料收发存表，列示各类材料总额与供应部门核对；采购部门将所有仓库的各类材料汇总，按原材料各个组成类别编制库存材料收发存表，与财务部门库存材料总账核对相符。如果企业只进行财务部门和仓库的两级核算，则上面采购部门的二级核算由财务部门进行。若材料品种不繁杂，也可取消二级核算。

（二）自制材料核算

企业自制材料完工入库时，据交库单（财务入账联）做如下会计分录：

借：原材料　　　　　　　　　　　　　　　　　　　　　（计划成本）
　　贷：生产成本　　　　　　　　　　　　　　　　　　　（计划成本）

企业月终计算出完工入库材料的实际成本时，据成本计算单和交库单（财务结算联）实际成本和计划成本的差额做如下会计分录：

借：材料成本差异　　　　　　　　　　　　　　　　　　（超支差异）
　　贷：生产成本　　　　　　　　　　　　　　　　　　　（超支差异）

或

借：生产成本　　　　　　　　　　　　　　　　　　　　（节约差异）
　　贷：材料成本差异　　　　　　　　　　　　　　　　　（节约差异）

在综合结转法下，以上逐笔分录可于月终汇总一笔做，即将平时交库单定期汇总填入前述"收料凭证汇总表"中，并附上成本计算单，做如下复合分录：

借：原材料　　　　　　　　　　　　　　　　　　　　　（计划成本）
　　材料成本差异　　　　　　　　　　　　　　　　　　（超支价差）
　　贷：生产成本　　　　　　　　　　　　　　　　　　　（实际成本）

若为节约价差，则贷记"材料成本差异"科目。

（三）发出材料核算

在实际工作中，领发料频繁的企业，发料凭证很多。为了简化核算，平时一般不需要直接根据发料凭证逐笔填制记账凭证，只需要根据发料凭证在材料明细账上登数量，然后，分期将发料凭证进行汇总，于月末编制出"发料凭证汇总表"，表中列示各类发出材料的计划成本、成本差异率、成本差异额，根据"发料凭证汇总表"编制发出材料和分配价差的记账凭证。发料凭证汇总表的格式见表5-10。

表5-10　发料凭证汇总表

××××年9月　　　　　　　　　　　　　　　　　　　（单位：元）

应借科目	应贷科目：原材料等								
	原料及主要材料			燃料			…	合计	
	计划成本	差异率	差异额	计划成本	差异率	差异额	…	计划成本	差异额
生产成本									
1至10日	…			…	…	…			
11至20日	…			…	…	…			
21至30日	…			…	…	…			
小计	60 000	−1%	−600	…	…	…			

（续）

应借 科目	应贷科目：原材料等								
	原料及主要材料			燃　料			…	合　计	
	计划成本	差异率	差异额	计划成本	差异率	差异额	…	计划成本	差异额
制造费用									
1 至 10 日	…			…	…	…	…	…	
11 至 20 日	…			…	…	…	…	…	
21 至 30 日	…			…	…	…	…	…	
小计	10 000	−1%	−100	…	…	…	…	…	…
管理费用									
…	…			…	…	…	…	…	…
…	…			…	…	…	…	…	…
本月发出总计	70 000	−1%	−700	…	…	…	…	…	…

将表 5-10 一式两份，分别作为发出材料和分配价差的直接依据（发料凭证单独装订另存）。

月终，根据表 5-10 发料凭证汇总表（发出材料联）做如下会计分录：

借：生产成本　　　　　　　　　　　　　　　　　　　　　　　60 000
　　制造费用　　　　　　　　　　　　　　　　　　　　　　　10 000
　　贷：原材料　　　　　　　　　　　　　　　　　　　　　　　　　70 000

月终，根据表 5-10 发料凭证汇总表（分配价差联）做如下会计分录：

借：材料成本差异　　　　　　　　　　　　　　　　　　　　　　700
　　贷：生产成本　　　　　　　　　　　　　　　　　　　　　　　　600
　　　　制造费用　　　　　　　　　　　　　　　　　　　　　　　　100

如果材料成本差异率是正数，则计算分配的差异额为正数，即为分配的超支价差，以上会计分录的方向应相反（如下）：

借：生产成本　　　　　　　　　　　　　　　　　　　　　　　×××
　　制造费用　　　　　　　　　　　　　　　　　　　　　　　×××
　　贷：材料成本差异　　　　　　　　　　　　　　　　　　　　　×××

需要说明的是：在 2007 年 1 月 1 日实施《企业会计准则》以前，分配材料成本差异一律记入"材料成本差异"科目贷方，分配超支价差用蓝字金额反映；分配节约价差用红字金额反映。这样做的结果是："材料成本差异"所对应的账户记录不会虚增，符合客观实际，因而显得更科学。

（四）委托加工物资核算

委托加工物资是指发出材料委托外单位制成另一种性能、用途不同的材料，如将生铁制成铸件，布料制成工作服，木材制成木箱等。工业企业设"委托加工物资"科目，该科目核算企业委托外单位加工的各种材料物资的实际成本，包括发往外单位加工的物资的实际成本、支付的加工费用（含增值税等）、应负担的运杂费。该科目核算内容及举例如图 5-2所示。

如果加工后有剩余材料退回入库，则按计划成本借记"原材料"科目，按实际成本贷记"委托加工物资"科目，按两者的差额借记或贷记"材料成本差异"科目。

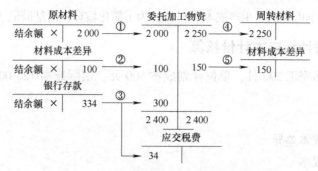

图5-2 "委托加工物资"科目账务处理

① 发出木材委托外单位加工木箱,计划成本2 000元。
② 按上月材料成本差异率+5%计算发出木材应负担的成本差异100元(2 000×5%)。

$$上月材料成本差异率 = \frac{月初结存材料的成本差异}{月初结存材料的计划成本} \times 100\%$$

$$= \frac{+1\,930}{35\,760} \times 100\% \approx +5\%$$

(若差异率为负,则分录金额用红字)

③ 支付加工费用234元(含增值税34元)和外地运输费用共100元,其中运输费仅取得货运定额发票,按规定不得抵扣增值税。

④ 加工木箱完工入库,计划成本2 250元。

⑤ 结转入库木箱的超支差异150元(2 400 – 2 250)。若节约差异,则分录方向相反。

二、自制半成品按计划成本计价核算

外购半成品属于库存材料核算内容,上面已述,这里仅阐述自制半成品通过半成品库进行的收发核算,不包括一个车间直接转给另一个车间继续加工的自制半成品,因为它是库存商品的完整制造过程。

(1)生产完工的自制半成品验收入库时:

借:自制半成品　　　　　　　　　　　　　　　　　(计划成本)
　　贷:生产成本　　　　　　　　　　　　　　　　　(实际成本)
　　　　库存商品成本差异　　　　　　　　　　　　　(节约差异)

若超支价差,则记入"库存商品成本差异"科目借方。

(2)生产过程领用自制半成品继续加工时:

借:生产成本　　　　　　　　　　　　　　　　　　(计划成本)
　　贷:自制半成品　　　　　　　　　　　　　　　　(计划成本)

(3)自制半成品对外销售结转成本时:

借:主营业务成本　　　　　　　　　　　　　　　　(计划成本)
　　贷:自制半成品　　　　　　　　　　　　　　　　(计划成本)

(4)分配生产领用自制半成品和对外销售半成品应负担的差异时:

借:生产成本　　　　　　　　　　　　　　　　　　(超支差异)
　　主营业务成本　　　　　　　　　　　　　　　　(超支差异)
　　贷:库存商品成本差异　　　　　　　　　　　　　(超支差异)

若为节约差异用红字。在企业实行内部结算的情况下,车间与车间、车间与部门之间按内部计划价格进行结算,后续车间向半成品库领用自制半成品,按计划价格向生产科"付款",则分配的成本差异一般不再借记"生产成本"科目，为了简化核算，而是借记"制造费用"科目。

三、产成品按计划成本计价核算

（1）本月甲产品完工 200 件，单位计划成本 500 元，实际成本 125 000 元，即单位实际成本 625 元。

借：库存商品　　　　　　　　　　　　　　　　　　　　　　100 000
　　库存商品成本差异　　　　　　　　　　　　　　　　　　　25 000
　　贷：生产成本　　　　　　　　　　　　　　　　　　　　　　　125 000

（2）本月销售甲产品 150 件，计划成本 75 000 元（150×500）。

借：主营业务成本　　　　　　　　　　　　　　　　　　　　75 000
　　贷：库存商品　　　　　　　　　　　　　　　　　　　　　　　75 000

（3）月终，计算调整已销售的甲产品负担的成本差异。假设"库存商品——甲"月初结存 100 件，计划成本 50 000 元，"库存商品成本差异——甲产品差异"月初贷方余额为 7 000 元。

$$本月产品成本差异率 = \frac{-7\ 000 + 25\ 000}{50\ 000 + 100\ 000} \times 100\% = +12\%$$

本月销售产品负担的差异 = 75 000×12% = 9 000（元）

借：主营业务成本　　　　　　　　　　　　　　　　　　　　9 000
　　贷：库存商品成本差异　　　　　　　　　　　　　　　　　　　9 000

若为节约差异，则用红字反映。

四、存货的两种价计价核算

存货按实际价计价核算，存货总账核算简便，但由于发出存货要计算出实际成本，致使存货的明细核算太烦琐；而存货按计划价计价核算，虽然存货的明细核算方便，但存货总账核算因核算差异又比较复杂。为了克服这两种方法的缺点，利用其优点，产生了两种价计价核算的方法，即存货总账按实际价核算，存货明细账按计划价核算。

存货按两种价计价核算的基本特点是：①存货总分类核算按实际成本计价，存货明细分类核算及存货收发凭证按计划成本计价。②存货总分类核算不设"材料成本差异""库存商品成本差异""材料采购"科目，存货差异的计算通过编制"存货增减及成本差异计算表"或通过设置"存货成本差异登记簿"进行。③存货总账与存货明细账的核对通过"存货增减及成本差异计算表"或"存货成本差异登记簿"进行。

存货按两种价计价核算的基本程序为：①平时按采购存货的实际采购成本编制付款、入库的钱货两清的会计分录。②平时根据收发凭证登记存货明细账。③将发票、账单等采购存货的实际成本定期汇入"存货增减及成本差异计算表"（下面简称"计算表"）或"存货成本差异登记簿"（下面简称"登记簿"），月末暂估料也汇入"计算表""登记簿"实际成本栏。④将成本计算单中存货的实际成本定期汇入"计算表"或"登记簿"。⑤将入库凭证中存货的计划成本定期汇入"计算表"或"登记簿"。⑥单独设立"发货（材料、商品）凭证汇总表"，将发货凭证中计划成本定期汇入"发货凭证汇总表"以及"计算表"或"登记簿"。⑦月终，根据"计算表"或"登记簿"中存货计划成本、实际成本计算出成本差异率，进而在表内或账簿内确定发货的实际成本。⑧月终，将成本差异率转入"发货凭证汇总表"，在表中确定各类发货的实际成本。⑨月终，根据"发货凭证汇总表"中的发货实际成本及其发货用途编制发货的会计分录。⑩月终，将存货总账余额同"计算表"或"登记簿"中结存实际成本核对相符。⑪月终，将存货明细账余额汇总金额与"计算表"或"登记簿"中结存存货计划成本核对相符。

下面列示库存材料和库存商品两种存货的"计算表"和"登记簿"的格式说明核算的最终结果。

库存材料增减及成本差异计算表见表 5-11。

库存商品成本差异登记簿见表 5-12。

表 5-11　库存材料增减及成本差异计算表　　　　　　　　　　　　　（单位：元）

项　目		实 际 成 本	计 划 成 本	差 异 额	差 异 率
月 初 结 存		25 250	25 000	+250	
本月收入	外购				
	1 至 10 日	…	…		
	11 至 20 日	…	…		
	21 至 30 日	…	…		
	小计	77 000	75 000	+2 000	
	自制				
	1 至 10 日				
	11 至 20 日				
	21 至 30 日				
	小计	…	…	…	
	外购和自制合计	77 000	75 000	+2 000	
月初结存和本月收入合计		102 250	100 000	+2 250	+2.25%
本月发出					
1 至 10 日		…	…		
11 至 20 日		…	…		
21 至 30 日		…	…		
发出合计		69 530①	68 000	+1 530	
月末结存		32 720	32 000	+720	

① $= 68\ 000 \times (1 + 2.25\%) = 68\ 000 + 1\ 530 = 69\ 530$（元）。

表 5-12　库存商品成本差异登记簿

产品类别：某类　　　　　　　　　　　　　　　　　　　　　（单位：元）（第　页）

月　份	摘　要	实 际 成 本	计 划 成 本	差 异 额	差 异 率
9	月初结存	52 250	55 000	-2 750	
9	本月生产	38 000	45 000	-7 000	-9.75%
	1 至 10 日	…			
	11 至 20 日	…			
	21 至 30 日	…			
9	本月销售	54 150②	60 000	-5 850①	
	1 至 10 日	…			
	11 至 20 日	…			
	21 至 30 日	…			
9	月末结存	36 100	40 000	-3 900	

① $= 60\ 000 \times (-9.75\%) = -5\ 850$（元）。

② $= 60\ 000 - 5\ 850 = 54\ 150$（元）。

第四节 存货的估价法

存货的估价法是指存货的价值通过依据一定比例或经验进行推算或估算而确定的一种方法。在商品流通企业中，估价法用得较普遍。常用的估价法有零售价格法和毛利法。

一、零售价格法

对于商品零售企业来说，如百货商店，它要直接面对消费者出售品种繁多的商品。这些商品一进货就立即标明零售价格，以便上架陈列销售。营业员面向顾客进行频繁而数额零星的商品销售，一般是一手钱、一手货，除少数贵重高档商品和集体消费购买者需要填制发货票外，一般不需填制销货凭证。为了适应零售企业这些经营特点，会计在核算上，对工业品零售商品采用售价金额核算，对农副鲜活商品，则主要采用进价金额核算。这里阐述工业品零售企业的核算方法。

（一）零售价格法的内容、特点

零售价格法是西方会计常用的术语，它和我国"售价金额核算法"基本相同。售价金额核算法是以售价金额为计量单位核算和反映商品进、销、存情况的一种方法。也就是说，库存商品用售价记账，并利用售价金额控制实物负责人所经营的商品，因此，它实际上是"售价金额核算，实物负责制"的合称。

售价金额核算法的基本内容是：

（1）建立实物负责制。按经营商品大类或地点划分若干实物小组，每组确定一个实物负责人，由负责人对经营商品承担全部经济责任。

（2）"库存商品"按含增值税的零售价记账；"在途物资"按不含税的进价（即专用发票上货价金额）记账。

（3）设置"商品进销差价"账户反映进价与售价之间的差额，并定期计算分摊已销商品实现的进销差价，核算其销售成本。

（4）每月对实物负责人经管的商品进行一次全面盘点，将盘点数按售价计算出库存商品售价金额，同账存金额核对相符。

售价金额核算法的特点如下：

（1）销售商品时一般无须填制发票进行逐笔记账。

（2）库存商品明细账按各营业柜组实物负责人分户设置，无须按品种、规格登记库存商品明细账。

（3）每天营业终了，各营业柜组实物负责人要编制"商品进销存日报表"，连同有关附件，送交财会部门，据以进行审核、对账、记账。

（二）商品购进核算

【例7】 某零售商店从本地批发站购进商品一批，货价 4 000 元，增值税 520 元，含税零售价 5 200 元。该商店根据支票存根、发票、商品验收单做如下会计分录：

（1）付款时：

借：在途物资　　　　　　　　　　　　　　　　　　　　　　　　　　　4 000

　　应交税费——应交增值税（进项税额）　　　　　　　　　　　　　　　520

　　　　贷：银行存款　　　　　　　　　　　　　　　　　　　　　　　　4 520
（2）反映收货时：
　　借：库存商品　　　　　　　　　　　　　　　　　　　　　　　　5 200
　　　　贷：在途物资　　　　　　　　　　　　　　　　　　　　　　4 000
　　　　　商品进销差价　　　　　　　　　　　　　　　　　　　　　1 200

【例8】 某零售商店从外地某百货公司购进商品一批，货价5 000元，增值税650元，对方代垫运费200元，运费可抵扣9%的增值税18元。银行传来托收承付结算凭证和发货单结算联，经审核，同意承付，商品尚未运到。

　　借：在途物资［5 000 +（200 - 200 × 9%）］　　　　　　　　　5 182
　　　　应交税费——应交增值税（进项税额）　　　　　　　　　　　668
　　　　贷：银行存款　　　　　　　　　　　　　　　　　　　　　　5 850

上列商品运到，经百货柜验收无误，按含税零售价6 600元记账。根据"商品验收单"和"发货单"随货同行联做如下会计分录：

　　借：库存商品　　　　　　　　　　　　　　　　　　　　　　　　6 600
　　　　贷：在途物资　　　　　　　　　　　　　　　　　　　　　　5 182
　　　　　商品进销差价　　　　　　　　　　　　　　　　　　　　　1 418

如果上列已付款的商品直到月终也未到，则"在途物资"科目借方余额5 182元为在途商品。

【例9】 赊购商品一批，已于4月26日经服装组验收，货价8 000元，增值税1 040元，含税售价11 000元。"商品验收单"和"发货单"随货同行联等单据已交财务部门。付款条件是"3/10、2/20、n/30"。（按总价法记账）

（1）企业4月26日购货时：
　　借：在途物资　　　　　　　　　　　　　　　　　　　　　　　　8 000
　　　　应交税费——应交增值税（进项税额）　　　　　　　　　　　1 040
　　　　贷：应付账款　　　　　　　　　　　　　　　　　　　　　　9 040
　　借：库存商品　　　　　　　　　　　　　　　　　　　　　　　　11 000
　　　　贷：在途物资　　　　　　　　　　　　　　　　　　　　　　8 000
　　　　　商品进销差价　　　　　　　　　　　　　　　　　　　　　3 000

（2）5月15日付款8 880元，享受2%的现金折扣160元时：
　　借：应付账款　　　　　　　　　　　　　　　　　　　　　　　　9 040
　　　　贷：银行存款　　　　　　　　　　　　　　　　　　　　　　8 880
　　　　　财务费用　　　　　　　　　　　　　　　　　　　　　　　160

对于无现金折扣的先收货后付款的业务，收货时可暂不做分录，待付款时做钱货两清的分录，但月末未付款的业务要按随货同行的发票、账单等凭证编制如下分录（下月初还要用红字冲回）：

　　借：库存商品　　　　　　　　　　　　　　　　　　　　　（零售价）
　　　　贷：应付账款　　　　　　　　　　　　　　　　　　　　（货价）
　　　　　商品进销差价　　　　　　　　　　　　　　　　　　　（价差）

(三) 商品销售核算

1. 商品销售业务

零售企业商品销售一般都是现款交易，即由营业员或收款台直接收取现金或支票。每日终了，各营业柜组实物负责人或收款员据当日收款填制"内部缴款单"，连同货款一起送交财会部门作为取得营业收入的记账依据，财会部门及时将各营业柜组的现款送存银行，取得"送款单（回单）"作为存款银行的记账依据；或者由营业柜组实物负责人或收款员直接将收取的现款送存银行，取得"送款单（回单）"交给财会部门记账。

【例10】 某零售企业某日收到各柜组交来的货款共计 6 000 元。其中，百货柜 2 000元，针织柜 1 000 元，服装柜 1 700 元，文具柜 1 300 元。

（1）据内部缴款单：

借：库存现金 　　　　　　　　　　　　　　　　　　　　　　　　　 6 000
　　贷：主营业务收入 　　　　　　　　　　　　　　　　　　　　　　 6 000

（2）据送款单（回单）：

借：银行存款 　　　　　　　　　　　　　　　　　　　　　　　　　 6 000
　　贷：库存现金 　　　　　　　　　　　　　　　　　　　　　　　　 6 000

如果各柜组直接将现款送存银行，则不通过"库存现金"账户。

（3）据收款员填制的"销货收款日报表"和营业柜组填制的"商品进销存日报表"随时结转营业成本：

借：主营业务成本 　　　　　　　　　　　　　　　　　　　　　　　 6 000
　　贷：库存商品——百货柜 　　　　　　　　　　　　　　　　　　　 2 000
　　　　　　　　——针织柜 　　　　　　　　　　　　　　　　　　　 1 000
　　　　　　　　——服装柜 　　　　　　　　　　　　　　　　　　　 1 700
　　　　　　　　——文具柜 　　　　　　　　　　　　　　　　　　　 1 300

（4）月终（或月内定期）将含税销售收入调整为不含税收入，以此确定已销商品销项税额。例如，某零售企业全月含税销售收入 293 800 元，则不含税销售收入为 260 000 元（293 800÷1.13）。月终，计算销项税额 33 800 元（260 000×13%），做如下会计分录：

借：主营业务收入 　　　　　　　　　　　　　　　　　　　　　 33 800
　　贷：应交税费——应交增值税（销项税额） 　　　　　　　　　 33 800

2. 零售主营业务成本的计价方法

（1）差价率法。差价率法是进销差价率计算法或进销差价分摊法的简称，是指按零售商品存销比例平均分摊进销差价的一种已销商品进销差价的计算方法。其计算公式为

$$存销比例 = \frac{本月商品销售额}{月末库存商品余额 + 本月商品销售额} \times 100\%$$

已销商品分摊进销差价＝月末商品进销差价账户分摊前余额×存销比例

或

$$已销商品分摊进销差价 = 本月商品销售额 \times \frac{月末进销差价账户分摊前余额}{月末库存商品余额 + 本月商品销售额}$$

$$= 本月商品销售额 \times 差价率$$

由于零售商品销售时，随时结转按售价反映的营业成本，则上式中"本月商品销售额"

就是记入"主营业务成本"科目的本月借方发生额。

差价率可按全部商品综合计算，称"综合差价率"，也可按各类商品（或柜组）计算，称"分类（或分柜组）差价率"。在特殊情况下，还可分品种计算，称"库存商品品种差价率"。下面以综合差价率为例说明其计算方法。

【例11】 某零售企业1月份商品进销存情况见表5-13。

表5-13 商品进销存情况　　　　　　　　　　　　　　　　（单位：元）

项　目	"库存商品"账户（售价）	推算的货价（成本）	"商品进销差价"账户
	(1)	(2) = (1) - (3)	(3)
月初结存	180 000	146 000	34 000
本月购进	320 000	259 000	61 000
合计	500 000	405 000	95 000①
本月销售	293 800	236 002	55 822②
月末结存	206 200	167 022	39 178③

① 为"商品进销差价"账户分摊前余额。

② $= 293\,800 \times [95\,000 \div (206\,200 + 293\,800)] = 293\,800 \times 19\% = 55\,822$（元）

或 $= 95\,000 \times [293\,800 \div (206\,200 + 293\,800)] = 95\,000 \times 58.76\% = 55\,822$（元）

③ $= 206\,200 \times$ 差价率 $19\% = 39\,178$（元）

或 $= 95\,000 - 55\,822 = 39\,178$（元）

根据以上计算结果，编制本月销售商品分摊商品进销差价的会计分录：

借：商品进销差价　　　　　　　　　　　　　　　　　　　　　　55 822

　　贷：主营业务成本　　　　　　　　　　　　　　　　　　　　　　55 822

经过以上结转后，"商品进销差价"账户月末余额39 178元为月末库存商品应分摊的进销差价。

"主营业务成本"账户，在本月销售商品时按售价结转营业成本293 800元，已记入该账户借方，这里将55 822元差价记入该账户贷方，两者差额183 978元即为本月已销商品的货价成本。因此，编制本月销售商品分摊进销差价的分录就是将已售商品结转的售价成本调整为进货成本。

以上介绍的差价率法就是西方会计的零售价格法或称售价成本法。现将上例按西方会计的零售价格法计算，其计算过程和结果见表5-14。

表5-14 零售价格法　　　　　　　　　　　　　　　　（单位：元）

项　目	按零售价格	按成本
期初结存（1月1日）：	180 000	146 000
1月份购货	320 000	259 000
可供销售商品	500 000	405 000
成本率 = 405 000 ÷ 500 000 = 81%		
减：1月份销货	293 800	
期末结存（1月31日）：		
按零售价格计算	206 200	
按成本率计算（206 200 × 81%）		167 022

从表5-14中可见，按西方会计采用的零售价格法计算的期末存货成本167 022元和我国会计采用的差价率法计算的期末存货成本167 022元完全一样。

（2）盘存商品进销差价计算法。这种方法也称为实际盘存差价计算法，是根据月末库存商品的实际进销差价来计算已销商品进销差价的一种计算方法。其计算公式为

期末库存商品进价总金额 = Σ（商品实际盘存数量 × 最后进货不含税单价）

期末库存商品进销差价 = 期末库存商品售价总金额 − 期末库存商品进价总金额

已销商品进销差价 = 期末进销差价账户结转前的余额 − 期末库存商品进销差价

这种方法计算结果较正确，但按各品种逐一计算，工作量太大，所以平时很少采用。只是在年终结算前，为了真实反映库存商品和销售商品的进销差价，正确计算盈亏，才结合年终盘点采用这一方法对各商品进销差价进行一次核实调整。

二、毛利法

毛利法也称为毛利率法或毛利率计算法，是根据本月商品销售总额和上季实际（或本季计划）毛利率来计算本月主营业务成本的一种计算方法。我国商业批发企业常采用这种方法。其计算公式为

本月商品销售成本 = 本月商品销售总额 × [1 − 上季实际（或本季计划）毛利率]

公式中的"毛利率"是指商品毛利额与商品销售额的比率，"商品毛利额"简称"毛利"，也称"商品进销差价"，是商业企业的主营业务收入减去销售商品进价后的差额。毛利率有综合毛利率、商品大类毛利率和个别商品毛利率之分，它们按上季实际销售资料直接确定或调整确定。

现举例说明综合毛利法的运用方法。

【例12】　某批发企业采用进价金额核算库存商品，当月共购进某商品100台，每台价款400元，增值税共计5 200元，每台含税零售价520元。该商品本月销售80台。上季该企业实际毛利率为23%。

（1）商品购进付款45 200元时：

借：在途物资　　　　　　　　　　　　　　　　　　　　40 000
　　应交税费——应交增值税（进项税额）　　　　　　　 5 200
　　　贷：银行存款　　　　　　　　　　　　　　　　　　　　 45 200

（2）商品验收入库时，按不含税进价：

借：库存商品　　　　　　　　　　　　　　　　　　　　40 000
　　　贷：在途物资　　　　　　　　　　　　　　　　　　　　 40 000

（3）商品销售收款41 600元时：

借：银行存款　　　　　　　　　　　　　　　　　　　　41 600
　　　贷：主营业务收入　　　　　　　　　　　　　　　　　　 41 600

（4）按上季毛利率计算已销商品的销售成本32 032元 [41 600 × (1 − 23%)] 时：

借：主营业务成本　　　　　　　　　　　　　　　　　　32 032
　　　贷：库存商品　　　　　　　　　　　　　　　　　　　　 32 032

（5）月终计算销项税额4 786元（41 600 ÷ 1.13 × 13%）时：

借：主营业务收入　　　　　　　　　　　　　　　　　　 4 786
　　　贷：应交税费——应交增值税（销项税额）　　　　　　　 4 786

会计报表上，"库存商品"项目期末余额为7 968元（假设月初无余额，即借方40 000

元－贷方 32 032 元＝7 968 元)。毛利率法适用于经营品种较多,月度计算成本确有困难的企业。但是,由于它仅是个估计数,所以每季末还要用成本基准法进行计算调整。

第五节　存货的成本与市价孰低法

一、成本与市价孰低法的内容

成本与市价孰低法是指按成本与市价二者中较低的一个作为存货计价的基础。当存货成本低于市价时,按成本计价;当存货成本高于市价时,按市价计价。

(1) 成本和市价的含义。成本与市价孰低法中的"成本",是指存货的原始成本,即购入货品的实际成本,或生产产品的实际成本。成本与市价孰低法中的"市价",在美国是指存货的重置成本,即目前重新取得相同存货所需要的成本。具体来讲,制造业企业的"产成品市价"和"在产品市价",是指该项目按现行市价计算的原材料、人工和制造费用的再生产成本;制造业企业的"材料市价",是指购买该材料时供货者所标的现行报价加上必要的运输费用和其他费用;商业企业的"商品市价",是指现行报价加上必要的进货费用。

(2) 市价的上限与下限。在美国,存货计价应用市价时,对市价做了一定的限制。①市价的上限不得超过可变现净值。②市价的下限不得低于可变现净值减去估计的正常毛利。

(3) 成本与市价孰低应考虑市价的上限和下限。具体有五种情况,举例见表5-15(表中下画线数据为存货计价数据)。

表 5-15　成本与市价孰低法下存货价值的确定

孰低类型	考虑上限、下限	取　限	账面成本	盘存日市价	上　限	下　限
成本＜市价	不考虑市价上下限	取成本	<u>2.78</u>	2.99	3.20	2.80
成本＜市价	市价小于下限时	取下限	3.30	2.75	3.20	<u>2.80</u>
成本＞市价	市价在上下限之间	取市价	3.25	<u>2.85</u>	3.20	2.80
	市价大于上限时	取上限	3.31	3.28	<u>3.20</u>	2.80
	成本小于下限时	取成本	<u>2.75</u>	2.70	3.20	2.80

二、我国采用成本与可变现净值孰低法

我国《企业会计准则第1号——存货》规定:"资产负债表日,存货应当按照成本与可变现净值孰低计量。""可变现净值,是指在日常活动中,存货的估计售价减去至完工时估计将要发生的成本、估计的销售费用以及相关税费后的金额。""可变现净值应以取得的确凿证据为基础,并且考虑持有存货的目的、资产负债表日后事项的影响等因素合理确定。"具体强调了两点:①为生产而持有的材料等,用其生产的产成品的可变现净值高于成本的,该材料仍然应当按照成本计量;材料价格的下降表明产成品的可变现净值低于成本的,该材料应当按照可变现净值计量。②为执行销售合同或者劳务合同而持有的存货,其可变现净值应当以合同价格为基础计算。企业持有存货的数量多于销售合同订购数量的,超出部分的存货的可变现净值应当以一般销售价格为基础计算。

三、成本与可变现净值孰低法的应用方法

存货按成本与可变现净值孰低计价时,有三种计算方法:①单项比较法。它是按存货的

每一项目逐项比较其成本和可变现净值的方法。②分类比较法。它是按存货的每一大类逐类比较其成本和可变现净值的方法。③总额比较法。它是按全部存货比较其成本和可变现净值择其低者为存货价值的方法。

例如，甲企业 20×1 年 12 月 31 日库存商品共有两大类六个品种，见表 5-16。

表 5-16　成本与可变现净值孰低的应用方法　　　　　　　　　　（单位：元）

库存商品		成本 （数量×单位成本）	可变现净值 （数量×单位净值）	成本与可变现净值孰低		
				单项比较	分类比较	总额比较
类别 Ⅰ	A 项	4 000	5 000	4 000		
	B 项	4 500	6 500	4 500		
	C 项	5 200	4 100	4 100		
	合计	13 700	15 600		13 700	
类别 Ⅱ	D 项	6 000	5 700	5 700		
	E 项	7 100	6 300	6 300		
	F 项	8 000	8 200	8 000		
	合计	21 100	20 200		20 200	
存货总额		34 800	35 800	32 600	33 900	34 800

注：表中"单位净值" = 库存商品单位售价 – 估计的单位销售费用及相关税费。

从表 5-16 中可见，不同的应用方法期末存货的价值是不同的：采用单项比较法，期末存货账面价值为 32 600 元；采用分类比较法，期末存货账面价值为 33 900 元；采用总额比较法，期末存货账面价值为 34 800 元。我国《企业会计准则第 1 号——存货》规定："企业通常应当按照单个存货项目计提存货跌价准备。对于数量繁多、单价较低的存货，可以按照存货类别计提存货跌价准备。与在同一地区生产和销售的产品系列相关、具有相同或类似最终用途或目的，且难以与其他项目分开计量的存货，可以合并计提存货跌价准备。"企业一旦确定选用哪一种方法，应前后保持一致，不得随意变更。

四、成本与可变现净值孰低法应用举例

（一）存货可变现净值的确定

企业期末存货可变现净值应分材料存货、在制品存货和库存商品存货三种不同情况分别加以确定。

1. 材料存货期末可变现净值的确定

企业期末结存的材料存货，包括原材料、委托加工材料，要根据下列不同目的分别计价：

（1）继续投入生产的材料计价。要将继续生产的材料存货预计生产出产成品，再根据产成品的成本与其可变现净值进行比较，确定是选其成本计价，还是选其可变现净值计价。若产成品的成本低，选成本计价，则期末结存材料按材料成本计价，不提跌价准备；若产成品的可变现净值低，以可变现净值作计价依据，重新推算材料存货期末可变现净值，进而计提跌价准备。推算的继续生产的材料存货期末可变现净值的计算公式为

$$\begin{array}{l}\text{继续生产材料存货} \\ \text{期末可变现净值}\end{array} = \begin{array}{l}\text{用其所产的} \\ \text{产成品估计售价}\end{array} - \begin{array}{l}\text{至完工估计} \\ \text{将要发生的成本}\end{array} - \begin{array}{l}\text{估计的销售费用} \\ \text{及相关税费}\end{array}$$

上述公式中的"估计售价"要看企业是否有产成品销售合同而定。如果企业已签订不可撤销的销售合同，在订购数量以内的产成品，按销售合同规定的价格（合同价格）作"估计售价"，超出合同订购数量的产成品以及没有销售合同的产成品，按市场一般销售价

格（市价）作"估计售价"。该估计售价的确定方法同样适合下列"在制品存货期末可变现净值的确定"和"库存商品存货期末可变现净值的确定"。

（2）准备直接对外销售的材料计价。它直接以材料的市场售价为基础计算可变现净值价。其计算公式为

准备外售材料存货期末可变现净值 = 该材料市场售价 – 估计的销售费用及相关税费

2. 在制品存货期末可变现净值的确定

在制品存货包括在产品存货和自制半成品存货两部分。在制品存货期末可变现净值的确定方法与材料存货期末可变现净值的确定方法相同。

3. 库存商品存货期末可变现净值的确定

库存商品存货期末可变现净值的计算公式为

库存商品存货期末可变现净值 = 库存商品估计售价 – 估计的销售费用及相关税费

（二）存货期末计价举例

1. 材料存货期末计价举例

【例 13】　甲企业年末结存 A 材料一批，其账面成本 100 万元，市场售价 90 万元。预计将该材料生产出产成品（尚无订货合同）而发生的加工成本为 40 万元，该产成品市场售价为 160 万元，估计发生的销售费用及相关税费为 8 万元。要求确定该材料期末是否计提跌价准备。

预计生产出产成品的可变现净值 = 160 – 8 = 152（万元）

预计生产出产成品的账面成本 = 100 + 40 = 140（万元）

计算结果表明，产成品账面成本 140 万元低于可变现净值 152 万元，选成本计价，则材料保持账面成本 100 万元不变，期末不计提存货跌价准备。

【例 14】　甲企业年末结存 B 材料一批，其账面成本 100 万元，市场售价 80 万元。预计将该材料生产出产成品（尚无订货合同）而发生的加工成本为 45 万元，该产成品市场售价为 135 万元，估计发生的销售费用及相关税费为 7 万元。要求确定该材料期末是否计提跌价准备。

预计生产出产成品的可变现净值 = 135 – 7 = 128（万元）

预计生产出产成品的账面成本 = 100 + 45 = 145（万元）

计算结果表明，产成品可变现净值 128 万元低于账面成本 145 万元，选可变现净值计价，则重新推算的材料存货期末可变现净值计算如下：

材料存货期末可变现净值 = 135 – 45 – 7 = 83（万元）

材料存货期末计提跌价准备 = 100 – 83 = 17（万元）

【例 15】　甲企业年末结存 C 材料 10t，因产品结构调整准备全部对外销售。该材料账面单位成本 10 万元，市场售价 11 万元，估计发生的销售费用及相关税费 3 万元。要求确定该材料期末是否计提跌价准备。

C 材料期末可变现净值 = 10 × 11 – 3 = 107（万元）

C 材料期末账面成本 = 10 × 10 = 100（万元）

计算结果表明，该材料期末账面成本 100 万元小于可变现净值 107 万元，选成本计价，期末不计提存货跌价准备。

以上举例仅仅按单项材料计提存货跌价准备。如果企业材料繁多，也可按材料类别或合并项目计提存货跌价准备，其方法与表 5-16 相同（并见本章账务处理例 18 至例 21）。

2. 库存商品存货期末计价举例

【例16】　一客户9月7日与甲企业签订了一份不可撤销的销售合同，订购甲企业W产品12台，每台价格30万元（不含增值税，下同），客户于下年1月20日来取货。本年年末，甲企业结存W产品14台，每台账面单位成本28万元，市场销售价格每台27万元，估计每台发生销售费用及相关税费0.1万元。要求确定该产品本年末是否计提跌价准备。

（1）有销售合同的库存商品年末计价：

有销售合同的库存商品年末可变现净值 = 12 × (30 − 0.1) = 358.8（万元）

有销售合同的库存商品年末账面成本 = 12 × 28 = 336（万元）

计算结果表明，该产品年末账面成本336万元小于可变现净值358.8万元，选成本计价，年末不计提存货跌价准备。

（2）无销售合同的库存商品年末计价：

无销售合同的库存商品年末可变现净值 = 2 × (27 − 0.1) = 53.8（万元）

无销售合同的库存商品年末账面成本 = 2 × 28 = 56（万元）

计算结果表明，该产品年末账面成本56万元大于可变现净值53.8万元，选可变现净值计价。

年末计提存货跌价准备 = 56 − 53.8 = 2.2（万元）

五、成本与可变现净值孰低法账务处理

我国《企业会计准则第1号——存货》规定：资产负债表日，企业"存货成本高于其可变现净值的，应当计提存货跌价准备，计入当期损益"（资产减值损失）。"以前减记存货价值的影响因素已经消失的，减记的金额应当予以恢复，并在原已计提的存货跌价准备金额内转回，转回的金额计入当期损益"（资产减值损失）。

企业对存货按可变现净值进行调整时，可选择存货备抵法或直接减少存货法。我国规定采用存货备抵法。

存货备抵法是指存货可变现净值低于成本的损失不直接转销存货科目，而是另设"存货跌价准备"科目单独反映的一种存货成本调整方法。采用备抵法时，每一会计期末应比较期末存货的成本与可变现净值，求出应计提的备抵数，然后与"存货跌价准备"账户余额比较，若应提数大于已提数，应予补提；反之，应冲销多提数，下面举例予以说明。

【例17】　依据例14、例16，甲企业年末对结存B材料计提跌价准备17万元、对结存W产品计提跌价准备2.2万元，编制如下会计分录：

借：资产减值损失——存货跌价损失　　　　　　　　　　　　　　19.2万元

　　贷：存货跌价准备——原材料　　　　　　　　　　　　　　　　　17万元

　　　　　　　　　　——库存商品　　　　　　　　　　　　　　　　2.2万元

【例18】　根据表5-16资料，甲企业20×1年年末库存商品成本34 800元，按分类比较法确定的成本与可变现净值孰低的账面价值为33 900元，年末应计提的备抵数为900元（34 800 − 33 900）。经查，该企业"存货跌价准备"账户贷方余额为200元，年末应补提700元（900 − 200）跌价准备，会计分录如下：

借：资产减值损失——存货跌价损失　　　　　　　　　　　　　　　700

　　贷：存货跌价准备——库存商品　　　　　　　　　　　　　　　　700

计提存货跌价准备后，库存商品年末账面价值为 33 900 元（34 800 – 900）。

若备抵账户贷方余额大于应提数，则应编制冲销分录，即借记"存货跌价准备"账户，贷记"资产减值损失——存货跌价损失"账户。

【例19】 甲企业 20×2 年 6 月 30 日库存商品成本为 35 000 元，采用分类比较的库存商品可变现净值为 36 200 元，后者高于前者 1200 元（36 200 – 35 000），此时，"存货跌价准备"账户贷方余额 900 元，首先应予冲销，其余 300 元不予确认，会计分录如下：

借：存货跌价准备——库存商品　　　　　　　　　　　900

　　贷：资产减值损失——存货跌价损失　　　　　　　　　　900

冲销存货跌价准备后，"存货跌价准备"账户期末无余额，库存商品期末账面价值为 35 000 元（商品成本数）。

【例20】 甲企业 20×2 年 12 月 31 日库存商品成本为 38 000 元，采用分类比较的成本与可变现净值孰低的账面价值为 36 600 元，后者低于前者 1 400 元（38 000 – 36 600），此时，应计提存货跌价准备 1 400 元，因为"存货跌价准备"账户余额为零，会计分录如下：

借：资产减值损失——存货跌价损失　　　　　　　　　1 400

　　贷：存货跌价准备——库存商品　　　　　　　　　　　1 400

计提存货跌价准备后，库存商品年末账面价值为 36 600 元（38 000 – 1 400）。

【例21】 甲企业 20×3 年 6 月 30 日对库存商品进行盘点，发现两类商品中 A 项商品有部分已霉烂变质，E 项商品有部分已陈旧过时，其成本共计 3 100 元。剔除霉变、过时商品后，按类比较其余商品成本与可变现净值，其成本为 30 500 元，可变现净值为 34 600 元，后者高于前者，这部分剩余商品不需要计提存货跌价准备。

对于已霉烂变质的存货、已过期且无转让价值的存货、生产中已不再需要且无使用价值和转让价值的存货，以及其他足以证明已无使用价值和转让价值的存货，应该定性为"全额减值"，将其账面价值全部转入当期损益。甲企业 20×3 年 6 月 30 日处理霉变、过时商品时首先要冲减已提取的"存货跌价准备"，不足部分转作当期费用，其会计分录如下：

借：存货跌价准备——库存商品　　　　　　　　　　　1 400

　　资产减值损失——存货跌价损失　　　　　　　　　　1 700

　　贷：库存商品　　　　　　　　　　　　　　　　　　　3 100

【例22】 乙企业 1 月 25 日销售上年结余的 G 产品 70 件（上年末共结存 G 产品 100 件）。该产品上年末已计提"存货跌价准备"6 400 元。1 月 31 日，请按产品存销数量分配已计提存货跌价准备，编制相应的会计分录。

已销商品分摊已计提存货跌价准备 = 6 400 ×（70 ÷ 100）= 4 480（元）

借：存货跌价准备——库存商品　　　　　　　　　　　4 480

　　贷：主营业务成本　　　　　　　　　　　　　　　　　4 480

说明，对库存商品计提存货跌价准备有两个目的：一是在库存商品已出现跌价苗头时就随时予以反映。一方面确认"资产减值损失"，冲减当期利润；另一方面通过设置"存货跌价准备"账户将"存货"计价调整到市场可变现价值水平。例如，上述乙企业上年年末结存 100 件 G 产品，单位成本 710 元，成本总额 71 000 元，可市场价格下跌，每件售价仅有 660 元（不含增值税），预计每件 G 产品发生的销售费用及相关税费 14 元，则全部 G 产品可变现净值 64 600 元 [100 ×（660 – 14）]，减值 6 400 元（71 000 – 64 600）。乙企业上年年末计提存货跌价准备 6 400 元，致使上年利润总额减少 6 400 元，同时结存 G 产品的账面价值降为 64 600 元（"库存商品"账户借方余额 71 000 – "存货跌价准备"账户贷方余额 6 400）。二是在库存商品实际处置（如售出、抵债、对外投资、进行非货币性资产交换等）产生损失时能由已提取的存货跌价准备来承担。例如，上述乙企业在次年 1 月份销售了 70% 的 G 产品，实际单位售价仍为 660 元，实际发生的销售费用及相关税费假定和上年年末预计的一样，仍然是 14 元。乙企业 1 月 25 日实际取得的"主营业务收入"为 46 200 元（70×660），1 月 31 日结转的"主营业务成本"为 49 700 元（70×710）。由于乙企业在结转成本的同时分配了 4 480 元的存货跌价准备冲减"主营业务成本"，致使该 70 件 G 产品销售利润为 0 [收入 46 200 – 成本（49 700 – 4 480）– 销售费用及相关税费（70×14）]。可见，当上年年末跌价产品本月销售时，它实际发生的跌价损失已由上年年末计提的存货跌价准备承担了，并没有使 1 月份的利润总额降低。

需要指出的是，如果企业按类或按合并项目计提存货跌价准备（上述例 18～例 21），类内或合并项目内的各种库存商品价格有升有降，且同一品种的价格也升降不稳定，为了简化，已计提的存货跌价准备不要像上述按单项库存商品计提跌价准备的乙企业那样（上述例 22）每月都频繁分配，而是在年末进行一次清理分配。

"存货跌价准备"账户余额抵减存货类账户余额后以净值列入资产负债表中"存货"项目。同时，企业在资产负债表附注中说明"存货跌价准备"年初账面余额、本期计提额、本期减少额（转回、转销）和期末账面余额，其中，"原材料""在产品""库存商品""周转材料"等项跌价准备还应单独反映。

六、成本与市价孰低法的评价

成本与市价孰低法主要是从稳健性原则出发而提出来的。稳健性原则总的要求是：对未来可能发生的收益不记账，而对可能发生的损失则要记账。存货按成本与市价孰低法计价，其价值始终是趋于最低的。库存存货成本低，销货成本就高，导致当期收益减少。这样，由于过时、跌价因素引起存货市价低于成本时，发生的跌价就成了当期的损失，而不是递延到存货出售时才予以列账，这就使企业在以后的竞争中有了一定能力抵御物价变动引起的风险。因此，存货计价采用成本与市价孰低法，使企业财务状况表现得比较稳健。

当然，存货的成本与市价孰低法也有其缺点：资产负债表上不同期间的存货可能会产生不同的计价基准，破坏了一致性原则；计价的结果会使期间收益出现波动和以后收益计算不稳健，导致对期间收益计算产生歪曲；市价的变动有多种因素，其中，有较大的主观成分，依据市价确定存货成本缺乏足够的可信性，在法规制度不健全、会计管理及其人员素质不高的情况下，采用这种方法为任意调节成本提供了条件。

第六节　周转材料及存货的其他业务核算

所谓周转材料，是指企业能够多次使用、逐渐转移其价值但仍保持原有形态、不确认为固定资产的材料，包括低值易耗品和包装物。从 2007 年 1 月 1 日起实施的《企业会计准则》规定，对于低值易耗品和包装物的核算可以统一设置"周转材料"一级科目核算，也可以分设"包装物""低值易耗品"两个一级科目核算，《企业会计准则应用指南——2020 年版》继续肯定了这一做法。本章采用分设两个会计科目的方法进行核算。

一、低值易耗品核算

低值易耗品是指使用年限较短、使用时不作固定资产核算的各种用具物品，包括一般工具（如刀具、量具、夹具等）、专用工具（如专用模型等）、替换设备（如轧钢材用的轧辊、浇铸钢锭用的钢锭模等）、管理用具（如家具用品、办公用具等）、劳动保护用品（如工作服、工作鞋等）和其他物品。

低值易耗品属于劳动资料性质，但由于价值低易损耗，使用期限短，更换频繁，故作流动资产处理。

由于低值易耗品能够在多个生产周期内使用，故将其作为"周转材料"核算。所谓周转材料，是指在生产经营或工程施工过程中能够多次周转使用仍保持其原有物质形态的材料。《企业会计准则》规定，对于低值易耗品和包装物（后述）的核算可以统一设置"周转材料"一级科目核算，也可以分设"包装物""低值易耗品"两个一级科目核算。本章下述内容采用分设两个会计科目的方法进行核算。

（一）收入低值易耗品

企业外购、自制或委托外单位加工完成的低值易耗品验收入库时，按计划成本：

借：低值易耗品

　　贷：材料采购

　　　　生产成本

　　　　委托加工物资

产生超支价差（或节约价差）时，借记（或贷记）"材料成本差异"科目，贷记（或借记）"材料采购""生产成本""委托加工物资"科目。

（二）发出低值易耗品

1. 低值易耗品的摊销方法

《企业会计准则第 1 号——存货》应用指南规定："包装物和低值易耗品，应当采用一次摊销法或者五五摊销法进行摊销；企业（建造承包商）的钢模板、木模板、脚手架和其他周转材料等，可以采用一次摊销法、五五摊销法或者分次摊销法进行摊销。"一次摊销法是指周转材料在领用或出租、出借时，将其实际成本一次计入相关成本费用的一种摊销方法。五五摊销法是指周转材料在领用或出租、出借时摊销一半价值，报废时再摊销一半价值的摊销方法。分次摊销法是指周转材料在领用或出租、出借时，将其实际成本分次计入相关成本费用的一种摊销方法。凡是价值不大的就采用一次摊销法；凡是价值大的，就采用五摊销法。在五五摊销法下，企业一般在"低值易耗品"科目下设"在库低值易耗品""在用低值易耗品""低值易耗品摊销"三个明细科目进行明细核算。

2. 领用低值易耗品的账务处理

（1）领用低值易耗品，价值一次摊销：

借：制造费用、管理费用、其他业务成本等

　　贷：低值易耗品、材料成本差异⊖

⊖　材料成本差异一般于月末分摊，下同。

（2）采用五五摊销法的企业，核算方法举例如下：

【例23】 某车间本月领取工具一批，计划成本6 000元，工具的成本差异率为 -2%。

借：低值易耗品——在用 6 000
　　贷：低值易耗品——在库 6 000
借：制造费用 3 000
　　贷：低值易耗品——摊销 3 000
借：材料成本差异[6 000 × (-2%)] 120
　　贷：制造费用 120

【例24】 某车间本月报废工具一批，计划成本1 000元，残料入库价值50元，工具的成本差异率为 -2%。

报废时再摊销一半：

借：制造费用（1 000 × 50%） 500
　　贷：低值易耗品——摊销 500

反映残料入库时：

借：原材料 50
　　贷：制造费用 50

注销报废工具账面价值，并反映收入残料时：

借：低值易耗品——摊销 1 000
　　贷：低值易耗品——在用 1 000

二、包装物核算

包装物是指为包装本企业产品而储备的和在销售过程中周转使用的各种包装容器，如桶、箱、瓶、坛、袋等。各种包装材料（如纸、绳、铁丝、铁皮等）在"原材料"科目核算；用于储存材料、产品不对外出售、出租或出借的包装物，应视价值大小和使用期限长短分别在"固定资产"和"周转材料——低值易耗品"或"低值易耗品"科目核算。

企业应设置"包装物"一级科目（或"周转材料——包装物"科目），核算一次使用的包装物（指随产品出售给购买单位不再收回的包装用品）和多次使用的包装物，即周转使用的包装物（包括出租包装物、出借包装物和计价出售再计价收回的包装物三部分）。

企业收入包装物的核算和"原材料"核算相同。下面主要说明包装物发出核算的账务处理。

（一）一次使用包装物的发出

（1）生产领用包装物时：

借：生产成本
　　贷：包装物、材料成本差异（月末分摊差异，下同）

（2）随同产品销售不单独计价的包装物：

借：销售费用
　　贷：包装物、材料成本差异

（3）随同产品销售单独计价的包装物：

1）发出时：

借：银行存款或应收账款 （价款和税额）

贷：其他业务收入 （包装物价款）

应交税费——应交增值税（销项税额） （税额）

2）结转包装物成本，并分摊价差时：

借：其他业务成本 （实际成本）

贷：包装物 （计划成本）

材料成本差异 （分配的超支价差）

若分配材料的节约价差，借记"材料成本差异"科目，下同。

（二）周转使用的包装物出租、出借

1. 账外备查法

账外备查法是指包装物发出时，账面上注销其全部价值，另设备查簿登记使用情况的方法。

（1）周转使用包装物发出时：

借：其他业务成本 （出租包装物计划成本）

销售费用 （出借包装物计划成本）

贷：包装物 （在库包装物计划成本）

另设备查账簿专门登记出租、出借包装物的数量、单位、实物管理人以及租（押）金、收回报废等情况。

（2）收到包装物押金时：

借：银行存款 （押金）

贷：其他应付款 （押金）

（3）月终，出租、出借包装物分摊材料价差时：

借：其他业务成本 （出租包装物分摊价差）

销售费用 （出借包装物分摊价差）

贷：材料成本差异 （包装物计划成本×超支价差率）

（4）收到出租包装物租金和增值税时：

借：银行存款 （租金和税额）

贷：其他业务收入 （租金）

应交税费——应交增值税（销项税额） （税额）

（5）出租、出借包装物到期部分退回时：

1）退回相应押金时：

借：其他应付款 （全部押金×退回率）

贷：银行存款 （全部押金×退回率）

2）没收剩余押金时：

借：其他应付款 （剩余押金）

贷：应交税费——应交增值税（销项税额） （税额）

其他业务收入 （剩余押金－税额）

如果包装物随应税消费品（如烟、酒等）出租、出借，收取的押金没收时还应该计算缴纳的消费税：

借：税金及附加 ［没收的押金÷（1＋增值税税率）×消费税税率］

贷：应交税费——应交消费税 （税额）

说明：如果包装物已作价随同产品销售，为促其按期退回而另外加收的押金，在到期不能退回而没收押金时，先计算应缴纳的增值税（对应税消费品业务的包装物逾期没收押金还应计算应缴纳的消费税），剩余净额转作营业外收入，会计分录如下：

借：其他应付款　　　　　　　　　　［没收的押金÷（1＋增值税税率）×增值税税率］
　　贷：应交税费——应交增值税（销项税额）　　　　　　　　　（税额）
借：其他应付款　　　　　　　　　　　　　　　　　　　　（没收的押金－税额）
　　贷：营业外收入　　　　　　　　　　　　　　　　　　　　　（剩余净额）

（6）退回的包装物发生修理费用时：

借：其他业务成本　　　　　　　　　　　　　　　　　（出租包装物修理费）
　　销售费用　　　　　　　　　　　　　　　　　　　（出借包装物修理费）
　　贷：银行存款等　　　　　　　　　　　　　　　　（实际发生的修理费）

（7）退回的包装物有一部分报废，残料作价入库时：

借：原材料　　　　　　　　　　　　　　　　　　　　（残料入库作价）
　　贷：其他业务成本　　　　　　　　　　　　　　　（出租包装物报废残料）
　　　　销售费用　　　　　　　　　　　　　　　　　（出借包装物报废残料）

2. 账内监督法

账内监督法是指在"包装物"一级科目下设置有关明细科目自始至终反映包装物的变动情况，用以有效地监督包装物使用直至报废的核算方法。"包装物"下设的明细科目有："库存未用包装物""库存已用包装物""出租包装物""出借包装物""包装物摊销"。下面举例说明其核算方法。

【例25】 红旗厂本月发生下列有关包装物的业务：

（1）本月出借给甲厂库存未用包装物一批，计划成本 6 000 元。

借：包装物——出借包装物　　　　　　　　　　　　　　　6 000
　　贷：包装物——库存未用包装物　　　　　　　　　　　　　　6 000

（2）上项包装物按五五摊销法摊销 50% 的价值。

借：销售费用　　　　　　　　　　　　　　　　　　　　　3 000
　　贷：包装物——包装物摊销　　　　　　　　　　　　　　　　3 000

（3）上项出借包装物分摊材料价差 60 元（6 000×1%）：

借：销售费用　　　　　　　　　　　　　　　　　　　　　　60
　　贷：材料成本差异　　　　　　　　　　　　　　　　　　　　60

（4）上项包装物到期全部收回，但有 1/3 不能使用而报废，报废残料作价入库 40 元。

借：包装物——库存已用包装物（6 000÷3×2）　　　　　　4 000
　　贷：包装物——出借包装物　　　　　　　　　　　　　　　4 000
借：销售费用（2 000×50%）　　　　　　　　　　　　　　1 000
　　贷：包装物——包装物摊销　　　　　　　　　　　　　　　1 000
借：原材料　　　　　　　　　　　　　　　　　　　　　　40
　　贷：销售费用　　　　　　　　　　　　　　　　　　　　　40
借：包装物——包装物摊销　　　　　　　　　　　　　　　2 000
　　贷：包装物——出借包装物（6000÷3×1）　　　　　　　　2 000

以上业务若为出租包装物业务,分录中"出借包装物"改为"出租包装物","销售费用"改为"其他业务成本",另外,收取租金和增值税时,借记"银行存款"科目,贷记"其他业务收入""应交税费"科目。

包装物的摊销方法除了上述一次摊销法、五五摊销法外,还有分次摊销法、净值摊销法。采用净值摊销法,即每月包装物的摊销额根据包装物的摊余价值(包装物计划或实际成本减去累计摊销额的余额)乘以规定的摊销率计算。《企业会计准则第 1 号——存货》应用指南规定,企业包装物采用一次摊销法或五五摊销法进行摊销。

三、存货的清查

(一)采购中的存货清查

企业采购的货物到货时发生短缺,应分具体情况做出处理:属于供应单位少发的,记入"应付账款"科目借方;属于外部运输机构运输时丢失、损坏的,记入"其他应收款"科目借方;属于意外灾害损失和尚待查明原因的途中超定额损耗,先记入"待处理财产损溢"科目借方,查明原因报批后再做处理。

(1)短缺货物由供货单位少发所致时:

借:应付账款

　　贷:材料采购等

(2)短缺货物由运输部门丢失或毁损,应由运输部门赔偿时:

借:其他应收款　　　　　　　　　　　　[货物成本×(1+增值税税率)]

　　贷:材料采购等　　　　　　　　　　　　　　　　　(货物成本)

　　　　应交税费——应交增值税(进项税额转出)　　　　(税额)

(3)短缺货物属于意外损失和尚待查明原因的超定额损耗:

借:待处理财产损溢　　　　　　　　　　　[货物成本×(1+增值税税率)]

　　贷:材料采购等　　　　　　　　　　　　　　　　　(货物成本)

　　　　应交税费——应交增值税(进项税额转出)　　　　(税额)

查明原因报经批准后转销:

借:应付账款　　　　　　　　　　　(由供货单位负责赔偿的损失)

　　其他应收款　　　　　(由运输、保险单位或其他过失人赔偿的损失)

　　营业外支出　　　　　　　　　(由自然灾害等原因造成的净损失)

　　管理费用　　　　　　　　　　　　(无法收回的其他损失)

　　贷:待处理财产损溢　　　　　　　　　　　(损失转销额)

(二)在库存货的清查

(1)对于盘盈存货:

借:原材料、生产成本、库存商品等

　　贷:待处理财产损溢

报批后转销:

借:待处理财产损溢

　　贷:管理费用

(2)对于盘亏和毁损存货:

借:待处理财产损溢

　　　　贷：原材料、生产成本、库存商品等

　　　　　　应交税费——应交增值税（进项税额转出）

在产品、库存商品盘亏，按其所耗外购材料实际成本计算进项税额转出。

报批后转销：

　　借：原材料、其他应收款、营业外支出、管理费用

　　　　贷：待处理财产损溢

（3）对于无价值（如霉变、过期等）而处理的存货：

　　借：存货跌价准备

　　　　资产减值损失——存货跌价损失

　　　　贷：库存商品

　　　　　　应交税费——应交增值税（进项税额转出）

（三）存货清查举例

【例26】　某企业本期购入原材料入库时发生短缺，入库后遭受自然灾害毁损，后又失窃。具体情况和账务处理如下：

（1）购入某种原材料100t，每吨买价50元，增值税共计650元，对方代垫运费101.12元（可抵扣增值税8.35元），企业共付款5 751.12元。

　　借：材料采购［100×50+101.12−101.12÷1.09×9%］　　　　　5 092.77

　　　　应交税费——应交增值税（进项税额）　　　　　　　　　　658.35

　　　　贷：银行存款　　　　　　　　　　　　　　　　　　　　　5 751.12

（若购入免税农副产品共付款5 101.12元，可按买价5 000元抵扣9%的进项税额，再按运费101.12元抵扣9%的进项税额8.35元，借记"材料采购"4 642.77元，借记"应交税费"458.35元，贷记"银行存款"5 101.12元。）

（2）上列原材料到达入库时，实收80t，每吨计划单价53元，短缺20t，其中，铁路局运输过程中丢失5t，自然灾害损失8t，尚待查明原因的7t。

在本业务中，短缺20t材料的增值税进项税额一般不能抵扣销项税额，因为这些材料没有进入生产过程制造出产品对外销售产生销项税，即没有抵扣的来源。但是，对其中"自然灾害损失"的增值税国家予以承担，即仍然让其抵扣增值税，其他原因的"非正常损失"（指管理不善造成了被盗、丢失、霉烂变质，以及因违反法律规划造成的货物或者不动产被依法没收、销毁、拆除的情形）的进项税额不得从销项税额中抵扣，而是作"进项税额转出"处理。根据以上分析，该企业对短缺20t材料做如下会计分录：

　　借：原材料（80×53）　　　　　　　　　　　　　　　　　　　4 240

　　　　贷：材料采购　　　　　　　　　　　　　　　　　　　　　　　4 240

入库材料每吨实际成本50.93元（5 092.77÷100），每吨进项税额6.58元（658.35÷100）。

　　借：其他应收款［5×（50.93+6.58）］　　　　　　　　　　　287.55

　　　　待处理财产损溢［（8+7）×50.93+（7×6.58）］　　　　810.01

　　　　贷：材料采购（20×50.93）　　　　　　　　　　　　　　　1 018.60

　　　　　　应交税费——应交增值税（进项税额转出）［（5+7）×6.58］　78.96

（3）月终，结转入库材料成本差异。

　　借：材料采购（4 240+1 018.60−5 092.77）　　　　　　　　165.83

贷：材料成本差异 165.83

（4）上述自然灾害损失材料 8t 和尚待查明原因的材料短缺 7t（查不出原因），报经批准同意转销。

借：营业外支出（8×50.93） 407.44
  管理费用［7×（50.93＋6.58）］ 402.57
  贷：待处理财产损溢 810.01

（5）上述入库材料又失窃 3t，正立案调查，材料差异率为 −4.499%。

借：待处理财产损溢 171.59
  材料成本差异［159×（−4.499%）］ 7.15
  贷：原材料（3×53） 159
    应交税费——应交增值税（进项税额转出）（3×6.58） 19.74

其中，进项税额转出（还可以按材料实际成本计算）＝（159−7.15）×13%＝19.74（元）。

（6）上述失窃材料无法破案，报经批准，应由保管员赔偿 50 元，其余同意转销。

借：其他应收款 50
  管理费用 121.59
  贷：待处理财产损溢 171.59

【例27】 依本章例21，甲企业 6 月末盘点霉变、过期等无价值库存商品的成本 3 100 元（"存货跌价准备"账户贷方余额 1 400 元），其中，实际材料费占 30%，这部分外购货物 13% 的进项税额 120.90 元（3 100×30%×13%）不能抵扣，应从进项税额里转出，计入当期费用。甲企业 6 月末应做以下会计分录（代替例21会计分录）：

借：存货跌价准备 1 400
  资产减值损失——存货跌价损失 1 820.90
  贷：库存商品 3 100
    应交税费——应交增值税（进项税额转出） 120.90

四、接受存货捐赠

企业接受其他单位捐赠的存货，如果捐赠（出）方提供了发票等凭据的，按凭据上标明的金额加上应支付的相关税费作为实际成本入账；如果捐出方没有提供凭据的，参照同类或类似存货的市场价格及应支付的相关税费估计实际成本入账，市场上没有同类或类似存货，则按存货预计未来现金流量现值作为实际成本入账。国家税法规定，捐出方捐出货物，视同销售，要缴纳增值税；同时受赠方将受赠货物用于生产经营项目，取得捐出方开具的增值税专用发票，其进项税额可以抵扣，未取得专用发票的不得抵扣。又由于捐出方捐出货物，未获得该货物任何"所得"（利润），国家从捐出方征收不到"所得税"，则从受赠方征收。因此，接受捐赠的存货等资产要缴纳所得税。

企业接受捐赠的资产作什么处理呢？从理论上讲，企业接受捐赠，额外得到资产，应当归属企业所有者所有，即将扣除所得税后的净值记入"资本公积"科目。2007 年 1 月 1 日前我国《企业会计制度》规定，通过设置"递延税款"科目来反映纳税（所得税）时差；同时，通过设置"待转资产价值"科目和纳税配套，并逐渐将其转入"资本公积"科目。但这样处理很麻烦。2007 年 1 月 1 日实施的《企业会计准则》取消了"递延税款"科目和"待转资产价值"科目，规定接受捐赠列作"营业外收入——捐赠利得"，这样做的好处不仅简化了会计核算，而且将营业外收入计入当期利润总额，直接计缴所得税，不需要再进行纳税调整。对于接受固定资产等长期资产捐赠，先通过"递延收益"科目，然后再分期转入"营业外收入"科目，分期缴纳所得税。下面以接受材料捐赠为例来说明受赠资产的核算方法。

【例28】　兰都工厂接受东方公司捐赠材料一批，未取得发票等凭据，材料直接送到兰都工厂。经确认，该材料的实际价值为60 000元，入库计划成本61 800元。税务部门核定，将60 000元列作当期纳税所得。兰都工厂有关账务处理如下：

（1）反映接受捐赠材料实际价值时：

借：材料采购　　　　　　　　　　　　　　　　　　　　60 000
　　　贷：营业外收入——捐赠利得　　　　　　　　　　　　　　60 000

兰都工厂贷记"营业外收入"科目后，60 000元就计入了利润总额，构成了当期纳税所得，进而可同其他纳税所得一起计算应缴纳的所得税。

（2）接受捐赠的材料入库时：

借：原材料　　　　　　　　　　　　　　　　　　　　　61 800
　　　贷：材料采购　　　　　　　　　　　　　　　　　　　　　60 000
　　　　　材料成本差异　　　　　　　　　　　　　　　　　　　　1 800

（3）产品生产领用上述受赠的部分材料，计划成本20 000元，材料成本差异率为 -3%：

借：生产成本　　　　　　　　　　　　　　　　　　　　19 400
　　材料成本差异 [20 000 × (-3%)]　　　　　　　　　　　　600
　　　贷：原材料　　　　　　　　　　　　　　　　　　　　　　20 000

说明：企业接受现金捐赠时，借记"银行存款"科目，贷记"营业外收入——捐赠利得"科目。

五、通过非货币性资产交换取得存货

我国《企业会计准则第7号——非货币性资产交换》应用指南指出："非货币性资产交换是指企业主要以固定资产、无形资产、投资性房地产和长期股权投资等非货币性资产进行的交换。该交换不涉及或只涉及少量的货币性资产（即补价）。"货币性资产是指企业持有的货币资金和收取固定或可确定金额的货币资金的权利，包括库存现金、银行存款、应收账款和应收票据等。非货币性资产是指货币性资产以外的资产。可见，企业通过非货币性资产交换取得存货的情况主要有：用产成品或库存商品换入存货，用固定资产换入存货，用长期股权投资换入存货，用无形资产换入存货，用投资性房地产换入存货等。

对非货币性资产交换业务进行账务处理，首先要判断该项交换是否具有商业实质。所谓商业实质，是指具有市场主体地位的交换双方在平等、自愿前提下所进行的，选择所换资产能适应本企业经营活动特征，同现有资产结合能够产生更大效用，进而产生明显不同现金流量、实现一定盈利目的的交换行为。准则规定，符合下列条件之一的非货币性资产交换具有商业实质（不包括与关联方发生的非货币性资产交换）：一是换入资产的未来现金流量在风险、时间分布和金额方面与换出资产显著不同；二是使用换入资产所产生的预计未来现金流量现值与继续使用换出资产所产生的预计未来现金流量现值不同，且其差额与换入资产和换出资产的公允价值相比是重大的。

非货币性资产交换如果具有商业实质，换入资产的入账成本应按公允价值和应支付的相关税费确认，公允价值与换出资产账面价值的差额计入当期损益；如果非货币性资产交换不

具有商业实质，企业应当以换出资产的账面价值和应支付的相关税费作为换入资产的成本，不确认损益。

在进行非货币性资产交换时，有时还涉及少量的货币性资产交换（补价）情况。《企业会计准则第 7 号——非货币性资产交换》应用指南规定："判断涉及少量货币性资产的交换是否为非货币性资产交换，通常以补价占整个资产交换金额的比例是否低于 25% 作为参考比例。支付的货币性资产占换出资产公允价值与支付的货币性资产之和（或占换入资产公允价值）的比例，或者收到的货币性资产占换出资产公允价值（或占换入资产公允价值和收到的货币性资产之和）的比例低于 25% 的，视为非货币性资产交换；高于 25%（含 25%）的，不视为非货币性资产交换。"

【例 29】 甲企业用一批产成品跟华贵公司的一批库存商品相交换。甲企业换入华贵公司的库存商品作原材料入账，原材料已验收入库。该批产成品账面成本 80 000 元，已计提存货跌价准备 1 000 元，市场售价（公允价值）100 000 元，增值税 13 000 元。华贵公司提供的原材料市场售价（公允价值）97 000 元，增值税 12 610 元，账面成本 85 000 元。根据市场对等交换原则，甲企业收到华贵公司补价 3 390 元[（100 000 + 13 000）–（97 000 + 12 610）]。甲企业确认该业务具有商业实质。

（1）甲企业对该业务的处理

1）甲企业判别该业务是否属于非货币性交易：

补价率 = 收到的补价 ÷ 换出资产公允价值 = 3 390 ÷ 100 000 = 3.39% < 25%，属于非货币性交易。

2）甲企业换入原材料时的会计分录为：

借：原材料		97 000
应交税费——应交增值税（进项税额）		12 610
银行存款		3 390
贷：主营业务收入		100 000
应交税费——应交增值税（销项税额）		13 000

3）甲企业同时编制结转库存商品成本的会计分录为：

借：主营业务成本		79 000
存货跌价准备		1 000
贷：库存商品		80 000

（2）华贵公司对该业务的处理

华贵公司提供的原材料在华贵公司账上是"库存商品"，没有计提存货跌价准备，换入的产成品仍作"库存商品"，则华贵公司编制的会计分录如下：

借：库存商品		100 000
应交税费——应交增值税（进项税额）		13 000
贷：主营业务收入		97 000
应交税费——应交增值税（销项税额）		12 610
银行存款		3 390
借：主营业务成本		85 000
贷：库存商品		85 000

说明，若换入资产入账价值与换出资产转销价值发生差额，记入"资产处置损益"科目。

第六章

非流动资产投资

第一节　非流动资产投资概述

一、非流动资产投资的概念

企业在其生产经营本身业务之外，可以利用富余的资金向其他单位投资。投资是指企业为通过分配来增加财富，或为谋求其他利益，而将资产让渡给其他单位所获得的另一项资产。投资概念有狭义和广义之分。广义的投资概念不仅包括对内投资（企业自身购买固定资产等），还包括对外投资（如对外投出流动资产、固定资产等）。狭义的投资概念仅指对外投资。企业现金流量表上反映"投资活动产生的现金流量"就采用了广义的投资概念，而企业平时进行会计账务处理时涉及投资的业务往往采用狭义的投资概念，即指对外投资的概念。对外投资如果按投资目的及变现能力分，分为短期投资和长期投资两类；如果按其性质分，分为权益性投资、债权性投资和混合性投资三类；如果按资产负债表归类属性分，分为"归作流动资产类的投资项目"和"归作非流动资产类的投资项目"两类。

"归作非流动资产类的投资项目"简称"非流动资产投资"。它是指企业对外进行的、不准备在一年内或长于一年的一个营业周期内变现的投资。投资的目的是实现长期战略目标（如为了获取新的货源，为了开拓新的市场，为了扩大企业影响提高声誉等），谋求长期经济利益，影响和控制其他企业的重大经营决策，获取较高的投资收益。它与调节企业现金流量、借以提高资金使用效益的短期投资行为截然不同，具有投资金额大、回收期限长、投资报酬率高等特点。进行非流动资产投资时，要以不影响本企业正常资金周转和本企业信誉为基本原则。

二、非流动资产投资的种类

非流动资产投资按会计核算项目分类，分为债权投资、其他债权投资、长期股权投资、其他权益工具投资、投资性房地产、拨付所属资金等。

第二节　债权投资核算

债权投资是指企业持有的、具有固定到期日的、回收金额固定或可确定的、企业有明确意图和能力持有至到期的非衍生金融资产，是以摊余成本计量的金融资产。它包括债券投资、委托银行贷款等。此概念明确了划分债权投资的五个主要条件：一是到期日固定；二是回收金额固定或可确定；三是企业有明确意图持有至到期；四是企业有能力持有至到期；五是以摊余成本计量，且公允价值变动计入当期损益。任何一个条件不满足，都不能被划为债权投资。

企业应设置"债权投资"一级会计科目，在该科目下按投资的类别和品种分别"面值""利息调整""应计利息"等进行明细核算。

一、债券投资的核算

债券分为政府债券、金融债券和企业债券三种。政府债券包括中央政府债券和地方政府债券两类，其中，中央政府债券有国库券、财政券、保值公债、国家建设债券、国家重点建设债券、特种国债、投资债券和基本建设债券等。金融债券是由金融机构发行的债券。企业债券是由企业（包括股份公司、企业性金融机构）发行的债券。企业购买债券的核算，应根据购买债券的目的、资金安排计划和实际财务能力分别列入"交易性金融资产""债权投资""其他债权投资"科目进行核算。如果所购债券准备近期变现的，属于交易性债券投资，记入"交易性金融资产"科目；如果所购债券准备持有至到期变现的，属于债券投资，记入"债权投资"科目；如果所购债券既不准备近期变现，也不准备持有至到期变现的，属于观望持有在一年以上的债券投资，记入"其他债权投资"科目。

作为"债权投资"的债券，通常持有时间在一年以上，具有长期性质，归属非流动资产类下。但是，企业购买的有些债券持有期限较短（一年以内），企业不准备随时变现，而是准备到期时兑现，也可将其列入"债权投资"科目进行核算。

（一）债券投资的计价

企业购入的列入"债权投资"科目核算的债券，按取得时的公允价值和相关交易费用之和作为初始确认金额，分别列入"债权投资——面值"明细科目、"债权投资——利息调整"明细科目进行核算。

企业购入的债券，由于存在票面利率和实际利率的区别，分别有三种价格：①按债券票面价值购入，即等价购入。②按高于债券票面价值购入，即溢价购入。③按低于债券票面价值购入，即折价购入。这三种价格对债券发行公司来说，分别表述为等价发行（或称面值发行）、溢价发行和折价发行三种形式。企业不论以哪种价格购入，均称为"买价"。会计对债权投资的债券进行计价时，将买价中的"面值"确认为"债权投资——面值"；将买价中的溢价或折价列入"债权投资——利息调整"明细科目进行核算。

交易费用是指可直接归属于购买、发行或处置金融工具的增量费用。增量费用是指企业没有发生购买、发行或处置相关金融工具的情形就不会发生的费用，包括支付给代理机构、咨询公司、券商、证券交易所、政府有关部门等的手续费、佣金、相关税费以及其他必要支出，不包括债券溢价、折价、融资费用、内部管理成本和持有成本等与交易不直接相关的费用。企业购入划作"债权投资"的债券时发生的交易费用，记入"债权投资——利息调整"明细科目。

企业购入的债券如果为分期付息、一次还本的债券，所支付价款中含有已到付息期但尚未领取的债券利息，应作为应收项目单独核算，记入"应收利息"一级科目；企业购入的债券，如果为一次还本付息的债券，所支付的价款中含有尚未到期的利息，记入"债权投资——利息调整"明细科目。

企业设置"债权投资——应计利息"明细科目，只是核算企业在取得一次还本付息债券后的持有期间于资产负债表日按债券票面利率计算的应收未收利息的产生和到期（或处置）时该利息的收回（或转销）。

会计对初始确认记入"债权投资——利息调整"明细科目的金额，应在债券到期前分期摊销，摊销期次一般与计息期次一致。

（二）购入债券的核算

1. 等价购入债券的核算

【例1】　C企业某年1月1日购入东兴公司当天发行的两年期公司债券4万元，债券票面利率5%（与证券市场实际利率一致），采用息随本清的单利付息方式，即到期一次还本付息。购入时按面值付款4万元。C企业对该债券准备持有至到期兑现。

（1）1月1日购入债券时：

借：债权投资——面值　　　　　　　　　　　　　　　40 000

　　贷：银行存款　　　　　　　　　　　　　　　　　　　40 000

说明之一：如果上例是"分期付息，一次还本"的债券，对付款额中已到付息期尚未领取的利息（假如上年12月31日付息而尚未领取的利息），应借记"应收利息"科目。说明之二：如果上例"一次还本付息"的债券不是债券发行日购入，而是7月1日购入，对付款额中包含的自发行日至购买日之间6个月的利息，应记入"债权投资——利息调整"明细科目借方。说明之三：企业进行债券投资，作为买者一般不支付交易费用，若发生交易费用，记入"债权投资——利息调整"明细科目借方。

（2）12月31日，C企业按债券票面利率5%计算当年1月1日到12月31日应计利息2 000元（40 000×5%）时做如下会计分录：

借：债权投资——应计利息　　　　　　　　　　　　　2 000

　　贷：投资收益　　　　　　　　　　　　　　　　　　　2 000

（第2年年底计算2 000元的应计利息分录与此相同。）

如果是"分期付息，一次还本"的债券，在资产负债表日（12月31日）计算的利息应借记"应收利息"科目。

（3）债券到期收回本息时：

借：银行存款　　　　　　　　　　　　　　　　　　　44 000

　　贷：债权投资——应计利息　　　　　　　　　　　　　4 000

　　　　　　　　——面值　　　　　　　　　　　　　　40 000

2. 溢价购入债券的核算

【例2】　D企业20×1年1月1日购入川都公司4年期、面值为8万元的债券，购入价格82 024元（其中溢价2 024元，无交易费用），债券票面利率8%（实际利率7.26%），采用分期付息方式，每年1月1日、7月1日付息。D企业1月1日购入债券时做如下会计分录：

借：债权投资——面值　　　　　　　　　　　　　　　80 000

　　　　　　　——利息调整　　　　　　　　　　　　　2 024

　　贷：银行存款　　　　　　　　　　　　　　　　　　82 024

3. 折价购入债券的核算

【例3】　E企业某年1月1日购入三洋公司5年期、面值为60 000元的债券，购入价格57 000元，折价3 000元，债券票面利率5%（实际利率6.19%），每年1月1日付息。购入债券时未发生交易费用。E企业1月1日购入债券时做如下会计分录：

借：债权投资——面值　　　　　　　　　　　　　　　60 000

  贷：债权投资——利息调整   3 000

     银行存款   57 000

（三）初始利息调整额的摊销

  企业取得债券投资时，债券初始确认金额分为两部分：一是债券面值，记入"债权投资——面值"明细科目；二是债券相关价值，包括债券溢价、折价、利息和交易费用等，除"分期付息，一次还本"的债券利息单独处理外，其余都记入"债权投资——利息调整"明细科目，称"初始利息调整额"，其中，主要部分是债券的折溢价。

  债券发行时之所以溢价，是因为债券的票面利率高于发行时的市场利率。对发行公司来说，它以后每期按票面利率支付的利息比按市场利率支付的利息多，为了使其多付的利息得到补偿，它必须溢价发行债券；对债券购买单位来说，溢价支付额正是以后各期多得利息收入的预付额，应分期摊销，抵减各期利息收入。同理，折价购入时产生的折价也要分期摊销，增加各期利息收入。企业购入债券不仅折溢价需要分期摊销，而且发生的交易费用等也要分期摊销，总之，"初始利息调整额"要在债券有效期内分期摊销。

  初始利息调整额的摊销方法有直线法和实际利率法两种。《企业会计准则第22号——金融工具确认和计量》规定采用实际利率法摊销。

1. 初始利息调整额的直线法摊销

  【例4】 根据上述例2资料，D企业初始利息调整额（全为债券溢价）共2 024元，4年期内投资债券共收息8次，每次摊销溢价253元（2 024÷8）。20×1年7月1日收到利息3 200元（80 000×8%×6/12）做如下会计分录：

  借：银行存款   3 200

    贷：债权投资——利息调整   253

      投资收益   2 947

  20×1年12月31日，将该期（6月至12月）应收的债券利息调整入账，并摊销当期债券溢价，D企业做如下会计分录：

  借：应收利息   3 200

    贷：债权投资——利息调整   253

      投资收益   2 947

  20×2年1月1日，D企业收到利息3 200元时做如下会计分录：

  借：银行存款   3 200

    贷：应收利息   3 200

  以后各期计息、摊销初始利息调整额、收取利息的账务处理与此相同。

  【例5】 根据上面例3资料，E企业5年期债券共计收利息5次，每次摊销初始利息调整额（全为折价）600元（3 000÷5）。每年年末，E企业计算应收利息3 000元（60 000×5%）时做如下会计分录：

  借：应收利息   3 000

    债权投资——利息调整   600

      贷：投资收益   3 600

  次年1月1日，E企业收到债券利息3 000元时：

  借：银行存款   3 000

贷：应收利息　　　　　　　　　　　　　　　　　　　　　　　　　　 3 000

2. 初始利息调整额的实际利率法摊销

采用实际利率法摊销初始利息调整额按下列公式计算：

每期应收利息 = 债券面值 × 票面利率

每期实际利息 = 债券摊余成本 × 实际利率

其中，债券摊余成本 = $\dfrac{债券初始}{确认金额}$ − 已偿还本金 ± $\dfrac{债券累计}{摊销额}$ − $\dfrac{累计计提的}{损失准备}$

每期摊销初始利息调整额 = 每期应收利息 − 每期实际利息

上列公式中的实际利率，不纯粹是证券市场公布的利率，而是以市场利率为基础重新计算的利率。《企业会计准则第 22 号——金融工具确认和计量》规定：企业取得金融资产或金融负债，要将初始确认金额与到期日金额之间的差额按实际利率法进行摊销。"实际利率，是指将金融资产或金融负债在预计存续期的估计未来现金流量，折现为该金融资产账面余额或该金融负债摊余成本所使用的利率。"可见，实际利率的计算涉及折现值（或称贴现值）。折现值是指未来各期及到期价值按一定利率（或称贴现率）折算的现在价值——现值。如一年后 105 元，按 5% 的利率计算，现在的价值（现值）为 100 元 $[105 \times (1 + 5\%)^{-1}]$。债券实际利率法下的现值就是债券"初始确认金额"，包括债券"面值"和债券"初始利息调整额"两部分。债券"初始利息调整额"又包括准则中所规定的"各项收费、交易费用及溢价或折价等"。实际利率的详细计算将在第十章第三节"企业债券的发行价格"中阐述。

【例 6】 根据上面例 2 资料，D 企业 20×1 年 7 月 1 日应收利息为 3 200 元（80 000 × 8% × 6 ÷ 12），实际利息为 2 977.47 元（82 024 × 7.26% ÷ 2），摊销初始利息调整额（溢价）222.53 元（3 200 − 2 977.47）。D 企业 20×1 年 7 月 1 日做如下会计分录：

借：银行存款　　　　　　　　　　　　　　　　　　　　　　　　　　3 200

　　贷：债权投资——利息调整　　　　　　　　　　　　　　　　　　　222.53

　　　　投资收益　　　　　　　　　　　　　　　　　　　　　　　　2 977.47

其余各期计算额见表 6-1。各年年末计息、次年 1 月 1 日收息及到期收回本金的会计分录与例 4 相应的会计分录相同。

表 6-1　债券投资初始利息调整额摊销表（实际利率法）　　　　（单位：元）

计息日期	应收利息	利息收入	初始利息调整额摊销	未摊销金额	面值和未摊销金额之和
	(1) = 面值 × 票面利率	(2) = 上期 (5) × 实际利率	(3) = (1) − (2)	(4) = 上期 (4) − (3)	(5) = 上期 (5) − (3)
20×1.01.01				2 024.00	82 024.00
20×1.07.01	3 200.00	2 977.47	222.53	1 801.47	81 801.47
20×1.12.31	3 200.00	2 969.39	230.61	1 570.86	81 570.86
20×2.07.01	3 200.00	2 961.02	238.98	1 331.89	81 331.89
20×2.12.31	3 200.00	2 952.35	247.65	1 084.23	81 084.23
20×3.01.01	3 200.00	2 943.36	256.64	827.59	80 827.59
20×3.12.31	3 200.00	2 934.04	265.96	561.63	80 561.63
20×4.07.01	3 200.00	2 924.39	275.61	286.02	80 286.02
20×4.12.31	3 200.00	2 913.98[①]	286.02	0.00	80 000.00
合　　计	25 600.00	23 576.00	2 024.00		

① 含小数误差 0.40 元；表中票面利率 8%，实际利率 7.26%。

【例7】　根据上面例3资料，E企业当年12月31日应收利息为3 000元（60 000×5%），实际利息为3 528.30元（57 000×6.19%），摊销初始利息调整额（折价）528.30元（3 528.30 – 3 000）。E企业当年12月31日计算债券利息时做如下会计分录：

借：应收利息　　　　　　　　　　　　　　　　　　　　　3 000

　　债权投资——利息调整　　　　　　　　　　　　　　　　528.30

　　贷：投资收益　　　　　　　　　　　　　　　　　　　　　　3 528.30

其余各期计算额见表6-2。

表6-2　债券投资初始利息调整额摊销表（实际利率法）　　（单位：元）

计息日期	应收利息	利息收入	初始利息调整额摊销	未摊销金额	面值和未摊销金额之和
	(1) = 面值 × 票面利率	(2) = 上期 (5) × 实际利率	(3) = (1) – (2)	(4) = 上期 (4) – (3)	(5) = 上期 (5) + (3)
20×1.01.01				3 000.00	57 000.00
20×1.12.31	3 000.00	3 528.30	528.30	2 471.70	57 528.30
20×2.12.31	3 000.00	3 561.00	561.00	1 910.70	58 089.30
20×3.12.31	3 000.00	3 595.73	595.73	1 314.97	58 685.03
20×4.12.31	3 000.00	3 632.60	632.60	682.37	59 317.63
20×5.12.31	3 000.00	3 682.37[①]	682.37	0.00	60 000.00
合　计	15 000.00	18 000	3 000.00		

① 含小数误差10.61元；表中票面利率5%，实际利率6.19%。

（四）债券投资的收回

【例8】　依例4，在直线法下，D企业4年期债券到期时，"债权投资——利息调整"明细科目借贷已抵销平衡，留下"面值"明细科目80 000元债券本金和最后一期"应收利息"3 200元。D企业20×5年1月1日收回债券本息时做如下会计分录：

借：银行存款　　　　　　　　　　　　　　　　　　　　　83 200

　　贷：债权投资——面值　　　　　　　　　　　　　　　　　80 000

　　　　应收利息　　　　　　　　　　　　　　　　　　　　　3 200

注：例5核算的在直线法下的E企业收回债券本金和最后一期利息所做会计分录与此相同。

【例9】　根据表6-2，在实际利率法下，E企业5年期债券于20×6年1月1日到期时做如下会计分录：

借：银行存款　　　　　　　　　　　　　　　　　　　　　63 000

　　贷：债权投资——面值　　　　　　　　　　　　　　　　　60 000

　　　　应收利息　　　　　　　　　　　　　　　　　　　　　3 000

（五）购买贴现债券的处理

我国发行的债券中，有时发行贴现债券，即债券票面不标明利率，只标明到期价值，购买者按到期价值的贴现值购买，则到期值为面值，买价为现值，两者差额为未来应收取的利息。这实际上也是折价购入债券的核算，不同的是，没有票面利率，各期不要计算"应计利息"。

【例10】　F企业20×2年1月1日以91 743元的价格购入20×4年1月1日到期、面值为100 000元的国库券，准备持有至到期兑现。分别按单利和复利两种方式计算该国库券的实际利率，并按复利计算的实际利率进行有关账务处理。

（1）按单利计算该国库券的实际利率（i）：

$91\ 743 \times (1 + 2i) = 100\ 000$，解得 $i = 4.5\%$。

（2）按复利计算该国库券的实际利率（i）：

$91\ 743 \times (1 + i)^2 = 100\ 000$，解得 $i \approx 4.4\%$。

（3）F 企业按复利计算的实际利率进行有关账务处理如下：

1）20×2 年 1 月 1 日，F 企业购入贴现国债时：

借：债权投资——面值　　　　　　　　　　　　　　　　　　　100 000
　　贷：银行存款　　　　　　　　　　　　　　　　　　　　　　91 743
　　　　债权投资——利息调整　　　　　　　　　　　　　　　　8 257

2）20×2 年 12 月 31 日，F 企业按实际利率 4.4% 计算并摊销初始利息调整额（折价）4 036.69 元〔(100 000 - 8 257) × 4.4%〕，编制以下会计分录：

借：债权投资——利息调整　　　　　　　　　　　　　　　　　4 036.69
　　贷：投资收益　　　　　　　　　　　　　　　　　　　　　　4 036.69

3）20×3 年 12 月 31 日，F 企业按实际利率 4.4% 计算并摊销初始利息调整额 4 220.31 元 {[100 000 - (8 257 - 4 036.69)] × 4.4% + 小数误差 6.00}，编制以下会计分录：

借：债权投资——利息调整　　　　　　　　　　　　　　　　　4 220.31
　　贷：投资收益　　　　　　　　　　　　　　　　　　　　　　4 220.31

4）20×4 年 1 月 1 日，债券到期，F 企业收回债券时：

借：银行存款　　　　　　　　　　　　　　　　　　　　　　　100 000
　　贷：债权投资——面值　　　　　　　　　　　　　　　　　　100 000

注：若按单利计算的实际利率进行账务处理时，各期初始利息调整额的计算依据均为 91 743 元，其余与上述处理一致。

（六）债券投资计提减值准备

在资产负债表日，债权投资发生减值的，按应减记的金额做如下会计分录：

借：信用减值损失
　　贷：债权投资减值准备

已计提减值准备的债权投资价值以后又得以恢复，应在原已计提的减值准备金额内，按恢复增加的金额，做与以上相反的会计分录。

（七）债券投资的出售与转换

企业购买的债券准备持有至到期兑现有两个重要的条件：一是企业事先有意图持有至到期；二是企业预计有能力（财务能力）持有至到期。认定这两条是以企业管理层承诺的书面文件为依据的。但是，这是企业很长时间占用的一笔不能动用的资金，一旦企业发生资金短缺，不动用该资金难以维持生存，经企业管理层同意，企业不得不转出来应付现阶段的生产经营。

1. 债券投资的出售

出售债权投资，应按实际收到的金额借记"银行存款"等科目，按其账面余额贷记"债权投资"科目（面值、利息调整、应计利息），按其差额贷记或借记"投资收益"科目。已计提减值准备的，还应同时借记"债权投资减值准备"科目。

2. 债权投资的转换

债权投资的转换是指现有的债权投资，因企业管理该金融资产的业务模式发生变化而对该金融资产进行的重新分类。现有债权投资根据业务模式的变化可以重新分类为"以公允价值计量且其变动计入当期损益的金融资产"（交易性金融资产），或重新分类为"以公允价值计量且其变动计入其他综合损益的金融资产"（其他债权投资）。

例如，某企业拟收购某一业务线，企业高级管理层于 10 月 15 日做出决定，将企业账面上本应持有至到期的某"债券投资"调整为适应近期变现用款的"交易性质"的金融资产。由于企业管理该债券投资的"业务模式"发生变化，企业于下月初（1 月 1 日）对该债权投资进行重分类，做如下会计分录：

借：交易性金融资产　　　　　　　　　　　　　　　　　　（公允价值）
　　债权投资减值准备　　　　　　　　　　　　　　　　　　（账面余额）
　　贷：债权投资——面值　　　　　　　　　　　　　　　　（账面余额）
　　　　　　　　——利息调整　　　　　　　　　　　　　　（账面余额）
　　　　　　　　——应计利息　　　　　　　　　　　　　　（账面余额）
借或贷：公允价值变动损益　　　　　　　　　　　　　　　　（借贷差额）

注：上述"债权投资"如果转换为"其他债权投资"，账面余额与公允价值的差额借或贷记"其他综合收益"科目（本章第三节阐述）。

（八）购买"可转换公司债券"的核算

可转换公司债券是指企业发行的、债券持有人可在一定时期以后按规定转换为发行公司普通股票的债券。它是一种混合性债券，既具有负债性质，又具有所有者权益性质。我国发行可转换公司债券采取记名式无纸化发行方式，最短期限 3 年，最长期限 5 年。发行可转换公司债券的企业先形成负债——"应付债券"，转换为股权时，再记入"股本"等科目，详见第十章第三节"发行可转换公司债券"的核算。企业购入可转换公司债券，先比照上述债券投资业务处理，转为股份后，再按股权投资业务处理。

【例 11】　F 企业 20×2 年 1 月 1 日购入龙进股份有限公司当日发行的 3 年期、面值为 15 万元的可转换公司债券（面值购入）。债券票面利率 5%，并规定，该债券发行一年后可转换为股份，每 100 元转普通股 5 股，每股面值 18 元。20×3 年 5 月 1 日，F 企业将全部债券都转换成了股票，股票的公允价值（市价）为 14.77 万元。转股后，F 企业持股比例（即 F 企业所持有股份占龙进股份有限公司全部股份的比例）为 11%，达不到影响或控制龙进股份有限公司的目的，即不能作"长期股权投资"核算，只能作"其他权益工具投资"核算。F 企业有关账务处理如下：

（1）20×2 年 1 月 1 日购买可转换公司债券时：

借：债权投资——可转换债券投资（面值）　　　　　　　　15 万元
　　贷：银行存款　　　　　　　　　　　　　　　　　　　15 万元

（2）20×2 年 12 月 31 日计提利息时：

借：债权投资——可转换债券投资（应计利息）　　　　　　0.75 万元
　　贷：投资收益　　　　　　　　　　　　　　　　　　　0.75 万元

（3）20×3 年 5 月 1 日转换为股票时：

1）计提 1~4 月利息 = 15×5%×4/12 = 0.25（万元）

借：债权投资——可转换债券投资（应计利息）　　　　　　0.25 万元
　　贷：投资收益　　　　　　　　　　　　　　　　　　　0.25 万元

2）注销债券账面价值，转为股权投资时，应按《企业会计准则第 22 号——金融工具确认和计量》应用指南的规定处理："企业将一项以摊余成本计量的金融资产重分类为以公允价值计量且其变动计入其他综合收益的金融资产的，应当按照该金融资产在重分类日的公允价值进行计量。原账面价值与公允价值之间的差额计入其他综合收益。"

借：其他权益工具投资——龙进股票　　　　　　　　　　14.77 万元

　　其他综合收益——其他权益工具投资公允价值变动　　1.23 万元

　　贷：债权投资——可转换债券投资（面值）　　　　　　　15 万元

　　　　　　　　——可转换债券投资（应计利息）　　　　　 1 万元

必须指出，上述可转换债券的购买者（购买企业）将购买的可转换债券先作为债权（获取合同现金流量并持有至债券期满获取利息为目标）后作为股权的核算模式。如果可转换债券的购买者不是这种业务模式，而是一种"交易性"行为，则将列入"交易性金融资产"科目进行核算。《企业会计准则第 22 号——金融工具确认和计量》应用指南规定，"企业持有的可转换债券不再将转股权单独分拆，而是将可转换债券作为一个整体进行评估，由于可转换债券不符合本金加利息的合同现金流量特征，企业持有的可转换债券投资应当分类为以公允价值计量且其变动计入当期损益的金融资产"（交易性金融资产）。

二、委托贷款的核算

企业如有货币资金富余，可以委托银行对外贷款，从而获取利息收入。这实质上也是企业对外进行的一种投资。由于委托贷款有一定期限，且贷款未到期不能收回，则它实质上就是一种"债权投资"，通过增设"委托贷款"科目进行核算。期末，该科目余额如为一年内到期的，则列入资产负债表流动资产类中"一年内到期的非流动资产"项目；如为超过一年到期的，则列入资产负债表中"债权投资"项目。

必须指出，企业委托银行贷款的用途要符合国家规定。2018 年 1 月 5 日，中国银行业监督管理委员会［银监发（2018）2 号］发布《商业银行委托贷款管理办法》规范了委托贷款的资金用途，明确指出："委托资金用途应符合法律法规、国家宏观调控和产业政策，资金不得用于生产、经营或投资国家禁止的领域和用途，不得从事债券、期货、金融衍生品、资产管理产品等投资，不得作为注册资本金、注册验资，不得用于股本权益性投资或增资扩股等。"

【例 12】　新春公司 3 月 1 日将 500 000 元银行存款通过其开户银行贷给其他单位，贷款期 2 年，年贷款利率 5%。新春公司委托贷款时做如下会计分录：

借：委托贷款——成本　　　　　　　　　　　　　　　　500 000

　　贷：银行存款　　　　　　　　　　　　　　　　　　　　500 000

当年年末，新春公司计算应计利息 20 833 元（500 000×5%÷12×10）时：

借：委托贷款——应计利息　　　　　　　　　　　　　　 20 833

　　贷：投资收益　　　　　　　　　　　　　　　　　　　　 20 833

当年年末，新春公司检查委托贷款使用情况发现，有 100 000 元贷款未取得预期效益，难以收回。为了如实反映未来可收回的贷款金额，新春公司于年末计提该项委托贷款的减值准备 100 000 元时：

借：信用减值损失　　　　　　　　　　　　　　　　　　100 000

　　贷：委托贷款损失准备　　　　　　　　　　　　　　　　100 000

说明：如果已计提减值准备的委托贷款得以恢复，再编制转回的会计分录（与此相反）。

第二年年末，新春公司计提利息收入 25 000 元（500 000 ×5%）时：

借：委托贷款——应计利息   25 000

    贷：投资收益   25 000

第三年 3 月 1 日，新春公司收回委托贷款的全部本息 550 000 元 [500 000 ×（1 ＋5% ×2）] 时：

借：银行存款   550 000

    委托贷款损失准备   100 000

    贷：委托贷款——应计利息（20 833 ＋25 000）   45 833

          ——成本   500 000

      投资收益   104 167

第三节 其他债权投资核算

一、其他债权投资的含义

《企业会计准则第 22 号——金融工具确认和计量》第十六条规定："企业应当根据其管理金融资产的业务模式和金融资产的合同现金流量特征，将金融资产划分为以下三类：（一）以摊余成本计量的金融资产。（二）以公允价值计量且其变动计入其他综合收益的金融资产。（三）以公允价值计量且其变动计入当期损益的金融资产。"《企业会计准则第 22 号——金融工具确认和计量》应用指南规定："上述分类一经确定，不得随意变更。"企业设置"其他债权投资"科目，核算"以公允价值计量且其变动计入其他综合收益的金融资产"。

所谓其他债权投资，是指企业购买的具有固定到期日的、固定回收金额的，但企业没有明确意图和能力持有至到期的债券而进行的非流动性金融资产投资。债券的非流动性是指企业持有债券的期限在一年以上。此概念区别于其他金融资产的定义：

（1）"其他债权投资"不是"交易性金融资产"。交易性金融资产主要是指企业为了近期内出售而持有的金融资产，如企业以赚取差价为目的从二级市场购入的准备近期内出售的股票、基金、可转换债券等。企业持有的指定为以公允价值计量且其变动计入当期损益的金融资产也列作"交易性金融资产——指定类"内容进行核算。

（2）"其他债权投资"不是"债权投资"。债权投资是指企业持有的、具有固定到期日的、回收金额固定或可确定的、企业有明确意图和能力持有至到期兑现的非衍生金融资产，是以摊余成本计量的债权投资。而其他债权投资虽然有固定期限和固定金额，但企业没有明确意图和能力持有至到期兑现，而是持有期限在一年以上相机观望适时收回的投资，且以公允价值进行计量的金融资产投资。

（3）"其他债权投资"不是"以摊余成本计量的"其他金融资产。"以摊余成本计量的金融资产"设置的会计科目包括银行存款、其他货币资金、买入返售金融资产、应收账款、应收票据、其他应收款、坏账准备、贷款、贷款损失准备、债权投资、债权投资减值准备等。但不包括预付款项，因为它产生的未来经济利益是商品或服务，不是收取现金或其他金融资产的权利。

二、其他债权投资核算的特征

企业设置"其他债权投资"一级会计科目，核算企业持有的其他债权投资。企业还应按金融资产类别和品种，分别"成本""利息调整""公允价值变动"等进行明细核算。与"交易性金融资产"比较，"其他债权投资"核算具有以下不同特征：

（1）初始计量价值不同。交易性金融资产初始计量时以其公允价值作为购入"成本"入账，发生的交易费用计入当期损益（冲减"投资收益"）；其他债权投资初始计量时以债券面值作为入账"成本"，不包括构成公允价值的溢折价，也不包括交易费用。

（2）利息及折溢价的处理不同。交易性金融资产涉及债券的利息不通过"交易性金融资产"科目核算，涉及债券的折溢价纳入公允价值范畴记入"交易性金融资产"科目；其他债权投资涉及债券的部分利息和折溢价通过"其他债权投资"科目下设置的"利息调整"明细科目进行核算。

（3）公允价值变动的处理不同。交易性金融资产在资产负债表日计量其公允价值变动，变动差额记入"公允价值变动损益"科目，进而调整了当期利润；其他债权投资在资产负债表日计量其公允价值变动，变动差额记入"其他综合收益——其他债权投资公允价值变动"科目，它不设置"公允价值变动损益"科目核算变动差额，因而不影响当期利润总额。

（4）发生减值的处理方式不同。交易性金融资产在资产负债表日仅对其公允价值变动进行调整，不进行减值测试；其他债权投资需要在资产负债表日进行减值测试，并单独设置"其他综合收益——信用减值准备"科目对其减值进行专门核算。

（5）出售处理的销账方式不同。交易性金融资产出售时要注销"交易性金融资产"所属"成本""公允价值变动"两个明细科目和"应收利息"科目的余额，差额记入"投资收益"科目；其他债权投资出售时要注销"其他债权投资"所属"成本""利息调整""公允价值变动"明细科目和"其他综合收益——其他债权投资公允价值变动""其他综合收益——信用减值准备"明细科目的余额，其差额记入"投资收益"科目。

三、其他债权投资核算举例

【例13】 红星厂10月1日购入海洋公司当年4月1日发行的3年期、票面利率8%，面值48 000元的债券。该债券10月1日证券市场上显示的实际利率为6%。红星厂共付款52 120元，其中，债券买价50 050元（本金48 000元，溢价2 050元）、债券半年期利息1 920元（48 000×8%×6÷12）、经纪人佣金150元。该债券每年9月30日和3月31日付息，到期一次还本。红星厂对该项债券投资既不准备近期变现，也不准备持有至到期兑现，而是将其列入"其他债权投资"科目进行核算。当年10月5日，红星厂收到海洋公司第一期利息1 920元存入银行。当年12月31日，红星厂对海洋债券进行计息。第2年3月31日计息，并收到第二期利息1 920元。第2年9月30日计息，并收到第三期利息1 920元。第2年年末计息，同时发现海洋债券市场价值持续下跌，短期内无望上升，故对其进行减值测试，确认减值1 100元。第3年4月5日，红星厂将海洋公司的债券全部售出，实际收款47 200元存入银行。红星厂有关账务处理如下：

（1）红星厂当年 10 月 1 日购入债券时做如下会计分录（其中，利息调整 = 溢价 2 050 元 + 佣金 150 元 = 2 200 元）：

借：其他债权投资——海洋债券（成本） 48 000
　　　　　　　　——海洋债券（利息调整） 2 200
　　应收利息 1 920
　贷：银行存款 52 120

（2）当年 10 月 5 日，红星厂收到海洋公司第一期利息 1 920 元存入银行时做如下会计分录：

借：银行存款 1 920
　贷：应收利息 1 920

（3）当年 12 月 31 日，红星厂在资产负债表日按票面利率计算海洋公司债券自 10 月 1 日至 12 月 31 日的利息 960 元时（48 000×8%×3/12）。同时按取得该债券时的实际利率 6% 计算实际投资收益 753 元 [（48 000 + 2 200）×6%×3/12]。12 月 31 日，该债券市场价值为 49 893 元。红星厂 12 月 31 日根据计息结果做如下会计分录：

借：应收利息 960
　贷：投资收益 753
　　其他债权投资——海洋债券（利息调整） 207

说明：如果以上债券不是分期付息，而是到期一次还本付息，则红星厂应在资产负债表日将上述会计分录中的"应收利息"科目改为"其他债权投资——海洋债券（利息调整）"科目。

红星厂当年 12 月 31 日确认债券公允价值变动损益（损失）100 元 [（48 000 + 2200 - 207）- 49 893] 做如下会计分录：

借：其他综合收益——其他债权投资公允价值变动 100
　贷：其他债权投资——海洋债券（公允价值变动） 100

说明：如果公允价值升值，会计分录相反。

（4）第 2 年 3 月 31 日，红星厂按债券票面利率计算 1 月 1 日至 3 月 31 日的利息 960 元（48 000×8%×3/12）。同时，按取得该债券时的实际利率 6% 计算实际投资收益 749.90 元 [（48 000 + 2 200 - 207）×6%×3/12]。红星厂 3 月 31 日做如下会计分录：

借：应收利息 960
　贷：投资收益 749.90
　　其他债权投资——海洋债券（利息调整） 210.10

（5）第 2 年 3 月 31 日，红星厂收到海洋公司第二期利息 1 920 元存入银行时做如下会计分录：

借：银行存款 1 920
　贷：应收利息 1 920

（6）第 2 年 9 月 30 日，红星厂按债券票面利率计算 4 月 1 日至 9 月 30 日的利息 1 920 元（48 000×8%×6/12）。同时，按取得该债券时的实际利率 6% 计算实际投资收益 1 493.49 元 [（48 000 + 2 200 - 207 - 210.10）×6%×6/12]。红星厂 9 月 30 日做如下会计分录：

　　借：应收利息　　　　　　　　　　　　　　　　　　　　　　　1 920
　　　　贷：投资收益　　　　　　　　　　　　　　　　　　　　　1 493.49
　　　　　　其他债权投资——海洋债券（利息调整）　　　　　　　　426.51

　　（7）第2年9月30日，红星厂收到海洋公司第三期债券利息1 920元存入银行时做如下会计分录：

　　借：银行存款　　　　　　　　　　　　　　　　　　　　　　　1 920
　　　　贷：应收利息　　　　　　　　　　　　　　　　　　　　　1 920

　　（8）第2年12月31日，红星厂按债券票面利率计算10月1日至12月31日的利息960元（48 000×8%×3/12）。同时，按取得该债券时的实际利率6%计算实际投资收益740.35元｛[（48 000+2 200）-（207+210.10+426.51）]×6%×3/12｝。同时，红星厂对海洋公司债券进行减值测试：债券公允价值已持续下跌，短期内无望上升，预计可收回金额为48 036.74元。

　　红星厂第2年12月31日根据计息结果做如下会计分录：

　　借：应收利息　　　　　　　　　　　　　　　　　　　　　　　960
　　　　贷：投资收益　　　　　　　　　　　　　　　　　　　　　740.35
　　　　　　其他债权投资——海洋债券（利息调整）　　　　　　　　219.65

　　红星厂第2年12月31日计算减值损失如下：

海洋债券减值损失＝内在摊余成本-可收回金额⊖
　　　　　　　　　＝（48 000+2 200-207-210.10-426.51-219.65）-48 036.74
　　　　　　　　　＝49 036.74-48 036.74＝1 100（元）

　　根据上述计算结果，红星厂第2年12月31日编制计提资产减值准备的会计分录如下：

　　借：信用减值损失　　　　　　　　　　　　　　　　　　　　　1 100
　　　　贷：其他综合收益——信用减值准备　　　　　　　　　　　1 100

　　（9）第3年3月31日，红星厂按债券票面利率计算1月1日至3月31日的利息960元（48 000×8%×3/12）。同时，按取得该债券时的实际利率6%计算实际投资收益720.55元｛[（48 000+2 200）-（207+210.10+426.51+219.65+1 100）]×6%×3/12｝（此处计息与上述不同之处是要扣除计提的减值损失后计息）。红星厂3月31日做如下会计分录：

　　借：应收利息　　　　　　　　　　　　　　　　　　　　　　　960
　　　　贷：投资收益　　　　　　　　　　　　　　　　　　　　　720.55
　　　　　　其他债权投资——海洋债券（利息调整）　　　　　　　　239.45

　　（10）第3年3月31日，红星厂收到海洋公司第三期利息1 920元存入银行做如下会计分录：

　　借：银行存款　　　　　　　　　　　　　　　　　　　　　　　1 920
　　　　贷：应收利息　　　　　　　　　　　　　　　　　　　　　1 920

　　（11）第三年4月5日，红星厂将上述海洋公司的债券全部售出，实际收到现款47 200元。该债券"其他债权投资——海洋债券（成本）"明细科目的借方余额为48 000元，"其

<hr>

⊖　此公式引自李秀枝、朱学义《可供出售债券投资减值损失的确定》一文，《财会月刊》（会计版）2008年第12期第35~36页。

他债权投资——海洋债券（利息调整）"明细科目借方余额为 897.29 元（2200 – 207 – 210.10 – 426.51 – 219.65 – 239.45），"其他债权投资——海洋债券（公允价值变动）"明细科目贷方余额 100 元，"其他综合收益——信用减值准备"明细科目贷方余额 1 100 元，"其他综合收益——其他债权投资公允价值变动"明细科目借方余额 100 元。红星厂 2 月 1 日做如下会计分录：

借：银行存款		47 200
其他债权投资——海洋债券（公允价值变动）		100
其他综合收益——信用减值准备		1100
投资收益		597.29
贷：其他综合收益——其他债权投资公允价值变动		100
其他债权投资——海洋债券（成本）		48 000
——海洋债券（利息调整）		897.29

第四节　长期股权投资核算

一、长期股权投资概述

（一）长期股权投资的概念

长期股权投资是指企业投出的、期限在一年以上（不含一年）的各种股权性质的投资，分为长期股票投资和其他长期投资两种。

长期股票投资是以购买股票的方式所进行的长期投资。企业购买股票的核算，应根据购买股票的目的、资金安排计划和实际财务能力分别列入"交易性金融资产"科目、"长期股权投资"科目和"其他权益工具投资"科目进行核算。如果所购股票准备近期变现的，则属于交易性股票投资，记入"交易性金融资产"科目；如果所购股票准备长期持有，用以达到长期目标的，则属于长期股票投资，记入"长期股权投资"科目；如果所购股票既不准备近期变现，也不准备长期持有的，而是相时观望，则归属于非流动性股票投资，记入"其他权益工具投资"科目。

（二）股权投资与债权投资的区别

进行股权投资和进行债权投资是有根本区别的。以股票投资与债券投资为例，虽然这两种投资都是证券投资，但两者之间存在一定的区别：①性质不同。企业一旦购买了其他单位发行的股票，企业就成了股票发行单位的股东，如果购买的股份达到一定比例，可加入股票发行单位的董事会，参与经营决策；企业购买发行单位的债券，企业仅是发行单位的债权人，不论购买份额多大，均没有参与发行单位企业经营管理的权利。②风险程度不同。股票投资收益如何，与股票发行单位的经营成果休戚相关。如果经营成果很好，持股者除按期获得股息外，还可按股份的一定比例分得红利；如果经营成果不好，发生亏损，持股者不仅不能取得股息和红利，还要承担直至破产的损失。企业进行债券投资，不管债券发行单位的情况如何（破产除外），企业一般都能获得固定的利息收入，若发行单位倒闭解体，企业与其他债权人的权利一样，可优先于股东而得到清偿。可见，股票投资存在一定风险，债券投资比较保险。③期限不同。股票是无期限的，一旦购买就不得退股，尽管可以转让、买卖或作抵押，但对股票发行单位来说，却是"永久性股本"，在该单位存续期间，不存在归还股本的情况；而债券投资者到期则收回全部本金。

其他股权投资与股票、债券投资主要有两点不同：①投资形式不同。其他股权投资是直接投资形式，即直接用现金或其他资产注入被投资企业（或称受资企业）；股票、债券投资是间接投资形式，即通过证券市场购买有价证券达到投资的目的。②投资具有多重性。其他股权投资可以是"永久性"股权投资，即由被投资企业向投资者出具出资证明书，确认其股权，也可以是"联营性"股权投资，即为了联营投出资金，在联营期满或其他情况宣告联营企业解散时收回投资；联营的目的除获取较高投资收益外，还可能是获取新的货源，也可能是开拓新的市场，或者是扩大影响，提高本企业的声誉，或者是在外埠开设窗口，获取经济信息，等等，虽不直接用于本企业的经营业务，但与本企业的经济利益关系密切，视同企业经营活动的组成部分。当然，这种联营投资也是以不影响或者少影响本企业资金正常运转为前提。

（三）股票的种类

1. 按股票形式分

股份企业（或股份公司，下同）发行的股票，按形式分为记名股票和无记名股票。凡在股票上记明股东的姓名，并将其记载于企业股东名册上的股票，称为记名股票；凡在股票上不记载股东姓名的股票，称为无记名股票。前者转让时，需登记股东名册，并在股票票面上记载受让人姓名，后者可自由转让。

2. 按股票票面上是否标明金额分

股份企业发行的股票，按票面上有无金额分为面值股票和无面值股票。凡票面上标明一定金额的股票，称为面值股票；凡票面上不标明一定金额的股票，称为无面值股票。

3. 按股票体现的股东权利分

股份企业发行的股票，按股东权利分为普通股票和优先股票两种。

（1）普通股票。普通股票是股利随着股份企业利润变动的股票，也是股份企业最先发行的基本股份。普通股股东享受以下权利：一是红利享有权，即在股份企业把股息分配给优先股的股东之后分得红利；二是财产分配权，即在股份企业解散清算时，当企业财产满足债权人和优先股股东的请求权后，普通股股东可对剩余财产进行分配；三是企业管理权，即普通股股东在股份企业中具有表决权，对股份企业重大问题进行发言和投票；四是认股优先权，即在股份企业增加新股时可优先购买新发行的股票。

（2）优先股票。2013年11月30日，国务院以国发〔2013〕46号文发布了《国务院关于开展优先股试点的指导意见》，规定了优先股的含义：是指依照公司法，在一般规定的普通种类股份之外，另行规定的其他种类股份，其股份持有人优先于普通股股东分配公司利润和剩余财产，但参与公司决策管理等权利受到限制。这一概念明确了优先股的三大特征：一是具有优先分红权。优先股有约定的票面固定股息率，优先于普通股股东分配公司利润。公司应当以现金的形式向优先股股东支付股息，在完全支付约定的股息之前，不得向普通股股东分配利润。二是具有优先清算权。公司因解散、破产等原因进行清算时，公司财产在按照公司法和破产法有关规定进行清偿后的剩余财产，应当优先向优先股股东支付未派发的股息和公司章程约定的清算金额，不足以支付的按照优先股股东持股比例分配。三是一般没有表决权。优先股股东不出席股东大会会议，所持股份没有表决权，但以下情况除外：①修改公司章程中与优先股相关的内容。②一次或累计减少公司注册资本超过 10%。③公司合并、分立、解散或变更公司形式。④发行优先股。⑤公司章程规定的其他情形。这五项事项的决议，除须经出席会议的普通股股东（含表决权恢复的优先股股东）所持表决权的 2/3 以上通过之外，还须经出席会议的优先股股东（不含表决权恢复的优先股股东）所持表决权的 2/3 以上通过。对于优先股表决权一事，我国优先股试点指导意见还灵活规定可以恢复的情况：公司累计 3 个会计年度或连续 2 个会计年度未按约定支付优先股股息的，优先股股东有权出席股东大会，每股优先股股份享有公司章程规定的表决权。对于股息可累积到下一会计年度的优先股，表决权恢复直至公司全额支付所欠股息。对于股息不可累积的优先股，表决权恢复直至公司全额支付当年股息。公司章程可规定优先股表决权恢复的其他情形。

国内外优先股分为以下几种：

1）累积优先股和非累积优先股。累积优先股是指股份企业当年的盈利不够支付优先股按约定的股息率计算的股利时，其不足数额可累积到以后年度在分派普通股股利之前给予补付的一种股票；非累积优先股是指股份企业当年盈利不够支付优先股股息时，其不足额不在以后盈利年度累积补付的一种股票。

2）参加优先股和非参加优先股。①参加优先股除有权获得固定的股息外，还有权同普通股一道分得本期剩余盈利（即红利）。这种优先股又分为全部参加优先股和部分参加优先股。例如，某股份企业发行普通股票 40 万元和年息 8% 的全部参加优先股 10 万元，本期获利 6 万元，则全部参加优先股除了优先得到规定的 0.8 万元的股息外，还可以参加 5.2 元剩余盈利的分配。假设普通股按年息 10% 计发红利，则全部参加优先股除了已按年息 8% 分得的定额股息外，还可以按年息 2% 补分红利 0.2 万元。如果上例是部分参加优先股，且规定最高股息以 9% 为限，则这种部分参加优先股只可按年息 1% 补发红利 0.1 万元。②非参加优先股的优先权只限于规定的定额股息，而不论普通股分配的股利是多少。例如上例若为非参加优先股，则这种优先股只能按年息 8% 分得股息 0.8 万元，无权再参与剩余盈利的分配。

3）可调换优先股和不可调换优先股。可调换优先股的持有人可按股票发行公司规定的一定条件和比率，日后把优先股调换为普通股；不可调换优先股的持有人不论在什么条件下都不得将优先股换成普通股。

4）可收回优先股和不可收回优先股。可收回优先股是指股票发行公司可以在适当的时候根据某种需要按照规定的条件和价格将其发行的优先股收回注销；不可收回优先股的发行公司在任何条件下都不能收回已发行的优先股。

我国优先股试点指导意见规定：公司应当在公司章程中明确以下事项：①优先股股息率是采用固定股息率还是浮动股息率，并相应明确固定股息率水平或浮动股息率计算方法。②公司在有可分配税后利润的情况下是否必须分配利润。③如果公司因本会计年度可分配利润不足而未向优先股股东足额派发股息，差额部分是否累积到下一会计年度。④优先股股东按照约定的股息率分配股息后，是否有权同普通股股东一起参加剩余利润分配。⑤优先股利润分配涉及的其他事项。⑥优先股转换为普通股、发行人回购优先股的条件、价格和比例。转换选择权或回购选择权可规定由发行人或优先股股东行使。发行人要求回购优先股的，必须完全支付所欠股息，但商业银行发行优先股补充资本的除外。优先股回购后相应减记发行在外的优先股股份总数。

我国优先股发行分为"公开发行"和"非公开发行"两种情况。公开发行优先股的发行人限于证监会规定的上市公司，非公开发行优先股的发行人限于上市公司（含注册地在境内的境外上市公司）和非上市公众公司。这就是说，优先股适用于股份有限公司（可以上市的，也可以是非上市的，但必须是公众公司），不适于有限责任公司。

我国优先股发行的条件或限额是：公司已发行的优先股不得超过公司普通股股份总数的50%，且筹资金额不得超过发行前净资产的50%，已回购、转换的优先股不纳入计算。公司公开发行优先股以及上市公司非公开发行优先股的其他条件适用证券法的规定。非上市公众公司非公开发行优先股的条件由证监会另行规定。

4. 按股票以何种货币买卖分

根据我国《股份有限公司规范意见》第29条规定，股票可用人民币买卖，也可用外币买卖。以人民币标明股票面值，并以人民币认购和进行交易的股票，称为人民币股票，简称A种股票；以人民币标明股票面值，以外币进行交易，专供外国和我国香港、澳门、台湾地区的投资者买卖的股票，称为人民币特种股票，简称B种股票。外国和我国香港、澳门、台湾地区的投资者不得买卖A种股票；非外国和我国香港、澳门、台湾地区的投资者不得买卖B种股票。必须指出，在我国香港，有些股票后面也加个A字，这是某些股份公司为了业务上的某些需要，把其股票分为A、B两种，A股一般面额较大，B股面值一般为A种普通股的1/10，这同上面所述的A种股票、B种股票是两回事。

我国股票除了A股、B股外，还有H股、N股、S股。H股也称国企股，是指注册地在内地、上市地在香港的外资股。因香港英文（HongKong）首位字母是H，而取名为H股。N股是指那些在中国大陆注册、在美国纽约（NewYork）的证券交易所上市的外资股票，取纽约字首的第一个字母N作为名称。S股是指那些主要生产或者经营的核心业务在中国大陆，而企业的注册地在新加坡（Singapore）或者其他国家和地区，但是在新加坡交易所上市挂牌的企业股票，取新加坡英文第一个字母S而得名。需要说明的是，我国"股权分置改革"⊖中尚未进行股权分置改革或者已进入改革程序但尚未实施股权分置改革方案的股票，在股票名称前加上S（此标记从2006年10月9日起启用），以区别于非股权分置改革的股票，这同真正的"S股"是不同的两码事。

此外，股份公司有时还以认购的方式出售股票，同意投资者在未来的某日付清（或分期付清）认购的股票款项，这样，认购时，股份公司给投资者认股权证或购股权证。认股权证一般是公司在发行公司债券或优先股股票时发出的给予购买其债券或优先股票的人享有购买普通股票权利的一种证券；购股权证是公司对其职员，尤其是高级职员在特定时期内有按规定价格购买一定数量股份的权利的一种证券。认股权证或购股权证与认股权不是一回事，认股权往往是公司增发新普通股时给予老普通股东优先认购新股的一种权利，它通常按老股的一定比例行使购股权。

⊖ 股权分置改革是指我国A股市场上的上市公司的股份，将其非流通股减持转换为流通股的过程。我国原先对国有企业进行股份制改造时，处于控股地位的国有股（存量）不流通，其增量发行的股票为流通股，但比例很低，流通股市起不了企业"晴雨表"的作用。2004年1月31日，国务院印发《关于推进资本市场改革开放和稳定发展的若干意见》，提出"股权分置改革"办法，通过"股权置换"，减持不流通的国有股比例，增加散户股东的流通股比例。

二、长期股权投资的初始计量

长期股权投资的计量分为初始计量和后续计量两种。长期股权投资的初始计量是指企业最初取得长期股权投资对其所确认的初始投资成本进行计量；长期股权投资的后续计量是指企业在长期股权投资取得后对其发生的会计事项所进行的计量，它根据持股比例的大小分别采用权益法、成本法进行计量（后述）。这里主要介绍长期股权投资的初始计量。

根据《企业会计准则第2号——长期股权投资》规定，初始计量要分"企业合并"取得长期股权投资和"其他方式"取得长期股权投资两种情况分别进行。

（一）企业合并形成的长期股权投资的初始计量

企业合并是指将两个或者两个以上单独的企业合并形成一个报告主体的交易或事项。企业合并分为同一控制下的企业合并和非同一控制下的企业合并。

1. 同一控制下的企业合并形成的长期股权投资计量

所谓"同一控制下的企业合并"，是指参与合并的企业在合并前后均受同一方或相同的多方最终控制，且该控制并非暂时性的控制。例如，同一企业集团下的两个企业合并要受到企业集团的控制。又如，总公司下的两个分公司合并要受到总公司的控制。两个企业之间的合并如果受到同一方控制，表明这两个企业不具有进行市场经济交易行为的独立地位，即双方不能自主地、平等地"讨价还价"，形成符合市场运作规则的"交换价值"，则会计不能按"公允价值"计量。因此，《企业会计准则第2号——长期股权投资》规定："同一控制下的企业合并，合并方以支付现金、转让非现金资产或承担债务方式作为合并对价的，应当在合并日按照被合并所有者权益在最终控制方合并财务报表中的账面价值的份额作为长期股权投资的初始投资成本。长期股权投资初始投资成本与支付的现金、转让的非现金资产以及所承担债务账面价值之间的差额，应当调整资本公积；资本公积不足冲减的，调整留存收益。合并方以发行权益性证券作为合并对价的，应当在合并日按照被合并方所有者权益在最终控制方合并财务报表中的账面价值的份额作为长期股权投资的初始投资成本。按照发行股份的面值总额作为股本，长期股权投资初始投资成本与所发行股份面值总额之间的差额，应当调整资本公积；资本公积不足冲减的，调整留存收益。"留存收益包括"盈余公积""未分配利润"两部分。《企业会计准则第2号——长期股权投资》应用指南规定："合并方发生的审计、法律服务、评估咨询等中介费用以及其他相关管理费用，应当于发生时计入当期损益（管理费用）。""与发行权益性工具作为合并对价直接相关的交易费用，应当冲减资本公积（资本溢价或股本溢价），资本公积（资本溢价或股本溢价）不足冲减的，依次冲减盈余公积和未分配利润。与发行债务性工具作为合并对价直接相关的交易费用，应当计入债务性工具的初始确认金额。"

【例14】　甲公司和A企业均为淮都集团的下属单位。在淮都集团组织下，甲公司同A企业合并。甲公司付出150万元，拥有A企业60%的权益（甲和A均为淮都集团控制）。合并日A企业所有者权益在淮都集团控制合并资产负债表中的账面价值为280万元。甲企业合并A企业时确认初始投资成本为168万元（280×60%），会计分录如下：

借：长期股权投资——其他股权投资　　　　　　　　　　　　　168万元
　　贷：银行存款　　　　　　　　　　　　　　　　　　　　　150万元
　　　　资本公积——资本溢价　　　　　　　　　　　　　　　　18万元

（1）若投资"份额"小于付出，借"资本公积——资本溢价"科目。若"资本公积——资本溢价"余额不足冲减的，调整留存收益（即借记"盈余公积""利润分配——未分配利润"科目）。

（2）投资企业取得长期股权投资时，如果支付的价款中含有已宣告但尚未发放的现金股利，应借记"应收股利"科目。

2. 非同一控制下的企业合并形成的长期股权投资计量

参与合并的各方在合并前后不属于同一方或相同的多方最终控制的，为非同一控制下的企业合并。非同一控制下的企业合并，购买方在购买日应当按照《企业会计准则第 20 号——企业合并》的有关规定确定的合并成本作为长期股权投资的初始投资成本。

（1）合并成本的计量。在非同一控制下的企业合并情况下，购买方（取得合并企业控制权的一方）应当区别下列情况计量合并成本：

1）一次交换交易实现的企业合并，合并成本为购买方在购买日为取得购买方的控制权而付出的资产、发生或承担的负债及发行的权益性证券的公允价值之和。

2）通过多次交换交易分步实现的企业合并，合并成本为每一单项交易成本之和。

3）购买方为进行企业合并发生的各项直接相关费用也应当计入企业合并成本。

4）在合并合同或协议中对可能影响合并成本的未来事项做出约定的，购买日如果估计未来事项很可能发生并且对合并成本的影响金额能够可靠计量的，购买方应当将其计入合并成本。

（2）合并价差的计量。购买方在购买日对作为企业合并对价付出的资产、发生或承担的负债应当按照公允价值计量，公允价值与其账面价值的差额计入当期损益（营业外收入或营业外支出）。非同一控制下企业合并涉及以库存商品等作为合并对价的，应按库存商品的公允价值，贷记"主营业务收入"科目，并同时结转相关的成本。涉及增值税的，还应进行相应的处理。

（二）非企业合并形成的长期股权投资的初始计量

除企业合并形成的长期股权投资以外，其他方式取得的长期股权投资，应当按照下列规定确定其初始投资成本：

（1）以支付现金取得的长期股权投资，应当按照实际支付的购买价款作为初始投资成本。初始投资成本包括购买过程中支付的手续费、税金及其他必要支出。

（2）以发行权益性证券（如股票等）取得的长期股权投资，应当按照发行权益性证券的公允价值作为初始投资成本。与发行权益性证券直接相关的费用，如登记费，承销费，法律、会计、评估及其他专业服务费用，印刷成本和印花税等，不构成取得长期股权投资的成本。该部分费用应自所发行证券的溢价发行收入中扣除，溢价收入不足冲减的，应依次冲减盈余公积和未分配利润。

（3）通过非货币性资产交换取得的长期股权投资，其初始投资成本的确认应区分以下两种情况分别进行处理：

1）在非货币性资产交换具有商业实质，且公允价值能够可靠地计量的情况下，长期股权投资的初始投资成本应当以换出资产公允价值、支付补价的公允价值和应支付的相关税费确定。如为收到补价的一方确认长期股权投资初始成本的，应当以换出资产公允价值减去收到补价的公允价值加上应支付的相关税费确定。公允价值与换出资产（指固定资产、在建工程、生产性生物资产和无形资产）账面价值的差额计入当期损益（资产处置损益）。如果换出资产为存货的，应作为销售处理：应按存货的公允价值确认收入，同时结转相关成本；如果换出资产为投资性房地产的，按换出资产公允价值或换入资产公允价值确认其他业务收入，按换出资产账面价值结转其他业务成本，二者之间的差额计入当期损益，即二者在利润表中分别以"营业收入""营业成本"列示后产生当期损益；如果换出资产为长期股权投资的，其公允价值和账面价值的差额计入投资损益。

2）如果非货币性资产交换不具有商业实质，且公允价值不能够可靠地计量，长期股权投资的初始投资成本应当以换出资产账面价值、支付的补价和应支付的相关税费确定。如为收到补价的一方确认长期股权投资初始成本的，应当以换出资产账面价值减去收到的补价加上应支付的相关税费确定。这种按账面价值作为计量长期股权投资初始投资成本基础的行为，不产生损益。

（4）通过债务重组取得的长期股权投资，是指将重组的应收款项转为长期股权投资，则长期股权投资的初始投资成本应当按享有股份的公允价值确定。重组债权的账面价值（应收债权账面余额扣除已提坏账准备后的余额）与股份的公允价值之间的差额计入当期损益（投资收益）。由于重组的债权方一般要做出让步，得到重组收益的债务方记入"其他收益——债务重组收益"科目。

（5）企业进行公司制改造，对资产、负债的账面价值按照评估价值调整的，长期股权投资应以评估价值作为改制的认定成本，评估值与原账面价值的差异应计入资本公积（资本溢价或股本溢价）。

【例15】 乙企业用一台新设备同B企业股权进行交换，取得了B企业25%的股权。换出设备的账面原始价值320万元（尚未计提折旧），增值税进项税已入账。该设备换出时的公允价值为310万元，计算应交增值税销项税额40.3万元。乙企业用新设备进行投资时做如下会计分录：

（1）将固定资产转入清理时：

借：固定资产清理　　　　　　　　　　　　　　　　　360.3万元

　　贷：固定资产　　　　　　　　　　　　　　　　　　320万元

　　　　应交税费——应交增值税（销项税额）　　　　40.3万元

（2）确认长期股权投资初始投资成本时：

借：长期股权投资——其他股权投资　　　　　　　　　310万元

　　营业外支出　　　　　　　　　　　　　　　　　　50.3万元

　　贷：固定资产清理　　　　　　　　　　　　　　　360.3万元

注①：上例若乙企业付出资产公允价值不是310万元，而是365.3万元，则记入"营业外收入"账户贷方的金额为5万元。

②：投资企业取得长期股权投资时，如果支付的价款中含有已宣告但尚未发放的现金股利，应借记"应收股利"科目。

三、长期股票投资的核算

长期股票投资是一种股权投资。股权反映投资企业在被投资企业的地位和影响及其享有的利益或损失。股权的大小由持股比例（或投资比例）来反映。持股比例的多少对被投资企业的控制或影响不同，决定了会计对长期股票投资的后续计量是采用成本法还是权益法。

（一）投资企业与被投资企业股权关系的类型

《企业会计准则第 2 号——长期股权投资》应用指南确定了投资企业与被投资企业股权关系的三种类型：

（1）控制。控制是指投资方拥有对被投资单位的权力，通过参与被投资单位的相关活动而享有可变回报，并且有能力运用对被投资单位的权力影响其回报金额。当投资企业能够对被投资单位实施控制的，被投资单位为其子公司，则投资企业是"对子公司投资"，投资企业应当将子公司纳入合并财务报表的合并范围。根据《企业会计准则第 33 号——合并财务报表》应用指南规定，控制的一般情况如下：

1）投资方拥有多数表决权的权力。通常情况下，投资企业直接拥有被投资单位 50% 以上的表决权资本，则认为能控制被投资企业。但投资方不拥有对被投资方的权力除外（这种权力要么被赋予其他投资方，要么因客观原因无法行使表决权，如被政府、法院、管理人、接管人、清算人或监管人等其他方主导）。

2）投资企业虽然直接拥有被投资单位 50% 或以下的表决权资本，但具有实质控制权的也认为是控制。实质控制权可通过以下一项或若干项情况判定：

第一，通过与其他表决权持有人签订协议而拥有 50% 以上表决权资本。如 A 公司拥有 B 公司 40% 的股份，C 公司拥有 B 公司 20% 的股份，A、C 公司达成协议，C 公司在 B 公司的权益由 A 公司代表，则 A 公司实质上拥有了 B 公司 60% 的股份。

第二，根据章程或协议或合同，投资企业能够控制被投资单位的经营及财务活动。例如，A 公司拥有 B 公司 45% 的表决权资本，同时，根据协议，B 公司的董事长和总经理由 A 公司派出。A 公司可以通过其派出的董事长和总经理对 B 公司进行经营管理，控制 B 公司的财务和经营政策的实施。

第三，投资方能够控制被投资方董事会等类似权力机构成员的任命程序，或从其他表决权持有人手中获得代理投票权。如任命被投资方的关键管理人员、给付薪酬及终止劳动合同关系的决策方式等。

第四，投资方出于自身利益能够决定或者否定被投资方的重大交易。

第五，投资方与被投资方的关键管理人员或董事会等类似权力机构中的多数成员存在关联关系。例如，被投资方首席执行官与投资方首席执行官为同一人。

第六，投资方与被投资方之间存在特殊关系。这种特殊关系通常包括：被投资方的关键管理人员是投资方现任或前任职工；被投资方的经营活动依赖于投资方；被投资方活动的重大部分有投资方参与其中或者以投资方的名义进行；投资方自被投资方承担可变回报的风险（或享有可变回报的收益）的程度远超过其持有的表决权或其他类似权力的比例等。

（2）共同控制。共同控制是指按照相关约定对某项安排所共有的控制，并且该安排的相关活动必须经过分享控制权的参与方一致同意后才能决策。投资方与其他合营方一同对被投资单位实施共同控制且对被投资单位净资产享有权利的权益性投资，即对合营企业投资。共同控制仅指共同控制实体，不包括共同控制经营、共同控制财产等。共同控制实体是指由两个或多个企业共同投资建立的实体，该被投资单位的财务和经营政策必须由投资双方或若干方共同决定。

（3）重大影响。重大影响是指对一个企业的财务和经营政策有参与决策的权力，但并不能够控制或者与其他方一起共同控制这些政策的制定。投资方对被投资单位具有重大影响的权益性投资，即对联营企业投资。投资方直接或通过子公司间接持有被投资单位 20% 以上但低于 50% 的表决权时，一般认为对被投资单位具有重大影响，除非有明确的证据表明该种情况下不能参与被投资单位的生产经营决策，不形成重大影响。

关于重大影响判断，《企业会计准则第 2 号——长期股权投资》应用指南规定，企业通常可以通过以下一种或几种情形来判断是否对被投资单位具有重大影响：

1）在被投资单位的董事会或类似权力机构中派有代表。在这种情况下，由于在被投资单位的董事会或类似权力机构中派有代表，并相应享有实质性的参与决策权，投资方可以通过该代表参与被投资单位财务和经营政策的制定，达到对被投资单位施加重大影响的目的。

2）参与被投资单位财务和经营政策制定过程。这种情况下，在制定政策过程中可以为其自身利益提出建议和意见，从而可以对被投资单位施加重大影响。

3）与被投资单位之间发生重要交易。有关的交易因对被投资单位的日常经营具有重要性，进而一定程度上可以影响到被投资单位的生产经营决策。

4）向被投资单位派出管理人员。在这种情况下，管理人员有权力主导被投资单位的相关活动，从而能够对被投资单位施加重大影响。

5）向被投资单位提供关键技术资料。因被投资单位的生产经营需要依赖投资方的技术或技术资料，表明投资方对被投资单位具有重大影响。

存在上述一种或多种情形并不意味着投资方一定对被投资单位具有重大影响。企业需要综合考虑所有事实和情况来做出恰当的判断。

投资企业应根据以上三种不同的投资情况分别采用权益法、成本法进行会计核算。

需要说明的是，《企业会计准则解释第 3 号》（财会〔2009〕8 号）规定，投资方对被投资企业进行的股权投资，如果"不具有控制、共同控制或重大影响的"，应当按《企业会计准则第 22 号——金融工具确认和计量》的规定，划分为"以公允价值计量且其变动计入当期损益的金融资产"（交易性金融资产），或指定为"以公允价值计量且其变动计入其他综合收益的非交易性权益工具投资"（《企业会计准则第 22 号——金融工具确认和计量》应用指南确定为特殊分类的金融资产，通过"其他权益工具投资"科目核算）。

（二）长期股票投资的成本法

1. 成本法的应用范围

《企业会计准则第 2 号——长期股权投资》第七条规定："投资方能够对被投资单位实施控制的长期股权投资应当采用成本法核算。"例如，投资方对子公司投资具有控制权，则采用成本法进行日常核算，但编制合并财务报表时按照权益法进行调整。投资方为投资性主体且子公司不纳入其合并财务报告的不采用成本法进行核算。

2. 成本法的核算方法

成本法是指长期股权投资按投资成本计价的方法。在成本法下，长期股权投资按取得股权时确认的初始投资成本计价。其后，除了投资单位追加或收回投资等情形需要调整投资成本外，长期股权投资的账面价值一般保持不变。投资企业确认投资收益，主要是获得的被投资单位在投资后产生的累积净利润的分配额。

长期股权投资采用成本法核算的一般程序如下：

（1）取得投资时，"长期股权投资"按初始投资成本计价。初始投资成本分"企业合并"取得和"其他方式"取得两种情况分别加以确认。

（2）初始投资成本入账后除下列情况外，长期股权投资的账面价值保持不变：

1）投资企业在"控制"条件下追加投资，按追加投资时的投资成本增加长期股权投资的账面价值。

2）投资企业在"控制"条件下因转让股份而减少投资尚未达到"共同控制或重大影响"时，按减少投资时的投资成本减少长期股权投资的账面价值。

3）股票市价发生暂时性下跌和永久性下跌，要计提减值准备，把"长期股权投资"价值调整到市价水平（准确地讲，调整到估计未来可收回金额的水平）。已计提减值准备的长期股权投资价值后又得以恢复，按《企业会计准则第 8 号——资产减值》规定不得转回。长期投资的减值准备按个别投资项目计提。

（3）成本法下长期股票投资的初始成本入账以及以后的调整通过设置"长期股权投资——股票投资"账户进行。

3. 成本法下长期股票投资的账务处理

【例16】 A 企业 20×1 年 4 月 2 日购入 B 公司股份 81 万股（占 B 公司总股份 150 万股的 54%），每股价格 12 元，另付相关税费 6.8 万元，准备长期持有。A 企业计算初始投资成本为 978.8 万元（81×12+6.8），采用成本法核算。A 企业购买股票时做如下会计分录：

借：长期股权投资——B 股票　　　　　　　　　　　　　978.8 万元
　　贷：银行存款　　　　　　　　　　　　　　　　　　　　978.8 万元

【例17】 接例16，20×1 年 5 月 2 日，B 公司宣告分配 20×0 年度现金股利 30 万元，每股 0.2 元。A 企业做如下会计分录：

借：应收股利（81×0.2）　　　　　　　　　　　　　　　16.2 万元
　　贷：投资收益——B 股票收益　　　　　　　　　　　　　16.2 万元

说明：A 企业购买 B 公司股票的当年分进投资前的股利（上年度的股利），是一种清算性股利。所谓清算性股利，是指投资者获得的被投资单位宣告分派的利润或现金股利超过被投资单位在接受投资后产生的累积净利润的部分。从理论上讲，投资者获得清算性股利，不是投资收益的取得，而是投资的收回，因为被投资单位还未使用投资者资金，使其产生效益，故应对"长期股权投资"账户账面价值进行必要的调整（调减）。调减额如何确定呢？要将被投资单位宣告分派利润或现金股利同资金进入被投资单位取得的应享有的净利润进行比较确定。投资企业应享有的投资收益，仅限于所获得的被投资单位在接受投资后产生的累积净利润的分配额。但是，这样确定很麻烦，往往挂账 2~3 年。为了简化，财政部 2009 年 6 月 25 日发布《关于印发企业会计准则解释第 3 号的通知》规定："采用成本法核算的长期股权投资，除取得投资时实际支付的价款或对价中包含的已宣告但尚未发放的现金股利或利润外，投资企业应当按照享有被投资单位宣告发放的现金股利或利润确认投资收益，不再划分是否属于投资前和投资后被投资单位实现的净利润。"根据这一规定，投资者分进清算性股利，按应享有的股利或利润贷记"投资收益"账户，不再像以往那样，贷记"长期股权投资"账户。

【例18】 按例16，20×2 年 4 月 24 日，B 公司公布 20×1 年度实现净利润 300 万元，每股盈余 2 元，并宣告分配 20×1 年度股利 360 万元，每股 2.4 元。A 企业据此做如下会计分录：

借：应收股利（2.4×81） 194.4万元

　　贷：投资收益——B股票收益 194.4万元

【例19】 B企业20×1年4月1日支付1 000万元购买新乐公司普通股票10万股，占新乐公司有表决权股份的60%，采用成本法核算。B企业4月1日购买股票时做如下会计分录：

借：长期股权投资——新乐股票 1 000万元

　　贷：银行存款 1 000万元

【例20】 C企业持有洪扬股票多年，采用成本法核算。20×3年12月31日，C企业"长期股权投资——股票投资"账户上洪扬股票的余额为1 497 000元。由于洪扬股份有限公司的股票市价持续下跌，其可收回金额估计为1 047 900元，跌价损失为449 100元。年末，C企业做如下会计分录：

借：资产减值损失 449 100

　　贷：长期股权投资减值准备 449 100

期末，长期股权投资减值准备贷方余额449 100元抵减"长期股权投资——洪扬股票"余额1 497 000元后，以其净值10 479 000元列入资产负债表。

以后，上述股票市价回复，不得调整"长期股权投资减值准备"账户金额。

（三）长期股票投资的权益法

所谓权益法，是指长期股权投资最初按初始投资成本确认方法计价，以后根据投资企业享有被投资单位所有者权益份额的变动对投资的账面价值进行调整的方法。在权益法下，长期股权投资的账面价值随着被投资单位所有者权益的变动而变动，包括被投资单位实现的净损益（净利润或净亏损）变动、其他综合收益变动以及其他所有者权益项目的变动三种情况。

权益法的适用范围是：投资企业对被投资单位具有共同控制或重大影响时，长期股权投资采用权益法核算。具体来讲，投资方对联营企业⊖和合营企业⊖进行的长期股权投资，采用权益法核算。

采用权益法核算的企业，应在"长期股权投资"科目下分别设置"投资成本""损益调整""其他综合收益""其他权益变动"四个明细科目，对因权益法核算所产生的影响长期股权投资账面余额的增减变动因素分别核算和反映。

长期股权投资采用权益法核算，在会计核算上主要解决五大问题：一是股权投资差额的处理；二是要按被投资企业实现的净利润或发生的净亏损调账；三是随被投资单位其他综合收益变动而变动；四是要反映被投资企业其他所有者权益的变动；五是股市下跌投资减值的处理。

1. 股权投资差额的处理

股权投资差额是指采用权益法核算长期股权投资时，初始投资成本与应享有被投资单位所有者权益份额的差额。这里的所有者权益是指属于有表决权资本所享有的部分。股权投资差额的产生与处理分三种情况：一是长期股权投资的初始投资成本大于投资时应享有被投资

⊖ 联营企业是由两个及两个以上相同或不同所有制性质的法人共同投资，对被投资方经营决策和财务决策产生重大影响的企业。

⊖ 合营企业是由两个或两个以上参与方共同投资，对被投资方经营决策和财务决策实行共同控制的企业。

单位可辨认净资产公允价值份额而形成的差额。这种差额按《企业会计准则第 2 号——长期股权投资》规定不调整长期股权投资的初始投资成本。二是长期股权投资的初始投资成本小于投资时应享有被投资单位可辨认净资产公允价值份额而形成的差额。这种差额计入当期损益（营业外收入），同时调整长期股权投资的成本。三是原采用成本法核算后改为权益法核算，长期股权投资的账面价值大于应享有被投资单位可辨认净资产公允价值份额之间的差额，不调整长期股权投资的账面价值；反之要调整，并调整留存收益。

股权投资差额一般可按以下公式计算：

$$股权投资差额 = 初始投资成本 - \frac{投资时被投资单位}{可辨认净资产公允价值} \times 投资持股比例$$

【例 21】　B 企业 20×1 年 4 月 1 日支付 1 000 万元购买新乐公司普通股股票 10 万股，占新乐公司有表决权股份的 46%，采用权益法核算。由于权益法要确认投资份额，B 企业 4 月 1 日购买股票时了解到新乐公司账面可辨认净资产公允价值为 2 087 万元（即 3 月 31 日可辨认资产公允价值扣除可辨认负债公允价值后的余额，含 20×1 年 1~3 月实现的净利润计入"未分配利润"的价值）。B 企业购买股票时应享有新乐公司可辨认净资产公允价值的份额为 960 万元（2 087×46%），产生股权投资差额 40 万元（1 000 - 960）。B 企业 4 月 1 日购买股票时做如下会计分录：

借：长期股权投资——新乐股票（投资成本）　　　　　　　　　　1 000 万元

　　贷：银行存款　　　　　　　　　　　　　　　　　　　　　　　　　1 000 万元

按规定，B 企业长期股权投资的初始投资成本 1 000 万元大于投资时应享有被投资单位可辨认净资产公允价值份额 960 万元而形成的差额 40 万元，会计不予以反映。但是，若 B 企业购买股票时应享有新乐公司可辨认净资产公允价值的份额不是 960 万元，而是 1 080 万元（2 348×46%），大于初始投资成本 1 000 万元，产生的股权投资差额 80 万元应借记"长期股权投资"科目，贷记"营业外收入"科目。

2. 投资价值随受资企业净损益调整

【例 22】　20×1 年 12 月 31 日，新乐公司获得净利润 333.33 万元。其中，B 企业购买股票后的净利润为 250 万元（333.33×9/12），B 企业按持股比例确认投资损益，调整长期股权投资账面价值：

借：长期股权投资——新乐股票（损益调整）　　　　　　　　　　115 万元

　　贷：投资收益——新乐股票收益（250×46%）　　　　　　　　　　115 万元

说明：确认投资损益时，应当以取得投资时被投资单位各项可辨认资产等的公允价值为基础，对被投资单位的净利润进行调整后加以确定。比如，新乐公司如果 20×1 年度获得的净利润中有一项重大固定资产是按历史成本计提折旧的。而 B 企业在 20×1 年 4 月 1 日取得投资时，该固定资产是按公允价值计价确认投资份额的。于 20×1 年年末 B 企业确认在新乐公司的投资损益时，将其改按公允价值计提折旧要比按历史成本多提 10 万元。这 10 万元要从净利润中扣除，即投资损益调整额为 111.55 万元〔(333.33 - 10)×9/12×46%〕。

【例 23】　20×2 年 4 月 25 日，新乐公司宣告分配现金股利 100 万元。B 企业做如下会计分录：

借：应收股利（100×46%）　　　　　　　　　　　　　　　　　　46 万元

　　贷：长期股权投资——新乐股票（损益调整）　　　　　　　　　　46 万元

【例24】　20×2 年 5 月 5 日，B 企业收到股利 46 万元时做如下会计分录：

借：银行存款　　　　　　　　　　　　　　　　　　　　　　　　46 万元

　　贷：应收股利　　　　　　　　　　　　　　　　　　　　　　　46 万元

【例25】　20×2 年 12 月 31 日，新乐公司发生亏损 40 万元。B 企业按持股比例调整长期投资账户，做如下会计分录：

借：投资收益——新乐股票损失（40×46%）　　　　　　　　　　18.40 万元

　　贷：长期股权投资——新乐股票（损益调整）　　　　　　　　18.40 万元

说明：被投资企业发生亏损，投资企业按持股比例冲减长期股权投资账面价值。长期股权投资的账面价值不足以冲减的，应当以其他实质上构成对被投资单位净投资的长期权益减记至零为限，如冲减长期应收项目等的账面价值。长期应收项目还不足以冲减的，应减至零为止，如果按照投资合同或协议约定企业仍承担额外义务的，应按预计承担的义务确认预计负债，计入当期投资损失。例如，20×2 年 12 月 31 日，B 企业"长期股权投资"账面价值 1 069 万元［其"投资成本"明细账户余 1 000 万元；"损益调整"明细账户余 69 万元（115－46）］，新乐公司发生亏损 2 500 万元，但同时 B 企业在新乐公司有一项长期债权（即 B 企业"长期应收款——新乐公司"账面价值）75 万元。B 企业对该长期债权没有明确的清收计划，且在可预见的未来期间不准备收回，这实质上构成了对新乐公司的净投资。20×2 年 12 月 31 日，B 企业确认投资损失 1 150 万元，大于"长期股权投资"账面价值 1 069万元 81 万元，同时又超过长期债权 6 万元，这 6 万元仍要依投资合同约定承担额外义务，确认为预计负债，做如下会计分录：

借：投资收益——新乐股票损失　　　　　　　　　　　　　　　1 150 万元

　　贷：长期股权投资——新乐股票（损益调整）　　　　　　　　69 万元

　　　　　　　　　　——新乐股票（投资成本）　　　　　　　1 000 万元

　　　　长期应收款——新乐公司　　　　　　　　　　　　　　75 万元

　　　　预计负债　　　　　　　　　　　　　　　　　　　　　6 万元

被投资单位以后期间实现盈利的，企业扣除未确认的亏损分担额后，应按与上述相反的顺序处理，减记已确认预计负债的账面余额、恢复其他实质上构成对被投资单位净投资的长期权益及长期股权投资的账面价值，同时确认投资收益。

【例26】　20×3 年 4 月 20 日，新乐公司虽然亏损，但仍宣告分配现金股利 32.61 万元。B 企业 4 月 29 日收到 15 万元（32.61×46%）股利。

B 企业 4 月 20 日做如下会计分录：

借：应收股利　　　　　　　　　　　　　　　　　　　　　　　15 万元

　　贷：长期股权投资——新乐股票（损益调整）　　　　　　　　15 万元

B 企业 4 月 29 日做如下会计分录：

借：银行存款　　　　　　　　　　　　　　　　　　　　　　　15 万元

　　贷：应收股利　　　　　　　　　　　　　　　　　　　　　15 万元

3. 投资价值随受资企业其他综合收益变动而调整

根据《企业会计准则第 30 号——财务报表列报》应用指南确定的定义："综合收益，是指企业在某一期间除与所有者以其所有者身份进行的交易之外的其他交易或事项所引起的所有者权益变动。综合收益总额项目反映净利润和其他综合收益扣除所得税影响后的净额相加后的合计金额。其他综合收益，是指企业根据其他会计准则规定未在当期损益中确认的各项利得和损失。"该准则规定：其他综合收益项目应当根据其他相关会计准则的规定分为下列两类列报：①以后会计期间不能重分类进损益的其他综合收益项目，主要包括重新计量设定受益计划净负债或净资产导致的变动、按照权益法核算的在被投资单位不能重分类进损益的其他综合收益变动中所享有的份额。②以后会计期间在满足规定条件时将重分类进损益的其他综合收益项目，主要包括按照权益法核算的在被投资单位可重分类进损益的其他综合收益变动中所享有的份额、其他债权投资公允价值变动形成的利得或损失、金融资产重分类计入其他综合收益的金额（如债权投资重分类为其他债权投资形成的得利或损失等）、外币财务报表折算差额等。下面以债权投资重分类为其他债权投资的业务为例，说明投资价值随受资企业其他综合收益变动而调整的处理。

【例27】　申花公司是三达公司较大的股东，持有三达股票的股份比例达到40%。三达公司20×6年11月24日根据公司未来发展战略调整对资金的需求，将一项账面价值20万元的"债权投资——债券投资"转换为"其他债权投资"。该债券"成本"明细账户借方余额16万元、"利息调整"明细账户借方余额3万元、"应计利息"明细账户借方余额1万元，该债券投资未计提"债权投资减值准备"。该债券投资转换为"其他债权投资"的公允价值25万元。20×6年11月24日三达公司编制转换的会计分录如下：

借：其他债权投资　　　　　　　　　　　　　　　　　　　　25万元
　　贷：债权投资——债券投资（成本）　　　　　　　　　　　　16万元
　　　　　　——债券投资（利息调整）　　　　　　　　　　　　　3万元
　　　　　　——债券投资（应计利息）　　　　　　　　　　　　　1万元
　　　　其他综合收益——金融资产重分类计入其他综合收益的金额　5万元

作为三达公司较大的投资者——申花公司，因三达公司上项金融资产重分类业务导致"其他综合收益"增加5万元，其中，40%的权益（2万元）属于申花公司。20×6年12月31日，申花公司根据三达公司该转换业务的处理编制如下调整会计分录：

借：长期股权投资——三达股票（其他综合收益）　　　　　　　2万元
　　贷：其他综合收益——金融资产重分类计入其他综合收益的金额　2万元

4. 投资价值随被投资企业净损益以外的所有者权益的其他变动而调整

权益法的主要特征是投资企业"长期股权投资"账面价值随在被投资单位享有的股权份额变动而调整。①因被投资单位投资本金变动而调整。被投资单位所有者权益中的"实收资本"（或"股本"），因其他投资者追加投资（含债务转为资本）而变动不仅会使原投资企业的"投资比例"（或"持股比例"）变动，而且也因追加投资带来的"资本溢价"（或"股本溢价"）会使原投资企业在被投资企业所享有的份额相应增加，原投资企业应编制相应的调整分录。与此相反，投资者按规（约）定减少投资或股份有限公司回购股份，被投资企业的"实收资本"（或"股本"）、"资本公积——资本溢价"（或"资本公积——股本溢价"），有时还涉及"盈余公积"和"未分配利润"的变化，原投资企业也应编制相应的调整分录。②因被投资单位"资本公积"变动而调整。例如，被投资企业进行公司制改建，对资产、负债的账面价值按照评估价值调整的，被投资企业长期股权投资以评估价值作为改制时的认定成本入账，评估值（认定成本）与原账面价值的差异计入资本公积（资本溢价或股本溢价）。被投资企业"资本公积"账户金额发生变动，投资企业要据此调整在被投资单位的权益数额，致使所有者权益发生变动。③因被投资单位留存收益的变动而调整。例如，被投资单位发生企业合并或股份回购等事项，在"资本公积"不足以冲减所变动的金额时，冲减"盈余公积""利润分配——未分配利润"科目，则投资企业也要做相应调整。需要说明的是，被投资单位对净利润的分配影响所有者权益中"盈余公积"和"未分配利润"的变动，投资企业在按净损益调整投资价值时即已包括了对"盈余公积"和"未分配利润"的调整，则被投资单位本期计提法定盈余公积和任意盈余公积时，投资企业不需要再做会计分录。

从以上分析可见，被投资单位除净损益外的所有者权益的其他变动，多指"资本公积"的变动，因为企业增资或减资涉及"实收资本"变动的情况一般都较少，而调减留存收益的情况更是极少，因而绝大多数情况是投资企业根据被投资单位"资本公积"的变动而做相应投资份额的调整。

投资企业投资价值随受资企业所有者权益变动而调整账面价值要通过设置"长期股权投资——其他权益变动"明细科目进行核算。

【例28】 20×7年1月10日，松江公司增资扩股溢价发行股票，所有者权益由上年年末的1 900万元上升到2 800万元（其中，股本2 500万元，溢价300万元）。持有松江股票的B企业因未购买新股，所有者权益保持上年年末的912万元不变，但持股比例由原来的48%降为36%。B企业仍然采用权益法进行核算，重新确认应享有所有者权益份额，并编制调整与账面价值的差额的分录。

B企业重新确认应享有的所有者权益份额 = 2 800 × 36% = 1 008（万元）

B企业享有的所有者权益份额与账面价值的差额 = 1 008 - 912 = 96（万元）

  借：长期股权投资——松江股票（投资成本）   96万元

    贷：资本公积——其他资本公积   96万元

需要指出的是，投资企业享有被投资单位净损益的份额，如果会计年度内持股比例（或投资比例）未发生变动，应在年度终了时，按年度终了时的持股比例计算确认投资收益；如果会计年度内持股比例发生变动，应分别按年初持股比例和年末持股比例分段计算所持股份期间应享有的投资收益；如果无法得到被投资单位投资前和投资后所实现的净利润（或净亏损）数额的，可根据投资持有时间加权平均计算。其计算公式为

$$加权平均持股比例 = 原持股比例 \times \frac{当年投资持有月份}{全年月份(12)} + 追加持股比例 \times \frac{当年投资持有月份}{全年月份(12)}$$

5. 长期股票投资减值的处理

【例29】 东余工厂持有神农股份有限公司股份82 000股，按权益法核算长期股权投资，该项投资账面价值492 000元。现神农股份有限公司所在地区发生重大自然灾害，大部分资产已损失，并难有恢复的可能，其股市下跌为每股2元。东余工厂据此计提减值准备328 000元（492 000 - 82 000 × 2），编制以下会计分录：

  借：资产减值损失   328 000

    贷：长期股权投资减值准备   328 000

（四）成本法与权益法的转换

1. 由成本法改为权益法

当投资者初始投资比例很高（超过50%），处于控股地位时，投资者采用成本法核算。

但后来因处置投资而降低持股比例由控制转为重大影响或共同控制时，长期股权投资核算的成本法将被改为权益法。《企业会计准则第 2 号——长期股权投资》应用指南规定："因处置投资等原因导致对被投资单位由能够实施控制转为具有重大影响或者与其他投资方一起实施共同控制的，首先应按处置投资的比例结转应终止确认的长期股权投资成本。然后，比较剩余长期股权投资的成本与按照剩余持股比例计算原投资时应享有被投资单位可辨认净资产公允价值的份额，前者大于后者的，属于投资作价中体现的商誉部分，不调整长期股权投资的账面价值；前者小于后者的，在调整长期股权投资成本的同时，调整留存收益。对于原取得投资时至处置投资时（转为权益法核算）之间被投资单位实现净损益中投资方应享有的份额，一方面应当调整长期股权投资的账面价值，同时，对于原取得投资时至处置投资当期期初被投资单位实现的净损益（扣除已宣告发放的现金股利和利润）中应享有的份额，调整留存收益，对于处置投资当期期初至处置投资之日被投资单位实现的净损益中享有的份额，调整当期损益；在被投资单位其他综合收益变动中应享有的份额，在调整长期股权投资账面价值的同时，应当计入其他综合收益；除净损益、其他综合收益和利润分配外的其他原因导致被投资单位其他所有者权益变动中应享有的份额，在调整长期股权投资账面价值的同时，应当计入资本公积（其他资本公积）。长期股权投资自成本法转为权益法后，未来期间应当按照长期股权投资准则规定计算确认应享有被投资单位实现的净损益、其他综合收益和所有者权益其他变动的份额。"这一规定明确了两点：一是要处理剩余股权，确定商誉或留存收益；二要进行追溯调整，确定累计净损益变动所享有的份额和累计其他综合收益变动所享有的份额。

【例30】　乙企业 20×2 年 12 月 31 日持有龙发公司 60% 股权，"长期股权投资"账面余额 4 500 万元（未计提减值准备），龙发公司可辨认净资产公允价值 6 750 万元（与账面价值相同）。20×3 年 12 月 10 日，乙企业售出龙发公司 1/3 的股权，收款 2 700 万元，龙发公司当日可辨认净资产公允价值 8 000 万元。龙发公司 20×3 年度（20×2 年 12 月 31 日至 20×3 年 12 月 10 日）实现净利润 3 750 万元。

（1）20×3 年 12 月 10 日，乙企业售出龙发公司 1/3 股权确认长期股权投资处置损益。

借：银行存款　　　　　　　　　　　　　　　　　　　　　　2 700 万元
　　贷：长期股权投资——龙发公司（4 500×1/3）　　　　　　　1 500 万元
　　　　投资收益　　　　　　　　　　　　　　　　　　　　　1 200 万元

（2）20×3 年 12 月 10 日，乙企业剩余股权的账面价值 3 000 万元（4 500 − 1 500），与原投资时应享有龙发公司可辨认净资产公允价值份额之间的差额为 300 万元（3 000 − 6 750× 40%），属于商誉（在合并报表中体现）。但该部分商誉的价值不需要对长期股权投资的成本进行调整。

（3）20×3 年 12 月 10 日，乙企业按新持股比例 40% 调整 20×2 年 12 月 31 日至 20×3 年 12 月 10 日实现的净损益 1 500 万元（3 750×40%），相应调整长期股权投资账面价值，其中，股权变动 20%（60% − 40%）的收益为 300 万元（1 500×20%），其余调整留存收益：盈余公积占 10% =（1 500 − 300）×10% = 120（万元），未分配利润 =（1 500 − 300）− 120 = 1 080（万元）。20×3 年 12 月 10 日，乙企业做如下会计分录：

借：长期股权投资——龙发公司（投资成本）（3 750×40%）　　1 500 万元
　　贷：投资收益　　　　　　　　　　　　　　　　　　　　　　300 万元

　　　　盈余公积　　　　　　　　　　　　　　　　　　　120 万元

　　　　利润分配——未分配利润　　　　　　　　　　　1 080 万元

　　2. 由权益法改为成本法

　　投资方原先对被投资单位进行股权投资实施共同控制或重大影响的，采用权益法核算。后来，当投资方对被投资单位追加投资能够实施控制时，则权益法核算应转为成本法核算。长期股权投资自权益法转按成本法核算的，除构成企业合并的以外，应按中止采用权益法时长期股权投资的账面价值作为成本法核算的初始投资成本。

　　【例31】 乙企业 20×6 年 12 月 31 日持有振兴公司股份 20%，采用权益法核算长期股权投资，其账面价值 320 万元，其中，投资成本 210 万元，损益调整 110 万元。20×7 年 1 月 5 日，乙企业付款 560 万元购买振兴公司股份，股权比例达到 55%，改用成本法核算。

　　20×7 年 1 月 5 日乙企业追加投资时，按《企业会计准则第 2 号——长期股权投资》第十四条规定，一方面注销权益法下账面"成本" 210 万元，注销账面"损益调整" 110 万元，另一方面将原先持有的股权投资账面价值加上新增投资成本之和作为改用成本法核算的初始投资成本。20×7 年 1 月 5 日乙企业做如下会计分录：

　　　　借：长期股权投资——振兴股票 （320 + 560）　　　880 万元

　　　　　　贷：长期股权投资——振兴股票 （成本）　　　　210 万元

　　　　　　　　　　　　　　——振兴股票 （损益调整）　　110 万元

　　　　　　　　银行存款　　　　　　　　　　　　　　　　560 万元

（五）处置长期股票投资的账务处理

　　企业处置长期股票投资时，按实际收到的金额借记"银行存款"等科目，按已计提减值准备借记"长期股权投资减值准备"科目，按股票投资的账面余额贷记"长期股权投资"科目，按尚未领取的现金股利或利润贷记"应收股利"科目，按其差额贷记或借记"投资收益"科目。

　　采用权益法核算长期股权投资的处置，除进行上述处理外，还应结转原记入"资本公积"科目、"其他综合收益"科目的相关金额，借记或贷记"资本公积——其他资本公积"科目或"其他综合收益"科目，贷记或借记"投资收益"科目。

四、其他长期投资核算

（一）其他长期投资的种类

　　长期股权投资除了已述的证券投资外，还有实物投资，即其他长期投资。这些长期股权投资分为以下几种：

　　（1）固定资产对外投资。固定资产对外投资是指企业将闲置未用的厂房、设备等固定资产转给其他单位作为参与联合经营或控股的一种投资方式。

　　（2）流动资产对外投资。流动资产对外投资是指企业利用现金、材料物资对外单位进行联营或控股投资的一种方式。

　　（3）无形资产对外投资。无形资产对外投资是指企业利用专利权、商标权等无形资产向外单位进行投资的一种方式。

　　以上形式的投资多为"企业合并"方式进行的投资，也有以"其他方式"（非企业合并方式）进行的投资，两者的初始计量有所差别。

（二）固定资产对外投资核算

固定资产对外投资核算要反映五方面的内容：①反映固定资产及其折旧账面价值的处置（转入清理）情况。②反映固定资产投到联营单位所确定的投资额。③在权益法下反映确认的股权投资差额。④反映处置固定资产计算的损益——非流动资产处置利得或损失。⑤反映联营期满投出固定资产的收回。

1. 采用"非企业合并"方式投出固定资产

【例32】　A厂7月1日将某项闲置未用的固定资产向华达公司投资（非企业合并方式进行的投资），该固定资产的原值为200 000元，已计提折旧68 560元。该投资在华达公司认定的投资比例为22%，其公允价值为168 000元，计算增值税销项税额21 840元。该厂投出固定资产时做如下会计分录：

（1）将固定资产转入清理时：

借：固定资产清理		153 280
累计折旧		68 560
贷：固定资产		200 000
应交税费——应交增值税（销项税额）		21 840

（2）确认长期股权投资初始投资成本时：

借：长期股权投资——A厂股权投资（投资成本）		168 000
贷：固定资产清理		153 280
营业外收入		14 720

A厂"投资比例"为22%，采用权益法核算。如果投出的固定资产公允价值不是168 000元，而是100 000元，低于"固定资产清理"账户借贷差额118 440元（200 000 – 100 000 × 13% – 68 560），甲厂将18 440元的差额记入"营业外支出"科目，反映固定资产处置损失。

【例33】　承上例投资，当年年末，华达公司公布全年净利润总额150 000元，第二年2月，华达公司宣告分配上年度利润45 000元，该厂据此确认投资收益9 900元（45 000 × 22%），A厂当月收到红利9 900元入账。

（1）当年年末，A厂根据华达公司净利润增加额调增长期股权投资价值16 500元（年度净利润分享额 = 150 000 × 6/12 × 22% = 16 500）时：

借：长期股权投资——A厂股权投资（损益调整）		16 500
贷：投资收益		16 500

（2）第二年2月，A厂当月收到红利9 900元做如下会计分录：

借：银行存款		9 900
贷：长期股权投资——A厂股权投资（损益调整）		9 900

【例34】　上项固定资产投资在联营期满时由投出单位收回。其原值仍为200 000元，已计提折旧已增为140 000元。投资收回的固定资产公允价值为78 000元，"投资成本"明细科目、"损益调整"明细科目分别结余16 800元、31 000元。A厂收回固定资产投资时做如下会计分录：

借：固定资产		78 000
投资收益——A厂股权投资损失		123 000
贷：长期股权投资——A厂股权投资（投资成本）		168 000

　　　　　　　　——A 厂股权投资（损益调整）　　　　　　　　33 000

　　2. 采用"企业合并"方式投出固定资产

　　【例35】甲公司用一栋厂房向 W 企业进行投资，取得 W 企业55%的股权（甲和 W 同受方兴集团一方控制），采用成本法核算。投资时甲公司厂房账面原值800万元，已计提折旧100万元。W 企业接受投资时所有者权益的账面价值为1 200万元。甲公司投出固定资产时确认的初始投资成本为660万元（1 200×55%），并做如下会计分录（由于厂房是不动产，属于非增值税应税项目，此业务不涉及增值税核算）：

　　（1）将固定资产转入清理时：

　　借：固定资产清理　　　　　　　　　　　　　　　　700万元
　　　　累计折旧　　　　　　　　　　　　　　　　　　100万元
　　　　贷：固定资产　　　　　　　　　　　　　　　　　　800万元

　　（2）确认长期股权投资初始投资成本时：

　　借：长期股权投资——W 企业股权投资　　　　　　　660万元
　　　　资本公积——资本溢价　　　　　　　　　　　　40万元
　　　　贷：固定资产清理　　　　　　　　　　　　　　　　700万元

　　注：甲公司"资本公积"账户贷方余额足以冲减初始投资成本小于固定资产账面价值的差额，若不足冲减的，调整留存收益（即借记"盈余公积""利润分配——未分配利润"科目）。

　　另说明：采用"企业合并"方式投出固定资产，如果是"非同一控制"下的企业合并，核算举例见本章例15。

　　（三）流动资产对外投资核算（以非企业合并方式为例）

　　【例36】乙厂用货币资金向 G 联营单位进行长期投资，已通过银行汇出款项500万元，持股比例25%，采用权益法核算。该厂按支付的金额做如下会计分录：

　　借：长期股权投资——G 单位股权投资　　　　　　　500万元
　　　　贷：银行存款　　　　　　　　　　　　　　　　　　500万元

　　说明：以支付现金取得的长期股权投资，其初始投资成本包括与取得长期股权投资直接相关的费用、税金及其他必要支出。

　　【例37】丙厂利用特殊的原材料向 F 联营企业进行投资，该批材料计划价格120 000元，材料成本差异6 000元（超支价差），增值税税率13%［计算应交增值税销项税额＝税务机关核定的计税价格130 000×13%＝16 900（元）］。原材料的公允价值为145 000元。投资合同规定，丙厂的投资比例为2%，但由于该材料的特殊性，丙厂与 F 联营企业存在重要交易，丙厂采用权益法核算对外投出的原材料，对外投资时作如下会计分录：

　　借：长期股权投资——F 单位股权投资（投资成本）　　145 000
　　　　贷：原材料　　　　　　　　　　　　　　　　　　120 000
　　　　　　材料成本差异　　　　　　　　　　　　　　　6 000
　　　　　　应交税费——应交增值税（销项税额）　　　　16 900
　　　　　　营业外收入　　　　　　　　　　　　　　　　2 100

　　注：若该项投资具有商业实质，又有公允价值，则投出原材料应作"其他业务收入"处理。

　　【例38】上项原材料投资，在联营期间"投资成本"明细科目借方余额为195 000元，"损益调整"明细科目借方余额达到72 500元。现联营期满，对方归还了同样品种、同样数量的原材料，其公允价值为 148 420 元，入库计划价仍为 120 000 元。丙厂收到材料时做如下会计分录：

借：原材料 120 000
　　材料成本差异 28 420
　　投资收益——F 单位股权投资收益 119 080
　　贷：长期股权投资——F 单位股权投资（投资成本） 195 000
　　　　　　　　　　——F 单位股权投资（损益调整） 72 500

原材料投资一般不能按原有形态收回，因此，多数情况是借记"银行存款"科目。

流动资产投资分进利润的核算和固定资产投资分进利润的核算相同。

（四）无形资产对外投资核算（以非企业合并方式为例）

无形资产是指企业拥有或者控制的没有实物形态的可辨认非货币性资产，包括专有技术及专利权、商标权、特许权、土地使用权等。企业取得无形资产以及无形资产的摊销核算将在第八章做详细阐述，这里主要阐述无形资产对外投资的核算。

【例 39】 丁厂 20×1 年 3 月 10 日以土地使用权向大江公司投资。该土地使用权账面价值 50 万元（原值 56 万元扣除"累计摊销"6 万元），双方确定的投资价值（公允价值）为 55 万元，占大江公司实收资本的 20%，按规定采用权益法核算该项投资。

大江公司 20×1 年 1 月 1 日所有者权益（可辨认资产公允价值扣除可辨认负债公允价值后）为 300 万元，20×1 年 2 月 10 日，大江公司宣告分配现金股利 16 万元（2 月 28 日实际发放现金股利 16 万元），20×1 年 1~2 月份实现净利润 10 万元。大江公司 20×1 年全年实现净利润 60 万元，扣除 1~2 月份净利润 10 万元后，3~12 月份实现净利润为 50 万元。

20×2 年 2 月 12 日大江公司宣告分配上年度利润 20 万元。丁厂 20×2 年 3 月 1 日收到大江公司现金股利 4 万元（20×20%）。大江公司 20×2 年全年发生净亏损 346 万元。

大江公司 20×3 年全年实现净利润 40 万元。对以上业务进行相应账务处理如下：

（1）丁厂 20×1 年 3 月 10 日投资时计算大江公司可辨认净资产公允价值总额 = 300 − 16 + 10 = 294（万元）。

（2）丁厂 20×1 年 3 月 10 日投资时应享有大江公司可辨认净资产公允价值份额 = 294 × 20% = 58.80（万元）。

（3）丁厂 20×1 年 3 月 10 日确认初始投资成本 = 55（万元）。

（4）无形资产对外投资，适用于《企业会计准则第 2 号——长期股权投资》的规定。该准则应用指南规定，以非企业合并方式取得长期股权投资时，长期股权投资的初始投资成本小于投资时应享有被投资单位可辨认净资产公允价值份额的，应按其差额，借记本科目（投资成本），贷记"营业外收入"科目。丁厂 20×1 年 3 月 10 日投资时做如下会计分录：

借：长期股权投资——大江股权投资（投资成本） 55 万元
　　累计摊销 6 万元
　　贷：无形资产——土地使用权 56 万元
　　　　营业外收入 5 万元

同时，丁厂按在大江公司的投资份额 58.8 万元调整初始投资成本 55 万元，做如下会计分录：

借：长期股权投资——大江股权投资（投资成本）　　　　　3.8 万元

　　贷：营业外收入　　　　　　　　　　　　　　　　　　　3.8 万元

说明：投资企业采用"非企业合并"方式进行长期股权投资，如果长期股权投资的初始投资成本（55 万元）大于投资时应享有被投资单位可辨认净资产公允价值份额的（假定不是 58.8 万元，而是 48 万元），应借记"营业外支出" 2 万元。

（5）丁厂 20×1 年 12 月 31 日根据大江公司 3~12 月份净利润调整投资额时：

借：长期股权投资——大江股权投资（损益调整）　　　　　10 万元

　　贷：投资收益——大江股权投资收益（50×20%）　　　　10 万元

（6）丁厂在大江公司 20×2 年 2 月 12 日宣告分配上年现金股利时：

借：应收股利——大江公司（20×20%）　　　　　　　　　　4 万元

　　贷：长期股权投资——大江股权投资（损益调整）　　　　4 万元

（7）丁厂 20×2 年 3 月 1 日收到大江公司发放的现金股利时：

借：银行存款　　　　　　　　　　　　　　　　　　　　　　4 万元

　　贷：应收股利——大江公司　　　　　　　　　　　　　　4 万元

（8）丁厂 20×2 年 12 月 31 日在据大江公司净亏损调账前长期股权投资的账面余额＝投资成本余额＋损益调整余额＝55＋3.8＋（10－4）＝64.8（万元）。

丁厂 20×2 年 12 月 31 日应据大江公司净亏损调账＝346×20%＝69.2（万元）。

计算结果表明，丁厂长期股权投资的账面余额 64.8 万元不足以冲减净亏损调账额 69.2 万元。此时，丁厂也没有其他实质上构成对大江公司净投资的"长期应收款"等可以再予冲减，而且当初与大江公司签订的投资合同约定"盈利共享，亏损共担"，因而只能将未冲销的 4.4 万元（69.2－64.8）作预计负债，编制如下会计分录：

借：投资收益——大江股权投资损失　　　　　　　　　　　69.2 万元

　　贷：长期股权投资——大江股权投资（损益调整）　　　　6 万元

　　　　　　　　　——大江股权投资（投资成本）　　　　58.8 万元

　　　　预计负债　　　　　　　　　　　　　　　　　　　　4.4 万元

（9）丁厂 20×3 年 12 月 31 日根据大江公司净利润计算调账额 3.6 万元（40×20% －4.4）时：

借：预计负债　　　　　　　　　　　　　　　　　　　　　　4.4 万元

　　长期股权投资——大江股权投资（损益调整）　　　　　　3.6 万元

　　贷：投资收益——大江股权投资收益（40×20%）　　　　　8 万元

第五节　其他权益工具投资核算

企业购买股票有三种处理方式：一是作为"交易性"投资，准备近期变现，通过设置"交易性金融资产"科目进行核算；二是作为"长期性"投资，控制或影响被投资企业生产经营和回报决策，通过设置"长期股权投资"科目进行核算；三是作为"非流动性"投资，相时观望变现，通过设置"其他权益工具投资"科目进行核算。

本节内容涉及第三种方式的投资。它是《企业会计准则第 22 号——金融工具确认和计量》应用指南确定的"以公允价值计量且其变动计入其他综合收益的非交易性权益工具投资"。由于这种特殊金融资产的公允价值的后续变动计入其他综合收益，所以不需要计提减值准备。应用指南还规定，这种权益工具投资，"除了获得的股利收入（明确作为投资成本部分收回的股利收入除外）计入当期损益外，其他相关的利得和损失（包括汇兑损益）均应当计入其他综合收益，且后续不得转入损益。当金融资产终止确认时，之前计入其他综合收益的累计利得或损失应当从其他综合收益中转出，计入留存收益"。企业要在"其他权益工具投资"科目下按其他权益工具投资的类别和品种分别设置"成本""公允价值变动"明细科目进行核算。

一、其他权益工具投资的基本业务核算

【例40】 华能公司20×1年3月25日购入益侨公司普通股票4 000股，每股价格22元，另付已宣告但尚未发放的现金股利4 000元和各项交易费用660元，持股比例5%。华能公司对该股票投资既不准备近期变现，也不准备作长期股权投资，而是将其列入"其他权益工具投资"科目进行核算。20×1年4月5日，华能公司分得股息4 000元。20×1年12月31日，益侨股票每股价格降为20.165元。20×2年3月31日，益侨股票价格大幅度下跌，每股价格降为16.87元。20×2年6月30日，益侨股票价格上升为22.87元。20×2年7月15日，华能公司售出全部益侨股票，每股23元，另支付各种交易费用700元。华能公司有关账务处理如下：

（1）华能公司20×1年3月25日购入股票时做如下会计分录：

借：其他权益工具投资——益侨股票（成本）   88 660

      应收股利   4 000

    贷：银行存款   92 660

（2）20×1年4月5日，华能公司分得股息4 000元时做如下会计分录：

借：银行存款   4 000

    贷：应收股利   4 000

（3）20×1年12月31日，上述益侨公司股票每股价格降为20.165元，华能公司确认公允价值变动损失8 000元［88 660 –（4 000×20.165）］，做如下会计分录：

借：其他综合收益——其他权益工具投资公允价值变动   8 000

    贷：其他权益工具投资——益侨股票（公允价值变动）   8 000

说明：如果股票价格上升超过22元，其差额做与此相反的会计分录。

（4）20×2年3月31日，益侨股票继续跌价，每股价格降为16.87元。华能公司确认公允价值变动损失13 180元［88 660 – 8000 –（4 000×16.87）］，做如下会计分录：

借：其他综合收益——其他权益工具投资公允价值变动   13 180

    贷：其他权益工具投资——益侨股票（公允价值变动）   13 180

（5）20×2年6月30日，益侨股票价格上升，每股价格升为22.87元，共升值24 000元［（4 000×22.87）–（88 660 – 8 000 – 13 180）］。华能公司据此做如下会计分录：

借：其他权益工具投资——益侨股票（公允价值变动）   24 000

    贷：其他综合收益——其他权益工具投资公允价值变动   24 000

（6）20×2年7月15日，华能公司将拥有益侨公司的4 000股股票全部出售，每股23元，另支付各种交易费用700元，实际收款91 300元。该股票记入"其他权益工具投资——益侨股票（成本）"明细科目的账面余额（借方）为88 660元，记入"其他权益工具投资——益侨

股票（公允价值变动）"明细科目账面余额（借方）为2 820元（24 000 – 8 000 – 13 180），记入"其他综合收益——其他权益工具投资公允价值变动"科目的账面余额（贷方）为2 820元（24 000 – 8 000 – 13 180）。该企业7月15日做如下会计分录：

1）20×2年7月15日，华能公司注销"其他综合收益"科目的账面余额——该"其他权益工具投资公允价值变动"不能重分类进入当期损益：

借：其他综合收益——其他权益工具投资公允价值变动　　　2 820
　　贷：盈余公积——法定盈余公积（2 820×10%）　　　282
　　　　利润分配——未分配利润（2 820 – 282）　　　2 538

2）20×2年7月15日，华能公司反映收款并注销其他账户的账面余额：

借：银行存款　　　91 300
　　盈余公积——法定盈余公积［（91 300 – 88 660 – 2 820）×10%］　　　18
　　利润分配——未分配利润（180 – 18）　　　162
　　贷：其他权益工具投资——益侨股票（成本）　　　88 660
　　　　　　　　　　　　——益侨股票（公允价值变动）　　　2 820

二、长期股权投资核算方法的转换

1. 公允价值计量转权益法的核算

《企业会计准则第2号——长期股权投资》应用指南规定："原持有的对被投资单位的股权投资（不具有控制、共同控制或重大影响的），按照金融工具确认和计量准则进行会计处理的，因追加投资等原因导致持股比例上升，能够对被投资单位施加共同控制或重大影响的，在转按权益法核算时，投资方应当按照金融工具确认和计量准则确定的原股权投资的公允价值加上为取得新增投资而应支付对价的公允价值，作为改按权益法核算的初始投资成本。原持有的股权投资分类为其他权益工具投资的，其公允价值与账面价值之间的差额，以及原计入其他综合收益的累计公允价值变动应当转入改按权益法核算的当期损益。"然后，比较初始投资成本"与按照追加投资后全新的持股比例计算确定的应享有被投资单位在追加投资日可辨认净资产公允价值份额之间的差额，前者大于后者的，不调整长期股权投资的账面价值；前者小于后者的，差额应调整长期股权投资的账面价值，并计入当期营业外收入"。

【例41】甲企业20×3年1月1日付款120万元购入飞正公司10%的股份，当日飞正公司可辨认净资产公允价值1 300万元。20×4年1月10日，甲企业又支付180万元（包括买价及税费等相关费用）购买了飞正公司发行在外的股份，新增股权15%，持股比例从10%提高到25%，从而能对飞正公司产生"重大影响"，原公允价值计量改为权益法核算。20×4年1月10日，飞正公司账面可辨认净资产公允价值为1 460万元。甲企业有关投资确认及账务处理如下：

（1）20×3年1月1日，甲企业付款120万元向飞正公司投资时，按持股比例10%确认130万元股权（1 300×10%）记入"其他权益工具投资"科目，做如下会计分录：

借：其他权益工具投资——飞正公司（成本）　　　130万元
　　贷：银行存款　　　120万元
　　　　其他综合收益——其他权益工具投资公允价值变动　　　10万元

（2）2014年1月10日，甲企业付款180万元向飞正公司追加投资时（新增15%的股份），股权投资公允价值计量改为权益法核算，按累计25%的持股比例确认投资份额365万元（1 460×25%），甲企业做如下会计分录：

借：长期股权投资——飞正公司（投资成本）　　　　　　　365万元

　　其他综合收益——其他权益工具投资公允价值变动　　　 10万元

　　贷：银行存款　　　　　　　　　　　　　　　　　　　 180万元

　　　　其他权益工具投资——飞正公司（成本）　　　　　 130万元

　　　　投资收益　　　　　　　　　　　　　　　　　　　　65万元

2. 权益法转公允价值计量的核算

【例42】　20×0年12月31日，乙企业"长期股权投资——环特公司"账户借方余额4 000万元（持股比例30%，采用权益法核算）。其中，①"投资成本"明细账户借方余额3 250万元。②"损益调整"明细账户借方余额375万元。③"其他综合收益"明细账户借方余额250万元。④"其他权益变动"明细账户借方余额125万元。同时，与③④明细账户对应的调整账户"其他综合收益"总账账户贷方余额250万元、"资本公积"账户贷方余额125万元。20×1年1月10日，乙企业出售50%的环特公司股权给非关联方，收款2 250万元，于当日办完相关手续。此时，乙企业持股比例降为15%，无法再对环特公司施加重大影响，改用公允价值计量投资价值，即将剩余股权投资转为"其他权益工具投资"。乙企业有关会计处理如下：

（1）20×1年1月10日，乙企业出售50%股权，收款2 250万元时：

借：银行存款　　　　　　　　　　　　　　　　　　　　2 250万元

　　贷：长期股权投资——环特公司（投资成本）（3 250÷2）　1 625万元

　　　　　　　　　　——环特公司（损益调整）（375÷2）　187.5万元

　　　　　　　　　　——环特公司（其他综合收益）（250÷2）　125万元

　　　　　　　　　　——环特公司（其他权益变动）（125÷2）　62.5万元

　　　　投资收益——环特股权投资收益　　　　　　　　　　250万元

（2）20×1年1月10日，乙企业结转"其他综合收益"账户贷方余额250万元：

借：其他综合收益　　　　　　　　　　　　　　　　　　　250万元

　　贷：投资收益　　　　　　　　　　　　　　　　　　　　250万元

（3）20×1年1月10日，乙企业结转"资本公积"账户贷方余额125万元：

借：资本公积——其他资本公积　　　　　　　　　　　　　125万元

　　贷：投资收益　　　　　　　　　　　　　　　　　　　　125万元

（4）20×1年1月10日，上述投资剩余股权账面价值2 000万元（4 000－2 000），该股权公允价值2 100万元，乙企业确认"其他权益工具投资"2 100万元时：

借：其他权益工具投资——成本　　　　　　　　　　　　2 100万元

　　贷：长期股权投资——环特公司（投资成本）（3 250－1625）　1 625万元

　　　　　　　　　　——环特公司（损益调整）（375－187.5）　187.5万元

　　　　　　　　　　——环特公司（其他综合收益）（250－125）　125万元

　　　　　　　　　　——环特公司（其他权益变动）（125－62.5）　62.5万元

　　　　投资收益——环特股权投资收益　　　　　　　　　　100万元

第六节　投资性房地产核算

一、投资性房地产核算概述

我国《企业会计准则第3号——投资性房地产》界定的投资性房地产概念是：投资性房地产是指为赚取租金或资本增值，或两者兼有而持有的房地产。投资性房地产应当能够单独计量和出售。投资性房地产包括：已出租的土地使用权、持有并准备增值后转让的土地使用权、已出租的建筑物。但不包括自用房地产（即为生产商品、提供劳务或者经营管理而持有的房地产）和作为存货的房地产。需要说明四点：①某项房地产，部分用于赚取租金或资本增值，部分用于生产商品、提供劳务或经营管理，能够单独计量和出售的、用于赚取租金或资本增值的部分，应当确认为投资性房地产；不能够单独计量和出售的、用于赚取租金或资本增值的部分，不确认为投资性房地产。②企业将建筑物出租，按租赁协议向承租人提供的相关辅助服务在整个协议中不重大的，如企业将办公楼出租并向承租人提供保安、维修等辅助服务，应当将该建筑物确认为投资性房地产。③企业拥有并自行经营的旅馆饭店，其经营目的主要是通过提供客房服务赚取服务收入，该旅馆饭店不确认为投资性房地产。④按国家有关规定认定的闲置土地，不属于持有并准备增值后转让的土地使用权，不作"投资性房地产"处理。

二、投资性房地产的初始计量

投资性房地产应当按照成本进行初始计量。具体来讲有以下几点：

（1）外购投资性房地产的成本，包括购买价款、相关税费和可直接归属于该资产的其他支出。

（2）自行建造投资性房地产的成本，由建造该项资产达到预定可使用状态前所发生的必要支出构成。

（3）以其他方式取得的投资性房地产的成本，按照相关会计准则的规定确定。

企业应设置"投资性房地产"一级会计科目进行核算，在该科目下，可按投资性房地产类别和项目进行明细核算。

三、投资性房地产的后续计量

（一）后续支出的处理

与投资性房地产有关的后续支出，如果满足初始确认条件的（与该投资性房地产有关的经济利益很可能流入企业；该投资性房地产的成本能够可靠地计量），应当计入投资性房地产成本；不满足初始确认条件的，应当在发生时计入当期损益。

（二）后续计量模式的确定

投资性房地产后续计量模式有两种：一是采用成本计量模式；二是采用公允价值计量模式。企业对投资性房地产的计量模式一经确定，不得随意变更。

1. 公允价值计量模式

有确凿证据表明投资性房地产的公允价值能够持续可靠取得的，可以对投资性房地产采用公允价值模式进行后续计量。采用公允价值模式计量的，应当同时满足下列条件：

（1）投资性房地产所在地有活跃的房地产交易市场。其中，"所在地"通常是指投资性房地产所在的城市。对于大中型城市，应当为投资性房地产所在的城区。

（2）企业能够从房地产交易市场上取得同类或类似房地产的市场价格及其他相关信息，从而对投资性房地产的公允价值做出合理的估计。其中，"同类或类似房地产"，对建筑物而言，是指所处地理位置和地理环境相同、性质相同、结构类型相同或相近、新旧程度相同或相近、可使用状况相同或相近的建筑物；对土地使用权而言，是指同一城区、同一位置区域、所处地理环境相同或相近、可使用状况相同或相近的土地。

采用公允价值模式计量的，不对投资性房地产计提折旧或进行摊销，应当以资产负债表日投资性房地产的公允价值为基础调整其账面价值，公允价值与原账面价值之间的差额计入当期损益（公允价值变动损益）。因此，采用公允价值模式计量的投资性房地产，应在"投资性房地产"一级会计科目下分别"成本"和"公允价值变动"进行明细核算。

2. 成本计量模式

采用成本模式计量的投资性房地产要计提折旧或摊销。对计提折旧的投资性房地产，如投资性建筑物，企业要单独设置"投资性房地产累计折旧"科目进行核算；对进行摊销的投资性房地产，如投资性土地使用权，企业要单独设置"投资性房地产累计摊销"科目进行核算。

采用成本模式计量的投资性房地产发生减值的，还要单独设置"投资性房地产减值准备"科目进行核算。

四、投资性房地产的转换

投资性房地产成本模式可以转为公允价值模式，但已采用公允价值模式计量的投资性房地产，不得再转为成本模式计量。

1. 转换的具体情况

（1）将投资性房地产转换为其他资产。如将投资性房地产开始转为自用。

（2）将其他资产转换为投资性房地产。例如，将作为存货的房地产改为出租；将自用土地使用权停止自用而用于赚取租金或资本增值；将自用建筑物停止自用而改为出租。

2. 转换的会计处理规定

（1）在成本模式下的转换处理规定。在成本模式下，应当将房地产转换前的账面价值作为转换后的入账价值。

（2）在公允价值模式下的转换处理规定。采用公允价值模式计量的投资性房地产转换为自用房地产时，应当以其转换当日的公允价值作为自用房地产的账面价值，公允价值与原账面价值的差额计入当期损益（公允价值变动损益）。

自用房地产或存货转换为采用公允价值模式计量的投资性房地产时，投资性房地产按照转换当日的公允价值计价，转换当日的公允价值小于原账面价值的，其差额计入当期损益（公允价值变动损益）；转换当日的公允价值大于原账面价值的，其差额计入所有者权益（资本公积——其他资本公积）。

五、投资性房地产的处置

当投资性房地产被处置，或者永久退出使用且预计不能从其处置中取得经济利益时，应当终止确认该项投资性房地产。

企业出售、转让、报废投资性房地产或者发生投资性房地产毁损，应当将处置收入扣除其账面价值和相关税费后的金额计入当期损益。其中，收入和成本一般通过设置"其他业务收入""其他业务支出"科目进行核算。若投资性房地产作为企业主营业务的，应通过"主营业务收入"和"主营业务成本"科目核算相关的损益。

六、投资性房地产的核算举例

【例43】 邢洪公司投资性房地产采用公允价值模式计量。20×0年7月4日，该公司购入一栋办公楼作投资性房地产，付款1 308万元（含增值税108万元）。20×0年12月31日，该办公楼公允价值上升到1 410万元，增值210万元。20×1年3月6日，邢洪公司售出该办公楼，收款1 635万元（其中，价款1 500万元，增值税135万元）。有关会计分录如下：

(1) 20×0年7月4日，邢洪公司购入办公楼时：

借：投资性房地产——办公楼（成本）	1 200万元
应交税费——应交增值税（进项税额）	108万元
贷：银行存款	1 308万元

(2) 20×0年12月31日，上述办公楼公允价值上升时：

借：投资性房地产——办公楼（公允价值变动）	210万元
贷：公允价值变动损益	210万元

(3) 20×0年12月31日，结转办公楼公允价值变动损益时

借：公允价值变动损益	210万元
贷：本年利润	210万元

(4) 20×1年3月6日，邢洪公司售出办公楼时：

借：银行存款	1 635万元
贷：其他业务收入	1 500万元
应交税费——应交增值税（销项税额）	135万元
借：其他业务成本	1 410万元
贷：投资性房地产——办公楼（成本）	1 200万元
——办公楼（公允价值变动）	210万元

【例44】 某工厂2005年12月31日用自有土地建成一栋办公楼（自用），成本360万元（无残值，分20年计提折旧）。2007年1月1日该厂将办公楼出租，租期10年，年租金26万元（年末收取），出租时办公楼的公允价值400万元。2010年度，对该楼安装消防设施花费15万元（预计未来经济利益流入企业不会超过原估计）。2007~2016年间，该办公楼公允价值共变动两次：2011年年末为410万元、2015年年末为380万元。2017年1月1日，该厂收回出租的办公楼自用，其公允价值为270万元。分别用成本模式、公允价值模式进行账务处理。

1. 按成本模式计量

(1) 2005年12月31日建成时：

借：固定资产　　　　　　　　　　　　　　　　　　　　　360 万元
　　贷：在建工程　　　　　　　　　　　　　　　　　　　　　360 万元

（2）2006 年年末计提折旧时（实际工作中应按月计提折旧，这里年末计提折旧是为了简化）：

借：管理费用（360÷20）　　　　　　　　　　　　　　　　18 万元
　　贷：累计折旧　　　　　　　　　　　　　　　　　　　　　18 万元

（3）2007 年 1 月 1 日对外出租时：

借：投资性房地产——办公楼　　　　　　　　　　　　　　360 万元
　　累计折旧　　　　　　　　　　　　　　　　　　　　　　18 万元
　　贷：固定资产　　　　　　　　　　　　　　　　　　　　　360 万元
　　　　投资性房地产累计折旧　　　　　　　　　　　　　　　18 万元

（4）2007～2016 年度每年年末收到租金时：

借：银行存款　　　　　　　　　　　　　　　　　　　　　28.34 万元
　　贷：其他业务收入　　　　　　　　　　　　　　　　　　　26 万元
　　　　应交税费——应交增值税（销项税额）　　　　　　　　2.34 万元

（5）2007～2016 年度每年年末计提折旧时：

借：其他业务成本（342÷19）　　　　　　　　　　　　　　18 万元
　　贷：投资性房地产累计折旧　　　　　　　　　　　　　　　18 万元

（6）2010 年发生消防设施费（由于未来经济利益流入没有超过原估计，所以作费用性支出）：

借：其他业务成本　　　　　　　　　　　　　　　　　　　　15 万元
　　贷：银行存款　　　　　　　　　　　　　　　　　　　　　15 万元

（7）2017 年 1 月 1 日收回办公楼时：

借：固定资产　　　　　　　　　　　　　　　　　　　　　360 万元
　　投资性房地产累计折旧〔（3）18 +（5）18×10〕　　　198 万元
　　贷：投资性房地产——办公楼　　　　　　　　　　　　　　360 万元
　　　　累计折旧　　　　　　　　　　　　　　　　　　　　　198 万元

（8）2017～2025 年每年计提折旧 18 万元〔（360 – 198）÷9〕，做如下会计分录：

借：管理费用　　　　　　　　　　　　　　　　　　　　　　18 万元
　　贷：累计折旧　　　　　　　　　　　　　　　　　　　　　18 万元

1）在成本模式下，如果投资性房地产跌价，可收回金额低于账面价值，应计提减值准备，会计分录如下：

借：资产减值损失　　　　　　　　　　　　　　　　　　　（减值额）
　　贷：投资性房地产减值准备　　　　　　　　　　　　　　（减值额）

2）采用成本模式计量投资性房地产改为公允价值计量，例如，上例从 2008 年 1 月 1 日起，该企业对出租的投资性房地产改用公允价值计量。投资性房地产账面原价 360 万元，已计提折旧 36 万元〔（3）18 +（5）18〕，账面价值 324 万元，公允价值 334 万元，升值 10 万元（该企业法定盈余公积计提率为净利润的 10%）。该企业 2008 年 1 月 1 日做如下会计分录：

借：投资性房地产——办公楼（成本）　　　　　　　　　　334 万元

投资性房地产累计折旧　　　　　　　　　　　　　　　　36 万元

　　贷：投资性房地产——办公楼　　　　　　　　　　　360 万元

　　　　盈余公积（10 × 10%）　　　　　　　　　　　　1 万元

　　　　利润分配——未分配利润　　　　　　　　　　　9 万元

3）在成本模式下，如果处置投资性房地产，会计分录如下：

借：银行存款　　　　　　　　　　　　　　　　　　（实收额）

　　贷：其他业务收入　　　　　　　　　　　　　　　（实收额）

　　　　应交税费——应交增值税（销项税额）　　　　（增值税）

借：投资性房地产累计折旧　　　　　　　　　　　　（已提折旧额）

　　投资性房地产减值准备　　　　　　　　　　　　（减值额）

　　其他业务成本　　　　　　　　　　　　　　　　（借贷差额）

　　贷：投资性房地产　　　　　　　　　　　　　　（账面余额）

2. 按公允价值模式计量

（1）2005 年 12 月 31 日建成时：

借：固定资产　　　　　　　　　　　　　　　　　　360 万元

　　贷：在建工程　　　　　　　　　　　　　　　　360 万元

（2）2006 年年末计提折旧时（实际工作中应按月计提折旧，这里年末计提折旧是为了简化）：

借：管理费用（360 ÷ 20）　　　　　　　　　　　　18 万元

　　贷：累计折旧　　　　　　　　　　　　　　　　18 万元

（3）2007 年 1 月 1 日对外出租时：

借：投资性房地产——办公楼（成本）　　　　　　　400 万元

　　累计折旧　　　　　　　　　　　　　　　　　　18 万元

　　贷：固定资产　　　　　　　　　　　　　　　　360 万元

　　　　资本公积——其他资本公积　　　　　　　　58 万元

注：若对外出租办公楼的公允价值小于账面价值，应借记"公允价值变动损益"科目。

（4）2007 年（以及以后各年直至 2016 年）年末收到租金时：

借：银行存款　　　　　　　　　　　　　　　　　　28. 34 万元

　　贷：其他业务收入　　　　　　　　　　　　　　26 万元

　　　　应交税费——应交增值税（销项税额）　　　2. 34 万元

（5）2010 年度发生消防设施费（由于未来经济利益流入没有超过原估计，作费用性支出处理）：

借：其他业务成本　　　　　　　　　　　　　　　　15 万元

　　贷：银行存款　　　　　　　　　　　　　　　　15 万元

（6）2011 年 12 月 31 日，办公楼公允价值上升为 410 万元，增值 10 万元（410 - 400）时：

借：投资性房地产——办公楼（公允价值变动）　　　10 万元

　　贷：公允价值变动损益　　　　　　　　　　　　10 万元

借：公允价值变动损益　　　　　　　　　　　　　　10 万元

　　贷：本年利润　　　　　　　　　　　　　　　　10 万元

（7）2015 年 12 月 31 日，办公楼公允价值下降为 380 万元，减值 30 万元（410 − 380）时：

借：公允价值变动损益   30 万元

  贷：投资性房地产——办公楼（公允价值变动） 30 万元

借：本年利润   30 万元

  贷：公允价值变动损益   30 万元

（8）2017 年 1 月 1 日收回办公楼自用时：

借：固定资产   270 万元

  投资性房地产——办公楼（公允价值变动） 20 万元

  公允价值变动损益   110 万元

  贷：投资性房地产——办公楼（成本）   400 万元

2017 年 1 月 31 日，结转公允价值变动损益 110 万元时：

借：本年利润   110 万元

  贷：公允价值变动损益   110 万元

（9）20017～2025 年每年计提折旧 30 万元（270÷9），做如下会计分录：

借：管理费用   30 万元

  贷：累计折旧   30 万元

1）在公允价值模式下，投资性房地产不计提折旧，也不计提减值准备。在资产负债表日，投资性房地产公允价值发生变动时，通过设置"公允价值变动损益"科目核算。

2）在公允价值模式下，如果处置投资性房地产，则会计分录如下：

① 反映实收款时：

借：银行存款   （实收额）

  贷：其他业务收入   （实收额）

    应交税费——应交增值税（销项税额） （增值税）

② 注销与投资性房地产有关的账面价值时：

借：资本公积——其他资本公积   （账面余额）

  其他业务成本   （借贷差额）

  贷：投资性房地产——成本   （账面余额）

  借或贷：投资性房地产——公允价值变动   （账面余额）

第七节　拨付所属资金核算

拨付所属资金是指由总公司或总厂拨付给直属的各级生产、经营单位用于生产经营周转的各项资金。如总公司拨给分公司的生产经营资金，对总公司来说，它是"拨付所属资金"，对分公司来说，它是"上级拨入资金"。

向所属单位拨付资金通常是拨付货币资金、材料物资和固定资产等，所属单位可长期用于生产或经营周转，对拨付单位来说，从其性质上看也是一种长期投资——是对总公司或总厂以外的下属单位的投资。但由于所属单位是总公司或总厂的内部独立核算单位，所以它与向其他单位进行的投资又有所不同。传统的会计处理有以下两种方法：

（1）明细核算法。即在"长期股权投资"科目下增设"拨付所属资金"明细科目进行核算。如 1993 年 7 月 1 日施行的《对外经济合作企业会计制度》规定，拨出方在"长期投资"（现称为"长期股权投资"）科目下增设"拨付所属资金"明细科目核算，拨入方在"实收资本"科目下增设"上级拨入资金"明细科目核算。

（2）一级核算法。即设置"拨付所属资金"一级科目进行核算。如 1993 年 7 月 1 日施行的《邮电通信企业会计制度》规定，拨出方在资产类增设"拨付所属资金"一级科目核算，拨入方在权益类增设"上级拨入资金"一级科目核算。期末，拨付企业编制本身资产负债表时，在资产负债表非流动资产类下专设"拨付所属资金"项目，列在"长期投资"（现称为"长期股权投资"）项目下方、"固定资产"项目的上方，专门反映"拨付所属资金"账户的余额；所属企业在所有者权益类下增设"上级拨入资金"项目单独反映，或在"实收资本"项目下单独注明的"其中：上级拨入资金"项目反映。拨付单位期末编制汇总会计报表时，应将"拨付所属资金"和"上级拨入资金"项目的记录相互抵销。

可见，上述一级核算法较为清晰。2020 年 1 月 1 日，实施新修订的《企业会计准则》时，新准则未提及该项内容的核算，但在准则应用指南的附录一中规定："企业在不违反会计准则中确认、计量和报告规定的前提下，可以根据本单位的实际情况自行增设、分拆、合并会计科目。"本书作者认为，在自行增设"拨付所属资金""上级拨入资金"一级账户的情况下，这两个账户的期末余额应分别填入资产负债表"长期股权投资""实收资本（或股本）"项目。

现以"一级核算法"为例，说明其账务处理的过程。

（1）总公司或总厂向所属单位拨出流动资产时：

借：拨付所属资金
　　贷：银行存款、原材料等

（2）总公司或总厂向所属单位拨付固定资产时：

借：拨付所属资金
　　累计折旧
　　贷：固定资产

（3）拨入方收到流动资产时：

借：银行存款、原材料等
　　　贷：上级拨入资金

（4）拨入方收到固定资产时，按固定资产净值：

借：固定资产
　　　贷：上级拨入资金

期末，编制资产负债表时，"拨付所属资金"科目的余额列入"长期股权投资"项目，"上级拨入资金"科目列入"实收资本"项目。

第七章

固定资产

第一节 固定资产的定义与分类

一、固定资产的定义及确认

固定资产是指企业为生产产品、提供劳务、出租或经营管理而持有的，使用寿命超过一个会计年度的有形资产。使用寿命是指企业使用固定资产的预计期间，或者该固定资产所能生产产品或提供劳务的数量。

确认固定资产必须同时满足两个条件：①与该固定资产有关的经济利益很可能流入企业。②该固定资产的成本能够可靠地计量。

企业在对固定资产进行确认时，应当按照固定资产的定义和确认条件，并考虑企业的具体情况来加以判断。企业的环保设备和安全设备，虽然不能为企业带来经济利益，却有助于企业相关资产获得经济利益，也应当确认为固定资产，但这类资产与相关资产的账面价值之和不能超过这两类资产可收回金额的总和。企业应制定适合本企业的固定资产目录、分类方法、每类或每项固定资产的折旧年限、折旧方法，作为进行固定资产核算的依据。

企业制定的固定资产目录、分类方法、每类或每项固定资产的预计使用年限、预计净残值、折旧方法等，应当编制成册，并按管理权限，经股东大会或董事会，或厂长（经理）会议或类似机构批准，按法律、行政法规的规定报送有关各方备案；同时备置于企业所在地，以供投资者等有关各方查阅。企业已经确定并对外报送，或者置于企业所在地的有关固定资产目录、分类方法、预计使用年限、预计净残值、折旧方法等，一经确定不得随意变更；如有变更，仍然应按照上述程序，经批准后报送有关各方备案，并在会计报表附注中予以说明。

二、固定资产的分类

对固定资产进行合理的分类，是合理组织固定资产核算、管好用好固定资产的重要条件。固定资产可以按不同的标准进行分类：

（1）按经济用途分类，可分为生产经营用固定资产和非生产经营用固定资产。

（2）按所有权分类，可分为自有固定资产和租入固定资产。

（3）按使用情况分类，可分为使用中固定资产、未使用固定资产和不需用固定资产。

（4）按经济性质分类，可分为房屋、建筑物、动力设备、传导设备、工作机器及设备、工具、仪器及生产用具、运输设备、管理用具、其他固定资产。

（5）按经济用途和使用情况综合分类，可分为以下七类：

1）生产经营用固定资产。它是指直接用于生产经营，或为生产经营服务的各种固定资产，包括生产经营用房、货场、仓库、机器、设备、机械、机动车辆、管理用房和设备等。

2）非生产经营用固定资产。它是指不直接用于生产经营和不直接服务于生产经营的各种固定资产，包括职工宿舍、招待所、学校、幼儿园、托儿所、俱乐部、食堂、浴室、理发室、医院、疗养院、专设的科研试验机构等方面的用房和设备等。

3）租出固定资产。它是指出租或出借给其他单位使用并收取一定租金的固定资产。

4）未使用固定资产。它是指未投入使用的固定资产，包括未使用的新增固定资产、调入尚待安装的固定资产、进行改扩建的固定资产以及经批准停止使用的固定资产。

5）不需用固定资产。它是指本企业不需用、已经上级批准准备处理的固定资产。

6）土地。它是指过去已经估价单独入账的土地；因征用土地而支付的补偿费，应计入与土地有关的房屋、建筑物的价值内，不单独作为土地价值入账。企业取得的土地使用权不能作为固定资产入账和管理，而是作为无形资产进行管理。

7）融资租入固定资产。它是指企业采用融资租赁方式租入的，尚在租赁期内未转归企业所有的固定资产。它在租赁期间内视同自有固定资产进行管理。

第二节　固定资产增加的核算

企业固定资产的增加有多种方式和多条渠道：有的由投资者投入，有的由企业购建，有的是从其他单位租入，还有的是接受有关方面捐赠。企业形成的各种固定资产都应该按其成本进行初始计量。

确定固定资产的取得成本必须正确区别资本性支出和收益性支出。如果支出的效益涉及多个会计期间的，则属于资本性支出，或称为投资性支出，这种支出形成的固定资产，由以后多个受益会计期间的收入得以补偿；如果支出的效益仅涉及当期的，则属于收益性支出，从当期收入中补偿。因此，确定固定资产的取得成本以资本性支出为依据。

从投入价值的角度看，企业投资性支出形成了固定资产的历史投入成本，构成了固定资产的原始价值（简称原值或称固定资产成本）。如果形成的固定资产是企业自行制造的，企业在建造中实际发生的全部支出，就是该项固定资产原值；如果形成的固定资产是外购的，固定资产的购置价格（买价）和一切附带支出，诸如相关税金、运输费、安装费等均构成固定资产的原值。企业接受其他单位捐赠的固定资产以及盘盈的固定资产等，企业并未花费支出，但这些固定资产也要确定重置价值入账（有发票账单的除外）。按目前市场上购置该项全新固定资产所需要的全部支出对其价值进行重置，就是该项固定资产的重置完全价值（简称重置价值）。固定资产原值减去累计折旧后的余额为固定资产净值，又称为折余价值。企业通过折余价值与原始价值对比，就能一般地了解固定资产的新旧程度。如果已入账的固定资产发生减值，应该计提固定资产减值准备。固定资产净值减去固定资产减值准备后的余额，为固定资产净额。在固定资产核算中，企业平时要核算固定资产原值（有时也含重置价值）、固定资产净值、固定资产净额，企业期末编制会计报表时要以固定资产账面价值反映报表中的固定资产价值。固定资产账面价值是固定资产原值扣减累计折旧和累计减值准备后的金额。在固定资产已计提折旧和减值准备的情况下，固定资产净额就是固定资产账面价值。下面，我们从形成固定资产的角度来说明这些计价标准的应用过程。

一、投资者投入固定资产

投资者投入固定资产是指投资者作为资本投入的固定资产进入企业。企业对这些资产依法享有经营权，但所有权属于投资者。这些资产作为企业登记注册的资本金，投资者在企业经营期内，除依法转让外，不得以任何方式抽回。因此，企业除了设置"固定资产"科目反映原始价值外，还要设置"实收资本"（或"股本"）科目反映投资者的投资资本。我国《企业会计准则第4号——固定资产》准则规定："投资者投入固定资产的成本，应当按照投资合同或协议约定的价值确定，但合同或协议约定价值不公允的除外。"这一规定有四层含义：一是投资者投入固定资产要有合同或协议；二是投资合同或协议约定的价值是公允价值；三是投入方按公允价值作初始投资成本入账；四是投资合同或协议约定的价值不公允的，不能将其作为入账的依据，而是按投资方账面价值或投入方确认价值作为初始投资成本入账。

【例1】 国家向企业投资，企业收到全新设备一台。投资合同约定的公允价值 40 000 元，企业用银行存款支付包装运杂费 共计 300 元。未取得增值税专用发票和其他抵扣凭证。

借：固定资产   40 300

    贷：银行存款   300

        实收资本——国家资本   40 000

【例2】 接受其他单位投资厂房一幢。投出单位账面原价 150 000 元，已计提折旧 30 000 元。投资合同约定的投资额为公允价值 120 000 元。

借：固定资产   120 000

    贷：实收资本——法人资本   120 000

双方协商约定的投资额可以高于或低于投出单位账面净值，甚至高于投出单位固定资产原价；无论如何，约定的投资额首先必须"公允"，不能做到公允的，按其他价值入账。

二、购入固定资产

企业购入固定资产发生的一切支出，包括买价、包装费、运输费、装卸费、保险费、场地整理费、专业人员服务费、安装费、除增值税以外（一般纳税人）的相关税费（如进口关税、耕地占用税、契税、车辆购置税等）及有关的间接费用（分摊的借款利息、外币借款折算差额以及应分摊的其他间接费用），均计入固定资产原值，但这些支出以固定资产是否达到"预定可使用状态"为界。达到"预定可使用状态"前发生的一切支出计入固定资产原值；达到"预定可使用状态"后的有关支出按固定资产准则规定的"后续计量"标准计量，其支出可以资本化（计入固定资产价值），也可以费用化（计入当期损益）。

企业购入的固定资产有新旧之分，如是旧固定资产，按实付额（或应付额）加上一切附带支出作固定资产原价入账，不考虑对方的"累计折旧"如何。企业购入的固定资产，有些不需要安装即可交付使用，有的需要安装才能交付使用，对于后者，要通过"在建工程"科目反映一切支出；待安装完毕交付使用后，再从"在建工程"科目转入"固定资产"科目。企业应根据不同的购入方式分别采用相应的账务处理。

 运杂费包括包装费、装卸费、保险费、运输费、仓储费等，如果未取得一般纳税人开具的增值税专用发票，一般指非运输费用，不考虑增值税抵扣问题。下同。

1. 现款购置

【例 3】 购入不需要安装的设备一台，原单位原价 45 000 元，转让作价 40 567 元（含增值税 4 667 元），取得增值税专用发票。购入过程中本企业还支付包装费 197 元、运杂费 300 元。设备已交付生产使用。

借：固定资产 36 397

应交税费——应交增值税（进项税额） 4 667

贷：银行存款 41 064

【例 4】 购入需要安装的全新设备一台，购价 8 000 元，增值税 1 040 元，包装费 50 元、运费 200 元，增值税进项税额 18 元，设备款项已付，正交车间安装。

借：在建工程（8 000 + 50 + 200） 8 250

应交税费——应交增值税（进项税额）（1 040 + 18） 1 058

贷：银行存款 9 308

上项设备安装中用银行存款支付安装费 180 元。

借：在建工程 180

贷：银行存款 180

上项设备安装完工交付生产使用。

借：固定资产 8 430

贷：在建工程 8 430

若上述业务购置中未付现款，则通过"应付账款"科目核算。

2. 用票据购置

【例 5】 购入设备一套，款项共计 33.90 万元（其中，增值税 3.90 万元），分 3 个月支付。当月，企业用银行存款支付 13.90 万元，同时，开出两张面值均为 10 万元不带息商业承兑汇票，一张承兑期为 2 个月，另一张承兑期为 3 个月。企业支付设备款和交出票据时：

借：固定资产 300 000

应交税费——应交增值税（进项税额） 39 000

贷：银行存款 139 000

应付票据 200 000

若为带息票据，各期末应支付的利息借记"财务费用"科目。

如果上列设备，对方同意采用分期付款方式（以协议合同为依据，不使用商业汇票结算），则贷记"应付账款"或"长期应付款"科目（不考虑计息因素）。如果分期付款时要支付利息，这时，一般来说，设备已交付使用，则将各期支付的利息记入"财务费用"科目。

企业有时购入的固定资产同时含有多种类型，如有房屋、计算机、空调设备等，企业可按其相应的公允价值的比例对总成本进行分配，分别确定各项固定资产的成本。

企业购入的计算机硬件所附带的、未单独计价的软件，与其购置的计算机硬件一并作为固定资产管理。

3. 有现金折扣的购置

【例 6】 购入一台计算机，专用发票价款 80 000 元，增值税 10 400 元，付款条件为 "2/15、$n/30$"。

在这一项经济业务中，信用总期限为 30 天，折扣信用期限为 15 天。15 天内付款，可享受 2% 的付款折扣；超过 15 天付款，虽然能多融得一些短期资金，但不再享受现金折扣，且 30 天信用期满时必须付清全部款项。由于企业购置固定资产的价值较大，一旦给予折扣优惠，能获得相当高的"利息收益"，企业一般要努力享受，因此，此项业务应按享受现金折扣后的净额入账⊖，编制如下会计分录：

（1）购置计算机时：

借：固定资产　　　　　　　　　　　　　　　　　　　　　　　78 400
　　应交税费——应交增值税（进项税额）　　　　　　　　　　　10 400
　　　贷：应付账款 [80 000 × (1 - 2%) + 10 400]　　　　　　　　　　　　88 800

（2）上述计算机款项，企业在 15 天内予以支付：

借：应付账款　　　　　　　　　　　　　　　　　　　　　　　88 800
　　　贷：银行存款　　　　　　　　　　　　　　　　　　　　　　　88 800

（3）若上述计算机款项超过折扣期支付：

借：应付账款　　　　　　　　　　　　　　　　　　　　　　　88 800
　　财务费用　　　　　　　　　　　　　　　　　　　　　　　 1 600
　　　贷：银行存款　　　　　　　　　　　　　　　　　　　　　　　90 400

说明：计算机购进时一般不需要安装，可以直接交付使用，而后形成的折扣损失则列作财务费用。如果购进的固定资产需要安装，在安装完工达到"预定可使用状态"前发生的折扣损失，则列作固定资产价值，即固定资产反映的是全价；在交付使用后发生的折扣损失，列作财务费用。在西方会计中，购入固定资产的现金折扣与购入存货的现金折扣的处理是有区别的，后者有总价法、净价法和净额法三种。前者一律采用净价法，即按扣除现金折扣后的净价借记"固定资产"科目，贷记"应付账款"科目。享受了现金折扣，固定资产的价值不变；没有享受现金折扣，也不增加固定资产价值，而是记入"丧失的折扣"科目，列为财务费用。这种处理方法的理由是：企业既然决定用现款购置固定资产，必然拥有足够的现款，不能取得现金折扣，丧失的利息收益很大，是调度资金（理财）不当所致，是企业发生的财务费用。所以，按净价法核算有利于促使企业更好地理财。

4. 采用分期付款方式购入

企业购买固定资产如果信用期限较长，采用分期付款方式购入，则按固定资产购买价款的现值作固定资产初始入账成本。我国《企业会计准则第 4 号——固定资产》准则规定："购买固定资产的价款超过正常信用条件延期支付，实质上具有融资性质的，固定资产的成本以购买价款的现值为基础确定。实际支付的价款与购买价款的现值之间的差额，除按照《企业会计准则第 17 号——借款费用》应予资本化的以外，应当在信用期间内计入当期损益。"同时，《企业会计准则应用指南——2020 年版》阐述"长期应付款"科目时规定，"以分期付款方式购入固定资产等发生的应付款项"通过"长期应付款"科目核算。其账务处理如下：

借：固定资产或在建工程　　　　　　　　　　　　　　　　　（购买价款现值）
　　应交税费　　　　　　　　　　　　　　　　　　　　　　（进项税额）

⊖　见朱学义，高玉梅，马颖莉《新收入准则下现金折扣及销售折扣券的业务处理》，《财务与会计》2020 年第 2
　　期第 57 ~ 60 页。

　　　　未确认融资费用　　　　　　　　　　　　　　　　　　　　（借贷差额）
　　　　贷：长期应付款　　　　　　　　　　　　　　　　　　　（应支付的金额）

　　5. 购入固定资产存在弃置义务的核算

　　固定资产弃置费用通常是指根据国家法律和行政法规、国际公约等规定，企业承担的环境保护和生态恢复等义务所确定的支出，如核电站核设施等的弃置和恢复环境义务等。企业购入固定资产时预计未来发生的弃置费用，应当根据《企业会计准则第 13 号——或有事项》的规定，将其折算为现值计入固定资产成本，同时确认为相应的预计负债。对于石油、天然气资产的弃置费用，应当按照《企业会计准则第 27 号——石油天然气开采》及其应用指南的规定，将符合或有事项准则中预计负债确认条件的，记入"预计负债"科目，同时相应增加油（气）井及相关设施的账面价值；对不符合预计负债确认条件的，在废弃时发生的拆卸、搬移、场地清理等支出，应当计入当期损益。

　　【例 7】　某企业购入某项含有放射性元素的仪器，付款 113 万元（含增值税 13 万元），预计使用 10 年。报废时需要特殊处理费用 20 万元。未来弃置费用按 5% 的折现率折算的现值是 12.28 万元 $[20 \times (1 + 5\%)^{-10} = 20 \times 0.61394 \approx 12.28]$。该企业购入仪器时编制如下会计分录：

　　　　借：固定资产　　　　　　　　　　　　　　　　　　　　112.28 万元
　　　　　　应交税费——应交增值税（进项税额）　　　　　　　　13 万元
　　　　贷：银行存款　　　　　　　　　　　　　　　　　　　　113 万元
　　　　　　预计负债——预计弃置费　　　　　　　　　　　　　12.28 万元

　　计算结果表明：10 年后的 20 万元，现在的价值（现值）是 12.28 万元，利息费用共计 7.72 万元。企业每年都要计算各期应负担的利息费用，见表 7-1。

表 7-1　固定资产预计弃置费各期利息费用计算表　　　　　　　　（单位：元）

计 息 年 份	当年预计负债账面价值	当年利息费用	预计负债累计额
	（1）＝上年年末（3）	（2）＝（1）×5%	（3）＝（1）＋（2）
1	122 800	6 140	128 940
2	128 940	6 447	135 387
3	135 387	6 769	142 156
4	142 156	7 108	149 264
5	149 264	7 463	156 727
6	156 727	7 836	164 564
7	164 564	8 228	172 792
8	172 792	8 640	181 432
9	181 432	9 072	190 503
10	190 503	9 497[①]	200 000
合计	—	77 200	

①：含小数误差 28 元。

　　企业每年年末，根据表 7-1 第 2 列数据编制如下会计分录（以第 1 年年末计息数据为例）：
　　　　借：财务费用　　　　　　　　　　　　　　　　　　　　6 140
　　　　　　贷：预计负债——预计弃置费　　　　　　　　　　　6 140

　　经过以上计息，10 年共计息 77 200 元，"预计负债"账户第 10 年年末余额正好为 200 000 元（122 800 ＋77 200）。

《企业会计准则解释》第 6 号指出：弃置费用形成的预计负债在确认后，按照实际利率法计算的利息费用应当确认为财务费用；由于技术进步、法律要求或市场环境变化等原因，特定固定资产的履行弃置义务可能发生支出金额、预计弃置时点、折现率等变动而引起的预计负债变动，应按照以下原则调整该固定资产的成本：

（1）对于预计负债的减少，以该固定资产账面价值为限扣减固定资产成本。如果预计负债的减少额超过该固定资产账面价值，超出部分确认为当期损益。

（2）对于预计负债的增加，增加该固定资产的成本。

按照上述原则调整的固定资产，在资产剩余使用年限内计提折旧。一旦该固定资产的使用寿命结束，预计负债的所有后续变动应在发生时确认为损益。

三、建造的固定资产

固定资产的建造核算在本章第五节详细阐述，这里仅指建造完工的固定资产交付使用的账务处理。

【例 8】 新建一幢厂房交付使用，共计价值 300 000 元。

借：固定资产　　　　　　　　　　　　　　　　　　　300 000
　　贷：在建工程　　　　　　　　　　　　　　　　　　　　300 000

企业建造的固定资产已达到可使用状态但尚未办理竣工决算手续，可先按估计价值记账，并计提折旧；待办理竣工决算后，再按实际成本调整原来的暂估价值，但不需要调整已计提的折旧额。

四、接受捐赠的固定资产

【例 9】 接受某公司赠送的新设备一套，按捐赠固定资产的发票、支付的相关税费等资料确定该设备入账价值 120 000 元（其中，增值税 13 805.31 元）。税务机关核定，该受赠设备分 3 年平均确认纳税所得，计算应缴纳的所得税。

企业接受捐赠的设备时：

借：固定资产　　　　　　　　　　　　　　　　　　106 194.69
　　应交税费——应交增值税（进项税额）　　　　　　13 805.31
　　贷：递延收益　　　　　　　　　　　　　　　　　　　120 000

企业各年年末结转捐赠收入 40 000 元（120 000÷3）时：

借：递延收益　　　　　　　　　　　　　　　　　　　　40 000
　　贷：营业外收入——捐赠利得　　　　　　　　　　　　　40 000

通过以上处理，企业各个会计期末再将"营业外收入"转入"本年利润"，就可以和其他利润一起计算应缴纳的所得税了。还应说明的是，若接受捐赠的固定资产没有发票等凭证，应合理估价；若接受捐赠的固定资产运回时发生运输费等，贷记"银行存款"科目。

五、采用租赁方式租入固定资产

《企业会计准则第 21 号——租赁》应用指南规定："租赁，是指在一定时间内，出租人将资产使用权让与承租人以获取对价的合同。"对于出租人，"租赁分为融资租赁和经营租赁两大类"；对于承租人，租赁分为使用权资产、短期租赁和低价值资产租赁三大类。

融资租赁是指实质上转移了与资产所有权有关的全部风险和报酬的租赁，承租方有权获得因使用资产所产生的几乎全部经济利益，并有权主导该资产的使用。确认融资租赁的标准是（只要其中一项或数项即可认定）：①在租赁期届满时，租赁资产的所有权转移给承租人。②租赁期届满时承租人有购买租赁资产的选择权，所订立的购买价款预计将远低于行使选择权时租赁资产的公允价值，因而在租赁开始日就可以合理确定承租人将会行使这种选择权。③即使资产的所有权不转移，但租赁期占租赁资产使用寿命的大部分（即大于或等于从租赁开始日起租赁期占租赁资产使用寿命的75%）。④承租人在租赁开始日的最低租赁付款额现值，几乎相当于租赁开始日租赁资产公允价值；出租人在租赁开始日的最低租赁收款额现值，几乎相当于租赁开始日租赁资产的公允价值。⑤租赁资产性质特殊，如果不做较大改造，只有承租人才能使用。

融资租赁固定资产的所有权最终不一定都转移。《企业会计准则第21号——租赁》准则规定，它"最终可能转移，也可能不转移"。如果不转移，则租赁期届满时，租赁固定资产返还给出租人。出租人为了促使承租人谨慎使用租赁资产，避免承租人过度使用而蒙受损失，往往在签订融资租赁合同或协议时，要求承租人对租赁资产届满时的余值进行担保。担保的资产余值（简称"担保余值"），是指在租赁开始日估计的租赁期届满时租赁资产的公允价值。一旦届满时租赁资产的实际价值小于公允价值，则承租人要赔偿出租人损失，即对担保资产承担保值责任。如果租赁期届满时，租赁固定资产转移给承租人，则承租人在签订融资租赁合同或协议时，一般不需要对租赁资产届满时的余值进行担保，而是需要确定未来行使优惠购置权时远低于届时租赁资产公允价值的购价。

采用融资租赁方式租入固定资产时，承租企业设置"使用权资产"科目进行核算。"使用权资产"应当按照成本进行初始计量，包括：①租赁负债初始成本。租赁负债是指租赁开始日尚未支付的租赁付款额现值，不含租赁开始日或之前支付的租赁激励金额。②初始直接费用。直接费用是指租赁谈判签约中发生的手续费、律师费、差旅费、印花税等。③租赁场地清理费用。租赁场地清理费用是指承租人为租赁资产正常使用预计发生的场地资产拆卸、移除、复原等费用，但不包括属于为生产存货而发生的成本。租赁付款额是指在租赁期内承租人应支付或可能被要求支付的各种款项（不包括或有租金和履约成本），加上由承租人或与其有关的第三方担保的资产余值。如果承租人有购买租赁资产的选择权，所订立的购买价款预计将远低于行使选择权时租赁资产的公允价值，则租赁付款额还包括租赁期满租赁资产的优惠购买价款（这在租赁开始日就予以合理确定）。计算租赁付款额现值采用的折现率按租赁内含利率或增量借款利率确定。出租人的租赁内含利率是指在租赁开始日使最低租赁收款额的现值与未担保余值的现值之和等于租赁资产公允价值与出租人的初始直接费用之和的折现率。

企业在整个租赁期间应向融资租赁公司支付的租赁费通过设置"租赁负债——租赁付款额"科目核算。企业应付融资租赁款总额和记入"使用权资产——融资租入固定资产"科目的租赁资产价值之间的差额实质上是一种利息费用，记入"租赁负债——未确认融资费用"⊖科目，在租赁期内采用实际利率法分期摊入"财务费用"科目。

【例10】 长城机械厂某年年初从G融资租赁公司租入某项全新机械设备，其公允价值为380 000元。租赁合同规定：设备租赁期8年（该设备预计使用年限10年），合同折现率

⊖ 在融资租赁方式下，"未确认融资费用"为"租赁负债"的二级科目。

7%，长城机械厂每年年末支付租赁费 56 500 元，并担保租赁资产期满时估计余值 73 000 元的 90%（担保余值 65 700 元，未担保余值 7 300 元）。租赁期满，设备退还给 G 融资租赁公司。可届时租赁设备实际价值仅有 61 000 元，长城机械厂补付差额 10 800 元（65 700 − 61 000 × 90%）。长城机械厂在租入固定资产过程中支付的手续费、印花税、律师费、差旅费等初始直接费用共 600 元。长城机械厂采用实际利率法摊销"未确认融资费用"。长城机械厂（承租方）有关计算及账务处理如下：

（1）确定租入固定资产入账价值和租赁付款额入账价值。

1）$\dfrac{\text{租入固定}}{\text{资产入账价值}}$ = 租赁付款额现值 + 初始直接费用

其中，$\dfrac{\text{租赁}}{\text{付款额现值}}$ = $\dfrac{\text{各期支付的}}{\text{租赁费现值}}$ + 担保余值现值

$= 56\,500 \times [1 - (1 + 7\%)^{-8}] \div 7\% + 65\,700 \times (1 + 7\%)^{-8}$

$= 375\,616$（元）

初始直接费用 = 手续费 + 印花税 + 律师费 + 差旅费等 = 600（元）

若上述租赁资产期满时转让给承租方，则上述公式中"担保余值现值"改为"租赁期满优先购买租赁设备的优惠价值现值"。

计算结果表明：租赁付款额现值为 375 616 元，加上初始直接费用 600 元作为租入固定资产入账价值。

租入固定资产入账价值 = 375 616 + 600 = 376 216（元）

2）确定租赁期内记入"租赁负债——租赁付款额"账户的价值。

租赁期内记入"租赁负债——租赁付款额"账户的价值 = 各期支付的租赁费之和 + 租赁固定资产担保余值

$= 56\,500 \times 8 + 65\,700 = 517\,700$（元）

（2）长城机械厂租入固定资产时的会计分录如下：

借：使用权资产——融资租入固定资产　　　　　　　　　　　　　376 216

　　租赁负债——未确认融资费用　　　　　　　　　　　　　　　142 084

　　　贷：租赁负债——租赁付款额　　　　　　　　　　　　　　　　517 700

　　　　　银行存款　　　　　　　　　　　　　　　　　　　　　　　　600

注：如果融资租入的固定资产需要安装，借记"在建工程"科目；安装完工后再转入"固定资产"科目。

（3）按月计提租入固定资产折旧时（设备预计使用寿命 10 年，可租赁期为 8 年，按规定，租赁期满时不能取得租赁资产所有权的，应选其最短的年限 8 年计提折旧；反之，如果租赁期满设备转让给承租方，则长城机械厂应按 10 年折旧。该企业采用直线法计提 8 年折旧）：

借：制造费用 [(376 216 − 65 700) ÷ (8 × 12)]　　　　　　　　　3 234.54

　　　贷：使用权资产累计折旧　　　　　　　　　　　　　　　　　3 234.54

以后各月计提折旧的会计分录与此相同，8 年累计计提折旧 310 516 元。

（4）第 1 年年末（及以后各年末）支付融资租赁费 56 500 元时：

借：租赁负债——租赁付款额　　　　　　　　　　　　　　　　　56 500

　　　贷：银行存款　　　　　　　　　　　　　　　　　　　　　　56 500

（5）各年年末按各年年末摊余价值（未偿还的租赁负债）与实际利率 7% 计算各年

年租赁负债——未确认融资费用摊销额，见表 7-2。

根据表 7-2 第 1 年年末摊销额 26 293 元编制下列会计分录：

借：财务费用　　　　　　　　　　　　　　　　　　26 293

　　贷：租赁负债——未确认融资费用　　　　　　　　　　26 293

以后各年年末均按表 7-2 第 3 列相关数额进行摊销，8 年累计摊销总额为 142 084 元，正好结平"租赁负债——未确认融资费用"账户余额。

（6）第 8 年年末，租赁设备实际价值 61 000 元的 90% 小于担保余值 65 700 元，长城机械厂补付差额 10 800 元时：

借：制造费用——资本租赁损失　　　　　　　　　　10 800

　　贷：银行存款　　　　　　　　　　　　　　　　　　10 800

表 7-2　未确认融资租赁费用摊销表（实际利率法）　　　　　（单位：元）

年份	融资租赁付款额	未确认融资费用摊销额	租赁负债偿还额	未偿还的租赁负债
	（1）	（2）=上年年末（4）×7%	（3）=（1）-（2）	（4）=上年末（4）-（3）
0				375 616
1	56 500	26 293①	30 207	345 409②
2	56 500	24 179	32 321	313 088
3	56 500	21 916	34 584	278 504
4	56 500	19 495	37 005	241 499
5	56 500	16 905	39 595	201 904
6	56 500	14 133	42 367	159 537
7	56 500	11 168	45 332	114 205
8	56 500	7 995③	48 505	65 700
合计	452 000	142 084	309 916	—

① = 375 616 × 7% = 26 293；

② = 375 616 - 30 207 = 345 409；

③ 含小数误差 1 元。

（7）第 8 年年末，长城机械厂租入设备退还给 G 融资租赁公司时：

1）注销"租赁负债——租赁付款额"科目余额（担保余值）65 700 元：

借：租赁负债——租赁付款额　　　　　　　　　　　65 700

　　贷：使用权资产——融资租入固定资产　　　　　　　　65 700

2）注销租入固定资产其余账户的余额：

借：使用权资产累计折旧　　　　　　　　　　　　　310 516

　　贷：使用权资产——融资租入固定资产　　　　　　　　310 516

如果租赁期满，租赁设备转让给长城机械厂，长城机械厂享受优惠价购买设备时，借记"使用权资产——融资租入固定资产"科目，贷记"银行存款"科目，同时要将"使用权资产——融资租入固定资产"账户的余额转入"固定资产——生产用固定资产"账户，并按生产用固定资产再计提 2 年折旧。

采用短期租赁方式（租赁期通常不超过 12 个月）租入固定资产采用简化的方式进行处理，即不记入本企业"固定资产"科目，也不设置"使用权资产"科目核算，而是另设备查簿登记，但租赁期内要核算与该租赁资产相关的成本（如租金等）或收益。此外，根据《企业会计准则第 4 号——固定资产》应用指南规定："企业以经营租赁方式租入的固定资产发生的改良支出，应予资本化，作为长期待摊费用，合理进行摊销。"

对于"低价值资产租赁"，如租入平板电脑、普通办公家具、电话机等小型资产，租入企业可以采用类似短期租赁的简化方式进行处理。

六、以补偿贸易方式从国外引进设备

补偿贸易是指企业从国外工商业者那里引进设备、技术、专利等，不立即使用现款支付，而是等到这些项目投产产生效果后，再用该项目所生产的产品或双方议定的其他内容清偿。清偿的方式一般有：①用投产项目的部分产品或全部产品分期清偿，称产品返销形式的补偿贸易。②用双方议定的其他产品分期清偿，称回购或互购形式的补偿贸易（又称综合补偿）。③用收入和利润分期清偿。因此，以补偿贸易方式引进的设备，是企业的长期应付款项，它通过发售商品或支付存款分期偿付。

【例 11】　新风工厂按照补偿贸易合同，从国外引进某种新设备和专用工具，按应付外币金额 20 000 美元和当时的市场汇率 1 : 7.00 折算为人民币价值 140 000 元。其中，设备价款和国外运杂费 137 000 元，工具价款和国外运杂费 3 000 元。此业务及其他相关业务分述如下：

（1）新风工厂确定应付引进设备款时：

借：在建工程　　　　　　　　　　　　　　　　　　　　　　　137 000
　　材料采购　　　　　　　　　　　　　　　　　　　　　　　　3 000
　　贷：长期应付款——某外商（ $ 20 000 × 7.00 ）　　　　　　140 000

（2）上述设备入关，新风工厂用银行存款（人民币）支付进口关税 4 500 元，增值税 18 395 元和入关后国内运杂费 900 元。关税和国内运杂费由设备负担 5 292 元，工具负担 108 元。国内运杂费未取得增值税专用发票。

借：在建工程　　　　　　　　　　　　　　　　　　　　　　　5 292
　　应交税费——应交增值税（进项税额）　　　　　　　　　　18 395
　　材料采购　　　　　　　　　　　　　　　　　　　　　　　　108
　　贷：银行存款　　　　　　　　　　　　　　　　　　　　　23 795

（3）设备运到新风工厂，工具办完了验收入库手续，其计划成本 3 200 元；设备进行安装，支付安装费 632 元。

借：低值易耗品　　　　　　　　　　　　　　　　　　　　　　3 200
　　贷：材料采购　　　　　　　　　　　　　　　　　　　　　3 108
　　　　材料成本差异　　　　　　　　　　　　　　　　　　　　92
借：在建工程　　　　　　　　　　　　　　　　　　　　　　　632
　　贷：银行存款　　　　　　　　　　　　　　　　　　　　　632

（4）设备安装完工交付生产使用：

借：固定资产（137 000 + 5 292 + 632）　　　　　　　　　　142 924
　　贷：在建工程　　　　　　　　　　　　　　　　　　　　142 924

（5）按引进协议规定，新风工厂所欠引进设备款 20 000 美元要用 5 批产品均衡偿还，每次偿还 4 000 美元。该企业当年用引进设备生产的第一批产品出口抵欠。该批产品按偿

还 4 000 美元和当日汇率 1：7.05 折算，应向外商收取货款 28 200 元（免征增值税），该批产品的成本为 23 000 元。新风工厂发出产品时做如下会计分录：

借：应收账款——某外商（＄4 000×7.05）　　　　　　　　　28 200
　　贷：主营业务收入　　　　　　　　　　　　　　　　　　　　　28 200
借：主营业务成本　　　　　　　　　　　　　　　　　　　　　23 000
　　贷：库存商品　　　　　　　　　　　　　　　　　　　　　　　23 000

（6）上述发出产品外商已收到，认可抵销 4 000 美元欠款。新风工厂随即转销"应收账款"，做如下会计分录：

借：长期应付款——某外商（＄4 000×7.05）　　　　　　　　28 200
　　贷：应收账款——某外商（＄4 000×7.05）　　　　　　　　　28 200

（7）当年年末（资产负债表日），美元汇率为 1：7.10，新风工厂计算汇兑损益，调整"长期应付款"账户余额。

1）调整前"长期应付款"账面余额＝140 000 – 28 200 ＝ 111 800（元）

2）"长期应付款"账户年末产生的汇兑损益＝（＄20 000 – ＄4 000）×7.10 – 111 800 ＝ 1 800（元）

3）当年年末，新风工厂编制调整外币交易汇兑损益的会计分录如下：

借：财务费用　　　　　　　　　　　　　　　　　　　　　　　1 800
　　贷：长期应付款——某外商　　　　　　　　　　　　　　　　　1 800

说明：如果上例用第一批产品抵欠记入"应收账款"后，当年年末仍未接到外商收货抵欠的通知，则新风工厂当年年末还要计算调整"应收账款"产生的汇兑损益 200 元 [＄4 000×（7.10 – 7.05）]；如果新风工厂用货币偿付引进设备款，则贷记"银行存款"科目；如果外币汇率下降（如年末美元汇率降为 1：6.95），则应贷记"财务费用"科目；如果企业在引进设备交付使用前就有偿付业务而产生外币汇兑损益，则应将其计入引进设备的购建成本，即借记"在建工程"科目，贷记"长期应付款"科目。

七、盘盈固定资产

【例 12】　盘盈设备一台，按当前市场上类似设备的价格 2 800 元，扣除据该设备新旧程度估计的价值损耗 400 元入账（市场上若无类似设备，按该设备预计未来现金流量现值入账）。

借：固定资产　　　　　　　　　　　　　　　　　　　　　　　2 400
　　贷：以前年度损益调整　　　　　　　　　　　　　　　　　　　2 400

固定资产盘盈为什么记入"以前年度损益调整"科目，而不记入"待处理财产损溢"科目呢？因为固定资产一般不会出现盘盈现象，如果出现盘盈，一定是以前年度盘点时搞错而做了"盘亏"处理。因此，现在出现盘盈，应作为"前期差错"处理，通过"以前年度损益调整"科目核算。

八、交换取得固定资产

交换取得固定资产一般有两种途径：一是以非货币性资产交换取得固定资产；二是债务重组中取得固定资产。前者可以用库存商品、原材料、短期或长期证券、固定资产、无形资产等换入固定资产；后者主要是指欠债客户用固定资产抵债（核算举例见第四章例 20）。下面仅举非货币资产交换实例予以说明。

【例13】 甲企业用一批产成品跟华泰公司换入新设备一台。该批产成品账面成本 50 000元，市场售价（公允价值）70 000 元，增值税 9 100 元。华泰公司新设备市场售价（公允价值）70 000 元，增值税 9 100 元。该项非货币性资产交换具有商业实质，且公允价值能够可靠地计量。甲企业换入设备时做如下会计分录：

借：固定资产   70 000

    应交税费——应交增值税（进项税额）   9 100

      贷：主营业务收入   70 000

          应交税费——应交增值税（销项税额）   9 100

借：主营业务成本   50 000

      贷：库存商品   50 000

若上项非货币性资产交换没有活跃市场，不具有商业实质，且公允价值不能够可靠地计量，则甲企业换入设备时（增值税是确定的，为 9 100 元）做如下会计分录：

借：固定资产   50 000

    应交税费——应交增值税（进项税额）   9 100

      贷：库存商品   50 000

          应交税费——应交增值税（销项税额）   9 100

《企业会计准则第 7 号——非货币性资产交换》第十一条规定：如果非货币性资产交换不具有商业实质，且换入资产或换出资产的公允价值不能够可靠地计量，换出方"应当以换出资产的账面价值和应支付的相关税费作为换入资产的初始计量金额；对于换出资产，终止确认时不确认损益"。

【例14】 甲企业用一批原材料跟乙公司换入旧设备一台。该批原材料账面计划成本 60 000元，材料成本差异率2%，已计提跌价准备 1 000 元。该原材料市场售价（公允价值）61 500 元，应交增值税销项税 7 995 元。乙公司旧设备原价 97 200 元，已计提折旧21 000元，公允价值 61 500 元，应交增值税销项税 7 995 元。该项非货币性资产交换具有商业实质，且公允价值能够可靠地计量。甲企业原材料交换对价（即对等交换的价格）为69 495元（61 500 + 7 995）与换入设备交换对价 69 495 元相等。甲企业按换入设备公允价值入账，做如下会计分录：

借：固定资产   61 500

    应交税费——应交增值税（进项税额）   7 995

      贷：其他业务收入   61 500

          应交税费——应交增值税（销项税额）   7 995

借：其他业务成本   60 200

    存货跌价准备   1 000

      贷：原材料   60 000

          材料成本差异（60 000×2%）   1 200

若上项非货币性资产交换没有活跃市场，不具有商业实质，且公允价值不能够可靠地计量，税务机关按原材料核定价 61 000 元计缴增值税 7 930 元（61 000×13%），则甲企业换入设备时（乙公司设备增值税已按固定资产净值确认为 9 906 元）做如下会计分录：

借：固定资产   58 224

应交税费——应交增值税（进项税额）	9 906
存货跌价准备	1 000
贷：原材料	60 000
材料成本差异（60 000×2%）	1 200
应交税费——应交增值税（销项税额）	7 930

第三节　固定资产折旧和修理

一、固定资产折旧

（一）折旧的概念

固定资产在使用过程中会不断发生磨损或损耗，其损耗价值要逐渐转移到成本费用中去，以便从收入中得到补偿。固定资产转移到成本费用中去的那部分损耗价值称为固定资产折旧。固定资产损耗分为有形损耗和无形损耗两种。有形损耗是指固定资产在生产过程中由于使用和自然力的影响而发生的在使用价值和价值上的损失；无形损耗是指由于技术上的进步、高效能固定资产的出现和推广，从而使原有固定资产的效能相对降低而引起的损失。企业之所以计提折旧，是因为固定资产在使用过程中会逐渐丧失服务潜力，企业必须在固定资产的有效使用期限内把固定资产的成本分配于各个受益期，计提一定数额的折旧费用，从其收入中予以扣除，实现期间收入与费用的正确配比；同时也逐渐形成重置固定资产的资金实力。由此可见，折旧核算就是固定资产成本分摊的过程，正如《企业会计准则第4号——固定资产》准则对折旧的定义："折旧，是指在固定资产使用寿命内，按照确定的方法对应计折旧额进行系统分摊。"其中，"应计折旧额，是指应当计提折旧的固定资产的原价扣除其预计净残值后的金额。已计提减值准备的固定资产，还应当扣除已计提的固定资产减值准备累计金额。"

（二）折旧的计算方法

企业计算固定资产折旧时必须考虑以下四个因素：①折旧的基数，即固定资产原值。②估计的使用年限，它由有形损耗和无形损耗所决定，但实质上，耐用年限一般以考虑技术进步的无形损耗为主，即固定资产的经济寿命决定其技术寿命。③残值，也称为处置收入⊖，即固定资产报废处置时可收回的残余材料的金额。④处置费用，即固定资产报废清理时所发生的拆卸、搬运等费用，它是对固定资产价值的追加，应事先加以估计。其中，固定资产原值包含了预计弃置费用现值在内。

企业在固定资产预计使用年限内应计提的折旧总额等于固定资产原值扣除预计净残值后的余额。预计净残值是指假定固定资产预计使用寿命已满并处于使用寿命终了时的预期状态，企业目前从该项资产处置中获得的扣除预计处置费用后的金额。计算预计净残值时，首先要预计固定资产使用寿命期满时的残值收入和预计清理费用；其次，要将预计残值收入和预计清理费用按一定折现率折算成现值；最后，计算预计残值收入现值扣除预计清理费用现值的净值，即为预计净残值，其实质就是现时价值的预计处置收入减去预计处置费用后的余额。各类固定资产的净残值率（净残值与原值的比例），由企业根据固定资产性质和消耗方式确定。

⊖　处置收入不仅包括固定资产报废时残料收入，还包括固定资产未到报废时发生的出售、抵债、投资转让、非货币性资产交换等项交易产生的收入。同理，处置费用也与这些处置行为相关。

计算折旧的方法分为平均法、加速折旧法和特殊折旧法三类。

平均法包括直线法、产量法以及工作小时法等；加速折旧法包括余额递减法、双倍余额递减法、年数总和法以及递减折旧率法等；特殊折旧法包括偿债基金折旧法、年金法、盘存法、废弃法、重置法等。

1. 直线法

直线法也称年限平均法，是指固定资产原价减去预计的净残值后按预计使用年限平均分摊的折旧方法。其计算公式为

$$(1)\ 固定资产年折旧额 = \frac{固定资产应计提折旧总额}{固定资产预计使用年限}$$

$$= \frac{固定资产原价 - (预计残值收入现值 - 预计清理费用现值)}{固定资产预计使用年限}$$

$$(2)\ 固定资产折旧率 = \frac{固定资产年折旧额}{固定资产原价} \times 100\%$$

或

$$固定资产折旧率 = \frac{1 - 预计净残值率}{预计使用年限} \times 100\%$$

在固定资产预计残值收入和预计清理费用相差不大的情况下，固定资产年折旧率可以简化为

$$固定资产年折旧率 = \frac{1}{预计使用年限}$$

$$(3)\ 固定资产月折旧率 = \frac{固定资产年折旧率}{12}$$

(4) 固定资月折旧额 = 固定资产原价 × 固定资产月折旧率

在上述公式中，预计净残值突出的是"现值"，即将未来固定资产使用寿命结束时的价值按一定折现率折算成现在的价值。其计算公式为

$$预计净残值 = (预计残值收入 - 预计清理费用) \times (1 + 折现率)^{-n}$$
$$= 预计现时处置收入 - 预计现时处置费用$$

式中，n 为固定资产预计使用年限，也称固定资产使用寿命。

折旧率分为综合折旧率（按企业全部固定资产计算的平均折旧率）、分类折旧率（按各类固定资产计算的平均折旧率）和个别折旧率（按各项固定资产计算的折旧率）三种。

【例15】　某固定资产原值 20 000 元，预计残值收入现值 400 元，预计清理费用现值 200 元，预计使用年限 20 年。个别折旧率（额）计算如下：

$$年折旧额 = \frac{20\,000 - (400 - 200)}{20} = 990\ (元)$$

$$年折旧率 = \frac{990}{20\,000} \times 100\% = 4.95\%$$

$$月折旧率 = \frac{4.95\%}{12} \approx 0.41\%$$

$$月折旧额 = 20\,000 \times 0.41\% = 82\ (元)$$

或　$$月折旧额 = \frac{990}{12} \approx 82\ (元)$$

【例16】　某企业房屋类固定资产分类折旧率的计算（假定净残值率为 0）见表 7-3。

表7-3 分类折旧率的计算 （单位：元）

房屋名称	固定资产原价	预计使用年限	预计净残值率	年折旧额	年分类折旧率	月分类折旧率
办公楼	200 000	40	4%	4 800		
厂房	240 000	15	3%	15 520		
仓库	120 000	30	5%	3 800		
⋮	⋮	⋮	⋮	⋮		
房屋类合计	1 000 000	—	—	48 000	4.8%	0.4%

企业各类固定资产的分类折旧率确定之后，以后各月计提的折旧额就用月初各类应计提折旧固定资产原值乘以各类固定资产月折旧率。例如，某月月初房屋类固定资产原值1 020 000元，则

$$房屋类固定资产月折旧额 = 1\ 020\ 000 \times 0.4\% = 4\ 080\ （元）$$

2. 产量法

产量法也称为生产数量法，是指按固定资产使用期总产量或提供的劳务总量计提折旧的一种方法。例如，运输汽车的折旧就是先预计汽车总的行驶里程，确定单位里程的折旧额，然后再根据各期实际行驶里程确定各期折旧额。

3. 工作小时法

工作小时法是按固定资产使用期的工作时间（台班或台时）计算提取固定资产折旧的一种方法。它适用于那些价值大而又不经常或不均衡使用的固定资产。

4. 余额递减法

余额递减法简称"定率法"，是指以固定不变的折旧率乘以固定资产递减的折余价值得到每期计提的折旧数额的一种加速折旧方法。其计算公式为

$$年折旧率 = \left(1 - \sqrt[n]{\frac{固定资产净残值}{固定资产原始价值}}\right) \times 100\%$$

式中，n 代表预计使用年限；固定资产净残值是估计数值（正数），如果没有残值，可假定名义残值为"1"，以利计算。

$$某年折旧额 = （固定资产原值 - 累计折旧）\times 年折旧率$$
$$= 某年年初固定资产折余价值 \times 年折旧率$$

【例17】 有一台机床，原值5 000元，预计使用4年，预计净残值648元，按余额递减法计算折旧：

（1）年折旧率 $= \left(1 - \sqrt[4]{\dfrac{648}{5\ 000}}\right) \times 100\% = 40\%$

（2）该机床各年提取的折旧额见表7-4。

表7-4 折旧计算表（余额递减法） （单位：元）

年份	当年计提的折旧额	累计折旧额	折余价值
			5 000（原值）
1	5 000 × 40% = 2 000	2 000	3 000
2	3 000 × 40% = 1 200	3 200	1 800
3	1 800 × 40% = 720	3 920	1 080
4	1 080 × 40% = 432	4 352	648（残值）

5. 双倍余额递减法

双倍余额递减法是在不考虑固定资产残值的情况下,用直线法折旧率的双倍去乘以固定资产在每一会计期间的期初账面价值的折旧方法。其计算公式为

$$年折旧额 = 期初固定资产账面余额 \times 双倍直线折旧率$$

$$双倍直线折旧率 = 2 \times (1/预计使用年限 \times 100\%)$$

应用双倍余额递减法应注意,固定资产账面折余价值不能低于固定资产的预计净残值。这里要分以下三种情况分别对待:

(1) 在预计使用年限里的某一年出现账面折余价值小于预计净残值的情况。从这一年开始就不能采用双倍余额递减法,而改用直线法。依例 17 计算,见表 7-5。

表 7-5　折旧计算表(双倍余额递减法)　　　　　　　　　(单位:元)

年　份	当年计提的折旧额	累计折旧额	折 余 价 值
			5 000（原值）
1	$5\,000 \times 50\%^{①} = 2\,500$	2 500	2 500
2	$2\,500 \times 50\% = 1\,250$	3 750	1 250
3	$(1\,250 - 648) \times 50\% = 301$	4 051	949
4	$(1\,250 - 648) \times 50\% = 301$	4 352	648（残值）

① $= 2 \times (1/4 \times 100\%) = 50\%$。

表 7-5 中,第 3、4 年改用了直线法,每年折旧额均为 301 元,致使第 4 年年末账面折余价值正好等于预计净残值 648 元。如果第 3 年不改用直线法,仍按往年的方法计算,则产生的问题为:

第 3 年计提折旧额 $= 1\,250 \times 50\% = 625$(元)

第 3 年累计折旧额 $= 3\,750 + 625 = 4\,375$(元)

第 3 年账面折余价值 $= 5\,000 - 4\,375 = 625$(元)

账面折余价值 625 元 < 预计净残值 648 元,不符合要求,所以,从第 3 年开始改用直线法。

(2) 由于净残值过小或其他原因,在预计使用年限里,使用双倍余额递减法没有出现账面折余价值小于预计净残值的情况,这是符合税法规定的。但是,企业为了使折旧期满固定资产账面折余价值与预计净残值相等,就是把未折旧的价值改按直线法平均分摊于剩余使用年限,这就是通常所说的"转换"。那么,什么时候转换恰当呢?一般来说,当按双倍余额递减法计算的年折旧额小于剩余年限按直线法计算的年折旧额时就改用直线法。将这句话反过来表述如下列公式所示:

$$\frac{账面折余价值 - 预计净残值}{剩余使用年限} > 该年按双倍余额递减法计算的年折旧额$$

【例 18】　某固定资产原值 10 000 元,预计净残值 500 元,预计使用年限 8 年。采用双倍余额递减法 [双倍折旧率 $= 2 \times (1/8 \times 100\%) = 25\%$] 计提折旧,见表 7-6。

表 7-6　折旧计算表(双倍余额递减法)　　　　　　　　　(单位:元)

年　份	当年计提的折旧额	累计折旧额	折 余 价 值
			10 000（原值）
1	$10\,000 \times 25\% = 2\,500$	2 500	7 500
2	$7\,500 \times 25\% = 1\,875$	4 375	5 625

（续）

年　份	当年计提的折旧额	累计折旧额	折余价值
3	$5\ 625 \times 25\% = 1\ 406.25$	5 781.25	4 218.75
4	$4\ 218.75 \times 25\% = 1\ 054.69$	6 835.94	3 164.06
5	$3\ 164.06 \times 25\% = 791.02$	7 626.96	2 373.04
6	$(2\ 373.04 - 500)\ /3 = 624.35$	8 251.31	1 748.69
7	624.35	8 875.66	1 124.34
8	624.34①	9 500	500

① 小数误差 0.01 元。

从表 7-6 中可见，到第 5 年年末折余价值 2 373.04 元。第 6 年应该转换，依据为

$$\frac{2\ 373.04 - 500}{3} > 2\ 373.04 \times 25\%$$

即 624.35 > 593.26。

所以，第 6 年开始改用直线法。故第 6、7、8 年的年折旧额均为 624.35 元。

（3）当双倍余额递减法的年折旧率正好等于余额递减法的年折旧率时，按双倍余额递减法计提折旧额后，预计使用年限末的账面折余价值正好等于预计净残值。对于这种情况，就不存在转换问题。例如，前面例 17 中机床原值 5 000 元，如果预计使用年限改为 5 年，预计净残值改为 388.80 元，则余额递减法的年折旧率为 40%，即 $1 - \sqrt[5]{388.80/5\ 000}$，正好等于双倍直线折旧率 40%，即 $2/5 \times 100\%$，则两种方法计提的折旧相等，各年年末折余价值分别为 3 000 元、1 800 元、1 080 元、648 元，388.80 元。第 5 年年末账面净值正好等于预计的净残值 388.80 元，其间不需要转换改用直线法。

采用双倍余额递减法计提折旧，通常要运用判断公式确定转换。但在实际工作中，为了简化，一般在其固定资产折旧年限到期前两年内，将固定资产净值扣除预计净残值后的净额平均摊销。

6. 年数总和法

年数总和法也称为使用年限积数法或年限总额法或合计年限法，是以固定资产应计提的折旧总额为基数，乘以一个逐年递减的折旧率来计算各年折旧额的一种方法。其计算公式为

$$年折旧额 = \left(\begin{matrix}固定资 \\ 产原值\end{matrix} - \begin{matrix}预\ 计 \\ 净残值\end{matrix}\right) \times \frac{尚可使用年数}{年数总和}$$

$$= 应计提折旧总额 \times 固定资产当年折旧率$$

依例 17：年数总和 = 1 + 2 + 3 + 4 = 10；四年的年折旧率分别为 4/10、3/10、2/10、1/10，计算结果见表 7-7。

表 7-7　折旧计算表（年数总和法）　　（单位：元）

年　份	应计提折旧总额	尚可使用年限	年折旧率	折旧额	累计折旧额
1	$5\ 000 - 648 = 4\ 352$	4	4/10	1 740.80	1 740.80
2	$5\ 000 - 648 = 4\ 352$	3	3/10	1 305.60	3 046.40
3	$5\ 000 - 648 = 4\ 352$	2	2/10	870.40	3 916.80
4	$5\ 000 - 648 = 4\ 352$	1	1/10	435.20	4 352

7. 递减折旧率法

递减折旧率法是指每年的折旧额都按一个主观选定的递减的折旧率（没有固定计算公式）来计算的一种加速折旧方法。为了使预计使用年限末的账面折余价值等于预计的净残

值，各年折旧率之和要等于 1 减去净残值率后的余额。依前面例 17 资料列表，见表 7-8。

表 7-8　折旧计算表（递减折旧率法）　　　　　　（单位：元）

年　　份	当年折旧率	当年计提的折旧额	累计折旧	折余价值
				5 000（原值）
1	36.76%	5 000 × 36.76% = 1 838	1 838	3 162
2	26.76%	5 000 × 26.76% = 1 338	3 176	1 824
3	16.76%	5 000 × 16.76% = 838	4 014	986
4	6.76%	5 000 × 6.76% = 338	4 352	648
合计	87.04%	4 352	4 352	—

8. 偿债基金折旧法

偿债基金折旧法是指把固定资产应计提折旧总额（原值减去预计净残值）视同到期应偿还的债款总额，比照提存偿债基金的方式确定各期折旧费用的一种折旧方法。按此方法，每期计提的折旧额等于每期提存的相同数额的基金，加上上期累计已计提折旧应计利息。具体公式为

（1）应计提折旧总额 = 每年提存基金数 × 年金终值系数

年金终值系数是指 1 元年金的复利终值。例如，第 1 年年末提存 1 元，年利率 10%，第 4 年年末为 1.331 元 $[(1+10\%)^3]$；第 2 年年末提存 1 元，第 4 年年末为 1.21 元 $[(1+10\%)^2]$；第 3 年年末提存 1 元，第 4 年年末为 1.10 元 $[(1+10\%)^1]$；第 4 年年末提存 1 元仍为 1 元，则 4 年期每 1 元年金的终值系数为 4.641（1.331 + 1.21 + 1.10 + 1），用综合公式计算为：$[(1+10\%)^4 - 1] \div 10\% = 4.641$，即

$$年金终值系数 = \frac{(1 + 年利率)^n - 1}{年利率}$$

年金终值系数的倒数称为偿债基金系数，或积累系数，即

$$偿债基金系数 = \frac{年利率}{(1 + 年利率)^n - 1}$$

式中，n 代表预计使用年限。根据上述公式（1）可得下列公式（2）。

（2）每年提存基金数 = 应计提折旧总额 ÷ 年金终值系数

　　　　　　　　　 = 应计提折旧总额 × 偿债基金系数

$$= \left(\begin{array}{c}固定资 \\ 产原值\end{array} - \begin{array}{c}预计 \\ 净残值\end{array}\right) \times \frac{年利率}{(1 + 年利率)^n - 1}$$

（3）每年应计提折旧额 = 每年提存基金数 + 上年累计折旧数 × 年利率

或　　　　　每年应计提折旧额 = 每年提存基金数 × $(1 + 年利率)^{已使用年数-1}$

现以例 17 为例，设年利率为 10%，折旧计算见表 7-9。

表 7-9　折旧计算表（偿债基金折旧法）　　　　　　（单位：元）

年　　份	每年提存基金数	应计利息	当年计提折旧	累计折旧	折余价值
					5 000（原值）
1	937.73①	—	937.73	937.73	4 062.27
2	937.73	93.77②	1 031.50③	1 969.23	3 030.77
3	937.73	196.92④	1 134.65	3 103.88	1 896.12

（续）

年　份	每年提存基金数	应 计 利 息	当年计提折旧	累 计 折 旧	折 余 价 值
4	937.73	310.39	1 248.12	4 352⑤	648
合计	3 750.92	610.08	4 352		

① $= (5\,000 - 648) \times \{10\% \div [(1 + 10\%)^4 - 1]\}$；

② $= 937.73 \times 10\%$；

③ $= 937.73 + 93.77 = 1\,031.50 \ [\text{或} = 937.73 \times (1 + 10\%)^{2-1}]$；

④ $= 1\,969.23 \times 10\%$；

⑤ $= 937.73 \times \{[(1 + 10\%)^4 - 1] \div 10\%\}$。

偿债基金折旧法的特点是各年提存基金数相同，但各年折旧额不同（逐年增加）。如果把各年提存基金数存入银行获得利息，到固定资产使用期满时，该存款的本利和等于固定资产应提折旧总额，可供重新购置固定资产之用。这种折旧方法考虑了货币的时间价值，符合长期性投资决策理论要求，但计提的折旧不甚稳定，因而实务中很少利用，一般只适用于租赁企业和少数公用事业单位。

9. 年金法

年金法是年金折旧法的简称，它是将固定资产历史成本减去预计净残值的现值后的余额视作应回收的投资，比照提取投资回收基金的方式，同时考虑投资的利息费用因素，确定各期应计提折旧的一种方法。采用这种方法，企业每年提取的等额投资回收基金（有的称为"当年计提的折旧费用"）包括两部分：一是固定资产原有投资的回收额；二是未收回投资的利息费用。每年提取的投资回收基金减去未收回投资的利息费用，即为当年计提的折旧额。对例17，计算如下：

$$(1)\ \text{每年提取的投资回收基金} = \frac{\text{固定资产历史成本} - [\text{预计净残值} \times (1 + \text{年利率})^{-n}]}{[1 - (1 + \text{年利率})^{-n}] \div \text{年利率}}$$

$$= \frac{5\,000 - [648 \times (1 + 10\%)^{-4}]}{[1 - (1 + 10\%)^{-4}] \div 10\%} = \frac{4\,557.407\,3}{3.169\,87}$$

$$= 1\,437.73(\text{元})$$

式中，n 表示预计使用年限；$(1 + \text{年利率})^{-n}$ 表示复利现值系数。

公式分母为年金现值系数，即1元年金的复利现值，也称年金贴现因素。例如，第1年年末1元钱的现值（假定年利率均为10%）是0.909 09 $[(1 + 10\%)^{-1}]$，第2年年末1元钱的现值是0.826 45 $[(1 + 10\%)^{-2}]$，第3年年末1元钱的现值是0.751 32 $[(1 + 10\%)^{-3}]$，第4年年末1元钱的现值是0.683 01 $[(1 + 10\%)^{-4}]$。所以，1元钱、4年期、10%利率的年金现值系数为3.16 987(0.909 09 + 0.826 45 + 0.751 32 + 0.683 01)，用综合公式计算为 $[1 - (1 + 10\%)^{-4}] \div 10\% = 3.169\,87$。

$$(2)\ \text{每年计提的折旧额} = \text{每年提取的投资回收基金} - \left(\text{期初固定资产折余价值} \times \text{年利率}\right)$$

现据例17计算各年折旧，见表7-10。

表7-10　折旧计算表（年金折旧法）　　　（单位：元）

年　份	每年计提回收基金	按折余价值计算利息	当年计提折旧额	累 计 折 旧	折 余 价 值
					5 000（原值）
1	1 437.73	5 000 × 10% = 500	937.73①	937.73	4 062.27

（续）

年　　份	每年计提回收基金	按折余价值计算利息	当年计提折旧额	累 计 折 旧	折 余 价 值
2	1 437.73	4 062.27 × 10% = 406.23	1 031.50	1 969.23	3 030.77
3	1 437.73	3 030.77 × 10% = 303.08	1 134.65	3 103.88	1 896.12
4	1 437.73	1 896.12 × 10% = 189.61	1 248.12	4 352	648
合计	5 750.92	1 398.92	4 352		

① = 1 437.73 – 500。

表 7-10 中，每年计提的投资回收基金记入"制造费用"科目借方，利息记入"财务费用"科目贷方，当年计提的折旧额记入"累计折旧"科目贷方，这与前述其他折旧方法的账务处理有所不同。从这里可以看出，年金折旧法将未实现的投资利息计入了成本费用账户，对生产性企业来说，会虚计存货价值，影响各期净利润的计算。因此，在实际计算折旧时很少采用这种方法；然而，这种方法提供的计算资料可作长期性投资决策方案的参考依据。

10. 盘存法

盘存法是盘存折旧法的简称，也称估价折旧法，它是把固定资产期初和期末盘存价值的差额作为本期应计提折旧的计算方法。它一般适用于单位价值较低、易于磨损和散失，更换比较频繁，而且种类和数量繁多的固定资产，例如，某些工具、器具等便采用这种方法。

必须指出，我国《企业会计制度》将某些价值量不大，使用期限超过一年的个别项目，如工具、器具等，作为低值易耗品核算，但并未采用"盘存法"的折旧方法，而是采用存货核算的摊销方法，其中，分期摊销法和盘存法的做法有点相同。因此西方会计的盘存法与我国目前低值易耗品的摊销方法有某些相似之处。盘存法核算该类资产价值转移的方式与其他折旧方法有所不同，它一般不设"累计折旧"账户，期末实地盘存时考虑该类资产的有形和无形损耗而确认的低于期初价值的部分，直接贷记"固定资产"账户。

11. 废弃法

废弃法也称退废法，是指固定资产在其使用期间不计提折旧，而是到退废时将其原始价值减去残值收入后的余额，一次计入退废期成本费用的一种折旧方法。它比较适用于企业成本较低的固定资产（如工具、模具、器具、容器等）和公用事业单位的一些设施（如电线杆、铁轨、枕木、管道、线路等）的折旧计算。例如，某公用事业部门更换下水管道 50 根，该水管原始成本每根 300 元，新市价 340 元，更换残料入库作价共计 150 元，则更换时，借记"材料""事业支出"科目的金额分别为 150 元、14 850 元，贷记"固定资产"科目 15 000 元；反映新水管成本时，借记"固定资产"科目 17 000 元，贷记"银行存款"科目 17 000 元。

12. 重置法

重置法是指固定资产在其使用期间不计提折旧，而是到退废时将其现时重置成本减去旧资产残值收入后的余额，一次记入资产重置期间成本费用的一种折旧方法。它的适用范围和废弃法相同。其折旧计算和废弃法的不同点在于：它用退废时的重置成本而不是原始成本作为计算依据。例如，上述废弃法实例中水管每根重置成本 340 元，更换时，借记"材料""事业支出"科目金额分别是 150 元、16 850 元（340 × 50 – 150），贷记"银行存款"科目 17 000 元。可见，采用重置法借记"固定资产"科目的成本始终是第一次购置时的成本，以后更换报废时不对此记录做任何变动。

以上 12 种方法中，除特殊折旧法（第 8 ~ 12 种）很少采用外，直线法计算简单，各期计提的折旧额均衡，但存在两个缺点：一是随着固定资产日益陈旧，它所需要的修理、保养费用势必逐渐增加，而直线法各期折旧相等，则初始几年由生产经营负担的折旧费、修理费、保险费总额比后期几年少，即从固定资产使用的全部成本看，各使用年度不均匀；二是直线法只看资产的使用时间，而不重视其使用情况。例如，不论资产在减工时期还是在加班时期，它都计提同等的折旧费，而不考虑各期实际磨损程度。

而加速折旧法能弥补直线法的缺陷。加速折旧法又称递减折旧费用法，是指固定资产每期计提的折旧费用，在使用早期计提得多，而在后期计提得少，从而相对加快了折旧的速度。采用加速折旧法的原因主要有：①固定资产的实际使用效能或作用是逐年递减的，新的固定资产的生产能力在早期总是比较大，因而早期取得的收益（效益）也多，为了做到收入与费用恰当配比，故采用加速折旧法。②当今的科学技术发展日新月异，固定资产使用及更新周期已明显缩短。为了减少这种无形损耗，及时进行固定资产的更新改造及采用新技术、新设备，提高劳动生产率，就必须采用加速折旧法。采用加速折旧法，必须考虑两种情况：一是采用加速折旧法能够促进固定资产更新，刺激技术进步，提高投资效益；二是采用加速折旧法后，由于初期经营费用加大，降低了经营利润，影响了国家的财政收入。因此，要在不影响财政收入的基础上从效益高的企业逐渐推行。

我国《企业会计准则第 4 号——固定资产》准则规定，采用的折旧方法有年限平均法、工作量法、双倍余额递减法和年数总和法，企业一经确定采用某种方法，不得随意变更。

（三）折旧的范围

企业固定资产是否计提折旧的范围规定如下：

（1）企业应以月初应计提折旧固定资产的账面原值为依据按月计提折旧，其范围包括房屋和建筑物、在用的机器设备、仪器仪表、运输工具、工具器具，季节性停用、大修理停用的固定资产，以经营租赁方式租出的和以融资租赁方式租入的固定资产。当月增加的固定资产，当月不计提折旧，从下月起计提折旧；当月减少的固定资产，当月照提折旧，从下月起停提折旧。

（2）企业提足折旧的固定资产继续使用时，不再提取折旧；提前报废的固定资产不补提折旧。所谓提足折旧，是指提足该项固定资产的应计提折旧额。应计提折旧额，是指应当计提折旧的固定资产的原价扣除其预计净残值后的金额。已计提减值准备的固定资产，还应当扣除已计提的固定资产减值准备累计金额。

（3）下列固定资产不计提折旧：①已提足折旧仍继续使用的固定资产。②按规定单独计价作为固定资产入账的土地。

（四）折旧的账务处理

企业按月计提折旧时，应编制固定资产折旧计算表作为总分类核算的原始凭证。现以直线法下分类折旧法为例列示其格式，见表 7-11。

表 7-11　固定资产折旧计算表（分类折旧法）

固定资产类别	分类折旧率	生产部门		销售部门		管理部门		…	折旧额合计
		固定资产原值	折旧额	固定资产原值	折旧额	固定资产原值	折旧额		
一、生产用									
房屋									

（续）

固定资产类别	分类折旧率	生产部门		销售部门		管理部门		…	折旧额合计
		固定资产原值	折旧额	固定资产原值	折旧额	固定资产原值	折旧额		
建筑物									
动力设备									
┆									
合计									

根据表 7-11 编制如下分录：

借：制造费用（生产部门固定资产折旧）

销售费用（销售机构固定资产折旧）

管理费用（管理部门、非生产部门固定资产折旧）

其他业务成本（经营性租出和附属营业部门固定资产折旧）

贷：累计折旧

二、固定资产修理与装修

固定资产修理是恢复固定资产磨损价值和保持其正常生产能力并持续发挥其效能的活动的总称。固定资产修理是固定资产"后续支出"的一种，应采用"费用化"的方式进行账务处理。所谓"费用化"的方式，是指在支出或费用发生时就计入当期损益的处理方式。我国《企业会计准则第 4 号——固定资产》应用指南规定：固定资产修理费用"应当在发生时计入当期损益"。

固定资产修理，按其修理的规模和性质不同，可分为经常性修理和大修理两种。

（一）经常性修理

经常性修理也称日常修理或中小修理，是对固定资产个别部分进行调整和拆换。它的主要特点是修理范围小、时间间隔短、费用支出少。会计将中小修理费用直接计入当期费用。其会计分录如下：

借：管理费用

贷：原材料或应付职工薪酬或银行存款等

（二）大修理

固定资产大修理是对固定资产的局部更新。比如，对企业机器设备进行全部拆卸，更新主要部件、配件；对房屋建筑物进行翻修和改善地面等。这种修理的范围广、时间间隔长、费用支出多。会计将大修理费用也直接计入当期费用。其会计分录如下：

借：管理费用

贷：原材料或应付职工薪酬或银行存款等

为了使各期收入和费用相配比，传统的会计处理习惯是，将企业大修理费用采用摊提方式进行核算。

1. 大修理费用的预提方式

【例 19】 企业根据大修理计划安排，年内要对某生产设备和厂部某房屋进行大修。预计发生修理费用分别为 24 000 元、12 000 元。企业按月预提大修理费用时做如下会计分录：

借：制造费用（24 000÷12）   2 000

管理费用（12 000÷12）   1 000

    贷：预提费用   3 000

第四季度，企业对设备进行大修，实际发生大修理费23 800元，其中，直接材料18 500元，直接人工5 300元。

借：预提费用   23 800

    贷：原材料   18 500

      应付职工薪酬   5 300

同时，企业厂部房屋委托市建筑公司大修理，共支付大修理费用11 500元。

借：预提费用   11 500

    贷：银行存款   11 500

当年年终，冲销上两项固定资产多预提的费用。

借：制造费用   200

    管理费用   500

    贷：预提费用   700

2. 大修理费用的待摊方式

企业发生大修理费用通过"待摊费用"科目核算，在发生之月起的一年内摊完。核算程序如图7-1所示。企业进行固定资产大修理，有时通过"在建工程"科目核算发生的修理费用，在大修理工程完工时转入"待摊费用"科目借方，然后在一年内摊完。

需要说明的是，2007年1月1日实施的《企业会计准则》已经取消了"待摊费用"和"预提费用"科目，其主要原因是企业一些人员利用这两个会计科目任意调节企业的利润；同时，该

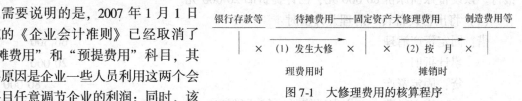

图7-1 大修理费用的核算程序

准则应用指南附录中还规定，"企业生产车间（部门）和行政管理部门发生的固定资产修理费用等后续支出"，均在"管理费用"科目核算。因此，上述大修理摊提方式以及分别记入"制造费用""管理费用"等科目的处理方法仅作为长期以来会计处理传统习惯加以介绍。

（三）固定资产装修

企业对归属本企业的固定资产进行装修，是扩展固定资产功能或效用的一种行为。装修后，预计未来经济利益流入企业有可能超过装修前，则作为资本化支出处理。企业应设置"固定资产——固定资产装修"科目进行核算。发生装修费时，借记"在建工程"科目，贷记"原材料""材料成本差异""应付职工薪酬"等科目；装修完毕，固定资产达到预定可使用状态时，借记"固定资产——固定资产装修"科目，贷记"在建工程"科目。

当装修的固定资产投入使用时，应单独计提折旧。折旧年限按固定资产尚可使用年限与预计下次装修间隔期孰短确定。计提折旧时（应考虑预计净残值现值），借记"制造费用""管理费用""其他业务成本"等科目，贷记"累计折旧"科目。当固定资产应计提折旧提完后该固定资产仍继续使用，并未再次装修，不再计提折旧；当固定资产应计提折旧未提完又再次装修时，应按未提完折旧的价值借记"营业外支出"科目，按已计提折旧借记"累计折旧"科目，按固定资产原先入账价值贷记"固定资产——固定资产装修"科目。

第四节 固定资产减少的核算

企业在生产经营过程中，由于产品方向、结构、任务调整等原因会出现多余、闲置不用的固定资产；也有的固定资产由于磨损、陈旧不能继续使用，或者出现减值，或者出现了竞争力强的先进设备要将原有固定资产进行处理；还有的发生毁损、出现盘亏等。对企业不需用固定资产进行出售或对外投资、对固定资产进行清理报废、清查注销，均会引起企业固定资产的减少。

一、固定资产出售

固定资产出售所得收入往往与企业固定资产账面净值不相一致。有时，对安装的固定资产在出售时要进行拆除还要发生一定的费用。为了集中反映出售、报废、毁损、投出、换出、抵债固定资产的现值、清理费用、清理收入及其损益情况，应设置"固定资产清理"账户。该账户借方反映被清理固定资产的净值、清理费用及相关税负，贷方反映出售固定资产的价款和变价收入；借贷抵销后的净收益或净损失是正常出售、转让的固定资产所产生的利得或损失，从该科目的借方或贷方转入"资产处置损益"科目。"固定资产清理"科目按清理的单项固定资产设置明细账。

【例20】 企业出售一台不需用设备，售价50 000元和增值税销项税额[⊖]6 500元已收存银行。该设备账面原价80 000元，已计提折旧20 000元。

（1）将出售设备转入清理并计税时：

借：固定资产清理		66 500
累计折旧		20 000
贷：固定资产		80 000
应交税费——应交增值税（销项税额）		6 500

（2）收到出售固定资产的价款时：

借：银行存款		56 500
贷：固定资产清理		56 500

若收到票据时，借记"应收票据"科目。

（3）结转出售固定资产的净损失时：

借：资产处置损益		10 000
贷：固定资产清理		10 000

⊖ 对于企业销售自己使用过的资产的增值税计税方法有两种：一是直接按销售价格（公允价值）和规定的增值税税率计税，如本例应交增值税销项税额=50 000×13%=6 500（元）；二是采用简易办法计算应缴纳的增值税。对于后一种计税国家有特殊的规定：《财政部 国家税务总局关于部分货物适用增值税低税率和简易办法征收增值税政策的通知》（财税〔2009〕9号）和《财政部 国家税务总局关于简并增值税征收率政策的通知》（财税〔2014〕57号）规定，自2014年7月1日起，纳税人销售自己使用过的物品，按新的政策执行：一般纳税人销售自己使用过的属于《中华人民共和国增值税暂行条例》第十条规定不得抵扣且未抵扣进项税额的固定资产，按照简易办法依照3%征收率减按2%征收增值税，如本例应交增值税销项税额=50 000÷（1+3%）×2%=970.87（元）。

二、固定资产报废

固定资产报废有两种情况：一是由于磨损或陈旧而不能继续使用；二是社会技术进步，必须由先进设备替换落后设备。报废有期满报废和提前报废之分。提前报废时，企业因未提足折旧会产生损失。报废中经常会发生一些清理费用，同时还要将残料变卖获取收入，这些内容均通过"固定资产清理"科目核算。属于已丧失使用功能报废所产生的损失，借记"营业外支出——非流动资产毁损报废损失"科目，贷记或借记"固定资产清理"科目。

【例21】 企业有一套生产线因技术进步而提前报废。该生产线原值60 000元，已计提折旧53 000元。报废中用银行存款支付清理费用750元，部分残料计价800元作库存材料入库，部分残料出售收入现金200元。

（1）报废的生产线转入清理时：

借：固定资产清理　　　　　　　　　　　　　　　　　　　7 000
　　累计折旧　　　　　　　　　　　　　　　　　　　　53 000
　　　贷：固定资产　　　　　　　　　　　　　　　　　　　　60 000

（2）支付清理费用时：

借：固定资产清理　　　　　　　　　　　　　　　　　　　　750
　　　贷：银行存款　　　　　　　　　　　　　　　　　　　　　750

（3）反映清理收入时：

借：库存现金　　　　　　　　　　　　　　　　　　　　　　200
　　原材料　　　　　　　　　　　　　　　　　　　　　　　800
　　　贷：固定资产清理　　　　　　　　　　　　　　　　　　1 000

（4）结转清理损失时：

借：营业外支出——非流动资产毁损报废损失　　　　　　　6 750
　　　贷：固定资产清理　　　　　　　　　　　　　　　　　　6 750

三、固定资产毁损

固定资产由于意外事故或当事人过失而发生毁损，必须及时进行清理核算。对于意外事故造成的毁损，由于企业平时按期向保险公司交纳财产保险费，企业会获得保险公司的赔款（赔款以非常损失的损失程度为依据）；对于当事人过失造成的毁损，应由过失人承担。一切与毁损有关的业务也通过"固定资产清理"科目核算。属于自然灾害等非正常原因造成的损失，是记入"营业外支出——非常损失"科目，还是记入"营业外支出——非流动资产毁损报废损失"科目？根据财政部会计司2019年4月30日发出的《关于修订印发2019年度一般企业财务报表格式的通知》（财会〔2019〕6号）规定："非流动资产毁损报废损失通常包括因自然灾害发生毁损、已丧失使用功能等原因而报废清理产生的损失。"很明显，自然灾害造成的固定资产损失记入"营业外支出——非流动资产毁损报废损失"科目。

【例22】 企业因遭受水灾，一幢生产用房倒塌。该房屋原值100 000元，已计提折旧60 000元，进行清理时，发生各种清理费用4 000元，尚未支付；房屋残料变卖收入5 000元已收存银行，计算应交增值税销项税额650元。已收到保险公司36 000元赔款。

（1）倒塌的房屋转入清理时：

借：固定资产清理　　　　　　　　　　　　　　　　　40 000
　　累计折旧　　　　　　　　　　　　　　　　　　　60 000
　　　贷：固定资产　　　　　　　　　　　　　　　　　　　　100 000

（2）发生清理费用时：

借：固定资产清理　　　　　　　　　　　　　　　　　4 650
　　　贷：其他应付款　　　　　　　　　　　　　　　　　　　4 000
　　　　　应交税费——应交增值税（销项税额）　　　　　　650

（3）反映残料收入时：

借：银行存款　　　　　　　　　　　　　　　　　　　5 000
　　　贷：固定资产清理　　　　　　　　　　　　　　　　　　5 000

（4）反映赔偿收入时：

借：银行存款　　　　　　　　　　　　　　　　　　　36 000
　　　贷：固定资产清理　　　　　　　　　　　　　　　　　　36 000

如有向过失人应收的赔款，则通过"其他应收款"科目核算。

（5）结转清理损失时：

借：营业外支出——非流动资产毁损报废损失　　　　　3 650
　　　贷：固定资产清理　　　　　　　　　　　　　　　　　　3 650

四、固定资产投出

固定资产投出分两类情况分别进行处理：一是"企业合并"情况下的固定资产投出。在投资双方都受同一方控制的情况下，企业投出固定资产按合并日取得被合并方所有者权益在最终控制方合并财务报表中的账面价值的份额作为长期股权投资的初始投资成本，同时注销固定资产账面价值。长期股权投资初始投资成本与投出资产账面价值之间的差额，调整资本公积（资本溢价或股本溢价），资本公积（资本溢价或股本溢价）不足冲减的，调整留存收益。在投资双方不受同一方控制的情况下（即"非同一控制下的企业合并"），企业于合并日按投出固定资产的公允价值作为长期股权投资的初始投资成本，同时注销固定资产账面价值。长期股权投资初始投资成本与投出资产账面价值之间的差额，计入资产处置损益。二是"非企业合并"情况下的固定资产投出，与"非同一控制下的企业合并"账务处理相同。

固定资产投出的核算举例，详见第六章例14、例31、例33。

五、固定资产盘亏

【例23】　盘亏设备一台，原值4 000元，已计提折旧2 500元，已计提固定资产减值准备1 000元，计算增值税进项税额转出195元。根据盘亏报告表做如下会计分录：

借：待处理财产损溢　　　　　　　　　　　　　　　　695
　　累计折旧　　　　　　　　　　　　　　　　　　　2 500
　　固定资产减值准备　　　　　　　　　　　　　　　1 000
　　　贷：固定资产　　　　　　　　　　　　　　　　　　　　4 000
　　　　　应交税费——应交增值税（进项税额转出）　　　　195

上列盘亏固定资产，报批后同意转销：

借：营业外支出——盘亏损失　　　　　　　　　　　　　　　695

　　贷：待处理财产损溢　　　　　　　　　　　　　　　　　　　695

需要说明，盘亏和毁损的固定资产"报批处理"，是指报经股东大会或董事会，或经理（厂长）会议或类似机构批准处理。一般来说，报批处理要在会计期末结账前处理完毕。如果期末结账前尚未批准的，应在对外提供的财务会计报告时由会计人员先进行处理，并在会计报表附注中做出说明，如果以后批准处理的金额与已处理的金额不一致，应按其差额调整会计报表相关项目的年初数。

六、固定资产捐出

固定资产捐赠转出要注销账面记录并结转净值，即按账面净值借记"固定资产清理"科目，按已计提折旧借记"累计折旧"科目，按已计提固定资产减值准备，借记"固定资产减值准备"科目，按固定资产原值贷记"固定资产"科目；按捐赠转出的固定资产应支付的相关税费，借记"固定资产清理"科目，贷记"银行存款""应交税费"科目；按"固定资产清理"科目借贷差额，借记"资产处置损益"科目，贷记"固定资产清理"科目。

七、用固定资产抵偿债务

【例24】　与第四章例20相对应，A公司欠东方工厂货款80 000元，因财务困难一直未还。现东方工厂同意A公司以一设备偿还债务。该设备A公司账面原值120 000元，已计提折旧30 000元，其公允价值66 371.68元，计算增值税销项税额8 628.32元。A公司用设备抵债时东方工厂做出了让步，同意A公司支付补价2 000元了结此债。A公司应做如下会计分录：

（1）转销固定资产账面价值时：

借：固定资产清理　　　　　　　　　　　　　　　　　　　90 000

　　累计折旧　　　　　　　　　　　　　　　　　　　　　30 000

　　贷：固定资产　　　　　　　　　　　　　　　　　　　　120 000

若已计提固定资产减值准备，还应借记"固定资产减值准备"科目，贷记"固定资产清理"科目；若提交设备时发生清理费用，还应借记"固定资产清理"科目，贷记"银行存款"科目。

（2）支付补价2 000元和计算应交增值税销项税额8 628.32元时：

借：固定资产清理　　　　　　　　　　　　　　　　　　　10 628.32

　　贷：银行存款　　　　　　　　　　　　　　　　　　　　2 000

　　　　应交税费——应交增值税（销项税额）　　　　　　　8 628.32

（3）注销债务价值时，转销欠债，结平"固定资产清理"科目，确认债务重组收益。《企业会计准则第12号——债务重组》应用指南规定，债务人以非金融资产清偿债务，应将所清偿债务的账面价值与转让资产账面价值的差额记入"其他收益——债务重组收益"科目。A公司确认该项债务重组损失为20 628.32元（90 000 + 2 000 + 8 628.32 − 80 000）做如下会计分录：

借：应付账款　　　　　　　　　　　　　　　　　　　　　80 000

其他收益——债务重组收益   20 628. 32

贷：固定资产清理（90 000 + 10 628. 32）   100 628. 32

八、用固定资产交换固定资产

【例25】 乙企业用一台设备同江源饮食公司换入一间小餐厅和一台食品加工机。设备账面原值180万元，已计提折旧55万元，净值125万元，公允价值130万元，计算增值税销项税额16.9万元。江源饮食公司小餐厅账面原值90万元，已计提折旧24万元，净值66万元，公允价值70万元；食品加工机账面原值120万元，已计提折旧56万元，净值64万元，公允价值70.4万元。乙企业收到江源饮食公司支付的补价6.5万元 [（130 + 16.9）－（70 + 70.4）]。该非货币性资产交换具有商业实质，且公允价值能够可靠地计量。乙企业有关计算和账务处理如下：

（1）乙企业计算补价比率：

补价比率＝收到补价÷换出资产公允价值

               ＝6.5 ÷ 130 ＝5% ＜25%（属非货币性交易）

（2）乙企业进行账务处理：

借：固定资产清理   1 250 000

    累计折旧   550 000

    贷：固定资产——生产用（丰田汽车）   1 800 000

借：固定资产清理   169 000

    贷：应交税费——应交增值税（销项税额）   169 000

借：银行存款   65 000

    贷：固定资产清理   65 000

借：固定资产——非生产用（小餐厅）   700 000

        ——非生产用（食品加工机）   704 000

    贷：固定资产清理   1 354 000

        资产处置损益   50 000

说明：上述非货币性资产交换业务假定没有公允价值计量，可按换出单位资产账面价值加上相关税费确认换入资产入账价值，其固定资产增值税按财税〔2008〕170号文件规定"对已使用过的固定资产无法确定销售额的，以固定资产净值为销售额"作为计税的依据。

第五节　固定资产建造核算

固定资产建造是企业固定资产建设和制造的合称，包括固定资产的扩建、改建，固定资产的更新改造，固定资产的新建新造。固定资产建造可以由企业自己进行，也可以出包给其他单位进行。自营和出包的工程常常需要消耗材料、物资，企业必须购置一定的工程物资。为了反映固定资产建造情况，企业要设置"在建工程"和"工程物资"一级科目。在"工程物资"科目下设置"专用材料""专用设备""工器具"等明细科目进行明细核算；在"在建工程"科目下设置"建筑工程""安装工程""在安装设备""待摊支出"以及单项工程（如"技术改造工程""自制设备工程"等）明细科目进行明细核算。"在建工程"科目借方反映各项在建工程发生的全部支出，贷方反映完工核销的工程成本，借方余额反映尚未达到预定可使用状态的在建工程的成本。"工程物资"科目期末借方余额反映企业为在建工程准备的各种物资的成本。下面按自营工程和出包工程两种建造方式及内容说明其核算方法。

一、自营工程核算

（一）自制机器设备

【例26】 某企业自制设备一台，有关支出情况及相应会计分录如下：

（1）企业购入自制设备用材料物资一批已验收入库。该批工程物资价款32 800元，增值税4 264元，共付款37 064元。

借：工程物资——专用材料 32 800
　　应交税费——应交增值税（进项税额） 4 264
　　贷：银行存款 37 064

（2）企业自制设备，领用工程物资30 000元，领用本企业生产的产品一批，按售价计算为1 800元，应缴纳增值税234元，按产品成本计算为1 494元。

借：在建工程——自制设备工程 31 728
　　贷：工程物资——专用材料 30 000
　　　　库存商品 1 494
　　　　应交税费——应交增值税（销项税额） 234

（3）应付自制设备的工人工资2 794元，直接计入工程成本。

借：在建工程——自制设备工程 2 794
　　贷：应付职工薪酬 2 794

（4）企业辅助生产部门为工程提供的水、电、设备安装、修理、运输等费用已经记入"生产成本——辅助生产成本"科目的借方，月终，将其中应由上述自制设备负担的费用6 000元分配转入自营工程成本。

借：在建工程——自制设备工程 6 000
　　贷：生产成本——辅助生产成本 6 000

（5）自制设备建设期间，盘点工程物资，发现有600元工程物资不能使用，应报废，计算增值税进项税额转出78元。报废损失计入在建工程成本。该物资无残值收入。

借：在建工程——自制设备工程 678
　　贷：工程物资——专用材料 600
　　　　应交税费——应交增值税（进项税额转出） 78

（6）将自制完工的设备交付生产使用：

借：固定资产——经营用 41 200
　　贷：在建工程——自制设备工程 41 200

说明三点：①企业在建工程发生的管理费、征地费、可行性研究费、临时设施费、公证费、监理费及应负担的税费等，借记"在建工程——待摊支出"科目，贷记"银行存款"等科目；当在建工程达到预定可使用状态时，应计算分配待摊支出，借记"在建工程——

自制设备工程"科目，贷记"在建工程——待摊支出"科目。②若从银行取得专门借款用于在建工程，则借款费用（包括利息和借入外币因市场汇价变动而发生的外币折合差额）在固定资产达到预计可使用状态前应予资本化的，借记"在建工程——自制设备工程"科目，贷记"长期借款""应付利息"科目。③在建工程进行负荷联合试车发生的费用，借记"在建工程——待摊支出"科目，贷记"银行存款""原材料"等科目；试车形成的产品或副产品对外销售或转为库存商品的，借记"银行存款""库存商品"等科目，贷记"在建工程——待摊支出"科目。

现将上述业务中"在建工程"科目和"工程物资"科目记录列示如下：

工程物资	
(1)32 800	(2)30 000
	(5)600
本期 32 800	本期 30 600
期末 2 200	

在建工程——自制设备工程	
(2)31 728	(6)41 200
(3)2 794	
(4)6 000	
(5)678	
本期 41 200	本期 41 200

（二）自营技改工程

【例27】　某企业将一台在用半自动车床改造为全自动车床。该车床 6 年前购入，原值 29 250 元，预计使用年限 10 年，预计净残值 500 元，按年限平均法已计提 6 年折旧共计 17 250 元 [(29 250 - 500) ÷ 10 × 6]。有关技改情况及相应会计分录如下：

（1）该车床停用开始技术改造时：

借：在建工程——技术改造工程（29 250 - 17 250）　　12 000
　　累计折旧　　　　　　　　　　　　　　　　　　　　17 250
　　　贷：固定资产——生产用　　　　　　　　　　　　　　　　29 250

（2）改造车床时，领用工程用料 1 749 元，领用生产用料实际成本 351 元。

借：在建工程——技术改造工程　　　　　　　　　　　2 100
　　　贷：工程物资——专用材料　　　　　　　　　　　　　　　1 749
　　　　　原材料　　　　　　　　　　　　　　　　　　　　　　351

（3）月终，分配由该自动车床负担的各项生产费用 3 700 元。

借：在建工程——技术改造工程　　　　　　　　　　　3 700
　　　贷：生产成本　　　　　　　　　　　　　　　　　　　　　3 700

（4）车床改造过程中，有一部件被更换。该部件原值 829 元，随着车床一起已计提 6 年折旧 489 元，账面折余价值 340 元。由于该部件不再构成全自动车床的组成部分，即不能构成全自动车床的成本，故按其账面价值注销，作为回收旧车床残料入库（生产用料仓库），残料作价 20 元。

借：原材料　　　　　　　　　　　　　　　　　　　　20
　　营业外支出　　　　　　　　　　　　　　　　　　320
　　　贷：在建工程——技术改造工程　　　　　　　　　　　　　340

（5）上述技改工程完工，全自动车床已交付生产使用。

借：固定资产——生产用　　　　　　　　　　　　　　17 460

　　贷：在建工程——技术改造工程　　　　　　　　　　　17 460

二、出包工程核算

【例28】　某企业将计算机室的防尘、空调设施工程委托市建安公司装置。合同规定，全部工程造价46 000元，在工程开工时和结束时分两次支付。

（1）企业首次预付工程款23 000元时：

借：在建工程——安装工程⊖　　　　　　　　　　　　23 000

　　贷：银行存款　　　　　　　　　　　　　　　　　　　23 000

（2）工程完工时，补付工程价款23 000元时：

借：在建工程——安装工程　　　　　　　　　　　　　23 000

　　贷：银行存款　　　　　　　　　　　　　　　　　　　23 000

（3）工程验收交付使用时：

借：固定资产——生产用　　　　　　　　　　　　　　46 000

　　贷：在建工程——安装工程　　　　　　　　　　　　　46 000

三、在建工程及工程物资的减值

　　企业应当定期或者至少于每年年末对在建工程进行全面检查，如果有证据表明在建工程已经发生了减值，应当计提减值准备。2001年1月1日实施的《企业会计制度》规定，有下列一项或若干项情况的应当计提减值准备：

（1）长期停建并且预计在未来3年内不会重新开工的在建工程。

（2）所建项目无论在性能上，还是在技术上已经落后，并且给企业带来的经济利益具有很大的不确定性。

（3）其他足以证明在建工程已经发生减值的情况。

　　企业计提在建工程减值准备的会计分录如下：

借：资产减值损失　　　　　　　　　　　　　　　　　×××

　　贷：在建工程减值准备　　　　　　　　　　　　　　　×××

　　企业工程物资如果发生了减值，也应该计提减值准备，会计分录如下：

借：资产减值损失　　　　　　　　　　　　　　　　　×××

　　贷：工程物资减值准备　　　　　　　　　　　　　　　×××

第六节　固定资产及其折旧的明细核算

一、固定资产明细分类核算

　　固定资产明细分类核算由会计部门采用设置"固定资产登记簿"和"固定资产卡片"的方式进行。

（一）固定资产登记簿

（1）固定资产登记簿按固定资产类别设置账页，账内按使用部门设置专栏。固定资产

⊖　也可记入"预付账款"科目的借方。

类别按全国固定资产目录中的具体分类确定。账页格式见表7-12。

表7-12 固定资产登记簿

类别：机械设备 (单位：元)

××××年		记账凭证		摘　要	一　车　间		二　车　间		…	合　计	
月	日	字	号		增加	减少	增加	减少	…	增加	减少

固定资产登记簿根据记账凭证逐笔登记，月终结出本月发生额、本月累计发生额和期末余额。

（2）在每本固定资产登记簿前按大类（如生产用固定资产，非生产用固定资产等）设置汇总账页，每月根据所属类别账页汇总登记。汇总账页的格式见表7-13。

表7-13 固定资产登记簿汇总账页

大类：生产用固定资产 (单位：元)

月份	摘要	借　方					贷　方					余　额				
		房屋	建筑物	动力设备	…	合计	房屋	建筑物	动力设备	…	合计	房屋	建筑物	动力设备	…	合计

（二）固定资产卡片

固定资产卡片按每一固定资产项目开设。固定资产项目是固定资产独立登记的对象，是指具有一定用途的独立物体，包括固定资产主体和必要的附属设备或附件。如房屋，以房屋和附属建筑物及设备为一个固定资产项目。又如，动力设备，要连同基座和附属设备作为一个独立登记对象。

固定资产卡片要列示固定资产名称、类别、编号、建造单位、原价、验收日期、开始使用日期、预计使用年限、折旧率、使用单位、存放地点、附属设备以及使用单位内部转移记录、大修理记录、停用记录、调动记录、原价变动记录、报废清理记录等内容。凡是与上列内容有关的情况均要及时登记。在采用分类折旧率的企业，卡片上预计使用年限要按该类固定资产平均使用年限登记。卡片中，已提折旧额一般于调入、调出和清理报废时按有关原始凭证填列或直接计算填列。

固定资产卡片一式两份，会计部门一份，固定资产管理部门一份。会计部门的固定资产卡片按固定资产类别和保管、使用单位顺序排列，妥善保管。

固定资产在企业内部进行转移时，如从一个部门转到另一个部门，包括生产单位之间的转移，生产单位和设备库房之间的转移（在用转未使用、未使用转在用、在用和未使用转不需用）等，只进行明细分类核算，不进行总分类核算，即要在固定资产登记簿和固定资产卡片上据内部调拨单做相应记录；同时，要将固定资产卡片的安置位置进行调换。

二、固定资产折旧的明细分类核算

《企业会计准则》规定，固定资产折旧可按固定资产类别或项目进行明细核算。"累计折旧"明细核算反映的固定资产类别要和固定资产登记簿的类别一致，以便及时计算出各类固定资产的净值。累计折旧明细账可采用三栏式或多栏式。

（1）累计折旧明细账的三栏式格式（见表7-14）。

表7-14　累计折旧明细账

固定资产类别：机械设备　　　　　　　　　　　　　　　　　　　　　（单位：元）

××××年		凭　证		摘　要	借　方	贷　方	借或贷	余　额
月	日	字	号					

（2）累计折旧明细账的多栏式格式（见表7-15）。

表7-15　累计折旧明细账

固定资产大类：经营用固定资产　　　　　　　　　　　　　　　　　　（单位：元）

××××年		记账凭证		摘　要	房　屋		建筑物		动力设备		…	合　计	
月	日	字	号		借方	贷方	借方	贷方	借方	贷方	…	借方	贷方

表7-15累计折旧明细账中固定资产大类还可以填列"非生产用固定资产"或"其他固定资产"（账中按租出固定资产、未使用固定资产、不需用固定资产、融资租入固定资产设置专栏）。

三、固定资产及折旧联合明细账的设置

由于固定资产登记簿和累计折旧明细账均按同一固定资产类别设置账页，为了减少账本，两者可结合起来，设置联合明细账，格式见表7-16。

表7-16　固定资产及折旧联合明细账

固定资产类别：×××　　　　　　　　　　　　　　　　　　　　　　（单位：元）

××××年		凭　证		摘　要	固定资产					余额	累计折旧		
月	日	字	号		借　方		贷　方				借方	贷方	余额
						… 合计		… 合计					

必须指出，如果企业或企业的上级部门不需要会计提供各具体类别的固定资产及其折旧的核算资料，企业的固定资产及折旧明细分类核算还可更粗些，即可按固定资产大类设置明细账页进行核算。

第七节　固定资产减值核算

一、资产减值概述

资产减值是指资产的可收回金额低于其账面价值。资产可收回金额根据资产的公允价值减去处置费用后的净额与资产预计未来现金流量的现值两者之间较高者确定。处置费用包括与资产处置有关的法律费用、相关税费、搬运费以及为使资产达到可销售状态所发生的直接费用等。资产的公允价值减去处置费用后的净额与资产预计未来现金流量的现值，只要有一项超过了资产的账面价值，就表明资产没有发生减值，不需再估计另一项金额。

对于已经发生的资产价值的减值如果不予以确认，必然会导致虚夸资产的价值，虚盈实亏，这既不符合真实性的原则，也有悖于稳健性原则。因此，对那些可收回金额低于账面价值的资产，必须计提资产减值准备。

《企业会计准则第 8 号——资产减值》规定了四类资产要计提减值准备：一是固定资产减值，设置"固定资产减值准备"科目核算；二是在建工程减值，设置"在建工程减值准备""工程物资减值准备"科目核算；三是无形资产减值，设置"无形资产减值准备"科目核算；四是其他资产减值，设置"长期股权投资减值准备""商誉减值准备""投资性房地产减值准备"（在投资性房地产按成本计价模式下），以及"生产性生物资产减值准备""油气资产减值准备"科目核算。这四类资产减值损失一经确认，在以后会计期间不得转回。

此外，在其他有关会计准则中还规定了以下资产减值准备的计提（除金融、保险企业外）：

（1）存货减值——设置"存货跌价准备"科目核算。

（2）建造合同资产减值——设置"预计损失准备"科目核算。

（3）金融资产减值——设置"坏账准备"科目、"贷款损失准备"科目、"债权投资减值准备"科目、"委托贷款损失准备"科目、"其他综合收益——信用减值准备"科目核算。

（4）转让商品（含劳务）履约合同项目发生减值——设置"合同资产减值准备"科目、"合同履约成本减值准备"科目、"合同取得成本减值准备"科目核算。

（5）租赁资产发生减值——设置"使用权资产减值准备"科目、"应收融资租赁款减值准备"科目、"未担保余值减值准备"科目核算。

（6）持有待售资产减值——设置"持有待售资产减值准备"科目核算。

以上特定准则规定的资产减值，在以后价值得以恢复时，应该转回。

二、资产减值的判断

《企业会计准则第 8 号——资产减值》规定：存在下列迹象的，表明资产可能发生了减值：

（1）资产的市价当期大幅度下跌，其跌幅明显高于因时间的推移或者正常使用而预计的下跌。

（2）企业经营所处的经济、技术或者法律等环境以及资产所处的市场在当期或者将在近期发生重大变化，从而对企业产生不利影响。

（3）市场利率或者其他市场投资报酬率在当期已经提高，从而影响企业计算资产预计未来现金流量现值的折现率，导致资产可收回金额大幅度降低。

（4）有证据表明资产已经陈旧过时或者其实体已经损坏。

（5）资产已经或者将被闲置、终止使用或者计划提前处置。

（6）企业内部报告的证据表明资产的经济绩效已经低于或者将低于预期，如资产所创造的净现金流量或者实现的营业利润（或者亏损）远远低于（或者高于）预计金额等。

（7）其他表明资产可能已经发生减值的迹象。

企业应当在资产负债表日对各项资产进行全面检查，判断资产是否存在可能发生减值的迹象。如果存在上述减值迹象，就应该计提资产减值准备。有迹象表明一项资产可能发生减值的，企业应当以单项资产为基础估计其可收回金额；企业难以对单项资产的可收回金额进行估计的，应当以该资产所属的资产组为基础确定资产组的可收回金额。

本节主要阐述固定资产减值的核算。固定资产发生损坏、技术陈旧或其他原因，导致其可收回金额低于其账面价值，这种情况称为固定资产减值。固定资产减值一般以"单项资产"为基础进行估计；企业难以按单项资产进行估计的，应当以"资产组"为基础进行估计。

三、按单项资产计提固定资产减值准备

【例29】　甲企业在资产负债表日对一台生产用设备进行减值测试。该设备原值30万元，预计使用10年，预计净残值率5%，已使用3年整。现测试表明：如果出售该设备，处置净额为16万元；如果继续使用，尚可使用7年，未来7年现金流量及第7年设备使用和期满处置现金流量分别为2.5万元、2.6万元、2.7万元、2.8万元、2.9万元、3.0万元、5.5万元，采用的折现率为5%。计算可收回金额，确定是否计提减值准备；如果计提减值准备，在重新调整预计净残值率为4%的情况下继续计提折旧。

（1）计算固定资产的账面价值：

该设备年折旧率=（1-5%）÷10=9.5%

该设备3年已计提折旧=30×9.5%×3=8.55（万元）（如果已计提折旧不是3年整，则按实际计提折旧的月数计算）

该设备账面价值=原值-已计提折旧=30-8.55=21.45（万元）

（2）计算固定资产可收回金额：

该设备减值测试时处置净额=处置收入-处置费用=16（万元）

该设备预计未来现金流量现值$=2.5×（1+5%）^{-1}+2.6×（1+5%）^{-2}+2.7×（1+5%）^{-3}$
$+2.8×（1+5%）^{-4}+2.9×（1+5%）^{-5}+3.0×（1+5%）^{-6}$
$+5.5×（1+5%）^{-7}=18$（万元）

计算结果表明，该设备预计可收回金额18万元大于处置净额16万元，故选择18万元作为可收回金额。

（3）确定计提的固定资产减值准备：

该设备计提的减值准备=21.45-18=3.45（万元）

（4）编制计提固定资产减值准备的会计分录：

借：资产减值损失　　　　　　　　　　　　　　　　　　　3.45万元
　　贷：固定资产减值准备　　　　　　　　　　　　　　　　　　3.45万元

（5）甲企业在计提固定资产减值准备的同时，重新调整了预计净残值率为4%。甲企业确定新的折旧率和折旧额如下：

该设备新的年折旧率=（1-4%）÷（10-3）=13.71%

该设备以后7年中每年计提的折旧=18×13.71%=2.4678（万元）

（6）甲企业以后每月计提折旧编制以下会计分录：

借：制造费用（2.4678÷12）　　　　　　　　　　　　　　0.2057万元
　　贷：累计折旧　　　　　　　　　　　　　　　　　　　　　0.2057万元

需要说明：如果已提减值准备的固定资产价值又得以恢复，根据《企业会计准则第8号——资产减值》规定，不得编制转回的会计分录。因此，已计提的固定资产减值准备在固定资产处置（出售、报废、毁损、抵债、投资转让、非货币性资产交换等）时予以转销。

四、按资产组计提固定资产减值准备[⊖]

（一）"资产组"的概念及其认定

《企业会计准则第8号——资产减值》应用指南定义的"资产组"概念是："资产组是

⊖　本内容发表在财政部主办的《财务与会计》2007年第3期第36～39页上。

企业可以认定的最小资产组合，其产生的现金流入应当基本上独立于其他资产或者资产组。资产组应当由创造现金流入相关的资产组成。"这个概念的基本含义有三点：一是资产组是由多个资产组成，这多个资产共同创造现金流入；二是认定资产组是以独立产生现金流量为依据，国际会计准则称之为"现金产出单元"；三是确定资产组独立产生现金流量的目的是计提资产减值准备。以前的会计准则规定计提资产减值准备以单项资产为依据，而在会计实务中，许多固定资产、无形资产难以单独产生现金流量。为了解决这个问题，2007 年 1 月 1 日实施的《企业会计准则》引出"资产组"的概念来计提资产减值准备。我们还可以从以下几个方面进一步理解"资产组"概念的含义：

1. 资产组的认定

《企业会计准则第 8 号——资产减值》第十八条规定："资产组的认定，应当以资产组产生的主要现金流入是否独立于其他资产或者资产组的现金流入为依据。同时，在认定资产组时，应当考虑企业管理层管理生产经营活动的方式（如是按照生产线、业务种类还是按照地区或者区域等）和对资产的持续使用或者处置的决策方式等。"该准则应用指南还规定："几项资产的组合生产的产品（或者其他产出）存在活跃市场的，无论这些产品或者其他产出是用于对外出售还是仅供企业内部使用，均表明这几项资产的组合能够独立创造现金流入，应当将这些资产的组合认定为资产组。"

（1）按业务种类认定。例如，甲工厂一车间有厂房一间、设备一台、机器一台，常年独立生产 W 产品可以直接对外销售，并能单独核算现金净流量。现对该车间固定资产进行减值测试，发现减值。该企业无法对厂房一间、设备一台、机器一台单独计提减值准备。因为计提减值准备不仅要测定各固定资产的处置净值，还要测定继续使用该固定资产直至报废所带来的各年现金流量的现值，再比较"处置净值"和"现金流量的现值"，将其中金额较大者作为"可收回金额"，与固定资产账面价值进行比较，"可收回金额"低于固定资产账面价值的部分要计提固定资产减值准备。由于该车间三项固定资产一起生产 W 产品，单独对外销售，创造现金流入，并能与其他车间及其厂部的固定资产创造的现金流入相区别，则应将其作为一个"资产组"来决定是"持续使用"还是现在"处置"，进而从一个整体上比较其大小，确定计提的固定资产减值准备金额。

又比如，乙公司是一个生产服装的企业，有童装、西装、衬衫三个工厂，每个工厂在核算、考核和管理等方面都相对独立，在这种生产经营管理方式下，三个工厂由于不同的业务种类通常认定为三个资产组。

（2）按生产线认定。例如，丙工厂有一、二两个生产车间。一车间专门生产 N 产品的部件，生产完后由二车间负责组装。该工厂对一车间和二车间资产的使用和处置等决策是一体的，是一条生产线上的两个单位。在这种情况下，一车间和二车间通常应当认定为一个资产组。

（3）按地区或者区域认定。例如，丁公司是一个财务软件公司，所属五个分公司分别负责东北地区、西北地区、东南地区、西南地区、中原地区财务软件的销售，并独立核算现金净流量。在这种情况下，五个分公司应当认定为五个资产组。

2. 资产组组合的确定

《企业会计准则第 8 号——资产减值》第二十条规定："有迹象表明某项总部资产可能发生减值的，企业应当计算确定该总部资产所归属的资产组或者资产组组合的可收回金额，然后将其与相应的账面价值相比较，据以判断是否需要确认减值损失。资产组组合，是指由若干个资产组组成的最小资产组组合，包括资产组或者资产组组合，以及按合理方法分摊的总部资产部分。"从该规定中可见，确认总部资产减值时，由于公司或工厂总部总资产难以脱离其他资产或资产组产生独立的现金流入（能独立计算的除外），所以要将总资产进行分摊，然后计提固定资产减值准备。因此，当公司或工厂总部总资产需要分摊于各个资产组时，就有可能确定资产组组合。例如，华丰公司有一、二两个分公司分别生产经营两种不同业务种类的产品，独立产生现金流量，被认定为两个资产组。后来华丰公司又兼并了兰新厂作为分厂，兰新分厂单独生产 E 产品，独立产生现金流量，也被认定为一个资产组。年末，有迹象表明，华丰公司总部资产发生减值，需要计提资产减值准备。这时，华丰公司将所属一分公司、二分公司和兰新分厂作为一个"资产组组合"，共同分摊总部资产，然后，再据以比较各个资产组的账面价值（包括各单位本身资产价值和已分摊的总部资产的账面价值两部分）和可收回金额，确定各个资产组应计提的资产减值准备，最终再将计提的资产减值准备分配于各个资产组和总部资产。

（二）资产组的一般会计核算举例

《企业会计准则第 8 号——资产减值》第十五条规定："资产的可收回金额低于其账面价值的，应当将资产的账面价值减记至可收回金额，减记的金额确认为资产减值损失，计入当期损益，同时计提相应的资产减值准备。"

1. 有负债时的资产组核算举例

《企业会计准则第 8 号——资产减值》第十九条规定："资产组的账面价值包括可直接归属于资产组与可以合理和一致地分摊至资产组的资产账面价值，通常不应当包括已确认负债的账面价值，但如不考虑该负债金额就无法确定资产组可收回金额的除外。资产组的可收回金额应当按照该资产组的公允价值减去处置费用后的净额与其预计未来现金流量的现值两者之间较高者确定。资产组在处置时如要求购买者承担一项负债（如环境恢复负债等）、该负债金额已经确认并计入相关资产账面价值，而且企业只能取得包括上述资产和负债在内的单一公允价值减去处置费用后的净额的，为了比较资产组的账面价值和可收回金额，在确定资产组的账面价值及其预计未来现金流量的现值时，应当将已确认的负债金额从中扣除。"

【例 30】甲公司 20×7 年 12 月 31 日测试第一公司资产组发生了减值。该资产组由一栋厂房、一台设备和一项负债组成。厂房账面原值 420 万元，已计提折旧 220 万元；设备账面原值 500 万元，已计提折旧 200 万元；负债为 80 万元。该资产组如果进行处置，其公允价值减去处置费用后的净额为 390 万元；该资产组如果持续使用，其使用期间及资产期满报废所带来的各年的现金流量现值为 410 万元。甲公司 20×7 年 12 月 31 日进行如下计算和处理：

（1）甲公司厂房账面价值 = 420 – 220 = 200（万元）

（2）甲公司设备账面价值 = 500 – 200 = 300（万元）

（3）甲公司该资产组净资产账面价值 = 200 + 300 – 80 = 420（万元）

（4）甲公司该资产组可收回金额 = 410（万元）（比较处置净值 390 万元和现值 410 万元后，选其金额较大的 410 万元作可收回金额）

（5）甲公司年末计提的固定资产减值准备 =（3）–（4）= 420 – 410 = 10（万元）

其中，厂房计提的减值准备 = 200 ÷（200 + 300）× 10 = 4（万元）

设备计提的减值准备 = 300 ÷（200 + 300）× 10 = 6（万元）

（6）甲公司年末计提固定资产减值准备所做会计分录如下：

借：资产减值损失　　　　　　　　　　　　　　　　　　　　　10 万元

　　贷：固定资产减值准备——房屋、建筑物　　　　　　　　　　　　4 万元

　　　　　　　　　　　　——机器设备　　　　　　　　　　　　　　6 万元

（7）甲公司 20×7 年 12 月 31 日厂房账面价值 = 200 - 4 = 196（万元）

（8）甲公司 20×7 年 12 月 31 日设备账面价值 = 300 - 6 = 294（万元）

说明：根据《企业会计准则第 30 号——财务报表列报》应用指南规定，财务报表"附注内容及披露说明"中要对"重要报表项目"进行说明，其中，资产减值准备中"固定资产减值准备"要披露"房屋、建筑物""机器设备""投资性房地产"三大明细内容，所以，这里的会计分录对"固定资产减值准备"做了相应的明细核算。

2. 需要一次分摊总部资产的资产组核算举例

【例 31】　乙公司 20×7 年 12 月 31 日固定资产账面价值总额 2 800 万元，其中，总部固定资产 300 万元（使用寿命还有 15 年），第一分公司固定资产总额 800 万元（使用寿命还有 20 年），第二分公司固定资产总额 1 000 万元（使用寿命还有 22 年），第三分公司固定资产总额 700 万元（使用寿命还有 25 年）。经测试，乙公司年末固定资产发生减值，第一、二、三个分公司的固定资产"可收回金额"分别为 900 万元、1 080 万元、750 万元。乙公司 20×7 年 12 月 31 日进行如下计算和处理：

（1）计算三个分公司资产使用寿命权数（以使用寿命最少的第一分公司为"1"）：

第二分公司资产使用寿命权数 = 22÷20 = 1.1

第三分公司资产使用寿命权数 = 25÷20 = 1.25

（2）计算三个分公司资产加权账面价值：

第一分公司资产加权账面价值 = 800×1 = 800（万元）

第二分公司资产加权账面价值 = 1 000×1.1 = 1 100（万元）

第三分公司资产加权账面价值 = 700×1.25 = 875（万元）

三个分公司资产加权账面价值总计 = 800 + 1 100 + 875 = 2 775（万元）

（3）按资产加权账面价值分摊总部资产：

第一分公司分摊总部资产 = 300×（800÷2 775）= 86（万元）

第二分公司分摊总部资产 = 300×（1 100÷2 775）= 119（万元）

第三分公司分摊总部资产 = 300×（875÷2 775）= 95（万元）

（4）计算三个分公司分摊总部资产后的资产账面价值：

第一分公司分摊总部资产后的资产账面价值 = 800 + 86 = 886（万元）

第二分公司分摊总部资产后的资产账面价值 = 1 000 + 119 = 1 119（万元）

第三分公司分摊总部资产后的资产账面价值 = 700 + 95 = 795（万元）

三个分公司分摊总部资产后的资产账面价值总计 = 886 + 1 119 + 795 = 2 800（万元）

（5）计算三个分公司年末计提的资产减值准备：

第一分公司年末资产"可收回金额"900 万元大于账面价值 886 万元，不计提资产减值准备。

第二分公司年末计提的资产减值准备 = 1 119 - 1 080 = 39（万元）

第三分公司年末计提的资产减值准备 = 795 - 750 = 45（万元）

（6）20×7 年 12 月 31 日乙公司计提资产减值准备的会计分录如下：

借：资产减值损失　　　　　　　　　　　　　　　　　　　　　84 万元

　　　　贷：固定资产减值准备　　　　　　　　　　　　　　　　　84 万元

（7）20×7 年 12 月 31 日乙公司分配计提的资产减值准备：

第二分公司年末资产减值准备由总部资产承担额 = 39×（119÷1 119）= 4.1（万元）

第二分公司年末资产减值准备由该公司资产承担额 = 39×（1 000÷1 119）= 34.9（万元）

第三分公司年末资产减值准备由总部资产承担额 = 45×（95÷795）= 5.4（万元）

第三分公司年末资产减值准备由该公司资产承担额 = 45×（700÷795）= 39.6（万元）

（8）20×7 年 12 月 31 日乙公司各单位固定资产账面价值（即扣除资产减值准备后的价值）：

总部固定资产账面价值 = 300 −（4.1 + 5.4）= 290.5（万元）

第一分公司固定资产账面价值 = 800 − 0 = 800（万元）

第二分公司固定资产账面价值 = 1 000 − 34.9 = 965.1（万元）

第三分公司固定资产账面价值 = 700 − 39.6 = 660.4（万元）

乙公司全部固定资产账面价值总计 = 290.5 + 800 + 965.1 + 660.4 = 2 716（万元）

　　检验：乙公司年末计提固定资产减值准备前资产账面价值 2 800 万元，减去年末计提的固定资产减值准备 84 万元，等于 2 716 万元，正好与此处各单位固定资产账面价值 2 716 万元相符。

　　说明之一：《企业会计准则第 8 号——资产减值》第十一条规定："建立在预算或者预测基础上的预计现金流量最多涵盖 5 年，企业管理层如能证明更长的期间是合理的，可以涵盖更长的期间。"可见，企业在对资产进行减值测试时，一般预测 5 年内的现金流量（该现金流量不应当包括筹资活动产生的现金流入或者流出以及与所得税收付有关的现金流量），如有证明更长期间更合理，可以超过 5 年。

　　说明之二：计算未来现金流量现值要选择一个恰当的折现率。这个折现率是反映当前市场货币时间价值和资产特定风险的税前利率。该折现率是企业在购置或者投资资产时所要求的必要报酬率。在预计资产的未来现金流量时已经对资产特定风险的影响做了调整的，估计折现率不需要考虑这些特定风险。如果用于估计折现率的基础是税后的，应当将其调整为税前的折现率。

　　3. 需要两次分摊总部资产的资产组核算举例

　　【例 32】　W 公司 20×7 年 12 月 31 日测试一车间资产组发生了减值。该车间有三项固定资产：①房屋：账面价值 100 万元，处置净额 50 万元。②机器：账面价值 200 万元，由于是专用设备，处置时无人购买，故无处置净额。③设备：账面价值 300 万元，也无处置净额。这三项固定资产组合在一起，能常年生产 Q 产品对外销售，独立产生现金流量，预计该车间未来现金流量现值 240 万元，则选择 240 万元作可收回金额。W 公司 20×7 年 12 月 31 日进行如下计算和处理：

　　（1）一车间资产组账面价值 = 100 + 200 + 300 = 600（万元）

　　（2）一车间资产组减值损失 = 600 − 240 = 360（万元）

　　（3）分配资产组减值损失：

　　1）房屋分摊的减值损失 = 360×（100÷600）= 60（万元）

　　2）机器分摊的减值损失 = 360×（200÷600）= 120（万元）

　　3）设备分摊的减值损失 = 360×（300÷600）= 180（万元）

　　从分配额中可见，房屋分摊的减值损失为 60 万元，超过了房屋的处置净额 50 万元，超出的 10 万元对房屋来说没有承受能力，故房屋分摊的减值损失仅取 50 万元。另 10 万元要进行二次分配。

如何进行二次分配呢？《企业会计准则第 8 号——资产减值》第二十二条规定："按照相关资产组或者资产组组合中其他各项资产的账面价值所占比重进行分摊。"

（4）二次分配资产组减值损失 10 万元：

1）机器账面价值 = 原账面价值 – 第一次分摊的减值损失

$$= 200 - 120 = 80 （万元）$$

2）设备账面价值 = 原账面价值 – 第一次分摊的减值损失

$$= 300 - 180 = 120 （万元）$$

3）机器二次分摊减值损失 $= 10 \times [80 \div (80 + 120)] = 4 （万元）$

4）设备二次分摊减值损失 $= 10 \times [120 \div (80 + 120)] = 6 （万元）$

（5）W 公司 20×7 年 12 月 31 日编制计提资产减值准备的会计分录：

借：资产减值损失 360 万元

　　贷：固定资产减值准备——房屋 50 万元

　　　　　　　　　　　　——机器（120 + 4） 124 万元

　　　　　　　　　　　　——设备（180 + 6） 186 万元

（6）W 公司 20×7 年 12 月 31 日计算一车间各项固定资产的账面价值：

房屋账面价值 = 100 – 50 = 50 （万元）

机器账面价值 = 200 – 124 = 76 （万元）

设备账面价值 = 300 – 186 = 114 （万元）

在上述处理过程中，一车间房屋只能承担 50 万元资产减值损失所依据的是《企业会计准则第 8 号——资产减值》第二十二条规定。该规定条款是，资产组分摊减值"抵减后的各资产的账面价值不得低于以下三者之中最高者：该资产的公允价值减去处置费用后的净额（如可确定的）；该资产预计未来现金流量的现值（如可确定的）和零"。

说明两点：（1）有商誉减值情况的资产组会计核算举例见第八章第二节。

（2）《企业会计准则第 42 号——持有待售的非流动资产、处置组和终止经营》准则提出了"处置组"的概念。其应用指南定义处置组的概念："是指在一项交易中作为整体通过出售或其他方式一并处置的一组资产，以及在该交易中转让的与这些资产直接相关的负债。处置组中可能包含企业的任何资产和负债，如流动资产、流动负债、适用本准则计量规定的固定资产、无形资产等非流动资产、不适用本准则计量规定的采用公允价值模式进行后续计量的投资性房地产、采用公允价值减去出售费用后的净额计量的生物资产、金融工具等非流动资产，以及非流动负债。按照《企业会计准则第 8 号——资产减值》的规定，企业合并中取得的商誉应当按照合理的方法分摊至相关的资产组或资产组组合，如果处置组即为该资产组或者包括在该资产组或资产组组合中，处置组也应当包含分摊的商誉。按照《企业会计准则第 8 号——资产减值》的规定，资产组是指企业可以认定的最小资产组合，其产生的现金流入应当基本上独立于其他资产或者资产组产生的现金流入。处置组可能是一组资产组组合、一个资产组或某个资产组的一部分。如果企业在决定对某处置组进行处置前，该处置组的相关资产或负债本属于某资产组的一部分，在作为处置组后，由于该处置组将主要通过出售而非持续使用产生现金流入，对原资产组内其他资产产生现金流入的依赖减小，此时该处置组重新成为可以认定的最小资产组合，应当作为单独的资产组看待。"

第八章

无形资产和其他资产

第一节 无形资产

一、无形资产的性质与分类

（一）无形资产的性质

我国《企业会计准则第6号——无形资产》规定："无形资产，是指企业拥有或者控制的没有实物形态的可辨认非货币性资产。"包括专利权、非专利技术、商标权、著作权、土地使用权、特许权等。无形资产定义中的"可辨认"标准是：能够从企业中分离或者划分出来，并能单独或者与相关合同、资产或负债一起，用于出售、转移、授予许可、租赁或者交换；源自合同性权利或其他法定权利，无论这些权利是否可以从企业或其他权利和义务中转移或者分离。

无形资产的性质除无形资产的定义外，还包括无形资产的属性及特性。

1. 无形资产的属性

无形资产是不具有实物形态的资产，这是毋庸置疑的。但是，并不是所有不具备实物形态的资产都是无形资产，像应收账款、应收票据等不具备实物形态，它只归属于流动资产，而不作为无形资产。作为无形资产，它不仅不具有实物形态，而且企业可长期使用，并能给企业提供一定权益。无形资产一般价值较大，受益期较长，它的某些功能和价值转移又和固定资产类似，最初它有"无形固定资产"之称，与"有形固定资产"相对应。

2. 无形资产的特性

（1）无形资产不具有实物形态。无形资产具有价值，因而它可以作为商品进行有偿转让，但它不同于一般商品的根本之点，在于它是无形的，没有实物体。然而，无形资产又总是体现在有形实物上的，例如，专有技术体现在专利产品上，著作权体现在著作上，而这些有形物的转让并不代表无形资产的转让。

（2）无形资产属于非货币性长期资产。无形资产不属于流动资产，而属于长期资产。像应收账款、银行存款等货币性资产，虽然也没有实物形态，但它们往往在一年内变现或被耗用，是企业的流动资产。无形资产的使用期限超过一年，它以非货币形态出现，能在较长时期内为企业提供经济利益。无形资产在企业"持续经营"的条件下，不仅能为企业创造价值，而且能为企业直接提供价值，使企业较容易具有获利的能力。无形资产为企业创造价值，是指企业使用无形资产能产生很大的价值，有些往往超过有形资产所产生的价值。比如，专有技术的使用，使企业创立了新的名牌产品，赢得了更大的市场，企业就会生机勃勃，从这个意义上讲，科学技术就是生产力。无形资产能直接给企业提供价值，是指无形资产的投资和转让能给企业直接带来效益。比如，利用无形资产投资，能直接获得投资收益；无形资产可以多次转让，如转让专利权、版权等，企业能直接获取转让收入。因此，无形资产在企业里通过使用、转让或出让、再创造使用，将长时期为企业带来经济利益。

（3）无形资产在创造经济利益方面存在较大的不确定性。比如，企业的商标权，一开始并不被社会所认可，不一定给企业带来多大经济利益，但企业的商标一旦成为名牌，它可得到消费者的喜爱，其"身价"就很昂贵，名牌产品的威力也很难用数字估量。因此，无形资产未来经济利益的不确定性主要体现在它所代表的未来经济利益是经常变化的。

（4）无形资产是为企业使用而非出售的资产。包括用于生产商品或提供劳务、出租给他人，或是用于管理目的等方面。

（二）无形资产的分类

（1）按有无法律保护区分，无形资产分为：①法定无形资产，即受到国家有关法律保护的无形资产，如专利权、场地使用权等。②收益性无形资产，即不受国家法律保护，但可给企业在未来提供超过一般水平的收益的无形资产，如专有技术等。

（2）按是否可与企业分离区分，无形资产分为：①可分离无形资产，即可离开企业转让或出售的无形资产，如专利权和专有技术。②不可分离无形资产，即离开企业就不复存在的无形资产，如土地使用权等。

（3）按不同来源区分，无形资产分为：①购入无形资产，即从外单位购进的无形资产，如购入专利权。②自创无形资产，即企业自身形成的无形资产，如企业自己研制的新产品而获得的专利权等。③投入无形资产，即其他单位或投资者投资转入的无形资产，如投入土地使用权等。④换入无形资产，即企业用资产向其他单位换取的无形资产。⑤债务重组取得的无形资产。⑥接受捐赠取得的无形资产。⑦企业合并取得的无形资产。

二、无形资产的确认和计量

无形资产必须满足两个条件才可确认：一是与该无形资产有关的经济利益很可能流入企业；二是该无形资产的成本能够可靠地计量。

无形资产计量分为初始计量和后续计量两种。无形资产应当按照成本进行初始计量。

（1）企业外购的无形资产，按购入时实际支付的价款作为无形资产成本入账，包括购买价款、相关税费以及直接归属于使该项资产达到预定用途所发生的其他支出。购买无形资产的价款超过正常信用条件延期支付，实质上具有融资性质的，无形资产的成本以购买价款的现值为基础确定。实际支付的价款与购买价款的现值之间的差额，除按照《企业会计准则第17号——借款费用》应予资本化的以外，应当在信用期间内计入当期损益（财务费用）。

（2）企业自行开发的无形资产，其成本包括自企业进入开发阶段至达到预定用途前所发生的符合资本化确认条件的支出总额，但是对于以前研究期间已经费用化的支出不再调整。

我国《企业会计准则第6号——无形资产》规定，企业内部研究开发项目的支出，应当区分研究阶段支出与开发阶段支出。研究是指为获取并理解新的科学或技术知识而进行的独创性的有计划调查。开发是指在进行商业性生产或使用前，将研究成果或其他知识应用于某项计划或设计，以生产出新的或具有实质性改进的材料、装置、产品等。企业研究阶段的支出，采用"费用化"的方式处理，即研究费用于发生时计入当期损益（管理费用）。企业开发阶段的支出，采用"资本化"的方式处理，即在同时满足下列条件的情况下确认为无形资产：

1）完成该无形资产以使其能够使用或出售在技术上具有可行性。

2）具有完成该无形资产并使用或出售的意图。

3）无形资产产生经济利益的方式，包括能够证明运用该无形资产生产的产品存在市场或无形资产自身存在市场，无形资产将在内部使用的，应当证明其有用性。

4）有足够的技术、财务资源和其他资源支持，以完成该无形资产的开发，并有能力使用或出售该无形资产。

5）归属于该无形资产开发阶段的支出能够可靠地计量。

（3）投资者投入的无形资产，应当按照投资合同或协议约定的价值作为无形资产成本入账，但合同或协议约定价值不公允的除外。

（4）企业通过非货币性资产交换取得的无形资产，其初始成本的计量应区分以下两种情况分别进行处理：

1）在非货币性资产交换具有商业实质，且公允价值能够可靠地计量的情况下，无形资产的初始成本应当以换出资产公允价值、支付的补价和应支付的相关税费确定。如为收到补价的一方确认无形资产初始成本的，应当以换出资产公允价值减去收到的补价加上应支付的相关税费确定。换出资产公允价值与其账面价值的差额分别以下情况处理：换出资产为存货的，应当作为销售处理，按存货公允价值确认"主营业务收入"或"其他业务收入"，并相应结转其成本；换出资产为固定资产、在建工程、生产性生物资产、无形资产的，换出资产公允价值与其账面价值的差额，记入"资产处置损益"科目；换出资产为长期股权投资的，换出资产公允价值与其账面价值的差额，记入"投资收益"科目；换出资产为投资性房地产的，按换出资产公允价值或换入资产公允价值确认"其他业务收入"，按换出资产账面价值结转"其他业务成本"，二者之间的差额计入当期损益。

2）如果非货币性资产交换不具有商业实质，且公允价值不能够可靠地计量，无形资产的初始成本应当以换出资产账面价值、支付的补价和应支付的相关税费确定。如为收到补价的一方确认无形资产初始成本的，应当以换出资产账面价值减去收到的补价加上应支付的相关税费确定。这种按账面价值作为计量无形资产初始成本基础的行为，无论是否支付补价，均不确认损益。

（5）企业通过债务重组方式取得的无形资产，应按无形资产公允价值作为无形资产的初始成本入账。重组债权的账面价值（应收债权账面余额扣除已提坏账准备后的余额）与无形资产公允价值之间的差额，记入"投资收益"科目。

（6）企业接受捐赠的无形资产，应按无形资产公允价值作为无形资产的初始成本入账。若通过"政府补助"方式取得无形资产，如行政划拨土地使用权等，应当按照公允价值计量；公允价值不能可靠取得的，按照名义金额计量。

（7）企业合并取得的无形资产，其初始成本的计量应区分以下两种情况分别进行处理：

1）同一控制下企业合并取得的无形资产，应当按照合并日被合并方的账面价值计量。合并方入账的无形资产账面价值与支付的合并对价账面价值（或发行股份面值总额）的差额，应当调整资本公积；资本公积不足冲减的，调整留存收益。

2）非同一控制下企业合并取得的无形资产，其公允价值能够可靠计量的，应当按公允价值为无形资产的初始成本入账。

三、无形资产的摊销

无形资产摊销是将无形资产价值在使用寿命内分期摊入各受益期间的过程。无形资产使用寿命有确定、不确定之分。使用寿命确定的（有限的）无形资产，其应摊销金额应当在使用寿命内系统、合理地摊销；使用寿命不确定的无形资产（即无法预见无形资产未来经济利益），其价值不予摊销，只计减值（即在期末确认该无形资产可收回金额，与其账面价值的差额作为无形资产减值准备计提）。

无形资产的摊销金额一般应当计入当期损益（管理费用）。某项无形资产包含的经济利益通过所生产的产品或其他资产实现的，其摊销金额应当计入相关资产的成本（其他业务成本等）。无形资产（专利权）直接用于产品生产，其摊销价值记入"制造费用——专利权摊销"科目。

无形资产价值一般采用直线法在其取得的当月在预计使用年限内分期平均摊销。其计算公式为

$$\text{某项无形资产的月摊销额} = \frac{\text{该项无形资产成本} - \text{预计残值} - \text{已计提减值准备}}{\text{使用寿命年限} \times 12}$$

使用寿命有限的无形资产，一般没有残值。但有两种情况存在着残值：①如果有第三方承诺在无形资产使用寿命结束时购买该无形资产。②可以根据活跃市场得到预计残值信息，并且该市场在无形资产使用寿命结束时很可能存在。

无形资产价值摊销，专门设置"累计摊销"账户核算，期末作为"无形资产"备抵账户，同"无形资产减值准备"账户一起，抵减无形资产价值后列入资产负债表。

四、无形资产取得和摊销的核算

（一）专利权和专有技术

1. 专利权和专有技术的区分

专利权和专有技术虽然都是可以转让买卖的垄断性的无形资产，在引进时同属于技术转让中的技术，但两者是有严格区别的：

（1）两者的概念不同。专利权是指国家专利主管机关依法授予发明创造者在法定期限内所享有的专有权利，包括专利权、实用新型专利权和外观设计专利权。发明专利权是指对产品方法或其改进所提出的新的技术方案所拥有的专利权，有效期为 20 年；实用新型专利权是指对产品的形状、构造或者其结合所提出的适于实用的新的技术方案所拥有的专利权，有效期为 10 年；外观设计专利权是指对产品的形状、图案、色彩或其结合所做出的富有美感并适于生产运用的新设计所拥有的专利权，有效期为 10 年。专利权有三个特征：一是专利权具有独占性，即它是一种排他性的财产权，企业依法享有后，就受到法律的保护，任何人想要实施专利，除法律另有规定的以外，必须事先取得专利人的许可，并支付一定的费用，否则，即构成侵权行为，要负法律责任，赔偿经济损失。二是专利权具有地域性，即只在注册的国家和地区有效，在非注册的国家和地区无效。三是专利权具有时间性，即在一定时间内有效，期满即不复存在，成为社会的共同财富。必须指出，并非所有专利都作为无形资产核算。只有那些可以降低产品成本，或者提高产品质量，或者转让出去可以获得转让费

收入的专利，企业为此支付了费用，能给企业带来较大价值的才作为无形资产核算；反之，无经济价值，或者具有很小的经济价值，或者会被另外更有经济价值的专利所淘汰的专利不能予以资本化列作无形资产核算。

专有技术又叫"技术秘密"或"技术诀窍"，是指不为外界所知、在生产经营活动中已采用了的、不享有法律保护的各种技术和经验，它一般包括工业专有技术、商业贸易专有技术、管理专有技术等。专有技术可以用蓝图、配方、技术记录、操作方法的说明等具体资料表现出来，也可以通过卖方派出技术人员进行指导，或接受买方人员进行技术实习等手段实现。在生产中实用的、先进的、新颖的不申请专利的技术和资料，包括产品设计、工艺流程、材料配方以及组织、管理等方面的知识、经验和技巧，其内容既涉及技术领域，又涉及经营管理领域。由于专有技术的创造发明者不愿意或来不及申请专利，或专有技术本身不具备申请专利条件，使专有技术不能转化为专利，所以它又叫非专利技术。非专利技术具有经济性、机密性和动态性等特点。

（2）两者的另一主要区别是：专利权是一种工业产权，在一定时期内受国家专利法保护，申请专利权时要公开其内容要点；专有技术不是工业产权。不受法律保护，其内容不公开，转让时订立秘密条款，即靠保密而垄断和独占，没有保护期限，一旦被公开或失密，任何人均可使用。

2. 专利权和专有技术取得的核算

（1）投资者投入的专利权和专有技术。

【例1】　企业接受某单位专利权投资，双方协议确认的公允价值为 50 万元。企业做如下会计分录：

借：无形资产——专利权　　　　　　　　　　　　　　　50 万元
　　贷：实收资本——法人资本　　　　　　　　　　　　　　　50 万元
　　　（股份企业贷记"股本"，下同）

（2）企业购入专利权和专有技术。

【例2】　企业购买一项专有权，支付价款 57 600 元。企业做如下会计分录：

借：无形资产——专利权　　　　　　　　　　　　　　　57 600
　　贷：银行存款　　　　　　　　　　　　　　　　　　　　57 600

（3）自创专利权和专有技术。

【例3】　甲公司研究和开发一项新工艺。在 20×6 年研究阶段，发生研究、调查和试验等费用 220 万元。20×7 年 9 月 30 日已证实新工艺必然成功，开始转入开发阶段。20×7 年 10 月发生材料费 50 万元、人工费 60 万元。20×8 年 1 月至 6 月又发生材料、人工、场地设备租金、其他费用共 400 万元。20×8 年 6 月 30 日新工艺开发完成投入使用，预计有效使用年限 5 年。有关会计分录如下：

1）20×6 年度发生研究、调查和试验等费用 220 万元时：

借：研发支出——费用化支出　　　　　　　　　　　　220 万元
　　贷：银行存款等　　　　　　　　　　　　　　　　　　　220 万元

2）20×6 年度在发生研究费用的月末，结转"费用化支出"220 万元时：

借：管理费用　　　　　　　　　　　　　　　　　　　220 万元
　　贷：研发支出——费用化支出　　　　　　　　　　　　　220 万元

3）20×7年10月发生材料、人工等支出110万元时：

借：研发支出——资本化支出　　　　　　　　　　　　　　　　110万元

　　贷：原材料　　　　　　　　　　　　　　　　　　　　　　　　50万元

　　　　应付职工薪酬　　　　　　　　　　　　　　　　　　　　　60万元

20×7年10月31日，甲公司应将"研发支出——资本化支出"账户借方余额110万元填入资产负债表"开发支出"项目。

4）20×8年1月至6月又发生材料、人工、场地设备租金、其他费用共400万元时：

借：研发支出——资本化支出　　　　　　　　　　　　　　　　400万元

　　贷：原材料、应付职工薪酬、银行存款　　　　　　　　　　　400万元

5）20×8年6月30日新工艺开发完成时：

借：无形资产——非专利技术　　　　　　　　　　　　　　　　510万元

　　贷：研发支出——资本化支出（110＋400）　　　　　　　　510万元

6）20×8年7月31日（及以后各月末）摊销上项无形资产价值时：

借：管理费用（510÷5÷12）　　　　　　　　　　　　　　　　8.5万元

　　贷：累计摊销——非专利技术　　　　　　　　　　　　　　　8.5万元

【例4】　企业接受捐赠一项专利权，市场公允价值20万元。税务机关核定，将20万元分5年计入各年纳税所得计缴所得税。企业接受捐赠做如下会计分录：

借：无形资产——专利权　　　　　　　　　　　　　　　　　　20万元

　　贷：递延收益　　　　　　　　　　　　　　　　　　　　　　20万元

当年年末，摊销递延收益4万元（20÷5）时：

借：递延收益　　　　　　　　　　　　　　　　　　　　　　　4万元

　　贷：营业外收入　　　　　　　　　　　　　　　　　　　　　4万元

当年年末，结转营业外收入4万元时：

借：营业外收入　　　　　　　　　　　　　　　　　　　　　　4万元

　　贷：本年利润　　　　　　　　　　　　　　　　　　　　　　4万元

这4万元专利价值记入"本年利润"账户，构成了当年的纳税所得，可以同其他利润一起计算缴纳所得税。

3. 专利权和专有技术摊销的核算

上述举例已对"非专利技术"价值进行了摊销，现对"专利权"价值摊销。依上述例1、例2、例4资料，投入的专利权50万元，摊销期还有10年；购入的专利权5.76万元，摊销期还有6年；接受捐赠的专利权20万元，摊销期还有5年，各月摊销及会计分录如下：

各月摊销额＝（50÷10＋5.76÷6＋20÷5）÷12＝0.83（万元）

借：管理费用　　　　　　　　　　　　　　　　　　　　　　8 300

　　贷：累计摊销——专利权　　　　　　　　　　　　　　　　8 300

必须指出，企业专利权和专有技术的核算同企业支付的技术转让费的核算是不同的。技术转让费是指企业因引进技术而按应用该项技术所生产产品的销售收入或其他标准的一定比例计算支付的费用，是收益性支出，不是资本性支出。企业支付技术转让费时，一次计入期间费用，即借记"管理费用"科目，贷记"银行存款"科目。

（二）土地使用权

1. 土地使用权的含义

土地使用权是指国家准许某企业在一定时期内对国有土地享有开发、利用、经营的权利。我国的土地属于国家和集体所有，企业只能获得土地使用权。企业取得土地使用权的方式大致有：行政划拨取得、外购取得、投资者投入取得等。

（1）土地使用权的入账价值。作为投资入账的土地使用权，要按双方确认的公允价值入账。土地使用权的公允价值以土地的实际占用面积、需要使用的年限和同类场所规定的使用费标准为依据计算确认。其中，改组或新设股份制企业，国有土地使用权作价入账的价格由县级以上人民政府土地管理部门组织评估，并报县级以上人民政府审核批准后，作为核定的土地资产金额。在国家建立开发区，收取出让土地费用的情况下，外商投资企业以实际购入场地使用权所支付的款项作为土地使用权的入账价格。注意：企业已拥有的、行政划拨取得的、未入账的土地使用权不作无形资产，只有为取得土地使用权花费了支出的（比如，缴纳了土地出让金后），才作为无形资产入账。

（2）土地使用权不同于土地使用费。土地使用费是企业使用土地而支付的费用。也就是说，土地使用费是企业租用场地而支付的租金，属于收益性支出，计入当期费用，从当期利润中补偿；而土地使用权是企业的一项无形资产，属于资本性支出，分期摊入各个受益期，如果作为企业的投资项目，还能获得投资收益。所以，两者除了概念不同，账务处理也不同。

2. 土地有偿供应方式下的土地使用权核算

【例5】 某国有企业改组成股份制企业，将原有的国有土地作价入股，投资合同确认的公允价值为300万元。

借：无形资产——土地使用权　　　　　　　　　　　　　3 000 000
　　贷：股本　　　　　　　　　　　　　　　　　　　　　　　3 000 000

【例6】 依例5资料，如果改组的股份制企业的土地使用权的年限确定为20年，则每月摊销土地使用权价值的会计分录如下：

借：管理费用（3 000 000÷20÷12）　　　　　　　　　　　12 500
　　贷：累计摊销——土地使用权　　　　　　　　　　　　　　12 500

【例7】 企业从当地政府购入一块土地，支付款项共计820万元。该企业做如下会计分录：

借：无形资产——土地使用权　　　　　　　　　　　　　8 200 000
　　贷：银行存款　　　　　　　　　　　　　　　　　　　　8 200 000

【例8】 依例7，企业将所购土地使用权全部用于建设厂房。建设厂房付款600万元，用银行存款支付。该企业做如下会计分录：

借：在建工程　　　　　　　　　　　　　　　　　　　　6 000 000
　　贷：银行存款　　　　　　　　　　　　　　　　　　　　6 000 000

《企业会计准则第6号——无形资产》应用指南规定："自行开发建造厂房等建筑物，相关的土地使用权与建筑物应当分别进行处理。外购土地及建筑物支付的价款应当在建筑物与土地使用权之间进行分配；难以合理分配的，应当全部作为固定资产。"

但是，准则对房地产开发公司用地做了不同的规定："企业（房地产开发）取得土地用于建造对外出售的房屋建筑物，相关的土地使用权账面价值应当计入所建造的房屋建筑物成本。"即房地产开发公司将购入的土地使用权用于商品房开发，应借记"开发成本"科目。

另外，若购入的土地使用权准备增值后转让的，购买时直接借记"投资性房地产"科目。

3. 土地划拨供应方式下的土地使用权核算

现有企业所占用的土地——存量土地，一般是国家无偿划拨给企业使用的，企业没有花费任何代价，会计账上没有土地使用权的价值。但是，如果企业要转（出）让划拨土地使用权时，不仅要补办土地使用权出让手续，进行登记，还要补交出让金。支付土地使用权出让金和相关支出，记入"无形资产"科目借方；取得出让收入，在扣除该项无形资产成本及其应缴纳的各种税费后，记入"营业外收入"科目的贷方（若亏损，记入"营业外支出"科目的借方）。如果今后企业再获得国家行政划拨土地使用权（这是一种增量土地使用权），企业应借记"无形资产——土地使用权"科目，贷记"递延收益"科目，分期转作营业外收入时，借记"递延收益"科目，贷记"营业外收入"科目。

需要说明的是，企业"固定资产——土地"的价值，仅指1951年清产核资时和1956年私营工商业社会主义改造时估价入账的土地价值。而后与土地有关的费用，如征用土地支付的补偿费等，计入与土地有关的房屋、建筑物的价值之内。

4. 资本主义社会土地的处理

资本主义社会土地所有权归个人所有。土地有价值，可以买卖、转让和抵押。会计处理上专门设置"土地"一级科目进行核算。

（1）土地一般按成本计价。土地的成本包括购价、经纪人佣金、过户费用、丈量费用、排水费用、清理地面费用（减除残值）和环境美化费用等。

（2）接受赠与的土地按估定的公允市价入账。接受赠与分为无条件赠与和有条件赠与。如果是无条件赠与，企业立即就取得了资产所有权。借记"土地"账户，贷记"捐赠股本"账户；如果是有条件赠与，如受赠企业必须在规定的期限内雇用一定数量的职工等，这就要等到履行赠约条件后才取得土地所有权，因此接受捐赠时只能借记"或有资产——土地"账户，贷记"或有捐赠股本"科目，待取得所有权后再从这两个账户转入"土地"和"捐赠股本"账户。

（3）土地的增值处理。①新发现价值。比如，企业已入账的土地事先并未察觉蕴藏的财富，而后却发现了新的资源，如石油储藏等。企业应将增加的原油藏量等估计价值借记"土地——估价增加数（原油藏量）"账户，贷记"未实现资本增值——土地估价"账户。②土地改良增值。企业发生土地改良支出，如在土地上构筑篱笆、下水道、人行道和铺路等，应根据是否对改良价值计提折旧确定账务处理：如果改良追加的价值不计提折旧，则并入土地价值内，借记"土地"账户；如果改良追加价值要计提折旧，则借记"土地改良工程"账户。

（4）土地设账要实行两个分开：一是要将经营用土地与投机用土地分开，在编制资产负债表时，前者列在"地产、厂房及设备"项下，后者列作"长期投资"；二是要将土地和土地上的建筑物分开。

（5）土地因使用中不发生磨损，所以土地不计提折旧。

（三）商标权

商标是用来辨认特定商品或劳务的标志。商标经过注册登记，就有了使用该商标的专门权利，获得法律保护。商标专用权简称商标权，是指商标权人专门在某类指定的商品或产品上使用特定的名称或图案的权利。

商标权的特点有：①具有独占性，即具有独占使用权性质，是指商标权享有人在商标的注册范围内独家使用其商标的权利。②具有禁止权性质，是指商标权享有人排除和禁止他人对商标独占使用权进行侵犯的权利。③具有时间性，商标注册的有效期限为10年，有效期满需继续使用的，应当在期满前6个月申请续展注册，每次续展注册的有效期为10年。商标注册人不断申请续延，则商标权就始终存在。从这个意义上讲，商标权具有长期性。

作为无形资产入账的商标权是有一定规定的：①企业自创的商标权，如果所花费用较大，获利能力较强，则将开发过程中发生的一切费用（商标设计费、注册费等）和保护商标使用权所发生的一切费用（如诉讼费等）列作无形资产；如果所花费用不大，则不必列作无形资产。对于扩大商标影响所发生的广告费，一般不作商标权的成本入账，而直接作为销售费用，计入当期损益。②购买他人商标，花费较大，应将买价、手续费等计入商标的购入成本，作为无形资产核算。③享受他人商标使用权的（出让方把商标使用权转让给受让方，受让方在一定期限内或永久性地使用该商标权，但要把一定利润分给出让方），如果受让方要获取许可证或专营证或特许权的，可将一次性支付的费用列作无形资产核算（不付费即可获取许可证的，可不记账）；如果受让方要按合同规定定期向出让方支付报酬的，则每次支付的费用列作期间费用（管理费用），不作无形资产核算。④投资转入的商标权，一般应以注册证件为作价入账的基本依据。类似商标的无形资产，还有商号、牌号和标记，对它们的处理和商标相同。下面举例说明商标权的核算方法。

【例9】　某合资企业在筹办时，双方协商同意引入某项"商标权"作无形资产投资。该商标权人民币价值80 000元，合同订明期限为10年。该合资企业做如下会计分录：

借：无形资产——商标权　　　　　　　　　　　　　　　　80 000
　　贷：实收资本　　　　　　　　　　　　　　　　　　　　　80 000

【例10】　某企业购入一项商标权，入账价值120 000元，有效期10年，每月摊销1 000元。

（1）购入时：

借：无形资产——商标权　　　　　　　　　　　　　　　　120 000
　　贷：银行存款　　　　　　　　　　　　　　　　　　　　　120 000

（2）摊销时：

借：管理费用　　　　　　　　　　　　　　　　　　　　　1 000
　　贷：累计摊销——商标权　　　　　　　　　　　　　　　　1 000

【例11】　某企业委托某设计部门设计某产品商标，共支付设计费2.56万元，又向商标局支付商标注册费1.58万元，商标使用权为10年。该企业做如下会计分录：

（1）自创付费时：

借：无形资产——商标权　　　　　　　　　　　　　　　　41 400
　　贷：银行存款　　　　　　　　　　　　　　　　　　　　　41 400

（2）摊销时：

借：管理费用　　　　　　　　　　　　　　　　　　　　　345

　　　　　贷：累计摊销——商标权　　　　　　　　　　　　　　　　345

　　【例12】　某企业跟甲厂签订了三年期自行车商标使用权合同。获取自行车商标使用权许可证时，一次性支付费用43 200元。该企业做如下会计分录：

　　（1）付费时：

　　借：无形资产——商标权　　　　　　　　　　　　　　　　　43 200

　　　　　贷：银行存款　　　　　　　　　　　　　　　　　　　　　　43 200

　　（2）摊销时：

　　借：管理费用（43 200÷3÷12）　　　　　　　　　　　　　　1 200

　　　　　贷：累计摊销——商标权　　　　　　　　　　　　　　　　1 200

　　如果上例不是一次性付费方式，而是按销售自行车的数量支付商标使用费，假定双方议定每辆车2元，该企业销售了3 000辆标有甲厂商标的自行车，共向甲厂付费6 000元。该企业做如下会计分录：

　　借：管理费用　　　　　　　　　　　　　　　　　　　　　　6 000

　　　　　贷：银行存款　　　　　　　　　　　　　　　　　　　　　　6 000

　　（四）版权、特许权

　　1. 版权

　　版权是指创作者依法对其在科学研究、文学艺术诸方面的著述和创造发明享有专印专销的权利。著作物一经获得版权，在法律规定的有效期限内，其他单位或个人就不得翻印或复制。版权又称"著作权"，包括人身权和财产权。著作人身权主要有署名权、发表权、保护作品完整权以及修改和回收作品权等；著作财产权主要有复制权、出版权、表演权、演述权、播送权、异种复制权、展览权、实施权、编辑权、改编权、翻译权等。版权中的财产权可以继承或转让。由于版权是一种专印专销的特权，一旦获得就可以取得高额的收益，并能持续一段时间，故会计上把版权的成本价值作为无形资产入账。版权的有效期大多为从作品产生时起到作者死后50年止。

　　版权可以是自创的，也可以是外购的。自创版权时，向政府申请版权所需支出不大，故不作无形资产处理。通常只有外购版权所花费用才作为资本性支出，列作无形资产核算。

　　2. 特许权（或称专营权）

　　特许权是由政府或企业给予在某一特定地区制造、销售某类产品，或经营某类业务的专有权利，又称特许经营权，简称专营权。这种专营权可以永久使用，也可以有限期地使用。特许权有两种：一是政府授予的特许权，例如，政府准许企业使用公有财产或在一定地区有经营电话、煤气、电力、自来水等业务的独占特权；二是企业之间协议授予的特许权，如授予另一企业有限期或永久地使用本企业的商标、商号、专利权、制造方法及技术秘诀等。对于前一种特许权，如果取得时花费不大，则直接作当期费用处理；如果取得时花费较大，则作无形资产处理。对于后一种特许权（在本节"商标权"中已述），受让方一次性付费获取许可证的，作无形资产处理，分次按一定比例支付报酬的（如商标使用费等），作当期管理费用处理。

　　3. 取得版权、特许权的核算

　　【例13】　某股份企业创办时，同意某股东将价值84 000元的某一版权入股投资；该股份企业为获取某种专营权，一次性支付费用39 000元。版权有效期为28年，专营权限期为

5年。

（1）无形资产入账时：

借：无形资产——版权 84 000

　　　　　　——特许权 39 000

　　贷：股本 84 000

　　　　银行存款 39 000

（2）按月摊销时：

借：管理费用 900

　　贷：累计摊销——版权（84 000÷28÷12） 250

　　　　　　　　　——特许权（39 000÷5÷12） 650

五、无形资产转让的核算

企业转让无形资产的方式有两种：一是转让所有权，即出售无形资产所有权。这种出售不属于企业的日常活动，因而不作收入确认处理，只将所得价款与该无形资产账面价值之间的差额作为利得或损失，计入当期损益；二是转让使用权，即出租无形资产使用权，又称无形资产出租。无形资产出租是指企业将所拥有的无形资产的使用权让渡给他人，并收取租金。企业让渡资产使用权，收取利息和使用费收入，是企业为完成经营目标而从事的附营业务活动，其租金是收入的一种形式，应列作其他业务收入。可见，出售无形资产所有权和出租无形资产使用权这两种方式的账务处理是不同的，下面举例说明。

1. 出售无形资产所有权

【例14】某企业5年前购买的一项专利（价值23.28万元，使用寿命12年），现转让给其他单位，取得转让收入14.84万元（含6%的增值税0.84万元）。该项无形资产"累计摊销"账户贷方余额为9.7万元（23.28÷12×5）。不考虑其他因素，企业转让时做如下会计分录：

借：银行存款 148 400

　　累计摊销——专利权 97 000

　　贷：无形资产——专利权 232 800

　　　　应交税费——应交增值税（销项税额） 8 400

　　　　资产处置损益 4 200

2. 出租无形资产使用权

【例15】上海五洋自行车厂同意河北飞达自行车厂使用"五洋"商标三年，其间飞达自行车厂每售出一辆"五洋"自行车，必须向五洋自行车厂支付3元价款的商标使用费，转让商标使用合同已签订。

（1）五洋自行车厂为了维护"五洋"牌的声誉，特派技术服务队去飞达自行车厂帮助解决关键技术问题。该技术服务队到飞达自行车厂一个月，全部工资1 400元和差旅费2 600元均由五洋自行车厂支付。五洋自行车厂已做如下会计分录：

借：其他业务成本 4 000

　　贷：应付职工薪酬 1 400

　　　　库存现金 2 600

（2）五洋自行车厂收到飞达自行车厂出租"五洋"牌自行车的商标使用费 6 360 元（2 000辆×3 元/辆＋增值税销项税 360 元）。五洋自行车厂做如下会计分录：

借：银行存款　　　　　　　　　　　　　　　　　　　　　　　6 360
　　贷：其他业务收入　　　　　　　　　　　　　　　　　　　　　6 000
　　　　应交税费——应交增值税（销项税额）　　　　　　　　　　360

（3）五洋自行车厂"五洋"牌自行车的商标权账面余额 49 280 元，还有 5 年摊销期。经测算，出租"五洋"商标权所获收益是自用"五洋"商标产生收益的 1/9，则出租 3 年所换算的收益月份为 4 个月（3×12×1/9）。从本月起未来 5 年内（包括出租 3 年在内）"换算的月摊销额"为 770 元 [49 280÷（5×12 ＋4）]。则五洋自行车厂本月摊销无形资产做如下会计分录：

借：其他业务成本 [770×4÷（3×12）]　　　　　　　　　　　85. 56
　　管理费用（770×1）　　　　　　　　　　　　　　　　　　　770
　　贷：累计摊销——商标权　　　　　　　　　　　　　　　　855. 56

摊销结果表明："五洋"商标权出租 3 年，共摊销 3 080 元（85. 56×3×12），自用商标权 5 年共摊销 46 200 元（770×5×12），两者合计为 49 280 元。

3. 非货币性资产交换方式下的无形资产转让

（1）对于换出无形资产的一方，用无形资产换入其他资产应分以下两种情况处理：

1）在非货币资产交换具有商业实质，且公允价值能够可靠地计量的情况下，支付补价方应当以换出无形资产公允价值加上支付的补价和应支付的相关税费作为换入资产的入账价值。如果有确凿证据表明换入资产的公允价值更加可靠的，应当以换入资产的公允价值和应支付的相关税费作为换入资产的初始计量金额。对于收到补价的一方，应当以换出无形资产公允价值减去收到的补价加上应支付的相关税费作为换入资产的入账价值。如果有确凿证据表明换入资产的公允价值更加可靠的，应当以换入资产的公允价值和应支付的相关税费作为换入资产的初始计量金额。

2）如果非货币性资产交换不具有商业实质，且公允价值不能够可靠地计量，则应将该无形资产的账面价值加上支付的补价和应支付的相关税费作为换入资产的入账价值，或将该无形资产的账面价值减去收到的补价加上应支付的相关税费作为换入资产的入账价值。

（2）对于换入无形资产的一方，见本章第一节"无形资产的确认和计量"第（4）点。

【例 16】　A 公司将某商标的所有权，同 B 公司一套新设备相交换。A 公司商标权账面原值 12 万元，累计摊销 2 万元，公允价值 18 万元，转换商标需缴纳增值税销项税额 1. 08 万元。B 公司成套新设备的账面价值 22 万元，交换价值 22. 6 万元（其中，设备公允价值 20 万元，增值税 2. 6 万元）。双方谈判中，本来 A 公司换取成套新设备时应向 B 公司支付补价 3. 52 万元 [22. 6 –（18 ＋1. 08）]，但 A 公司只愿支付补价 3 万元，B 公司做出让步，接受该补价。

（1）A 公司有关计算及相应的账务处理：

1）A 公司计算支付的补价比率：

补价比率＝支付的补价÷（换出资产公允价值 ＋支付的补价）
＝3÷（18 ＋3）＝14%＜25%（属于非货币性资产交换）

2）A 公司确认换入固定资产的入账价值时有确凿证据表明，换入固定资产公允价值

20万元比换出无形资产公允价值18万元更可靠，故选择前者入账，编制如下会计分录：

借：固定资产 210 000

  应交税费——应交增值税（进项税额） 26 000

  累计摊销——商标权 20 000

  贷：无形资产——商标权 120 000

    银行存款 30 000

    应交税费——应交增值税（销项税额） 10 800

    资产处置损益 95 200

（2）B公司有关计算及相应的账务处理：

1）B公司计算收到的补价比率：

$$补价比率 = 收到的补价 \div 换出资产的公允价值$$

$$= 3 \div 20 = 15\% < 25\% \quad（属于非货币性资产交换）$$

2）B公司确认换入无形资产入账价值时有确凿证据表明，换入无形资产公允价值18万元比换出固定资产公允价值20万元更可靠，故选择前者入账，编制如下会计分录：

借：固定资产清理 220 000

  贷：固定资产 220 000

借：固定资产清理 26 000

  贷：应交税费——应交增值税（销项税额） 26 000

借：银行存款 30 000

  贷：固定资产清理 30 000

借：无形资产——商标权 180 000

  应交税费——应交增值税（进项税额） 10 800

  资产处置损益 25 200

  贷：固定资产清理 216 000

六、无形资产减值与转销的核算

无形资产减值是指无形资产可收回金额低于账面价值的情形。由于企业所处商业环境的不断变化，以及新技术日新月异的发展，无形资产为企业创造经济利益的能力很可能受到不利影响，无形资产减值现象便成为必然。为确保企业财务报告能真实地反映其财务状况和经营成果，企业应当于资产负债表日，检查各项无形资产预计给企业带来未来经济利益的能力，对预计可收回金额低于其账面价值的，应当计提减值准备。

1. 无形资产减值处理

企业在资产负债表日测试无形资产预计可收回金额低于其账面价值的，应编制计提无形资产减值准备的会计分录：

借：资产减值损失 （减值额）

  贷：无形资产减值准备 （减值额）

如果已计提减值准备的无形资产价值又得以恢复，在以后会计期间不得转回。

2. 无形资产价值转销

当企业的无形资产已经失去效用，预期不能再为企业带来经济利益时，企业应将该无形资产的账面价值全部予以转销。企业转销无形资产账面价值的会计分录如下：

借：累计摊销　　　　　　　　　　　　　　　　　　　　　　（已摊销额）

　　无形资产减值准备　　　　　　　　　　　　　　　　　　（已计提减值准备）

　　资产处置损益　　　　　　　　　　　　　　　　　　　　（借贷差额）

　　贷：无形资产　　　　　　　　　　　　　　　　　　　　（账面成本）

3. 无形资产减值与转销核算举例

【例17】　A公司20×1年5月1日付款480万元取得若干亩土地使用权，并按20年期限摊销。20×4年12月31日，该土地使用权市价大幅度下降，预计可收回金额为333.2万元。同时，该企业有一项专利权已被新技术代替，已无任何使用价值和转让价值。该专利权账面成本12万元，累计摊销7万元，摊余价值为5万元（12－7）。20×5年12月31日，该土地使用权市价又有所上升，预计可收回金额为335万元。要求：对A公司20×4年、20×5年无形资产减值、摊销进行计算和处理。

（1）A公司20×4年12月31日计算土地使用权摊余价值（从20×1年5月1日至20×4年12月31日共摊销44个月）=480－480÷20÷12×44=480－88=392（万元）

（2）A公司20×4年12月31日

计算土地使用权减值额 = 土地使用权账面价值 － 预计可收回金额

　　　　　　　　　　　= 392－333.2 = 58.8（万元）

（3）A公司20×4年12月31日计提土地使用权减值准备：

借：资产减值损失　　　　　　　　　　　　　　　　　58.8万元

　　贷：无形资产减值准备　　　　　　　　　　　　　　　58.8万元

（4）A公司20×4年12月31日转销专利权余值：

借：资产处置损益　　　　　　　　　　　　　　　　　　5万元

　　累计摊销——某专利权　　　　　　　　　　　　　　　7万元

　　贷：无形资产——某专利权　　　　　　　　　　　　　12万元

（5）A公司20×5年1月31日对土地使用权的月摊销额进行重新调整：20×1年5月1日至20×4年12月31日已摊销44个月，未来土地使用权还有196个月（20×12－44）的摊销期。

上年年末土地使用权账面价值 = 原值 － 累计摊销 － 减值准备

　　　　　　　　　　　　　　= 480－88－58.8 = 333.2（万元）

从20×5年1月起土地使用权每月摊销额 = 333.2÷196 = 1.7（万元）

借：管理费用　　　　　　　　　　　　　　　　　　　1.7万元

　　贷：累计摊销——土地使用权　　　　　　　　　　　　1.7万元

（6）A公司20×5年12月31日，土地使用权价值回升，会计准则规定不得转回，因此不进行会计处理。

【例18】　B公司20×4年1月内部研发一项非专利技术获得成功，并可供使用，其资本化支出290万元已作为无形资产入账，但无法预见该非专利技术为企业带来的未来经济利益期限。到了20×7年12月31日，B公司发现该非专利技术能够给企业带来未来经济利益，预计该非专利技术可以再继续使用5年。20×7年12月末，B公司通过对未来5年现金流量进行测定，并权衡处置净额，预计该非专利技术可收回金额240万元。要求：确定

20×7年度计提的无形资产减值准备，并计算20×8年度该无形资产月摊销额，编制相应的会计分录。

（1）20×7年12月31日该无形资产账面价值＝290万元（因为使用寿命不确定的无形资产价值在20×4年1月至20×7年12月未进行摊销，一直保持账面价值不变）。

（2）20×7年12月31日该无形资产可收回金额＝240（万元）

（3）20×7年12月31日该无形资产计提的减值准备＝290－240＝50（万元）

借：资产减值损失　　　　　　　　　　　　　　　　　50万元
　　贷：无形资产减值准备　　　　　　　　　　　　　　　　50万元

（4）20×8年各月无形资产摊销额＝240÷5÷12＝4（万元）

借：管理费用　　　　　　　　　　　　　　　　　　　4万元
　　贷：累计摊销——非专利技术　　　　　　　　　　　　　4万元

七、无形资产抵债核算

【例19】　A公司欠叶凌工厂货款15万元一直未还。现进行债务重组：A公司用银行存款偿还3万元货款，同时，用一项土地使用权抵充其余债务。该土地使用权账面成本18万元，累计摊销6.5万元，摊余价值11.5万元（18－6.5），已计提减值准备1.2万元。转让抵债的土地使用权按市场价格（公允价值）10万元计算应缴纳9%的增值税。请分别替A公司、叶凌工厂做会计分录。

（1）A公司抵债时计算债务重组收益0.8万元［15－3－（11.5－1.2）－0.9］，做如下会计分录：

借：应付账款——叶凌工厂　　　　　　　　　　　　　15万元
　　累计摊销——土地使用权　　　　　　　　　　　　6.5万元
　　无形资产减值准备　　　　　　　　　　　　　　　1.2万元
　　贷：银行存款　　　　　　　　　　　　　　　　　　　3万元
　　　　无形资产——土地使用权　　　　　　　　　　　　18万元
　　　　应交税费——应交增值税（销项税额）（10×9%）　0.9万元
　　　　其他收益——债务重组收益　　　　　　　　　　　0.8万元

（2）叶凌工厂做如下会计分录：

借：银行存款　　　　　　　　　　　　　　　　　　　3万元
　　无形资产——土地使用权　　　　　　　　　　　　10万元
　　应收税费——应交增值税（进项税额）　　　　　　0.9万元
　　投资收益　　　　　　　　　　　　　　　　　　　1.1万元
　　贷：应收账款——A公司　　　　　　　　　　　　　　15万元

八、无形资产对外投资的核算

【例20】　C企业采用非企业合并方式向申花公司投资以下三种无形资产：①一项专利权，账面成本24万元，累计摊销4万元，摊余价值20万元（24－4），双方协议确定的投资额（公允价值）为22万元。②一项非专利技术，未入账，双方协议确定的投资额（公允价值）为10万元。③一块土地使用权，账面成本40万元，累计摊销5万元，摊余价值35万元（40 - 5），双方协议确定的投资额（公允价值）为 40 万元。C 企业投资转出的专利权和土地使用权已计提减值准备 3 万元。C 企业上述三项无形资产公允价值是聘请资产评估机构评估得出的，共支付评估费用 1 万元。C 企业三种无形资产所确认的投资额，占申花公司资本金的比率为 10%，C 企业作为其他权益工具投资核算，首选"金融工具确认和计量"准则做依据。

《企业会计准则第 22 号——金融工具确认和计量》应用指南规定：企业对单项非交易性权益工具投资进行初始确认时，应"将其指定为公允价值计量且其变动计入其他综合收益的金融资产，其公允价值的后续变动计入其他综合收益，不需计提减值准备"。C 企业投出无形资产时初始确认价值包括：初始投资成本为 72 万元（22 + 10 + 40），扣除初始公允价值变动，即无形资产处置利得 20 万元 [72 - (24 - 4) - (40 - 5) + 3]，做如下会计分录：

借：其他权益工具投资——申花公司（成本）　　　　　　52 万元
　　管理费用　　　　　　　　　　　　　　　　　　　　 1 万元
　　累计摊销——专利权　　　　　　　　　　　　　　　 4 万元
　　　　　　——土地使用权　　　　　　　　　　　　　 5 万元
　　无形资产减值准备　　　　　　　　　　　　　　　　 3 万元
　　贷：无形资产——专利权　　　　　　　　　　　　　24 万元
　　　　　　　　——土地使用权　　　　　　　　　　　40 万元
　　　　银行存款　　　　　　　　　　　　　　　　　　 1 万元

注：合并方或购买方为企业合并发生的审计、法律服务、评估咨询等中介费用以及其他相关费用，应当于发生时计入当期损益。对外投出无形资产采用权益法核算举例见第六章例 39。

九、无形资产的明细核算

无形资产按专利权、非专利技术、商标权、土地使用权等种类进行明细核算。

第二节　商　　誉

一、商誉的概念

商誉是指企业具有获得超过同行业一般利润水平的能力而形成的一种价值。形成商誉的主要原因是：企业所处的地理位置优越；企业信誉好而获得了客户信任；企业组织得当，生产经营效益高；企业技术进步，掌握了生产诀窍；等等。商誉可以是自创的，也可以是外购的。商誉具有三个特点：①商誉与整个企业结合在一起，不能离开企业可辨认的各种资产分开来出售，因而不具有可辨认性。②形成商誉的个别因素不能用任何方法或公式进行单独计价，必须综合各种因素按总额确定企业商誉的整体价值。③商誉的存在，未必一定有其发生的成本，因而在确认商誉未来利益时，不一定考虑它同建立商誉过程中所发生的成本的关系。

商誉有理论概念和法定概念之分。商誉的理论概念，是从商誉本质属性上界定的概念。商誉是获取超额利润的一种能力，是不可辨认的无形资产[⊖]。商誉的法定概念，是从法律规

⊖　葛家澍等主编《会计大典第三卷·财务会计》称商誉是无形资产中最"无形"的资产，中国财政经济出版社 1999 年 6 月第 1 版第 144 页。

章制度上定义的商誉概念。我国《企业会计准则第 20 号——企业合并》应用指南定义的商誉概念是：商誉是非同一控制下"企业合并成本大于合并中取得的被购买方可辨认净资产公允价值份额的差额"。《企业会计准则第 6 号——无形资产》应用指南规定："商誉的存在无法与企业自身分离，不具有可辨认性，不在本准则所规范。"商誉这个法定概念的基本含义有以下五点：

（1）商誉是在企业合并时产生的。投资方合并被投资方取得股权有两种情况：一是同一控制下的企业合并取得股权，如企业集团内的企业合并；二是非同一控制下的企业合并取得股权。《企业会计准则——应用指南》附录中"会计科目和主要账务处理"中规定，企业要设置"商誉"一级会计科目。该科目核算"非同一控制下""企业合并中取得的商誉价值"。因此，商誉是在非同一控制下企业合并时产生的。

（2）商誉的确认是指"正商誉"，不包括"负商誉"。即"企业合并成本大于合并中取得的被购买方可辨认净资产公允价值份额的差额"作为商誉（正商誉）处理；如果企业合并成本小于合并中取得的被购买方可辨认净资产公允价值份额的差额——负商誉，控股合并的一方在购买日调整盈余公积和未分配利润。

（3）商誉的确认以"公允价值"为基础。

（4）商誉与企业自身不可分离，不具有可辨认性。

（5）商誉不属于《企业会计准则第 6 号——无形资产》规范的内容。商誉按《企业会计准则第 20 号——企业合并》和《企业会计准则第 33 号——合并财务报表》的规定进行处理。

二、商誉核算的范围

商誉确认核算范围与合并方式及长期股权投资核算方法密切相关。

（1）企业对外投资时不确认商誉的情况：①企业采用"非合并"方式对外进行股权投资达不到控股情况时不产生商誉。这种"非合并"方式对外投资股权比例在 50% 以上的采用"成本法"核算，在 20%～50% 之间的采用"权益法"核算。但是，有一种情况：企业对外投资时股权比例小于 20% 的，对被投资单位不具有共同控制或重大影响，且在活跃市场中没有报价、公允价值不能可靠计量的权益性投资，企业作为"其他权益工具投资"核算，不涉及合并"份额"，则不产生商誉。再就"非合并"下的"权益法"进行分析。企业对外投资时对被投资单位具有共同控制或重大影响的（形成合营企业或联营企业），采用"权益法"核算，虽然确认投资"份额"，但由于不合并账户金额、不编制合并报表，所以初始投资计量时不确认商誉。第六章中长期股票投资中采用权益法核算的例 21（投资比例 46%）就是这种情况。②企业在"同一控制下"进行合并取得长期股权投资不产生商誉。这是因为合并双方都受同一方控制，不具备独立的市场交换主体地位，不能产生自愿的、公平的"公允价值"，会计核算按账面价值计价，所以不产生商誉。第六章中其他长期投资中取得控股地位（持股比例 55%）采用成本法核算的例 35 就是这种情况。③企业在"非同一控制下"进行控股合并，被合并方仍保持独立法人资格，控股方采用"成本法"核算的，当合并成本小于股权投资"份额"产生的"负商誉"时不列入"商誉"科目核算，而是计入当期损益，这种投资实质上也不产生商誉。

（2）企业对外投资确认商誉的情况，分为确认"合并报表商誉"和"入账核算商誉"两种情况：①"非同一控制下"企业控股合并，采用"成本法"进行日常核算，采用"权益法"编制合并报表的，当合并日控股方合并成本大于股权投资"份额"，并在合并日编制合并报表时，则合并报表中产生"合并报表商誉"。②"非同一控制下"企业新设合并，如果有控股方在合并日需要编制合并报表的，也有可能产生"合并报表商誉"。③"非同一控制下"企业吸收合并，被合并方独立法人资格注销，合并方拥有被合并方全部净资产，被合并方各项资产、负债纳入合并方账簿体系中。当合并日合并方合并成本大于被合并方可辨认净资产公允价值的，合并方要确认所产生的商誉，记入"商誉"账户进行详细核算，这是"入账核算商誉"。④企业采用"非合并"方式取得长期股权达到控股情况时，期末编制合并报表有可能产生"合并报表商誉"。

三、商誉核算举例⊖

《企业会计准则第20号——企业合并》应用指南规定：非同一控制下的控股合并，"企业合并成本大于合并中取得的被购买方可辨认净资产公允价值份额的差额，确认为合并资产负债表中的商誉。企业合并成本小于合并中取得的被购买方可辨认净资产公允价值份额的差额，在购买日合并资产负债表中调整盈余公积和未分配利润"。

（一）货币性资产控股收购时产生的商誉核算

【例21】 红星集团20×7年1月1日，采用"控股合并"（非同一控制下的企业合并）方式花2 000万元存款收购了B公司85%的股权。购买日，B公司可辨认资产账面价值3 800万元，公允价值4 000万元；可辨认负债账面价值1 600万元，公允价值1 700万元。红星集团购买日进行如下计算和处理：

（1）B公司可辨认净资产的公允价值 = 4 000 - 1700 = 2 300（万元）

（2）红星集团购买日确定的投资额 = 2 300 × 85% = 1 955（万元）

（3）红星集团购买日计算的合并商誉 = 2 000 - 1 955 = 45（万元）

（4）红星集团购买日做如下会计分录：

借：长期股权投资——其他股权投资 　　　　　　　　　　　2 000万元

　　　贷：银行存款 　　　　　　　　　　　　　　　　　　2 000万元

（5）红星集团购买日编制"合并资产负债表"，计算属于红星集团股权投资产生的商誉为45万元（红星集团"长期股权投资"2 000 - 红星集团在B公司确认的可辨认净资产公允价值份额1 955），计算属于少数股东15%的股权投资产生的商誉为7.94万元（45÷85% - 45），商誉合计为52.94万元⊖。

如果上例B公司可辨认净资产的公允价值为2 400万元，其他条件不变，红星集团购买日的合并成本2 000万元小于被投资方——B公司可辨认净资产公允价值2 040万元（2 400 × 85%），则40万元不作"负商誉"处理，而是在合并报表上增加"盈余公积"和"未分配

⊖ 此部分内容发表在财政部主办的《财务与会计》2007年第2期（第37～39页）。

⊖ 此处采用的是"实体理论下的商誉全额法"，即母公司合并报表反映子公司的全部净资产，包括全部商誉（归属母公司股东权益的商誉45万元和归属少数股东权益的商誉7.94万元）。另有"实体理论下的商誉份额法"，即母公司合并报表仅反映归属母公司股东权益的商誉份额45万元；还有"母公司理论下的控股法"，即母公司合并报表仅反映控股公司的商誉45万元。这一内容将在《高级会计学》中阐述。2007年1月1日实施的《企业会计准则——应用指南》采用"实体理论下的商誉份额法"，即"合并财务报表中反映的商誉，不包括子公司归属少数股东权益的商誉"。

利润"。增加"盈余公积"的金额为 4 万元（40 × 法定盈余公积提取率 10%），其余记入"利润分配——未分配利润"科目的贷方。

（二）非货币性资产控股收购时产生的商誉核算

【例 22】　甲公司用一台设备向乙公司进行投资（控股合并），拥有乙公司 60% 的股权（甲和乙为非同一方控制）。换出设备的账面原始价值 400 万元，已计提折旧 80 万元，该设备换出时的公允价值为 290 万元，计算增值税销项税 37.7 万元。乙公司在被甲公司合并时可辨认净资产公允价值为 440 万元。甲公司投资时的会计分录如下：

（1）将固定资产转入清理时：

借：固定资产清理　　　　　　　　　　　　　　　　　　　　　320 万元
　　累计折旧　　　　　　　　　　　　　　　　　　　　　　　　80 万元
　　　贷：固定资产　　　　　　　　　　　　　　　　　　　　　　　400 万元

（2）反映投出设备增值税销项税额时：

借：固定资产清理　　　　　　　　　　　　　　　　　　　　　37.7 万元
　　　贷：应交税费——应交增值税（销项税额）　　　　　　　　　37.7 万元

（3）确认长期股权初始投资额时：

借：长期股权投资——其他股权投资　　　　　　　　　　　　　290 万元
　　资产处置损益（357.7 － 290）　　　　　　　　　　　　　　67.7 万元
　　　贷：固定资产清理　　　　　　　　　　　　　　　　　　　357.7 万元

（4）甲公司合并日编制"合并资产负债表"中列示的属于甲公司股权投资产生的商誉价值为 26 万元（290 － 440 × 60%）；属于少数股东 40% 的股权投资产生的商誉为 17.33 万元（26 ÷ 60% － 26）。

（三）非同一控制下吸收合并产生的商誉核算

《企业会计准则第 20 号——企业合并》应用指南规定："非同一控制下的吸收合并，购买方在购买日应当按照合并中取得的被购买方各项可辨认资产、负债的公允价值确定其入账价值，确定的企业合并成本与取得被购买方可辨认净资产公允价值的差额，应确认为商誉或计入当期损益。"

【例 23】　乙企业在 1 月 1 日以 1 900 万元吸收合并了 E 企业，拥有 E 企业 100% 的股权。E 企业可辨认各项资产的公允价值为 2 000 万元，各项负债的公允价值为 500 万元。乙企业收购时会计分录如下：

借：各项资产账户　　　　　　　　　　　　　　　　　　　　2 000 万元
　　商誉　　　　　　　　　　　　　　　　　　　　　　　　　400 万元
　　　贷：各项负债账户　　　　　　　　　　　　　　　　　　　500 万元
　　　　　银行存款　　　　　　　　　　　　　　　　　　　1 900 万元

如果上例乙企业不是花 1 900 万元而是花了 1 300 万元收购了 E 企业，小于 E 公司可辨认净资产公允价值 1 500 万元（2 000 － 500），则应贷记"资产处置损益"科目。

四、商誉的减值核算

《企业会计准则第 8 号——资产减值》规定："企业合并所形成的商誉，至少应当在每年年度终了进行减值测试。商誉应当结合与其相关的资产组或者资产组组合进行减值测试。""企业进行资产减值测试,对于因企业合并形成的商誉的账面价值,应当自购买日起按照合理的方法分摊至相关的资产组;难以分摊至相关的资产组的,应当将其分摊至相关的资产组组合。在将商誉的账面价值分摊至相关的资产组或者资产组组合时,应当按照各资产组或者资产组组合的公允价值占相关资产组或者资产组组合公允价值总额的比例进行分摊。公允价值难以可靠计量的,按照各资产组或者资产组组合的账面价值占相关资产组或者资产组组合账面价值总额的比例进行分摊。"

企业因重组等原因改变了其报告结构,从而影响到已分摊商誉的一个或者若干个资产组或者资产组组合构成的,应当按照合理的分摊方法,将商誉重新分摊至受影响的资产组或者资产组组合。

"在对包含商誉的相关资产组或者资产组组合进行减值测试时,如与商誉相关的资产组或者资产组组合存在减值迹象的,应当先对不包含商誉的资产组或者资产组组合进行减值测试,计算可收回金额,并与相关账面价值相比较,确认相应的减值损失。再对包含商誉的资产组或者资产组组合进行减值测试,比较这些相关资产组或者资产组组合的账面价值(包括所分摊的商誉的账面价值部分)与其可收回金额,如相关资产组或者资产组组合的可收回金额低于其账面价值的,应当确认商誉的减值损失。"从这些规定中可见,企业每年年终应该对商誉进行减值测试,并将商誉账面价值分摊至相关的资产组(某个资产组或多个资产组)或资产组组合,然后确认资产减值损失。

(一) 商誉不分摊而归属某个资产组的核算举例

【例24】 依例21,红星集团于20×7年12月31日对并购B公司所形成的商誉进行减值测试。因B公司单独生产W新产品,能独立产生现金流量予以计量,故将其作为一个"资产组"看待。20×7年12月31日,B公司可辨认资产账面价值4 535.30万元,可辨认负债账面价值1 941.18万元,测定的可收回金额2 582.35万元(全为固定资产可收回金额);20×7年1月1日红星集团收购B企业编制的合并报表上列示的商誉为52.94万元(包括归属红星集团股东85%的股权投资产生的商誉45万元和归属于少数股东15%的股权投资产生的商誉7.94万元)。红星集团20×7年12月31日进行如下计算和处理:

(1) 20×7年12月31日红星集团计算B公司可辨认净资产账面价值 = 4 535.30 - 1 941.18 = 2 594.12 (万元)

(2) 20×7年12月31日B公司作为一个"资产组"测定的可收回金额 = 2 582.35 (万元)

(3) 20×7年12月31日B公司资产减值 = (1) + 商誉 - (2) = 2 594.12 + 52.94 - 2 582.35 = 64.71 (万元)

(4) 20×7年12月31日红星集团计算B公司资产减值准备总额 = 64.71 - 52.94 = 11.77 (万元)

其中,属于红星集团股权投资的资产减值 = 11.77 × 85% = 10 (万元);属于少数股东股权投资的资产减值 = 11.77 × 15% = 1.77 (万元)

(5) 20×7年12月31日红星集团编制"商誉减值测试及资产减值准备计算表",见表8-1。

表8-1 B公司20×7年12月31日商誉减值测试及资产减值准备计算表（单位：万元）

项　目	B公司 20×7年12月31日	其　中	
		红星集团85%股权	少数股东15%股权
（1）可辨认资产账面价值	2 594.12	2 205	389.12
（2）可收回金额	2 582.35	2 195	387.35
（3）资产减值=（1）-（2）	11.77	10	1.77
（4）合并商誉	52.94	45	7.94
（5）资产减值损失=（3）+（4）	64.71	55	9.71

（6）20×7年12月31日，红星集团根据表8-1在编制"合并资产负债表"时计提资产减值准备"抵销分录"如下：

借：资产减值损失　　　　　　　　　　　　　　　　　　64.71万元
　　贷：商誉减值准备——红星集团　　　　　　　　　　　45万元
　　　　　　　　　　——少数股东　　　　　　　　　　7.94万元⊖
　　　　固定资产减值准备——红星集团　　　　　　　　 10万元
　　　　　　　　　　　　——少数股东　　　　　　　　1.77万元

（7）20×7年12月31日红星集团编制的"合并资产负债表"商誉项目金额为0（合并日全部股东商誉52.94万元-年末计提减值准备扣除52.94万元）。

（8）20×7年12月31日B公司处理资产减值后可辨认资产账面价值=2 594.12-11.77=2 582.35（万元），正好等于B公司资产组可收回金额2 582.35万元。

（二）商誉分摊归属某个资产组的会计核算举例

【例25】 20×7年12月31日，红星集团总部资产账面价值500万元，下属有B、C两个公司。红星集团在这两个公司的持股比例分别为85%、100%。这两个公司被认定为两个"资产组"：

（1）B公司年末可辨认资产账面价值4 535.30万元，可辨认负债账面价值1 941.18万元，可辨认净资产账面价值2 594.12万元（4 535.30-1 941.18），测定B公司"资产组"可收回金额为2 582.35万元（全为固定资产可收回金额）；20×7年1月1日红星集团收购B企业编制的合并报表上列示的商誉为52.94万元（包括归属红星集团股东85%的股权投资产生的商誉45万元和归属少数股东15%的股权投资产生的商誉7.94万元）。B公司固定资产平均使用寿命为20年。

（2）C公司年末可辨认净资产账面价值为2 695.04万元，测定B公司"资产组"可收回金额为2 827.04万元（全为固定资产可收回金额），C公司资产平均使用寿命为24年。

红星集团20×7年12月31日进行如下计算和处理：

（1）编制总部资产分摊表（见表8-2）。

（2）红星集团计提资产减值准备。20×7年12月31日，红星集团比较各资产组可收回金额和账面价值，确定是否计提资产减值准备，编制"资产减值准备计提表"（见表8-3）。

⊖ 此处采用的是"实体理论下的商誉全额法"（下同）。2007年1月1日实施的《企业会计准则——应用指南》采用"实体理论下的商誉份额法"，即合并报表仅反映归属母公司股东权益的商誉减值45万元（见《财务与会计》2007年第3期第39页）。

表 8-2 红星集团总部资产分摊表 (20×7 年 12 月 31 日) (单位：万元)

内　容	B 公司资产组	C 公司资产组	合　计
(1) 各资产组账面价值	2 594.12	2 695.04	5 289.16
(2) 各资产组剩余使用寿命	20	24	
(3) 使用寿命权数	1	1.2	
(4) 加权后账面价值 = (1) × (3)	2 594.12	3 234.05	5 828.17
(5) 总部资产分摊比例 = (4) ÷ 第 4 行合计	44.51%	55.49%	100%
(6) 总部资产分摊额 = 500 × (5)	223	277	500
(7) 分摊后账面价值 = (1) + (6)	2 817.12	2 972.04	5 789.16

表 8-3 红星集团资产减值准备计提表 (20×7 年 12 月 31 日) (单位：万元)

内　容	B 公司资产组	C 公司资产组	合　计
(1) 总部资产分摊后账面价值	2 817.12	2 972.04	5 789.16
(2) 各资产组可收回金额	2 582.35	2 827.04	5 409.39
(3) 资产减值 = (1) - (2)	234.77①	145	379.77
(4) 商誉账面价值	52.94②		52.94
(5) 资产减值损失 = (3) + (4)	287.71	145	432.71

① 归属红星集团的资产减值 = 234.77 × 85% = 199.55（万元），归属少数股东的资产减值 = 234.77 × 15% = 35.22（万元）。
② 归属红星集团的商誉减值 45 万元，归属少数股东的商誉减值 7.94 万元。

1) 20×7 年 12 月 31 日，红星集团根据表 8-3 中 B 公司资产组情况在编制"合并资产负债表"时做计提资产减值准备的"抵销分录"如下：

借：资产减值损失　　　　　　　　　　　　　　　287.71 万元
　　贷：商誉减值准备——归属红星集团　　　　　　　　45 万元
　　　　　　　　　　　——归属少数股东　　　　　　7.94 万元
　　　　固定资产减值准备——归属红星集团　　　　199.55 万元
　　　　　　　　　　　　——归属少数股东　　　　　35.22 万元

2) 20×7 年 12 月 31 日，红星集团根据表 8-3 中 C 公司资产组情况确认的资产减值损失入账，编制计提资产减值准备的会计分录如下：

借：资产减值损失　　　　　　　　　　　　　　　　145 万元
　　贷：固定资产减值准备——C 公司　　　　　　　　145 万元

(3) 红星集团分配资产减值准备并计算内部各资产组账面价值（见表 8-4）。

(4) 验证。从表 8-4 末行可以看出，红星集团 20×7 年 12 月 31 日计提减值准备后资产账面价值共计 5 409.39 万元，正好等于 B 公司年末资产可收回金额 2 582.35 万元与 C 公司年末资产可收回金额 2 827.04 万元之和。

表 8-4 红星集团资产减值准备及内部各资产组账面价值计算表 (20×7 年 12 月 31 日) (单位：万元)

内　容	总部资产	B 公司资产组	C 公司资产组	合　计
(1) 各资产组账面价值	500	2 594.12	2 695.04	5 789.16
(2) 总部资产分摊额		223	277	500
(3) 分摊后账面价值		2 817.12	2 972.04	5 789.16
(4) 总部资产占分摊后账面价值百分比 = (2) ÷ (3)		7.92%	9.32%	17.24%
(5) 扣除商誉后计提的资产减值准备		234.77	145	379.77

（续）

内　　　　容	总部资产	B公司资产组	C公司资产组	合　　计
（6）总部资产承担C公司减值 = 145 × 9.32%	13.51			13.51
（7）总部资产承担B公司减值 = 234.77 × 7.92%	18.59			18.59
（8）各资产承担减值 = （5）-（6）或（7）		216.18	131.49	347.67
（9）计提减值准备后资产账面价值 = （1）-（6）-（7）-（8）	467.90	2 377.94	2 563.55	5 409.39①

① = 467.90 + 2 377.94 + 2 563.55；或 = 5 789.16 - 379.77。

（三）商誉分摊归属多个资产组的会计核算举例

【例26】 20×7年12月31日，丁公司总部资产账面价值800万元（含确认入账的商誉200万元），其所属新的资产组有两个：W资产组账面价值3 000万元，V资产组账面价值2 000万元。两个资产组平均使用寿命相同。经测试，W、V资产组年末可收回金额分别为3 440万元和2 290万元。丁公司20×7年12月31日进行如下计算和处理：

（1）分摊总部资产：

W资产组分摊总部资产 = 800 × 3 000 ÷（3 000 + 2 000）= 480（万元）

V资产组分摊总部资产 = 800 × 2 000 ÷（3 000 + 2 000）= 320（万元）

（2）计算分摊总部资产后各资产组账面价值：

W资产组分摊总部资产后的资产账面价值 = 3 000 + 480 = 3 480（万元）

V资产组分摊总部资产后的资产账面价值 = 2 000 + 320 = 2 320（万元）

两个资产组分摊总部资产后的资产账面价值总计 = 3 480 + 2 320 = 5 800（万元）

（3）确定两个资产组年末的资产减值额：

W资产组年末资产减值额 = 3 480 - 3 440 = 40（万元）

V资产组年末资产减值额 = 2 320 - 2 290 = 30（万元）

两个资产组年末资产减值额总计 = 40 + 30 = 70（万元）

计算结果表明，丁公司20×7年12月31日两个资产组共减值70万元，小于商誉账面价值200万元。按规定，企业计提资产减值准备前先冲减商誉账面价值，然后计提资产减值准备。

（4）20×7年12月31日，丁公司冲减商誉账面价值的会计分录如下：

借：资产减值损失　　　　　　　　　　　　　　　70万元

　　贷：商誉减值准备　　　　　　　　　　　　　　　70万元

冲减商誉价值后，丁公司20×7年12月31日商誉账面价值为130万元（200 - 70），留待明年进行减值测试时再予以处理。

五、期末商誉的报表列示

根据《企业会计准则第30号——财务报表列报》应用指南和《企业会计准则第33号——合并财务报表》应用指南规定，会计期末，商誉在资产负债表中单独设立"商誉"项目予以反映。一方面，资产负债表日企业根据"商誉"账户期末余额直接填入资产负债表中"商誉"项目；另一方面，资产负债表日控股企业编制合并会计报表时产生的商誉（原称"合并价差"）填入合并资产负债表中"商誉"项目。

六、商誉价值的评估

商誉是企业合并中合同约定的投资价值高于股权投资"份额"的差额。投资者之所以付出"高昂"的代价，是因为投资者兼并被投资者后在未来一定时期会产生比一般企业更高的利润。因此，商誉的价值是合并双方"讨价还价"协商出来的。其"开价"的一方也是有一定依据的，这个依据来源于对商誉价值的评估。

商誉价值评估主要有两种方法：一是割差法，它是根据企业整体评估价值与各单项资产评估值之和进行比较确定商誉评估值的方法。二是超额收益法，它是指把企业超额收益（或称超额利润）作为评估对象进行商誉价值的评估方法。以下以超额收益法为例，举例说明计算商誉价值通常采用的五种评估方法。

1. 按购买前若干年的超额利润累计计算

【例27】 甲企业（出让企业）各项净资产价值共计100万元，近三年利润总额分别是21万元、24万元、26万元。甲企业同行业净资产利润率为12%，即正常利润为12万元。则

甲企业商誉价款总额 = (21 - 12) + (24 - 12) + (26 - 12) = 35（万元）

2. 按购买前若干年的平均超额利润乘以一定倍数计算

【例28】 若以上企业近五年平均每年的利润总额为23.5万元，平均每年正常利润仍为12万元，商誉价值按年平均超额利润的3倍计算（即按买受年数3年计算，换句话说，购买者至少可享受3年的超额利润）。则

甲企业商誉价款总额 = (23.5 - 12) × 3 = 34.5（万元）

3. 按平均利润的资本化额减净资产额计算

【例29】 依例27、例28，若同行业正常的投资报酬率为12%，则

甲企业商誉价款总额 = (23.5 ÷ 12%) - 100 ≈ 95.8（万元）

4. 按超额利润的资本化额计算

【例30】 依例27、例28，并假设超额利润按20%确定资本化额，则

甲企业商誉价款总额 = 超额利润 ÷ 20% = (23.5 - 12) ÷ 20% = 57.5（万元）

5. 按超额利润的贴现额计算

【例31】 依例27、例28，每年超额利润为11.5万元（23.5 - 12），估计将持续4年，预期投资报酬率为12%，查年金现值表，12%、4年期的年金现值系数为3.037，即按12%的利率计算，每年收入1元，为期4年的现值为3.037元 $\{[1 - (1 + 12\%)^{-4}] \div 12\%\}$，则

甲企业商誉价款总额 = 11.5 × 3.037 = 34.9255（万元）

以上五种计价方法计算的结果仅提供了一个可参考的数据，商誉的确切计价是企业购买者和出让者讨价还价的结果。因此，企业外购商誉入账的核算还得依据上述例21至例23的具体情况而定。

有两点需要说明：①商誉可以是企业自创的，也可以是外购的，但只有外购的才能作为商誉入账。这就是说，只有企业在兼并或购买另一家企业时，才进行商誉的核算。②我国对企业合并中产生的"负商誉"不予确认。对于"负商誉"，西方会计有两种处理方法：一是将它确认为负商誉，记在"商誉"科目贷方；二是将它确认为计价调整，即将它分摊给所购各项应计提折旧的非货币性资产，或直接调整业主权益（或股东权益）。

第三节　长期待摊费用

长期待摊费用是指企业已经支出，但摊销期超过一年的各项费用。长期待摊费用的特征是：本身没有交换价值，不可转让，一经发生就已消耗，但能为企业创造未来收益，并能从未来收益的会计期间抵补的各项支出。这些支出不能全部计入当年损益，应当在以后年度内分期摊销，所以也称递延费用或递延资产。它同待摊费用有相似之处，即两者都是已经发生而由以后各期负担的费用；两者的区别界限主要是摊销的时间，摊销期在一年内（含一年）的费用，列作待摊费用，摊销期超过一年的费用，列作长期待摊费用。例如，租入固定资产改良支出，其摊销期一般在一年以上，故列作长期待摊费用核算。

固定资产改良支出是指企业以经营租赁方式租入的固定资产，为使其增加效用或延长使用寿命而进行改装、翻修、改建而发生的支出。这种支出应于发生时确认为长期待摊费用，并在租赁尚可使用期限或改良工程耐用期限两者孰短的期限内分期平均摊销，计入各期损益。以经营租赁方式租入的固定资产，由于其所有权不归本企业所有，不记入本企业"固定资产"账户，仅设备查簿登记。

【例32】　某企业将租入的一台生产设备进行改良。改良工程进行时，直接领用工程物资6 000元，应付改良工程人员的工资2 000元，用银行存款支付改良中其他费用4 000元。该生产设备的租赁期为两年。该企业应做如下会计分录：

（1）发生改良支出时：

借：长期待摊费用——租入固定资产改良支出　　　　　　　　12 000
　　贷：工程物资　　　　　　　　　　　　　　　　　　　　　　6 000
　　　　应付职工薪酬　　　　　　　　　　　　　　　　　　　　2 000
　　　　银行存款　　　　　　　　　　　　　　　　　　　　　　4 000

（2）按月摊销时：

借：制造费用（12 000÷2÷12）　　　　　　　　　　　　　　　500
　　贷：长期待摊费用——租入固定资产改良支出　　　　　　　　　500

若租入的设备不是生产部门使用，而是管理部门或销售部门使用，摊销时借记"管理费用"或"销售费用"科目。租赁期满，设备归还给出租人，对改良支出增加的设备，价值可无偿赠与，也可作价收款，收款时增加营业外收入。

第四节　应收融资租赁款

在租赁期开始日，出租人应当对融资租赁确认应收融资租赁款，并终止确认融资租赁资产。企业设置"应收融资租赁款"一级会计科目核算企业采用融资租赁方式租出固定资产而应向承租人收取的各种款项，并在该科目下按租赁收款额和未实现融资收益进行明细核算。

一、出租人融资租赁产生的应收租赁款的核算

【例33】　承第七章例10，G融资租赁公司根据长城机械厂租赁需求，购入某全新机械设备，付款380 000元，并于某年初租给长城机械厂。设备预计使用年限10年。租赁合同

规定：设备租赁期8年，合同折现率7%，要求长城机械厂每年年末支付租赁费56 500元。该设备租赁期满时估计余值73 000元，G融资租赁公司要求长城机械厂担保其余值的90%，即担保余值65 700元（73 000×90%），未担保余值7 300元（73 000－65 700）。租赁期满，G融资租赁公司收回租赁设备。可届时租赁设备实际价值仅有61 000元，与估计原值73 000元比，损失12 000元。其中，90%的损失10 800元（12 000×90%）由承租方——长城机械厂承担，其余10%的损失1 200元（12 000×10%）由出租方——G融资租赁公司自身承担（作未担保余值减值处理）。在与承租方联系后，G融资租赁公司收到长城机械厂补付的担保余值的差额10 800元（65 700－61 000×90%）。G融资租赁公司在洽谈租赁业务中支付谈判费、印花税、差旅费等初始直接费用635元。G融资租赁公司采用实际利率法摊销"未实现融资收益"。G融资租赁公司（出租方）有关账务处理如下：

（1）购入某全新机械设备，付款380 000元时：

借：融资租赁资产　　　　　　　　　　　　　　　　　　　　　380 000
　　贷：银行存款　　　　　　　　　　　　　　　　　　　　　　　380 000

（2）融资租出固定资产时，G融资租赁公司确认应收融资租赁款的入账价值517 700元（56 500×8＋65 700），未担保余值入账价值7 300元；同时计算融资租赁资产的公允价值如下：

融资租赁资产的公允价值＝最低租赁付款额现值＋未担保余值现值

$$＝\{56\ 500×[1－(1＋7\%)^{-8}]÷7\%＋65\ 700×(1＋7\%)^{-8}\}＋$$
$$[7\ 300×(1＋7\%)^{-8}]$$
$$＝375\ 616＋4\ 249＝379\ 865(元)$$

G融资租赁公司转销租赁资产公允价值与账面价值的差额135元（380 000－379 865）。

租赁投资总额＝在融资租赁下出租人应收的租赁收款额＋未担保余值
　　　　　　＝517 700＋7300＝525 000（元）

租赁投资净额＝租赁资产在租赁期开始日公允价值＋出租人发生的租赁初始直接费用
　　　　　　＝379 865＋635＝380 500（元）

未实现融资收益＝525 000－380 500＝144 500（元）

根据计算，G融资租赁公司租出固定资产时：

借：应收融资租赁款——租赁收款额　　　　　　　　　　　　　517 700
　　　　　　　　　　——未担保余值　　　　　　　　　　　　　　7 300
　　资产处置损益　　　　　　　　　　　　　　　　　　　　　　　　135
　　贷：融资租赁资产　　　　　　　　　　　　　　　　　　　　　380 000
　　　　银行存款　　　　　　　　　　　　　　　　　　　　　　　　　635
　　　　应收融资租赁款——未实现融资收益　　　　　　　　　　　144 500

（3）第1年年末（以及以后各年年末）收到融资租赁费56 500元时：

借：银行存款　　　　　　　　　　　　　　　　　　　　　　　　56 500
　　贷：应收融资租赁款——租赁收款额　　　　　　　　　　　　　56 500

8年共收融资租赁费452 000元（56 500×8），即"应收融资租赁款——租赁收款额"贷方累计452 000元，抵减借方最初入账额517 700元后，借方余额为65 700元，正好是长城机械厂担保余值65 700元。

（4）每年年末，按实际利率法摊销未实现融资租赁收益。

1）实际利率（即租赁内含利率）的计算。

从上述（2）两笔会计分录对应关系看：

$$517\ 700 + 7\ 300 + 135 = 379\ 865 + 635 + 144\ 500 + 135$$

$$56\ 500 \times 8 + 65\ 700 + 7\ 300 = 379\ 865 + 635 + 144\ 500$$

上式中 144 500 元要在 8 年内摊完——转为租赁收入，则可根据下列公式确定内含利率的方程：

最低租赁收款额现值 + 未担保余值现值 = 租赁资产公允价值 + 初始直接费用

即

$$56\ 500 \times \{[1 - (1+r)^{-8}] \div r\} + 65\ 700 \times (1+r)^{-8} + 7\ 300 \times (1+r)^{-8} = 379\ 865 + 635$$

利用插值法解得 $r = 6.961\%$。

2）编制实际利率法下未实现融资租赁收益摊销表，见表 8-5。

表 8-5　未实现融资收益摊销表（实际利率法——租赁内含利率 6.961%）（单位：元）

年份	应收融资租赁款	未实现融资收益摊销额	租赁负债偿还额	未收融资租赁债权
	（1）	（2）= 上年末（5）×6.961%	（3）=（1）-（2）	（5）= 上年末（5）-（3）
0				380 500
1	56 500	26 487①	30 013	350 487②
2	56 500	24 397	32 103	318 384
3	56 500	22 163	34 337	284 047
4	56 500	19 772	36 728	247 319
5	56 500	17 216	39 284	208 035
6	56 500	14 481	42 019	166 016
7	56 500	11 556	44 944	121 072
8	56 500	8 428③	48 072	73 000
合计	452 000	144 500	307 500	—

① = 380 500 × 6.961% = 26 487（元）。

② = 380 500 - 30 013 = 350 487（元）。

③含小数误差 1 元。

3）各年年末，根据表 8-5 第 3 列数据编制如下会计分录（以第 1 年年末为例）：

借：应收融资租赁款——未实现融资收益　　　　　　　　　　　26 487

　　贷：租赁收入（26 487÷1.13）　　　　　　　　　　　　　23 439.82

　　　　应交税费——应交增值税（销项税额）　　　　　　　　3 047.18

经过 8 年摊销，"未实现融资收益"账户借方累计发生 144 500 元，正好等于贷方最初入账额 144 500 元。

（5）租赁期满（第 8 年年末）收回设备时发现，由于长城机械厂未妥善使用和保管设备，致使担保余值 65 700 元未能保值。这时（资产负债表日）设备市场价值仅有 61 000元，与估计原值 73 000 元比，损失 12 000 元。经与长城机械厂协商，同意承担 90% 责任，补偿差额 10 800 元（12 000×90%），款已收存银行。G 融资租赁公司自身承担 10% 的损失1 200 元（12 000×10%），作未担保余值减值处理。G 融资租赁公司收回设备和收到补偿损失时分别做如下会计分录：

借：信用减值损失　　　　　　　　　　　　　　　　　　　　　1 200

贷：应收融资租赁款 　　　　　　　　　　　　　　　　　　　1 200
借：银行存款 　　　　　　　　　　　　　　　　　　10 800
　　贷：应收融资租赁款——租赁收款额 　　　　　　　　　　　　10 800

（6）租赁期满，在收回设备记入"融资租赁资产"的同时注销有关账户余额："应收融资租赁款——租赁收款额"账户借方余额 54 900 元，"应收融资租赁款——未实现融资收益"账户贷方无余额，"未担保余值"账户借方余额 7 300 元，"应收融资租赁款"贷方余额 1 200 元。G 融资租赁公司做如下会计分录：

借：融资租赁资产 　　　　　　　　　　　　　　　　61 000
　　应收融资租赁款 　　　　　　　　　　　　　　　　1 200
　　贷：应收融资租赁款——租赁收款额 　　　　　　　　　　　54 900
　　　　　　　　　　　——未担保余值 　　　　　　　　　　　7 300

上述分录中"应收融资租赁款——租赁收款额"54 900 元与当初担保余值 65 700 元的差额 10 800 元和届时贬值赔偿 10 800 元的差额一致，反映了该设备租赁期满时承租人担保的设备损失已得到补偿。G 融资租赁公司收回设备后，应按租赁期末设备的公允价值 61 000 元入账，将记入"融资租赁资产"账户借方 61 000 元扣除预计净残值现值后分两年平均计提折旧。

说明：以上举例使用了两种不同的利率（7%、6.961%）的主要原因有三：一是融资租赁合同规定了 7% 的折现率。作为合同约定的折现率，是租赁双方协商、自愿确定的利率，具有公允性，应作为双方融资租赁资产初始入账价值的依据。二是双方都按 7% 折现率入账，能保证入账价值的对应性和关联性。三是出租方再次计算内含利率 6.961%，是为了摊销未实现融资收益，达到平账的目的。

二、一个折现率的融资租赁利率

如果融资租赁合同未规定任何折现率，作为出租方，不必采用两个利率，只要计算一个内含利率即可。现仍以上述例 33 为依据，除增加 G 融资租赁公司购买设备付款 380 135 元（公允价值 380 000 元）外，其余内容不变，G 融资租赁公司（出租方）有关账务处理如下：

（1）购入某全新机械设备，付款 380 135 元时：

借：融资租赁资产 　　　　　　　　　　　　　　　　　　　380 135
　　贷：银行存款 　　　　　　　　　　　　　　　　　　　380 135

（2）融资租出固定资产时，G 融资租赁公司确认应收融资租赁款的入账价值 517 700 元（56 500 × 8 + 65 700），未担保余值入账价值 7 300 元；融资租赁资产的公允价值 380 000 元。

G 融资租赁公司转销融资租赁资产公允价值与账面价值的差额 135 元（380 135 - 380 000）

租赁投资总额 = 在融资租赁下出租人应收的租赁收款额 + 未担保余值
　　　　　　 = 517 700 + 7 300 = 525 000（元）

租赁投资净额 = 租赁资产在租赁期开始日公允价值 + 出租人发生的租赁初始直接费用
　　　　　　 = 380 000 + 635 = 380 635（元）

未实现融资收益 = 525 000 - 380 635 = 144 365（元）

G 融资租赁公司租出固定资产时：

借：应收融资租赁款——租赁收款额 　　　　　　　　　　　517 700
　　　　　　　　　　——未担保余值 　　　　　　　　　　　7 300

　　　　资产处置损益　　　　　　　　　　　　　　　　　　　　　　　　　　　　135

　　　　　贷：融资租赁资产　　　　　　　　　　　　　　　　　　　　　380 135

　　　　　　银行存款　　　　　　　　　　　　　　　　　　　　　　　　　635

　　　　　　应收融资租赁款——未实现融资收益　　　　　　　　　　　　144 365

（3）第1年年末（以及以后各年末）收到融资租赁费56 500元时：

　　借：银行存款　　　　　　　　　　　　　　　　　　　　　　　　　56 500

　　　　贷：应收融资租赁款——租赁收款额　　　　　　　　　　　　　　56 500

　　8年共收融资租赁费452 000元（56 500×8），即"应收融资租赁款——租赁收款额"贷方累计452 000元，抵减借方最初入账额517 700元后，借方余额为65 700元，正好等于长城机械厂担保余值65 700元。

（4）每年年末，按实际利率法摊销未实现融资租赁收益。

　　租赁内含利率计算如下：

$$\{56\,500 \times [1-(1+r)^{-8}] \div r + 65\,700 \times (1+r)^{-8}\} + [7\,300 \times (1+r)^{-8}] = 380\,000 + 635$$

　　利用插值法解得 $r = 6.952\,7\%$。

1）编制实际利率法下未实现融资租赁收益摊销表，见表8-6。

表 8-6　未实现融资收益摊销表（实际利率法——租赁内含利率6.952 7%）（单位：元）

年　份	应收融资租赁款	确认的融资收益	租赁投资净额减少额	租赁投资净额
	（1）	（2）=年初（5）×6.952 7%	（3）=（1）－（2）	（5）=年初（5）－（3）
0				380 635
1	56 500	26 464	30 036	350 599
2	56 500	24 376	32 124	318 475
3	56 500	22 143	34 357	284 118
4	56 500	19 754	36 746	247 372
5	56 500	17 199	39 301	208 071
6	56 500	14 467	42 033	166 038
7	56 500	11 544	44 956	121 082
8	56 500	8 418	48 082	73 000
合计	452 000	144 365	307 635	—

注：小数误差在最后一年调整。

2）各年年末，根据表8-6第3列数据编制如下会计分录（以第1年年末为例）：

　　借：应收融资租赁款——未实现融资收益　　　　　　　　　　　　　26 464

　　　　贷：租赁收入　　　　　　　　　　　　　　　　　　　　　　23 419.47

　　　　　　应交税费——应交增值税（销项税额）　　　　　　　　　3 044.53

　　经过8年摊销，"应收融资租赁款——未实现融资收益"账户借方累计发生144 365元，正好抵减贷方最初入账额144 365元。

（5）租赁期满后几天（第9年1月上旬）收回设备时发现，由于长城机械厂未妥善使用和保管设备，致使担保余值65 700元未能保值，设备市场价值仅有61 000元，与估计原值73 000元比，损失12 000元。经与长城机械厂协商，同意承担90%责任，补偿差额10 800元（12 000×90%），款已收存银行。G融资租赁公司收回设备时做如下会计分录：

　　借：银行存款　　　　　　　　　　　　　　　　　　　　　　　　　10 800

　　　　贷：应收融资租赁款——租赁收款额　　　　　　　　　　　　　　10 800
　　同时对未担保余值做减值处理：
　　借：信用减值损失　　　　　　　　　　　　　　　　　　　　　　　　1 200
　　　　贷：应收融资租赁款减值准备　　　　　　　　　　　　　　　　　　1 200
　　（6）租赁期满，在收回设备记入"融资租赁资产"账户的同时注销有关账户余额："应收融资租赁款——租赁收款额"账户借方余额54 900元，"未实现融资收益"账户贷方无余额，"应收融资租赁款——未担保余值"账户借方余额7 300元。G融资租赁公司做如下会计分录：
　　借：融资租赁资产　　　　　　　　　　　　　　　　　　　　　　　　61 000
　　　　应收融资租赁款减值准备　　　　　　　　　　　　　　　　　　　　1 200
　　　　贷：应收融资租赁款——租赁收款额　　　　　　　　　　　　　　54 900
　　　　　　　　　　　　　　——未担保余值　　　　　　　　　　　　　　7 300

第五节　长期应收款

一、销售方分期收款产生的应收销货款的核算

　　我国《企业会计准则第14号——收入》第十七条规定："合同中存在重大融资成分的，企业应当按照假定客户在取得商品控制权时即以现金支付的应付金额确定交易价格。该交易价格与合同对价之间的差额，应当在合同期间内采用实际利率法摊销。"企业如为分期收款销售商品，例如，现销时收款800万元，而分5年收款总额为1 000万元（平均每年收款200万元），这800万元与1 000万元的差额就是"利息收入"。因此，分期收款销售商品，实质上具有融资性质，应当按照应收的合同或协议价款的现值确定其公允价值。应收的合同或协议价款与其公允价值之间的差额，应当在合同或协议期间内，按照应收款项的摊余成本和实际利率计算确定的摊销金额，冲减财务费用。
　　反映分期收款方式销售商品或提供劳务的企业，应设置"长期应收款"科目进行挂账核算，销售商品满足收入确认条件的，按应收的合同或协议价款"名义金额"，借记"长期应收款"科目，按应收合同或协议价款的公允价值（折现值），贷记"主营业务收入"科目，按其差额，贷记"未实现融资收益"⊖科目。涉及增值税的，还要通过"应交税费"科目核算。
　　【例34】　华南公司售出大型设备一套，协议约定采用分期收款方式，从销售当年年末分5年分期收款，每年200万元，合计1 000万元（含增值税）。该设备如果购货方在销售成立日支付货款，只需付800万元。华南公司售出设备时，已按1 000万元开出增值税专用发票。增值税按销售书面合同规定于每年收款时计缴。
　　分析：此业务应收金额的公允价值（现值）为800万元，名义金额1 000万元，实际利率的计算如下：

$$200 \times \{[1-(1+r)^{-5}] \div r\} = 800$$

　　解得$r = 7.93\%$。

⊖　根据《企业会计准则第14号——收入》应用指南规定，"未实现融资收益""未确认融资费用"为一级会计科目。笔者认为，这两个一级会计科目用于与"融资租赁"有关的业务时为二级科目。如"应收融资租赁款——未实现融资收益""租赁负债——未确认融资费用"。

按实际利率 7.93% 编制分期收款利息收益摊销表，见表 8-7。

表 8-7　分期收款利息收益摊销表　　　　　　　　　　（单位：万元）

年　份	每年年末收款			每年年末利息收益	收 回 本 金	未 收 本 金
	(1) 收款总额	(2) 其中：价款 = (1)÷1.17	(3) 其中：增值税 = (1)-(2)	(4)=上年年末 (6)×7.93%	(5)= (1)-(4)	(6)总计 = 上年年末 (6)-(5)
0						800
1	200	176.99	23.01	63.44① =56.14④ +7.3⑤	136.56	663.44②
2	200	176.99	23.01	52.61=46.56+6.05	147.39	516.05
3	200	176.99	23.01	40.92=36.21+4.71	159.08	356.97
4	200	176.99	23.01	28.31=25.05+3.26	171.69	185.28
5	200	176.99	23.01	14.72③ =13.03+1.69	185.28	0
合计	1 000	884.95	115.05	200=176.99+23.01	800.00	—

① =800×7.93%=63.44（万元）。

② =800-136.56=663.44（万元）。

③ 含小数误差 0.03 万元。

④ 价款 =63.44÷1.13=56.14（万元）。

⑤ 税款 =63.44-56.14=7.3（万元）或税款 =54.22×13%=7.3（万元）。

根据表 8-7 编制有关会计分录如下[⊖]：

（1）销售实现时：

借：长期应收款　　　　　　　　　　　　　　　　　　　　1000 万元

　　贷：主营业务收入（800÷1.13）　　　　　　　　　　　707.96 万元

　　　　应交税费——待转销项税额（707.96×13%）　　　　92.04 万元

　　　　未实现融资收益　　　　　　　　　　　　　　　　200 万元

注：如果华南公司在售出设备时采用一次开具增值税专用发票，而不是像上例一次款开一张发票，则华南公司售出设备时，上述"未实现融资收益"科目改为"递延收益"科目。

（2）第 1 年年末收到 200 万元（其中，增值税 23.01 万元）时：

借：银行存款　　　　　　　　　　　　　　　　　　　　　200 万元

　　贷：长期应收款　　　　　　　　　　　　　　　　　　200 万元

借：未实现融资收益　　　　　　　　　　　　　　　　　　63.44 万元

　　应交税费——待转销项税额（23.01-92.04×7.93%）　　15.71 万元

　　贷：财务费用　　　　　　　　　　　　　　　　　　　56.14 万元

　　　　应交税费——应交增值税（销项税额）　　　　　　23.01 万元[⊖]

以上分录中"未实现融资收益"63.44 万元分解为两部分：一是收款 56.14 万元转化为当期"财务费用"；二是增值税 7.3 万元和"应交税费——待转销项税额"15.71 万元一起转化为当期"应交税费"23.01 万元。后者是"价外"税金的资金周转，不能冲减企业的"财务费用"。

―――――――――

⊖ 此项业务会计处理引自朱学义《分期收款销售业务含税账务处理辨析》一文，《财务与会计》（综合版）2008 年第 1 期第 28～31 页。

⊖ 据财政部会计司编写组编《企业会计准则讲解——2010》规定，第 1 年年末收到 200 万元时，借记"银行存款"科目 200 万元，贷记"长期应收款"科目 176.99 万元，贷记"应交税费——应交增值税（销项税额）"23.01 万元；同时，借记"应收融资租赁款——未实现融资收益"科目 56.14 万元，贷记"财务费用"科目 56.14 万元。

说明：在分期开票的情况下，借记"递延收益"科目，贷记"主营业务收入""应交税费"科目。

（3）其余三年年末分录同（2），所不同的是三个科目的金额：借记"未实现融资收益"科目的金额分别是 52.61 万元、40.92 万元、28.31 万元；借记"应交税费——待转销项税额"科目的金额分别是 16.96 万元 $[23.01 - (92.04 - 15.71) \times 7.93\%]$、18.30 万元 $[23.01 - (92.04 - 15.71 - 16.96) \times 7.93\%]$、19.75 万元 $[23.01 - (92.04 - 15.71 - 16.96 - 18.30) \times 7.93\%]$；贷记"财务费用"科目的金额分别是 44.97 万元、34.97 万元、24.20 万元。

（4）第 5 年年末收到 200 万元（其中，增值税 29.06 万元）时：

借：银行存款 200 万元

　　贷：长期应收款 200 万元

借：未实现融资收益 14.72 万元

　　应交税费——待转销项税额 21.32 万元

　　　$[23.01 - (92.04 - 15.71 - 16.96 - 18.30 - 19.75) \times 7.93\%]$

　　贷：财务费用 13.03 万元

　　　应交税费——应交增值税（销项税额） 23.01 万元

通过以上账务处理，"应交税费——待转销项税额"科目贷方形成 92.04 万元等于借方转销 15.71 万元、16.96 万元、18.30 万元、19.75 万元、21.32 万元之和；"未实现融资收益""长期应收款"借贷方金额的形成与转销已在表 8-7 中得到体现。

二、投资方调整损益产生的应收长期权益的核算

企业对外投资采用权益法核算的，每年年末都要根据被投资企业实现的净利润或净亏损调整长期股权投资。当被投资企业净亏损很大，投资方调整的净亏损份额冲减"长期股权投资"账面余额还不够时，如果投资方还有被投资方的"长期应收款"挂账，这实质上构成了对被投资单位净投资的长期权益。投资方年末调账时，被投资方发生的净亏损应由本企业承担的部分，在"长期股权投资"的账面价值减记至零以后，还需要承担的投资损失，应以"长期应收款——被投资单位"科目中实质上构成了对被投资方净投资的长期权益部分账面价值减记至零为限，继续确认为投资损失，借记"投资收益"科目，贷记"长期应收款——被投资单位"科目。除上述已确认投资损失外，投资合同或协议中约定仍应承担的损失，确认为预计负债。具体核算举例见第六章长期股权投资核算中的例 25 的说明。

三、长期应收款减值的核算

资产负债表日，企业应检查长期应收款预计可收回金额与账面价值的情况，如果长期应收款发生减值的，应计提坏账准备，编制以下会计分录：

借：信用减值损失——计提的坏账准备

　　贷：坏账准备

对于确实无法收回的长期应收款，应按管理权限报经批准后作为坏账转销，编制以下会计分录：

借：坏账准备

　　贷：长期应收款

已确认并转销的长期应收款以后又收回的，应按实际收回的金额编制以下会计分录：

借：长期应收款

  贷：坏账准备

同时，借：银行存款

  贷：长期应收款

上述两笔分录也可以合并编制以下会计分录：

借：银行存款

  贷：坏账准备

第六节　其他长期资产

其他长期资产是指除流动资产、债权投资、其他债权投资、长期股权投资、其他权益工具投资、投资性房地产、固定资产、在建工程、无形资产、开发支出、商誉、长期待摊费用、长期应收款以外的非流动资产，包括油气资产、生产性生物资产、递延所得税资产、特准储备物资等。其中，油气资产的核算推而广之，就是西方会计的递耗资产核算。生产性生物资产是农业会计的核算内容，本节不予阐述。递延所得税资产列入第十一章阐述。本节着重阐述油气资产、递耗资产和特准储备物资的核算方法。

一、油气资产

我国《企业会计准则第 27 号——石油天然气开采》规范了石油天然气（以下简称"油气"）开采活动的会计处理。油气开采活动包括矿区权益的取得以及油气的勘探、开发和生产等阶段。其会计账务处理简述如下：

1. 油气勘探过程账务处理

（1）油气开采企业在油气勘探过程中发生各项钻井勘探支出时：

借：油气勘探支出

  贷：银行存款、应付职工薪酬等

（2）油气勘探有了勘探成果后，对属于发现探明经济可采储量的钻井勘探支出：

借：油气资产

  贷：油气勘探支出

对勘探未发现探明经济可采储量的钻井勘探支出：

借：勘探费用

  贷：油气勘探支出

2. 油气开发过程账务处理

（1）石油天然气开采企业在油气开发过程中发生各项相关支出时：

借：油气开发支出

  贷：银行存款、应付职工薪酬等

（2）开发工程项目达到预定可使用状态时：

借：油气资产

  贷：油气开发支出

3. 油气取得过程账务处理

(1) 开采油气的企业,购入油气资产(含申请取得矿区权益)时:

借:油气资产

　　贷:银行存款、应付票据、其他应付款等

(2) 开采油气的企业,自行建造的油气资产,在油气勘探、开发工程达到预定可使用状态时:

借:油气资产

　　贷:油气勘探支出、油气开发支出等

(3) 油气资产存在弃置义务的,应在取得油气资产时,按预计弃置费用的现值:

借:油气资产

　　贷:预计负债

在油气资产的使用寿命内,计算确定各期应负担的利息费用时:

借:财务费用

　　贷:预计负债

(4) 油气生产过程中,企业应按期(月)计提油气资产的折耗,即摊销油气资产价值时:

借:生产成本等

　　贷:累计折耗

(5) 资产负债表日,油气资产发生减值的:

借:资产减值损失

　　贷:油气资产减值准备

(6) 处置油气资产,应按该项油气资产的账面价值,借记"油气资产清理"科目,按已计提的累计折耗,借记"累计折耗"科目,按其账面原价,贷记"油气资产"科目。已计提减值准备的,还应同时结转减值准备。

二、递耗资产

递耗资产是指通过开掘、采伐、利用而逐渐耗竭,以致无法或难以恢复、更新或无法按原样重置的自然资源,又称消耗性资产,如矿藏、油田、气田、原始森林等。我国一切自然资源的所有权属于国家。我国自然资源的勘探由地质勘察单位进行。地质勘察单位向社会提供地质资源、地质环境、地质科技信息;地质勘察单位还承包国家预算外地质勘察及其延伸工作,有的还面向社会承包资源勘察、环境地质勘察、资源开发、地基处理等工作。生产施工单位在国家统一安排下从事已勘自然资源的开发、利用,它们的递耗资产一般只核算它们本身的开发成本。随着地质经济管理体制的改革,地质勘探等工作逐步进入地质市场,通过招标、投标活动,由地质勘察单位实施全项目承包,并将所获取的地质成果有偿转让给开采单位。这样,递耗资产的完整核算体系就可建立起来。下面介绍西方递耗资产的核算方法。

1. 递耗资产的成本

递耗资产按实际支出的成本入账,包括三部分:①取得成本,即为取得递耗资产所有权而发生的支出,包括购买价格及产权登记的手续费等。②勘探成本,即在取得递耗资产所有权后在勘探自然资源的过程中所发生的支出。勘探成本在会计上有三种处理方法:一是全部费用法，即将勘探成本全部作为当期费用处理；二是有效资本法，即将勘探成本中属于成功项目的直接支出作为资本性支出转入递耗资产；三是全部资本法，即勘探成功的和不成功的全部支出都作为资本性支出转为递耗资产成本。西方企业通常用有效资本法对勘探没有成功结果的项目支出列作期间费用或损失处理。③开发成本，即增设附属设施及开发自然资源所发生的支出。其中，开发自然资源发生的支出，如掘进或钻探等支出，作为递耗资产成本的一部分；而附属设施支出，如道路、运输系统，钻井、抽水装置和其他有关设备等支出，不作为递耗资产成本，而是单独设账，单独计提折旧。

必须指出，递耗资产的成本以取得所有权为标志区分，可分为购买成本和发展成本两部分。还要说明的是，广义的开发成本除了勘探成本、经营开始前的狭义开发成本外，还包括经营开始后的开发成本。对经营开始后的开发成本也有三种处理办法：一是在递耗资产中开设递延账户，平时按估计的新增开发成本的一定比率分配于产品成本，真正发生这些成本时，再借记为递延支出；二是在这类成本发生时即作为资本性支出计入长期待摊费用；三是在这类成本发生时作为当期销售费用处理。

还必须指出，企业取得递耗资产所有权后，又勘探发现了新的蕴藏量，产生了新发现价值，或发生自然增值（如林场边砍伐边造林补植），应按估定价值调增递耗资产价值。

2. 递耗资产的折耗

（1）折耗的概念。折耗是指递耗资产随着采掘、采伐工作的开展而逐渐转移到所开采的产品成本中去的那部分价值。简言之，折耗是递耗资产成本的转移价值。

递耗资产的折耗与机器、设备、房屋等固定资产的折旧不同，主要有以下四点区别：

1）折耗只是在采掘、采伐等工作进行时才发生，而折旧不一定只是在固定资产使用时才发生。

2）折耗是自然资源实体上的直接耗减，而折旧是固定资产使用价值的减少，不是固定资产实体的耗减。

3）递耗资产除森林类资产可以造林补植外，大多不能重置，而折旧性的固定资产则大多可以重置。

4）递耗资产是在采掘或采伐中生产出来的生产物，直接成为企业可供销售的商品，因而折耗费用是产品成本的直接组成部分，而折旧性的固定资产是劳动手段，它有助于产品的生产，不直接构成商品的一部分，因而折旧费用一般属于产品成本的间接费用。

（2）折耗的计算。折耗的计算可采用产量折耗率法和销售折耗率法两种方法。

1）产量折耗率法（亦称成本折耗法）。它是指为编制财务报表而使用的按开采或采伐产量计算折耗的一种计算方法。其计算公式为

$$折耗率 = \frac{递耗资产总成本 - 土地残值}{估计总产量} = \frac{递耗资产折耗基数}{估计总产量}$$

$$各期分摊折耗费用 = 该期实际产量 \times 折耗率$$

例如：某公司购入一座煤矿，取得成本、勘探成本和开发成本共计 20 万美元，该矿估计可开采 75 万 t 煤，估计煤炭采完后土地残值 1.25 万美元，则

$$折耗率 = (20 - 1.25) \div 75 = 0.25 （美元/t）$$

如果该矿某年实际采煤 5 万 t，则

$$某年折耗费用 50\,000 \times 0.25 = 12\,500 （美元）$$

2）销售折耗率法（亦称百分比折耗法）。它是指出于报税目的而采用的按开采产品销售收入总额一定比例计算折耗的一种计算方法。美国税法允许纳税人在计算应税收益时，从总收入中扣除按此法计算的折耗数，其目的是从税收方面鼓励投资者积极勘探新的自然资源及开发现有自然资源产品。

美国 1954 年税法和 1969 年税收改革法案规定主要资源产品折耗率见表 8-8。

表 8-8　美国主要资源产品销售折耗率

主要资源产品的名称	法定耗减率
石油、煤气、锑、铋、镉、钴、锰、钨、钒、锌、硫、铀、石棉、铬铁矿、氧化铅等	22%
瓷土、陶瓷土以及不包括上述各金属在内的其他金属矿	15%
煤、食盐、珍珠岩等	10%
制砖瓦用黏土、泥煤、沙土等	5%

采用按销售收入总额计算的折耗总额，有可能超过递耗资产成本。按照公认会计原则，折耗的计算应以递耗资产成本为基础即按第一种成本折耗法计提折耗，这种百分比折耗法只能用作报税而不能作为编制财务报表的依据。

（3）折耗的核算

1）计提折耗的账务处理。计提折耗设置"折耗费用"和"累计折耗"科目，后者是"递耗资产"的备抵账户，其贷方余额在资产负债表上作为递耗资产项目的减项处理。

依前例，计提折耗的分录如下：

借：折耗费用　　　　　　　　　　　　　　　　　　　　　12 500

　　贷：累计折耗　　　　　　　　　　　　　　　　　　　　　　12 500

2）折耗费用的分摊。由于计提折耗按实际开采产量计算，如果当年开采的产量全部出售，则折耗费用就全部转作本期销售（货）成本处理；如果当年开采的产量没有全部出售，则折耗费要在本期销售产品和期末结存产品之间分配。依前例，当年开采的 50 000t 煤仅销售出 40 000t，则

　　　　　销售产品负担折耗费 = 40 000 × 0.25 = 10 000（美元）

　　　　　结存产品负担折耗费 = 10 000 × 0.25 = 2 500（美元）

据此，企业做如下会计分录：

借：销货成本　　　　　　　　　　　　　　　　　　　　10 000

　　存货　　　　　　　　　　　　　　　　　　　　　　2 500

　　贷：折耗费用　　　　　　　　　　　　　　　　　　　　12 500

（4）递耗资产上的固定资产折旧。开采自然资源，一般在递耗资产上都需要增设附属设施，如增设房屋、机器、设备等，这类固定资产应计提折旧，而不是计提折耗。计提这类固定资产的折旧应考虑以下两种情况：

1）应计折旧固定资产预计使用年限比递耗资产的估计开采年限长，则前者折旧的计算年限习惯上以后者为限。否则，自然资源耗竭后，折旧价值转移就无承担对象。在这种情况下，房屋、机器类固定资产的折旧应按下列公式计算：

$$年折旧额 = \left(\begin{array}{c}固定资\\产原值\end{array} - \begin{array}{c}净残\\值\end{array}\right) \times \frac{年度开采数量}{估计可供开采总数量}$$

2）应计提折旧固定资产预计使用年限比递耗资产的估计开采年限短，则前者折旧按其本身预计使用年限计算（本章第三节已述）。

3. 递耗资产增值的账务处理

在递耗资产按实际成本入账后，企业有可能发现新的蕴藏量使递耗资产增值，林场可以边砍伐边造林，使递耗资产自然增值。其会计账务处理如下：

（1）确认新发现价值或自然增值时：

借：递耗资产　　　　　　　　　　　　　　　　　　　（估定价值）

　　贷：未实现增值　　　　　　　　　　　　　　　　　（估定价值）

各期计提折耗时，应按原取得成本加上新增加价值计算。

（2）在累计折耗额等于递耗资产原有成本后，每年按当年实际产量计算的属于递耗资产增值部分的数额转销：

借：未实现增值

　　贷：留存收益（或收益）

当然，增值额的转销也可以单独计算增值额折耗率（递耗资产增值额与递耗资产重新估定的全部价值的比例），每期开采数量乘以增值折耗率即为增值额转销额，再将增值额转销额按销售数量和结存数量进行分摊结转。

三、特准储备物资

特准储备物资是指由于特殊需要，经国家特准，企业在正常范围内储备的物资。例如，为了应付自然灾害和战争等特殊需要，或是为了保证对进口物品备件和奇缺材料的需要而必须专门储备特定的物资。这些物资通过"特准储备物资"和"特准储备基金"科目核算，期末余额分别列入资产负债表"其他长期资产"和"其他长期负债"项目。"特准储备物资"账户对应关系如图8-1所示。

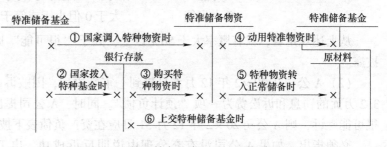

图8-1　"特准储备物资"账户对应关系图

第七节　或有资产

我国《企业会计准则第13号——或有事项》规定："或有事项，是指过去的交易或者事项形成的，其结果须由某些未来事项的发生或不发生才能决定的不确定事项。"或有事项分为或有资产、或有负债和预计负债三大类。

或有资产是指过去的交易或者事项形成的潜在资产，其存在须通过未来不确定事项的发生或不发生予以证实。或有资产主要来自未决诉讼和未决仲裁两个方面。

【例35】　A公司欠衡达厂货款80万元。按合同规定，A公司应于20×2年10月5日前付清货款，但A公司未按期付款。为此，衡达厂向法院提起诉讼。法院20×2年12月5日一审判决，A公司应向衡达厂支付货款80万元，按万分之五支付货款延付利息2.4万元，还要承担诉讼费0.8万元，三项共计83.2万元。A公司不服，认为衡达厂所提供的材料不符合合同约定的要求，并因此向衡达厂提出索赔16万元的要求。截至20×2年12月31日，该诉讼尚在审理当中。

（1）衡达厂在20×2年12月5日接到一审判决后，因胜诉获得了收取罚息和诉讼费的权利。此时，如果A公司服从判决，不再反诉，则衡达厂就应确认为一项资产。但事实上A公司不服判决，提出了反诉，这样衡达厂得到3.2万元的罚息和诉讼费就不那么完全有把握了。这3.2万元就成为衡达厂的一项或有资产。

若衡达厂经过进一步分析认为，该厂所提供的材料确有不符合合同要求的地方，A公司反诉可能成功，则衡达厂很可能承担16万元的赔偿损失，这是衡达厂的一种或有负债。因此，20×2年12月31日衡达厂在资产负债表下附注中，既要说明"或有资产"3.2万元，又要说明"或有负债"（第九章详述）16万元。

《企业会计准则第13号——或有事项》准则从稳健性原则出发，规定："企业通常不应当披露或有资产。但或有资产很可能会给企业带来经济利益的，应当披露其形成的原因、预计产生的财务影响等。"

该准则对各种可能性及其对应的概率做了如下规定：

结果的可能性	对应的概率区间
基本确定	大于95%但小于100%
很可能	大于50%但小于或等于95%
可能	大于5%但小于或等于50%
极小可能	大于0但小于或等于5%

从上述规定看，只有概率大于50%以上，处于"很可能"区间以上，或有资产才予以披露。

（2）A公司在20×2年12月5日接到一审判决后，因败诉而承担了一项现时义务，其3.2万元的罚息和诉讼费为一项"预计负债"。同时，A公司提出反诉，并有充分理由说明很可能胜诉，则A公司20×2年12月31日应在资产负债表下披露或有资产16万元。

必须指出，如果A公司没有充分理由说明反诉成功，出于稳健性考虑，一般不进行"或有资产"披露，因为披露或有资产可能会导致那些可能永远不会实现的收益得到确认。

第九章

流 动 负 债

第一节　流动负债的分类与计价

一、流动负债的分类

流动负债是指企业过去的交易或者事项形成的、预期会在一年（含一年）或者超过一年的一个营业周期内导致经济利益流出企业的现时义务。现时义务是指企业在现行条件下已承担的义务。流动负债分为以下几类：

（1）短期借款，是指企业向银行或其他金融机构等借入的期限在一年以下（含一年）的各种借款。

（2）结算中确定的债务，如应付账款、应付票据、交易性金融负债、一年内到期的长期应付款和应付债券等。

（3）各类预收暂收款，如预收货款、预收租金、存入保证金等。

（4）应计负债，是指根据经营成果、推定义务等累计计算的尚未支付的负债，包括：①期末结账应计债务，如应付职工薪酬、应交税费、应付股利等。②应计未来债务，如预计负债等。

（5）或有负债，是指过去的交易或者事项形成的潜在义务，其存在须通过未来不确定事项的发生或不发生予以证实；或过去的交易或者事项形成的现时义务，履行该义务不是很可能导致经济利益流出企业或该义务的金额不能可靠地计量，如应收票据贴现、未决诉讼、为其他单位提供债务担保等。

二、流动负债的确认和计价

流动负债的确认条件是：与该义务有关的经济利益很可能流出企业；未来流出的经济利益的金额能够可靠地计量。

流动负债应当采用多种计量属性（历史成本、重置成本、可变现净值、现值、公允价值等）计价。具体讲，应区分以下情况计价：

（1）各种货币性流动负债，如应付账款、应付票据等，它们于未来某一时日用固定的货币数额来偿付，从理论上讲，这类负债应用现时价值反映，即用未来应付金额的贴现值来计价，但由于这类负债一般都在较短期内偿付，其贴现额没多大必要，所以一般按成交之日的金额（未来应付金额）来计价。

（2）各种应计负债，如应付职工薪酬、应交税费等，这类负债通常是在会计期末相对于应付费用而入账的，所以，它们可根据有关的合同价格或市价或法律规定价计价。

（3）各种非货币性流动负债，如交易性金融负债、预收租金、预收定金等。对于交易性金融负债，按公允价值计量；对于预收项目，由于这类负债是在未来以提供特定数量和质量的实物资产或劳务为标志的，所以，可按预定的或双方认可的价格计价。

为了充分体现流动负债的计价要求，我国《企业会计准则——基本准则》第43条中规定："企业在对会计要素进行计量时，一般应当采用历史成本，采用重置成本、可变现净值、现值、公允价值计量的，应当保证所确定的会计要素金额能够取得并可靠计量。"

第二节　短　期　借　款

短期借款是指企业从银行和其他金融机构借入的期限在一年（含一年）以内的借款。如为解决商品生产和商品流转过程中短期资金周转不足而向银行取得的借款等。

各种短期借款的取得和归还，通过"短期借款"账户核算，其明细分类核算按借款种类设账。各种短期借款的使用，均要支付利息，一般于季末支付，也有的到期付息。利息的处理有两种方法：一是年内付息，企业在付息的当期记入"财务费用"科目；二是跨年度付息，企业应于资产负债表日计算应付利息，记入年末月份"财务费用"科目。下面举例说明短期借款的核算方法。

【例1】　某企业7月1日从银行取得80 000元短期借款，借款期为9个月，到期还本付息。借款年利率为5.58%，有关账务处理如下：

（1）取得借款时：

借：银行存款　　　　　　　　　　　　　　　　　　　　　80 000
　　贷：短期借款　　　　　　　　　　　　　　　　　　　　　　80 000

（2）当年12月31日计算应付利息时：

借：财务费用（80 000×5.58%÷12×6）　　　　　　　　　　2 232
　　贷：应付利息　　　　　　　　　　　　　　　　　　　　　　2 232

（3）次年4月1日到期还本付息时：

借：财务费用（80 000×5.58%÷12×3）　　　　　　　　　　1 116
　　应付利息　　　　　　　　　　　　　　　　　　　　　　　2 232
　　短期借款　　　　　　　　　　　　　　　　　　　　　　　80 000
　　贷：银行存款　　　　　　　　　　　　　　　　　　　　　　83 348

在实际工作中，企业短期借款分为临时性短期借款（见上例）和经常性短期借款。经常性短期借款往往是一年期。银行将企业的经常性借款按日累计数，一般是按季结息，于季末月20日给企业结息通知予以付息。这样，企业各季末月20日付息时，借记"财务费用"科目，贷记"银行存款"科目。

对于一年内到期的长期借款，不需要做调整分录。如果属于用流动资产偿付的，仅需在编制资产负债表时，单独在流动负债类下设立"一年内到期的非流动负债"反映，而"非流动负债"类下"长期借款"项目则不包括这部分借款。如果不用流动资产偿付，如用新发行的债券偿付，则不作为流动负债单独设项列示，"长期借款"项目仍包括一年内到期的这部分借款。对于一年内到期的其他长期负债和此种处理方法相同。

第三节　交易性金融负债

一、交易性金融负债的概念

我国《企业会计准则第 22 号——金融工具确认和计量》将金融负债在初始确认时划分为两类：一类是以公允价值计量且其变动计入当期损益的金融负债，包括交易性金融负债和指定为以公允价值计量且其变动计入当期损益的金融负债；二是以摊余成本计量的金融负债。企业划分交易性金融负债的基本条件是：承担该金融负债的目的主要是近期内回购。因此，交易性金融负债，主要是指企业为了近期内回购而承担的金融负债，包括要从证券市场回购的股票、债券、基金等。

企业为了筹集短期资金，可发行短期融资券。企业短期融资券是企业依据中国人民银行《短期融资券管理办法》所规定的条件和程序，以融资为目的直接向货币市场投资者发行的无担保的商业本票，它实质上就是发达国家货币市场中的融资性商业票据。企业短期融资券通过"交易性金融负债"科目[⊖]核算。

二、交易性金融负债的核算

企业应设置"交易性金融负债"科目核算企业承担的交易性金融负债的公允价值。它是一个流动负债类的会计科目，与"交易性金融资产"这个流动资产类会计科目相对应。即购买方购入的准备近期出售的股票、债券、基金，作"交易性金融资产"处理，则出售方（发行方）就相应地承担了准备近期回购的流动负债，作"交易性金融负债"处理。需要说明的是，企业持有的直接指定为以公允价值计量且其变动计入当期损益的金融负债，也在"交易性金融负债"科目核算。

"交易性金融负债"科目应按负债类别分别以"本金""公允价值变动"进行明细核算。其中，"本金"明细科目核算企业确认（承担）交易性金融负债时实际收到的金额和发生的交易费用；"公允价值变动"明细科目核算企业在资产负债表日交易性金融负债公允价值高于或低于其账面余额的差额。企业发行的短期融资券在"交易性金融负债"科目下分别设置"成本""公允价值变动"明细科目进行核算。对于相关的交易费用如何处理？2018年 1 月 1 日起施行的《企业会计准则第 22 号——金融工具确认和计量》应用指南规定，"对于以公允价值计量且其变动计入当期损益的金融资产和金融负债，相关交易费用直接计入当期损益"（投资收益）。《企业会计准则应用指南——2020 年版》在附录中规定"交易性金融负债"科目应用时指出，处置交易性金融负债的损益借记或贷记"投资收益"科目。交易性金融负债的主要账务处理如下：

（1）企业承担交易性金融负债时：

借：银行存款等　　　　　　　　　　　　　　（实际收到的金额）

　　投资收益　　　　　　　　　　　　　　　（发生的交易费用）

　　贷：交易性金融负债——本金　　　　　　　　　　（公允价值）

⊖ 引自财政部会计司编写组编写的《企业会计准则讲解——2010》第 382 页及《企业会计准则第 22 号——金融工具确认和计量》应用指南。

（2）资产负债表日计息时：

借：财务费用　　　　　　　　　　　　　（按票面利率计算的利息）

　　贷：应付利息　　　　　　　　　　　　（按票面利率计算的利息）

（3）资产负债表日交易性金融负债公允价值高于其账面余额，将其差额入账时：

借：公允价值变动损益　　　　　　　　　　　　　　（变动差额）

　　贷：交易性金融负债——公允价值变动　　　　　　（变动差额）

若公允价值低于其账面余额的差额，则做相反的会计分录。

（4）资产负债表日结转"公允价值变动损益"科目时：

借：本年利润　　　　　　　　　　　　　　　　　　（变动额）

　　贷：公允价值变动损益　　　　　　　　　　　　　（变动额）

若为公允价值变动收益，上述会计分录相反。

（5）处置交易性金融负债时：

借：交易性金融负债——本金　　　　　　　　　　　（账面余额）

　　　　　　　　　——公允价值变动　　　　　　　（账面余额）

　　应付利息　　　　　　　　　　　　　　　　　　（未付利息）

　　贷：银行存款等　　　　　　　　　　　　　　（实际支付的金额）

　　　　投资收益　　　　　　　　　　　　　　　　（收益差额）

若"交易性金融负债——公允价值变动"为借方余额，则贷记"交易性金融负债——公允价值变动"科目。

第四节　应付票据

应付票据是指企业购买材料、商品和接受劳务供应等开出、承兑的商业票据，包括商业承兑汇票和银行承兑汇票两种。

给供应单位商业汇票，仅是给了对方一种在未来确定日期兑付款项的承诺。如果买方（企业）在商业汇票上签署"承兑"二字，并盖章，则汇票到期，该企业兑付票款，这种汇票称为商业承兑汇票。如果买方（企业）委托其开户行在商业汇票上签署"承兑"二字，并盖章，则汇票到期，该企业开户行兑付票款，开户行兑付时是从该企业存款户头上直接扣款的；若该企业存款不足，则兑付款转作该企业的贷款。这种银行兑付的商业汇票，称为银行承兑汇票。由于银行承兑汇票到期由银行保证兑付，对收款单位来说，就没有收不回款的风险，而商业承兑汇票则存在着一定风险。

商业汇票分为带息商业汇票和不带息商业汇票两种。我国目前的商业汇票不带息（票面没有利率）。商业汇票按承兑期限分，有短期商业汇票和长期商业汇票。我国规定，商业汇票承兑期最长不得超过6个月。所以，我国目前的商业汇票均为短期商业汇票。本章节阐述我国的短期商业汇票，第十章简介西方的长期商业汇票。

一、不带息应付商业票据的核算

1. 商业承兑汇票

【例2】　企业向甲厂购买原材料一批，价款50 000元，增值税6 500元，对方代垫运费

1 500 元，增值税 135 元，企业开出商业承兑汇票一张交甲厂，面值 58 135 元，承兑期两个月。企业据发票、账单等做如下会计分录：

借：材料采购   51 500

  应交税费——应交增值税（进项税额）   6 635

   贷：应付票据   58 135

上列材料验收入库，计划成本 60 500 元。

借：原材料   60 500

   贷：材料采购   60 500

（材料价差月终汇总一笔结转）

上列商业承兑汇票到期，企业兑付全部票款时做如下会计分录：

借：应付票据   58 135

   贷：银行存款   58 135

如果上列汇票到期，购货企业无力偿付而退回有关单证，并被银行罚款 3 000 元，购货企业做如下会计分录：

借：应付票据   58 135

   贷：应付账款   58 135

借：营业外支出   3 000

   贷：银行存款   3 000

2. 银行承兑汇票

银行承兑汇票核算同商业承兑汇票核算有两点不同：

（1）企业要求银行在汇票到期时承兑，必须向银行提出申请，订立承兑协议，并支付承兑手续费。如上例若为银行承兑汇票，企业必须支付承兑手续费 60 元，做如下会计分录：

借：财务费用   60

   贷：银行存款   60

（2）汇票到期，购货企业无力支付票款，银行无条件付款，银行将付款额转作购货单位的逾期贷款，每天按逾期贷款标准计收利息。购货企业收到其开户行注明"××汇票无款支付转入逾期贷款户"的特种转账传票（支款通知）时，做如下会计分录（如上例）：

借：应付票据   58 135

   贷：短期借款   58 135

其余会计分录和商业承兑汇票相同。

二、带息应付商业票据的核算

带息应付票据是在票据到期时按票面利率和承兑期限计算还本付息的票据。由于这种票据的利息和受益期明确，根据《企业会计制度——2001》规定[⊖]，企业应在会计期末计算应付利息。

【例3】 某批发站从乙公司购进商品一批，货已验收入库。该企业于7月1日按货款12万元（价款10万元，增值税1.3万元，对方代垫运费0.7万元，运费取得增值税普通发票）

⊖ 《企业会计准则应用指南——2020年版》未涉及带息票据。

签发银行承兑汇票一张，承兑期8个月，年利率6%。向银行申请承兑时，支付手续费120元，该企业应做以下会计分录：

（1）向银行缴纳承兑手续费时：

借：财务费用　　　　　　　　　　　　　　　　　　　　　　120

　　贷：银行存款或库存现金　　　　　　　　　　　　　　　　　　　120

（2）用银行承兑汇票购买商品入库时：

借：库存商品　　　　　　　　　　　　　　　　　　　　　107 000

　　应交税费——应交增值税（进项税额）　　　　　　　　　 13 000

　　　贷：应付票据　　　　　　　　　　　　　　　　　　　　　120 000

（3）12月月末计算上述票据应付利息时：

借：财务费用（120 000 × 6% ÷ 12 × 6）　　　　　　　　　 3 600

　　　贷：应付票据　　　　　　　　　　　　　　　　　　　　　 3 600

（4）次年2月28日票据到期归还票据本息时：

借：应付票据（120 000 + 3 600）　　　　　　　　　　　 123 600

　　财务费用（120 000 × 6% ÷ 12 × 2）　　　　　　　　　 1 200

　　　贷：银行存款（120 000 + 120 000 × 6% ÷ 12 × 8）　　 124 800

（5）若上述票据于2月28日到期，购货企业无力支付票款，其开户行无条件向销货企业履行付款义务，同时，将付款额转作购货企业的逾期贷款时，购货企业做如下会计分录：

借：应付票据　　　　　　　　　　　　　　　　　　　　　123 600

　　财务费用　　　　　　　　　　　　　　　　　　　　　　 1 200

　　　贷：短期借款　　　　　　　　　　　　　　　　　　　　　124 800

若为商业承兑汇票到期，购货企业无力支付，票据失效，购货企业贷记"应付账款"科目。

三、应付银行借款票据的核算

目前，我国企业向银行借款一般都是采用填写"借款凭证"的方式进行，并通过设置"短期借款"科目核算。但从发展趋势来看，企业从银行取得借款，除了填写"借款凭证"（或借款申请）获得借款外，还可以开给银行票据（有时要以应收账款作抵押），列明利率、付息方式（预先付息或到期付息）和期限，这种借贷活动中的应付票据称为应付银行借款票据。

企业开具票据向银行取得借款，其借款利息可由银行预先扣除，也可于借款到期偿还时支付。采用预先扣息方式，企业实际取得的借款和应付票据面值存在差额，这实质上是预付的利息，应专门设置"应付票据贴现"科目核算，并在期末资产负债表上将其作为应付票据的备抵项目反映。采用到期还本付息方式，企业应该按期计息，到期偿还本息，这实际上类似于带息票据的核算。

【例4】　某企业9月1日向银行出具一张面值100 000元、为期6个月的不带息应付票据，按9%的贴现率向银行贴现，利息由银行预先扣除。有关会计分录如下：

（1）9月1日取得票据借款时：

借：银行存款　　　　　　　　　　　　　　　　　　　　　 95 500

　　应付票据贴现（100 000 × 9% ÷ 12 × 6）　　　　　　　 4 500

　　　　贷：应付票据　　　　　　　　　　　　　　　　　　　　　　　　　　100 000
　　（2）当年12月31日确认利息费用时：
　　借：财务费用（4 500÷6×4）　　　　　　　　　　　　　　　　　　　　3 000
　　　　贷：应付票据贴现　　　　　　　　　　　　　　　　　　　　　　　　　3 000
　　（3）第2年3月1日还款时：
　　借：应付票据　　　　　　　　　　　　　　　　　　　　　　　　　　　100 000
　　　　贷：银行存款　　　　　　　　　　　　　　　　　　　　　　　　　100 000
　　借：财务费用　　　　　　　　　　　　　　　　　　　　　　　　　　　　1 500
　　　　贷：应付票据贴现　　　　　　　　　　　　　　　　　　　　　　　　　1 500

第五节　应付账款

　　应付账款是指企业因购买材料、物资、商品或接受劳务供应等业务而形成的债务。

　　企业购货（或接受劳务）时未付款，应通过"应付账款"科目核算。该科目贷方登记发生的应付账款数，借方登记已经支付或已经转销的应付账款数，期末贷方余额反映尚未支付的应付账款数，若期末出现借方余额反映多偿还的账款数。应付账款购货核算业务在第五章存货中已做了专门阐述。详见该章第二节存货的实际成本法、第三节存货的计划成本法中"先收货，后付款"的业务处理方法。企业接受供应单位提供劳务而发生的应付款项，应根据供应单位的发票账单，借记有关成本费用科目，贷记"应付账款"科目。

　　企业欠供应单位的账款应及时清偿。如果企业资金一时紧张，经得供应单位同意也可用商业汇票抵付，企业开出、承兑商业汇票抵付应付账款时做如下会计分录：

　　借：应付账款
　　　　贷：应付票据

　　《企业会计准则第12号——债务重组》第十条规定："以资产清偿债务方式进行债务重组的，债务人应当在相关资产和所清偿债务符合终止确认条件时予以终止确认，所清偿债务账面价值与转让资产账面价值之间的差额计入当期损益。"

　　【例5】　唐春工厂欠甲企业货款150 000元一直未还。现进行债务重组，唐春工厂用丽煌股票抵债。该股票（唐春厂当初购入时作为长期股权投资入账）账面余额（成本）151 000元，已计提减值准备8 500元。唐春工厂转让该股票时支付手续费等1 130元。唐春工厂做如下会计分录：

　　借：应付账款——甲企业　　　　　　　　　　　　　　　　　　　　　150 000
　　　　长期股权投资减值准备　　　　　　　　　　　　　　　　　　　　　8 500
　　　　贷：长期股权投资——股票投资（成本）　　　　　　　　　　　　151 000
　　　　银行存款　　　　　　　　　　　　　　　　　　　　　　　　　　1 130
　　　　其他收益——债务重组收益　　　　　　　　　　　　　　　　　　　6 370

　　【例6】　依第四章例18，淮东厂欠甲企业货款100 000元一直未还。现进行债务重组，淮东厂提出豁免债务10 000元，其余欠款立即用现款了结，甲企业表示同意。淮东厂支付90 000元现款时做如下会计分录：

　　借：应付账款——甲企业　　　　　　　　　　　　　　　　　　　　　100 000

　　贷：银行存款　　　　　　　　　　　　　　　　　　　　　90 000
　　　　其他收益——债务重组收益　　　　　　　　　　　　　10 000

　　【例7】　依第四章例21，C公司欠东方工厂货款200 000元一直未还。由于C公司财务困难，经法院裁定进行债务重组，东方工厂同意将200 000元债权转为股权，双方确认的投资额188 000元（股份面值总额与股份公允价值相同，均为188 000元），占C公司实收资本总额的15%。C公司债转股时做如下会计分录：

　　借：应付账款——东方工厂　　　　　　　　　　　　　　　200 000
　　　　贷：实收资本——法人资本　　　　　　　　　　　　　188 000
　　　　　　其他收益——债务重组收益　　　　　　　　　　　12 000

　　若股份面值总额与股份公允价值不同，如股份面值总额184 000元，股份公允价值188 000元，C公司债转股时做如下会计分录：

　　借：应付账款——东方工厂　　　　　　　　　　　　　　　200 000
　　　　贷：实收资本——法人资本　　　　　　　　　　　　　184 000
　　　　　　资本公积——资本溢价　　　　　　　　　　　　　　4 000
　　　　　　其他收益——债务重组收益　　　　　　　　　　　12 000

第六节　预收及暂收款

一、预收账款

　　企业在销售商品或提供劳务之前可按合同或协议规定向购货单位或个人预收一部分或全部款项。企业预收的这种款项在未交付商品或提供劳务之前，是占用购买单位或个人的资金，形成了欠预付人的一笔债务，构成企业的流动负债。2018年1月1日起实施了《企业会计准则第14号——收入》应用指南规定，企业因转让商品收到的预收款适用本准则进行会计处理时，不再使用"预收账款"科目及"递延收益"科目，而是设置"合同负债"科目进行核算。

　　1. 预收货款核算

　　企业在向客户转让商品之前，客户已经支付了合同对价或企业已经取得了无条件收取合同对价权利的，企业应当在客户实际支付款项与到期应支付款项孰早时点，设置"合同负债"科目核算企业已收或应收客户对价而应向客户转让商品的义务。该科目贷方反映企业已收或应收客户的金额，借方反映企业向客户转让相关商品时应转销的金额或应退回的多余款，期末贷方余额反映企业在向客户转让商品之前，已经收到的合同对价或已经取得的无条件收取合同对价权利的金额。

　　【例8】　企业销售某产品，价款8万元，增值税1.04万元。按合同规定，先预收40%的款项，1个月后发货，购方收货后补付剩余60%的款项。销货企业应做以下会计分录：

　　（1）预收款项时：

　　借：银行存款　　　　　　　　　　　　　　　　　　　　　36 160
　　　　贷：合同负债　　　　　　　　　　　　　　　　　　　36 160

　　（2）1个月后发货时：

　　借：合同负债　　　　　　　　　　　　　　　　　　　　　90 400

　　　　贷：主营业务收入　　　　　　　　　　　　　　　　　　　80 000
　　　　　　应交税费——应交增值税（销项税额）　　　　　　　10 400
　　（3）收到补付的款项时：
　　借：银行存款　　　　　　　　　　　　　　　　　　　　　　54 240
　　　　贷：合同负债　　　　　　　　　　　　　　　　　　　　54 240
　　若退回多付的款项，分录与此相反。
　　企业销售过程中的预收定金也是预收货款的一种，核算方法与此相同。企业预收货款情况不多的企业，也可以将预收的货款直接通过"应收账款"科目核算。"合同负债"按合同进行明细分类核算。
　　2. 其他预收款核算
　　其他预收款是指预收货款以外的其他预收款项，如预收租金等。
　　【例9】　某商业企业出租半间房屋给其他单位经营，每年年初预收全年租金 6 000 元，该企业应做以下会计分录：
　　（1）预收租金时：
　　借：银行存款　　　　　　　　　　　　　　　　　　　　　　6 000
　　　　贷：预收账款　　　　　　　　　　　　　　　　　　　　6 000
　　（2）各月将预收租金转为当月收入时：
　　借：预收账款（6 000÷12）　　　　　　　　　　　　　　　　500
　　　　贷：其他业务收入　　　　　　　　　　　　　　　　　　500
　　对于其他预收款项不多的企业，为了简化核算，也可以不通过"预收账款"科目，而直接通过"其他应收款"科目核算。

二、暂收款

　　暂收款是指从有关单位或个人收到的代为保管或暂时尚未确定性质的款项，如存入保证金、职工未按期领取的工资、购货人暂存款项等。这些款项是企业暂时收存的等待支付的款项，通过"其他应付款"科目核算。
　　【例10】　以存入保证金为例，企业出租、出借包装物收取押金 1 000 元时：
　　借：银行存款　　　　　　　　　　　　　　　　　　　　　　1 000
　　　　贷：其他应付款　　　　　　　　　　　　　　　　　　　1 000
　　企业退回上述押金 1 000 元时：
　　借：其他应付款　　　　　　　　　　　　　　　　　　　　　1 000
　　　　贷：银行存款　　　　　　　　　　　　　　　　　　　　1 000
　　通过"其他应付款"科目核算的内容除以上暂收（存）款外，还有应付经营租入固定资产和包装物的租金、应付上级和所属单位款等。

第七节　应计负债

　　应计负债是指根据经营成果、推定义务累计计算的尚未支付的负债。具体有三种类型：①在会计期末按已发生的经营成果累计计算的应付而未付的债务，如应付职工薪酬、应交税费、应付股利等。②预计未来支付的债务，如预计负债等。③对于与营业收益有关的税、利、款。这里主要阐述应付职工薪酬、应交税费的核算。

一、应付职工薪酬的核算

（一）职工薪酬的内容

我国《企业会计准则第9号——职工薪酬》规定："职工薪酬，是指企业为获得职工提供的服务或解除劳动关系而给予的各种形式的报酬或补偿。职工薪酬包括短期薪酬、离职后福利、辞退福利和其他长期职工福利。"职工薪酬中的"职工"，是指与企业订立劳动合同的所有人员，含全职、兼职和临时职工，也包括虽未与企业订立劳动合同但由企业正式任命的人员。未与企业订立劳动合同但由企业正式任命的人员，如董事会成员、监事会成员等。企业设立董事会和监事会的，对其支付的津贴、补贴等报酬从性质上看，均属于职工薪酬。在企业的计划和控制下，未与企业订立劳动合同或未由其正式任命，但向企业所提供服务与职工所提供服务类似的人员，也属于职工的范畴，包括通过企业与劳务中介公司签订用工合同而向企业提供服务的人员。职工薪酬的具体内容分别阐述如下：

1. 短期薪酬

短期薪酬是指企业在职工提供相关服务的年度报告期间结束后12个月内需要全部予以支付的职工薪酬，因解除与职工的劳动关系给予的补偿除外。短期薪酬具体包括：

（1）职工工资、奖金、津贴和补贴。职工工资包括计时工资、计件工资、加班加点工资；奖金包括生产奖、节约奖、劳动竞赛奖、其他奖金；津贴和补贴包括保健津贴、技术津贴、年功津贴、其他津贴和物价补贴。

（2）职工福利费。它是指企业向职工提供的生活困难补助、丧葬补助费、抚恤费、职工异地安家费、防暑降温费等职工福利支出。

（3）"三险一金"。它是指按职工工资总额一定比例计算并向有关部门缴纳的医疗保险费、工伤保险费和生育保险等社会保险费和住房公积金。

（4）工会经费和职工教育经费。它是指企业为了改善职工文化生活、为职工学习先进技术和提高文化水平和业务素质，用于开展工会活动和职工教育及技能培训等相关支出。

（5）短期带薪缺勤。它是指职工虽然缺勤但企业仍向其支付工报酬的安排，包括年休假、病假、短期伤残、婚假、产假、丧假、探亲假等。

（6）短期利润分享计划。它是指因职工提供服务而与职工达成的基于利润或其他经营成果提供薪酬的协议。履行该协议的期限是：在职工为其提供相关服务的年度报告期间结束后12个月内。

（7）非货币性福利。它是指企业以非货币形式提供给职工的福利，包括企业以自产产品或外购商品发放给职工作为福利、将企业拥有的资产无偿提供给职工使用、为职工无偿提供医疗保健服务等。

（8）其他短期薪酬。

2. 离职后福利

离职后福利是指企业为获得职工提供的服务而在职工退休或与企业解除劳动关系后，提供的各种形式的报酬和福利，短期薪酬和辞退福利除外。企业与职工就离职后福利达成的协议，或者企业为向职工提供离职后福利制定的规章或办法等，称"离职后福利计划"。离职后福利计划分为设定提存计划和设定受益计划两大类。设定提存计划是指向独立的基金缴存固定费用后，企业不再承担进一步支付义务的离职后福利计划，包括企业为职工向有关部门缴纳的养老保险费（基本养老保险费、补充养老费）、失业保险费。设定受益计划是指除设定提存计划以外的离职后福利计划。

3. 辞退福利

辞退福利是指企业在职工劳动合同到期之前解除与职工的劳动关系，或者为鼓励职工自愿接受裁减而给予职工的补偿。辞退福利通常采取在解除劳动关系时一次性支付补偿的方式，也有通过提高退休后养老金或其他离职后福利的标准，或者将职工工资支付至辞退后未来某一期间的方式。辞退福利预期在其确认的年度报告期结束后 12 个月内完全支付的，应当适用短期薪酬的相关规定，其实质是一种货币性福利。

4. 其他长期职工福利

其他长期职工福利是指除短期薪酬、离职后福利、辞退福利之外所有的职工薪酬，包括长期带薪缺勤、长期残疾福利、长期利润分享计划等。

（1）长期带薪缺勤。它是指职工不在企业上班，缺勤时间在 1 年以上仍享受企业一定薪酬的职工福利，包括长期病假人员薪酬、内部退休人员薪酬、长期学习人员薪酬等。长期病假人员薪酬简称"长病人员薪酬"，是指病假超过 1 年的人员薪酬，这种薪酬按在职人员薪酬的一定比例发放。内部退休人员薪酬简称"内退人员薪酬"。所谓内退人员，是指企业被兼并或被重组或转产等原因造成一部分还未到法定退休年龄而办理了企业内部退休手续的人员。按国家法律规定，距法定退休年龄不足 5 年，经本人申请，企业批准，可办理内退手续。内退期间由企业按月发放生活费并缴纳各项社会保险费，生活费标准根据企业支付能力由企业与内退人员协商确定，但不得低于当地下岗职工第 1 年的生活费标准，即当地失业保险金标准的120%。企业给内退人员发放的生活费和缴纳各项社会保险费为"内退人员薪酬"。内退人员薪酬按设定提存计划的有关规定进行会计处理⊖。

（2）长期残疾福利。它是指企业长期负担的残疾人福利。残疾人福利是国家和社会在保障残疾人基本物质生活需要的基础上，为残疾人在生活、工作、教育、医疗和康复等方面提供的设施、条件和服务。国家对残疾人实行扶助、救济、供养、收养政策保障残疾人生存、发展的权利。扶助包括在政策、物质和精神等不同方面提供扶持和帮助；救济是对丧失劳动能力或虽有一定劳动能力，但不能维持基本生活的残疾人，实行定期、不定期的接济、补助；供养是对无劳动能力、无法定扶养人、无生活来源的残疾人，国家、集体和社会组织对他们实行长期供养、救济；收养是指举办福利安置收养机构安置收养无劳动能力、无法定扶养人、无生活来源的残疾人实行的长期供养。国家和社会除了对残疾人实行扶助、救济、供养、收养等保障政策外，还多渠道、多层次、多形式开拓残疾人就业门路，扩大就业范围，提供就业机会，保障残疾人的工作权利和自我实现的权利。一些企业除了按期向政府保障机构缴纳残疾人基金外，还招收残疾人在企业从事一些力所能及的工作。

企业承担着两种残疾人福利：一是企业承担的社会残疾人福利；二是企业内部职工工伤致残福利。根据国家《工伤保险条例》规定，职工因工伤致残需要鉴定一级至十级的伤残等级，按不同等级享受不同的残疾人福利：①伤残等级较轻的（一级至四级），保留与用人

⊖ 见张亚杰、徐丹丹、刘夏原"长期带薪缺勤的所得税会计处理"，《财会月刊》2015 年第 10 期第 42~44 页。

单位的劳动关系，退出工作岗位，从"工伤保险基金"中支付一次性伤残补助金或按月支付伤残津贴至退休，用人单位和职工个人还要以伤残津贴为基数，缴纳基本医疗保险费；②伤残等级一般的（五级至六级）分三种情况处理：一是从"工伤保险基金"中支付一次性伤残补助金；二是保留与用人单位的劳动关系，由用人单位安排适当工作，难以安排工作的，由用人单位按月发给伤残津贴，并由用人单位按照规定为其缴纳应缴纳的各项社会保险费；三是工伤职工本人提出要与用人单位解除或者终止劳动关系，则由"工伤保险基金"支付一次性"工伤医疗补助金"，由用人单位支付一次性"伤残就业补助金"。③伤残等级严重的（七级至十级）分两种情况处理：一是从"工伤保险基金"中支付一次性伤残补助金；二是劳动、聘用合同期满终止，或者职工本人提出解除劳动、聘用合同的，由"工伤保险基金"支付一次性"工伤医疗补助金"，由用人单位支付一次性"伤残就业补助金"。

对于企业承担的社会残疾人福利，各级政府有大致相同的规定，按在职职工人数的一定比例确定应负担的残疾人人数（本企业的残疾人可抵充应负担数），再按残疾人人数和规定定额按月缴纳"残疾人基金"。对于本企业残疾人，企业按月为其缴纳基本医疗保险费，或企业按月为其发给伤残津贴并缴纳各项社会保险费，或企业为其支付一次性"伤残就业补助金"，均为企业承担的内部残疾人福利。《企业会计准则第 9 号——职工薪酬》第二十四条规定："长期残疾福利水平取决于职工提供服务期间长短的，企业应当在职工提供服务的期间确认应付长期残疾福利义务，计量时应当考虑长期残疾福利支付的可能性和预期支付的期限；长期残疾福利与职工提供服务期间长短无关的，企业应当在导致职工长期残疾的事件发生的当期确认应付长期残疾福利义务。"

（3）长期利润分享计划。它是指因职工提供服务而与职工达成的基于利润或其他经营成果提供薪酬的协议。履行该协议的期限在 1 年以上。

（4）其他特殊福利。例如，辞退福利一般在 12 个月内完全支付，适用于短期薪酬的相关规定。如果辞退福利预期在年度报告期结束后 12 个月内不能完全支付的，则适用于其他长期职工福利的有关规定。

5. 股份支付

以股份为基础的薪酬，适用《企业会计准则第 11 号——股份支付》。该准则规定，企业对职工用现金结算的股份支付属于职工薪酬范畴（后述）。

企业设置"应付职工薪酬"一级科目对职工薪酬的全部内容进行总分类核算；同时，企业还要对应付职工薪酬进行明细分类核算。设置的明细科目有："工资""职工福利""社会保险费""住房公积金""工会经费""职工教育经费""累积带薪缺勤""短期利润分享计划""非货币性福利""辞退福利""离职后福利""其他长期职工福利""股份支付"等。应付职工薪酬明细账，根据职工"薪酬单"或"工资结算汇总表"进行登记。

（二）工资的结算及核算

工资结算是指企业对职工的应付工资、代扣款项和实发工资的计算和发放工作。

1. 工资的计算

职工工资计算的原始依据是考勤记录、产量记录和其他有关记录（如工资标准、等级、扣款通知单等）。工资的计算与工资制度有关。实行计时工资制的职工，按月标准工资加上奖金、补贴、津贴和加班工资后扣除缺勤应扣工资计算，或者按出勤日数计算；实行计件工资制的职工按计件产量和计件单价计算计件工资，再加上奖金、津贴和补贴等。企业按车间或部门每月编制一式三份的工资单（或工资表），列示各种应付职工工资、代扣款项和实发工资，经劳资部门审核、汇总，会计部门编制出职工工资结算汇总表，以此作为提取现金总额、发放实际工资和进行相应账务处理的依据。

2. 工资的发放

发放工资的汇总凭证是"工资结算汇总表"，"工资结算汇总表"的格式见表9-1。

企业"工资结算汇总表"编完后，可以到银行提取现金，然后发放工资。发放中，工人在一份工资单上签字或盖章，领完工资将这份工资单交会计部门单独装订另存。

3. 工资结算的账务处理

（1）企业根据工资结算汇总表中实发工资额 32 200 元开出现金支票，向银行提取现金。

表 9-1　工资结算汇总表

×××年××月份 （单位：元）

车间或部门		应付职工工资											应付职工工资合计	代扣款项			实发职工工资
		计时工资	计件工资	加班加点工资	奖金			津贴			其他				房租	...	合计	
					生产奖	...	小计	夜班津贴	...	合计	产假	...	小计					
一车间	生产工人	...	...	...	...	...	...	...	...	...	...	...	...	11 000	400		400	10 600
	管理人员	...	...	...	...	...	...	...	...	...	...	...	...	1 200	200		200	1 000
二车间	生产工人	...	...	...	...	...	...	...	...	...	...	...	...	12 300	430		430	11 870
	管理人员	...	...	...	...	...	...	...	...	...	...	...	...	1 500	250		250	1 250
⋮													...	...	...		...	...
企业管理人员		...	...	...	...	...	...	...	...	...	...	...	...	5 200	370		370	4 830
销售机构人员		...	...	...	...	...	...	...	...	...	...	...	...	1 700	150		150	1 550
医务及福利人员		...												800				800
长期病假人员		...												300				300
合　计		...	...	...	...	...	...	...	...	...	...	...	...	34 000	1 800		1 800	32 200

根据现金支票存根做如下会计分录：

借：库存现金 32 200

　　贷：银行存款 32 200

（2）企业发放工资 32 200 元，根据工资结算汇总表做如下会计分录：

借：应付职工薪酬——工资 31 900

　　　　　　　　——其他长期职工福利 300

　　贷：库存现金 32 200

如有超过规定期限（如7天），职工本人未到会计部门领取工资，则财务部门应编制待领工资明细表，借记"应付职工薪酬"科目，贷记"其他应付款"科目；同时，将过期未领工资送存银行，借记"银行存款"科目，贷记"库存现金"科目。如果车间或部门派代表到会计部门领取本单位职工工资，该单位职工过期未领工资，应将这部分工资及时交回会计部门，会计部门借记"库存现金"科目，贷记"其他应付款"科目。

（3）根据各种扣款通知单做代扣款 1 800 元的会计分录：

借：应付职工薪酬——工资　　　　　　　　　　　　　　　　1 800
　　贷：其他应付款　　　　　　　　　　　　　　　　　　　　　　1 800

对于各种扣款项目，如果事先已由会计部门垫付，如上例假定会计部门接到房管局付房租的通知时，已全部替职工垫付了房租，垫款时，借记"其他应收款"科目，贷记"银行存款"科目，发工资时的扣款不是代扣应付，而是扣还垫款（如企业代垫的家属药费扣还），企业应贷记"其他应收款"科目。

（4）根据有关职工薪酬计算应缴纳的个人所得税，企业从该职工工资中代扣时编制如下会计分录：

借：应付职工薪酬——工资　　　　　　　　　　　　　　　　×××
　　贷：应交税费——应交个人所得税　　　　　　　　　　　　　×××

如果企业代扣个人所得税要向被扣款人收取一定的手续费时，借记"应付职工薪酬——工资"科目，贷记"其他收益——代扣个人所得税的手续费"科目。

企业实际向税务机关缴纳个人所得税时：

借：应交税费——应交个人所得税　　　　　　　　　　　　　×××
　　贷：银行存款　　　　　　　　　　　　　　　　　　　　　　×××

（三）工资分配的核算

每月终了，企业应将本月应付给职工的工资进行分配。分配时，编制"工资分配汇总表"，其格式见表9-2（以工业企业为例）。

表 9-2　工资分配汇总表　　　　　　　　　　（单位：元）

应借科目	应贷科目：应付职工薪酬							
	一车间	二车间	…	行政管理部门	销售部门	医务及福利部门	长病人员	合计
生产成本	11 200	12 250	…					23 450
制造费用	1 150	1 450	…					2 600
管理费用				5 300			310	5 610
销售费用					1 750			1 750
应付职工薪酬						820		820
⋮								
合计	12 350	13 700	…	5 300	1 750	820	310	34 230

注：车间生产人员薪酬记入"生产成本"科目；车间管理人员薪酬记入"制造费用"科目。

根据表9-2编制分配工资的会计分录如下：

借：生产成本　　　　　　　　　　　　　　　　　　　　　　23 450
　　制造费用　　　　　　　　　　　　　　　　　　　　　　　2 600
　　管理费用　　　　　　　　　　　　　　　　　　　　　　　5 610
　　销售费用　　　　　　　　　　　　　　　　　　　　　　　1 750
　　应付职工薪酬——职工福利　　　　　　　　　　　　　　　　820
　　贷：应付职工薪酬——工资　　　　　　　　　　　　　　　33 920

　　　　　　　　——其他长期职工福利　　　　　　　　　　　　310

以上分配的职工工资，是本月1日到31日应付给职工的工资，即按本月考勤记录计算应付给职工的工资分配。本月这种应付工资一般在下月份支付，因而本月工资结算汇总表中应付职工工资（如表9-1中34 000元是按上月考勤记录计算在本月初发放的工资）与本月工资分配汇总表中应付职工工资（表9-2中34 230元）不一致。按本月考勤分配的职工工资虽然符合权责发生制的要求，但由于考勤记录要到月终才能拿出来，则工资分配集中在月终进行，不仅加大了月终的工作量，而且影响了其他核算内容的进行。为了简化和方便会计核算，在各月工资发生额相差不大的情况下，可直接按本月支付的职工工资额（如按前面"工资结算汇总表"中34 000元）分配职工工资。在这种情况下，"应付职工薪酬"科目本月借贷方发生额相等，月终无余额。

（四）职工福利性薪酬的核算

1. 职工福利费的核算

职工福利费的核算有两种方法：一是先提后支。即企业根据历史经验数据和实际情况，合理预计当期应开支的职工福利费，将其记入"成本费用"账户，形成专项资金，实际支出时，再从该专项资金中列支。会计期末（一般是年末）当实际发生金额大于预计金额的，应当补提职工福利费；当实际发生金额小于预计金额的，应当冲回多提的职工福利费。二是直接列支。即实际发生职工福利费时，直接计入当期成本费用。在"先提后支"方式下，企业从成本费用中计提的职工福利费，在未用于职工福利支出之前，是对企业职工的负债，通过设置"应付职工薪酬——职工福利"科目核算这种负债的形成和转销。下面举例说明"先提后支"的核算方法。

（1）企业每月计提职工福利费时，应编制"职工福利费计提表"，其格式见表9-3（以工业企业为例）。

表9-3　职工福利费计提表

计提比例：14%　　　　　　　　20××年×月　　　　　　　　（单位：元）

应借科目	一车间		二车间		…	行政管理部门		销售部门		医务及福利部门		长病人员		工资合计	计提的福利费合计
	工资	提取额	工资	提取额	…	工资	提取额	工资	提取额	工资	提取额	工资	提取额		
生产成本	11 200	1 568	12 250	1 715	…									23 450	3 283
制造费用	1 150	161	1 450	203	…									2 600	364
管理费用					…	5 300	742			820	114.80	310	43.40	5 610	900.20
销售费用								1 750	245					1 750	245
⋮														⋮	⋮
合　计	12 350	1 729	13 700	1 918	…	5 300	742	1 750	245	820	114.80	310	43.40	34 230	4 792.20

根据表9-3编制以下会计分录：

借：生产成本　　　　　　　　　　　　　　　　　3 283

　　制造费用　　　　　　　　　　　　　　　　　　364

　　管理费用　　　　　　　　　　　　　　　　900.20

　　销售费用　　　　　　　　　　　　　　　　　245

　　贷：应付职工薪酬——职工福利　　　　　　4 748.80

　　　　　　　　——其他长期职工福利　　　　　43.40

（2）企业实际发生职工困难补助、医务及福利部门经费（见表9-2）和其他福利费用时：

借：应付职工薪酬——职工福利 ×××

　　贷：银行存款或库存现金 ×××

（3）会计期末，当"应付职工薪酬——职工福利"账户发生借方余额时，表明实际发生金额大于各月预计提取的金额，企业应当补提职工福利费，会计分录与上述（1）相同；会计期末，当"应付职工薪酬——职工福利"账户发生贷方余额时，表明实际发生金额小于各月预计提取的金额，企业应当冲销多提职工福利费，会计分录方向与上述（1）相同，金额用红字。

2. 非货币性福利核算

（1）分发自产产品的核算。

【例11】 某企业将120台自产产品发给本企业职工，生产工人100台，管理人员20台。该产品每台成本900元，每台售价1 000元，增值税税率13%。

《企业会计准则第9号——职工薪酬》应用指南规定："企业以自产的产品作为非货币性福利提供给职工的，应当按照该产品的公允价值和相关税费确定职工薪酬金额，并计入当期损益或相关资产成本。相关收入的确认、销售成本的结转以及相关税费的处理，与企业正常商品销售的会计处理相同。企业以外购的商品作为非货币性福利提供给职工的，应当按照该商品的公允价值和相关税费确定职工薪酬金额，并计入当期损益或相关资产成本。"

上述企业将自产产品发给本企业职工做如下会计分录（外购商品的分发也做同样处理）：

借：生产成本（100×1 000×1.13） 113 000

　　管理费用（20×1 000×1.13） 22 600

　　贷：应付职工薪酬——非货币性福利 135 600

借：应付职工薪酬——非货币性福利 135 600

　　贷：主营业务收入（120×1 000） 120 000

　　　　应交税费——应交增值税（销项税额）（120×1 000×13%） 15 600

借：主营业务成本（120×900） 108 000

　　贷：库存商品 108 000

（2）向职工提供企业支付了补贴的商品或服务的核算

【例12】 W公司购买了两套住房，每套价款100万元，拟向有突出贡献的一名车间技术人员和一名总部管理人员以优惠价每套89万元（价款80万元，按公允价值100万元计算增值税9万元）出售，但公司要求这两人必须在公司服务10年。

1）公司购买住房付款218万元时：

借：固定资产 2 000 000

　　应交税费——应交增值税（进项税额） 180 000

　　贷：银行存款 2 180 000

2）公司以优惠价178万元售给特殊贡献人员时（将固定资产价值转入"固定资产清理"后）：

借：银行存款 1 780 000

　　长期待摊费用 400 000

　　贷：固定资产清理 2 000 000

　　　　应交税费——应交增值税（销项税额） 180 000

3）出售住房后的每年，公司按直线法在10年内摊销差额补贴时：

借：生产成本（20÷10）   20 000

　　管理费用（20÷10）   20 000

　　　贷：应付职工薪酬——非货币性福利（40÷10）   40 000

借：应付职工薪酬——非货币性福利   40 000

　　　贷：长期待摊费用   40 000

（3）企业无偿向职工提供住房的核算。

企业无偿向职工提供住房等资产使用的，按应计提的折旧额：

借：生产成本   ×××

　　制造费用   ×××

　　管理费用等   ×××

　　　贷：应付职工薪酬——非货币性福利   ×××

同时，还要转记累计折旧：

借：应付职工薪酬——非货币性福利   ×××

　　　贷：累计折旧   ×××

（4）企业租赁住房供职工无偿使用的核算。

企业租赁住房等资产供职工无偿使用的，每期按应支付的租金：

借：生产成本   ×××

　　制造费用   ×××

　　管理费用等   ×××

　　　贷：应付职工薪酬——非货币性福利   ×××

3. 辞退福利的核算

企业因解除与职工的劳动关系给予职工补偿时：

借：管理费用   ×××

　　　贷：应付职工薪酬——辞退福利   ×××

　　　　　——其他长期职工福利——辞退福利   ×××

（五）工资附加费的核算

工资附加费是根据国家规定按职工工资总额的一定比例计提，并按规定的用途使用的费用。由于它依附于工资总额计提，所以称为"工资附加费"。工资附加费包括职工福利费、工会经费、职工教育经费、社会保险费、住房公积金等。

（1）企业每月按工资总额的一定比例计提工会经费（提取率2%）、职工教育经费（提取率2.5%）时，根据生产部门人员、销售人员、在建工程人员、研发部门人员、管理部门及其他部门人员的工资总额和提取率计算，做如下会计分录：

借：生产成本   ×××

　　制造费用   ×××

　　劳务成本   ×××

　　销售费用   ×××

　　在建工程   ×××

　　研发支出   ×××

管理费用 　　　　　　　　　　　　　　　　　　　　　×××

　　贷：应付职工薪酬——工会经费 　　　　　　　　　　　　×××

　　　　　　　　——职工教育经费 　　　　　　　　　　　×××

（2）企业每月按全部职工工资总额的一定比例计提职工医疗保险费、工伤保险费、生育保险费等社会保险费和住房公积金（简称"三险一金"）时，对应于有关部门人员工资总额和提取率计算，做如下会计分录：

借：生产成本 　　　　　　　　　　　　　　　　　　　　×××

　　制造费用 　　　　　　　　　　　　　　　　　　　　×××

　　劳务成本 　　　　　　　　　　　　　　　　　　　　×××

　　销售费用 　　　　　　　　　　　　　　　　　　　　×××

　　在建工程 　　　　　　　　　　　　　　　　　　　　×××

　　研发支出 　　　　　　　　　　　　　　　　　　　　×××

　　管理费用 　　　　　　　　　　　　　　　　　　　　×××

　　贷：应付职工薪酬——社会保险费 　　　　　　　　　　×××

　　　　　　　　——住房公积金 　　　　　　　　　　　×××

　　　　　　　　——其他长期职工福利 　　　　　　　　×××

（3）企业支付上述工会经费、职教费、"三险一金"时，做如下会计分录：

借：应付职工薪酬——各有关明细科目 　　　　　　　　　×××

　　贷：银行存款或库存现金 　　　　　　　　　　　　　×××

注：企业支付辞退福利、住房租金等所做会计分录与此相同。

（六）带薪缺勤薪酬的核算

企业除上述工资、"三险一金"、非货币性福利等常规薪酬外，还存在"带薪缺勤薪酬"的核算。带薪缺勤分为累积带薪缺勤和非累积带薪缺勤两种。累积带薪缺勤是指权利可以结转下期的带薪缺勤，如果本期的权利没有用完，可以在未来期间使用。有些累积带薪缺勤在职工离开企业时，对未行使的权利有权得到现金支付。非累积带薪缺勤是指权利不能结转下期的带薪缺勤，即如果当期权利没有行使完，就可以取消，并且在职工离开企业时对未使用的权利无权获得现金支付。累积带薪缺勤一般在"应付职工薪酬——累积带薪缺勤"科目核算；非累积带薪缺勤一般是在缺勤期间计提应付工资时一并处理。如果带薪缺勤薪酬的支付超过1年，则通过"应付职工薪酬——其他长期职工福利——长期带薪缺勤"科目核算。

（七）利润分享计划的核算

【例13】 F企业为了留住4名销售骨干、6名中高级管理人才，决定实行"净利润分享计划"。20××年12月31日，该企业当年实现净利润100万元，按规定可提取1%的薪酬于下年年初半个月内分配给骨干人才。20××年12月31日，该企业计提"利润分享"奖金1万元，做如下会计分录：

借：销售费用 　　　　　　　　　　　　　　　　　　　4 000

　　管理费用 　　　　　　　　　　　　　　　　　　　6 000

　　贷：应付职工薪酬——短期利润分享计划 　　　　　　10 000

如果计提的利润分享计划预计超过1年支付的，则贷记"应付职工薪酬——其他长期职工福利——长期利润分享计划"科目。

下一年1月10日支付上述奖金时：

借：应付职工薪酬——短期利润分享计划　　　　　　　　　　　10 000

　　贷：库存现金　　　　　　　　　　　　　　　　　　　　　　　　10 000

利润分享计划不作为利润分配的原因：它是一种"绩效奖"，由职工提供劳务（如特殊贡献）而产生，不是企业（职工）与所有者的交易而产生，所以作为企业"费用"（资产成本的一部分）处理。

（八）离职后福利的核算

1. 设定提存计划的核算

（1）基本养老保险费、失业保险费的核算。企业每月按全部职工工资总额的一定比例计提基本养老保险费、失业保险费等社会保险费时，对应于有关部门人员工资总额和提取率计算，做如下会计分录：

借：生产成本　　　　　　　　　　　　　　　　　　　　　　　×××

　　制造费用　　　　　　　　　　　　　　　　　　　　　　　×××

　　劳务成本　　　　　　　　　　　　　　　　　　　　　　　×××

　　销售费用　　　　　　　　　　　　　　　　　　　　　　　×××

　　在建工程　　　　　　　　　　　　　　　　　　　　　　　×××

　　研发支出　　　　　　　　　　　　　　　　　　　　　　　×××

　　管理费用　　　　　　　　　　　　　　　　　　　　　　　×××

　　贷：应付职工薪酬——离职后福利——设定提存计划　　　　　×××

（2）补充养老保险费的核算。

【例14】　A厂经济效益很好，计划为工作满20年的职工缴纳补充退休金。年末，A厂根据与中国银行签订的"养老金设定提存计划"向中国银行缴纳补充退休金20万元（其中，生产工人12万元、车间管理人员3万元、厂部管理人员5万元）时做如下会计分录：

借：生产成本　　　　　　　　　　　　　　　　　　　　　　　120 000

　　制造费用　　　　　　　　　　　　　　　　　　　　　　　30 000

　　管理费用　　　　　　　　　　　　　　　　　　　　　　　50 000

　　贷：应付职工薪酬——离职后福利——设定提存计划　　　　　200 000

实际缴纳时做如下会计分录：

借：应付职工薪酬——离职后福利——设定提存计划　　　　　　200 000

　　贷：银行存款　　　　　　　　　　　　　　　　　　　　　　200 000

2. 受益提存计划的核算

【例15】　W企业做出规定，凡是在该企业工作至退休的员工可每月在法定受保范围外还额外享受企业给予的1 000元退休金。该企业为45岁的员工开始办理"设定受益计划"，预计缴存15年基金，职工退休后预计平均享受15年额外退休金，按一定折现率计算确定各年缴存金额。20××年12月31日，按"设定受益计划"缴存30万元（其中，生产工人18万元、车间管理人员5万元、厂部管理人员7万元）基金时做如下会计分录：

借：生产成本　　　　　　　　　　　　　　　　　　　　　　　180 000

　　制造费用　　　　　　　　　　　　　　　　　　　　　　　50 000

　　管理费用　　　　　　　　　　　　　　　　　　　　　　　70 000

　　贷：应付职工薪酬——离职后福利——设定受益计划　　　　　300 000
实际缴纳时做如下会计分录：
　　借：应付职工薪酬——离职后福利——设定受益计划　　　　　300 000
　　　　贷：银行存款　　　　　　　　　　　　　　　　　　　　300 000

（九）以现金与职工结算的股份支付核算

　　我国《企业会计准则第 11 号——股份支付》规定："股份支付，是指企业为获取职工和其他方提供服务而授予权益工具或者承担以权益工具为基础确定的负债的交易。股份支付分为以权益结算的股份支付和以现金结算的股份支付。以权益结算的股份支付是指企业为获取服务以股份或其他权益工具作为对价进行结算的交易。以现金结算的股份支付，是指企业为获取服务承担以股份或其他权益工具为基础计算确定的交付现金或其他资产义务的交易。"

　　企业授予职工股份、股份期权等在职工行权时确认股权投资（权益结算）的，就是以权益结算的股份支付。企业设置"资本公积——其他资本公积""股本——个人股本""资本公积——股本溢价"科目核算。企业授予职工股份或其他权益工具在职工行权时用现金结算的，就是以现金结算的股份支付，企业设置"应付职工薪酬——股份支付"科目核算。下面以现金结算的股份支付为例说明其核算方法。

　　【例 16】　20×1 年 1 月 1 日，S 公司确定公司高级管理人员的奖励机制为"非市场条件"激励（是指除市场条件⊖之外的其他业绩条件激励）。如果公司每年达到了增长 20% 的盈利目标，公司在 3 年后支付公司股票价格 5 万股价值的现金奖励，公司现行股票价格为 3 元/股。实际情况是：前两年完成了盈利目标，第 3 年只完成了增长 15% 的盈利目标，按协议约定，应扣当年奖励的 10%。

　　（1）20×1 年 1 月 1 日，S 公司授予日不做会计分录。《企业会计准则第 11 号——股份支付》应用指南规定："除了立即可行权的股份支付外，无论权益结算的股份支付或者现金结算的股份支付，企业在授予日都不作会计处理。"

　　（2）20×1 年 12 月 31 日，公司增长 20% 的盈利目标达到，年末股票价格上升为 4 元/股。S 公司确认高级管理人员的期权，编制如下相关会计分录：
　　借：管理费用（50 000 × 4 × 1/3）　　　　　　　　　　　　66 667
　　　　贷：应付职工薪酬——股份支付　　　　　　　　　　　　66 667

　　《企业会计准则第 11 号——股份支付》应用指南规定："对于现金结算的涉及职工的股份支付，应当按照每个资产负债表日权益工具的公允价值重新计量，确定成本费用和应付职工薪酬。"

　　（3）20×2 年 12 月 31 日，公司增长 20% 的盈利目标达到，年末公司股票价格下降为 3.5 元/股。S 公司确认高级管理人员的期权，编制如下相关会计分录：
　　借：管理费用（50 000 × 3.5 × 2/3 − 66 667）　　　　　　　50 000
　　　　贷：应付职工薪酬——股份支付　　　　　　　　　　　　50 000

　　（4）20×3 年 12 月 31 日，公司未达到增长 20% 的盈利目标（仅有 15%），按激励协议

⊖　市场条件是指行权价格、可行权条件以及行权可能性与权益工具的市场价格相关的业绩条件，如股份支付协议中关于股价至少上升至何种水平才可行权的规定。

规定，高级管理人员当年减少 10% 的应激励期权。年末公司股票价格上升为 4.2 元/股。S
公司确认高级管理人员的期权，编制如下相关会计分录：

借：管理费用（50 000 × 4.2 × 90% – 66 667 – 50 000）　　　　72 333
　　贷：应付职工薪酬——股份支付　　　　　　　　　　　　　　　　72 333

《企业会计准则第 11 号——股份支付》应用指南规定："对于现金结算的股份支付，企
业在可行权日之后不再确认成本费用增加，负债（应付职工薪酬）公允价值的变动应当计
入当期损益（公允价值变动损益）。"

S 公司兑现高级管理人员 3 年累计的期权 189 000 元（66 667 + 50 000 + 72 333）时：

借：应付职工薪酬——股份支付　　　　　　　　　　　　　　　　189 000
　　贷：库存现金　　　　　　　　　　　　　　　　　　　　　　　189 000

说明：企业以现金与职工结算的股份支付对象，除了上述管理人员外，还有生产经营人
员，确认股份支付时借记"生产成本""制造费用"等科目，贷记"应付职工薪酬——股份
支付"科目。

二、应交税费的核算

企业通过"应交税费"科目核算的税金有：房产税、车船税、土地使用税、消费税、
增值税、资源税、城市维护建设税（简称城建税）、土地增值税、企业所得税、个人所得
税、教育费附加、矿产资源补偿费等。耕地占用税和购买印花税票的印花税因不需预计，也
不与税务部门清算或结算而不通过"应交税费"科目核算。

1. 财产及行为税核算

财产税是对纳税人所有或占有的财产所征收的一种税，如房产税税率有两种：一种是按
房产原值一次减除 10% ~ 30% 后的余值计征的，税率为 1.2%；另一种是依照房产出租的租
金收入计征的，税率为 12%。房产税按年征收，分期缴纳。企业计算出应缴纳的房产税，
借记"税金及附加"科目，贷记"应交税费"科目。

行为税是对一定行为（消费行为、受益行为、占有或支配行为等）所征收的一种税，
如耕地占用税、土地使用税、车船税、印花税、城市维护建设税（此税第十一章详述）等。

耕地占用税是指对征用耕地而改变了耕地用途所征收的一种税。它按实际占用的耕地面
积和规定税额一次计征，企业据此借记"在建工程"科目，贷记"银行存款"科目。

土地使用税是国家为了合理利用城镇土地，调节土地级差收入，提高土地使用效益，加
强土地管理而征收的一种税。该税以纳税人实际占用的土地面积和规定税额（如大城市每
平方米每年 1.5 元至 30 元不等）征收。它与耕地占用税不同，耕地占用税一次缴纳即完事，
而土地使用税在耕地占用税一次缴纳后满 1 年需要年年缴纳。车船税是对车船使用人所使用
的车船吨位（或辆）按规定的税额（如每吨位每年交税 0.60 元至 60 元不等，或每辆每年
交税 2 元至 320 元不等）所计征的一种税。此税按年计征，分期缴纳。企业计算出应缴纳的
土地使用税和车船税时，借记"税金及附加"科目，贷记"应交税费"科目。

印花税是对书立、领受应税凭证（合同性凭证、产权转移书据、营业账簿、权利或许
可证照等）所征收的一种税。纳税人据应税凭证性质分别按比例税率（如购销合同的税率
为购销金额的万分之三）或按单件定额（如每个土地使用证交税 5 元）自行计算应纳税额
予以缴纳，其中，如果是购买印花税票，则一次贴足在应税凭证上。因此，企业购买印花税

票（或以缴款单代替印花税票）时，直接借记"税金及附加"科目，贷记"银行存款"科目；企业按计税方式计算应缴纳的印花税时（如月末按销售额全额或一半计算3‰的印花税），借记"税金及附加"科目，贷记"应交税费"科目，下月缴纳时再借记"应交税费"科目，贷记"银行存款"科目。

2. 流转税核算

流转税是对流通和交换领域中的商品（包括劳务服务）所征收的税类，包括增值税、消费税和关税等税种。第十一章对此详述。

3. 收益税核算

收益税是对纳税人总收益或纯收益所征收的税类，包括所得税、资源税、资本收益税（或称资本利得税）和土地增值税等税种。前两种税在第十一章详述，第三种税我国目前尚未开征，下面主要介绍土地增值税。

土地增值税是对转让国有土地使用权、地上建筑物及其附着物（简称房地产）并取得收益（增值额）的单位和个人所征收的一种税。开征土地增值税是增强国家对房地产开发和房地产市场调控力度的客观需要，是抑制炒买炒卖土地投机获取暴利行为的需求，也是规范国家参与土地增值税收益的分配方式，增加国家财政收入的需要。这里的增值额是指转让房地产所取得的收入减去规定扣除项目金额后的余额。收入包括货币收入、实物收入和其他收入。扣除项目包括：取得土地使用权所支付的金额；开发土地的成本、费用；新建房屋及配套设施的成本、费用，或者旧房及建筑物的评估价格；与转让房地产有关的税金；财政部规定的其他扣除项目。土地增值税实行超率累进税率（见表9-4）计税。

表9-4   土地增值税税率表

级　次	土地增值额	税　率	速算扣除公式
1	未超过扣除项目金额50%的部分	30%	增值额×30%
2	超过50%，未超过100%的部分	40%	增值额×40% − 扣除项目金额×5%
3	超过100%，未超过200%的部分	50%	增值额×50% − 扣除项目金额×15%
4	超过扣除项目200%的部分	60%	增值额×60% − 扣除项目金额×35%

（1）主营房地产业务的企业计税及账务处理。

【例17】　某房地产开发公司销售1万平方米的住宅，每平方米售价5 000元，共收款5 000万元。由此应缴纳增值税、城市维护建设税和教育费附加共计495万元；先前开发该住宅时发生成本、利息支出及开发费用共计2 300万元。

1）扣除项目金额 = 2 300 + 495 = 2 795（万元）

2）增值额 = 5 000 − 2 795 = 2 205（万元）

3）增值额占扣除项目的比例 = 2 205 ÷ 2 795 × 100% ≈ 79%

4）应交土地增值税 = 2 205 × 40% − 2 795 × 5% = 742.25（万元）

借：税金及附加　　　　　　　　　　　　　　　　742.25万元

　　贷：应交税费——应交土地增值税　　　　　　　　　742.25万元

（2）兼营房地产业务的企业计税及账务处理。

【例18】　某兼营房地产业务的公司购买一栋两层的楼房，付款1 200万元，其开发费按房款的10%计算。之后，该公司售出该栋楼房，取得收入2 000万元，缴纳增值税等税费

110 万元。

1）扣除项目金额 = 1 200 × 1.10 + 110 = 1 430（万元）

2）增值额 2 000 - 1 430 = 570（万元）

3）增值额占扣除项目的比例 = 570 ÷ 1 430 × 100% ≈ 40%

4）应交土地增值税 = 570 × 30% = 171（万元）

借：税金及附加　　　　　　　　　　　　　　　　　1 710 000

　　贷：应交税费——应交土地增值税　　　　　　　　　　1 710 000

（3）企业转让国有土地使用权连带土地上建筑物及附着物，应缴纳的土地增值税分别记入"无形资产——土地使用权""固定资产清理"或"在建工程"等科目借方。

4. 城市维护建设税、教育费附加核算

城市维护建设税在第十一章第一节阐述。教育费附加是国家为了发展我国教育事业，提高人民文化素质而征收的一种费用。教育费附加按实际缴纳的增值税和消费税的一定比例（3%）计算缴纳。企业计算出应缴纳的教育费附加时，借记"税金及附加"科目，贷记"应交税费"科目。

5. 矿产资源补偿费核算

矿产资源补偿费是国家为了发展矿业，加强矿产资源的勘查、开发利用和保护工作，维护国家对矿产资源的财产权益而向开采矿产资源的采矿权人征收的一项费用。计算公式为

征收矿产资源补偿费金额 = 矿产品销售收入 × 补偿费率 × 开采回采率系数

其中，开采回采率系数 = 核定开采回采率 ÷ 实际开采回采率；补偿费率规定为 1% 至 4% 不等。

销售矿产品和对矿产品自行加工的企业，按月计算应缴纳的矿产资源补偿费，借记"税金及附加"科目，贷记"应交税费"科目；实际缴纳时，借记"应交税费"科目，贷记"银行存款"科目。

第八节　预计负债和或有负债

一、预计负债的概念与确认

根据《国际会计准则第 37 号——准备、或有负债和或有资产》中"准备"的含义，定义我国"预计负债"的概念：预计负债是指企业预计将来承担的时间或金额不确定的负债。我国《企业会计准则第 13 号——或有事项》第四条规定：如果与或有事项相关的义务同时满足下列条件的，企业应将其确认为预计负债：①该义务是企业承担的现时义务。②履行该义务很可能导致经济利益流出企业。③该义务的金额能够可靠地计量。

以上预计负债涉及以下概念或内容：

（1）现时义务。现时义务是指企业在现行条件下已承担的义务，包括现时的法定义务和推定义务两种。企业没有其他现实的选择，只能履行该义务，如法律要求企业必须履行、有关各方合理预期企业应当履行等。

（2）经济利益流出。经济利益流出是指直接或间接流出企业的现金或现金等价物。

（3）履行义务的可能性。履行预计负债的可能性界定为"很可能"。"很可能"的概率

区间是"大于50%但小于或等于95%"，即履行该义务导致经济利益流出企业的可能性超过50%。

企业确认预计负债，就是要将经济业务确认在"预计负债"账户反映。该账户的期末余额既要在资产负债表中单列设立"预计负债"项目反映（与所确认负债有关的费用或支出还应在扣除确认的补偿金额后在利润表中反映），又要在会计报表附注中专门披露相应的"预计负债"内容。企业应该在"预计负债"一级科目下设置"未决诉讼""债务担保""产品质量保证""亏损性合同"等明细科目进行明细核算。

二、或有负债的概念与披露

或有负债是指过去的交易或者事项形成的潜在义务，其存在须通过未来不确定事项的发生或不发生予以证实；或过去的交易或者事项形成的现时义务，履行该义务不是很可能导致经济利益流出企业或该义务的金额不能可靠地计量。理解此概念应把握以下内容：

（1）潜在义务。或有负债作为一项潜在义务，其结果如何只能由未来不确定事项的发生或不发生来证实。例如，甲企业与乙企业发生了经济纠纷，被乙企业提出诉讼。直至年末，法院尚未进行审理，诉讼的结果最终如何很难确定。这时，甲企业承担的义务就是一种潜在的义务。

（2）特殊的现时义务。或有负债作为特殊的现时义务，其特殊之处在于：该现时义务的履行不是很可能导致经济利益流出企业，或者是现时义务的金额不能可靠地计量。其中，"不是很可能"的概率区间是"大于5%但小于或等于50%"。例如，甲企业为乙企业某贷款项目提供担保，当担保合同签订时甲企业就承担了一项现时义务——负有连带偿债责任。但甲企业最终替不替乙企业还贷呢？签订担保合同时还具有不确定性。如果贷款到期，乙企业财务状况良好，甲企业连带还贷的可能性不大，因此，甲企业应将该项现时义务作为或有负债披露。这是特殊现时义务的第一个特征。特殊现时义务的第二个特征是：现时义务的金额不能可靠地计量。例如，甲公司向某企业职工提供午餐，导致全体职工食物中毒。甲公司承诺负担一切费用。直到年末，事态仍在发展，赔偿费用难以预计。此时，甲企业承担的该现时义务的金额"不能可靠地计量"。

（3）或有负债的具体内容。常见的或有事项主要包括：已贴现商业承兑汇票、未决诉讼或仲裁、债务担保、产品质量保证（含产品安全保证）、承诺、亏损合同、重组义务、环境污染整治等。

（4）或有负债的披露。我国《企业会计准则第13号——或有事项》规定，"企业不应当确认或有负债和或有资产"，仅在报表附注中披露"或有负债"，反映企业的"潜在义务"和"未确认为负债的现时义务"。

三、预计负债和或有负债核算举例

1. 货款纠纷引起的未决诉讼

【例19】 依第八章例35，A公司欠衡达厂货款80万元。按合同规定，A公司应于20×2年10月5日前付清货款，但A公司未按期付款。为此，衡达厂向法院提起诉讼。法院于20×2年12月5日一审判决，A公司应向衡达厂支付货款80万元，按万分之五支付货款延付利息2.4万元，还要承担诉讼费0.8万元，三项共计83.2万元。A公司不服，认为衡达厂所提供的材料不符合合同约定的要求，并因此向衡达厂提出索赔16万元的要求。截至20×2年12月31日，该诉讼尚在审理当中。

A公司在20×2年12月5日接到一审判决后，因败诉而承担了一项现时义务。该现时义务金额已经确定：罚息2.4万元，诉讼费0.8万元，共计3.2万元。A公司执行法院裁定，则要流出现金3.2万元。可见，该事项符合或有事项确认为预计负债的三个条件（现时义务、金额确定、很可能导致经济利益流出企业），A公司应于接到判决书的当日编制以下会计分录：

借：管理费用——诉讼费   8 000

    营业外支出——罚息支出   24 000

    贷：预计负债——未决诉讼   32 000

分录中"预计负债"的月末余额应填入A公司20×2年12月31日资产负债表中"预计负债"项目，并在表下附注中对预计负债做概括性的披露；分录中记入"管理费用"的诉讼费和记入"营业外支出"的罚息在其利润表中各该项目反映。

必须说明，A公司在掌握了一定证据时提出反诉，并认为很可能胜诉，则A公司20×2年12月31日还应在资产负债表下附注中对"或有资产"16万元做披露。当然，A公司如果没有充分理由说明反诉成功，出于稳健性考虑，一般不做"或有资产"披露。

2. 污染纠纷引起的未决诉讼

【例20】 洛江塑料厂在生产过程中向厂外排出污水，对周围村民的身体健康和生产活动造成严重损害，被村民起诉，要求赔偿损失3 000万元。直至年末，该诉讼尚未判决。

在本例中，洛江塑料厂由于污水没有治理，排出厂外，确实给村民带来危害。村民起诉，已使洛江塑料厂承担了一项现时义务。洛江塑料厂很可能败诉。但由于损害程度确定复杂，直至年末，赔偿金额还不能可靠地估计，因而只能在资产负债表附注中反映。年末，洛江塑料厂在资产负债表下列示：

或有负债：

本厂因生产经营过程中没有注意污水处理，致使周围村民向法院提起诉讼，要求本厂赔偿3 000万元。目前，案件正在审理之中。

3. 债务担保引起的未决诉讼

【例21】 黄河公司与长江公司签订了相互担保的协议。现长江公司有一笔贷款逾期未还而被银行起诉，因黄河公司是担保人成了第二被告。截至年底，诉讼尚未判决。但是，由于长江公司经营困难，黄河公司很可能承担还款连带责任。据预计，黄河公司承担还款金额150万元责任的可能性为60%，而承担还款金额75万元责任的可能性为40%。

《企业会计准则第13号——或有事项》第五条规定："或有事项涉及单个项目的，按照最可能发生金额确定。"在本例中，60%的可能性大于40%的可能性，则负债最佳估计金额应为最可能发生的金额150万元。当长江公司偿还贷款发生困难，黄河公司成为第二被告时，黄河公司由此已形成了一种现时义务，履行该义务时，很可能导致黄河公司经济利益流出企业。可见，该事项符合或有事项确认为负债入账的三个条件。A公司应于年末编制以下会计分录：

借：营业外支出——赔偿支出   1 500 000

    贷：预计负债——未决诉讼   1 500 000

分录中"预计负债"科目的余额应在年末资产负债表内"预计负债"项目中反映，同时在表下附注中对"预计负债"做必要说明；分录中记入"营业外支出"的赔偿支出在其利润表中该项目反映。

需要说明的是，为其他单位提供债务担保并不一定都被起诉。企业年末存在的每一笔担保事项（均未被起诉），都要在资产负债表下附注中以"或有负债"的形式出现（可列表反映），详细列明"被担保单位""担保金额""对本单位的财务影响"。其中，"财务影响"可以表述为"造成重大不利影响""可能因承担相应的连带责任而发生损失""极小可能对本单位造成不利影响"等。

4. 产品质量保证引起的预计负债

【例22】　美华计算机专卖公司20×2年1~4季度销售计算机取得的收入分别为500万元、600万元、750万元、480万元。该公司向购买者承诺：三年免费保修（含零部件更换）。根据以往经验，销售计算机发生的保修费一般为销售额的1%~1.6%。据查，20×2年1~4季度实际发生的保修费分别为5万元、12万元、7万元、2万元。上年年末，该公司"预计负债——产品质量保证"科目年末余额为4.75万元。

在本例中，美华计算机专卖公司只要发生销售行为，就有了保修的现时义务，履行该义务很可能导致经济利益流出企业，且保修的金额能够可靠地计量，根据《企业会计准则第13号——或有事项》第五条规定："所需支出存在一个连续范围，且该范围内各种结果发生的可能性相同的，最佳估计数应当按照该范围内的中间值确定。"该公司预计的保修费率 = （1% +1.6%）÷2 = 1.3%。

（1）美华计算机专卖公司平时发生保修费时（以第1季度为例）：

借：预计负债——产品质量保证　　　　　　　　　　　　　　　　50 000
　　贷：银行存款或原材料等　　　　　　　　　　　　　　　　　　50 000

第2~4季度发生保修费的分录相同，金额分别为12万元、7万元、2万元。

（2）美华计算机专卖公司第1季季末计提产品保修费6.5万元（500×1.3%）时：

借：销售费用　　　　　　　　　　　　　　　　　　　　　　　　65 000
　　贷：预计负债——产品质量保证　　　　　　　　　　　　　　　65 000

第2~4季季末计提产品保修费分别为7.8万元（600×1.3%）、9.75万元（750×1.3%）、6.24万元（480×1.3%）。

（3）将以上会计分录登记入账，则20×2年12月31日美华计算机专卖公司"预计负债——产品质量保证"账户情况如下：

预计负债——产品质量保证

		年初余额	4.75 万元
第1季度实际发生保修费	5 万元	第1季季末计提保修费	6.5 万元
第2季度实际发生保修费	12 万元	第2季季末计提保修费	7.8 万元
第3季度实际发生保修费	7 万元	第3季季末计提保修费	9.75 万元
第4季度实际发生保修费	2 万元	第4季季末计提保修费	6.24 万元
本年借方发生	26 万元	本年贷方发生	30.29 万元
		年末余额	9.04 万元

将以上账户年末余额 9.04 万元填入资产负债表内"预计负债"项目内，同时在表下附注中对"预计负债"做必要说明；将上述分录中记入"销售费用"的金额在其利润表中该项目反映。

5. 亏损合同业务引起的预计负债

《企业会计准则第 13 号——或有事项》第八条规定：待执行合同变成亏损合同的，该亏损合同产生的义务满足确认为预计负债三个条件的，应当确认为预计负债。待执行合同是指合同各方尚未履行任何合同义务，或部分地履行了同等义务的合同。亏损合同是指履行合同义务不可避免会发生的成本超过预期经济利益的合同。该准则应用指南规定："企业与其他方签订的尚未履行或部分履行了同等义务的合同，如商品买卖合同、劳务合同、租赁合同等，均属于待执行合同。待执行合同不属于本准则规范的内容，但待执行合同变成亏损合同的，应当作为本准则规范的或有事项。"

【例 23】 W 公司 20×7 年 8 月与 Q 公司签订销售合同规定：20×8 年 3 月销售商品 100 台，合同单价 2 万元。W 公司估计单位成本 1.2 万元。20×8 年 3 月合同到期，W 公司因生产线破坏未能生产出该商品。经与 Q 公司协商，同意商品延迟到 20×8 年 6 月交货，但所交货物应按 20×8 年 3 月的市场单价 1 万元结算。

（1）20×8 年 3 月，W 公司原执行合同转为亏损合同（单位成本 1.2 万元高于单位售价 1 万元，但 W 公司如不执行原合同，赔偿引起的损失更大）。W 公司于 20×7 年 3 月 31 日做如下会计分录（此时，W 公司商品尚未生产出来，属于无标的资产的合同）：

借：营业外支出 [100×(12 000 – 10 000)]　　　　　　　　　　　　　200 000
　　贷：预计负债——亏损性合同　　　　　　　　　　　　　　　　　　200 000

（2）20×8 年 6 月 W 公司交货时，按实际成本每台 1.18 万元做如下会计分录：

借：预计负债——亏损性合同　　　　　　　　　　　　　　　　　　200 000
　　主营业务成本　　　　　　　　　　　　　　　　　　　　　　　　980 000
　　贷：库存商品（100×11 800）　　　　　　　　　　　　　　　　 1 180 000

上例是原盈利合同转化为亏损合同所引起的预计负债核算，它不同于企业签订合同时就签订了一个亏损合同的核算。企业签订亏损合同时如果所订购商品就存在，而且按合同销售必然亏损，这表明，该商品可收回金额已经低于账面价值，企业应在当期期末作为存货跌价准备计提。

【例 24】 W 公司 20×7 年 8 月与 Q 公司签订销售合同规定：20×8 年 3 月销售商品 100 台，合同单价 2 万元。W 公司 20×7 年 8 月成品库已有该商品，但每台的单位成本 2.1 万元。按销售合同结算每台亏损 0.1 万元。这是一个亏损合同，它表明库存商品已经减值。W 公司于 20×7 年 8 月 31 日（或 12 月 31 日）应做如下会计分录（此时，W 公司有该商品 100 台，为有标的资产的合同）：

借：资产减值损失 [100×(21 000 – 20 000)]　　　　　　　　　　　　100 000
　　贷：存货跌价准备　　　　　　　　　　　　　　　　　　　　　　100 000

6. 其他或有负债

其他或有负债包括"票据贴现""票据背书转让""未决仲裁""重组义务"等。

第十章

长 期 负 债

长期负债又称非流动负债，是指企业过去的交易或者事项形成的、预期在一年或者超过一年的一个营业周期以上会导致经济利益流出企业的现时义务。企业举借长期债务，主要是为了购置大型设备、房地产、增建和扩建厂房等。用于扩大生产经营规模的这些资金需要，不可能用现有正常周转的流动资金来满足；靠内部资金积累来解决，有可能丧失良机；靠投资者新增投资，有一定困难，或有一些不利，如在国家资金紧张的情况下，国有企业靠国家追加投资就有一定难度，又如，在现有股东已掌握控制企业权力的股份企业，增发新股票，原有股东就有可能不太乐意认购新股。因此，企业向债权人筹集长期使用的资本，即使生产经营现状得以维持，又能利用有利的时机扩大再生产，为国家、为投资者、为企业创造更多的盈利和积累。当然，举借长期债务也有不利的一面，它会使企业增加长期的固定性的利息支出，而且企业要积累足额的偿债基金以便长期举债到期能够偿还。企业举债规模多大，新增资产对偿债的承受能力多强，企业采用哪种举债方式有利，以及长期举债有什么约束条件，等等，都必须认真规划，慎重考虑。从这点讲，长期负债同流动负债不同，具有数额大、偿还期限长、有一定风险等特点。

长期负债按取得的途径分类，分为从银行取得的长期负债（如长期银行借款等）和非银行取得的长期负债（如长期债券等）；按本息归还方式分类，分为一次性归还的长期负债和分次性归还的长期负债；按使用的结果分类，分为形成固定资产的长期负债和形成流动资产的长期负债；按负债的内容分类，分为长期借款、长期债券、长期应付款、专项应付款、预计负债、递延所得税负债和其他长期负债。下面就按长期负债的内容分类来阐述长期负债的核算。

第一节　借款费用

一、借款费用的定义和处理方式

我国《企业会计准则第17号——借款费用》规定，借款费用是指企业因借款而发生的利息及其他相关成本，包括借款利息、折价或者溢价的摊销、辅助费用以及因外币借款而发生的汇兑差额等。辅助费用是指企业在借款过程中发生的诸如手续费、佣金、印刷费、承诺费等费用。

借款费用有两种处理方式：一是采用费用化的处理方式，即将借款费用直接计入当期损益；二是采用资本化的处理方式，即将借款费用计入相关资产的成本。符合资本化条件的资产，是指需要经过相当长时间的购建或者生产活动才能达到预定可使用或者可销售状态的固定资产、投资性房地产、无形资产和存货等资产。对借款费用做具体处理时，可考虑以下五种情况：①企业筹建期间发生的借款费用符合资本化条件的，采用资本化的处理方式。即用于购建固定资产而发生的借款费用符合资本化条件的，记入"在建工程"科目，待所建固定资产达到预定可使用状态时再转入"固定资产"科目，以后仍在筹建期间发生的借款费用计入当期管理费用；企业在筹建期间发生的不符合资本化条件的，计入当期管理费用。②企业在生产经营过程中因购建固定资产（也包括委托其他单位建造固定资产）而取得的专门借款（为购建或者生产符合资本化条件的资产而专门借入的款项）所发生的借款费用，以及其他一般借款用于购建固定资产符合资本化条件的，采用资本化的处理方式，即将借款费用先记入"在建工程"科目，待所建固定资产达到预定可使用状态时再转入"固定资产"科目，以后发生的借款费用计入当期财务费用。③企业在生产经营过程中某些存货通常需要经过相当长时间［通常为一年（含一年）］的建造或者生产过程，才能达到预定可销售状态的，其借款费用计入该存货成本；其他不属于这一情况的存货的生产以及在生产经营过程中发生的与购建固定资产无关的借款费用，如从银行取得流动资金借款，为筹集流动资金发行债券等发生的借款费用，由当期财务费用负担。④企业购建房地产发生的借款费用符合资本化条件的，记入"投资性房地产"科目。⑤企业确认无形资产开发支出发生的借款费用符合资本化条件的，最终记入"无形资产"科目。

需要说明的是：企业借款中的辅助费用应分别专门借款的辅助费用和一般借款的辅助费用两种情况处理：专门借款发生的辅助费用，在所购建或者生产的符合资本化条件的资产达到预定可使用或者可销售状态之前发生的，应当在发生时根据其发生额予以资本化，计入符合资本化条件的资产的成本；在所购建或者生产的符合资本化条件的资产达到预定可使用或者可销售状态之后发生的，应当在发生时根据其发生额确认为费用，计入当期损益。一般借款发生的辅助费用，应当在发生时根据其发生额确认为费用，计入当期损益。

二、借款费用资本化金额的确定方法[⊖]

企业会计期末计算的借款费用中属于资本化金额部分记入"在建工程""投资性房地产""生产成本"科目，其余部分记入"财务费用"科目。借款费用资本化金额的确定应分专门借款和一般借款两种情况处理。

（一）专门借款资本化金额的确定方法

专门借款是指为购建或者生产符合资本化条件的资产而专门借入的款项。专门借款通常以标明专门用途的借款合同为依据。《企业会计准则第 17 号——借款费用》规定："为购建或者生产符合资本化条件的资产而借入专门借款的，应当以专门借款当期实际发生的利息费用，减去将尚未动用的借款资金存入银行取得的利息收入或进行暂时性投资取得的投资收益后的金额确定。"可见，专门借款未使用部分应按照存款利率或短期投资收益率计息，计入当期费用。

【例1】 华丽公司 20×7 年 1 月 1 日为开工建造办公楼向银行取得 2 年期专门借款 2 000 万元，年利率 6%，按年付息，到期还本。20×7 年 1 月 1 日为建造办公楼支出 1 500 万元，该年度另 500 万元贷款再未使用。这 500 万元贷款按短期投资收益率 5% 计算收益不予资本化。华丽公司 20×7 年 12 月 31 日计算资本化利息并进行会计处理。

20×7 年度资本化利息 = 2 000×6% − 500×5% = 120 − 25 = 95（万元）

20×7 年 12 月 31 日华丽公司根据资本化利息做如下会计分录：

⊖ 本内容主要举例发表在《财务与会计》2007 年第 5 期，见黄元元、朱学义《新准则下借款费用资本化金额的确定》。

借：在建工程　　　　　　　　　　　　　　　　　　　　　95 万元

　　财务费用⊖　　　　　　　　　　　　　　　　　　　　　25 万元

　　贷：应付利息　　　　　　　　　　　　　　　　　　　　120 万元

（二）一般借款资本化金额的确定方法

在实际工作中往往出现这样的情况：为某项工程建设取得了专门借款 1 000 万元，但该工程花完 1 000 万元还不够，又没有专门借款额度了，只能占用一般借款。占用了一般借款也要确认资本化金额。《企业会计准则第 17 号——借款费用》规定："为购建或者生产符合资本化条件的资产而占用了一般借款的，企业应当根据累计资产支出超过专门借款部分的资产支出加权平均数乘以所占用一般借款的资本化率，计算确定一般借款应予资本化的利息金额。资本化率应当根据一般借款加权平均利率计算确定。资本化期间，是指从借款费用开始资本化时点到停止资本化时点的期间，借款费用暂停资本化的期间不包括在内。"

1. 占用一般借款的判定

【例 2】　ABC 公司 20×7 年 1 月 1 日采取出包方式开始建造厂房，到 20×7 年 12 月 31 日发生支出和借款情况见表 10-1。

表 10-1　厂房建造支出和借款情况表　　　　　　　　（单位：万元）

厂房建造发生支出			筹措工程资金		
20×7.01.01	预付工程款	1 000	20×7.01.01	为工程发行债券	1 000
20×7.04.01	预付工程款	500	20×7.04.01	取得专项借款	500
20×7.10.06	预付工程款	300			
20×7 年度工程支出合计		1 800	20×7 年度专门借款合计		1 500

注：发行 3 年期债券，票面价值为 1 000 万元，票面利率按市场利率确定为 5%，每年 1 月 1 日支付利息，到期还本。债券实际收款 1 000 万元，不考虑发行费用。专项借款年利率 8%。

ABC 公司 20×7 年度根据上述情况计算工程支出占用一般借款的金额是 300 万元（1 800 – 1 500）。事实上，ABC 公司 20×7 年 10 月 1 日为解决生产经营资金紧缺状况，从银行取得 3 个月期流动资金借款 500 万元，借款年利率为 4%，其中，于 20×7 年 10 月 6 日将 300 万元用于建设厂房。

2. 一般借款利息费用资本化额的确定

一般借款应予资本化的利息金额按下列公式确定：

$$\text{一般借款利息费用资本化金额} = \text{累计资产支出超过专门借款部分的资产支出加权平均数} \times \text{所占用一般借款的资本化率}$$

（1）累计资产支出超过专门借款部分的资产支出加权平均数的计算。

【例 3】　依例 2，ABC 公司 20×7 年度累计资产支出超过专门借款部分的资产支出是 300 万元。这 300 万元要按时间（月度计 30 天、季度计 90 天、年度计 360 天，下同）作权数，计算加权平均支出。

ABC 公司 20×7 年 10 月 6 日预付工程款 300 万元，这 300 万元开始占用一般借款，直

⊖ 财政部会计司编写组编《企业会计准则讲解——2010》第 259 页（人民出版社 2010 年 12 月版）借记"应收利息或银行存款"科目。笔者认为，确认费用化利息时应借记"财务费用"科目，待这部分未动用的资金存在银行或对外投资取得利息收入或短期投资收益时再冲减"财务费用"。

至占用到年底共 85 天。则

$$资产支出加权平均数 = 300 \times 85/360 = 70.83（万元）$$

（2）所占用一般借款资本化率的计算。

所占用一般借款资本化率按下列公式确定：

$$所占用一般借款的资本化率 = \frac{所占用一般借款当期实际发生的利息之和}{所占用一般借款本金加权平均数}$$

$$= 所占用一般借款加权平均利率$$

$$所占用一般借款本金加权平均数 = \Sigma \left(\frac{所占用每笔一}{般借款本金} \times \frac{每笔一般借款在当期所占用的天数}{当期天数} \right)$$

【例 4】 依例 2，ABC 公司 20×7 年度 10 月 1 日从银行取得流动资金借款 500 万元，借款年利率为 4%，其中，于 20×7 年 10 月 6 日将 300 万元用于建设厂房。

$$占用一般借款当期实际发生的利息 = 300 \times (4\% \div 360) \times 85 = 2.83（万元）$$

$$占用一般借款本金加权平均数 = 300 \times 85/360 = 70.83（万元）$$

$$占用一般借款资本化率 = 2.83 \div 70.83 \times 100\% = 4\%$$

计算表明，在占用一笔借款时，如果借款期等于或大于计算资本化利率期限时，一般借款的资本化率 4% 就是该借款设定利率 4%。

（3）一般借款利息费用资本化金额的计算。

$$一般借款利息费用资本化金额 = 70.83 \times 4\% = 2.83（万元）$$

3. 专门借款和一般借款结合使用的借款费用资本化金额的确定

【例 5】 依例 2、例 3、例 4，ABC 公司 20×7 年度厂房建造共支出 1 800 万元。专门借款 1 500 万元（其中，发行债券 1 000 万元，利率 5%；专项借款 500 万元，利率 8%），流动资金借款 500 万元（工程占用 300 万元），利率 4%。20×7 年 12 月 31 日计算专门借款和一般借款结合使用的借款费用资本化金额和费用化金额。

（1）计算全部资金的资本化利息：

1）债券利息 = 1 000 × 5% = 50（万元）

2）专项借款利息 = 500 × 8% × 9/12 = 30（万元）

3）占用一般借款资本化利息 = 300 × 85/360 × 4% = 2.83（万元）

（2）计算 20×7 年度费用化利息：

一般借款费用化利息 = (500 × 5/360 × 4%) + [(500 − 300) × 85/360 × 4%]

$$= 0.28 + 1.89 = 2.17（万元）$$

（3）20×7 年 12 月 31 日 ABC 公司编制借款费用资本化和费用化的会计分录为：

借：在建工程（50 + 30 + 2.83）	82.83 万元
财务费用	2.17 万元
贷：应付利息	50 万元
长期借款	30 万元
银行存款（500 × 4% × 3/12）	5 万元

三、占用一般借款较复杂的资本化金额的确定

（一）占用流动资金借款季末资本化利息的确定

企业取得一年期流动资金借款，多为季末付息。企业如果占用该借款做工程，季末应确

认工程负担的资本化利息。

【例6】 某企业建造一项固定资产的专门借款已用完。从本年年初开始，计划动用流动资金借款100万元用于工程。该借款年利率6%。实际上，该企业1月1日建造固定资产支出80万元，至3月31日再未发生其他支出，且工程仍在进行之中。3月31日计算资本化利息时：

$$季末确定的资本化利息 = 80 \times (6\% \times 3/12) = 1.2（万元）$$

上例中1月1日支出80万元至3月31日共计90天，则季末计息时确认的累计支出加权平均数仍为80万元（80×90÷90）。假定例1中固定资产支出不是发生在1月1日，而是在1月21日支出80万元，至3月31日支出天数共计70天，则

$$季末确定的资本化利息 = 80 \times (70/90) \times (6\% \times 3/12)$$
$$= 62 \times 1.5\% = 0.93（万元）$$

【例7】 某企业建造一项固定资产的专门借款已用完。从本年年初开始，已经动用流动资金借款用于工程。该借款共150万元，年利率6%。1~3月，该公司建造固定资产支出如下：

1月1日购工程物资支付价款28.08万元（另付进项税额3.65万元，可抵扣），该工程物资当日全部用于该工程。1月6日付项目设计费4.07万元（另付进项税额0.24万元，可抵扣），1月15日付建造该项资产的职工工资2万元，1月26日购工程用低值易耗品（当日全部用于工程）支付价款5.85万元（另付进项税额0.76万元，可抵扣）。

2月6日工程领用本厂生产的产品一批，产品成本9.2万元，售价14万元，计算增值税销项税额1.82万元（该税本月内已缴纳）；2月8日付项目顾问费1.07万元，购工程物资（当日全部用于工程）支付价款19.89万元（另付进项税额2.59万元，可抵扣）；2月15日付建造该项资产的职工工资2万元；2月28日工程建设支付水电费1.02万元（另付进项税额0.13万元，可抵扣）。

3月10日购进一批工程用物资全用于该工程，支付价款8.85万元（另付增值税进项税额1.15万元，可抵扣）；15日支付工程人员薪酬等7.47万元；31日支付该工程负担的水电费0.68万元。

至3月31日，该工程仍在建设之中。该厂3月31日计算流动资产借款利息时确定资本化利息的过程见表10-2。

表10-2 累计支出加权平均数计算表　（单位：万元）

日　期	工程支出	工程支出累计	资本化期间	累计支出加权平均数
(1)	(2)	(3)	(4)	(5) = (2) × (4)
1月1日	28.08	28.08	90/90	28.08
1月6日	4.07	32.15	85/90	3.84
1月15日	2.00	34.15	76/90	1.69
1月26日	5.85	40.00	65/90	4.23
2月6日	11.02	51.02	55/90	6.73
2月8日	20.96	71.98	53/90	12.34
2月15日	2.00	73.98	46/90	1.02
2月28日	1.02	75.00	33/90	0.37
3月10日	8.85	83.85	21/90	2.07
3月15日	7.47	91.32	16/90	1.33
3月31日	0.68	92.00	1/90	0.01
合计	92.00			61.71

该企业 3 月 31 日应支付流动资产借款利息 $=150×6\%×3/12=2.25$（万元），其中，工程占用一般借款的资本化利息 $=61.71×6\%×3/12=0.925\,7$（万元）。该企业于季末就此借款利息编制的会计分录如下：

借：在建工程   0.925 7 万元
  财务费用（2.25 − 0.925 7）   1.324 3 万元
 贷：应付利息   2.25 万元

如果按年计算资产支出加权平均数，上述计算期天数要将 90 天改为 360 天。

（二）占用债券资金资本化利息的确定[⊖]

企业为筹集流动资金发行长期债券，债券利息计入当期损益。但是企业如果将筹集流动资金发行债券的资金用于在建工程，则应确认工程承担的资本化利息。计入工程的债券资本化率和资本化额要考虑溢价或折价的摊销额。

【例 8】 某公司为筹集流动资金发行 5 年期债券，票面价值 1 000 万元，票面利率 5%，每年年末支付利息，到期还本。该债券发行时，市场利率（实际利率）为 6%，该公司发行价格（收款）958 万元（不考虑发行债券的辅助费用），折价 42 万元（1 000 − 958）。折价采用实际利率法摊销，每年年末分别摊销 7.48 万元、7.93 万元、8.40 万元、8.91 万元和 9.28 万元。该资金使用到第 3 年年初时被用于在建工程，工程建设期 2 年。该工程第 3 年 1 月 11 日支付工程款 400 万元、10 月 21 日支付工程款 200 万元；第 4 年 3 月 1 日支付工程款 150 万元、12 月 21 日工程完工支付工程款 200 万元。该公司按天数计算工程累计支出加权平均数（每月计 30 天，一年计 360 天），按年计算资本化利息。

（1）第 3 年工程占用债券资金资本化利息的计算：

1）第 3 年工程累计支出 $=400+200=600$（万元）

2）第 3 年工程累计支出加权平均数 $=(400×350/360)+(200×70/360)=428$（万元）（占用债券资金的比例 $=428÷958×100\%=44.68\%$，假定循环周转的流动资金仍保持当初 958 万元不变）

3）第 3 年占用债券资金实际发生利息 = 债券利息 + 摊销的折价分配额

$$=428×5\%+(8.40×44.68\%)=25.15（万元）$$

4）第 3 年占用债券资金加权平均数 $=(400×350/360)+(200×70/360)=428$（万元）

5）第 3 年占用债券资金的资本化利率 $=25.15÷428×100\%=5.88\%$

6）第 3 年年末工程占用债券资金的资本化利息 $=428×5.88\%=25.17$（万元）

7）第 3 年年末确定的计入财务费用的金额 $=1\,000×5\%+8.40-25.17=33.23$（万元）

从上述计算可见，按前述一般借款资本化率公式计算的结果是：第 6）计算占用债券资金资本化利息 25.17 万元就是第 3）计算占用债券资金实际发生利息 25.15 万元（含利率误差 0.02 万元）。下述第 4 年计算省去其他多余步骤。

（2）第 4 年工程占用债券资金资本化利息的计算：

第 4 年工程累计支出加权平均数 = 第 3 年 $600×\dfrac{360}{360}$ + 第 4 年 $150×\dfrac{300}{360}$ + 第 4 年 $200×$

⊖ 此内容及举例采用的是简化方法，参见刘建勇、朱学义《一般借款资本化核算中的偏差》，《中国农业会计》2009 年第 6 期第 34 ~ 35 页。

$\dfrac{10}{360}$ = 731 （万元）

（占用债券资金的比例 = 731 ÷ 958 × 100% = 76.30%）

第 4 年占用债券资金的资本化利息 = 731 × 5% + （8.91 × 76.30%）= 43.35 （万元）

第 4 年年末确定的计入财务费用的金额 = 1 000 × 5% + 8.91 − 43.35 = 15.56 （万元）

（三）占用多笔一般借款资本化利息的确定

占用多笔一般借款，首先要计算加权平均利率，然后计算资产支出加权平均数，最后计算占用多笔一般借款的资本化利息。

【例9】 华仑公司 20 × 7 年 1 月 1 日采用出包方式建设办公楼，20 × 8 年 6 月 30 日完工。有关支出和资金筹措见表 10-3。

表 10-3 建造办公楼发生支出及资金筹措情况表 （单位：万元）

办公楼建造发生支出			筹措工程资金		
20 × 7.01.01	支付工程款	1 400	20 × 7.01.01	3 年期专门借款（利率 6%）	2 000
20 × 7.07.11	支付工程款	2 500	20 × 6.08.01	3 年期其他借款（利率 5.5%）	2 100
20 × 8.01.01	预付工程款	1 600	20 × 6.01.01	发行 3 年期债券（利率 5%）	9 000
工程支出合计		5 500	工程占用一般借款		3 500

注：工程占用一般借款 = 工程支出 5 500 − 专门借款 2 000 = 3 500（万元）；债券平价发行，票面利率与实际利率相同；专门借款未使用部分按存款利率 2.52% 计息。

（1）计算专门借款的资本化利息。

1） 20 × 7 年 12 月 31 日计算专门借款资本化利息：

专门借款资本化利息 = 2 000 × 6% − 600 × 2.52% × 190/360 = 112.02 （万元）

2） 20 × 8 年 6 月 30 日工程完工时计算半年的专门借款资本化利息：

专门借款资本化利息 = 2 000 × 6% × 180/360 = 60 （万元）

（2）计算占用一般借款的资本化利息。

1） 20 × 7 年 12 月 31 日计算占用一般借款的资本化率（用两笔借款的全部金额和利率计算加权平均资本化率[⊖]）：

$$\text{加权平均资本化率} = \dfrac{2\ 100 × 5.5\% + 9\ 000 × 5\%}{2\ 100 + 9\ 000} × 100\% = 5.09\%$$

2） 20 × 7 年 12 月 31 日计算占用一般借款 1 900 万元（支出 1 400 + 支出 2 500 − 专门借款 2 000）的资本化利息（从 7 月 11 日起占用到 12 月 31 日，共 170 天）：

占用一般借款资本化利息 = 1 900 × 5.09% × 170/360 = 45.67 （万元）

3） 20 × 8 年 6 月 30 日工程完工时，由于除了继续占用一般借款 1 900 万元外，20 × 8 年 1 月 1 日又占用一般借款 1 600 万元（5 500 − 2 000 − 1 900），则需要计算两笔资金的资本化利息（20 × 8 年加权平均资本化率的计算和 20 × 7 年相同，结果一样，仍为 5.09%）：

20 × 8 年占用一般借款资本化利息 = （1 900 + 1 600）× 180/360 × 5.09% = 89.08 （万元）

四、借款费用开始资本化的条件

《企业会计准则第 17 号——借款费用》规定，借款同时满足以下三个条件的，才能开

⊖ 该加权平均资本化率的计算以财政部会计司编写组编著《企业会计准则讲解——2010》第 260 页的举例为依据。

始资本化：

1. 资产支出已经发生

这里所指的资产支出包括为购建或者生产符合资本化条件的资产而以支付现金、转移非现金资产或者承担带息债务形式发生的支出。具体有以下几种：

(1) 购建或者生产符合资本化条件的资产而用现金支付。如用库存现金、银行存款或其他货币资金等购买工程用材料，用现金支付建造固定资产的职工薪酬等。

(2) 转移非现金资产是指将非现金资产用于符合资本化条件的资产的建造、安装或生产。如将企业自己生产的产品用于固定资产的建造，或以企业自己生产的产品向其他企业换取用于固定资产建造所需要的物资等。

(3) 承担带息债务是指因购买工程用材料而承担的带息应付款项（如带息应付票据）。企业以赊购方式向供货单位购买工程用物资，由此产生的债务可能带息，也可能不带息。如果是不带息债务，就不计入资产支出，因为在该债务偿付前不需承担利息，企业不会因这部分未偿付债务而承担借款费用，即没有任何借款费用是应当归属于这部分未偿付债务的。直到企业偿付债务实际发生了资源流出时，才能作为资产的支出。而对于带息债务来说，情况就不同了，由于企业要为这笔债务付出代价，承担利息，与企业用银行借款支付资产支出的性质是一样的，因此，带息债务应当作为资产支出，用以计算应予资本化的借款费用金额。例如，企业于 5 月 1 日采用带息应付票据方式购买了 15 万元的工程用材料，票据期限为 3 个月，年利率为 6%，到期还本付息。5 月 31 日编制当月会计报表时，应付票据尚未偿付，则该笔应付票据本金 15 万元应作为当月资产支出。如果这 15 万元是不带息的应付票据或应付账款，则 5 月 31 日编制当月会计报表并计算应予资本化的借款费用金额时，不将其作为资产支出。

需要注意的是，如果企业委托其他单位建造固定资产，则企业向受托单位支付第一笔预付款或第一笔进度款时，即认为资产支出已经发生。

2. 借款费用已经发生

这一条件是指已经发生了与购建或生产符合资本化条件的资产有关的借入款项的利息、折价或溢价的摊销、辅助费用或汇兑差额。例如，企业以发行债券的方式筹集资金来建造一项固定资产，在债券本身可能还没有开始计息时，就为发行债券向承销机构支付了一笔承销费，即发生了专门借款的辅助费用。此时，应当认为借款费用已经发生。

3. 为使资产达到预定可使用状态或者可销售状态所必要的购建或者生产活动已经开始

为使资产达到预定可使用状态所必要的购建活动，主要是指资产的实体建造活动。例如主体设备的安装、厂房的实际建造等。但是“为使资产达到预定可使用状态所必要的购建活动已经开始”不包括仅仅持有资产但没有发生为改变资产状态而进行建造活动的情况。如只购置了建筑用地但未发生有关房屋建造活动就不包括在内。

在上述三个条件同时满足的情况下，因借款而发生的利息、折价或溢价的摊销或汇兑差额应当开始资本化，只要其中有一个条件没有满足，就不能开始资本化。例如，企业为购置或建造某项固定资产借入的专门借款已经划入企业账户，即借款费用已经发生，固定资产的实体建造工作也已经开始，但由于为建造该项资产所购买的工程物资款项均未支付，而且这些应付款项都是不带息债务，另外，也没有发生其他与固定资产购建有关的支出，因而已发生的专门借款的借款费用，尽管是为建造该项固定资产而专门借入的款项所发生的，也不能计入该项资产的成本，只能确认为当期费用，因为不符合开始资本化的第一个条件。又如，企业已经使用银行存款购买了建造某项固定资产所需的工程物资，固定资产的实体建造工作也已经开始，但为建造该项资产专门借入的款项还没有到位，因此没有发生相应的借款费用，此时，也不能开始资本化，因为不符合开始资本化的第二个条件。但是如果这项工程是动用一般借款建造，一般借款的利息可以资本化。再比如，企业为了建造一项固定资产已经使用银行存款购买了工程所需物资，发生了资产支出，为购建该项固定资产专门借入的款项也已经开始计息，即借款费用已经发生，此时，已经符合了开始资本化的第一、第二个条件，但固定资产的实体建造还没有开始，即为使资产达到预定可使用状态所必要的购建活动还没有开始，不符合开始资本化的第三个条件，在这种情况下，专门借款发生的借款费用也不能开始资本化。

需要指出的是，符合资本化条件的资产在购建或者生产过程中发生非正常中断且中断时间连续超过 3 个月的，应当暂停借款费用的资本化。在中断期间发生的借款费用应当确认为费用，计入当期损益，直至资产的购建或者生产活动重新开始。如果中断是所购建或者生产的符合资本化条件的资产达到预定可使用或者可销售状态必要的程序，借款费用的资本化应当继续进行。此外，购建或者生产符合资本化条件的资产达到预定可使用或者可销售状态时，借款费用应当停止资本化。在符合资本化条件的资产达到预定可使用或者可销售状态之后所发生的借款费用，应当在发生时根据其发生额确认为费用，计入当期损益。

第二节 长 期 借 款

长期借款是指企业向银行和其他金融机构借入的期限在一年以上（不含一年）的各种借款。长期借款根据需要可以借入人民币，也可以借入外币；长期借款按合同规定，可到期一次还本付息，也可分期付息一次还本，还可分次还本付息；长期借款在多数情况下用于固定资产，有时也用于同购置固定资产相关联的流动资产。

长期借款按实际发生额计价，包括实际取得的借款本金和实际支付的借款利息。企业应在"长期借款"科目下设置"本金"和"利息调整"等明细科目进行明细核算。

一、长期银行借款

长期银行借款是指企业向银行或其他金融机构借入的归还期在一年以上（不含一年）的借款。如企业扩大经营范围和更新改造设备等需要增加固定资产，可向银行取得长期借款。

（一）人民币长期借款核算

企业向银行取得长期借款，必须填报借款申请，经银行审查同意后，与银行签订借款合同。合同上写明借款种类、用途、金额、利率、期限、还款资金来源及还款方式、保证条款、违约责任及其他双方商定的条件。企业取得长期借款后，要按规定的用途使用，并按期还本付息。下面以分次计息一次还本的人民币长期借款为例说明其核算方法。

【例 10】 企业年初向银行借入长期借款 50 万元用于新建厂房一栋，借期 5 年，每年按年利率 8% 付息一次。厂房建设期 2 年：第 1 年年初预付工程款 20 万元，第 2 年年初又支付工程款 22 万元，第 2 年 12 月 1 日工程竣工，补付工程款 10 万元，工程支出共计 52 万元，超过专门借款 2 万元于第 2 年 12 月 1 日动用一般借款，借款利率 5%。第 3 年年初固定资产达到预计可使用状态而交付使用。企业第5年全部还清借款（专门借款未使用部分按存款利率2.52%计息；工程累计支出加权平均数按天数计算）。

（1）第1年年初取得长期银行借款时：

借：银行存款 　　　　　　　　　　　　　　　　　　　　　　　500 000
　　　贷：长期借款——本金 　　　　　　　　　　　　　　　　　　　500 000

（2）厂房出包施工，第1年年初预付工程款20万元：

借：在建工程——建筑工程 　　　　　　　　　　　　　　　　　200 000
　　　贷：银行存款 　　　　　　　　　　　　　　　　　　　　　　　200 000

（3）第1年年末，计算应付银行专门借款利息40 000元（500 000×8%），其中，未使用的专门借款利息7 560元［（借款500 000－工程支出200 000）×2.52%］，资本化利息为32 440元（40 000－7 560）。

借：在建工程——建筑工程 　　　　　　　　　　　　　　　　　32 440
　　财务费用 　　　　　　　　　　　　　　　　　　　　　　　　7 560
　　　贷：应付利息 　　　　　　　　　　　　　　　　　　　　　　　40 000

（4）第2年年初支付利息40 000元时：

借：应付利息 　　　　　　　　　　　　　　　　　　　　　　　40 000
　　　贷：银行存款 　　　　　　　　　　　　　　　　　　　　　　　40 000

第3、第4年年初付息分录与此相同。

（5）第2年年初支付工程款220 000元时：

借：在建工程——建筑工程 　　　　　　　　　　　　　　　　　220 000
　　　贷：银行存款 　　　　　　　　　　　　　　　　　　　　　　　220 000

（6）第2年12月1日厂房建成完工，结算并支付工程欠款100 000元时：

借：在建工程——建筑工程 　　　　　　　　　　　　　　　　　100 000
　　　贷：银行存款 　　　　　　　　　　　　　　　　　　　　　　　100 000

（7）第2年年末，计算应付银行专门借款资本化利息38 152元（500 000×8%－80 000×2.52%×330÷360），计算应付银行一般借款利息1 000元（20 000×5%），其中，占用一般借款20 000元的资本化利息计算如下：

占用一般借款的资本化利息＝20 000×5%×30/360＝83（元）

借：在建工程——建筑工程（38 152＋83） 　　　　　　　　　　38 235
　　财务费用 　　　　　　　　　　　　　　　　　　　　　　　　2 765
　　　贷：应付利息（500 000×8%＋20 000×5%） 　　　　　　　　41 000

（8）第3年年初，厂房达到预计可使用状态交付生产使用，总价值共计590 675元（200 000＋32 440＋220 000＋100 000＋38 235）：

借：固定资产 　　　　　　　　　　　　　　　　　　　　　　　590 675
　　　贷：在建工程——建筑工程 　　　　　　　　　　　　　　　　　590 675

若固定资产交付使用时同时交付生产用备件、工具时，应借记"原材料""低值易耗品"等科目，对这部分用于流动资产的长期借款，其利息支出分开计算，按期记入当期"财务费用"科目。

（9）第3年年末计算应付银行借款利息40 000元（500 000×8%），此时，工程早已竣工, 利息支出计入当期财务费用。

借: 财务费用　　　　　　　　　　　　　　　　　　　40 000
　　贷: 应付利息　　　　　　　　　　　　　　　　　　　40 000

(第 4 年年末计息分录与此相同)

(10) 第 5 年年末, 长期借款到期, 企业偿付长期借款本金 50 万元和最后一年利息 4 万元时:

借: 长期借款——本金　　　　　　　　　　　　　　　500 000
　　应付利息　　　　　　　　　　　　　　　　　　　　40 000
　　贷: 银行存款　　　　　　　　　　　　　　　　　　540 000

说明: 如果长期银行借款采用按年计算复利, 到期一次还本付息, 则企业每年 (固定资产建造期间或固定资产交付使用后) 应计算复利, 借记 "在建工程" "财务费用" 科目, 贷记 "长期借款——利息调整" 科目。

(二) 外币长期借款核算

企业向银行取得长期借款若是外币, 要将外币金额按国家统一公布的市场外汇牌价折合为人民币记账, 同时, 账上还要反映外币金额及折合率。对外币长期借款的利息及外币折合差额记入 "在建工程" "财务费用" 科目。在采用复利计息方式下, 外币长期借款的人民币金额应按期末汇率调整。

【例 11】 某企业某年年初向中国银行借入 5 万美元长期借款, 用于进口一套设备。借款期限 2 年, 年利率 10%, 计复利, 借款到期一次还清本息。有关借款、用款、计息、汇率变动、还款的业务内容及分录如下:

(1) 年初借入 5 万美元时, 按当时国家市场汇率 1:7 (即 1 美元兑换人民币 7 元) 入账:

借: 银行存款 (US $50 000 × ￥7)　　　　　　　　　350 000
　　贷: 长期借款——本金 (US $50 000 × ￥7)　　　　350 000

(2) 年初用外币支付进口设备等款 5 万美元, 支用时汇率为 1:7.05。该设备作为企业新的生产线主体需要安装、调试, 建设期 1 年。企业支付进口设备款时做如下会计分录:

借: 在建工程——在安装设备　　　　　　　　　　　352 500
　　贷: 银行存款 (US $50 000 × ￥7.05)　　　　　　352 500

(3) 第 1 年年末, 市场汇率为 1:7.10, 企业计算调整美元借款余额和应付利息共计 40 500 元 [US $50 000 × (7.10 - 7) + US $50 000 × 10% × ￥7.10], 均为资本化额。会计分录如下:

借: 在建工程——在安装设备　　　　　　　　　　　40 500
　　贷: 长期借款——利息调整　　　　　　　　　　　40 500

(4) 第 2 年年初, 设备安装调试成功, 总价值 451 600 元 (352 500 + 40 500)。设备交付生产使用时:

借: 固定资产　　　　　　　　　　　　　　　　　　393 000
　　贷: 在建工程——在安装设备　　　　　　　　　　393 000

(5) 第 2 年年末, 市场汇价为 1:7.15, 企业计算调整美元借款余额 2 750 元 [US $55 000 × (7.15 - 7.10)], 计算当年应付利息 39 325 元 (US $55 000 × 10% × ￥7.15)。由于设备早已投入使用, 则借款费用应计入当期损益。

借：财务费用（2 750 + 39 325） 42 075

    贷：长期借款——利息调整 42 075

（6）第3年年初，归还外币长期借款本息，注销记入"长期借款"账户的金额共计432 575元（350 000 + 40 500 + 42 075），并按当日汇率1∶7.16偿付美元借款本息：

借：长期借款——本金 350 000

        ——利息调整 82 575

    财务费用 605

    贷：银行存款 [US \$ 50 000 × (1 + 10\%)^2 × ¥ 7.16] 433 180

（三）债务重组中长期借款的处理

企业向银行取得长期借款用于专门项目的建设，如果借款项目达不到预期效果，则企业偿还借款就发生了困难。通过和银行协商或通过法律部门裁定，对所欠债务可以进行重组。债权重组的形式有：豁免部分债务、修改债务条件、债转股、用非现金资产偿债等。债权方在债务重组过程中放弃债权发生的损失，记入"资产处置损益——债务重组损失"科目，债务方在债务重组过程中得到利益，记入"资产处置损益——债务重组收益"科目。

（1）豁免部分债务，用现款了结借款本息时：

借：长期借款 （借款本息）

    贷：银行存款 （现金清偿额）

        其他收益——债务重组收益 （两者差额）

（2）修改债务条件，未来偿债额（例如10万元）小于现有债务额（例如12万元），债务方进行债务结转，并将其差额冲销时：

借：长期借款 12万元

    贷：长期借款——债务重组 10万元

        其他收益——债务重组收益 2万元

（3）将长期借款转为资本时（简称"债转股"）：

借：长期借款 （借款本息）

    贷：实收资本——法人资本 （确定的资本额）

        资本公积——资本溢价 （权益工具确认金额与确定的资本额之间的差额）

        其他收益 （所清偿债务与权益工具确认金额之间的差额）

（4）用非现金资产抵债（以库存商品为例）时：

借：长期借款 （借款本息）

    存货跌价准备 （已计提的跌价准备）

    贷：库存商品 （商品成本）

        应交税费——应交增值税（销项税额） （税额）

        其他收益——债务重组收益 （重组得益）

二、其他长期借款

企业除主要从银行取得长期借款外，还可以向其他债权人取得长期借款，如向信托投资公司、中国人民保险公司以及其他单位借款，其核算方法与长期银行借款基本相同。

第三节　应　付　债　券

一、应付债券的种类

应付债券是指企业依照法定程序发行、约定在一定期限内还本付息的具有一定价值的证券。这种债券是企业向社会筹集长期资金的重要方式，又称企业债券或公司债券。

应付债券有很多分类方法，主要有：①按发行方式分为记名债券和不记名债券。②按偿还方式分为一次偿还债券和分次偿还债券。③按有无担保分为抵押债券（以特定财产，如房屋、机器、设备、企业所持有的其他单位的证券等作抵押品而发行的债券）和信用债券（没有特定财产作为抵押担保而凭发行债券单位的信用而发行的债券）。④按付息方式分为登记债券（即把债券持有者的姓名、住处登记在发行单位的簿册上，应付利息按期寄给债券持有者的一种债券）和息票债券（即债券上附有各期息票，每份息票到期时，持券人剪下息票到指定支付单位换取应得利息的一种债券）。⑤按可否转换为股票分为普通债券（也称不可转换债券）和可转换为股票债券（也称可转换债券或可调换债券）。

二、企业债券的发行

（1）企业债券应按有关规定发行。比如，企业发行债券时必须先向中国人民银行和其他有关部门提出申请，报经批准后才能发行；企业发行债券时应当公布章程或办法（包括经营管理简况、资产净值、预计效益、发行目的、还本付息方法及风险责任等）；企业债券上应载明企业的名称、住所、票面额、票面利率、还本期限和方式、利息支付方式、审批机关批准发行的文号、日期，企业债券上要有发行企业的印记，企业法定代表人要签章；企业债券的票面利息率不得高于同期国库券的利息率；企业发行债券的总面额不得大于该企业的自有资产净值（即不包括无形资产在内的全部资产减去现有全部负债后的余额）；等等。

（2）企业债券的发行价格。企业债券的发行价格取决于发行时市场利率的行情。当市场利率等于债券票面利率（或称设定利率或称名义利率）时，企业债券按票面额发行（或称平价发行）；若市场利率低于债券票面利率，实质上企业承诺以后每期支付的债券利息比按市场利率计算的利息多得多，企业必然要以超过债券面值的价格来发行，即溢价发行；相反，若市场利率高于债券票面利率，企业只能以低于债券面值的价格发行，即折价发行。因此，当债券票面利率与市场利率不一致时，通常根据市场利率把将来应支付的债券票面面值与利息折算为现值，以此作为债券的发行价格。其计算公式为

企业债券发行价格 = 债券面值按市场利率计算的现值 + 债券各期利息的现值

$$= 债券面值 \times \left(1 + \frac{市场利率}{}\right)^{-n} + 每期支付的固定利息 \times \frac{1 - (1 + 市场利率)^{-n}}{市场利率}$$

式中，n 表示债券在全部期限内的计息次数。例如，5 年期债券：每年支付一次利息，则 $n = 5$；若每年付息两次，则 $n = 10$；若第 5 年一次付息，但按年计算复利，则 $n = 5$，表示 5 年中计息 5 次。市场利率表示计息期限的利率。如市场年利率为 8%，每半年付息一次，则公式中市场利率 = 8% ÷ 2 = 4%。现举例说明债券发行价格的确定方法。

【例 12】　某企业为了筹集流动资金，于 1 月 1 日发行 5 年期、票面年利率 9%、面值为 1 000 元的债券 100 张（总面值 10 万元）。每半年付息一次，5 年到期一次还本。现假

定发行时市场利率有以下三种情况：

1）当市场利率为8%时：

$$债券发行价格 = 100\ 000 \times (1 + 4\%)^{-10} + 100\ 000 \times 4.5\% \times \frac{1 - (1 + 4\%)^{-10}}{4\%}$$

$$= 100\ 000 \times 0.675\ 56 + 4\ 500 \times 8.110\ 9$$

$$= 67\ 556 + 36\ 499 = 104\ 055(元)$$

上式中 $(1 + 4\%)^{-10}$ 的结果可通过查复利现值表得出；$\frac{1 - (1 + 4\%)^{-10}}{4\%}$ 为年金现值系数，其结果可查年金现值表得出。这两者也可用计算器直接算出，其 $(1 + 4\%)^{-10}$ 就是 $(1 + 4\%)^{10}$ 的倒数。

2）当市场利率为9%时：

$$债券发行价格 = 100\ 000 \times (1 + 4.5\%)^{-10} + 100\ 000 \times 4.5\% \times \frac{1 - (1 + 4.5\%)^{-10}}{4.5\%}$$

$$= 100\ 000 \times 0.643\ 93 + 4\ 500 \times 7.912\ 72$$

$$= 64\ 393 + 35\ 607 = 100\ 000(元)$$

3）当市场利率为10%时：

$$债券发行价格 = 100\ 000 \times (1 + 5\%)^{-10} + 100\ 000 \times 4.5\% \times \frac{1 - (1 + 5\%)^{-10}}{5\%}$$

$$= 100\ 000 \times 0.613\ 91 + 4\ 500 \times 7.721\ 73$$

$$= 61\ 391 + 34\ 748 = 96\ 139(元)$$

三、应付债券的核算

企业发行的债券，如果不超过一年，属于流动负债范畴，单独增设"交易性金融负债"科目核算；如果超过一年，属于长期负债范畴，通过设置"应付债券"科目核算。

在"应付债券"一级科目下，企业应设置"面值""利息调整""应计利息"三个明细科目进行明细核算。企业发行债券，按债券面值入账，记入"应付债券——面值"科目；对债券发行中产生的溢价或折价记入"应付债券——利息调整"科目，以后分期摊销；企业发行一次还本付息的债券，应于资产负债表日按债券票面利率计算应付利息，记入"应付债券——应计利息"科目，分期付息、一次还本的债券利息通过"应付利息"科目核算。企业各期计息既要采用实际利率，又要采用票面利率，两种利率产生的计息差额记入"应付债券——利息调整"科目，但实际利率与票面利率差异较小的，也可以只按票面利率计算利息费用。

企业发行债券要发生一定的发行费用。债券发行费是指与债券发行直接有关的费用，一般包括债券承销费、印刷费、律师费、发行手续费及其他直接费用等，属于借款费用中的辅助费用，在购建或者生产的符合资本化条件的资产达到预定可使用或者可销售状态之前发生的予以资本化，之后发生的予以费用化。

（一）企业平价发行债券的账务处理

【例13】 某企业为购建一项固定资产于20×2年3月1日发行3年期长期债券，总面值15万元，年利率10%（与发行时的市场利率相同），发行时支付中介机构手续费共计3 000元。债券计单利，到期一次还本付息。债券发行成功，该企业于20×2年3月10日购建固定资产支出12万元。设备进行安装时，于20×2年3月15日领用已付款的原材料一批，实际成本 2.34 万元。20×2 年 4 月 5 日支付上月安装固定资产的职工薪酬 1 万元。20×2 年 4 月底固定资产交付生产使用。有关账务处理如下：

（1）支付中介机构手续费 3 000 元时：

借：在建工程——在安装设备 3 000

  贷：银行存款 3 000

（2）发行债券取得 15 万元现款时：

借：银行存款 150 000

  贷：应付债券——面值 150 000

（3）20×2 年 3 月 10 日购建固定资产支出 12 万元时：

借：在建工程——在安装设备 120 000

  贷：银行存款 120 000

（4）20×2 年 3 月 15 日领用原材料用于安装固定资产时：

借：在建工程——在安装设备 23 400

  贷：原材料 23 400

（5）20×2 年 3 月 31 日结算应付安装固定资产的职工薪酬时：

借：在建工程——在安装设备 10 000

  贷：应付职工薪酬 10 000

（6）20×2 年 4 月 5 日支付上月安装固定资产的职工薪酬时：

借：应付职工薪酬 10 000

  贷：库存现金 10 000

（7）20×2 年 4 月底固定资产交付生产使用，企业于 4 月 30 日计算工程应负担的利息，并结转工程成本。

$$4 月 30 日累计资产支出 = 120\ 000 + 23\ 400 + 10\ 000 = 153\ 400（元）$$

$$应付债券利息 = 150\ 000 \times 10\% \times 2/12 = 2\ 500（元）$$

计算结果表明，该项工程累计资产支出 153 400 元，超过了专门借款 150 000 元，占用了其他不需要支付利息的资金来源 3 400 元，即未发生借款费用，故不需要另外计息和计算资本化率；债券发行时支付中介机构手续费 3 000 元，记入"在建工程"科目，但它不是资本化条件中的"资产支出"，而是资本化条件中的"借款费用"，故计算工程"累计资产支出"未将其列入；上例中工程负担的薪酬以支付薪酬为计算依据，因为资本化应用条件之一是"支付现金"；应付债券利息 2 500 元，因是专门借款利息，全部作为资本化利息处理。该企业 4 月 30 日做如下会计分录：

借：在建工程——在安装设备 2 500

  贷：应付债券——应计利息 2 500

借：固定资产 158 900

  贷：在建工程——在安装设备 158 900

（8）20×2 年 12 月 31 日计算 5～12 月应付债券利息时：

借：财务费用（150 000×10%×8/12） 10 000

  贷：应付债券——应计利息 10 000

（9）20×3 年 12 月 31 日计算全年应付债券利息时：

借：财务费用（150 000×10%）　　　　　　　　　　　　　　　15 000

　　贷：应付债券——应计利息　　　　　　　　　　　　　　　　　　15 000

（10）20×4年3月1日计算1~2月应付债券利息，并偿还债券本息时：

借：财务费用（150 000×10%×2/12）　　　　　　　　　　　　2 500

　　贷：应付债券——应计利息　　　　　　　　　　　　　　　　　　2 500

借：应付债券——面值　　　　　　　　　　　　　　　　　　　150 000

　　　　　　——应计利息（150 000×10%×3）　　　　　　　　45 000

　　贷：银行存款　　　　　　　　　　　　　　　　　　　　　　　195 000

（二）企业溢价发行债券的账务处理

1. 溢价发行时的账务处理

【**例14**】某企业为筹措流动资金，于20×1年1月1日发行5年期、票面利率9%、总面值10万元的长期债券。每年7月1日和1月1日付息两次。因发行时市场利率为8%，企业溢价发行，共收款104 055元。该企业收款时做如下会计分录：

借：银行存款　　　　　　　　　　　　　　　　　　　　　　　104 055

　　贷：应付债券——面值　　　　　　　　　　　　　　　　　　　100 000

　　　　　　——利息调整　　　　　　　　　　　　　　　　　　　4 055

2. 债券溢价摊销的账务处理

债券溢价在债券存续期内摊销于各期有两种方法：直线法和实际利率法。《企业会计准则第17号——借款费用》规定采用实际利率法。

（1）用直线法摊销债券溢价。所谓直线法，就是将债券溢价平均分摊于各期的一种摊销方法。依例14，有关数据计算如下：

各期溢价摊销额 = 债券溢价÷债券付息期次 = 4 055÷10 = 405.50（元）

各期应支付的利息 = 100 000×9%÷2 = 4 500（元）

各期负担的利息费用 = 4 500 - 405.50 = 4 094.50（元）

在实际工作中，应依据以上计算结果编制出"企业债券溢价摊销表"（一式数份）作为入账依据（见表10-4）。

表10-4　企业债券溢价摊销表（直线法）　　　　　　　（单位：元）

计息日期	应付利息 (1) = 面值×4.5%	溢价摊销 (2) = 4 055÷10	利息费用 (3) = (1) - (2)	未摊销溢价 (4) = 上期(4) - (2)	面值和未摊销溢价之和 (5) = 面值 + (4)
20×1.01.01				4 055.00	104 055.00
20×1.07.01	4 500.00	405.50	4 094.50	3 649.50	103 649.50
20×1.12.31	4 500.00	405.50	4 094.50	3 244.00	103 244.00
20×2.07.01	4 500.00	405.50	4 094.50	2 838.50	102 838.50
20×2.12.31	4 500.00	405.50	4 094.50	2 433.00	102 433.00
20×3.07.01	4 500.00	405.50	4 094.50	2 027.50	102 027.50
20×3.12.31	4 500.00	405.50	4 094.50	1 622.00	101 622.00
20×4.07.01	4 500.00	405.50	4 094.50	1 216.50	101 216.50
20×4.12.31	4 500.00	405.50	4 094.50	811.00	100 811.00
20×5.07.01	4 500.00	405.50	4 094.50	405.50	100 405.50
20×5.12.31	4 500.00	405.50	4 094.50	0.00	100 000
合　计	45 000.00	4 055.00	40 945.00		

1）20×1年7月1日根据表10-4摊销额做如下会计分录：

借：财务费用　　　　　　　　　　　　　　　　　　4 094.50

　　　应付债券——利息调整　　　　　　　　　　　　405.50

　　贷：应付利息　　　　　　　　　　　　　　　　　　　　4 500

2）各期（7月1日或1月1日）支付利息时做如下会计分录：

借：应付利息　　　　　　　　　　　　　　　　　　4 500

　　贷：银行存款　　　　　　　　　　　　　　　　　　　　4 500

若采用债券到期息随本清的支付方式，各期计息通过"应付债券——应计利息"科目核算。

（2）用实际利率法摊销债券溢价。它是指各期负担的利息费用按实际利率（发行时的市场利率）乘以各期期初"应付债券"账户余额计算，将各期实际负担的利息费用按票面利率计算的应付利息的差额列作各期摊销额的一种摊销方法。现仍以例14资料为例来说明实际利率法的应用（见表10-5）。

表10-5　企业债券溢价摊销表（实际利率法）　　　　　　　　（单位：元）

计息日期	应付利息	利息费用	溢价摊销	未摊销溢价	面值和未摊销溢价之和
	(1) = 面值×4.5%	(2) = 上期(5)×4%	(3) = (1) - (2)	(4) = 上期(4) - (3)	(5) = 面值 + (4)
20×1.01.01				4 055.00	104 055.00
20×1.07.01	4 500.00	4 162.20	337.80	3 717.20	103 717.20
20×1.12.31	4 500.00	4 148.70	351.30	3 365.90	103 365.90
20×2.07.01	4 500.00	4 134.60	365.40	3 000.50	103 000.50
20×2.12.31	4 500.00	4 120.00	380.00	2 620.50	102 620.50
20×3.07.01	4 500.00	4 104.80	395.20	2 225.30	102 225.30
20×3.12.31	4 500.00	4 089.00	411.00	1 814.30	101 814.30
20×4.07.01	4 500.00	4 072.60	427.40	1 386.90	101 386.90
20×4.12.31	4 500.00	4 055.50	444.50	942.40	100 942.40
20×5.07.01	4 500.00	4 037.70	462.30	480.10	100 480.10
20×5.12.31	4 500.00	4 019.90[2]	480.10[1]	0.00	100 000
合　计	45 000.00	40 945.00	4 055.00		

[1][2]小数尾数调整计入末期。

20×1年7月1日溢价摊销的分录是（其余各期分录相同）：

借：财务费用　　　　　　　　　　　　　　　　　　4 162.20

　　　应付债券——利息调整　　　　　　　　　　　　337.80

　　贷：应付利息　　　　　　　　　　　　　　　　　　　　4 500

（三）企业折价发行债券的账务处理

1. 折价发行时的账务处理

【例15】　某企业为了筹集流动资金，于20×1年1月1日发行5年期、票面利率9%、总面值10万元的长期债券。每年7月1日和1月1日付息两次。发行时市场利率10%，共收款96 139元，折价3 861元。企业做如下会计分录：

借：银行存款　　　　　　　　　　　　　　　　　　96 139

　　　应付债券——利息调整　　　　　　　　　　　　3 861

　　贷：应付债券——面值　　　　　　　　　　　　　　　100 000

2. 债券折价摊销的账务处理

（1）用直线法摊销债券折价。编制的摊销表见表10-6。

表10-6　企业债券折价摊销表（直线法）　　　　（单位：元）

计息日期	应付利息	折价摊销	利息费用	未摊销折价	面值和未摊销折价之差
	(1) = 面值×4.5%	(2) = 3 861÷10	(3) = (1) + (2)	(4) = 上期(4) - (2)	(5) = 面值 - (4)
20×1.01.01				3 861.00	96 139.00
20×1.07.01	4 500.00	386.10	4 886.10	3 473.90	96 526.10
20×1.12.31	4 500.00	386.10	4 886.10	3 088.80	96 911.20
20×2.07.01	4 500.00	386.10	4 886.10	2 702.70	97 297.30
20×2.12.31	4 500.00	386.10	4 886.10	2 316.60	97 683.40
20×3.07.01	4 500.00	386.10	4 886.10	1 930.50	98 069.50
20×3.12.31	4 500.00	386.10	4 886.10	1 544.40	98 455.60
20×4.07.01	4 500.00	386.10	4 886.10	1 158.30	98 841.70
20×4.12.31	4 500.00	386.10	4 886.10	772.20	99 227.80
20×5.07.01	4 500.00	386.10	4 886.10	386.10	99 613.90
20×5.12.31	4 500.00	386.10	4 886.10	0.00	100 000
合　计	45 000.00	3 861.00	48 861.00		

各期以表10-6为依据做如下计息和摊销折价的会计分录：

借：财务费用　　　　　　　　　　　　　　　　4 886.10
　　贷：应付债券——利息调整　　　　　　　　　　　386.10
　　　　应付利息　　　　　　　　　　　　　　　　4 500

（2）用实际利率法摊销债券折价。企业应编制"债券折价摊销表"（见表10-7）。

表10-7　企业债券折价摊销表（实际利率法）　　　　（单位：元）

计息日期	应付利息	利息费用	折价摊销	未摊销折价	面值和未摊销折价之差
	(1) = 面值×4.5%	(2) = 上期(5)×5%	(3) = (2) - (1)	(4) = 上期(4) - (3)	(5) = 面值 - (4)
20×1.01.01				3 861.00	96 139.00
20×1.07.01	4 500.00	4 806.95	306.95	3 554.05	96 445.95
20×1.12.31	4 500.00	4 822.30	322.30	3 231.75	96 768.25
20×2.07.01	4 500.00	4 838.41	338.41	2 893.34	97 106.66
20×2.12.31	4 500.00	4 855.33	355.33	2 538.01	97 461.99
20×3.07.01	4 500.00	4 873.10	373.10	2 164.91	97 835.09
20×3.12.31	4 500.00	4 891.75	391.75	1 773.16	98 226.84
20×4.07.01	4 500.00	4 911.34	411.34	1 361.82	98 638.18
20×4.12.31	4 500.00	4 931.91	431.91	929.91	99 070.09
20×5.07.01	4 500.00	4 953.50	453.50	476.41	99 523.59
20×5.12.31	4 500.00	4 976.41[②]	476.41[①]	0.00	100 000
合　计	45 000.00	48 861.00	3 861.00		

①②小数尾数0.23元调整计入末期。

20×1年7月1日根据表10-4中的数据做计息和摊销折价的会计分录（以后各期分录类推）：

借：财务费用 4 806.95

  贷：应付债券——利息调整 306.95

    应付利息 4 500

(四) 企业债券推迟发行的核算

企业债券原定发行日期可能因特殊原因（比如预计市场利率会下降，等下降时发行对企业有利等）而推迟发行，而原定付息日期、结息期限一般不变，这样，推迟发行时就要重新调整发行价格。

【例16】 某企业为了筹集流动资金，原定1月1日发行5年期、利率9%、总面值10万元的长期债券（1月1日市场利率8%），因故推迟到5月1日才开始出售。付息日仍是7月1日和1月1日。当年7月1日仍支付半年利息。则5月1日发行债券时，应将前4个月的利息加到发行价格中去，同时，将债券发行时产生的溢价或折价和利息一起记入"应付债券——利息调整"科目。

(1) 推迟发行债券有关计算。

1) 1月1日确定的发行价格为104 055元（见前述债券发行价格计算）

2) 1月1日至4月30日的实际债息 = 104 055×8%×4/12 = 2 774.80（元）

3) 推迟到5月1日发行的价格 = 104 055 + 2 774.80 = 106 829.80（元）

(2) 根据以上计算结果，企业于5月1日（或债券发行完日）收到债券发行款106 829.80元时做以下会计分录：

借：银行存款 106 829.80

  贷：应付债券——面值 100 000

     ——利息调整 6 829.80

(3) 企业7月1日第一次计息、摊销初始利息调整额时做如下会计分录（为了简化，以直线法为例）：

借：财务费用 4 256

  应付债券——利息调整 (6 829.80×2/56) 244

  贷：应付利息 (100 000×9%÷2) 4 500

说明：债券溢价6 829.80元要在发行日至到期日之间（第1年5月1日至第6年1月1日共56个月内）分期摊销，此处计算（5月1日至7月1日）2个月的摊销额244元。

(4) 企业第1年7月1日付息4 500元时做如下会计分录：

借：应付利息 4 500

  贷：银行存款 4 500

以上例14至例16是假定在付息日期和会计结账日期很近的情况下采用按付（计）息次数摊销初始利息调整额的处理方法，如果付息日和结账日不一致，则按结账日调整应计债息和应转摊销。

【例17】 某企业持有总面值5万元的5年期债券。该债券是为企业筹集流动资金而发行，每年3月1日和9月1日按票面利率8%付息，发行时共折价2 400元。第1年12月31日结账时应计算当年9月1日付息后至12月31日4个月的应计利息1 333元（50 000×8%×4/12）和应摊销折价160元 {2 400×[4÷(5×12)]}，会计分录如下：

借：财务费用 1 493

　　贷：应付利息　　　　　　　　　　　　　　　　　　　　　　　　　　　　1 333
　　　　应付债券——利息调整　　　　　　　　　　　　　　　　　　　　　　　160

第 2 年 2 月底再计算 1~2 月份（8 月底计算 3~8 月份）的应计利息和应摊销折价（会计分录与此相同）。其余年度类推。

（五）企业债券收回的核算

1. 到期全部收回

企业债券到期收回时，无论当初是平价发行还是溢价或折价发行，一律按票面值借记"应付债券——面值"科目，按应支付的利息借记"应付债券——应计利息"或"应付利息"科目，按实际支付的债券本息贷记"银行存款"科目，按利息调整余额借记或贷记"应付债券——利息调整"科目，贷记或借记"在建工程""制造费用""财务费用""研发支出"等科目。我国目前企业债券基本上采用这种一次还本的方式。

2. 分期收回

企业需要分期收回债券的，在发行时就予以说明。分期收回时，企业一般采用分批抽签的办法确定分期偿还本金的债券。在这种情况下，各期溢价或折价等金额的摊销要按未收回的债券计算。

【例 18】　某企业为了筹集流动资金，于某年 1 月 1 日发行 5 年期、利率 8%、总面值 10 万元的长期债券，债券发行时溢价 2 000 元。企业规定，每年 1 月 1 日付息一次，第 4 年年末、第 5 年年末分两次平均还本。企业各期摊销溢价要编制企业债券溢价摊销表，见表 10-8。

表 10-8　企业债券溢价摊销表（直线法）　　　　　　　　　　（单位：元）

年　份	发行在外的债券 （面值）	占总计数百分比	当年摊销溢价数 （溢价 × 百分比）	当年应负担利息 （在外面值 ×8%）
第 1 年年初	100 000	10 ÷ 45 = 22.2%	444	8 000
第 2 年年初	100 000	10 ÷ 45 = 22.2%	444	8 000
第 3 年年初	100 000	10 ÷ 45 = 22.2%	444	8 000
第 4 年年初	100 000	10 ÷ 45 = 22.2%	444	8 000
第 5 年年初	50 000	1 − 22.2% ×4 = 11.2%	224	4 000
总　　计	450 000	100%	2 000	36 000

（1）据表 10-8，第 1 年 12 月 31 日编制债券计息和摊销溢价的会计分录如下：

　　借：财务费用　　　　　　　　　　　　　　　　　　　　　　　　　　　7 556
　　　　应付债券——利息调整　　　　　　　　　　　　　　　　　　　　　　444
　　　　贷：应付利息　　　　　　　　　　　　　　　　　　　　　　　　　　8 000

第 2、第 3、第 4 年年末溢价摊销的会计分录与此相同。

（2）第 2 年年初付息的会计分录如下：

　　借：应付利息　　　　　　　　　　　　　　　　　　　　　　　　　　　8 000
　　　　贷：银行存款　　　　　　　　　　　　　　　　　　　　　　　　　　8 000

以后各年年初付息的会计分录与此相同，但第 5 年付息额记 4 000 元。

（3）第 4 年年末收回 5 万元债券时：

　　借：应付债券——面值　　　　　　　　　　　　　　　　　　　　　　　50 000
　　　　贷：银行存款　　　　　　　　　　　　　　　　　　　　　　　　　50 000

第 5 年年末收回债券的会计分录与此相同。

（4）第 5 年年末溢价摊销的会计分录如下：

借：财务费用　　　　　　　　　　　　　　　　　　　3 776

　　应付债券——利息调整　　　　　　　　　　　　　　224

　　贷：应付利息　　　　　　　　　　　　　　　　　　　　4 000

3. 提前收回

企业债券发行在外一阶段后，可能由于企业无须再使用这项长期资金，或许市场利率大大低于票面利率等原因，企业要提前收回一部分发行在外的债券，一方面减少利息支出，另一方面可以再发行利率较低的新债券。

企业提前收回债券，一般要以高于面值的价格收回，还要计算上次付息日起至收回日止的利息和溢价或折价的摊销额，转销收回债券的账面价值（面值和未摊销的溢价或折价等），收回债券发生损益计入当期损益。

【例 19】　某企业某年 1 月 1 日发行 5 年期、利率 10%、总面值 5 万元的长期债券，发行时折价 1 000 元。每年 1 月 1 日和 7 月 1 日付息。第 3 年 9 月 1 日，企业以 103% 的价格提前收回了面值 1 万元的债券。有关数据计算如下（为了简化，按直线法摊销）：

（1）提前收回债券共付金额 = 10 000 × 103% = 10 300（元）

（2）第 3 年 7 月 1 日付息到当年 9 月 1 日收回时应付利息 = 10 000 × 10% × 2/12 = 167（元）

（3）第 3 年 7 月 1 日付息到当年 9 月 1 日收回时应摊销折价 = 1 000 × 1/10 × 1/5 × 2/6 = 7（元）

总折价 1 000 元分 10 期摊销，其中，收回的债券占全部债券的 1/5，每期 6 个月，其中，2 个月应摊销多少比例折价，按 1/10 × 1/5 × 2/6 计算。

（4）第 3 年 9 月 1 日（收回债券）至第 5 年 12 月 31 日（债券到期）共 28 个月未摊销的折价 = 1 000 × 1/10 × 1/5 × 1/6 × 28 = 93（元）

根据以上计算做以下会计分录：

（1）收回的债券应摊销 2 个月的折价：

借：财务费用　　　　　　　　　　　　　　　　　　　　　7

　　贷：应付债券——利息调整　　　　　　　　　　　　　　　7

（2）支付 2 个月的利息，转销收回债券的面值和未摊折价，并反映收回债券时的付款额和损益数：如何处理损益数？当初，确认该债券初始价值时将其"指定为以公允价值计量且其变动计入当期损益的金融负债"，终止该金融负债所产生的利得或损失一般计入当期损益，即通过"投资收益"科目核算。

借：财务费用　　　　　　　　　　　　　　　　　　　167

　　投资收益　　　　　　　　　　　　　　　　　　　　226

　　应付债券——面值　　　　　　　　　　　　　　10 000

　　贷：应付债券——利息调整　　　　　　　　　　　　　　93

　　　　银行存款　　　　　　　　　　　　　　　　　　10 300

4. 举借新债偿还旧债

企业发行的债券到期时，如果企业没有足够的资金还本付息，或继续举债有利可图，企业可以发行新债券，偿还旧债款。具体方法有两种：一是直接交换，即以新债券换回旧债券；二是发新购旧，即以发行新债券所筹集的资金去偿还旧债款。无论采用哪种方式，企业既要注销旧债券的面值和未摊销溢（折）价，又要按新债券入账，新旧债券账面差额实际上是处置旧债券产生的损益，计入当期损益，即通过"投资收益"科目核算。

（1）直接交换。账务处理如下：

借：应付债券——面值　　　　　　　　　　　　　　　　（旧债）

　　　　　　——利息调整　　　　　　　　　　　　　　（旧债）

借或贷：投资收益　　　　　　　　　　　　　　　　　　（差额）

　　贷：应付债券——面值　　　　　　　　　　　　　　（新债）

　　　　　　　——利息调整　　　　　　　　　　　　　（新债）

（2）发新购旧。

发新的账务处理如下：

借：银行存款　　　　　　　　　　　　　　　　　　　　×××

　　贷：应付债券等　　　　　　　　　　　　　　　　　×××

购旧的账务处理如下：

借：应付债券——面值　　　　　　　　　　　　　　　　×××

　　　　　　——利息调整　　　　　　　　　　　　　　×××

　　贷：银行存款　　　　　　　　　　　　　　　　　　×××

借或贷：投资收益　　　　　　　　　　　　　　　　　　×××

（六）企业发行可转换公司债券的核算

可转换公司债券是指企业发行的、债券持有人可按规定转换成发行公司的普通股票的债券。可转换公司债券是一种复合金融工具。

可转换公司债券发行成功时要对负债和权益成分进行分拆。2017年5月2日财政部修订的《企业会计准则第37号——金融工具列报》规定：企业发行的一项非衍生工具（如可转换公司债券等）同时包含金融负债成分和权益工具成分的，应于初始计量时先确定金融负债成分的公允价值，再从复合金融工具公允价值中扣除负债成分的公允价值，作为权益工具成分的价值。财政部2014年3月14日发布的《金融负债与权益工具的区分及相关会计处理规定》（财会〔2014〕13号）指出：发行方发行的金融工具为复合金融工具的，应按实际收到的金额，借记"银行存款"等科目，按金融工具的面值，贷记"应付债券——永续债（面值）"等科目，按负债成分的公允价值与金融工具面值之间的差额，借记或贷记"应付债券——永续债等（利息调整）"科目，按实际收到的金额扣除负债成分的公允价值后的金额，贷记"其他权益工具——永续债"等科目。发行复合金融工具发生的交易费用，应当在负债成分和权益成分之间按照各自占总发行价款的比例进行分摊。

当持券人在有利时机将债券转换成股票时（债权人变成了企业的股东，不再获取债券利息，而是分享股票红利），原先的负债也转变为股东权益。由于可转换债券能使债权转股权，通常这种可转换债券的利率比一般债券低，债券发行单位由此支付的利息较少，愿意发行这种债券；购债人可望一定期后得到优厚的股利而愿意购买。因此，这种债券对发行人和购买人来说都有一定的吸引力。我国《企业会计准则——应用指南（2006）》附录规定，可转换债券转换为普通股票时，企业应按股票面值记作股本，可转换债券的账面价值与股票面值之间的差额记作资本公积。

【例20】 依第六章例11，龙进股份有限公司为筹集流动资金，于20×2年1月1日发行3年期、面值150万元的可转换公司债券（面值发行），支付承销及保荐费用、律师费用、会计师费用、评估费用、资信评级费用、信息披露及路演推介费用、上网发行手续费共计3万元。债券票面利率5%（按年付息），市场利率6%。该公司规定，债券发行1年后可转换为股份，每100元债券转换普通股5股，每股面值18元。20×3年5月1日，龙进股份有限公司可转换债券全部都转换了股票。龙进股份有限公司有关计算及账务处理如下[注]：

（1）20×2年1月1日对债券进行拆分（负债部分的现值按6%的折现率计算）。

1）第3年年末应付本金150万元的现值 $= 150 \times (1 + 6\%)^{-3}$

$$= 150 \times 0.839\ 619 = 126\ （万元）$$

2）3年内每年应付利息7.5万元的现值 $= 7.5 \times [1 - (1 + 6\%)^{-3}] \div 6\%$

$$= 7.5 \times 2.673\ 012 = 20\ （万元）$$

3）负债部分总额 = 1）+ 2）= 126 + 20 = 146（万元）

4）债券发行总收入 = 150（万元）

5）所有者权益部分 = 4）- 3）= 150 - 146 = 4（万元）

6）负债部分分摊发行费用 = 3 × (146 ÷ 150) = 2.92（万元）

7）权益工具部分分摊发行费用 = 3 × (4 ÷ 150) = 0.08（万元）

（2）20×2年1月1日发行可转换公司债券收款150万元，扣除发行费用3万元，按收款净额147万元（负债 = 146 - 2.92 = 143.08；权益 = 4 - 0.08 = 3.92）入账时：

借：银行存款 147万元
  应付债券——可转换永续债（利息调整）(150 - 143.08) 6.92万元
 贷：应付债券——可转换永续债（面值） 150万元
   其他权益工具——可转换永续债（股份转换权） 3.92万元

（3）20×2年12月31日计算应付债券利息7.5万元（150×5%），并采用实际利率法摊销折价8.584 8万元[(150 - 6.92)×6%]时：

借：财务费用 8.584 8万元
 贷：应付利息 7.5万元
   应付债券——可转换永续债（利息调整） 1.314 8万元

实际支付利息7.5万元时：

借：应付利息 7.5万元
 贷：银行存款 7.5万元

（4）20×3年4月30日，债券转换前计提和实际支付利息时：

借：财务费用 [(150 - 6.92 + 1.314 8)×6%×4/12] 2.883 3万元
 贷：应付利息（150×5%×4/12） 2.5万元
   应付债券——可转换永续债（利息调整） 0.383 3万元

借：应付利息 2.5万元
 贷：银行存款 2.5万元

[注] 参考朱亮峰《复合金融工具的核算——以凤煤能源发行可转换公司债券为例》，《财务与会计》2015年第3期第47~49页。

（5）20×3 年 5 月 1 日转换为股票时：

借：应付债券——可转换永续债（面值）   150 万元

     其他权益工具——可转换永续债（股份转换权）   3.92 万元

    贷：应付债券——可转换永续债（利息调整）   5.451 9 万元

       股本（150÷100×5×18）   135 万元

       资本公积——股本溢价   13.468 1 万元

（七）附认股权证的债券的核算

认股权证又称股票购买权证或认股凭单，是指公司在发行债券（或优先股股票）时发生的给予购买债券（或优先股股票）人享有按一定认购价格，在规定时间内购买一定数量普通股票的权利证书。由于认股权证可以购买普通股票，所以债券利率可以定得较低，以便节省举债成本。附认股权证的债券分为附可分离认股权证的债券和附不可分离认股权证的债券两种。

1. 企业债券发行时附可分离认股权证

可分离认股权证是指认股权证不与债券连在一起，持券人可将认股权证直接出售获利或购买普通股票。发行附可分离认股权证的债券时，应把发行净收入按认股权证和债券的公允价值，在这两种证券间分配，由债券负担的部分作为企业负债，由认股权证负担的部分作为资本公积处理。债券的公允价值等于债券到期应支付的面值的贴现值加上各期应计利息的贴现值；认股权证的公允价值等于发行净收入与债券公允价值的差额（差额为负，认股权证的公允价值以零表示）。

【例 21】 康正公司以 1 040 元的价格发行 5 年期、面值 1 000 元的债券 100 张。如果不附认股权证，每张市价（公允价值）1 035 元。该公司每张债券附一张认股权证，认股权证每张市价 5 元。该公司发行附认股权证的债券共收款 104 000 元，存入银行，做如下会计分录：

借：银行存款   104 000

    贷：应付债券——面值   100 000

              ——利息调整   3 500

     资本公积 [（1 040 − 1 035）×100]   500

如果康正公司以 1 040 元的价格发行债券时，债券市价为 1 038 元，认股权证为 6 元，则

$$\text{认股权证分配价值} = 104\,000 \times \frac{6 \times 100}{1\,038 \times 100 + 6 \times 100} = 598 \text{（元）}$$

$$\text{债券分配价值} = 104\,000 \times \frac{1\,038 \times 100}{1\,038 \times 100 + 6 \times 100} = 103\,402 \text{（元）}$$

经计算，债券面值为 100 000 元（记入"应付债券——面值"明细科目），溢价 3 402 元（记入"应付债券——利息调整"明细科目），认股权证 598 元（记入"资本公积——其他资本公积"科目）。

2. 企业债券发行时附不可分离认股权证

这种债券与认股权证连在一起，不可分离。如要行使认股权利，必须交出企业债券，其性质和可转换债券相同。因此，发行附不可分离认股权证的债券核算比照可转换公司债券进行。

第四节　长期应付款

长期应付款是指长期负债中除长期借款、应付债券以外的超过一年以上的其他各种应付款项，包括应付融资租入固定资产的租赁费、以分期付款方式购入的固定资产、采用补偿贸易方式引进的国外设备价款等。其中，应付融资租入固定资产租赁费的核算见第七章固定资产例10，采用补偿贸易方式引进国外设备价款的核算见第七章固定资产例11。这里以分期付款方式购入固定资产为例说明长期应付款的核算。

【例22】　大淮厂某年初采用分期付款方式购入一台设备。设备款（含增值税）共900万元，分3年等额支付（每年年末付款），折现率（实际利率）6%。

（1）购入设备现值 $= 300 \times \dfrac{1 - (1 + 6\%)^{-3}}{6\%} = 300 \times 2.673 = 801.9$（万元）

借：固定资产		8 019 000
未确认融资费用		981 000
贷：长期应付款——分期应付设备款		9 000 000

说明：非租赁业务，"未确认融资费用"作一级会计科目使用。若为融资租赁业务，则"未确认融资费用"作二级会计科目使用，即设置"租赁负债——未确认融资费用"科目核算融资租赁业务。

（2）第1年年末，按实际利率法分期摊销未确认融资费用48.1万元（801.9×6%）时：

借：财务费用	481 000
贷：未确认融资费用	48 1000

（3）第1年年末，支付设备款300万元时：

借：长期应付款——分期应付设备款	3 000 000
贷：银行存款	3 000 000

（4）第2年年末，按实际利率法分期摊销未确认融资费用33万元｛[801.9 − (300 − 48.1)] × 6%｝时：

借：财务费用	330 000
贷：未确认融资费用	330 000

（5）第2年年末，支付设备款300万元时：

借：长期应付款——分期应付设备款	3 000 000
贷：银行存款	3 000 000

（6）第3年年末，按实际利率法分期摊销未确认融资费用17万元｛[801.9 − (300 − 48.1) − (300 − 33)] × 6%｝时：

借：财务费用	170 000
贷：未确认融资费用	170 000

（7）第3年年末，支付设备款300万元时：

借：长期应付款——分期应付设备款	3 000 000
贷：银行存款	3 000 000

以上"未确认融资费用"3年摊销总额 = 48.1 + 33 + 17 = 98.1（万元）。

第五节 其他长期负债

其他长期负债是指除了长期借款、应付债券、长期应付款以外的偿还期限在一年或超过一年的一个营业周期以上的债务，包括专项应付款、预计负债、递延所得税负债、特准储备基金、中期票据等。其中，预计负债已在第六至九章中阐述，特准储备基金已在第八章第五节阐述，递延所得税负债将在第十一章中阐述。本节主要介绍专项应付款和中期票据的核算。

一、专项应付款

专项应付款是指政府作为企业所有者投入的具有专项或特殊用途的款项。例如，国家拨给国有企业用于研究开发方面的款项（包括新产品试制、中间试验和重要科学研究等）、科技创新发展方面的款项（包括科技发展基金、技术创新基金等）。企业可用专项拨款支付新产品设计费，工艺规程制定费，设备调试费，原材料和半成品的试验费，技术图书资料费，未列入国家计划的中间试验费，研究人员的薪酬，研究设备的折旧，与新产品试制、技术研究有关的其他经费，委托其他单位进行的科研试制费用以及试制失败损失。这些费用支出基本上是消耗性质的支出。我国规定，企业使用国家专项拨款进行研究和开发活动，应将所发生的研究和开发费用冲减专项拨款。需要说明的是，如果动用专项拨款进行资本性支出，如购买固定资产等，应视为国家投入资金，转作资本公积。专项应付款的账务处理如下：

（1）企业收到专项拨款时：

借：银行存款 ×××
  贷：专项应付款 ×××

（2）动用专项拨款支付各项费用时：

借：专项应付款 ×××
  贷：银行存款 ×××

（3）动用专项拨款购买固定资产时：

借：固定资产 ×××
  贷：银行存款 ×××
借：专项应付款 ×××
  贷：资本公积——资本溢价 ×××

（4）将专项拨款用于工程项目时：

借：在建工程 ×××
  贷：银行存款 ×××

（5）工程项目完工形成长期资产时：

借：专项应付款 ×××
  贷：资本公积——资本溢价 ×××

（6）工程项目完工未形成长期资产需要核销的部分：

借：专项应付款 ×××
  贷：在建工程 ×××

（7）拨款项目完成以后，多余拨款返还时：

借：专项应付款　　　　　　　　　　　　　　　　　　　　　×××

　　贷：银行存款　　　　　　　　　　　　　　　　　　　　　　×××

（8）专项拨款核算的"资本溢价"转增实收资本或股本时：

借：资本公积——资本溢价　　　　　　　　　　　　　　　　　×××

　　贷：实收资本或股本　　　　　　　　　　　　　　　　　　　×××

二、中期票据的核算

我国目前发行 1 年期（含 1 年期）内的"短期融资券"通过"交易性金融负债"科目核算。企业发行"中期票据"的期限往往超过 1 年。例如，徐州矿务集团 2010 年 2 月 9 日在银行间市场发行 2010 年度第一期中期票据，发行面值 12 亿元人民币（面值 100 元/张，共 1 200 万张），期限为 3 年，每年 2 月 10 日按固定利率付息，到期还本。企业发行中期票据通过设置"应付债券——永续债"科目进行核算（西方国家通过设置"长期应付票据"科目核算）。

（1）企业面值发行或折价发行中期票据成功时，按票据面值扣除发行费用的净额入账：

借：银行存款　　　　　　　　　　　　　　　　　　　　　（实收净款）

　　应付债券——永续债（利息调整）　　　　　　　　　　　　（差额）

　　贷：应付债券——永续债（面值）　　　　　　　　　　　（票面价值）

若企业溢价发行中期票据，则贷记"应付债券——永续债（利息调整）"科目。

（2）企业期末计算应付利息（1 年内支付的通过"应付利息"科目核算，超过 1 年的通过"应付债券——应计利息"科目核算）并推销折价时：

借：财务费用　　　　　　　　　　　　　　　　　　　　　　　×××

　　贷：应付利息或应付债券——应计利息　　　　　　　　　　　×××

　　　　应付债券——永续债（利息调整）　　　　　　　　　　　×××

（3）企业按期付息时：

借：应付利息或应付债券——应计利息　　　　　　　　　　　　×××

　　贷：银行存款　　　　　　　　　　　　　　　　　　　　　　×××

（4）中期票据到期，企业偿还本金时：

借：应付债券——永续债（面值）　　　　　　　　　　　　　　×××

　　贷：银行存款　　　　　　　　　　　　　　　　　　　　　　×××

第十一章

收入、费用和利润

第一节　营业收入的核算

一、营业收入的内容

我国《企业会计准则第14号——收入》（以下简称"收入准则"）定义的收入，是指企业在日常活动中形成的，会导致所有者权益增加的，与所有者投入资本无关的经济利益的总流入。包括销售商品收入、提供劳务收入和其他单项履约义务收入。我国会计准则定义的收入指的是营业收入，企业主要设置"主营业务收入"科目和"其他业务收入"科目核算。

1. 主营业务收入

主营业务收入是指企业在销售商品和提供劳务等主要经营业务中取得的收入。在工业企业，主营业务收入包括销售库存商品、自制半成品和提供工业性劳务等所取得的收入；在商品流通企业，它包括商品销售收入（包括自购自销商品收入、代销商品收入）和代购代销手续费收入；在施工企业，它包括承包工程实现的工程价款结算收入和向发包单位收取的各种索赔款等；在房地产开发企业，它是指对外转让土地、销售商品房和代建工程的结算收入以及出租开发产品所取得的收入等；在交通运输企业，它是指旅客和货物的运输收入、装卸收入、堆存收入等；在旅游及服务企业，它包括客房收入、餐饮收入、服务收入（如咨询服务收入、开发软件收入）等。

2. 其他业务收入

其他业务收入是指除主营业务活动以外的其他经营活动实现的收入，包括出租固定资产、出租无形资产、出租包装物、出租商品、材料销售、材料交换、材料抵债、代购代销、技术转让、受托管理业务收取的管理费收入等。其特点是，每笔业务金额一般较小，收入不十分稳定，服务对象不太固定，占营业收入的比重较低。

3. 主营业务收入和其他业务收入的划分目的

对主营业务收入和其他业务收入分开核算，目的是加强对主营业务收入的考核与管理，突出生产经营工作的重点。需要说明的是，主营业务是相对于非主营业务而言的。一个企业属于主营业务的内容，在另一个企业则作为其他业务处理，反之亦然。例如，工业企业的加工装配收入是主营业务收入（工业性劳务），而在其他企业（如商品流通企业）则作为其他业务收入；又如，运输收入、房地产收入、旅游饮食服务收入，在各该企业作为主营业务收入，而在其他企业则作为其他业务收入。随着经济的发展，企业的经营范围呈多样性，既搞工业，又搞商业，还搞旅游、房地产等，主营业务和其他业务的划分具有一定的变动性，其划分依据以经营的重心及其在收入中所占的比重为准。

二、收入的确认与计量

(一) 收入的确认

1. 收入确认的含义及依据

收入的确认是指营业收入记账时间的确定，也即在会计核算中根据何种依据确认营业收入已经实现。收入准则第四条规定："企业应当在履行了合同中的履约义务，即在客户取得相关商品控制权时确认收入。取得相关商品控制权，是指能够主导该商品的使用并从中获得几乎全部的经济利益，也包括有能力阻止其他方主导该商品的使用并从中获得经济利益。"收入准则对收入确认的规定，是以商品的控制权转移为依据，且站在客户的角度进行分析和判断。客户取得商品控制权同时包括三项要素：一是客户拥有现时主导转移商品的权利，具有从中获益的能力。如果客户只能在未来的某一期间主导该商品的使用并从中获益，则表明其尚未取得该商品的控制权。二是客户能够主导该商品的使用。不仅客户自身在其活动中有权使用该商品，而且能够允许或阻止其他方使用该商品。三是客户能够获得商品几乎全部的经济利益。所谓商品的经济利益，是指该商品的潜在现金流量，既包括现金流入的增加，也包括现金流出的减少。客户可以通过使用、消耗、出售、处置、交换、抵押或持有等多种方式直接或间接地获得商品的经济利益。

收入准则第五条规定，当企业与客户之间的合同同时满足下列条件时，企业应当在客户取得相关商品控制权时确认收入：

（1）合同各方已批准该合同并承诺将履行各自义务。

（2）该合同明确了合同各方与所转让商品或提供劳务（以下简称"转让商品"）相关的权利和义务。

（3）该合同有明确的与所转让商品相关的支付条款。

（4）该合同具有商业实质，即履行该合同将改变企业未来现金流量的风险、时间分布或金额。

（5）企业因向客户转让商品而有权取得的对价很可能收回。

以上五条规定均围绕"合同"展开。收入准则所称的合同，是指双方或多方之间订立的有法律约束力的权利义务的协议。它包括书面形式、口头形式以及其他形式（如隐含于商业惯例或企业以往的习惯做法中等）。企业与客户之间签订的合同同时满足上述五项条件的，且在合同开始日（通常是指合同生效日）履行了合同中的履约义务的，被认为客户取得相关商品控制权，企业即可确认收入。关于合同问题有必要说明以下两点：

一是合同合并问题。企业与同一客户（或该客户的关联方）同时订立或在相近时间内先后订立的两份或多份合同，在满足特定条件时（如基于同一商业目的而订立并构成的"一揽子交易"等）应当合并为一份合同进行会计处理。

二是合同变更问题。应分三种情况对合同变更分别进行会计处理：①合同变更部分作为单独合同。②合同变更作为原合同终止及新合同订立。③合同变更部分作为原合同的组成部分。

2. 单项履约义务收入的确认

收入准则第九条规定："合同开始日，企业应当对合同进行评估，识别该合同所包含的各单项履约义务，并确定各单项履约义务是在某一时段内履行，还是在某一时点履行，然后，在履行了各单项履约义务时分别确认收入。履约义务，是指合同中企业向客户转让可明确区分商品的承诺。履约义务既包括合同中明确的承诺，也包括由于企业已公开宣布的政策、特定声明或以往的习惯做法等导致合同订立时客户合理预期企业将履行的承诺。企业为履行合同而应开展的初始活动，通常不构成履约义务，除非该活动向客户转让了承诺的商品。企业向客户转让一系列实质相同且转让模式相同的、可明确区分商品的承诺，也应当作为单项履约义务。"从这一规定中可见，单项履约义务收入的确认应分两种情况：一是时段收入的确认；二是时点收入的确认。

（1）在某一时段内履行的履约义务收入的确认。收入准则第十二条规定："对于在某一时段内履行的履约义务，企业应当在该段时间内按照履约进度确认收入，但是，履约进度不能合理确定的除外。企业应当考虑商品的性质，采用产出法或投入法确定恰当的履约进度。其中，产出法是根据已转移给客户的商品对于客户的价值确定履约进度；投入法是根据企业为履行履约义务的投入确定履约进度。对于类似情况下的类似履约义务，企业应当采用相同的方法确定履约进度。当履约进度不能合理确定时，企业已经发生的成本预计能够得到补偿的，应当按照已经发生的成本金额确认收入，直到履约进度能够合理确定为止。"下面举例说明产出法、投入法、成本法的应用。

【例1】 甲建筑安装公司与 A 客户签订合同，为 A 客户楼房更换旧门窗100扇，合同款项共 113 万元（合同价格 100 万元 + 增值税 13 万元）。截至 2019 年 12 月 31 日，甲建筑安装公司共更换门窗 70 扇，剩余部分预计在 2020 年 3 月 31 日之前完成。

该合同仅包含一项履约义务，且该履约义务满足在某一时段内履行的条件。甲建筑安装公司按照已完成的工作量（产出法）确定履约进度：截至 2019 年 12 月 31 日，该合同的履约进度为 70%（70÷100），甲建筑安装公司确认的收入（时段收入）为 70 万元（100 万元价格×当年履约进度 70%，增值税另计）。2020 年 3 月 31 日，甲建筑安装公司再确认次年收入（时段收入）为 30 万元（100 万元价格×次年履约进度 30%）。

【例2】 甲建筑安装公司与 B 客户签订合同，为 B 客户更新生产线，合同款项共 169.5 万元（合同价格 150 万元 + 增值税 19.5 万元）。截至 2019 年 12 月 31 日，甲建筑安装公司为更新生产线实际投入的材料数量、花费的人工工时等指标确定履约进度为 80%。2019 年 12 月 31 日，甲建筑安装公司采用投入法确定收入（时段收入）120 万元（150 万元价格×当年履约进度 80%，增值税另计）。2020 年 2 月 29 日，甲建筑安装公司再确认次年收入（时段收入）为 30 万元（150 万元价格×次年履约进度 20%）。

【例3】 依例2，如果甲建筑安装公司为 B 客户更新生产线采用"成本法"确认收入。合同预算总成本 130 万元，2019 年 12 月 31 日累计发生直接人工、直接材料、分包成本以及其他与合同相关的成本共计 100 万元（其中，更新生产线的过程中尚未使用的材料成本但与合同未来活动相关的合同成本 2.5 万元，不属于实际发生的成本应予扣除）。2019 年 12 月 31 日，甲建筑安装公司计算履约进度 =（100 − 2.5）÷130×100% = 75%；确认收入（时段收入）= 150×75% = 112.5（万元），增值税另计；次年 2 月 29 日再确认收入 37.5 万元（150×25%）。

（2）在某一时点履行的履约义务收入的确认。收入准则第十三条规定，对于在某一时点履行的履约义务，企业应当在客户取得相关商品控制权时点确认收入。在判断客户是否已取得商品控制权时，企业应当考虑下列迹象：

（1）企业就该商品享有现时收款权利，即客户就该商品负有现时付款义务。

（2）企业已将该商品的法定所有权转移给客户，即客户已拥有该商品的法定所有权。

（3）企业已将该商品实物转移给客户，即客户已实物占有该商品。

（4）企业已将该商品所有权上的主要风险和报酬转移给客户，即客户已取得该商品所有权上的主要风险和报酬。

（5）客户已接受该商品。

（6）其他表明客户已取得商品控制权的迹象。

（二）收入的计量

收入准则第十四条规定："企业应当按照分摊至各单项履约义务的交易价格计量收入。交易价格，是指企业因向客户转让商品而预期有权收取的对价金额。企业代第三方收取的款项以及企业预期将退还给客户的款项，应当作为负债进行会计处理，不计入交易价格。"

1. 确定交易价格应考虑的因素

收入准则第十五条规定："在确定交易价格时，企业应当考虑可变对价、合同中存在的重大融资成分、非现金对价、应付客户对价等因素的影响。"

（1）可变对价。企业与客户的合同中约定的对价金额可能是固定的，也可能会因折扣、价格折让、返利、退款、奖励积分、激励措施、业绩奖金、索赔等因素而变化。收入准则第十六条规定："合同中存在可变对价的，企业应当按照期望值或最可能发生金额确定可变对价的最佳估计数，但包含可变对价的交易价格，应当不超过在相关不确定性消除时累计已确认收入极可能不会发生重大转回的金额。企业在评估累计已确认收入是否极可能不会发生重大转回时，应当同时考虑收入转回的可能性及其比重。"关于"期望值"，是按照各种可能发生的对价金额及相关概率计算确定的金额。关于"最可能发生金额"，是一系列可能发生的对价金额中最可能发生的单一金额，即合同最可能产生的单一结果。

【例4】 20×0年2月25日，甲公司向乙零售商销售800台电视机，每台价格为3 390元（其中价款3 000万元，增值税390万元），合同价款合计271.2万元。销售合同规定，甲公司向乙零售商提供价格保护，同意在未来6个月内，如果同款电视机售价下降，则按照合同价格与最低售价之间的差额向乙公司支付差价。甲公司根据以往执行类似合同的经验，预计各种结果发生的概率情况是：每台3 390元的概率40%；每台3 190元的概率30%；每台2 890元的概率20%；每台1 390元的概率10%。甲公司估计交易价格（期望值）为每台3 030元（3 390×40% + 3 190×30% + 2 890×20% + 1 390×10%），其中，价款2681.42元（3030÷1.13），增值税销项税额348.58元（2681.42×13%）。

【例5】 20×0年4月18日，东海建筑公司为W客户建造一栋厂房，合同约定的结算款项为200万元。但是，如果东海建筑公司不能在合同签订之日起的150天内竣工，则须支付10万元罚款，该罚款从合同结算款项中扣除。东海建筑公司对合同结果做出的估计是：工程按时完工的概率为90%，工程延期的概率为10%。

通过分析例5，该合同的对价金额实际由两部分组成：190万元的固定款项和10万元的可变对价。由于该合同涉及两种可能结果（按期竣工结算金额200万元；超期竣工结算金额190万元），东海建筑公司认为，"最可能发生金额"是预测数值中最有权获取的对价金额，即合同确定的交易价格200万元（它是最可能发生的单一金额，而不是可能发生的两个金额）。

（2）合同中存在的重大融资成分。当企业将商品的控制权转移给客户的时间与客户实际付款的时间不一致时，如销售单位要求客户支付预付款等，如果销售单位收取的预付款很大，则就存在了"融资成分"。收入准则第十七条规定："合同中存在重大融资成分的，企业应当按照假定客户在取得商品控制权时即以现金支付的应付金额确定交易价格。该交易价格与合同对价之间的差额，应当在合同期间内采用实际利率法摊销。合同开始日，企业预计客户取得商品控制权与客户支付价款间隔不超过一年的，可以不考虑合同中存在的重大融资成分。"

（3）非现金对价。当企业因转让商品所有权向客户收取的对价是非现金形式时，如实物资产、无形资产、股权、客户提供的广告服务等。企业通常应当按照非现金对价的公允价值计量。收入准则第十八条规定：客户支付非现金对价的，企业应当按照非现金对价的公允价值确定交易价格。非现金对价的公允价值不能合理估计的，企业应当参照其承诺向客户转让商品的单独售价间接确定交易价格。非现金对价的公允价值因对价形式以外的原因而发生变动的，应当作为可变对价，按照期望值或最可能发生金额确定可变对价的最佳估计数进行会计处理。单独售价是指企业向客户单独销售商品的价格。

（4）应付客户对价。应付客户对价是指企业在向客户转让商品的同时，需要向客户或第三方（客户的客户）支付赠品、优惠券、兑换券等行为。收入准则第十九条规定："企业应付客户（或向客户购买本企业商品的第三方，本条下同）对价的，应当将该应付对价冲减交易价格，并在确认相关收入与支付（或承诺支付）客户对价二者孰晚的时点冲减当期收入，但应付客户对价是为了向客户取得其他可明确区分商品的除外。企业应付客户对价是为了向客户取得其他可明确区分商品的，应当采用与本企业其他采购相一致的方式确认所购买的商品。企业应付客户对价超过向客户取得可明确区分商品公允价值的，超过金额应当冲减交易价格。向客户取得的可明确区分商品公允价值不能合理估计的，企业应当将应付客户对价全额冲减交易价格。"

2. 将交易价格分摊至各单项履约义务

当合同中包含两项或多项履约义务时，企业需要将交易价格分摊至各单项履约义务，以使企业分摊至各单项履约义务（或可明确区分的商品）的交易价格能够反映其因向客户转让已承诺的相关商品而预期有权收取的对价金额。

（1）分摊的一般原则。合同中包含两项或多项履约义务的，企业应当在合同开始日，按照各单项履约义务所承诺商品的单独售价的相对比例，将交易价格分摊至各单项履约义务。

【例6】 汤阳商场与 N 客户签订合同，向其销售 A、B、C 三种商品，合同款项共计20 000元。A、B、C 商品的单独售价分别为 8 000 元、4 200 元和 12 800 元，合计 25 000 元。要求按照单独售价比例分摊。

A 商品分摊的交易价格 = (8 000 ÷ 25 000) × 20 000 = 6 400 (元)

B 商品分摊的交易价格 = (4 200 ÷ 25 000) × 20 000 = 3 360 (元)

C 商品分摊的交易价格 = (12 800 ÷ 25 000) × 20 000 = 10 240 (元)

需要说明的是：上述分配标准是系列商品的单独售价，是分配标准的最佳证据。如果单独售价无法直接观察，可采用市场调整法、成本加成法、余值法等方法合理估计单独售价。其中，余值法是指企业根据合同交易价格减去合同中其他商品可观察单独售价后的余额，确定某商品单独售价的方法。

（2）分摊合同折扣。当客户购买的一组商品中所包含的各单项商品的单独售价之和高于合同交易价格时，表明客户因购买该组商品而取得了合同折扣。合同折扣是指合同中各单项履约义务所承诺商品的单独售价之和高于合同交易价格的金额。

【例7】 依例6（略有调整），A、B、C 三种商品的合同交易价格 20 000 元（价税合计，下同），三种商品构成三项履约义务。汤阳商场经常以 8 000 元的价格单独出售 A 商品，其单独售价可直接观察；但 B 商品和 C 商品的单独售价不可直接观察。汤阳商场采用市场调整法估计 B 商品单独售价为 4 200 元，采用成本加成法估计的 C 商品单独售价为 12 800 元。汤阳商场通常以 8 000 元的价格单独销售 A 商品，往往将 B 商品和 C 商品组合在一起以 12 000 元的价格销售。

本例中，三种商品的单独售价合计为 25 000 元（8 000＋4 200＋12 800），而销售合同的价格为 20 000 元，该合同的整体折扣为 5 000 元。由于汤阳商场经常将 B 商品和 C 商品组合在一起以 12 000 元的价格销售，该 12 000 元的价格与 B、C 单独售价之和 17 000 元（4 200＋12 800）的差额为 5 000 元，与该合同的整体折扣 5 000 元一致（25 000－20 000＝17 000－12 000），而 A 商品单独销售的价格与其单独售价一致 [均为 8 000 元，其中，价款＝8 000÷1.13＝7 080（元），增值税＝7 080×13%＝920（元）]，证明该合同的整体折扣仅应归属于 B 商品和 C 商品。因此，在该合同下，分摊至 A 商品的交易价格为 8 000 元，分摊至 B 商品和 C 商品的交易价格合计为 12 000 元。汤阳商场将 12 000 元在 B 商品和 C 商品之间按单独售价的相对比例进行分摊：

B 商品分摊的交易价格＝（4 200÷17 000）×12 000＝2 965（元）

其中，价款 2 624 元（2 965÷1.13），增值税 341 元（2 624×13%）。

C 商品分摊的交易价格＝（12 800÷17 000）×12 000＝9 035（元）

其中，价款 7 996 元（9 035÷1.13），增值税 1 039 元（7 996×13%）。

通过以上分摊，汤阳商场销售 A、B、C 三种商品的交易价格分别为 8 000 元、2 965 元、9 035 元，合计 20 000 元。

合同的整体折扣 5 000 元＝B 商品分摊 1235 元（4 200－2 965）＋C 商品分摊 3765 元（12 800－9 035）

（3）分摊可变对价。有时，企业销售合同中包含可变对价。该可变对价可能与整个合同相关，也可能仅与合同中的某一特定组成部分有关（如为期 2 年的保洁服务合同中，第 2 年的服务价格将根据指定的通货膨胀率确定）。企业应当将可变对价及可变对价的后续变动额全部分摊至与之相关的某项履约义务，或者构成单项履约义务的一系列可明确区分商品中的某项商品。

【例8】 通达科技公司与慧丰公司签订合同，将其拥有的两项专利技术 β 和 γ 授权给慧丰公司使用。两项授权均分别构成单项履约义务，且都属于在某一时点履行的履约义务。两项专利技术 β 和 γ 的单独售价分别为 113 万元和 136 万元。但合同约定，授权慧丰公司使用专利技术 β 的价格为 113 万元，授权慧丰公司使用专利技术 γ 的价格为慧丰公司使用该专利技术所生产的产品销售额的 5%。由此可见，转让 β 专利技术的特许权使用费 113 万元是固定对价，转让 γ 专利技术的特许权使用费是可变对价，可变对价需要分摊。

20×0 年 4 月 5 日，通达科技公司转让专利技术 β 和 γ 时，将 β 专利技术的使用费 113 万元中的价款 100 万元的固定价款作为"其他业务收入"入账；同时，预计慧丰公司使用 β 专利技术后取得的产品销售收入在当年年末能够达到 2 700 万元，则确认 γ 专利技术的使用费为 135 万元（2 700×5%），其中，价款 119 万元（135÷1.13）为可变价款作为"其他业务收入"入账。显而易见，通达科技公司将可变对价部分的特许权使用费金额全部由 γ 专利技术承担，更符合交易价格的分摊目标。

三、主营业务收入及其相关业务核算

（一）主营业务收入的账务处理（以工业企业为例）

【例9】　都江厂12月2日销售甲产品100台，每台售价1 000元，增值税13 000元；销售乙产品60件，每件售价50元，增值税390元。购方交来转账支票一张，结算款项共计116 390元，货自提。都江厂做如下会计分录：

借：银行存款　　　　　　　　　　　　　　　　　116 390
　　贷：主营业务收入——甲　　　　　　　　　　　　100 000
　　　　　　　　　　——乙　　　　　　　　　　　　　3 000
　　　　应交税费——应交增值税（销项税额）　　　　 13 390

【例10】　都江厂12月8日向A公司发出甲产品140台，每台售价1 050元，增值税19 110元；发出乙产品40件，每件售价55元，增值税286元。该厂发货时用转账支票支付代垫运杂费1 636元；发货后随即到银行办妥了托收承付结算手续，共托收款项170 232元。都江厂估计收回该货款不成问题，于办妥托收手续时做如下会计分录：

借：应收账款——A公司　　　　　　　　　　　　　　1 636
　　贷：银行存款　　　　　　　　　　　　　　　　　　1 636
借：应收账款——A公司　　　　　　　　　　　　　 168 596
　　贷：主营业务收入——甲　　　　　　　　　　　　147 000
　　　　　　　　　　——乙　　　　　　　　　　　　　2 200
　　　　应交税费——应交增值税（销项税额）　　　　 19 396

【例11】　都江厂12月12日向B单位赊销甲产品50台，专用发票上单价1 060元，增值税共计6 890元，提供的现金折扣条件是"2/10、n/30"。B单位12月21日偿付了全部货款。

（1）都江厂12月12日赊销时：

借：应收账款——B单位　　　　　　　　　　　　　　59 890
　　贷：主营业务收入——甲　　　　　　　　　　　　 53 000
　　　　应交税费——应交增值税（销项税额）　　　　　6 890

（2）都江厂12月21日收款时：

借：银行存款　　　　　　　　　　　　　　　　　　 58 830
　　财务费用（53 000×2%）　　　　　　　　　　　　 1 060
　　贷：应收账款——B单位　　　　　　　　　　　　 59 890

【例12】　12月23日，都江厂上月向C单位销售甲产品30件，货款33 900元（价款30 000元，增值税3 900元）未收，今天，收到C单位来函，认为商品质量不符合要求，要求让价10%，否则退货。都江厂同意让价10%，12月26日收到货款。都江厂12月26日做如下会计分录：

借：银行存款（33 300×90%）　　　　　　　　　　　30 510
　　主营业务收入——甲（33 900×10%÷1.13）　　　　 3 000
　　应交税费——应交增值税（销项税额）　　　　　　　390
　　贷：应收账款——C单位　　　　　　　　　　　　 33 900

【例13】 12月27日，都江厂上月售给 D 单位甲产品 10 台本月全部退回，该厂退回了上月已收的款项 11 300 元（价款 10 000 元，增值税 1 300 元）。都江厂做如下会计分录：

借：主营业务收入——甲　　　　　　　　　　　　　　　　10 000
　　应交税费——应交增值税（销项税额）　　　　　　　　 1 300
　　　贷：银行存款　　　　　　　　　　　　　　　　　　　　　　11 300

以上都江厂业务登入主营业务收入明细账，见表 11-1。

表 11-1　主营业务收入明细账　　　　　　　　　（金额单位：元）

××××年		凭证号数	摘　要	借　方	贷　方					余　额
月	日				甲产品		乙产品		收入合计	
					数量（台）	金额	数量（件）	金额		
11	30		1～11月累计	2 992 560	2 820	2 939 060	1 000	53 500	2 992 560	0̄
12	2	⑨	销售收款		100	100 000	60	3 000	103 000	
12	8	⑩	销售应收		140	147 000	40	2 200	149 200	
12	12	⑪	销售应收		50	53 000			53 000	
12	23	⑫	销售折让			3 000			3 000	
12	23	⑬	销售退回		10	10 000			10 000	292 200
12	31	㊳	结转销售收入	292 200						
12	31		12 月月结	292 200	280	287 000	100	5 200	292 200	0̄
12	31		1～12 月累计	3 284 760	3 100	3 226 060	1 100	58 700	3 284 760	0̄

注：表中结转销售收入应和后述成本、税金及附加费用一起处理。

（二）主营业务成本的计算与结转

主营业务实际成本的计算，可采用先进先出法、加权平均法、移动平均法、后进先出法、个别计价法、毛利率等方法。《企业会计准则第 1 号——存货》规定采用先进先出法、加权平均法或个别计价法确定发出存货的实际成本。成本的结转方法有月终结转法（工业企业、商业批发企业、施工企业、房地产等企业采用）和随时结转法（商业零售企业、图书发行等企业采用）。下面以工业企业为例予以说明（仍用前述例 9 至例 13），库存商品明细分类账（以甲产品为例，本月 7 日入库 160 台、20 日入库 145 台），见表 11-2。

表 11-2　库存商品明细分类账

产品名称：甲产品　　　　　　规格：　　　　　　　（计量单位：台，金额单位：元）

××××年		凭证		摘　要	收　入			发　出			结　存		
月	日	字	号		数量	单价	金额	数量	单价	金额	数量	单价	金额
12	1			月初结存							200	903.90	180 780
12	2	提	①	发出				100					
12	7	交	①	入库	160								
12	8	提	②	发出				140					
12	12	提	③	发出				50					
12	20	交	②	入库	145								
12	27	交	③	退货				10					
12	31			12 月月结	305	915	279 075	280	910.60	254 968	225	910.61	204 887

注：发出单价按全月一次加权平均法计算：（180 780 + 279 075）÷（200 + 305）≈910.60（元/台）；结存金额 = 180 780 + 27 905 – 254 968 = 204 887（元）；结存单价 = 204 887÷225 ≈910.61（元/台）。

【**例 14**】 根据库存商品明细账发出金额栏编制结转产品发出成本的会计分录如下（表 11-3 中甲产品发出成本为 254 968 元，另查乙产品明细账发出成本为 3 700 元）：

借：主营业务成本——甲 254 968

　　　　　　　——乙 3 700

　　贷：库存商品——甲 254 968

　　　　　　　——乙 3 700

根据以上会计分录登入主营业务成本明细账，见表 11-3。

表 11-3　主营业务成本明细账 （单位：元）

××××年		凭证号数	摘　要	借　方			贷　方	余　额
月	日			甲产品成本	乙产品成本	合　计		
11	30		1～11月累计	2 887 995	42 081	2 930 076	2 930 076	0̄
12	31	⑨	结转产品发出成本	254 968	3 700	258 668		258 668
12	31	㊳	结转产品销售成本				258 668	
12	31		12月月结	254 968	3 700	258 668	258 668	0̄
12	31		1～12月累计	3 142 963	45 781	3 188 744	3 188 744	0̄

（三）税金及附加的计算与结转

工业企业税金及附加包括应由销售产品或提供劳务等负担的消费税、资源税、城市维护建设税、教育费附加、房产税、车船税、土地使用税和印花税等，不包括作为价外税处理的增值税，但其中有关项目的计算与应交增值税有关。

1. 消费税

消费税是指对生产、委托加工和进口应税消费品的单位和个人所征收的一种税。应税消费品（2009 年 1 月 1 日调整实施）包括：烟（税率有 30%、36% 加 0.003 元/支、56% 加 0.003 元/支）、酒及酒精（白酒税率 20% 加 0.5 元/500g 或 500mg，黄酒每吨 240 元，啤酒每吨 220 元、225 元，其他酒 10%，酒精 5%）、化妆品（30%）、贵重首饰及珠宝玉石（5%、10%）、鞭炮焰火（15%）、高尔夫球及球具（10%）、高档手表（20%）、游艇（10%）、木制一次性筷子（5%）、实木地板（5%）、成品油（汽油每升 0.10 元、1.40 元，柴油每升 0.80 元，石脑油每升 1.0 元，溶剂油每升 1.0 元，润滑油每升 1.0 元，燃料油每升 0.80 元，航空煤油每升 0.80 元）、汽车轮胎（3%）、摩托车（3%、10%）、小汽车（乘用车 1%、3%、5%、9%、12%、25%、40%，中轻型商用客车 5%）。消费税的计算公式如下：

$$应交消费税 = 销售额 × 税率$$

或

$$= 销售额 × 比例税金 + 销售数量 × 金额税率$$

（1）生产的消费品销售。企业生产的应税消费品在销售时计算应交消费税。一般说来，缴纳消费税的消费品还需要缴纳增值税，两者在核算上的主要不同点是：消费税是价内税，记入"税金及附加"科目的借方；增值税作为价外税处理，不记入该科目。

【**例 15**】 M 公司某月销售摩托车 10 辆，每辆售价 1.6 万元，增值税 2.08 万元，共计款项 18.08 万元未收。该摩托车的消费税税率为 10%。M 公司做如下会计分录：

1）销售摩托车时：

借：应收账款 18.08 万元

　　贷：主营业务收入 16 万元

应交税费——应交增值税（销项税额） 2.08万元

2）计算应交消费税时：

借：税金及附加（16×10%） 1.6万元

　　贷：应交税费——应交消费税 1.6万元

企业以应税消费品换取生产资料、消费资料、抵偿债务、支付代购手续费等，视同销售进行账务处理。

（2）应税消费品自产自用。企业自产自用的应税消费品用于连续生产应税消费品的，不缴纳消费税，而按成本结转。如果用于对外投资或在建工程或非生产机构等其他方面，则应计算缴纳消费税。

【例16】 N公司用应税消费品对外投资，计税价格80 000元，实际成本62 000元。增值税税率13%、消费税税率8%。双方签订协议，确定该项投资的公允价值101 000元，投资比例0.4%，但能向被投资方提供关键技术资料，故采用权益法核算。N公司做如下会计分录：

借：长期股权投资——其他长期投资（成本） 101 000

　　贷：主营业务收入 80 000

　　　　应交税费——应交增值税（销项税额） 10 400

　　　　　　　　——应交消费税 6 400

　　　　营业外收入 4 200

借：主营业务成本 62 000

　　贷：库存商品 62 000

（3）委托加工应税消费品。企业委托外单位加工应税消费品，由受托方在向委托方交货时代收代缴税款。

【例17】 振华汽车厂委托泉山电池厂加工电动汽车电池20组。振华汽车厂提供的原材料实际成本4 000元。加工电池的加工费用1 000元（不含增值税），增值税税率13%（按加工费用计税）；电池消费税税率4%（按该厂同类电池的单位售价600元计税），双方均为一般纳税人，税费尚未支付。

1）振华汽车厂（委托方）有关会计分录如下：

发料时：借：委托加工物资 4 000

　　　　　　贷：原材料 4 000

结算时：借：委托加工物资 1 000

　　　　　　应交税费——应交增值税（进项税额） 130

　　　　　　　　　　　——应交消费税 240

　　　　　　贷：应付账款 1 370

收回时：借：原材料 5 000

　　　　　　贷：委托加工物资 5 000

振华汽车厂收回委外加工的电池再加工成电动小汽车对外销售，应按汽车销售收入和税率（比如8%）计算应交消费税，借记"税金及附加"科目，贷记"应交税费"科目，同时，与小汽车有关的增值税的计收和抵扣仍在价外进行。

2）泉山电池厂（受托方）有关会计分录如下：

借：应收账款 1 370

贷：主营业务收入	1 000
应交税费——应交增值税（销项税额）	130
——应交消费税	240

（4）应税消费品的进口和出口。企业进口应税消费品，如进口汽车等，支付的消费税等计入进口的消费品成本，如计入固定资产价值等。企业出口应税消费品，免征消费税。免征办法有直接免税（适用于生产企业直接出口应税消费品）和先征后退（适用于生产企业通过外贸企业进出口应税消费品）两种。

2. 资源税

资源税是指对在我国境内从事开采矿产品及生产盐的单位和个人所征收的一种税。1993年12月25日，国务院令139号发布《中华人民共和国资源税暂行条例》，规定资源税"从量计征"，即按资源产品的数量和核定的单位税额计征。2010年6月1日，国家税务总局印发《新疆原油、天然气资源税改革若干问题的规定》的通知，规定原油、天然气资源税实行"从价计征"，即按原油、天然气销售额5%计征，2014年12月1日起原油、天然气的资源税率调整为6%。2014年9月29日，国务院召开第64次常务会议，会议决定自2014年12月1日起，煤炭资源税实行从价计征，即改变原先按"煤炭数量"计征资源税为按"煤炭销售额"计征资源税。各省资源税税率从2%至10%不等（内蒙古自治区资源税税率定为9%；安徽省、河南省、河北省、辽宁省税率最低，为2%）。

继续实行"从量计征"的其他矿产品（相应税率）包括：黑色金属矿产品（原矿2～30元）、有色金属矿产品（原矿每吨0.4～30元）、其他非金属矿产品（原矿每吨或每平方米0.5～20元）；盐（相应税率）包括：固体盐（每吨10～60元）、液体盐（每吨2～10元）。资源税计算公式如下：

$$应交资源税 = 课税数量 \times 单位税额$$

或

$$应交资源税 = 销售额 \times 资源税税率$$

资源税的账务处理如下：

借：税金及附加（销售应税产品应交的资源税）

生产成本、制造费用等（自产自用应税产品应交的资源税）

材料采购等（收购未税矿产品代扣代缴的资源税）

贷：应交税费——应交资源税

3. 城市维护建设税

城市维护建设税是国家为了加强城市维护和建设，稳定和扩大城市维护和建设的资金来源而征收的一种地方税。我国城市维护建设税1985年1月1日起开征，其计税依据是流转税（产品税、增值税和营业税）。1994年我国进行税制改革，国家建议将"城市维护建设税"改成"城乡维护建设税"，计税依据由原来按流转税计征改为按销售收入（营业收入、其他收入）的4‰～6‰计征。但由于城市维护建设税是地方税，许多地方仍按"消费税、增值税"为计税依据。2020年8月11日，第十三届全国人民代表大会常务委员会第二十一次会议通过了《城市维护建设税法》（从2020年9月1日实施）第二条规定：城市维护建设税以纳税人依法实际缴纳的增值税、消费税税额为计税依据。第四条规定：纳税人所在地在市区的，税率为7%；纳税人所在地在县城、镇的，税率为5%；纳税人所在地不在市区、县城或者镇的，税率为1%。企业按规定计算出应缴纳的城市维护建设税时，借记"税金及附加"科目，贷记"应交税费——应交城市维护建设税"科目。

4. 教育费附加

教育费附加是国家为了加速我国教育事业发展，扩大地方教育经费资金来源，改善办学条件，充实教学经费而在现行主要流转税的基础上征收的一种附加费用。它按流转税的一定比例计算，并与流转税一起缴纳。其计算公式为

应交教育费附加 = (实际应交消费税 + 实际应交增值税) × 教育费附加率

教育费附加率国家规定3%。一些省市还另外做出规定，如江苏省还要再加2%的教育地方附加费。实际应交消费税根据本期计算的应交的消费税确定。实际应交增值税根据"应交税费——应交增值税"明细账（见表11-4）计算。其计算公式为

本期应交增值税 = 本期销项税额 - 本期进项税额

由于实际情况复杂多变，在计算本期应交增值税时还要考虑以下两大问题：

(1) 出口退税。企业出口货物一般采用增值税零税率，即出口货物的销项税额为零。但企业购进货物时有进项税额，这部分进项税额怎样抵扣？国家规定的办法是：外贸企业由国家退税；内资生产企业等从内销产品的销项税额中抵减，如果因出口比重过大，企业在规定期限内不足以抵减的，不足部分可给予退税。下面以内资生产企业为例予以说明。

【例18】 某工厂本月购入原材料支付增值税3 400元，本月在国内销售产品占20%，销项税额1 360元，本月对外出口销售产品占80%。其销项税额不足以抵补进项税额2 040元(3 400 - 1 360)，应由国家退税。而实际上本月出口产品应抵扣增值税2 720元(3 400 × 80%)，扣除国家退税2 040元后，有680元用内销产品销项税额抵扣了。有关抵扣会计分录如下：

1) 出口货物进项税额抵减内销产品应纳税额时：

借：应交税费——应交增值税（出口抵减内销产品应纳税额）　　680
　　贷：应交税费——应交增值税（出口退税）　　　　　　　　　　680

2) 企业实际收到退税款时：

借：银行存款　　　　　　　　　　　　　　　　　　　　　　2 040
　　贷：应交税费——应交增值税（出口退税）　　　　　　　　　2 040

(外贸企业可设置"其他应收款"科目过渡)

必须指出，出口退税率往往低于进项税额税率，按进货专用发票上记载的增值税税额与按规定的退税率计算的增值税税额的差额，应作为"进项税额转出"调整计入当期出口销售商品的进价成本。对由出口产品抵扣的进项税额，在扣除这部分"进项税额转出"后，再计算由内销产品抵减的出口货物进项税额。依上例，本月购入原材料价款26 154元，进货增值税税率13%，出口退税率9%，则退税率差额为837元 [26 154 × (13% - 9%) × 80%]，借记"主营业务成本"科目，贷记"应交税费——应交增值税（进项税额转出）"科目。由此得出出口产品应抵扣的增值税为1 883元(3 400 × 80% - 837 = 1 883；或26 154 × 9% × 80% = 1 883)，其中，由内销产品抵减的进项税额为680元（销项税额1 360 - 内销税额3 400 × 20%），由国家退税抵减的进项税额为1 208元。若该厂本月销项税额超过本月应抵减的进项税额，则国家不仅不予退税，企业还应向国家上交这部分销项税额。

(2) 进项税额转出。企业购进货物发生非正常损失或改变用途，企业由此就产生不了销项税额，这部分进项税额不能再做抵扣，必须以"进项税额转出"处理。具体讲，购进货物用于非增值税应税项目、免征增值税项目、集体福利或个人消费，发生非正常损失(是指因管理不善造成货物被盗、丢失、霉烂变质，以及因违反法律法规造成货物或者不动

产被依法没收、销毁、拆除的情形，但不包括自然灾害损失），其进项税额不得从销项税额中抵扣。例如，购进货物发生非正常损失，应计算进项税额转出（按材料实际成本、固定资产净值计税），记入"待处理财产损溢"科目借方，待处理后转入"营业外支出"等科目借方；在产品、库存商品等发生非正常损失，应按所耗用的购进货物或应税劳务计算进项税额转出，记入"待处理财产损溢"科目借方；购进货物用于工程项目（属于非应税项目）应负担的进项税额，转出后记入"在建工程"科目借方；购进货物用于集体福利或个人消费应负担的进项税额，转出后记入"应付职工薪酬"等科目借方；购进货物用于免税项目应负担的进项税额，转出后记入"税金及附加"等科目借方。注意：这里是指"改变用途"，而不是"直接用途"，因后者在购货时支付的增值税就直接记入了"在建工程""应付职工薪酬"等科目了，不存在"进项税额"抵扣问题。

经过以上调整，本期应交增值税公式的主要内容扩充如下：

$$
\text{本期应交增值税} = \begin{pmatrix} \text{本期} \\ \text{销项} + \\ \text{税额} \end{pmatrix} \begin{pmatrix} \text{本期} \\ \text{出口} \\ \text{退税} \end{pmatrix} - \left[\begin{pmatrix} \text{本期} \\ \text{进项} - \\ \text{税额} \end{pmatrix} \begin{pmatrix} \text{本期进} \\ \text{项税额} \\ \text{转出} \end{pmatrix} + \begin{pmatrix} \text{本期出口抵} \\ \text{减内销产品} \\ \text{应纳税额} \end{pmatrix} \right]
$$

有说明两点：①上述公式计算结果一般大于零，反映企业期末应向国家缴纳的增值税；若为零，表明本期不需要缴纳增值税；若小于零，为留待后期抵扣的增值税。这第三种情况主要是企业当期购进并按固定资产或在建工程或无形资产核算的进项税额，由于当期抵扣数额过大，经税务机关认证准予以后期间抵扣，会计单独设置"待抵扣进项税额"明细科目进行核算。②由于实际工作中的增值税计税很复杂，一般纳税人对上述公式还有许多调整。例如，本期进项税额中未经税务机关认证的进项税额不得抵扣本期销项税额（会计单独设置"待认证进项税额"明细科目核算），这部分税额在以后纳税期被税务机关认证后，又成为认证期的"上期留抵税额"，并入认证期"进项税额"一起抵扣销项税额。

下面以工业企业为例说明税金及附加的核算过程。

【例19】 12月7日，都江厂上交上月未交的增值税3 500元时：

借：应交税费——未交增值税　　　　　　　　　　　　　　　　　3 500

　　贷：银行存款　　　　　　　　　　　　　　　　　　　　　　　　　3 500

【例20】 12月10日，都江厂购入原材料一批，价款100 000元，增值税13 000元；同时又购入设备一台，价款63 892元，增值税8 306元，共付款185 198元。

借：材料采购　　　　　　　　　　　　　　　　　　　　　　　100 000

　　应交税费——应交增值税（进项税额）　　　　　　　　　　　13 000

　　贷：银行存款　　　　　　　　　　　　　　　　　　　　　　　113 000

借：固定资产　　　　　　　　　　　　　　　　　　　　　　　　63 892

　　应交税费——应交增值税（进项税额）　　　　　　　　　　　　8 306

　　贷：银行存款　　　　　　　　　　　　　　　　　　　　　　　72 198

【例21】 12月20日，都江厂上交本月增值税18 000元时：

借：应交税费——应交增值税（已交税金）　　　　　　　　　　18 000

　　贷：银行存款　　　　　　　　　　　　　　　　　　　　　　18 000

【例22】 12月25日，都江厂某工程项目（属于非应税项目）建设中因管理不善损失原材料一批，按实际成本4 000元计算增值税进项税额转出（增值税税率13%）。

借：在建工程（4 000 × 13%）　　　　　　　　　　　　　　　　520

　　　　　　贷：应交税费——应交增值税（进项税额转出）　　　　　　　　　520

　　【例23】　12 月 31 日，都江厂计算本月应交增值税和月末未交增值税（都江厂"应交税费——未交增值税"明细账年初贷方余额 2 500 元，11 月 30 日贷方余额 3 500 元）。

　　本月应交增值税 = 本期销项税额 - （本期进项税额 - 本期进项税额转出）

　　= （⑨13 390 + ⑩19 396 + ⑪6 890 - ⑫390 - ⑬1 300）- [㉑（13 000 + 4 706）- ㉒520]

　　= 37 986 - 17 186 = 20 800（元）

　　月末未交增值税 = 月初未交增值税 + 本月应交增值税 - 本月已交增值税

　　= 3 500 + 20 800 - （⑲3 500 + ㉑18 000）= 2 800（元）

　　根据计算结果做如下会计分录：

　　借：应交税费——应交增值税（转出未交增值税）　　　　　　　　　2 800

　　　　贷：应交税费——未交增值税　　　　　　　　　　　　　　　　　　　　2 800

　　根据前述都江厂例 9、例 10、例 11、例 12、例 13 和上述例 19 至例 23 及后述例 27 登记"应交税费——应交增值税"明细账，见表 11-4、表 11-5。

表 11-4　应交税费——未交增值税明细账　　　　　　（单位：元）

××××年		凭证号数	摘要	借方	贷方	借或贷	余额
月	日						
11	30		上月未交增值税			贷	3 500
12	7	⑲	缴纳上月未交增值税	3 500			
12	31	㉓	转入本月未交增值税		2 800		
12	31		12 月月结	3 500	2 800	贷	2 800

表 11-5　应交税费——应交增值税明细账　　　　　　（单位：元）

××××年		凭证号数	摘要	借方						贷方				借或贷	余额
月	日			合计	进项税额	已交税金	出口抵减内销税额	转出未交增值税	…	合计	销项税额	出口退税	进项税额转出	…	
11	30		1 ~ 11 月累计	403 507	150 873	222 034		30 600		403 507	395 047		8 460		平	0̄
12	2	⑨	销货收税								13 390				
12	8	⑩	销货应收								19 396				
12	10	⑳	购料付税		13 000										
12	10	⑳	购设备付税		8 306										
12	12	⑪	销货应收								6 890				
12	20	㉑	交本月税			18 000									
12	21	㉙	出租商标税								3 600				
12	25	㉒	进项税转出										520		
12	26	⑫	折让冲税								390				
12	27	⑬	退货冲税								1 300				贷	2 800
12	31	㉓	转出未交					2 800							
12	31		12 月月结	42 106	21 306	18 000		2 800		42 106	41 586		520		平	0̄
12	31		1 ~ 12 月累计	445 613	172 179	240 034		33 400		445 613	436 633		8 980		平	0̄

　　注：本月应交增值税 = 41 586 - （21 306 - 520）= 41 586 - 20 786 = 20 800（元）。

【例24】　12月31日，都江厂按规定计算出产品销售应缴纳的城市维护建设税为1 456元（20 800×7%）。企业为了考核各种产品的盈利情况，为企业内部管理提供所需信息，应该将城市维护建设税（及下述教育费附加）按甲、乙产品本月销售收入（表11-1中甲287 000元、乙5 200元）的比例分配。

城市维护建设税分配率 = 1 456 ÷ (287 000 + 5 200) × 100% = 0.498 3%

城市维护建设税分配：甲负担 = 287 000 × 0.498 3% = 1 430（元）

乙负担 = 1 456 - 1 430 = 26（元）

借：税金及附加——甲　　　　　　　　　　　　　　　　　　　　　1 430

　　　　　　　——乙　　　　　　　　　　　　　　　　　　　　　26

　　贷：应交税费——应交城市维护建设税　　　　　　　　　　　　1 456

【例25】　12月31日，都江厂根据应交税费明细账（见表11-5下注）中计算的本期应缴纳增值税20 800元，按3%的教育费附加率计算本月应缴纳的教育费附加，并按甲、乙产品销售收入比例分配。

本月应交教育费附加 = 20 800 × 3% ≈ 624（元）

教育费附加分配率 = 624 ÷ (287 000 + 5 200) × 100% = 0.213 6%

教育费分配：甲负担 = 287 000 × 0.213 6% = 613（元）

乙负担 = 5 200 × 0.213 6% = 11（元）

借：税金及附加——甲　　　　　　　　　　　　　　　　　　　　　613

　　　　　　　——乙　　　　　　　　　　　　　　　　　　　　　11

　　贷：应交税费——教育费附加　　　　　　　　　　　　　　　　624

根据例24、例25的会计分录登记"税金及附加明细账（产品类）"，见表11-6。

表11-6　税金及附加明细账（产品类）　　　　　（单位：元）

| ×××年 | | 凭证号数 | 摘　要 | 借　方 | | | 贷方 | 余　额 |
月	日			甲产品税金及附加	乙产品税金及附加	合　计		
11	30		1~11月累计	24 220	442	24 662	24 662	0̄
12	31	⑲	产品负担城市维护建设税	1 430	26	1 456		
12	31	⑳	产品负担教育费附加	613	11	624		2 080
12	31	㊳	结转产品税金及附加				2 080	
12	31		12月月结	2 043	37	2 080	2 080	0̄
12	31		1~12月累计	26 263	479	26 742	26 742	0̄

四、其他业务收入及其相关业务核算

其他业务收入是指除主营业务活动以外的其他经营活动实现的收入，包括出租固定资产、出租无形资产、出租包装物、出租商品、材料销售、材料交换、材料抵债、代购代销、技术转让、提供非工业性劳务、经营受托管理业务收取的管理费收入等收入。企业一般设置"其他业务收入""其他业务成本"科目核算。

其他业务收入的多数项目要缴纳增值税、城市维护建设税、教育费附加、文化建设事业费。一些工业企业不单纯从事产品制造，还涉及运输（交通运输服务类增值税税率9%）、生活服务（增值税税率6%）、现代服务（除有形动产租赁服务增值税税率13%外，其余现代服务增值税税率6%）等业务，还要销售无形资产（增值税税率6%，其中，转让土地使用权增值税税率9%）和销售不动产（增值税税率9%）。销售不动产是指销售建筑物、构筑物和销售其他土地附着物。

2016年3月28日，财政部、国家税务总局发布《财政部 国家税务总局关于营业税改征增值税试点有关文化事业建设费政策及征收管理问题的通知》（财税〔2016〕25号），第一条规定："在中华人民共和国境内提供广告服务的广告媒介单位和户外广告经营单位，应按照本通知规定缴纳文化事业建设费。"文化事业建设费率为3%。计算公式为

$$应交费额 = 计费销售额 \times 文化事业建设费费率3\%$$

计费销售额是指缴纳义务人提供广告服务取得的全部含税价款和价外费用，减除支付给其他广告公司或广告发布者的含税广告发布费后的余额。缴纳义务人减除价款的，应当取得增值税专用发票或国家税务总局规定的其他合法有效凭证，否则，不得减除。

按规定扣缴文化事业建设费的，扣缴义务人应按下列公式计算应扣缴费额：

$$应扣缴费额 = 支付的广告服务含税价款 \times 费率$$

各企业计算的应交文化事业建设费记入"税金及附加"科目。

1. 材料销售

【例26】 A工厂对外销售原材料一批，价款10 000元，增值税1 300元。该批材料账面计划成本6 100元，本月原材料成本差异率为 –4.92%。按规定计算应交城市维护建设税38元，应交教育费附加17元（材料销售的销项税额和购进时的进项税额通过"应交税费——应交增值税"明细账核算。月终，企业为了考核产品销售、材料销售等项业务的盈利情况，为企业内部管理提供所需信息，应该将计算出来的应交城市维护建设税和教育费附加按销售收入的比例分配转入产品销售、材料销售等项目）。A工厂有关会计分录如下：

（1）销售材料收款存入银行时：

借：银行存款　　　　　　　　　　　　　　　　　　　　11 300
　　贷：其他业务收入　　　　　　　　　　　　　　　　　　10 000
　　　　应交税费——应交增值税（销项税额）　　　　　　　 1 300

（2）结转销售材料成本时：

借：其他业务成本　　　　　　　　　　　　　　　　　　　5 800
　　材料成本差异 $[6\ 100 \times (-4.92\%)]$　　　　　　　　 300
　　贷：原材料　　　　　　　　　　　　　　　　　　　　　6 100

（3）计算应缴纳的城市维护建设税和教育费附加时：

借：税金及附加——材料销售　　　　　　　　　　　　　　 38
　　贷：应交税费——应交城市维护建设税　　　　　　　　　　38
借：税金及附加——材料销售　　　　　　　　　　　　　　 17
　　贷：应交税费——教育费附加　　　　　　　　　　　　　　17

（4）缴纳城市维护建设税、教育费附加时：

借：应交税费——应交城市维护建设税　　　　　　　　　　 38
　　　　　　——教育费附加　　　　　　　　　　　　　　 17
　　贷：银行存款　　　　　　　　　　　　　　　　　　　　　55

2. 转让无形资产

转让无形资产包括转让无形资产所有权（即出售无形资产）和转让无形资产使用权（即出租无形资产）。无论何种转让方式都要缴纳增值税等税费。下面举例说明出租无形资产的核算。

【例 27】 12 月 21 日，都江厂出租某商标权，取得出租收入 60 000 元（不含税），另收取增值税 3 600 元。出租的商标权本月摊销账面价值 46 837 元。出租商标权的增值税税率 6%、城市维护建设税税率 7%、教育费附加率 3%。都江厂有关会计分录如下：

（1）取得商标权出租收入存入银行时：

借：银行存款	63 600	
贷：其他业务收入		60 000
应交税费——应交增值税（销项税额）（60 000×6%）		3 600

（2）结转出租无形资产成本（即摊销商标权账面价值）时：

借：其他业务成本	46 837	
贷：累计摊销		46 837

（3）计算应缴纳的城市维护建设税和教育费附加时：

借：税金及附加——出租无形资产	360	
贷：应交税费——应交城市维护建设税（3 600×7%）		252
——教育费附加（3 600×3%）		108

3. 固定资产出租

【例 28】 B 企业采用经营租赁方式租出固定资产，本月收到租金 8 000 元和增值税 1 040 元存入银行。该固定资产本月计提折旧 200 元。收取的租金要缴纳 13% 的增值税、7% 的城市维护建设税和 3% 的教育费附加。

（1）收到租金时：

借：银行存款	9 040	
贷：其他业务收入		8 000
应交税费——应交增值税（销项税额）（8 000×13%）		1 040

（2）计提租出固定资产折旧时：

借：其他业务成本	200	
贷：累计折旧		200

（3）计算应缴纳的各种税费时：

借：税金及附加——出租固定资产	104	
贷：应交税费——应交城市维护建设税（1 040×7%）		72.80
——教育费附加（1 040×3%）		31.20

4. 对外提供非工业性劳务

【例 29】 C 企业对外提供运输劳务，收入 20 000 元和增值税 1 800 元，存入银行。增值税税率 9%、城市维护建设税税率 7%、教育费附加率 3%。会计分录如下：

借：银行存款	21 800	
贷：其他业务收入		20 000
应交税费——应交增值税（20 000×9%）		1 800

借：税金及附加——对外运输　　　　　　　　　　　　　　　180

　　贷：应交税费——应交城市维护建设税（1 800 ×7%）　　126

　　　　　　　　——教育费附加（1 800 ×3%）　　　　　　 54

5. 包装物出租（见第五章第六节）

根据上述例 27、后述例 38 都江厂业务登入"其他业务收入明细账"（见表 11-7）、"其他业务成本明细账"（见表 11-8）、"税金及附加明细账（其他类）"（见表 11-9）。

表 11-7　其他业务收入明细账　　　　　　（单位：元）

××××年		凭证号数	摘　要	借　方	贷　方				余　额
月	日				材料销售	出租商标权	运输收入	合　计	
11	30		1～11月累计	22 324	10 112		12 212	22 324	0̄
12	21	㉗	出租商标权			60 000			
12	31	㊳	结转收入	60 000					
12	31		12月月结	60 000		60 000		60 000	0̄
12	31		1～12月累计	82 324	10 112	60 000	12 212	82 324	0̄

表 11-8　其他业务成本明细账　　　　　　（单位：元）

××××年		凭证号数	摘　要	借　方				贷　方	余　额
月	日			材料销售成本	出租无形资产摊销成本	运输业务	合　计		
11	30		1～11月累计	8 600			8 600	8 600	0̄
12	21	㉗	商标权成本		46 837		46 837		
12	31	㊳	结转成本					46 837	
12	31		12月月结		46 837		46 837	46 837	0̄
12	31		1～12月累计	8 600	46 837		55 437	55 437	0̄

表 11-9　税金及附加明细账（其他类）　　　　　　（单位：元）

××××年		凭证号数	摘　要	借　方				贷　方	余　额
月	日			材料销售税金及附加	出租无形资产税金及附加	运输业务	合　计		
11	30		1～11月累计	131		110	241	241	0̄
12	21	㉗	商标权税费		360		360		
12	31	㊳	结转税金及附加					360	
12	31		12月月结		360		360	360	0̄
12	31		1～12月累计	131	360	110	601	601	0̄

五、特殊业务的处理

（一）发出商品的账务处理

当企业对外销售发出商品时，其收入不能可靠地确认，应在资产类设置"发出商品"科目核算已发出商品的实际成本结转情况。《企业会计准则第 14 号——收入》应用指南在论述委托代销商品业务时就使用了"发出商品"科目。下述内容与该科目有关。

例如，企业销售的商品需要安装和检验（收入准则应用指南称有"验收""试用""测评"条款的），在安装和检验完毕前因为没有转移商品控制权一般不应确认收入，而是通过"发出商品"科目核算，当然，这不包括简单安装或为了最终确定合同价格的检验情况。

【例30】 环球公司4月份销售的甲商品需要安装才能使用。该甲商品提交客户时，账面成本80 000元。5月份，环球公司安装甲商品完毕交付使用，环球公司开具增值税专用发票并交给客户，其销售价款100 000元，计收增值税13 000元。环球公司6月份收到全部货款113 000元。

（1）环球公司4月份售出甲商品时：

借：发出商品——甲　　　　　　　　　　　　　　　　　　　　　80 000

　　贷：库存商品——甲　　　　　　　　　　　　　　　　　　　　　80 000

（2）环球公司5月份安装甲商品完毕实现销售时：

借：应收账款——某客户　　　　　　　　　　　　　　　　　　　113 000

　　贷：主营业务收入——甲　　　　　　　　　　　　　　　　　　100 000

　　　　应交税费——应交增值税（销项税额）　　　　　　　　　　　13 000

若发票上注明"安装费"，应在主营业务收入、主营业务成本下单设"提供劳务"明细科目核算。

（3）环球公司5月31日结转甲商品成本时：

借：主营业务成本——甲　　　　　　　　　　　　　　　　　　　　80 000

　　贷：发出商品——甲　　　　　　　　　　　　　　　　　　　　　80 000

（4）环球公司6月份收到全部货款时：

借：银行存款　　　　　　　　　　　　　　　　　　　　　　　　113 000

　　贷：应收账款——某客户　　　　　　　　　　　　　　　　　　113 000

（二）销售的商品有协议允许退货

收入准则应用指南规定：企业将商品转让给客户之后，可能会因为各种原因允许客户选择退货（例如，客户对所购商品的款式不满意等）。附有销售退回条款的销售，是指客户依照有关合同有权退货的销售方式。合同中有关退货权的条款可能会在合同中明确约定，也有可能是隐含的。隐含的退货权可能来自企业在销售过程中向客户做出的声明或承诺，也可能是来自法律法规的要求或企业以往的习惯做法等。客户选择退货时，可能有权要求返还其已经支付的全部或部分对价、抵减其对企业已经产生或将会产生的欠款或者要求换取其他商品。客户取得商品控制权之前退回该商品不属于销售退回。需要说明的是，企业在允许客户退货的期间内随时准备接受退货的承诺，并不构成单项履约义务，但可能会影响收入确认的金额。企业应当遵循可变对价（包括将可变对价计入交易价格的限制要求）的处理原则来确定其预期有权收取的对价金额，即交易价格不应包含预期将会被退回的商品的对价金额。

企业应当在客户取得相关商品控制权时，按照因向客户转让商品而预期有权收取的对价金额（即不包含预期因销售退回将退还的金额）确认收入，按照预期因销售退回将退还的金额确认负债；同时，按照预期将退回商品转让时的账面价值，扣除收回该商品预计发生的成本（包括退回商品的价值减损）后的余额，确认一项资产，按照所转让商品转让时的账面价值，扣除上述资产成本的净额结转成本。每一资产负债表日，企业应当重新估计未来销售退回情况，并对上述资产和负债进行重新计量。如有变化，应当作为会计估计变更进行会计处理。

根据上述规定，企业销售的商品有协议规定允许退货的，应分三种情况处理：一是企业能够估计退货可能性的，且退货率较小，则发出商品时确认收入，同时对估计退货部分不确认为负债；二是企业能够估计退货可能性的，且退货率较大，则发出商品时确认收入，同时对估计退货部分确认为负债；三是企业不能合理地估计退货可能性的，则在售出商品的退货期满时确认收入。企业对允许退货的业务设置"预计负债""应收退货成本"科目进行核算。

【例31】　环球公司7月2日售出的乙商品已开出增值税专用发票，但均未收款，跟客户签订的协议规定，售出的商品允许试用1个月，有问题可以随时退货。该批乙商品共100件，单位成本2 000元，单位售价2 500元，计收增值税32 500元。根据以往经验，售出的乙商品有10%的退货。事实上，7月25日退货6件，其成本12 000元，销售价款15 000元，销项税额1 950元。8月10日收到94件的款项共265 550元（94×2 500×1.13）。

（1）环球公司7月2日售出乙商品时：

1）环球公司7月2日确认商品销售收入和预计的退货款时：

借：应收账款——某客户　　　　　　　　　　　　　　　　　　　282 500

　　贷：主营业务收入——乙（100×2 500×90%）　　　　　　　　　　225 000

　　　　预计负债——应付退货款（100×2 500×10%）　　　　　　　　 25 000

　　　　应交税费——应交增值税（销项税额）　　　　　　　　　　　 32 500

2）环球公司7月2日结转上述商品销售的成本180 000元（100×2 000×90%）和应退货的成本20 000元（100×2 000×10%）时：

借：主营业务成本——乙　　　　　　　　　　　　　　　　　　　180 000

　　应收退货成本　　　　　　　　　　　　　　　　　　　　　　　 20 000

　　贷：库存商品——乙　　　　　　　　　　　　　　　　　　　　 200 000

（2）7月25日，环球公司收到退回的6件乙商品时，减少"应收账款"16 950元（6×2 500×1.13），减少预计负债15 000元（6×2 500），冲销相应的增值税1 950元（6×2 500×13%）和估计的负债：

借：应交税费——应交增值税（销项税额）　　　　　　　　　　　　 1 950

　　预计负债——应付退货款　　　　　　　　　　　　　　　　　　 15 000

　　贷：应收账款——某客户　　　　　　　　　　　　　　　　　　　16 950

说明，退回6件乙商品入库时，由于企业在确认收入的同时结转了产品成本，企业应于7月25日在主营业务收入明细账贷方登红字数量6件（不登金额），于7月25日在库存商品明细账发出栏登红字数量6件，月末登记红字金额12 000元〔6×2 000，根据下述业务（3）成本登记〕。

（3）7月31日，环球公司结转已退6件乙商品的入库成本12 000元（6×2 000）时：

借：库存商品——乙　　　　　　　　　　　　　　　　　　　　　 12 000

　　贷：应收退货成本　　　　　　　　　　　　　　　　　　　　　 12 000

（4）8月2日，环球公司退货期满时，将原先估计退货实际未退的4件乙商品收入、成本及其差额予以转销：①估计未退货4件乙商品的售价10 000元（4×2 500）。②估计未退货4件乙商品的成本8 000元（4×2 000）。

借：预计负债（25 000–15 000）　　　　　　　　　　　　　　　　 10 000

　　主营业务成本——乙　　　　　　　　　　　　　　　　　　　　　8 000

$\qquad$贷：主营业务收入——乙　　　　　　　　　　　　　　　　10 000

$\qquad$应收退货成本（20 000 – 12 000）　　　　　　　　　　8 000

（5）8月10日收到货款265 550元时：

$\quad$借：银行存款　　　　　　　　　　　　　　　　　　　　265 550

$\qquad$贷：应收账款——某客户　　　　　　　　　　　　　　265 550

以上业务登账的最终结果是："主营业务收入"账户借贷抵销后余额为235 000元（225 000 + 10 000），正好等于实际销售94件的收入235 000元（94 × 2 500）；"主营业务成本"账户借贷抵销后余额为188 000元（180 000 + 8 000），正好等于实际销售94件的成本188 000元（94 × 2 000）；"库存商品"账户借贷抵销后余额为188 000元（200 000 – 12 000），正好等于实际销售94件的成本188 000元（94 × 2 000）；"应交税费"账户借贷抵销后余额为30 550元（32 500 – 1 950），正好等于实际销售94件的销项税额30 550元（94 × 2 500 × 13%）；"应收账款"账户借贷抵销后无余额（282 500 – 16 950 – 265 550 = 0）；"应收退货成本"账户借贷抵销后无余额（20 000 – 12 000 – 8 000 = 0）；"预计负债"账户借贷抵销后无余额（25 000 – 15 000 – 10 000 = 0）。

说明：假定上述例31环球公司销售乙商品时不能估计退货可能性的，应通过"应收退货成本"科目核算，并在退货期满时作为收入实现。会计分录如下：

1）环球公司7月2日售出乙商品时，由于已向客户提交增值税专用发票：

$\quad$借：应收账款——某客户（100 × 2 500 × 13%）　　　　　32 500

$\qquad$贷：应交税费——应交增值税（销项税额）　　　　　　32 500

$\quad$借：应收退货成本——乙（100 × 2 000）　　　　　　　　200 000

$\qquad$贷：库存商品——乙　　　　　　　　　　　　　　　　200 000

2）7月25日退货6件时：

$\quad$借：库存商品——乙（6 × 2 000）　　　　　　　　　　　12 000

$\qquad$贷：应收退货成本——乙　　　　　　　　　　　　　　12 000

$\quad$借：应交税费——应交增值税（销项税额）　　　　　　　1 950

$\qquad$贷：应收账款——某客户（6 × 2 500 × 13%）　　　　　1 950

3）8月2日退货期满时确认收入：

$\quad$借：应收账款——某客户　　　　　　　　　　　　　　　235 000

$\qquad$贷：主营业务收入——乙（94 × 2 500）　　　　　　　235 000

4）8月10日收到货款265 550元时：

$\quad$借：银行存款　　　　　　　　　　　　　　　　　　　　265 550

$\qquad$贷：应收账款——某客户　　　　　　　　　　　　　　265 550

5）8月31日结转销售商品成本188 000元（94 × 2 000）时：

$\quad$借：主营业务成本——乙　　　　　　　　　　　　　　　188 000

$\qquad$贷：应收退货成本——乙　　　　　　　　　　　　　　188 000

（三）销售的商品收回货款的可能性不大

2018年1月1日实施新修订的收入准则之前，企业销售商品时，如果得知购买方（客户）资金出现断裂等不良现象，销售的商品收回货款的可能性不大，则不符合收入确认条件之一"相关的经济利益（现金或现金等价物）能够流入企业"，企业不作为收入入账。

2018 年 1 月 1 日实施新修订的收入准则之后，其应用指南明确规定："企业在评估其因向客户转让商品而有权取得的对价是否很可能收回时，仅应考虑客户到期时支付对价的能力和意图（即客户的信用风险）"，"实务中，企业在对合同组合中的每一份合同进行评估时，均认为其合同对价很可能收回，但是，根据历史经验，企业预计可能无法收回该合同组合中的全部对价。此时，企业应当认为这些合同满足'因向客户转让商品而有权取得的对价很可能收回'这一条件，并以此为基础估计交易价格。同时，企业应当考虑这些合同下确认的合同资产或应收款项是否存在减值"。不难看出，新修订的收入准则应用指南在此突出了收入确认条件的经济实质[○]：根据历史经验，企业预计所售商品货款可能无法收回，但仍视同为"很可能收回"予以确认收入。作者推测这一规定的理由：会计业务实质是货款预计可能无法收回，但从经济实质看，是看这一会计事项的经济影响和经济结果。从经济影响看，企业有销售合同作为支撑，明知货款可能无法收回，但还要继续按销售合同发货，否则，不发货就违反了销售合同，产生了不利的经济影响。从经济后果看，企业将所售货物发给了客户，商品控制权已转移给了客户，与商品有关的风险和报酬也转移给了客户，企业即便收不回货款，也要作收入实现，因为新修订的收入准则规定的收入确认依据是商品的控制权转移。如果以后的现实证明，该项业务的货款不能如期收回，企业再确认资产减值，计提"坏账准备"。这种新规定好比债务重组，给债务方重组优惠，帮助债务方渡过难关，与逼债务人破产相比对债权人更有利。这就是经济实质重于会计实质的奥秘。下面就销售商品收回货款的可能性不大的业务举例予以说明。

【例 32】　环球公司 5 月 15 日以托收承付方式向 W 公司发出丙产品一批，成本 75 000 元，开出的增值税专用发票上价款 95 000 元，增值税 12 350 元。该批商品发出后随即向银行办妥了托收手续。此时得知，W 公司在另一项交易中发生了巨额损失，资金周转十分困难。企业预测，此项收入目前收回款的可能性不大，但环球公司会计人员仍确认收入予以入账。

（1）5 月 15 日，环球公司发出丙产品时：

借：应收账款——W 公司　　　　　　　　　　　　　　107 350
　　贷：主营业务收入——丙　　　　　　　　　　　　　95 000
　　　　应交税费——应交增值税（销项税额）　　　　12 350

（2）5 月 31 日，环球公司结转上述丙产品销售的成本时：

借：主营业务成本——丙　　　　　　　　　　　　　　75 000
　　贷：库存商品——丙　　　　　　　　　　　　　　75 000

（3）12 月 4 日，环球公司收到 W 公司全部款项时：

借：银行存款　　　　　　　　　　　　　　　　　　107 350
　　贷：应收账款——W 公司　　　　　　　　　　　　107 350

说明：如果上述业务到年末环球公司仍没有收到货款，且估计该款 1 年内难以收回，环球公司跟其他应收账款一起计提 20% 的坏账准备 21 470 元（107 350 ×20%），会计分录如下：

借：信用减值损失　　　　　　　　　　　　　　　　　21 470
　　贷：坏账准备　　　　　　　　　　　　　　　　　21 470

○　2019 年 4 月 30 日，财政部发布了《关于修订印发 2019 年度一般企业财务报表格式的通知》（财会〔2019〕6 号），在一般企业财务报表格式附件中提出了"经济实质"这个概念。此处笔者予以借用。

（四）商品售价内的未来服务费的处理

《企业会计准则第14号——收入》应用指南规定："企业将产品销售给客户，并承诺提供后续维护服务的安排中，销售产品和提供维护服务均构成单项履约义务，企业将产品销售给客户之后，虽然仍然保留了与后续维护服务相关的风险，但是，由于维护服务构成单项履约义务，所以该保留的风险并不影响企业已将产品所有权上的主要风险和报酬转移给客户的判断。"根据这一规定，商品销售和未来服务是两个单项履约义务，企业提供商品后未来服务尚未履行，并不影响商品控制权转移时商品所有权上的主要风险和报酬的转移，即提供商品确认收入，未来服务列作负债。

【例33】 H企业销售商品一批，商品价款10万元（其中，售后6个月的服务费0.6万元），增值税1.3万元，商品售出时收款11.3万元。商品成本8万元，售后服务实际发生人工费0.4万元。

（1）商品售出时：

借：银行存款 11.3万元
　　贷：主营业务收入 9.4万元
　　　　合同负债 0.6万元
　　　　应交税费——应交增值税（销项税额） 1.3万元

（2）结转商品成本时：

借：主营业务成本 8万元
　　贷：库存商品 8万元

（3）每月提供服务结转预收的售后服务费时：

借：合同负债（0.6÷6） 0.1万元
　　贷：主营业务收入 0.1万元

（4）实际发生人工服务费时（应按月编制下列分录）：

借：劳务成本 0.4万元
　　贷：应付职工薪酬 0.4万元

（5）结转售后服务成本时：

借：主营业务成本 0.4万元
　　贷：劳务成本 0.4万元

说明：若上述业务无法确认售后服务费的收入，销售合同就一个混合价款10万元，即一项履约义务，销售实现时贷记"主营业务收入"10万元，上述分录中没有"合同负债"科目，其余相同。

（五）客户未行使的权利的业务处理

《企业会计准则第14号——收入》应用指南规定："企业因销售商品向客户收取的预收款，赋予了客户一项在未来从企业取得该商品的权利，并使企业承担了向客户转让该商品的义务，因此，企业应当将预收的款项确认为合同负债，待未来履行了相关履约义务，即向客户转让相关商品时，再将该负债转为收入。某些情况下，企业收取的预收款无须退回，但是客户可能会放弃其全部或部分合同权利，例如，放弃储值卡的使用等。企业预期将有权获得与客户所放弃的合同权利相关的金额的，应当按照客户行使合同权利的模式按比例分配确认为收入"；"否则，企业只有在客户要求其履行剩余履约义务的可能性极低时，才能将相关负债余额转为收入"。"如果有相关法律规定，企业所收取的、与客户未行使权利相关的款项须转交给其他方的（例如，法律规定无人认领的财产需上交政府），企业不应将其确认为收入"。

【例34】 德旺公司是连锁经营的咖啡娱乐馆。2019年1月1日至1月20日，德旺公司向客户销售了3 000张储值卡，每张卡的面值为500元，总额为150万元。该储值卡消费期2年，至2020年12月31日止，超期作废。在有效消费期间，客户可在德旺公司连锁经营的任何一家咖啡娱乐馆使用该储值卡进行消费。根据历史经验，德旺公司预计客户购买的储值卡中将有大约相当于储值卡面值金额8%，即12万元（150万元×8%）的部分不会被消费。截至2019年12月31日，客户使用该储值卡消费的金额为60万元。德旺公司为增值税一般纳税人，在客户使用该储值卡消费时发生增值税纳税义务，增值税税率为13%。德旺公司有关账务处理如下：

（1）2019年1月1日至1月20日，德旺公司向客户销售3 000张储值卡，收现款150万元时：

借：库存现金　　　　　　　　　　　　　　　　　　　　150万元
　　贷：合同负债（150÷1.13）　　　　　　　　　　　　132.74万元
　　　　应交税费——待转销项税额（132.74×13%）　　　17.26万元

（2）2019年12月31日，德旺公司根据客户当年使用储值卡消费金额总计60万元确认收入（按消费金额和预计放弃消费的金额比例分配）和相应的增值税。分配确认的收入 = 60 + [12 × 60 ÷ (150 − 12)] = 65.2174（万元）；分摊确认的待转销项税额 = 60 ÷ 1.13 × 13% = 6.9027（万元）。2019年12月31日，德旺公司做如下会计分录：

借：合同负债　　　　　　　　　　　　　　　　　　　65.217 4万元
　　应交税费——待转销项税额　　　　　　　　　　　6.902 7万元
　　贷：主营业务收入　　　　　　　　　　　　　　　65.217 4万元
　　　　应交税费——应交增值税（销项税额）　　　　6.902 7万元

（3）2020年12月31日，德旺公司该年度使用储值卡消费金额总计82万元（第1年、第2年累计消费142万元），另有面值8万元（150 − 142）的储值卡未消费。由于这8万元剩余履约义务不需要履行，按收入准则应用指南规定，应将这8万元负债余额转为收入。2020年12月31日，德旺公司注销合同负债时做如下会计分录：

借：合同负债（150 − 142）　　　　　　　　　　　　　8万元
　　贷：主营业务收入（8÷1.13）　　　　　　　　　　7.079 6万元
　　　　应交税费——应交增值税（销项税额）（7.079 6×13%）　0.920 4万元

（4）2020年12月31日，德旺公司按储值卡累计消费金额142万元确认第2年收入60.446 3万元（142÷1.13 − 上年已确认收入65.217 4）；确认应交增值税销项税额9.433 6万元（142÷1.13×13% − 上年已确认销项税额6.902 7）；同时，转销"应交税费——待转销项税额"账面余额10.357 3万元（17.26 − 6.902 7），转销"合同负债"余额59.522 6万元（132.74 − 65.217 4 − 8）。2020年12月31日，德旺公司做如下会计分录：

借：合同负债　　　　　　　　　　　　　　　　　　　59.522 6万元
　　应交税费——待转销项税额　　　　　　　　　　　10.357 3万元
　　贷：主营业务收入　　　　　　　　　　　　　　　60.446 3万元
　　　　应交税费——应交增值税（销项税额）　　　　9.433 6万元

（六）售后租回交易的处理

售后租回也称为售后租赁或回租租赁，是指企业将自己的资产出售给租赁公司等承租方，再从承租方租回该资产的信用业务。开展这种业务的根本目的在于筹资，即将资产售出去，得到一笔资金来解决企业资金的暂时不足，然后再将资产租回。租回的资产短期使用，是经营租赁；租回的资产长期使用，以逐渐付出租赁费的形式，直至资产产权转移归企业所有，是融资租赁。如果售后租回是一种融资租赁方式，售后租回交易的实质是出租人提供资金给承租人并以资产作为担保的一种融资方式，不是销售方式，即卖主不能作收入处理。

我国《企业会计准则第21号——租赁》第五十条规定："承租人和出租人应当按照《企业会计准则第14号——收入》的规定，评估确定售后租回交易中的资产转让是否属于销售。"第五十一条规定："售后租回交易中的资产转让属于销售的，承租人应当按原资产账面价值中与租回获得的使用权有关的部分，计量售后租回所形成的使用权资产，并仅就转让至出租人的权利确认相关利得或损失；出租人应当根据其他适用的企业会计准则对资产购买进行会计处理，并根据本准则对资产出租进行会计处理。"下面举例说明售后租回认定为融资租赁方式的会计核算方法。

【例35】 H公司以45万元的价格（和公允价值一致）将账面价值为38万元的设备卖给了长城机械厂后又租回8年，每年付租赁费6万元，内含年利率7%。

（1）H公司出售设备时做如下会计分录：

借：银行存款　　　　　　　　　　　　　　　　　　　　　　45万元

　　贷：固定资产清理　　　　　　　　　　　　　　　　　　　38万元

　　　　资产处置损益　　　　　　　　　　　　　　　　　　　7万元

（2）H公司租回设备时，按《企业会计准则第21号——租赁》应用指南关于承租人使用会计科目的规定，在租赁期开始日，承租人应当按尚未支付的租赁付款额的现值，借记"使用权资产"科目；按尚未支付的租赁付款额，贷记"租赁负债——租赁付款额"科目；按尚未支付的租赁付款额与其现值的差额，借记"租赁负债——未确认融资费用"科目。根据这一规定，H公司租回设备时进行以下处理：

1）确认使用权资产的现值 = 年租赁费 × 年金现值系数

$$= 6 \times [(1 - 1.07^{-8}) \div 0.07]$$

$$= 6 \times [(1 - 0.582\ 0) \div 0.07]$$

$$= 6 \times 5.971\ 4 = 35.828\ 4（万元）$$

2）确认尚未支付的租赁付款额 = 年租赁费 × 租赁年限 = 6 × 8 = 48（万元）

3）确认使用权资产的利得 =（使用权资产的公允价值 − 设备的账面价值）×（使用权资产的现值 ÷ 使用权资产的公允价值）=（45 − 38）×（35.828 4 ÷ 45）= 5.573 3（万元）。它是对设备出售时"资产处置损益"的调整，即资产处置收益7万元中，属于"使用权资产"的利得为5.573 3万元，属于出售设备和处置的利得为1.426 7万元（7 − 5.573 3）。

4）编制相关会计分录如下：

借：使用权资产——融资租入固定资产　　　　　　　　　　　35.828 4万元

　　资产处置损益　　　　　　　　　　　　　　　　　　　　5.573 3万元

　　租赁负债——未确认融资费用　　　　　　　　　　　　　6.598 3万元

　　贷：租赁负债——租赁付款额　　　　　　　　　　　　　48万元

（3）H公司第1年年末采用实际利率法摊销未确认融资费用0.586 9万元时［账面价值×实际利率－租赁付款额×内含年利率＝（35.828 4＋5.573 3）×9.533 1％－48×7％＝3.946 9－3.36＝0.586 9（万元）］：

借：财务费用　　　　　　　　　　　　　　　　　　0.586 9万元

　　贷：租赁负债——未确认融资费用　　　　　　　　0.586 9万元

注：有关融资租入固定资产的分录参见第七章例10。

（七）售后回购业务的处理

所谓售后回购，是指企业销售商品的同时承诺或有权选择日后再将该商品购回的销售方式。被购回的商品包括原销售给客户的商品、与该商品几乎相同的商品，或者以该商品作为组成部分的其他商品。一般来说，售后回购通常有三种形式：一是企业和客户约定企业有义务回购该商品，即存在远期安排；二是企业有权利回购该商品，即企业拥有回购选择权；三是当客户要求时，企业有义务回购该商品，即客户拥有回售选择权。对于不同类型的售后回购交易，企业应当区分下列两种情形分别进行会计处理：

（1）企业因存在与客户的远期安排而负有回购义务或企业享有回购权利的。企业因存在与客户的远期安排而负有回购义务或企业享有回购权利的，尽管客户可能已经持有了该商品的实物，但是，由于企业承诺回购或者有权回购该商品，导致客户主导该商品的使用并从中获取几乎全部经济利益的能力受到限制，因此，在销售时点，客户并没有取得该商品的控制权。在这种情况下，企业应根据下列情况分别进行相应的会计处理：一是回购价格低于原售价的，应当视为租赁交易，按照《企业会计准则第21号——租赁》的相关规定进行会计处理；二是回购价格不低于原售价的，应当视为融资交易，在收到客户款项时确认金融负债，而不是终止确认该资产，并将该款项和回购价格的差额在回购期间内确认为利息费用等。

【例36】 J公司采用销售并购回的销售方式售出一批商品。该批商品账面成本8万元，售价10万元，计收增值税1.3万元，当即收款11.3万元。购回协议规定，商品售出去4个月购回，购价9.8万元，计收增值税1.274万元，J公司共付款11.074万元。

1）J公司售出商品时：

借：银行存款　　　　　　　　　　　　　　　　　　113 000

　　贷：库存商品　　　　　　　　　　　　　　　　　　80 000

　　　　应交税费——应交增值税（销项税额）　　　　　13 000

　　　　合同负债　　　　　　　　　　　　　　　　　　20 000

2）上述商品还应缴纳7％的城市维护建设税18.20元［（销项税额13 000－进项税额12 740）×7％］和3％的教育费附加7.80元［（销项税额13 000－进项税额12 740）×3％］[⊖]。

借：合同负债　　　　　　　　　　　　　　　　　　26

　　贷：应交税费——应交城市维护建设税　　　　　　18.20

　　　　　　　　——教育费附加　　　　　　　　　　7.80

3）4个月后购回原售出商品时：

借：在途物资　　　　　　　　　　　　　　　　　　98 000

　　应交税费——应交增值税（进项税额）　　　　　12 740

⊖ 引用张宜雷《附有售后回购协议业务的核算》，《财务与会计》2014年第7期第44～45页。

　　　　贷：银行存款　　　　　　　　　　　　　　　　　　　　　　　　110 740
　　借：合同负债（20 000 - 34）　　　　　　　　　　　　　　　　　　　19 966
　　　　贷：在途物资　　　　　　　　　　　　　　　　　　　　　　　　19 966
　4）购回的商品按实际成本核算入库时：
　　借：库存商品　　　　　　　　　　　　　　　　　　　　　　　　　　78 034
　　　　贷：在途物资（98 000 - 19 966）　　　　　　　　　　　　　　　78 034

【例37】　依例36，若回购价不是9.8万元，而是11万元，比售出时售价10万元高1万元，同时回购时计付增值税进项税额1.43万元，J公司回购时共付款12.43万元，其他条件不变。J公司应将回购价大于原售价的1万元，在售出商品的4个月中，每月计提利息费用0.25万元（1÷4），借记"财务费用"科目，贷记"合同负债"科目，以便4个月后购回商品时，按购回价格入库，此时"合同负债"科目借贷方已经结平。J公司有关会计分录如下：
　1）J公司售出商品时：
　　借：银行存款　　　　　　　　　　　　　　　　　　　　　　　　　113 000
　　　　贷：库存商品　　　　　　　　　　　　　　　　　　　　　　　　80 000
　　　　　　应交税费——应交增值税（销项税额）　　　　　　　　　　　13 000
　　　　　　合同负债　　　　　　　　　　　　　　　　　　　　　　　　20 000
　2）上述商品还应要计算7%的城市维护建设税 -91元 [（销项税额13 000 - 进项税额14 300）×7%] 和3%的教育费附加 -39元 [（销项税额13 000 - 进项税额14 300）×3%]，留等以后月份抵减应交税费。
　　借：应交税费——应交城市维护建设税　　　　　　　　　　　　　　　　91
　　　　　　　　　——教育费附加　　　　　　　　　　　　　　　　　　　39
　　　　贷：合同负债　　　　　　　　　　　　　　　　　　　　　　　　　130
　3）J公司按月计提利息费用2 500元，4个月共提10 000元时：
　　借：财务费用　　　　　　　　　　　　　　　　　　　　　　　　　10 000
　　　　贷：合同负债　　　　　　　　　　　　　　　　　　　　　　　　10 000
　4）4个月后购回原售出商品时：
　　借：在途物资　　　　　　　　　　　　　　　　　　　　　　　　　110 000
　　　　应交税费——应交增值税（进项税额）　　　　　　　　　　　　　14 300
　　　　贷：银行存款　　　　　　　　　　　　　　　　　　　　　　　　124 300
　　借：合同负债（20 000 + 130 + 10 000）　　　　　　　　　　　　　　30 130
　　　　贷：在途物资　　　　　　　　　　　　　　　　　　　　　　　　30 130
　5）购回的商品按实际成本核算入库时：
　　借：库存商品　　　　　　　　　　　　　　　　　　　　　　　　　　79 870
　　　　贷：在途物资（110 000 - 30 130）　　　　　　　　　　　　　　　79 870
　（2）企业应客户要求回购商品的。企业负有应客户要求回购商品义务的，应当在合同开始日评估客户是否具有行使该要求权的重大经济动因。客户具有行使该要求权的重大经济动因的，企业应当将回购价格与原售价进行比较，并按照上述第（1）种情形下的原则将该售后回购作为租赁交易或融资交易进行相应的会计处理。客户不具有行使该要求权的重大经济动因的，企业应当将该售后回购作为附有销售退回条款的销售交易进行相应的会计处理。

在判断客户是否具有行权的重大经济动因时，企业应当综合考虑各种相关因素，包括回购价格与预计回购时市场价格之间的比较以及权利的到期日等。当回购价格明显高于该资产回购时的市场价值时，通常表明客户有行权的重大经济动因。

(八) 分期收款业务的处理

分期收款业务的处理参见第八章第四节长期应收款例 34 的核算举例。

第二节　期间费用的核算

企业发生的费用可以对象化，也可以期间化。对象化的费用形成产品成本或劳务成本，在确认其收入时将已销产品或已提供劳务的成本计入当期损益。费用不能归属产品、劳务等核算对象的，应该直接计入当期损益。本章上一节已阐述了对象化费用的核算方法。本节阐述直接计入期间损益的费用，重点是阐述销售费用、管理费用、财务费用、研发费用四项期间费用的核算方法。

一、销售费用

销售费用是指企业在销售商品和材料、提供劳务的过程中发生的各种费用，包括企业销售过程中发生的保险费、包装费、展览费和广告费、商品维修费、预计产品质量保证损失、运输费、装卸费等以及为销售本企业商品而专设的销售机构（含销售网点、售后服务网点等）的职工薪酬、业务费、折旧费等经营费用。企业发生的与专设销售机构相关的固定资产修理费用等后续支出，也在本科目核算。企业销售费用的核算如图 11-1 所示。

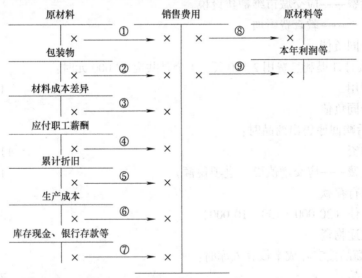

① 独立销售机构领用材料的计划成本
② 随产品出售不单独计价的包装物计划成本以及领用出借包装物的一次摊销额
③ 原材料和包装物领用、出售、报废等应分摊的成本差异
④ 销售机构人员薪酬
⑤ 销售机构固定资产折旧费
⑥ 计入销售费用的辅助生产成本
⑦ 销售过程中直接支付的广告费、运输费、装卸费、保险费等
⑧ 出借包装物收回报废残料价值
⑨ 期末结转销售费用（结转后，该科目期末无余额）

图 11-1　销售费用核算图

二、管理费用

管理费用是指企业行政管理部门为组织和管理生产经营活动而发生的各项费用，包括企业在筹建期间内发生的开办费、董事会和行政管理部门在企业的经营管理中发生的或者应由企业统一负担的公司经费（包括行政管理部门职工工资及福利费、物料消耗、低值易耗品摊销、办公费和差旅费等）、工会经费、董事会费（包括董事会成员津贴、会议费和差旅费等）、聘请中介机构费、咨询费（含顾问费）、诉讼费、业务招待费、技术转让费、矿产资源补偿费、研究费用、排污费、无形资产摊销等。

商品流通企业发生的管理费用不多的，可不设置"管理费用"科目，该科目的核算内容可并入"销售费用"科目核算。企业生产车间（部门）和行政管理部门等发生的固定资产修理费用等后续支出，也在"管理费用"科目核算。

企业在筹建期间内发生的开办费包括人员工资、办公费、培训费、差旅费、印刷费、注册登记费，以及不计入固定资产成本的借款费用等。在实际发生时，借记"管理费用——开办费"科目，贷记"银行存款"等科目。

企业发生的办公费、水电费、业务招待费、聘请中介机构费、咨询费、诉讼费、技术转让费、研究费用、矿产资源补偿费、行政管理部门人员的职工薪酬、行政管理部门计提的固定资产折旧等，借记"管理费用"科目，贷记"库存现金""银行存款""研发支出""应付职工薪酬""应交税费""累计折旧"等科目；期末，结转管理费用时，借记"本年利润"科目，贷记"管理费用"科目，结转后，该科目期末无余额。

三、财务费用

财务费用是指企业为筹集生产经营所需资金等而发生的费用，包括应当作为期间费用的利息净支出、汇兑净损失以及相关的手续费、企业发生的现金折扣或收到的现金折扣等。企业发生财务费用时，借记"财务费用"科目，贷记"银行存款""未确认融资费用"等科目；发生利息收入、汇兑收益、现金折扣冲减财务费用时，借记"银行存款""应付账款"科目，贷记"财务费用"科目；期末结转财务费用时，借记"本年利润"科目，贷记"财务费用"科目，结转后，该科目期末无余额。

各种期间费用分别按其费用项目设置明细账进行明细分类核算。

四、研发费用

研发费用是指企业进行研究与开发过程中发生的费用化支出，以及计入管理费用的自行开发无形资产的摊销。其中，研究费用通过"管理费用"科目下的"研究费用"明细科目核算；开发费用通过"管理费用"科目下的"无形资产摊销"明细科目核算。期末，编制利润表时将这两项费用合并单独在利润表中"研发费用"项目列出。

第三节 利润及其分配的核算

一、利润总额的构成

利润是指企业在一定会计期间的经营成果，包括营业利润、利润总额和净利润。利润总额的计算公式为

$$利润总额=营业利润+营业外收入-营业外支出$$

（一）营业利润

营业利润是指企业经营业务所取得的利润，包括营业活动利润⊖、减值损失、公允价值变动损益和持有收益⊖。其计算公式为

$$营业利润=营业活动利润-减值损失±公允价值变动损益+持有收益$$

其中，营业活动利润=营业收入-营业成本-税金及附加-销售费用-管理费用

-研发费用-财务费用

减值损失=资产减值损失+信用减值损失

公允价值变动损益=公允价值变动收益-公允价值变动损失

持有收益=投资收益+资产处置收益+其他收益+净敞口套期收益

对上述公式内容进一步说明如下：

（1）国务院国资委考核分配局在颁布《企业绩效评价标准值》（经济科学出版社2019年6月出版）时，在附录二中列示了下列公式：

销售（营业）利润=营业收入-营业成本-税金及附加-销售费用-管理费用-研发费用-财务费用-资产减值损失-信用减值损失+其他收益+投资收益+净敞口套期收益+公允价值变动损益+资产处置收益

（2）营业收入=主营业务收入+其他业务收入；营业成本=主营业务成本+其他业务成本；营业毛利=营业收入-营业成本。

（3）税金及附加，包括消费税、城市维护建设税、资源税、教育费附加、房产税、车船税、土地使用税、印花税等。

（4）减值损失分为两类：一是资产减值损失，指存货减值损失、长期股权投资减值损失、投资性房地产减值损失、固定资产减值损失、未担保余值减值损失、无形资产减值损失、在建工程减值损失、商誉减值损失、使用权资产减值损失、油气资产减值损失、生产性生物资产减值损失、合同履约成本减值损失、合同取得成本减值损失等。二是信用减值损失，指应收款项信用减值损失、应收融资租赁款预期信用损失、债权投资预期信用损失、贷款信用减值损失、合同资产减值损失、贷款承诺及财务担保信用减值损失等。

（5）公允价值变动损益，包括交易性金融资产公允价值变动损益、交易性金融负债公允价值变动损益、投资性房地产公允价值变动损益、衍生工具（如期货、期权等）变动损益、套期保值业务变动损益等。

（6）持有收益分为四类：一是投资净收益，指企业对外投资所取得的收益扣除投资损失后的净额。二是资产处置收益，指企业出售划分为持有待售的非流动资产（金融工具、长期股权投资和投资性房地产除外）或处置组（子公司和业务除外）时确认的处置利得或损失，以及处置未划分为持有待售的固定资产、在建工程、生产性生物资产及无形资产而产生的处置利得或损失；债务重组中因处置非流动资产（金融工具、长期股权投资和投资性

⊖ 2013年5月起，国家统计局开始使用"主营活动利润"概念（计算公式是：主营活动利润=主营业务收入-主营业务业成本-主营业务税金及附加-销售费用-管理费用-财务费用），由于利润表项目已将主营业务收入等概念改成营业收入等概念，作者据此定为"营业活动利润"。

⊖ 持有收益概念引自哎哈迈德·里亚希-贝克奥伊（Ahmed Riahi-Belkaoui）著、钱逢胜等译的《会计理论（第4版）》第400页"持产损益"（holding gains and losses），上海财经大学出版社2004年5月出版，该书第1版（陕西人民出版社1991年3月版）译为"持有损益"，包括持有收益和持有损失。

房地产除外）产生的利得或损失和非货币性资产交换中换出非流动资产（金融工具、长期股权投资和投资性房地产除外）产生的利得或损失。三是其他收益，指计入其他收益的政府补助，以及其他与日常活动相关且计入其他收益的项目（如债务重组收益，企业作为个人所得税的扣缴义务人根据《中华人民共和国个人所得税法》收到的扣缴税款手续费、特定纳税人加计减税额等）。四是净敞口套期收益，指净敞口套期[⊖]下被套期项目累计公允价值变动转入当期损益的金额或现金流量套期储备转入当期损益的金额（"套期损失"是它的扣除项）。

（二）营业外收入

营业外收入是指与企业日常营业活动无直接关系的、除营业利润以外的收益，主要包括与企业日常活动无关的政府补助、盘盈利得、捐赠利得（企业接受股东或股东的子公司直接或间接的捐赠，经济实质属于股东对企业的资本性投入的除外）、其他营业外收入，如罚款收入、长期股权投资利得（指投出货币资金、存货、固定资产、无形资产等账面价值与投资额确认价值的差额，股权投资差额）等。

企业发生营业外收入时，借记"库存现金""银行存款""长期应收款"等科目；期末结转营业外收入时，借记"营业外收入"科目，贷记"本年利润"科目。结转后，"营业外收入"科目期末无余额。

《企业会计准则第16号——政府补助》规定，政府补助是指企业从政府无偿取得货币性资产或非货币性资产，但不包括政府以投资者身份向企业投入的资本，享有相应的所有者权益。其应用指南规定了政府补助的主要形式有：政府对企业的无偿拨款、财政贴息、税收返还、无偿划拨非货币性资产等。下面阐述政府补助涉及与"营业外收入"和"递延收益"科目有关的核算方法。

1. 与资产相关的政府补助核算

企业收到或应收的与资产相关的政府补助时：

借：银行存款或其他应收款　　　　　　　　　　　　　　　　　×××

　　贷：递延收益　　　　　　　　　　　　　　　　　　　　　　×××

企业在相关资产使用寿命内分配递延收益时：

借：递延收益　　　　　　　　　　　　　　　　　　　　　　　×××

　　贷：其他收益或营业外收入　　　　　　　　　　　　　　　　×××

2. 与收益相关的政府补助核算

用于补偿企业以后期间相关费用或损失的，按收到或应收的金额：

借：银行存款或其他应收款　　　　　　　　　　　　　　　　　×××

　　贷：递延收益　　　　　　　　　　　　　　　　　　　　　　×××

说明：如果企业在取得补助资金时暂时无法确定能否满足政府补助所附条件（即在未来10年内注册地址不得迁离本地区），则应当将收到的补助资金先记入"其他应付款"科目，待客观情况表明其能够满足政府补助所附条件后再转入"递延收益"科目。

在发生相关费用或损失的未来期间，按应补偿的金额：

借：递延收益　　　　　　　　　　　　　　　　　　　　　　　×××

　　贷：其他收益或营业外收入　　　　　　　　　　　　　　　　×××

⊖ 敞口是指金融活动中存在的金融风险的部位及受金融风险影响的程度；净敞口是指敞口的净宽，反映所面临风险的概率；净敞口套期是指不受保护的、有一定风险概率的套期工具。

用于补偿企业已发生的相关费用或损失的，按收到或应收的金额：

借：银行存款或其他应收款　　　　　　　　　　　　　　×××

　　贷：其他收益或营业外收入或生产成本　　　　　　　　×××

"递延收益"科目期末贷方余额，反映企业应在以后期间计入当期损益的政府补助。

3. 政府补助退回的会计处理

已确认的政府补助需要退回的，应当在需要退回的当期分情况按照以下规定进行会计处理：①初始确认时冲减相关资产账面价值的，调整资产账面价值。②存在相关递延收益的，冲减相关递延收益账面余额，超出部分计入当期损益。③属于其他情况的，直接计入当期损益。

此外，对于属于前期差错的政府补助退回，应当按照《企业会计准则第 28 号——会计政策、会计估计变更和差错更正》作为前期差错更正进行追溯调整。

（三）营业外支出

营业外支出是指与企业日常营业活动无直接关系的、除营业利润以外的各项支出，主要包括公益性捐赠支出、非常损失、盘亏损失、非流动资产毁损报废损失、赔偿金违约金及罚款等。其中，非常损失是指企业由于自然灾害等不可抗拒的原因而发生的损失扣除回收残值和有关赔偿金后的净额。非流动资产毁损报废损失通常包括因自然灾害发生的毁损、已丧失使用功能等原因而报废清理产生的损失。企业在不同交易中形成的非流动资产毁损报废利得和损失不得相互抵销，应分别在"营业外收入"科目和"营业外支出"科目进行核算。

企业发生营业外支出时，借记"营业外支出"科目，贷记"库存现金""银行存款""待处理财产损溢""固定资产清理"等科目；期末结转营业外支出时，借记"本年利润"科目，贷记"营业外支出"科目。结转后，"营业外支出"科目期末无余额。

二、利润总额的核算

1. 利润总额核算科目的设置

利润总额的核算通过设置"本年利润"科目进行。该科目贷方登记从损益类科目转入的各项收入（益），借方登记从损益类科目转入的各项支出（或损失）。收入（益）大于支出及损失的部分，为企业实现的净利润；反之，为企业发生的亏损总额。

2. 利润的结转

企业利润的结转在期末进行。期末有月末、季末和年末，企业可根据实际情况，在下列结转方式下任选一种：

（1）账结法。它要求企业一般在月末将损益类账户的全部收入和全部支出的余额都转入"本年利润"科目。

【例 38】　都江厂某年 12 月月末结账前损益类科目余额见表 11-10（据前述表 11-1、表 11-3、表 11-6、表 11-7、表 11-8、表 11-9 及其他损益类账户余额列示）。

表 11-10　都江厂 12 月末结账前损益类科目余额　　　　　　（单位：元）

收入账户	（贷方余额）	支出账户	（借方余额）
主营业务收入	292 200	主营业务成本	258 668
其他业务收入	60 000	税金及附加	2 440
投资收益	700	其他业务成本	46 837
营业外收入	17 500	销售费用	1 240
		管理费用	6 630
		财务费用	7 385
		营业外支出	18 100

根据表 11-10 编制如下会计分录：

1）月终，结转所有收入科目：

借：主营业务收入　　　　　　　　　　　　　　　　　292 200

　　其他业务收入　　　　　　　　　　　　　　　　　 60 000

　　投资收益　　　　　　　　　　　　　　　　　　　　　 700

　　营业外收入　　　　　　　　　　　　　　　　　　 17 500

　　贷：本年利润　　　　　　　　　　　　　　　　　370 400

如果"投资收益"科目为借方余额，则借记"本年利润"科目，贷记"投资收益"科目。

2）月终，结转所有支出科目：

借：本年利润　　　　　　　　　　　　　　　　　　　341 300

　　贷：主营业务成本　　　　　　　　　　　　　　　258 668

　　　　税金及附加　　　　　　　　　　　　　　　　　 2 440

　　　　其他业务成本　　　　　　　　　　　　　　　 46 837

　　　　销售费用　　　　　　　　　　　　　　　　　　 1 240

　　　　管理费用　　　　　　　　　　　　　　　　　　 6 630

　　　　财务费用　　　　　　　　　　　　　　　　　　 7 385

　　　　营业外支出　　　　　　　　　　　　　　　　　18 100

经过以上结转后，该企业"本年利润"账户 12 月份贷方差额 29 100 元（370 400 - 341 300）即为当月实现的利润总额，企业据此可计算填制利润表中相应项目的金额。

（2）表结法。它是指各月对损益类账户的全部收入和全部支出的余额不予结转，而是累计到年终一次结转，但各月要将收支账户的当月数和累计数填在损益表中按利润计算公式计算出利润总额。这种方法，实际上是表结账不结。

三、净利润的计算与核算

净利润 = 利润总额 - 所得税

所得税是国家对企业和个人的各种所得额征收的一种税。所得额是指企业或个人在取得的全部收入中扣除为取得这些收入所支付的各项成本费用之后的余额，如企业取得的利润，个人从事劳动或提供劳务所取得的工资、薪金和劳务报酬等。下述内容仅指企业所得税。2007 年 3 月 16 日，第十届全国人民代表大会第五次会议通过了《中华人民共和国企业所得税法》（简称《企业所得税法》），从 2008 年 1 月 1 日起施行。2017 年 2 月 24 日，第十二届全国人民代表大会常务委员会第二十六次会议对《中华人民共和国企业所得税法》进行了修正。

企业应交所得税 = 纳税所得 × 所得税税率

1. 纳税所得的税法规定

纳税所得是应纳税所得额的简称。按税法规定，纳税人应纳税所得额是以收入总额减去与取得收入有关的各项成本、费用和损失计算确定的。其计算公式为

应纳税所得额 = 收入总额 - 准予扣除项目金额

收入总额是指纳税人在纳税年度内取得的应税收入，包括销售货物收入、提供劳务收

入、转让财产收入、股息红利等权益性投资收益、利息收入、租金收入、特许权使用费收入、接受捐赠收入和其他收入，但不包括财政拨款、依法收取并纳入财政管理的行政事业性收费和政府性基金以及国务院规定的其他不征税收入。

准予扣除项目金额是指税法规定在计算应纳税所得额时准予从收入中扣除的企业实际发生的与取得收入有关的、合理的支出，包括成本、费用、税金、损失和其他支出。其中，合理的支出是指符合生产经营活动常规，应当计入当期损益或者有关资产成本的必要和正常的支出。①成本：是指企业在生产经营活动中发生的销售成本、销货成本、业务支出以及其他耗费。②费用：是指企业在生产经营活动中发生的销售费用、管理费用和财务费用，已经计入成本的有关费用除外。③税金：是指企业发生的除企业所得税和允许抵扣的增值税以外的各项税金及其附加。④损失：是指企业在生产经营活动中发生的固定资产和存货的盘亏、毁损、报废损失，转让财产损失，呆账损失，坏账损失，自然灾害等不可抗力因素造成的损失以及其他损失。企业发生的损失，减除责任人赔偿和保险赔款后的余额，依照国务院财政、税务主管部门的规定扣除。企业已经作为损失处理的资产，在以后纳税年度又全部收回或者部分收回时，应当计入当期收入。⑤其他支出：是指除成本、费用、税金、损失外，企业在生产经营活动中发生的与生产经营活动有关的、合理的支出。

税法同时规定，在计算应纳税所得额时，下列支出不得扣除：①向投资者支付的股息、红利等权益性投资收益款项。②企业所得税税款。③税收滞纳金。④罚金、罚款和被没收财物的损失。⑤公益性捐赠以外的捐赠支出。⑥赞助支出。⑦未经核定的准备金支出。⑧与取得收入无关的其他支出。

2. 纳税所得的实际计算

在实际工作中，为了简化计算手续，可按会计确定的利润总额（也称税前会计利润）进行调整，计算出应纳税所得额。其计算公式为

$$应纳税所得额 = 利润总额 \pm 纳税调整项目金额$$

纳税调整项目金额分为以下两类：

（1）永久性差异。它是指会计准则和税法对收入、费用等会计项目的确认范围不同所产生的差异。这种差异在某一时期发生，以后时期还可能发生，并不能在以后的时间内被"转回"或"抵销"。具体内容如下：

1）企业违法经营的罚款和被没收财物的损失。这种罚款和损失，会计记入"营业外支出"科目，在计算利润总额时已经扣除，然而税收法规却规定不得从纳税所得中扣除，要作为应税收益，则计算应纳税所得额时，应以利润总额为基数，加上这种罚款和损失。

2）各项税收的滞纳金、罚金和罚款。这些支出会计已在"营业外支出"中列支了，计算利润时已经扣除，然而按税收法规的规定不能扣除，要作为应税收益，则应增加纳税调整额。

3）各种非公益救济性捐赠和赞助支出。税法对此规定不作为扣除项目，而会计处理时已列作"营业外支出"，在计算利润时已经扣除，所以要调增纳税所得。

4）免征或减征所得税的收益（入）或项目。国家对重点扶持和鼓励发展的产业和项目，给予企业所得税优惠。如企业购买国库券和特种国债取得的利息收入，会计已计入利润总额，而税法给予免税，则利润总额应扣除这部分收入后作为纳税所得。又如，企业开发新技术、新产品、新工艺发生的研究开发费用，安置残疾人员及国家鼓励安置的其他就业人员

所支付的工资等可以在计算应纳税所得额时加计扣除。再如，创业投资企业从事国家需要重点扶持和鼓励的创业投资，可以按投资额的一定比例抵扣应纳税所得额；企业综合利用资源，生产符合国家产业政策规定的产品所取得的收入，可以在计算应纳税所得额时减计收入；企业购置用于环境保护、节能节水、安全生产等专用设备的投资额，可以按一定比例实行税额抵免。此外，对从事农、林、牧、渔业项目取得的所得；从事国家重点扶持的公共基础设施项目投资经营取得的所得；从事符合条件的环境保护、节能节水项目取得的所得；符合条件的技术转让所得，可以免征、减征企业所得税。

5）已纳税投资收益。企业通过购买股票对外投资分得的股息、红利和企业对外进行其他投资（投出财产物资等）分得的利润（权益性投资收益）是受资企业在缴纳所得税后的利润分配。为了避免重复征税，税法规定，对于"先税后分"的投资收益，除非投资方所得税税率高于被投资方所得税税率要调整补税外，投资方从受资方获得的已纳税投资收益不再缴纳所得税。而投资方会计已将这部分收益列作"投资收益"处理，构成了利润总额的组成内容，所以要将其作为纳税调减额处理。

6）超标准的利息支出。税法规定，企业从收入中准予扣除的利息支出或借款费用或汇兑损失有三部分：一是企业在生产经营活动中发生的向金融企业借款的利息支出、金融企业的各项存款利息支出和同业拆借利息支出、企业经批准发行债券的利息支出准予扣除。二是企业在生产经营活动中发生的合理的不需要资本化的借款费用，准予扣除。企业为购置、建造固定资产、无形资产和经过 12 个月以上的建造才能达到预定可销售状态的存货发生借款的，在有关资产购置、建造期间发生的合理的借款费用，应当作为资本性支出计入有关资产的成本，并依照所得税条例的规定扣除。三是企业在货币交易中，以及纳税年度终了时将人民币以外的货币性资产、负债按照期末即期人民币汇率中间价折算为人民币时产生的汇兑损失，除已经计入有关资产成本以及与向所有者进行利润分配相关的部分外，准予扣除。但税法同时规定，企业向非金融企业借款而支付的利息支出高于金融企业同期同类贷款利率计算的数额以外的部分不得从收入中扣除；非银行企业内营业机构之间支付的利息不得扣除。因此，对这部分超标准利息支出应作为纳税调增额处理。

7）超标准超范围的工资及附加费。税法规定，企业从收入中准予扣除的工资及附加费包括三部分内容：一是企业发生的合理的工资薪金支出，准予扣除。这里所称工资薪金，是指企业每一纳税年度支付给在本企业任职或者受雇的员工的所有现金形式或者非现金形式的劳动报酬，包括基本工资、奖金、津贴、补贴、年终加薪、加班工资，以及与员工任职或者受雇有关的其他支出。二是企业依照国务院有关主管部门或者省级人民政府规定的范围和标准为职工缴纳的基本养老保险费、基本医疗保险费、失业保险费、工伤保险费、生育保险费等基本社会保险费和住房公积金，准予扣除。三是企业为投资者或者职工支付的补充养老保险费、补充医疗保险费，在国务院财政、税务主管部门规定的范围和标准内，准予扣除。

企业不得从收入中准予扣除的工资薪金有三项：①不合理的工资薪金支出。②超过国务院有关主管部门或者省级人民政府规定范围和标准的工资附加费。例如，企业发生的职工福利费支出超过工资薪金总额 14% 的部分不得扣除；企业拨缴的职工工会经费支出超过工资薪金总额 2% 的部分不得扣除。需要说明的是，税法规定，除国务院财政、税务主管部门另有规定外，企业发生的职工教育经费支出，不超过工资薪金总额 2.5% 的部分，准予扣除；超过部分，准予在以后纳税年度结转扣除。③除企业依照国家有关规定为特殊工种职工支付的人身安全保险费和国务院财政、税务主管部门规定可以扣除的其他商业保险费外，企业为投资者或者职工支付的商业保险费，不得扣除。

8）不规范的公益性捐赠。公益性捐赠是指企业通过公益性社会团体或者县级以上人民政府及其部门，用于《中华人民共和国公益事业捐赠法》规定的公益事业的捐赠。这里所称公益性社会团体，是指同时符合规定条件的基金会、慈善组织等。这些社会团体的条件是：依法登记，具有法人资格；以发展公益事业为宗旨，且不以营利为目的；全部资产及其增值为该法人所有；收益和营运结余主要用于符合该法人设立目的的事业；终止后的剩余财产不归属任何个人或者营利组织；不经营与其设立目的无关的业务；有健全的财务会计制度；捐赠者不以任何形式参与社会团体财产的分配；国务院财政、税务主管部门会同国务院民政部门等登记管理部门规定的其他条件。

企业向不符合公益性社会团体所做的捐赠，是不规范的公益性捐赠，不得从企业收入中扣除；企业的赞助支出不得从企业收入中扣除。所谓赞助支出，是指企业发生的与生产经营活动无关的各种非广告性质的支出。

2017 年 2 月 24 日新修订的《企业所得税法》对捐赠做出的新规定是："企业发生的公益性捐赠支出，在年度利润总额 12% 以内的部分，准予在计算应纳税所得额时扣除；超过年度利润总额 12% 的部分，准予结转以后三年内在计算应纳税所得额时扣除。"据此规定推断，前三年度未扣除的剩余公益性捐赠支出在当年计算应纳所得税时优先扣除。

会计平时在处理不规范的公益性捐赠和赞助支出业务时，已将这些开支列入了"营业外支出"科目，减少了利润，按税法规定应作为纳税调增额处理。

9）超标准的业务招待费。企业发生的与生产经营活动有关的业务招待费支出，按照发生额的 60% 扣除，但最高不得超过当年销售（营业）收入的千分之五。超过标准部分，不得在税前扣除。

10）其他超过国家规定的成本费用列支范围和标准的事项。

（2）暂时性差异。它是指企业资产或负债的账面价值与其计税基础之间的差额。企业会计未作为资产和负债确认的项目，按照税法规定可以确定其计税基础的，该计税基础与其账面价值之间的差额也属于暂时性差异。计税基础是指按税法规定计算应纳所得税时归属于资产或负债的金额，分为资产的计税基础和负债的计税基础两类。资产的计税基础是指企业在收回资产账面价值过程中，计算应纳税所得额时按照税法规定可以自应税经济利益中抵扣的金额；负债的计税基础，是指负债的账面价值减去未来期间计算应纳税所得额时按照税法规定可予抵扣的金额。

按照暂时性差异对未来期间应税金额的影响，分为应纳税暂时性差异和可抵扣暂时性差异。应纳税暂时性差异是指在确定未来收回资产或清偿负债期间的应纳税所得额时，将导致产生应税金额的暂时性差异；可抵扣暂时性差异是指在确定未来收回资产或清偿负债期间的应纳税所得额时，将导致产生可抵扣金额的暂时性差异。

企业存在的暂时性差异对未来应税金额产生影响的应予递延。即企业应在资产类设置"递延所得税资产"科目核算企业确认的可抵扣暂时性差异产生的递延所得税资产；在负债类设置"递延所得税负债"科目核算企业确认的应纳税暂时性差异产生的所得税负债。暂时性差异的具体内容如下：

1）计提固定资产折旧引起的纳税递延。企业按照会计准则规定可以采用直线法、工作量法、加速折旧法计提固定资产折旧。而税法规定，除经税务机关批准的技术密集型企业和其他特定企业可以采用加速折旧法外，其余一律不准采用加速折旧法计提折旧。按会计准则确认的固定资产账面价值和按税法确定的资产计税基础就不一致，产生了暂时性差异。又如，企业自行变更折旧年限（如8年改为5年）计提折旧，而税务机关仍按原定年限折旧，这也产生了暂时性差异。企业改变折旧方法和折旧年限，使企业固定资产有可能前几年计提的折旧多，后几年计提的折旧少，导致企业固定资产账面价值减少而影响到应税金额的可递延到后期抵补，即前几年产生的递延所得税资产，在后几年逐渐得到转回。

2）无形资产摊销引起的纳税递延。企业按照会计准则规定，对使用寿命确定的无形资产采用直线法摊销其价值，对使用寿命不确定的无形资产价值不予摊销。而税法规定，对使用寿命不确定的无形资产按不低于10年期限进行摊销。这样，按会计准则确认的无形资产账面价值和按税法确定的资产计税基础就不一致，产生了暂时性差异。例如，丰达企业本年自创一项非专利技术，账面成本为210万元。由于使用寿命不确定未进行摊销，期末账面价值仍为210万元。可是税务部门按不少于10年进行摊销，计税基础为189万元。该计税基础与其账面价值之间的差额21万元即为应纳税暂时性差异。如果所得税税率为25%，则递延所得税负债为5.25万元（21×25%）。

3）内部研发确认的资本化价值的纳税递延。企业按照会计准则规定，企业内部研究开发项目的支出，分两种情况处理：研究阶段的支出计入当期损益；开发阶段的支出，符合资本化确认条件的确认为无形资产。而税法规定，企业研发支出在实际发生的当期可从所得税前扣除。这样，企业已予资本化的无形资产账面价值就和税法规定的资产计税基础不一致，产生了暂时性差异。

4）公允价值变动损益的纳税递延。①以交易性金融资产为例，企业按照会计准则规定，交易性金融资产期末应以公允价值计量，公允价值的变动计入当期损益。但是税法规定，交易性金融资产在持有期间公允价值变动不计入应纳税所得额，即其计税基础仍按初始确认金额保持不变，则产生了交易性金融资产的账面价值与计税基础之间的差异。例如，丰达企业持有一项交易性金融资产，成本为800万元，期末公允价值为1000万元，如计税基础仍维持800万元不变，该计税基础与其账面价值之间的差额200万元即为应纳税暂时性差异。如果所得税税率为25%，则递延所得税负债为50万元（200×25%）。②以其他债权投资为例。企业按照会计准则规定，其他债权投资期末公允价值变动在调整资产价值的同时记入"其他综合收益——其他债权投资公允价值变动"科目，企业售出该金融资产时，再将原记入"其他综合收益——其他债权投资公允价值变动"科目的金额转入"投资收益"科目。但是，税法规定，其他债权投资计税基础保持初始确认金额不变，处置该资产时产生的损益计入应纳税所得额。这样，按会计准则确认的其他债权投资账面价值和按税法确定的资产计税基础就不一致，产生了暂时性差异需要递延处理。

5）长期股权投资计价引起的纳税递延。在采用权益法核算长期股权投资的企业，会计期末，投资方要根据被投资企业实现的净利润或调整的净利润及净资产变动调整"长期股权投资"账面价值，并记入"投资收益"科目。而税法仍然保持长期股权投资初始确认成本不变，待被投资企业实际分配利润使投资方得到收益时才确认投资所得的实现。但这部分股利或利润在投资方一般不再纳税，只有当投资方所得税税率高于被投资企业所得税税率时要调整补缴所得税，其补缴税额需要递延。

6）计提资产减值准备的纳税递延。按照会计准则规定，企业资产负债表日对有关资产减值要计提资产减值准备。而税法对全部资产减值准备不予承认。这样，按会计准则确认的资产账面价值和按税法确定的资产计税基础就不一致，产生了暂时性差异。

7）预计负债等项目的纳税递延。以"预计负债——产品质量保证"为例，会计或有事项准则规定，对售出产品承担保修义务的，应确认预计负债。但税法却以企业实际发生的保修费税前扣除。这样，会计确认的预计负债账面价值与税法规定的计税基础就不一致，产生了暂时性差异需要递延。例如，丰达企业本年销售商品实行"三包"（包修、包退、包换），确定预计负债30万元，本年未发生保修费用。该项负债账面价值30万元，计税基础为0，产生了可抵扣暂时性差异。如果所得税税率为25%，则递延所得税资产为7.5万元（30×25%）。

8）其他项目的暂时性差异。例如，分期收款销售商品，按会计准则规定，只要商品控制权在商品销售时已转移给购买方，企业就要一次确认收入，并记入"长期应收款"科目，但《企业所得税实施条例》第二十三条规定："以分期收款方式销售货物的，按照合同约定的收款日期确认收入的实现。"企业会计确认的收入和税务机关按每期合同约定的销售款作收入存在着差异，这就产生了暂时性差异。

3. 所得税税率

从2008年1月1日起，我国企业所得税税率定为25%。符合条件的小型微利企业，减按20%的税率征收企业所得税。国家需要重点扶持的高新技术企业，减按15%的税率征收企业所得税。

4. 会计处理方法

企业应设置"所得税费用"科目，核算企业确认的应从当期利润总额中扣除的所得税费用。在该科目下，企业应设置"当期所得税费用""递延所得税费用"两个明细科目进行明细核算。

所得税费用的核算应根据不同差异分别采用不同方法。对于永久性差异，应采用应付税款法处理。所谓应付税款法，是将本期税前会计利润与纳税所得之间的差异造成的影响纳税的金额直接计入当期损益，而不递延到以后各期。在这种方法下，企业当期按税法计算的应缴纳的所得税，直接借记"所得税费用——当期所得税费用"科目，贷记"应交税费——应交所得税"科目。对于暂时性差异采用资产负债表债务法处理。所谓资产负债表债务法，是将企业资产、负债账面价值与计税基础之间产生的暂时性差异确认为递延所得税负债或资产，进而反映"递延所得税费用"对未来纳税影响又予以转回的方法。在资产负债表债务法下，企业确认的递延所得税负债或递延所得税资产记入"所得税费用——递延所得税费用"科目，同时记入"递延所得税负债"科目或"递延所得税资产"科目，并在以后一定时期予以转回。

（1）永久性差异核算举例。

【例39】 都江厂全年利润总额79 000元。在全年利润总额中，从联营企业分进利润1 900元，从股份制企业分进股利2 000元，获得国库券利息收入800元，获得企业债券利息收入400元。该厂全年发生进入成本费用的职工薪酬及工资附加费超过核定的全年计税标准4 000元；在全年利润总额中列作营业外支出的捐赠支出2 700元，其中公益性捐赠1 600元，因违反税收法规被税务部门处以罚款600元。所得税税率25%。

1）税前会计利润 = 利润总额 = 79 000（元）

2）纳税调整项目金额 $= -1\,900 - 2\,000 - 800 + 4\,000 + (2\,700 - 1\,600) + 600 = 1\,000$（元）

3）纳税所得额 =1）+2）= 79 000 + 1 000 = 80 000（元）

4）全年应交所得税 = 80 000 × 25% = 20 000（元）

借：所得税费用——当期所得税费用 20 000

  贷：应交税费——应交所得税 20 000

（2）暂时性差异核算举例。

【例40】某企业有一台设备，原值40万元（假设预计净残值为0），按税法规定使用5年，采用直线法折旧。该企业按2年提完折旧（直线法）。该企业前两年税前会计利润各为200万元，后三年均为220万元。其税款计算见表11-11。

表11-11 正常税率情况下递延所得税资产计算表 （单位：万元）

项 目	第1年	第2年	第3年	第4年	第5年	合 计
（1）按税法5年折旧	8	8	8	8	8	40
（2）固定资产计税基础	32	24	16	8	0	—
（3）按会计2年折旧	20	20	0	0	0	40
（4）固定资产账面价值	20	0	0	0	0	—
（5）暂时性差异 =（2）-（4）	12	24	16	8	0	0
（6）税前会计利润	200	200	220	220	220	1 060
（7）所得税费用 =（6）×25%	50	50	55	55	55	265
（8）递延所得税资产 =[本年（5）-上年（5）]×25%	3	3	-2	-2	-2	0

该企业根据表11-11进行财务处理。

第1年会计分录：

借：所得税费用——当期所得税费用 53万元

  递延所得税资产 3万元

  贷：应交税费——应交所得税［（利润200 + 多计提折旧12）×25%］ 53万元

   所得税费用——递延所得税费用 3万元

同时，将"所得税费用"科目金额转入"本年利润"科目（下同）。第2年会计分录与第1年会计分录相同。第2年递延所得税资产的计算在实际工作中是比较上期末余额得出的：本年24×25% - 上年年末余额3 = 3（万元）。

第3年会计分录：

借：所得税费用——当期所得税费用 53万元

   ——递延所得税费用 2万元

  贷：递延所得税资产 2万元

   应交税费——应交所得税［（利润220 - 未计提折旧8）×25%］ 53万元

说明：第3年递延所得税资产的计算也可通过比较上期末余额得出：本年16×25% - 上年年末余额6 = -2（万元）。第4年、第5年分录和第3年相同。其中，第5年递延所得税资产的计算也可以通过比较上期期末余额得出：本年0×25% - 上年年末余额2 = -2（万元）。

通过以上处理，5年中"递延所得税资产"科目借方共发生6万元（3 + 3），贷方共发生6万元（2 + 2 + 2），借贷抵销平衡；利润表中"净利润"第1、第2年均为150万元

（200 – 50），第 3、第 4、第 5 年均为 165 万元（220 – 55）。如果第 3、第 4、第 5 年的"税前会计利润"均为 200 万元，和前两年相同，则第 3、第 4、第 5 年所得税费用均为 50 万元 [（200 – 8）×25% + 2]。5 年中各年的净利润都是 150 万元。它表明，通过"递延所得税资产"的调节，不仅解决了会计计税利润和税法纳税所得差异对所得税的影响，而且保持了各期净利润的均衡。

以上是在税率不变的情况下所进行的账务处理。如果所得税税率发生变化或开征新税，按《企业会计准则第 18 号——所得税》规定："适用税率发生变化的，应对已确认的递延所得税资产和递税所得税负债进行重新计量，除直接在权益中确认的交易或者事项产生的递延所得税资产和递延所得税负债以外，应当将其影响数计入变化当期的所得税费用。"现仍用例 40 资料，假定所得税税率第 1、第 2 年为 33%，第 3~5 年均改为 25%。所得税税率变化计算的税款见表 11-12。

表 11-12　税率变动情况下递延所得税资产计算表　　　（单位：万元）

项　　目	第1年	第2年	第3年	第4年	第5年	合　计
（1）按税法 5 年折旧	8	8	8	8	8	40
（2）固定资产计税基础	32	24	16	8	0	—
（3）按会计法 2 年折旧	20	20	0	0	0	40
（4）固定资产账面价值	20	0	0	0	0	—
（5）暂时性差异 =（2）-（4）	12	24	16	8	0	0
（6）税前会计利润	200	200	220	220	220	1 060
（7）所得税费用 =（6）×33% 或 25%	66	66	56.92	55	55	265
（8）递延所得税资产 =[本年(5) - 上年(5)]×33% 或 25%	3.96	3.96	-3.92[①]	-2	-2	0

① =（16 × 25%）–（24 × 33%）= 4 – 7.92 = –3.92（万元）。

该企业根据表 11-12 进行财务处理。

第 1 年会计分录：

借：所得税费用——当期所得税费用　　　　　　　　　　　　　69.96 万元

　　递延所得税资产　　　　　　　　　　　　　　　　　　　3.96 万元

　　贷：应交税费——应交所得税 [（200 利润 + 多计提折旧 12）×33%]　69.96 万元

　　　　所得税费用——递延所得税费用　　　　　　　　　　　3.96 万元

同时，将"所得税费用"科目金额转入"本年利润"科目（下同）。第 2 年会计分录与第 1 年会计分录相同。

第 3 年会计分录：

借：所得税费用——当期所得税费用　　　　　　　　　　　　　53 万元

　　　　　　——递延所得税费用　　　　　　　　　　　　　3.92 万元

　　贷：递延所得税资产　　　　　　　　　　　　　　　　　3.92 万元

　　　　应交税费——应交所得税 [（200 利润 – 未计提折旧 8）×25%]　53 万元

第 4 年会计分录：

借：所得税费用——当期所得税费用　　　　　　　　　　　　　53 万元

　　　　　　——递延所得税费用　　　　　　　　　　　　　2 万元

　　贷：递延所得税资产　　　　　　　　　　　　　　　　　2 万元

应交税费——应交所得税　[（200 利润 – 未计提折旧 8）×25%]　　53 万元

第 5 年会计分录与第 4 年会计分录相同。

通过以上处理，5 年中"递延所得税资产"科目借方共发生 7.92 万元（3.96 + 3.96），贷方共发生 7.92 万元（3.92 + 2 + 2），借贷抵销平衡；利润表中"净利润"第 1、第 2 年均为 134 万元（200 – 66），第 3 年为 163.08 万元（220 – 56.92），第 4、第 5 年均为 165 万元（220 – 55）。则所得税税率变动影响仅在变动之年反映。

如果企业暂时性差异很多，可以将"递延所得税负债""递延所得税资产"及其对"所得税费用"的影响结合在一起编制"企业所得税费用确认和计量表"。现以上述"暂时性差异"解析中丰达企业业务为例，编制"丰达企业所得税费用确认和计量表"（见表 11-13，该企业按当年税法规定计算确定的应缴纳的所得税为 450 万元）。

表 11-13　丰达企业所得税费用确认和计量表　　　　（单位：万元）

序　号	项　目	账面价值	计税基础	暂时性差异	
				应纳税暂时性差异	应抵扣暂时性差异
1	无形资产	210	189	21	
2	交易性金融资产	1 000	800	200	
3	预计负债	30	0		30
	合计			221	30

根据表 11-13 丰达企业计算确认的递延所得税负债、递延所得税资产、递延所得税费用以及所得税费用如下：

递延所得税负债 = 221 × 25% = 55.25（万元）

递延所得税资产 = 30 × 25% = 7.5（万元）

递延所得税费用 = 55.25 – 7.5 = 47.75（万元）

当期所得税费用 = 450（万元）

所得税费用 = 450 + 47.75 = 497.75（万元）

丰达企业当年做如下会计分录：

借：所得税费用——当期所得税费用　　　　　　　　　　　450 万元

　　　　　　　　——递延所得税费用　　　　　　　　　　47.75 万元

　　递延所得税资产　　　　　　　　　　　　　　　　　　7.5 万元

　　贷：应交税费——应交所得税　　　　　　　　　　　　450 万元

　　　　递延所得税负债　　　　　　　　　　　　　　　　55.25 万元

如果丰达企业下一年年末，采用上述同样方法，计算出应纳税暂时性差异为 205 万元，应抵扣暂时性差异为 50 万元，按税法规定计算确定的应交所得税为 460 万元，则

第 2 年递延所得税负债 = 205 × 25% – 55.25 = – 4（万元）

第 2 年递延所得税资产 = 50 × 25% – 7.5 = 5（万元）

第 2 年递延所得税费用 = – 4 – 5 = – 9（万元）

第 2 年当期所得税费用 = 460（万元）

第 2 年所得税费用 = 460 – 9 = 451（万元）

丰达企业第 2 年年末做如下会计分录：

借：所得税费用——当期所得税费用 　　　　　　　　　　460 万元

　　递延所得税负债 　　　　　　　　　　　　　　　　4 万元

　　递延所得税资产 　　　　　　　　　　　　　　　　5 万元

　　　贷：应交税费——应交所得税 　　　　　　　　　460 万元

　　　　所得税费用——递延所得税费用 　　　　　　　　9 万元

此外，企业亏损弥补也要采用递延所得税的方式进行。《企业会计准则第18号——所得税》规定："企业对于能够结转以后年度的可抵扣亏损和税款抵减，应当以很可能获得用来抵扣亏损和税款抵减的未来应纳税所得额为限，确认相应的递延所得税资产。"根据这一要求，企业对能够结转后期的尚可抵扣的亏损，应当以可能获得用于抵扣尚可抵扣的亏损的未来应税利润为限，确认递延所得税资产。这种处理方法称之为当期确认法，即后转抵减所得税的利益在亏损当年确认。采用这种方法，企业应当对五年内可抵扣暂时性差异是否能在以后经营期内的应税利润充分转回做出判断，如果不能，企业不应确认。下面举例予以说明。

【例41】　某企业在20×1年至20×4年间每年应税收益分别为：–120 万元、40 万元、30 万元、60 万元，适用税率始终为25%，假设无其他暂时性差异。该企业各年年末的会计分录如下：

1）20×1 年年末确认以后年度弥补的亏损的递延所得税资产 30 万元（亏损 120 × 25%）时做如下会计分录：

借：递延所得税资产 　　　　　　　　　　　　　　　30 万元

　　　贷：所得税费用——递延所得税费用（补亏减税） 　30 万元

2）20×2 年年末确认抵补以前年度亏损的递延所得税资产 10 万元（利润 40 × 25%）时做如下会计分录：

借：所得税费用——递延所得税费用（补亏减税） 　　10 万元

　　　贷：递延所得税资产 　　　　　　　　　　　　　10 万元

3）20×3 年年末确认抵补以前年度亏损的递延所得税资产 7.5 万元（利润 30 × 25%）时做如下会计分录：

借：所得税费用——递延所得税费用（补亏减税） 　　7.5 万元

　　　贷：递延所得税资产 　　　　　　　　　　　　　7.5 万元

4）20×4 年年末确认抵补以前年度剩余亏损的递延所得税资产 12.5 万元（30 – 10 – 7.5），同时确认当期应缴纳的所得税（利润 60 × 25% – 12.5）时做如下会计分录：

借：所得税费用——递延所得税费用（补亏减税） 　　12.5 万元

　　　　　　　——当期所得税费用 　　　　　　　　　2.5 万元

　　　贷：递延所得税资产 　　　　　　　　　　　　　12.5 万元

　　　　应交税费——应交所得税 　　　　　　　　　　2.5 万元

5. 所得税的缴纳

企业所得税按年计算，分月或者分季预缴。月份或季度终了后15日内预缴，年度终了后4个月内汇算清缴，多退少补。企业预缴所得税时，应按纳税期限的实际数计算缴纳，按实际数预缴有困难的，可以按上一年度应纳税所得额的1/12或1/4，或经当地税务机关认可的其他方法分期预缴所得税。预缴方法一经确定，不得随意改变。

【例42】　都江厂采用每月按实际利润总额计算缴纳所得税的办法。12月份实现利润总额 29 100 元（见表 11-10），计算应缴纳的所得税 7 275 元（29 100 × 25%），于次年 1 月 15 日上交。

1）12 月 31 日计算应缴纳的所得税时：

借：所得税费用——当期所得税费用　　　　　　　　　　　　　　　　7 275

　　贷：应交税费——应交所得税　　　　　　　　　　　　　　　　　　　7 275

2）12 月 31 日结转"所得税费用"科目时：

借：本年利润　　　　　　　　　　　　　　　　　　　　　　　　　　7 275

　　贷：所得税费用——当期所得税费用　　　　　　　　　　　　　　　　7 275

3）1 月 15 日缴纳上月应缴纳的所得税时：

借：应交税费——应交所得税　　　　　　　　　　　　　　　　　　　7 275

　　贷：银行存款　　　　　　　　　　　　　　　　　　　　　　　　　　7 275

【例 43】　次年 2 月，都江厂跟税务局清算，上年全年应缴纳的所得税 20 000 元（见例 39⊖，应缴纳的所得税 20 000 元已于上年年末入账），而上年全年实际计算和缴纳的所得税为 19 750 元，补缴 250 元所得税。

借：应交税费——应交所得税　　　　　　　　　　　　　　　　　　　250

　　贷：银行存款　　　　　　　　　　　　　　　　　　　　　　　　　　250

按例 39，都江厂在当年年末结转"所得税费用"科目时：

借：本年利润　　　　　　　　　　　　　　　　　　　　　　　　　20 000

　　贷：所得税费用——当期所得税费用　　　　　　　　　　　　　　　20 000

所得税结转后，企业"本年利润"账户贷方余额反映企业实现的净利润。年终，将全年净利润转入"利润分配"账户后，"本年利润"账户年终无余额。

四、利润分配的核算

利润分配是对实现的净利润进行分配。其分配去向是：提取积累——公积金（法定公积金和任意公积金），以便扩大再生产，或以丰补歉等；向投资者分配利润或股利。为了稳健起见，企业一般不把利润分光，而是保留一部分利润，留在企业不做分配，以便以后年度弥补亏损，或以后年度分配。为了反映利润分配的情况，企业应设置"利润分配"一级科目，并在该科目下设置"提取法定盈余公积""提取任意盈余公积""应付现金股利或利润""转作股本的利润""盈余公积补亏""未分配利润"等明细科目进行明细分类核算。外商投资企业可以设置"提取储备基金""提取企业发展基金""提取职工奖励及福利基金"等明细科目进行明细分类核算。

1. 结转"本年利润"科目

在账结法下，企业各月取得的收入（益）和发生的支出（包括成本、税金及附加、期间费用、营业外支出和损失以及所得税费用等）均分别转入"本年利润"科目贷方和借方。

⊖　年终能准确计算全年应缴纳所得税的情况较少，其相应会计分录带有一定的假定性或特殊性。在实际工作中，企业年末会计计算的应缴纳所得税并不一定与税务局清算的数额一致，企业应于第二年 1 ~ 4 月间在同税务局清算后，在清算月据清算应补交的数额，借记"利润分配——未分配利润"科目，贷记"应交税费——应交所得税"科目（若为应退回的金额分录相反）。——参见彭培鑫、朱学义《所得税汇算清缴纳税调整的会计处理》，《财务与会计》2010 年第 4 期第 21 ~ 22 页。

年终，该科目转账前贷方余额为全年净利润总额，借方余额为全年亏损总额，一律转入"利润分配"科目的贷方或借方，转账后，"本年利润"科目年终无余额。

【例44】 12月31日，都江厂结转全年净利润59 250元（利润总额79 000 – 全年所得税19 750）。

借：本年利润 59 250

　　贷：利润分配——未分配利润 59 250

2. 计提法定公积金

法定公积金是指按照法律、法规和规章制度规定的比例从税后利润中提取的公积金，其法定提取率为10%。

【例45】 12月31日，都江厂按全年净利润的10%计提法定公积金5 925元（59 250×10%）。

借：利润分配——提取法定盈余公积 5 925

　　贷：盈余公积——法定盈余公积 5 925

3. 计提任意公积金

任意公积金是指按照公司章程规定或股东会决议提取的公积金。提取率每年由股东会确定。

【例46】 12月31日，都江厂按全年净利润的6%计提任意公积3 555元（59 250×6%）。

借：利润分配——提取任意盈余公积 3 555

　　贷：盈余公积——任意盈余公积 3 555

4. 向投资者分利

【例47】 12月31日，都江厂确定本年应向投资者（普通股股东）分配利润33 770元（投资者之间按投入资本的比例分配）。当日支付利润34 370元。

借：利润分配——应付现金股利或利润 33 770

　　贷：应付股利——普通股股利 33 770

借：应付股利——普通股股利 34 370

　　贷：银行存款 34 370

如果企业决定向优先股股东分配股利（股息或红利），借记"利润分配——应付优先股股利"科目，贷记"应付股利——优先股股利"科目。

5. 用盈余公积补亏

企业发生的年度亏损一般有三种途径弥补：①财政弥补。即企业发生的政策性亏损由国家财政弥补。企业计算应收财政部门补贴款时，借记"其他应收款"科目，贷记"营业外收入"科目。补贴收入转入企业利润总额时，借记"营业外收入"科目，贷记"本年利润"科目。实际收到补贴款时，借记"银行存款"科目，贷记"其他应收款"科目。②企业自行弥补。企业将发生的亏损挂在"利润分配"科目借方，用下一年度的利润在所得税前弥补（称"税前补亏"，但连续补亏不得超过5年，从第6年起，应该"税后补亏"）。这种自行弥补办法通过"递延所得税资产"科目核算，参见本章例41。③所有者弥补。即用每年提存的反映所有者权益的盈余公积补亏，借记"盈余公积——法定盈余公积或任意盈余公积"科目，贷记"利润分配——盈余公积补亏"科目。

6. 以前年度损益调整

以前年度损益调整是指以前年度发生的影响损益的事项在本年度进行调整以及本年度发

现的重要前期差错更正涉及调整以前年度损益的事项。它分为三个方面：一是本年度发生的调整以前年度损益的事项。二是以前年度重大差错调整。比如，被审查出来的上年或以前年度多计或少计的利润需要调整。三是年度资产负债表日后事项调整，是指在年度资产负债表日至财务会计报告批准报出日之间发生的需要调整报告年度损益的事项。比如，资产减损需要计提减值准备，销售退回需要调整原有记录及结果，诉讼案件所获赔款或支付赔款需要调整，等等。

企业设置"以前年度损益调整"科目，调增以前年度损益时，记入该科目贷方；调减以前年度损益时，记入该科目借方；期末，企业应将该科目调增的损益扣除调减的损益后的净额扣除应缴纳的所得税后转入"利润分配——未分配利润"科目，结转后，"以前年度损益调整"科目期末无余额；记入"利润分配——未分配利润"科目的净损益还要补提盈余公积（通常是法定盈余公积），借记"利润分配——未分配利润"科目，贷记"盈余公积——法定盈余公积"科目，冲销多计提的盈余公积，会计分录相反。

【例48】　经审计检查发现，都江厂上年度职工福利费采用"先提后支"方式，有一项医务人员薪酬 1 493 元本应从已计提的职工福利费中开支，却列入了生产成本，致使生产成本上升，利润减少，要求调增上年利润；同时检查还发现，都江厂上年分配材料成本差异时，进入成本、费用科目的差异少转 500 元，致使上年成本费用少计，利润多计，要求调减上年利润。有关会计分录如下：

```
借：应付职工薪酬                                      1 493
    贷：以前年度损益调整                                      1 493
借：以前年度损益调整                                    500
    贷：材料成本差异                                          500
借：以前年度损益调整                                    993
    贷：应交税费——应交所得税（993×25%）                     248
        利润分配——未分配利润                                745
借：利润分配——未分配利润（745×10%）                    75
    贷：盈余公积——法定盈余公积                              75
```

企业本年度发生的调整以前年度的损益的事项，应当调整本年度会计报表相关项目的年初数或上年实际数；企业在年度资产负债表日至财务会计报告批准报出日之间发生的调整报告年度损益的事项，应当调整报告年度会计报表相关项目。根据例 48 编制的会计分录，首先要在本年度有关账簿中进行登记，包括登入"利润分配明细账"（见表 11-14）等，同时要调整"资产负债表"年初数：如，应付职工薪酬减少 1 493 元，存货减少 500 元，应交税费增加 248 元，未分配利润增加 670 元，盈余公积增加 75 元；还要调整"所有者权益变动表"，"上年金额"栏"未分配利润"项目增加 670 元，盈余公积项目增加 75 元。

7. 结转"利润分配"科目

企业设置"利润分配——未分配利润"科目反映全年净利润（或亏损）的实现（或发生）和分配（或转销）。转入净利润时记入该科目贷方（见例 44）；转入亏损时记入该科目借方；结转利润分配其他各明细科目余额时，记入该科目借方。该科目年终贷方余额反映未分配的净利润；该科目年终借方余额反映未弥补的亏损。

【例49】　12 月 31 日，都江厂结转"利润分配"科目做如下会计分录：

借：利润分配——未分配利润   43 325
　　贷：利润分配——提取法定盈余公积（5 925＋75）   6 000
　　　　　　　　——提取任意盈余公积   3 555
　　　　　　　　——应付现金股利或利润   33 770
　　　　　　　　——应付优先股股利   ×××

企业根据需要，还可在"利润分配"一级科目下增设有关明细科目。例如，资本金不足的国有企业，国家允许将企业税后利润的一定比例用于补充流动资本，企业增设"补充流动资本"明细科目核算，借记"利润分配——补充流动资本"科目，贷记"盈余公积——补充流动资本"科目。

现将上述都江厂有关利润分配和调整的业务登入"利润分配明细账"，见表11-14。

表11-14　利润分配明细账　　　　　　　　　　　　　　　　（单位：元）

××××年		凭证号数	摘　要	借　方						贷　方			借或贷	余　额
月	日			提取法定盈余公积	提取任意盈余公积	应付现金股利或利润	应付优先股股利	…	合计	盈余公积补亏	未分配利润	合计		
1	1		上年结转										贷	14 000
12	31	㊹	转入全年利润								59 250	59 250		
12	31	㊺	计提法定公积	5 925					5 925					
12	31	㊻	计提任意公积		3 555				3 555					
12	31	㊼	向投资者分利			33 770			33 770					
12	31	㊽	以前损益调整								745	745		
12	31	㊽	补提法定公积								−75	−75		
12	31		12月月结及累计	5 925	3 555	33 770			43 250		59 920	59 920	贷	30 670
12	31	㊾	结转利润分配	−5 925	−3 555	−33 770			−43 250		−43 250	−43 250	贷	30 670

第十二章

所有者权益

所有者权益是指企业资产扣除负债后由所有者享有的剩余权益。股份公司的所有者权益又称为股东权益。

所有者权益和债权人权益（即企业的负债）虽然同属于权益，但两者是有区别的：①两者在性质上不同。负债是债权人对企业资产的索偿权，是债权人的权益。而所有者权益是企业所有者对企业净资产的索偿权，是所有者的权益；债权人与企业只有债权债务关系，无参加企业管理的权利，而企业所有者则有着法定的管理企业或委托他人管理的权利。②两者在要求上不同。债权人有要求企业（债务单位）在规定的期间内还本付息的权利，有要求债务单位破产还债的权利；所有者权益与企业共存，在企业经营期内无须偿还，它有要求保持资本金完整，并获取投资收益的权利。③两者在核算上有区别。负债类的业务发生较为频繁，账户借方、贷方事项也较多，且余额在资产负债表上列在负债方；所有者权益业务发生相对少，一般发生贷方事项，除"未分配利润"外，较少有借方事项，其账户余额在资产负债表上列在所有者权益方。

所有者权益或股东权益，在西方企业也称为业主权益。所有者权益从其来源看，包括所有者投入的资本、直接计入所有者权益的利得和损失、留存收益等。直接计入所有者权益的利得和损失，是指不应计入当期损益、会导致所有者权益发生增减变动的、与所有者投入资本或者向所有者分配利润无关的利得或者损失。所有者权益从其内容看，分为实收资本、其他权益工具、资本公积、盈余公积、未分配利润和其他综合收益六部分。

第一节　实收资本的核算

实收资本是企业投资者按照企业章程，或合同、协议的约定，实际投入企业的资本，包括国家资本、法人资本、外商资本和个人资本四部分。

企业筹集资本金时，国家原先颁布的《公司法》规定实行最低注册资本金制度。2013年10月25日，国务院总理李克强主持召开国务院常务会议，部署推进公司注册资本登记制度改革。会议指出，改革注册资本登记制度，放宽市场主体准入，创新政府监管方式，建立高效透明公正的现代公司登记制度。取消有限责任公司最低注册资本的限制。企业在工商管理部门注册登记的资金（注册资金）是设立企业的法定资本金，是企业的实收资本，它与借入资本的主要不同点就是无须偿还。作为所有者，不能从企业任意抽走资本。企业注册资金应与企业实有资金相一致，若两者相差20%以上，就必须办理变更注册资金的手续。

企业设置"实收资本"科目，按投资者进行明细核算。股份制企业接受普通股股东投资，设置"股本"科目，按普通股股东设置明细账。记入"股本"科目的是发行股票的面值，即对外实际发放股票的股数与每股股票面值的乘积。"实收资本"的主要账务处理如下：

（1）企业收到投资者投入的货币时：

借：库存现金、银行存款 ×××
　　贷：实收资本 ×××

（2）企业收到投资者投入的固定资产时，按投资合同或协议确认的公允价值（未取得增值税专用发票）：

借：固定资产 ×××
　　贷：实收资本 ×××

（3）企业收到投资者投入的专利权等无形资产时：

借：无形资产 ×××
　　贷：实收资本 ×××

（4）企业收到投资者投入的材料物资的同时，如果还收到投资者提供的增值税专用发票，则进项税额可以抵扣。企业在收到物资时：

借：原材料等 （计划成本）
　　应交税费——应交增值税（进项税额） （可抵扣的税额）
　　贷：实收资本 （确认的资本）
借或贷：材料成本差异 （差异额）

（5）股份制企业股东大会批准的利润分配方案中分配的普通股股票股利，应在办理增资手续后：

借：利润分配——转作股本的利润 ×××
　　贷：股本 ×××

（6）经股东大会或类似机构决议，用资本公积转增资本时：

借：资本公积——资本溢价或股本溢价 ×××
　　贷：股本 ×××

（7）可转换公司债券持有人行使转换权利，将其持有的债券转换为股票、企业将重组债务转为资本、企业以权益结算的股份支付在行权日转为股权等，按确定的股本贷记"实收资本"或"股本"科目。

（8）企业按法定程序报经批准减少注册资本时：

借：实收资本或股本 ×××
　　贷：库存现金、银行存款等 ×××

（9）企业为减少注册资本而收购本公司普通股股份的，应按实际支付的金额：

借：库存股
　　贷：银行存款等

（10）企业转让库存股，应按实际收到的金额：

借：银行存款 （实收款）
　　贷：库存股 （账面价值）
　　　资本公积——股本溢价 （借方差额）

若为贷方差额，借记"资本公积——股本溢价"科目，股本溢价不足冲减的，应借记

"盈余公积""利润分配——未分配利润"科目。

（11）企业注销库存股时：

借：股本（注销股数×股票面值）　　　　　　　　　　　（股票面值总额）

　　资本公积——股本溢价　　　　　　　　　　　　　　　（两者差额）

　　贷：库存股　　　　　　　　　　　　　　　　　　　　（账面余额）

若股本溢价不足冲减的，应借记"盈余公积""利润分配——未分配利润"科目；购回股票支付的价款低于面值总额的，应按股票面值总额，借记"股本"科目，按所注销库存股的账面余额，贷记"库存股"科目，按其差额，贷记"资本公积——股本溢价"科目。

（12）企业（发行方）按合同条款约定赎回所发行的除普通股以外的优先股（分类为权益工具的金融工具）时；

借：库存股——其他权益工具　　　　　　　　　　　　　（赎回价格）

　　贷：银行存款等　　　　　　　　　　　　　　　　　　（实付金额）

同时，注销所购回的金融工具：

借：其他权益工具——优先股　　　　　　　　　　　　　（账面价值）

　　贷：库存股——其他权益工具　　　　　　　　　　　　（赎回价格）

　　　　资本公积——资本溢价（或股本溢价）　　　　　　（借差）

若为贷差，借记"资本公积——资本溢价（或股本溢价）"科目，如资本公积不够冲减的，依次冲减"盈余公积"和"利润分配——未分配利润"科目。

（13）中外合作经营企业根据合同规定在合作期间归还投资者的投资时：

借：实收资本——已归还投资　　　　　　　　　　　　　×××

　　贷：银行存款　　　　　　　　　　　　　　　　　　　×××

借：利润分配——利润归还投资　　　　　　　　　　　　×××

　　贷：盈余公积——利润归还投资　　　　　　　　　　　×××

中外合作经营清算时，借记"实收资本——法人资本""资本公积""盈余公积""利润分配——未分配利润"等科目，贷记"实收资本——已归还投资""银行存款"等科目。

下面以投入外币资本为例说明实收资本的核算方法。

【例1】　中外合资创办一家科技开发公司，其注册资本160万元人民币或20万美元。合同规定，华联（中方）出资50%，凯丽（美方）出资50%。该项目有可能出现以下情况：

（1）注册资本和记账本位币都用人民币反映。

投资合同约定美元汇率1:7记账。中方出资70万元人民币，美方出资10万美元。但实际收到美元时，汇率为1:7.2。该合资企业收到出资额时做以下会计分录：

借：银行存款——人民币户　　　　　　　　　　　　　　70万元

　　　　　　　——美元户（$10×7.2）　　　　　　　　72万元

　　贷：实收资本——国家资本　　　　　　　　　　　　　70万元

　　　　　　　　　——外商资本（$10×7.2）　　　　　　72万元

（2）注册资本（美元）和记账本位币（人民币）不一致。

投资合同约定美元汇率1:7，中方美方各出资10万美元。中方先出资10万美元，出资日汇率为1:7.4；美方后出资10万美元，收到美元时汇率为1:7.5。会计分录如下：

借：银行存款——美元户（＄10×7.4）　　　　　　　　　　　74万元
　　贷：实收资本——国家资本（＄10×7.4）　　　　　　　　　　74万元
借：银行存款——美元户（＄10×7.5）　　　　　　　　　　　75万元
　　贷：实收资本——外商资本（＄10×7.5）　　　　　　　　　　75万元

说明：不论投资合同是否约定汇率，被投资企业均按出资日实际收到的美元汇率记账。还有一种情况，企业"实收资本"账户反映的投资比例有时和合同规定出资比例不一致，这要说明其原因，并说明合同比例是多少（即通过附注方式说明投资各方合同出资比例分别是多少），以后进行的利润分配和企业清算仍以合同比例为依据。

第二节　其他权益工具的核算

其他权益工具是企业发行在外的除普通股以外分类为权益工具的金融工具。与"实收资本""股本"的投资身份不同，其他权益工具不是普通股东（普通投资者）的权益，而是优先股东、持券待转股东的权益。

一、发行优先股形成的其他权益工具

2013年11月30日，国务院以国发〔2013〕46号文发布了《国务院关于开展优先股试点的指导意见》，上市公司可以发行优先股和永续债。2014年3月17日财政部发布《金融负债与权益工具的区分及相关会计处理规定》，从发布之日开始实施。2014年3月21日，我国上市公司正式发行"优先股"，它通过设置"其他权益工具""应付债券"科目进行核算。

企业（发行方）发行的金融工具（优先股）归类为权益工具的，应按实际收到的金额，借记"银行存款"等科目，贷记"其他权益工具——优先股"科目。如果企业（发行方）发行的金融工具（优先股）归类为债务工具并以摊余成本计量的，应按实际收到的金额，借记"银行存款"等科目，按债务工具的面值，贷记"应付债券——优先股（面值）"科目，按其差额，贷记或借记"应付债券——优先股（利息调整）"科目。

企业接受优先股股东投资，应按优先股股东设置"其他权益资本明细账"进行明细核算。

二、发行可转换债券形成的其他权益工具

企业（发行方）发行的金融工具为复合金融工具（可转换公司债券）的，在发行成功收款存入银行时，对可转换公司债券进行拆分，拆分为金融负债和权益工具两部分。按实际收到的金额，借记"银行存款"等科目，按金融工具（可转换公司债券）的面值，贷记"应付债券——永续债（面值）等"科目，按负债成分的公允价值与金融工具（可转换公司债券）面值之间的差额，借记或贷记"应付债券——永续债（利息调整）"科目，按实际收到的金额扣除负债成分的公允价值后的金额，贷记"其他权益工具——永续债"科目。发行复合金融工具发生的交易费用，应当在负债成分和权益成分之间按照各自占总发行价款的比例进行分摊。与多项交易相关的共同交易费用，应当在合理的基础上，采用与其他类似交易一致的方法，在各项交易之间进行分摊。

三、金融工具重分类涉及的其他权益工具

因发行的金融工具原合同条款约定的条件或事项随着时间的推移或经济环境的改变而发生变化，导致原归类为金融负债的金融工具重分类为权益工具的，应于重分类日，按金融负债的面值，借记"应付债券——优先股、永续债等（面值）"科目，按利息调整余额，借记或贷记"应付债券——优先股、永续债等（利息调整）"科目，按金融负债的账面价值，贷记"其他权益工具——优先股、永续债等"科目。

四、其他权益工具赎回的核算

（1）企业（发行方）按合同条款约定赎回所发行的除普通股以外的分类为权益工具的金融工具，按赎回价格，借记"库存股——其他权益工具"科目，贷记"银行存款"等科目；注销所购回的金融工具，按该工具对应的其他权益工具的账面价值，借记"其他权益工具"科目，按该工具的赎回价格，贷记"库存股——其他权益工具"科目，按其差额，借记或贷记"资本公积——资本溢价（或股本溢价）"科目，如资本公积不够冲减的，依次冲减盈余公积和未分配利润。发行方按合同条款约定赎回所发行的分类为金融负债的金融工具，按该工具赎回日的账面价值，借记"应付债券"等科目，按赎回价格，贷记"银行存款"等科目，按其差额，借记或贷记"财务费用"科目。

（2）发行方按合同条款约定将发行的除普通股以外的金融工具转换为普通股的，按该工具对应的金融负债或其他权益工具的账面价值，借记"应付债券""其他权益工具"等科目，按普通股的面值，贷记"实收资本（或股本）"科目，按其差额，贷记"资本公积——资本溢价（或股本溢价）"科目（如转股时金融工具的账面价值不足转换为 1 股普通股而以现金或其他金融资产支付的，还需按支付的现金或其他金融资产的金额，贷记"银行存款"等科目）。

五、其他权益工具在资产负债表上的列示

对于资产负债表日企业发行的金融工具分类为权益工具的，企业应在"其他权益工具"项目填列，对于优先股和永续债，还应在"其他权益工具"项目下的"优先股"项目和"永续债"项目分别填列。对于资产负债表日企业发行的金融工具分类为金融负债的，企业应在"应付债券"项目填列，对于优先股和永续债，还应在"应付债券"项目下的"优先股"项目和"永续债"项目分别填列。

第三节　资本公积的核算

资本公积是投资者出资额超出其在注册资本或股本中所占份额的部分以及其他直接归属所有者权益的利得和损失。资本公积从形成来源上看，它不是由企业实现的利润转化而来的，从本质上讲应属于投入资本范畴，是资本的储备形式，是一种准资本。

尽管资本公积属于投入资本范畴，但它与实收资本又有所不同。一是来源不同。实收资本来自投资者的资本金；资本公积既可以来源于投资者的额外投入（资本溢价），又可以来源于除投资者以外的其他交易或事项，如企业确定的以权益工具结算应支付的股份等。二是

限制不同。实收资本有严格的限制，比如，投入企业的法定资本，要和注册资本相一致，投资者一般不得抽走资本金等，而资本公积无论在金额上还是在来源上，并没有严格的限制。

"资本公积"科目下设置"资本溢价"或"股本溢价"和"其他资本公积"明细科目进行明细核算。

1. 资本溢价

资本溢价是指投资者投入的资金超过其在注册资本中所占份额的部分。其主要原因有以下两点：

(1) 补偿企业未确认的自创商誉。企业从创立、筹建、生产运行，到打开市场，享有竞争优势，这无形之中已增加了企业的商誉。一个企业初创时投入的资本同几年后再投入同样的资本的质量是不同的。初创时投入资本的报酬或收益很低，甚至没有，但这种资本却在企业生存、发展中起了极大的作用；当企业兴旺发达时再投入资本，这种投资的收益比初创时大得多，可投资的作用比初创时小得多。也就是说，不同时期同样的投资，其质量是不同的。原有投资者自创了商誉，应归属于原有投资者。当新投资者加入企业时，应该付出更多的资本，用以补偿原投资者在自创商誉未来收益分享方面所带来的损失。新投资者投入较多的资本中，按协商确定的资本额记入"实收资本"科目，超过核定额部分就成了"资本溢价"。

【例2】 某企业某年创建，创建时有三个投资者均投入 20 万元。企业开业三年，这三个投资者没有分到利润，但第四年企业开始转机。这一年，又有一个投资者投入资金。如果四个投资者要均等分配税后利润时，则第四个投资者不仅要投入 20 万元作企业"实收资本"，还要考虑投资质量而增加 5 万元（投资者之间协议确定，此处 $25 \div 20 = 1.25$ 元相当于原来的 1 元钱），这 5 万元作"资本公积"处理，属于四个投资者的共同权益。

(2) 补偿原投资者资本增值中享有的权益。依上例，第四个投资者向企业投资时，该企业"实收资本"账户余额 60 万元，而"资本公积""盈余公积""未分配利润"账户余额 12 万元。这 12 万元是原投资者投入资本的增值，属于原来三个投资者的权益。这时，第四个投资者新注入资金时，不仅要拿出 20 万元作"实收资本"处理，还要再拿出 4 万元（12 万元 $\div 3$）作"资本公积"（加上上述投资数量 5 万，共 9 万元，企业接受追加投资时，可确定投资系数 $= 1.25 + 12 \div 60 = 1.45$），这样才能和原投资者获得均等分享资本增值收益的权利。

综合上述两个原因，企业收到第四个投资者投入的 29 万元时做以下会计分录：

借：银行存款   29 万元

  贷：实收资本   20 万元

    资本公积——资本溢价   9 万元

2. 股本溢价

企业发行股票时，超过面值发行可取得的溢价收入，在扣除发行费用后记入"资本公积"科目。

【例3】 某股份制企业发行普通股 5 000 万股，每股面值 1 元，发行价格 1.10 元，按发行收入 3% 付发行手续费（从发行收入中扣），共收到股款 5 335 万元，送存银行。该企业做如下会计分录：

借：银行存款   5 335 万元

  贷：股本——普通股   5 000 万元

资本公积——股本溢价 335 万元

说明：上述业务中发行手续费如果单独核算，则借记"资本公积——股本溢价"科目，贷记"银行存款"科目。

此外，企业以权益结算的股份支付换取职工或其他方提供服务的，在行权日，对于实际行权确定的金额（股票股权是市场公允价值）超过股本的部分作股本溢价处理。

同一控制下控股合并形成的长期股权投资，应在合并日按取得被合并方所有者权益账面价值的份额，借记"长期股权投资"科目，按享有被投资单位已宣告但尚未发放的现金股利或利润，借记"应收股利"科目，按支付的合并对价的账面价值，贷记有关资产或借记有关负债科目，按其差额，贷记"资本公积——资本溢价或股本溢价"科目；为借方差额的，借记"资本公积——资本溢价或股本溢价"科目，资本公积（资本溢价或股本溢价）不足冲减的，借记"盈余公积""利润分配——未分配利润"科目。

3. 其他资本公积

（1）股权投资调整。采用权益法核算长期股权投资时，被投资单位除净损益以外所有者权益的其他变动，企业按持股比例计算应享有的份额，借记或贷记"长期股权投资——其他权益变动"科目，贷记或借记"资本公积——其他资本公积"科目。处置采用权益法核算的长期股权投资，还应结转原记入资本公积的相关金额，借记或贷记"资本公积——其他资本公积"科目，贷记或借记"投资收益"科目。核算举例见第六章例29、例30。

（2）权益性股份激励。以权益结算的股份支付换取职工或其他方提供服务的，应按照确定的金额，借记"管理费用"等科目，贷记"资本公积——其他资本公积"科目。在行权日，企业应按实际行权的权益工具数量计算确定的金额，借记"资本公积——其他资本公积"科目，按计入实收资本或股本的金额，贷记"实收资本"或"股本"科目，按其差额，贷记"资本公积——资本溢价或股本溢价"科目。

【例4】 20×7年1月1日，W企业向其500名职工（其中，400名工人，100名管理人员）每人授予股份100股，当日股价3元/股。授予的条件是要求职工必须自授予日起在公司工作3年。

1）W企业20×7年1月1日授予日不进行会计处理。

2）20×7年12月31日，W企业这一年中有20名职工离开企业，估计3年内将有15%的职工离开企业，W企业年末按估计率确认职工股权，当日股价4元/股（但《企业会计准则第12号——股份支付》应用指南规定仅按"授予日的公允价值"确认费用），W企业做如下会计分录：

借：制造费用（400×100×85%×3×1/3） 34 000

管理费用（100×100×85%×3×1/3） 8 500

贷：资本公积——其他资本公积 42 500

3）20×8年12月31日，这一年中又有16名职工离开企业，W企业将原来15%的离职率调整为11%。20×8年年末，W企业按新的估计率确认职工股权，当日股价降为3.5元/股，W企业做如下会计分录：

借：制造费用（400×100×89%×3×2/3 - 上年34 000） 37 200

管理费用（100×100×89%×3×2/3 - 上年8 500） 9 300

贷：资本公积——其他资本公积 46 500

4) 20×9 年 12 月 31 日，这一年中又有 18 名职工离开企业，年末股价每股 5 元（股票面值 2.8 元）。W 企业在年末行权日按实际职工 446 人（500 – 20 – 16 – 18）行权（其中，管理人员无一人离开，仍为 100 人）。W 企业做如下会计分录：

① 编制确认成本的会计分录：

借：制造费用（346×100×3 – 34 000 – 37 200）　　　　　　　32 600
　　管理费用（100×100×3 – 8 500 – 9 300）　　　　　　　　12 200
　　贷：资本公积——其他资本公积　　　　　　　　　　　　　　　44 800

② 编制转为股权的会计分录：

借：资本公积——其他资本公积　　　　　　　　　　　　　　　223 000
　　贷：股本——个人股本（446×100×2.8）　　　　　　　　　　124 880
　　　　资本公积——股本溢价［446×100×(5 – 2.8)］　　　　　98 120

《企业会计准则第 11 号——股份支付》应用指南规定："企业应在行权日根据行权情况，确认股本和股本溢价，同时结转等待期内确认的资本公积（其他资本公积）。"

3) 20×9 年 12 月 31 日，W 企业"资本公积——其他资本公积"账户借方发生 223 000 元，贷方发生 133 800 元（42 500 + 46 500 + 44 800），结平借贷分录如下：

借：资本公积——股本溢价（223 000 – 133 800）　　　　　　89 200
　　贷：资本公积——其他资本公积　　　　　　　　　　　　　　　89 200

在股权激励过程中，还有一种"股票期权"激励。采用股票期权授予企业内部高管人员时，按当时股票的公允价格确定激励额，记入"资本公积——其他资本公积"科目。几年后行权，企业内部高管人员要按当初激励时的股票价格买下股票，行权日股票公允价格高于股票面值部分，在转销已入账的"资本公积——其他资本公积"科目余额的同时，记入"资本公积——股本溢价"科目。其核算比上例多一笔分录，即多做收到购股款存入银行的会计分录。

以现金结算的股份支付通过"应付职工薪酬"科目核算举例见第九章例 12。

（3）房地产转换利得。采用公允价值模式计量投资性房地产时，当企业自用房地产或存货转换为投资性房地产，企业应在转换日按其公允价值，借记"投资性房地产——成本"科目，按自用房地产或存货账面余额，贷记"开发产品"等科目，按其差额，贷记"资本公积——其他资本公积"科目或借记"公允价值变动损益"科目。已计提跌价准备的，还应同时结转跌价准备。

企业将自用的建筑物等转换为投资性房地产的，按其在转换日的公允价值，借记"投资性房地产——成本"科目，按已计提的累计折旧等，借记"累计折旧"等科目，按固定资产原价贷记"固定资产"科目，按已计提的累计折旧贷记"投资性房地产累计折旧"科目，按其差额，贷记"资本公积——其他资本公积"科目或借记"公允价值变动损益"科目。已计提减值准备的，还应同时结转减值准备。

企业处置投资性房地产时，应转销"资本公积——其他资本公积"科目的余额。

投资性房地产核算举例见第六章例 44"按公允价值模式计量"。

（4）其他计入所有者权益的利得或损失。一些企业或企业集团内部有时发生无偿调拨固定资产的现象。无偿调入固定资产时，应按调出单位固定资产账面价值（原值减去累计折旧和固定资产减值准备）加上发生的运输费、安装费等相关费用，借记"固定资产"科目，贷记"资本公积——其他资本公积"科目。无偿调出固定资产的单位，通过"固定资产清理"科目注销固定资产账面价值和核算清理费用，再据"固定资产清理"科目借差，借记"资本公积——其他资本公积"科目，贷记"固定资产清理"科目。

4. 企业的资本公积可以转增资本

企业的资本公积经股东大会或类似机构决议可以转增实收资本。企业按规定以资本公积转增资本时：

借：资本公积   ×××
    贷：实收资本   ×××

第四节 盈余公积的核算

企业的"盈余公积"，是企业从净利润中提取的公积金。

一、一般企业盈余公积的形成

2007 年 1 月 1 日实施的《企业财务通则》规定：企业应当提取 10% 法定公积金。法定公积金累计额达到注册资本 50% 以后，可以不再提取。企业还应提取任意公积金。任意公积金提取比例由投资者决议。国有企业可以将任意公积金与法定公积金合并提取。

企业应设置"盈余公积"科目核算企业盈余公积的形成与使用。企业应当在该科目下分别设置"法定盈余公积""任意盈余公积"明细科目进行明细核算。

二、外商投资企业盈余公积的形成

外商投资企业盈余公积的形成有三种途径：①提取储备基金时，借记"利润分配——提取储备基金"科目，贷记"盈余公积——储备基金"科目。②提取企业发展基金时，借记"利润分配——提取企业发展基金"科目，贷记"盈余公积——企业发展基金"科目。③用利润归还投资时，借记"实收资本——已归还投资"科目，贷记"银行存款"科目；同时，借记"利润分配——利润归还投资"科目，贷记"盈余公积——利润归还投资"科目。

需要说明，外商投资企业提取的职工奖励及福利基金不属于所有者权益，而属于职工的权益，借记"利润分配——提取职工奖励及福利基金"科目，贷记"应付职工薪酬"科目。

三、盈余公积的主要用途

（1）弥补亏损。企业发生亏损挂账后，可用以后实现的利润在税前弥补或税后弥补。如果税后利润还不足以弥补时，可用盈余公积弥补。由于盈余公积是所有者的权益，弥补亏损时应由董事会提议，经股东大会或类似机构批准后才可操作。会计分录如下：

借：盈余公积——法定盈余公积或任意盈余公积   ×××
    贷：利润分配——盈余公积补亏   ×××

外商投资企业在特殊情况下经批准可用储备基金弥补亏损，借记"盈余公积——储备基金"科目，贷记"利润分配——盈余公积补亏"科目。

（2）发放现金股利和利润。股份制企业在没有实现利润的情况下，为了维护股票信誉，企业动用盈余公积来分配股利。分配这种股利时要注意：先要用盈余公积弥补亏损，补亏后再分配股利；这种股利的发放额以不超过股票面值的 6% 为限，同时，发放股利后法定盈余公积不得低于注册资本的 25%。股份制企业或一般企业经股东大会或类似机构决议，用盈余公积分配现金股利或利润时：

借：盈余公积——任意盈余公积或法定盈余公积　　　　　　　　　×××
　　贷：应付股利　　　　　　　　　　　　　　　　　　　　　　　×××

此外，企业经股东大会决议，可用盈余公积派送新股，按派送新股计算的金额，借记"盈余公积"科目，按股票面值和派送新股总数计算的股票面值总额，贷记"股本"科目。

（3）企业用盈余公积分配股票股利或转增资本（或股本）时：

借：盈余公积——法定盈余公积或任意盈余公积　　　　　　　　　×××
　　贷：实收资本（或股本）　　　　　　　　　　　　　　　　　　×××

外商投资企业经批准将储备基金、企业发展基金转增资本时，借记"盈余公积——储备基金""盈余公积——企业发展基金"科目，贷记"实收资本"科目。

需要说明的是，企业盈余公积留在企业账上，本身可让企业用于扩大生产规模。

第五节　未分配利润的核算

企业的未分配利润通过"利润分配——未分配利润"账户反映。企业实现的净利润总额或亏损总额转入该账户的贷方或借方；企业分配利润的转销额（包括提取盈余公积、应付现金股利或利润等）记入该科目的借方；企业用盈余公积补亏的转销额，记入该科目的贷方。该科目期末贷方余额反映未分配的净利润，借方余额反映未弥补的亏损。

必须指出，未分配利润的余额反映的不只是企业当年未分配数，而是多年累积下来的一个滚存数。这个滚存数同利润实现数、分配数的关系式如下：

年初未分配利润 + 以前年度损益调整转入数 + 本年净利润 = 本年可供分配的利润

本年可供分配的利润 – 本年实际分配的利润 = 年末未分配利润

在西方会计中，留存收益可划拨指定用途，称"留存收益的拨定"，如为备抵意外损失，扩建厂房等拨定留存收益。拨定后的留存收益就不能再供分配股利等之用。我国的盈余公积和未分配利润统称为"留存收益"。

第六节　其他综合收益的核算

其他综合收益是指企业根据会计准则规定未在当期损益中确认的各项利得和损失。在企业利润表中，有两大内容转换为所有者权益：一是由净利润转换为所有者权益，如计提盈余公积，保留未分配利润等；二是由其他综合收益（税后净额）转换为所有者权益。

企业在处理其他综合收益业务时，要进行两种分类：一是不能重分类进损益的其他综合收益的处理；二是将重分类进损益的其他综合收益的处理。

一、不能重分类进损益的其他综合收益的核算

1. 重新计量设定受益计划变动额

【例5】 W企业做出规定，凡是在该企业工作至退休的员工可每月在法定受保范围外还

享受企业给予的 1 000 元退休金。该企业为 45 岁的员工开始办理"设定受益计划",预计缴存 15 年基金,职工退休后预计平均享受 15 年额外退休金,按一定折现率计算确定各年缴存金额。

(1) 20×9 年 12 月 31 日,W 企业按"设定受益计划"应缴存 30 万元(其中,生产工人 18 万元、车间管理人员 5 万元,厂部管理人员 7 万元)基金时做如下会计分录:

借:生产成本　　　　　　　　　　　　　　　　　　　　　　18 万元
　　制造费用　　　　　　　　　　　　　　　　　　　　　　5 万元
　　管理费用　　　　　　　　　　　　　　　　　　　　　　7 万元
　　　贷:应付职工薪酬——离职后福利——设定受益计划义务　　30 万元

(2) W 企业实际缴纳时做如下会计分录:

借:应付职工薪酬——离职后福利——设定受益计划义务　　　30 万元
　　　贷:银行存款　　　　　　　　　　　　　　　　　　　　30 万元

(3) 上述设定受益计划提交进行至第 3 年时,也就是职工提供服务的第 3 年年末,由于预期寿命等精算假设和经验调整导致设定受益计划义务的现值增加,形成精算损失 5 万元,W 企业决定调整该设定受益计划的净负债,做如下会计分录:

借:其他综合收益——设定受益计划变动额——精算损失　　　5 万元
　　　贷:应付职工薪酬——离职后福利——设定受益计划义务　　5 万元

(4) 对上述变动额进行纳税调整(所得税税率 25%)做如下会计分录:

借:盈余公积(1.25×10%)　　　　　　　　　　　　　　0.125 万元
　　利润分配——未分配利润(1.25 - 0.125)　　　　　　　1.125 万元
　　　贷:其他综合收益——设定受益计划变动额——精算损失(5×25%)　1.25 万元

当月月末,W 企业将"其他综合收益"科目的借方余额 3.75 万元(5 - 1.25)填入资产负债表中"其他综合收益"项目(- 3.75 万元),下述举例列入报表的计算方法与此相同。

2. 其他权益工具投资公允价值变动

【例 6】 华能公司付款 100 000 元购入益侨公司普通股股票,持股比例 5%。华能公司对该股票投资既不准备近期变现,也不准备作长期股权投资,而是将其列入"其他权益工具投资"科目进行核算。当年年末,益侨公司普通股股票涨价 10 000 元。第 2 年 1 月,华能公司售出全部益侨股票,收款净额 110 000 元。华能公司有关账务处理如下:

(1) 华能公司购入股票时做如下会计分录:

借:其他权益工具投资——益侨股票(成本)　　　　　　　100 000
　　　贷:银行存款　　　　　　　　　　　　　　　　　　　100 000

(2) 当年年末,益侨股票价格上升 10 000 元,华能公司据此做如下会计分录:

借:其他权益工具投资——益侨股票(公允价值变动)　　　10 000
　　　贷:其他综合收益——其他权益工具投资公允价值变动　　10 000

(3) 当年年末,华能公司对其他权益工具投资公允价值变动额进行纳税调整(所得税税率 25%),做如下会计分录:

借:其他综合收益——其他权益工具投资公允价值变动(10 000×25%)　2 500
　　　贷:递延所得税资产　　　　　　　　　　　　　　　　　　2 500

(4) 第 2 年 1 月,华能公司售出益侨公司全部股票,收款 110 000 元做如下会计分录:

首先，华能公司注销"其他综合收益"科目的账面余额 7 500 元（10 000 – 2 500 = 7 500，该权益工具公允价值变动不能重分类进入当期损益，而是调整留存收益）：

借：其他综合收益——其他权益工具投资公允价值变动　　　　　7 500

　　贷：盈余公积——法定盈余公积（7 500 ×10%）　　　　　　　　　750

　　　　利润分配——未分配利润（7 500 –750）　　　　　　　　　　6 750

其次，华能公司反映收款并注销其他账户的账面余额：

借：银行存款　　　　　　　　　　　　　　　　　　　　　　110 000

　　贷：其他权益工具投资——益侨股票（成本）　　　　　　　　100 000

　　　　　　　　　　　　——益侨股票（公允价值变动）　　　　 10 000

再次，转销"递延所得税资产"账户余额 2 500 元，计算该应交所得税 2 500 元[（税务部门确认的处置收入为 110 000 元 – 购买该股票确定的计税基础为 100 000 元）×所得税税率 25%]，编制如下会计分录：

借：递延所得税资产　　　　　　　　　　　　　　　　　　　2 500

　　贷：应交税费——应交企业所得税　　　　　　　　　　　　　 2 500

说明：以上股票业务售出时，如果收款净额不是 110 000 元（正好等于股票成本 100 000元加上公允价值变动 10 000 元之和），上述两笔分录均要调整"盈余公积——法定盈余公积""利润分配——未分配利润"科目。

3. 企业自身信用风险公允价值变动

【例7】 20 ×9 年 1 月 1 日，风萧公司按面值发行 5 年期债券，面值 8 000 万元（无交易费用），票面年利率和市场利率均为 5%，到期一次性还本付息。风萧公司将该债券指定为以公允价值计量且其变动计入当期损益的金融负债。20 ×9 年 12 月 31 日，债券评级机构将风萧债券的信用等级由原来的 AAA 级降为 A 级，致使风萧债券当年年末的市场价值下降 500 万元，这是风萧公司自身信用风险引起的债券公允价值变动。风萧公司进行有关财务处理。

（1）20 ×9 年 1 月 1 日，风萧公司发行债券成功，收款 8 000 万元存银行时：

借：交易性金融资产——风萧债券（成本）　　　　　　　8 000 万元

　　贷：银行存款　　　　　　　　　　　　　　　　　　　8 000 万元

（2）20 ×9 年 12 月 31 日，风萧公司由于自身原因导致债券信用等级降低，债券公允价值下跌 500 万元时：

借：其他综合收益——企业自身信用风险公允价值变动　　 500 万元

　　贷：交易性金融资产——风萧债券（公允价值变动）　　　500 万元

（3）20 ×9 年 12 月 31 日，风萧公司对上述债券降价风险进行纳税调整时：

借：其他综合收益——企业自身信用风险公允价值变动（500 ×25%） 125 万元

　　贷：递延所得税负债　　　　　　　　　　　　　　　　　　125 万元

说明两点：①上述债券如果不是风萧公司自身原因引起了价值变动，其公允价值变动仍然计入当期损益。②风萧公司由于自身原因导致终止确认时，之前计入其他综合收益的累计利得或损失应当从其他综合收益中转出，计入留存收益，还要计缴企业所得税，将所得税与递延所得税负债的差额计入留存收益。

二、将重分类进损益的其他综合收益的核算

1. 权益法下可转损益的其他综合收益

【例8】 黄信公司原持有A企业40%的股权，采用权益法核算。20×0年12月25日，黄信公司决定出售持有的A公司1/4的股权。出售时，黄信公司对A企业长期股权投资的账面价值构成是：投资成本1 000万元，损益调整260万元，其他综合收益120万元，其他权益变动52万元。出售取得价款370万元。黄信公司对A企业长期股权投资没有计提减值准备。

《企业会计准则第2号——长期股权投资》应用指南规定，"处置采用权益法核算的长期股权投资时，应当采用与被投资单位直接处置相关资产或负债相同的基础，对相关的其他综合收益进行会计处理"，对于处置过程中"可以转入当期损益的其他综合收益，应按结转的长期股权投资的投资成本比例结转原记入'其他综合收益'科目的金额，借记或贷记'其他综合收益'科目，贷记或借记'投资收益'科目"。根据应用指南这一规定，处置权益法核算的长期股权投资时，对其相关的"其他综合收益"要一起处理，因为它的变动涉及当期收益和纳税调整的核算。20×0年12月25日，黄信公司出售A公司股权时做如下会计分录：

借：银行存款 370万元
  贷：长期股权投资——A公司股权（投资成本）（1 000×1/4）250万元
        ——A公司股权（损益调整）（260×1/4）65万元
        ——A公司股权（其他综合收益）（120×1/4）30万元
        ——A公司股权（其他权益变动）（52×1/4）13万元
    投资收益 12万元
借：其他综合收益——权益法下可转损益的其他综合收益（120×1/4）30万元
  贷：投资收益 30万元
借：所得税费用——当期所得税费用（30×25%）7.5万元
  贷：其他综合收益——权益法下可转损益的其他综合收益 7.5万元

2. 其他债权投资公允价值变动

【例9】 红星厂1月1日购入海洋公司发行的3年期、票面利率6%（与市场利率一致），面值100 000元的债券，每年1月1日付息一次，到期一次还本。红星厂对该项债券投资既不准备近期变现，也不准备持有至到期兑现，而是将其列入"其他债权投资"科目进行核算。

（1）红星厂1月1日购入债券时做如下会计分录：
借：其他债权投资——海洋债券（成本）100 000
  贷：银行存款 100 000

（2）当年12月31日，红星厂确认应收债券利息6 000元（100 000×6%），做如下会计分录：
借：应收利息 6 000
  贷：投资收益 6 000

（3）当年12月31日，海洋公司债券市场价值下跌，红星厂债券公允价值变动损失1 000元，做如下会计分录：
借：其他综合收益——其他债权投资公允价值变动 1 000

　　　　贷：其他债权投资——海洋债券（公允价值变动）　　　　　　　　　1 000

　　（4）当年 12 月 31 日，红星厂债券公允价值变动损失进行纳税调整（所得税税率25%），做如下会计分录：

　　　　借：所得税费用——当期所得税费用（1 000×25%）　　　　　　　　250

　　　　　　贷：其他综合收益——其他债权投资公允价值变动　　　　　　　　250

　　3. 其他债权投资信用减值准备

　　【例10】　承例9，第 2 年 12 月 31 日，红星厂对海洋公司债券进行减值测试：债券公允价值已持续下跌，短期内无望上升，确认计提资产减值准备 2 000 元，做如下会计分录：

　　　　借：信用减值损失　　　　　　　　　　　　　　　　　　　　　　2 000

　　　　　　贷：其他综合收益——信用减值准备　　　　　　　　　　　　　2 000

　　第 2 年 12 月 31 日，红星厂对上述减值进行纳税调整，做如下会计分录：

　　　　借：其他综合收益——信用减值准备（2 000×25%）　　　　　　　　500

　　　　　　贷：所得税费用——当期所得税费用　　　　　　　　　　　　　500

　　4. 金融资产重分类计入其他综合收益的金额

　　【例11】　三达公司 20×9 年 11 月 24 日根据公司未来发展战略调整对资金的需求，将一项账面价值 20 万元的"债权投资——债券投资"转换为"其他债权投资"。该债券"成本"明细账户借方余额 16 万元，"利息调整"明细账户借方余额 3 万元，"应计利息"明细账户借方余额 1 万元，该债券投资未计提"债权投资减值准备"。该债券投资转换为"其他债权投资"的公允价值 25 万元。20×9 年 11 月 24 日三达公司编制转换的会计分录如下：

　　　　借：其他债权投资　　　　　　　　　　　　　　　　　　　　　25 万元

　　　　　　贷：债权投资——债券投资（成本）　　　　　　　　　　　　16 万元

　　　　　　　　　　——债券投资（利息调整）　　　　　　　　　　　　3 万元

　　　　　　　　　　——债券投资（应计利息）　　　　　　　　　　　　1 万元

　　　　　　其他综合收益——金融资产重分类计入其他综合收益的金额　　5 万元

　　20×9 年 11 月 24 日三达公司对上述"其他综合收益"进行纳税调整，做如下会计分录：

　　　　借：所得税费用——当期所得税费用（5×25%）　　　　　　　　1.25 万元

　　　　　　贷：其他综合收益——其他债权投资公允价值变动　　　　　1.25 万元

三、综合收益总额的计算

　　企业期末编制利润表，综合收益总额＝净利润＋其他综合收益；其他综合收益＝不能重分类进损益的其他综合收益＋将重分类进损益的其他综合收益。

　　企业期末编制资产负债表，在所有者权益类下专门设置"其他综合收益"项目反映未计入当期损益的与所有者以其所有者身份进行的交易之外的其他交易或事项引起的所有者权益变动。

　　如果是母公司汇总报表，还要在利润表"净利润"项目下分别设置"归属母公司所有者的净利润"和"少数股东权益"两个项目反映净利润的归属；同时在"综合收益总额"项目下分别设置"归属于母公司所有者的综合收益总额"和"归属于少数股东的综合收益总额"两个项目反映综合收益的归属。

第十三章

财务会计报告

第一节　财务会计报告概述

财务会计报告是指企业对外提供的反映企业某一特定日期财务状况和某一会计期间经营成果、现金流量的文件。

我国企业向外提供的会计报表，称为财务报表，包括资产负债表、利润表、现金流量表、所有者权益变动表和附注。我国企业供内部使用的会计报表，称为内部管理报表或管理会计报表或内部控制报表。企业对外提供的财务报表，要按《企业会计准则》规范的要求编报；企业内部会计报表的名称、格式、内容及其编制方法由企业自行确定。

财务报表附注是对在资产负债表、利润表、所有者权益变动表和现金流量表等报表中列示项目的文字描述或明细资料，以及对未能在这些报表中列示项目的说明等。附注应当披露财务报表的编制基础，相关信息应当与资产负债表、利润表、所有者权益变动表和现金流量表等报表中列示的项目相互参照。

财务会计报告的目标是向财务会计报告使用者提供与企业财务状况、经营成果和现金流量等有关的会计信息，反映企业管理层受托责任履行情况，有助于财务会计报告使用者做出经济决策。财务会计报告使用者包括投资者、债权人、政府及其有关部门和社会公众等。因此，企业对外提供财务会计报告使用者所需的经济决策信息，对于报告使用者评价、分析和预测企业的经济前景，进行有效的经济决策具有极其重要的意义。同时，企业定期对内提供管理会计报表，有利于企业领导、部门的决策和监督，并对加强企业内部管理、提高经济效益具有十分重要的意义。

一、编制会计报表的基本要求

财务报表是企业对外提供会计信息的报表，是企业会计报表的主要组成部分，它的编制应符合编制会计报表的基本要求。

（1）编制会计报表在会计计量和揭示方法的选择上要贯彻一致性原则，保持前后各期计量和报告口径的一致。

（2）编制的会计报表应当数据真实、内容完整。应当根据登记完整、核对无误的账簿记录和其他有关资料编制，做到数据真实、计算准确、内容完整、报送及时。其中，数据真实就是要根据经过审核的会计账簿记录和有关资料编制，使其数据来源真实可靠，确认、计量和记录的资产、负债、所有者权益、收入、费用、成本和利润符合国家统一会计制度的规定，报表数据的填列准确无误。内容完整包括会计报表项目要填列齐全，应报的会计报表不能缺编，主管单位汇总会计报表时不得漏汇，编制合并会计报表的单位应编报合并会计报表（特殊行业的企业不宜合并的，要将其会计报表一并报送），对会计报表项目需要说明的事项要有会计报表附注，以及报送报表时要附送财务情况说明书等。

（3）要反映企业持续经营能力。《企业会计准则第 30 号——财务报表列报》第五条规定："在编制财务报表的过程中，企业管理层应当利用所有可获得信息来评价企业自报告期末起至少 12 个月的持续经营能力。评价时需要考虑宏观政策风险、市场经营风险、企业目前或长期的盈利能力、偿债能力、财务弹性以及企业管理层改变经营政策的意向等因素。评价结果表明对持续经营能力产生重大怀疑的，企业应当在附注中披露导致对持续经营能力产生重大怀疑的因素以及企业拟采取的改善措施。"

（4）企业编报外部会计报表的手续要完备。会计报表应依次编定页码，加具封面，装订成册，盖上单位公章；企业负责人和主管会计工作的负责人、会计机构负责人（会计主管人员）要签名并盖章；设置总会计师的企业，还应当由总会计师签名并盖章。需要注册会计师行使监督、验证职能的会计报表，还要由注册会计师签章。

二、会计报表的分类

（一）按经济内容分

会计报表按经济内容分为两类：一类是反映财务状况及其变化情况的报表，如资产负债表、现金流量表、所有者权益变动表；一类是反映经营成果的报表，如利润表。

（二）按编制单位分

会计报表按编制单位分为单位报表和汇总报表两类。单位报表是由独立核算的基层单位编制的反映本单位情况的报表；汇总报表是指上级主管部门本身的会计报表与所属单位的会计报表合并汇总编制的会计报表。

（三）按会计报表各项目反映的数字内容分

按会计报表各项目反映的数字内容分为个别会计报表和合并会计报表两类。个别会计报表仅反映单个企业的财务数据；合并会计报表是以整个企业集团为会计主体，以组成企业集团的母公司和子公司的个别会计报表为基础，抵销个别会计报表有关项目的数额而编制的会计报表。

（四）按报送对象分

会计报表按报送对象分为对外会计报表和对内会计报表两类。对外会计报表是指企业向外部报表使用者编报的会计报表，包括资产负债表、利润表、现金流量表等；对内报表是指为了企业内部经济管理需要而编制的会计报表，其种类、格式、编制方法、编制日期、报送对象等由企业自行确定。

第二节　资产负债表

资产负债表是反映企业在某一特定日期（如月末、季末、年末）财务状况的会计报表，有时也称财务状况表。它的作用表现在四个方面：①它能帮助企业了解所掌握的经济资源及这些资源的分布与结构。②它能准确反映企业的资金来源构成，包括企业所承担的债务，以及所有者在企业所拥有的权益。③通过对资产负债表的分析，可以了解企业的财务实力、短期偿债能力和支付能力。④通过编制若干期资产负债表（称为比较资产负债表）进行对比分析，可以看出企业资金结构的变化情况及财务状况的发展趋向。

一、资产负债表的结构与项目排列

资产负债表的基本结构是以"资产＝负债＋所有者权益"这一会计平衡公式为基础展开的。它分为基本表和附注（补充材料）两部分。基本表采用左右平衡的账户式，左方反映资产，右方反映负债和所有者权益。这种结构清晰地反映了企业在生产经营活动中持有的各项经济资源及其与权益（债主权益和所有者权益）的对照关系。

资产负债表将资产分为流动资产、非流动资产两类，将负债分为流动负债、非流动负债两类，将所有者权益分为实收资本、其他权益工具、资本公积、其他综合收益、专项储备、盈余公积和未分配利润七类。资产负债表的项目按流动性程度大小排列。例如，根据资产变现的快慢及耗用的周期长短，将流动资产排列在前，各类非流动资产排列在后；根据负债偿还期的长短，将流动负债排列在前，长期负债排列在后。资产负债表的具体格式如表 13-1 所示。

表 13-1　资产负债表

编制单位：都江厂　　　　　　　　　　20×× 年 12 月 31 日　　　　　　　　　（单位：元）

资　产	年初余额	期末余额	负债和所有者权益（或股东权益）	年初余额	期末余额
流动资产：			流动负债：		
货币资金	10 200	83 751	短期借款	7 800	14 600
交易性金融资产	10 000	13 500	交易性金融负债		
衍生金融资产			衍生金融负债		
应收票据	6 000	8415	应付票据	1 200	1 000
应收账款	25 372	9 378	应付账款	2 700	4342
应收款项融资			预收款项	11 000	5 000
预付款项	1 000	1 600	合同负债		
其他应收款	900	800	应付职工薪酬	979	3 279
存货	39 500	75 600	应交税费	13 448	34 098
合同资产			其他应付款	2 400	1800
持有待售资产			持有待售负债		
一年内到期的非流动资产			一年内到期的非流动负债	6 400	16 000
其他流动资产			其他流动负债		
流动资产合计	92 972	193 044	流动负债合计	45 927	80 119
非流动资产：			非流动负债：		
债权投资			长期借款	11 000	26 000
其他债权投资			应付债券	12 000	32 900
长期应收款			其中：优先股		
长期股权投资	13 000	30 000	永续债		
其他权益工具投资			租赁负债		
其他非流动金融资产			长期应付款	18 800	7 300
投资性房地产			预计负债		
固定资产	166 200	158 400	递延收益		
在建工程	40 000	41 800	递延所得税负债		

（续）

资　产	年初余额	期末余额	负债和所有者权益（或股东权益）	年初余额	期末余额
生产性生物资产			其他非流动负债		
油气资产			非流动负债合计	41 800	66 200
使用权资产			负债合计	87 727	146 319
无形资产	9 000	23 000	所有者权益（或股东权益）：		
开发支出			实收资本（或股本）	220 000	260 000
商誉			其他权益工具		
长期待摊费用	32 700	31 700	其中：优先股		
递延所得税资产			永续债		
其他非流动资产			资本公积	4 000	4 000
非流动资产合计	260 900	284 900	减：库存股		
			其他综合收益		
			专项储备		
			盈余公积	27 475	36 955
			未分配利润	14 670	30 670
			所有者权益（或股东权益）合计	266 145	331 625
资产总计	353 872	477 944	负债和所有者权益总计	353 872	477 944

注：以前年度损益调整年初数：存货 = 40 000 − 500 = 39 500（元）；应付职工薪酬 = 2 472 − 1 493 = 979（元）；应交税费 = 13 200 + 248 = 13 448（元）；盈余公积 = 27 400 + 75 = 27 475（元）；未分配利润 = 14 000 + 670 = 14 670（元）；年末长期借款余额中一年内到期的为 16 000 元。

二、资产负债表的编制方法

资产负债表是按月编制的会计报表，其表首主要填明企业或某一会计主体的名称、报表的名称、编制报表的日期与计量单位。

资产负债表各项目的数字应根据企业或会计主体本期总分类账户或明细分类账户期末余额直接填列或进行分析加工处理后填列。表中"年初余额"栏内各项数字，应根据上年年末资产负债表"期末余额"栏内所列数字填列。如果本年度资产负债表规定的各个项目的名称和内容与上年度不相一致，应对上年年末资产负债表各项目和数字按本年度规定进行调整，填入本表"年初余额"栏内。

资产负债表的具体填列方法可归纳如下：

1. 根据总账科目余额直接填列

该表的大多数项目可以根据相应的总账科目余额直接填列。具体项目有：交易性金融资产（自资产负债表日起超过一年到期且预期持有超过一年的以公允价值计量且其变动计入当期损益的非流动金融资产的期末账面价值，在"其他非流动金融资产"项目反映）、应收款项融资、其他权益工具投资、开发支出（"研发支出"科目中的资本化支出余额）、长期待摊费用（其中，一年内摊完的费用列入"一年内到期的非流动资产项目"）、递延所得税资产、短期借款、交易性金融负债、应付票据、应付职工薪酬、应交税费、持有待售负债、租赁负债（自资产负债表日起一年内到期应予以清偿的租赁负债的期末账面价值，在"一年内到期的非流动负债"项目反映）、预计负债、递延收益［该项目中摊销期限只剩一年或不足一年的，或预计在一年内（含一年）进行摊销的部分，不得归类为流动负债，仍在该项目中填列，不转入"一年内到期的非流动负债"项目]、递延所得税负债、实收资本、其他权益工具、资本公积、库存股、其他综合收益、盈余公积等。

2. 根据总账科目余额计算填列

（1）根据若干个总账科目余额计算填列。①"货币资金"项目，根据"库存现金""银行存款""其他货币资金"科目的期末余额合计填列。②"应收票据"项目，根据"应收票据"科目期末余额减去"坏账准备"中有关应收票据计提的"坏账准备"期末余额填列。③"其他应收款"项目，根据"应收利息""应收股利""其他应收款"科目的期末余额合计数，减去"坏账准备"科目中相关坏账准备期末余额后的金额填列。其中的"应收利息"仅反映相关金融工具已到期可收取但于资产负债表日尚未收到的利息。基于实际利率法计提的金融工具的利息应包含在相应金融工具的账面余额中）。④"存货"项目，工业企业根据"材料采购""原材料""周转材料"（或"包装物"及"低值易耗品"），以及"材料成本差异""委托加工物资""自制半成品""库存商品""发出商品""生产成本""存货跌价准备"等科目的期末借贷方余额相抵后的差额填列；商品流通企业根据"在途物资""库存商品""商品进销差价""委托代销商品""受托代销商品""受托代销商品款""发出商品""原材料""周转材料"（或"包装物"及"低值易耗品"），以及"委托加工物资""存货跌价准备"等科目的期末借贷方余额相抵后的差额填列。⑤"合同资产"项目，根据"合同资产"科目借方余额，减去"合同资产减值准备"科目的贷方余额填列（自资产负债表日起一年内到期的合同资产期末账面价值在"其他流动资产"项目反映）。⑥"持有待售资产"项目，反映资产负债表日划分为持有待售类别的非流动资产及划分为持有待售类别的处置组中的流动资产和非流动资产的期末账面价值。该项目应根据"持有待售资产"科目的期末余额，减去"持有待售资产减值准备"科目的期末余额后的金额填列。⑦"债权投资"项目，根据"债权投资"科目的相关明细科目期末余额，减去"债权投资减值准备"科目中相关减值准备的期末余额后的金额分析填列（自资产负债表日起一年内到期的债权投资的期末账面价值，在"一年内到期的非流动资产"项目反映。企业购入的以摊余成本计量的一年内到期的债权投资的期末账面价值，在"其他流动资产"项目反映）。⑧"其他债权投资"项目，根据"其他债权投资"科目借方余额，减去与其对应的"其他综合收益——信用减值准备"科目的贷方余额填列（自资产负债表日起一年内到期的长期债权投资的期末账面价值，在"一年内到期的非流动资产"项目反映。企业购入的以公允价值计量且其变动计入其他综合收益的一年内到期的债权投资的期末账面价值，在"其他流动资产"项目反映）。⑨"长期股权投资"项目，根据"长期股权投资"科目的借方余额，减去"长期股权投资减值准备"科目的贷方余额填列。⑩"投资性房地产"项目，根据"投资性房地产"科目的期末借方余额减去"投资性房地产累计折旧""投资性房地产减值准备"科目的贷方余额填列。⑪"固定资产"项目，根据"固定资产"科目的期末余额，减去"累计折旧"和"固定资产减值准备"科目的期末余额后的金额，以及"固定资产清理"科目的期末余额填列。⑫"在建工程"项目，根据"在建工程"科目的期末余额，减去"在建工程减值准备"科目的期末余额后的金额，以及"工程物资"科目的期末余额，减去"工程物资减值准备"科目的期末余额后的金额填列。⑬"生产性生物资产"项目，根据"生产性生物资产"科目的期末借方余额，减去"生产性生物资产累计折旧""生产性生物资产减值准备"科目的期末贷方余额后的金额填列。⑭ "油气资产"项目，根据"油气资产"科目的期末借方余额，减去"累计折耗""油气资产减值准备"科目的期末贷方余额后的金额填列。⑮ "使用权资产"项目，根据"使用权资产"科目的期末余额，减去"使用权资产累计折旧"和"使用权资产减值准备"科目的期末余额后的金额填列。⑯ "无形资产"项目，根据"无形资产"科目的期末借方余额，减去"累计摊销""无形资产减值准备"科目的期末贷方余额后的金额填列。⑰ "商誉"项目，根据"商誉"科目的期末借方余额，减去"商誉减值准备"科目的期末贷方余额后的金额填列。⑱ "未分配利润"项目，根据"本年利润"科目和"利润分配"科目的余额计算填列。未弥补的亏损，在该项目内以"－"号反映。⑲ "其他应付款"项目，应根据"应付利息""应付股利""其他应付款"科目的期末余额合计数填列。其中的"应付利息"仅反映相关金融工具已到期应支付但于资产负债表日尚未支付的利息。基于实际利率法计提的金融工具的利息应包含在相应金融工具的账面余额中。⑳ "应收款项融资"项目，反映资产负债表日以公允价值计量且其变动计入其他综合收益的应收票据和应收账款等。

(2) 将一个总账科目余额分成两个项目列示。① "债权投资"项目，根据"债权投资"科目的期末借方余额，减去"债权投资减值准备"科目的期末贷方余额，再减去一年内收回的债权投资数额后填列（自资产负债表日起一年内到期的长期债权投资的期末账面价值，在"一年内到期的非流动资产"项目反映。企业购入的以摊余成本计量的一年内到期的债权投资的期末账面价值，在"其他流动资产"项目反映）；如果企业设置了"委托贷款"科目，应该将"委托贷款"科目的期末借方余额中超过一年期的部分减去相应的"委托贷款损失准备"科目的期末贷方余额填入"债权投资"项目，一年内收回的债权投资数额和一年内收回的委托贷款数额在流动资产类下"一年内到期的非流动资产"项目单独反映。② "长期应收款"项目，根据"长期应收款"科目的期末借方余额，减去"坏账准备——长期应收款"科目的期末贷方余额，"未实现融资收益"科目的贷方余额，再减去一年内收回的长期应收款数额后填列；一年内收回的长期应收款数额在流动资产类下"一年内到期的非流动资产"项目单独反映。③ "长期应付款"项目，根据"长期应付款"科目的期末余额，减去相关的"未确认融资费用"科目的期末余额后的金额，以及"专项应付款"科目的期末余额填列。自资产负债表日起一年内到期应予以清偿的长期应付款、专项应付款的期末账面价值，在"一年内到期的非流动负债"项目反映。④ "长期借款""应付债券"项目中将于一年内到期的长期负债（用发行债券等长期资金偿还的情况除外）在流动负债类下"一年内到期的长期负债"项目下单独列示，这两个总账科目的余额扣除这部分数额后填入"长期借款""应付债券"项目。⑤ "应付职工薪酬"项目，将期末以后一年内应付未付的职工薪酬列入该项目，超过一年应付未付的职工薪酬列入"非流动负债"类下"其他非流动负债"项目。

3. 根据总账科目、明细科目的余额计算填列

① "应收账款"项目，应根据"应收账款"科目的期末余额扣除"坏账准备"中有关应收账款计提的"坏账准备"期末余额填列。② "应付账款"项目，应分别根据"应付账款""预付款项"科目各自所属明细科目的贷方期末余额合计填列。③ "预付款项"项目，应根据"预付款项"科目所属明细科目的借方余额和"应付账款"科目所属明细科目的借方余额合计扣除"坏账准备"中有关预付账款计提的"坏账准备"期末余额填列。④ "预

收款项"项目，应根据"预收款项"科目期末余额填列。⑤"合同负债"项目，根据"合同负债"科目的相关明细科目的期末余额分析填列，自资产负债表日起超过一年内到期的合同负债期末余额，在"其他非流动负债"项目中填列。

4. 根据企业会计准则的特殊规定填列

①企业按收入准则确认为资产的合同取得成本，应当根据"合同取得成本"科目的明细科目初始确认时摊销期限是否超过一年或一个正常营业周期，在"其他流动资产"或"其他非流动资产"项目中填列，已计提减值准备的，还应减去"合同取得成本减值准备"科目中相关的期末余额后的金额填列。②企业按收入准则确认为资产的合同履约成本，应当根据"合同履约成本"科目的明细科目初始确认时摊销期限是否超过一年或一个正常营业周期，在"存货"或"其他非流动资产"项目中填列，已计提减值准备的，还应减去"合同履约成本减值准备"科目中相关的期末余额后的金额填列。③企业按收入准则相关规定确认为资产的应收退货成本，应当根据"应收退货成本"科目是否在一年或一个正常营业周期内出售，在"其他流动资产"或"其他非流动资产"项目中填列。④企业按收入准则相关规定确认为预计负债的应付退货款，应当根据"预计负债"科目下的"应付退货款"明细科目是否在一年或一个正常营业周期内清偿，在"其他流动负债"或"预计负债"项目中填列。⑤企业按金融工具确认和计量准则相关规定对贷款承诺、财务担保合同等项目计提的损失准备，应当在"预计负债"项目中填列。⑥"其他权益工具"项目，反映资产负债表日企业发行在外的除普通股以外分类为权益工具的金融工具的期末账面价值。对于资产负债表日企业发行的金融工具，分类为金融负债的，应在"应付债券"项目填列，对于优先股和永续债，还应在"应付债券"项目下的"优先股"项目和"永续债"项目分别填列；分类为权益工具的，应在"其他权益工具"项目填列，对于优先股和永续债，还应在"其他权益工具"项目下的"优先股"项目和"永续债"项目分别填列。⑦"专项储备"项目，反映高危行业企业（如煤炭企业等）按国家规定提取的安全生产费的期末账面价值。该项目应根据"专项储备"科目的期末余额填列。

5. 根据表中有关项目数字计算填列

表中一些合计或总计项目，如流动资产合计、流动负债合计、非流动资产合计、非流动负债合计、负债合计、所有者权益合计、资产总计、负债和所有者权益总计，都是根据表中相关项目加总后填列。

6. 企业自行增设科目的余额分别填入表中相关项目

例如：增设"外汇价差""待摊费用"科目的企业，将该科目的借方余额填入"其他流动资产"项目；增设"预提费用"科目的企业，可将其贷方余额填入表中"其他流动负债"项目。

7. 以前年度损益调整的差错事项

以前年度损益调整的差错事项，涉及资产负债表项目的，要调整该表年初数（对其中"未分配利润"项目还要调整"利润分配表"，另见表13-3）。第十一章例48此调整表年初数有：应付职工薪酬减少1 493元，存货减少500元，应交税费增加248元，未分配利润增加670元，盈余公积增加75元。

现根据后述"现金流量表编制举例"关于都江厂20××年度经济业务编制的会计分录及"试算平衡表"（见表13-5）编制资产负债表，见表13-1。

第三节 利 润 表

利润表是反映企业在一定期间的经营成果及其分配情况的报表。利润表可以反映两方面的情况：一是反映企业的收入与费用情况，说明企业在特定会计期间实现的利润总额或发生的亏损总额，据此分析企业的经济效益及盈利能力；二是反映企业财务成果的分配过程与结果，并与资产负债表上有关项目相勾稽。

一、利润表的设计形式

1. 合二为一的利润表

这种利润表既反映企业一定期间的经营成果，又反映企业经营成果的分配过程，是全面的利润表。其主要优点是利润的实现过程、利润的分配去向及未分配的利润一目了然。但利润的实现和利润的分配并不完全同步，按月计算实现的利润是客观情况的如实反映，而年度中间的利润分配却带有预分配性质，只有年终的利润分配才有实际（或现实）意义。因此，合二为一的利润表年度中间反映的利润分配去向和未分配利润带有一定的预算性。

2. 一分为二的利润表

这种利润表是将实现的经营成果单独编制报表，将利润的分配过程单独在所有者权益变动表中反映，前者为月报，后者为年报。我国《企业会计准则第 30 号——财务报表列报》规定采用这种形式。

二、利润表的结构

1. 单步式利润表的结构

单步式利润表是将本期所有收入加在一起，然后再把所有费用支出加在一起，两者相减，一次计算出净收益或称净利润，所以也称一步式利润表。这种表较为直观、简单，编制也方便。但缺点是没有揭示出收入与费用之间的联系，满足不了报表使用者进行具体分析的需要，也不利于同行业之间的报表进行比较评价。

2. 多步式利润表的结构

多步式利润表是将利润的计算分若干步骤进行。大中型企业的利润表通常分为以下五部分，见表13-2。

表 13-2　利润表

编制单位：都江厂　　　　　　　　　　20××年12月　　　　　　　　　　（单位：元）

项　　目	本期金额	本年金额
一、营业收入	352 200	3 367 084
减：营业成本	305 505	3 244 181
税金及附加	2 440	27 343
销售费用	1 240	27 807
管理费用	6 630	15 630
研发费用		
财务费用	7 385	10 760
其中：利息费用	7 385	10 760

（续）

项　目	本期金额	本年金额
利息收入		
加：其他收益		
投资收益（损失以"－"号填列）	700	5 100
其中：对联营企业和合营企业的投资收益		
以摊余成本计量的金融资产终止确认收益（损失以"－"号填列）		
净敞口套期收益（损失以"－"号填列）		
加：公允价值变动收益（损失以"－"号填列）		
信用减值损失（损失以"－"号填列）		
资产减值损失		－37
资产处置收益（损失以"－"号填列）		
二、营业利润（亏损以"－"号填列）	29 700	46 500
加：营业外收入	17 500	55 500
减：营业外支出	18 100	23 000
三、利润总额（亏损总额以"－"号填列）	29 100	79 000
减：所得税费用	7 275	19 750
四、净利润（净亏损以"－"号填列）	21 825	59 250
（一）持续经营净利润（净亏损以"－"号填列）	21 825	59 250
（二）终止经营净利润（净亏损以"－"号填列）		
五、其他综合收益的税后净额		
（一）不能重分类进损益的其他综合收益		
1. 重新计量设定受益计划变动额		
2. 权益法下不能转损益的其他综合收益		
3. 其他权益工具投资公允价值变动		
4. 企业自身信用风险公允价值变动		
⋮		
（二）将重分类进损益的其他综合收益		
1. 权益法下可转损益的其他综合收益		
2. 其他债权投资公允价值变动		
3. 金融资产重分类计入其他综合收益的金额		
4. 其他债权投资信用减值准备		
5. 现金流量套期储备		
6. 外币财务报表折算差额		
⋮		
六、综合收益总额	21 825	59 250
七、每股收益		
（一）基本每股收益		
（二）稀释每股收益		

三、利润表的编制

利润表按月编制。表中"本期金额"栏各项目反映本月实际发生数；在编报中期财务会计报告时，"上期金额"栏填列上年同期累计实际发生数；在编报年度财务会计报告时，填列上年全年累计实际发生数。如果上年度利润表与本年度利润表的项目名称和内容不相一致，应对上年度利润表项目的名称和数字按本年度的规定进行调整，填入本表"上期金额"栏。在编报中期和年度财务会计报告时，应将"本期金额"栏改成"本年金额"栏，"上期金额"栏改成"上年金额"栏，反映各项目自年初起至报告期末止的累计实际发生数。

本表各项目的内容及其填列方法如下：

（1）"营业收入"项目，反映企业经营业务所取得的收入总额。本项目应根据"主营业务收入""其他业务收入"科目的发生额分析填列。

（2）"营业成本"项目，反映企业经营业务发生的实际成本。本项目应根据"主营业务成本""其他业务成本"科目的发生额分析填列。

（3）"税金及附加"项目，反映企业经营业务应负担的消费税、城市维护建设税、资源税、土地增值税、城镇土地使用税、房产税、车船税、印花税、教育费附加等。本项目应根据"税金及附加"科目的发生额分析填列。

（4）"销售费用"项目，反映企业在销售商品和材料、提供劳务的过程中发生的各种费用。本项目应根据"销售费用"科目的发生额分析填列。

（5）"管理费用"项目，反映企业发生的管理费用。本项目应根据"管理费用"科目的发生额分析填列。

（6）"研发费用"项目，反映企业进行研究与开发过程中发生的费用化支出，以及计入管理费用的自行开发无形资产的摊销。该项目应根据"管理费用"科目下的"研究费用"明细科目的发生额，以及"管理费用"科目下的"无形资产摊销"明细科目的发生额分析填列。

（7）"财务费用"项目，反映企业发生的财务费用。本项目应根据"财务费用"科目的相关明细科目的发生额分析填列。该项目作为"财务费用"项目的其中项目"利息费用""利息收入"均以正数填列。"财务费用"项目下的"利息收入"项目，反映企业按照相关会计准则确认的应冲减财务费用的利息收入。该项目应根据"财务费用"科目的相关明细科目的发生额分析填列。利润表中"财务费用"项目金额等于表中"利息费用"金额扣除表中"利息收入"填列，扣除后为负数的，以"－"号填列。

（8）"其他收益"项目，反映计入其他收益的政府补助，以及其他与日常活动相关且计入其他收益的项目。该项目应根据"其他收益"科目的发生额分析填列。债务重组收益，企业作为个人所得税的扣缴义务人，根据《中华人民共和国个人所得税法》收到的扣缴税款手续费，应作为其他与日常活动相关的收益在该项目中填列。

（9）"投资收益"项目，反映企业以各种方式对外投资所取得的收益。本项目应根据"投资收益"科目的发生额分析填列；如为投资损失，以"－"号填列。其中，"对联营企业和合营企业的投资收益"应根据"投资收益"所属该明细科目的发生额分析填列。

（10）"以摊余成本计量的金融资产终止确认收益"项目，反映企业因转让等情形导致终止确认以摊余成本计量的金融资产而产生的利得或损失。该项目应根据"投资收益"科目的相关明细科目的发生额分析填列；如为损失，以"－"号填列。

（11）"净敞口套期收益"项目，反映净敞口套期下被套期项目累计公允价值变动转入当期损益的金额或现金流量套期储备转入当期损益的金额。该项目应根据"净敞口套期损益"科目的发生额分析填列；如为套期损失，以"－"号填列。

（12）"公允价值变动损益"项目，反映企业交易性金融资产、交易性金融负债，以及采用公允价值模式计量的投资性房地产、衍生工具、套期保值业务等公允价值变动形成的应计入当期损益的利得或损失。本项目应根据"公允价值变动损益"科目的发生额分析填列。

（13）"信用减值损失"项目，反映企业按照《企业会计准则第22号——金融工具确认和计量》的要求计提的各项金融工具信用减值准备所确认的信用损失。该项目应根据"信用减值损失"科目的发生额分析填列。

（14）"资产减值损失"项目，反映企业计提各项资产减值准备所形成的损失。本项目应根据"资产减值损失"科目的发生额分析填列。

（15）"资产处置收益"项目，反映企业出售划分为持有待售的非流动资产（金融工具、长期股权投资和投资性房地产除外）或处置组（子公司和业务除外）时确认的处置利得或损失，以及处置未划分为持有待售的固定资产、在建工程、生产性生物资产及无形资产而产生的处置利得或损失。债务重组中因处置非流动资产（金融工具、长期股权投资和投资性房地产除外）产生的利得或损失和非货币性资产交换中换出非流动资产（金融工具、长期股权投资和投资性房地产除外）产生的利得或损失也包括在本项目内。该项目应根据"资产处置损益"科目的发生额分析填列；如为处置损失，以"－"号填列。

（16）"营业外收入"项目，反映企业发生的除营业利润以外的收益，主要包括与企业日常活动无关的政府补助、盘盈利得、捐赠利得（企业接受股东或股东的子公司直接或间接的捐赠，经济实质属于股东对企业的资本性投入的除外）等。该项目应根据"营业外收入"科目的发生额分析填列。

（17）"营业外支出"项目，反映企业发生的除营业利润以外的支出，主要包括公益性捐赠支出、非常损失、盘亏损失、非流动资产毁损报废损失等。该项目应根据"营业外支出"科目的发生额分析填列。"非流动资产毁损报废损失"通常包括因自然灾害发生毁损、已丧失使用功能等原因而报废清理产生的损失。企业在不同交易中形成的非流动资产毁损报废利得和损失不得相互抵销，应分别在"营业外收入"项目和"营业外支出"项目进行填列。

（18）"利润总额"项目，反映企业实现的利润总额。如为亏损总额，以"－"号填列。

（19）"所得税费用"项目，反映企业确认的应从当期利润总额中扣除的所得税费用，包括当期所得税费用和递延所得税费用。本项目应根据"所得税费用"科目的发生额分析填列。

（20）"净利润"项目，反映企业实现的净利润。如为净亏损，以"－"号填列。企业编制合并利润表时要在"净利润"项目下单独列示"归属于母公司所有者的净利润"项目和"少数股东权益"项目。

（21）"持续经营净利润"和"终止经营净利润"项目，分别反映净利润中与持续经营相关的净利润和与终止经营相关的净利润；如为净亏损，以"－"号填列。这两个项目应按照《企业会计准则第42号——持有待售的非流动资产、处置组和终止经营》的相关规定分别列报。

（22）"其他综合收益的税后净额"项目，反映企业根据《企业会计准则》规定未在损益中确认的各项利得和损失扣除所得税影响后的净额。

（23）"其他权益工具投资公允价值变动"项目，反映企业指定为以公允价值计量且其变动计入其他综合收益的非交易性权益工具投资发生的公允价值变动。该项目应根据"其他综合收益"科目的相关明细科目的发生额分析填列。

（24）"企业自身信用风险公允价值变动"项目，反映企业指定为以公允价值计量且其变动计入当期损益的金融负债，由企业自身信用风险变动引起的公允价值变动而计入其他综合收益的金额。该项目应根据"其他综合收益"科目的相关明细科目的发生额分析填列。

（25）"其他债权投资公允价值变动"项目，反映企业分类为以公允价值计量且其变动计入其他综合收益的债权投资发生的公允价值变动。企业将一项以公允价值计量且其变动计入其他综合收益的金融资产重分类为以摊余成本计量的金融资产，或重分类为以公允价值计量且其变动计入当期损益的金融资产时，之前计入其他综合收益的累计利得或损失从其他综合收益中转出的金额作为该项目的减项。该项目应根据"其他综合收益"科目下的相关明细科目的发生额分析填列。

（26）"金融资产重分类计入其他综合收益的金额"项目，反映企业将一项以摊余成本计量的金融资产重分类为以公允价值计量且其变动计入其他综合收益的金融资产时，计入其他综合收益的原账面价值与公允价值之间的差额。该项目应根据"其他综合收益"科目下的相关明细科目的发生额分析填列。

（27）"其他债权投资信用减值准备"项目，反映企业按照《企业会计准则第22号——金融工具确认和计量》第十八条分类为以公允价值计量且其变动计入其他综合收益的金融资产的损失准备。该项目应根据"其他综合收益"科目下的"信用减值准备"明细科目的发生额分析填列。

（28）"现金流量套期储备"项目，反映企业套期工具产生的利得或损失中属于套期有效的部分。该项目应根据"其他综合收益"科目下的"套期储备"明细科目的发生额分析填列。

（29）"综合收益总额"项目，反映企业净利润与其他综合收益的合计金额。企业编制合并利润表时要在"综合收益总额"项目下单独列示"归属于母公司所有者的综合收益总额"项目和"归属于少数股东的综合收益总额"项目。

（30）"基本每股收益"项目，反映归属于普通股股东的当期净利润与发行在外普通股的加权平均数之比。它根据本表"本期金额"栏"净利润"除以发行在外普通股的加权平均数得出；"稀释每股收益"项目，反映归属于普通股股东的当期净利润的调整额与发行在外普通股及潜在普通股转换为已发行普通股的加权平均数之比。它根据本表"本期金额"栏"净利润"的调整额除以发行在外普通股的加权平均数与潜在普通股转换为已发行普通股的加权平均数之和得出。

（31）"稀释每股收益"，是以基本每股收益为基础，假设企业所有发行在外的稀释性潜在普通股均已转换为普通股，从而分别调整归属于普通股股东的当期净利润以及发行在外普通股的加权平均数计算而得的每股收益。"潜在普通股"是指赋予其持有者在报告期或以后期间享有取得普通股权利的一种金融工具或其他合同，包括可转债、认股权证、股份期权等。"稀释性潜在普通股"是指假设当期转换为普通股会减少每股收益的潜在普通股。上市公司存在稀释性潜在普通股的，应当分别调整归属于普通股股东的报告期净利润和发行在外普通股加权平均数，并据以计算稀释每股收益。

现根据第十一章第一节"表11-1 主营业务收入明细账""表11-7 其他业务收入明细账""表11-3 主营业务成本明细账""表11-8 其他业务成本明细账""表11-6 税金及附加明细账（产品类）""表11-9 税金及附加明细账（其他类）"，第三节"表11-10 都江厂12月末结账前损益类科目余额"及其他有关资料（例42 计算和结转所得税科目的分录、例44 结转全年净利润的分录及后述表13-5）填入利润表（见表13-2）。从填表要求看，各明细账的设置要为编制报表提供方便：不仅账页所设专栏要相对应，而且要有"本月月结"数据和"1月至本月累计"数据，以便据账本数据直接填列。

在表13-2中，全部账簿数据填好后，要按表中所列内容顺序，分别计算出"营业利润""利润总额""净利润"。

四、利润分配表的内容、格式及其编制

2006 年以前，财政部专门设置了"利润分配表"内容和格式。从 2007 年 1 月 1 日起，随着新的《企业会计准则》的实施，"利润分配表"内容和格式并入了"所有者权益变动表"，详细编制方法见本章第四节"所有者权益变动表"。

第四节　所有者权益变动表

一、所有者权益变动表的基本内容

所有者权益变动表是反映构成所有者权益的各组成部分当期的增减变动情况的报表。当期损益、直接计入所有者权益的利得和损失，以及与所有者或股东的资本交易导致的所有者权益的变动，应当分别列示。

所有者权益变动表反映的基本内容有：会计政策变更和前期差错更正的累积影响金额；综合收益总额；所有者投入和减少的金额；利润分配的金额；所有者权益内部结转的金额等。所有者权益变动表的内容、格式如表 13-3 所示。

二、所有者权益变动表的编制

1. "本年金额"栏的填制原理

本表"本年金额"栏，根据本年"利润分配"科目及其所属明细科目的记录和所有者权益类科目的发生额及余额分析填列。

2. "上年金额"栏的填制原理

本表"上年金额"栏，根据上年"所有者权益变动表"填列。如果上年度所有者权益变动表与本年度所有者权益变动表的项目名称和内容不一致，应对上年度报表项目的名称和数字按本年度的规定进行调整，填入本表"上年金额"栏内。企业本年度发生的调整以前年度损益的事项，其中，转入"利润分配——未分配利润""盈余公积"等科目的数额填入"所有者权益变动表""会计政策变更""前期差错更正"项目（另填入"资产负债表"中年初有关项目）。

3. 主要项目的内容及填列方法

（1）本年年初余额。根据上年年末余额加上"会计政策变更""前期差错更正"的金额得出。它根据所有者权益类各科目的余额填列。其中，"未分配利润"项目反映企业年初未分配的利润；如为未弥补的亏损，以"－"号填列。

（2）"综合收益总额"项目，根据企业本期未在利润表中确认的综合收益总额填列。

（3）"所有者投入和减少资本"各项目的填列。①"所有者投入的普通股"项目，根据"实收资本"（或"股本"，下同）、"资本公积——资本溢价或股本溢价"科目的发生额填列。②"其他权益工具持有者投入资本"项目，反映企业发行的除普通股以外分类为权益工具的金融工具的持有者投入资本的金额。该项目应根据金融工具类科目的相关明细科目的发生额分析填列，即根据"其他权益工具""资本公积——资本溢价或股本溢价"科目的发生额填列。③"股份支付计入所有者权益的金额"项目，根据权益性结算的股份支付记入"资本公积——其他资本公积"科目的发生额填列。

表 13-3　所有者权益变动表

编制单位：都江厂　　　　　　　　　　20×年度　　　　　　　　　　（单位：元）

项目	本年金额 实收资本（或股本）	本年金额 其他权益工具 优先股	本年金额 其他权益工具 永续债	本年金额 其他权益工具 其他	本年金额 资本公积	本年金额 减：库存股	本年金额 其他综合收益	本年金额 专项储备	本年金额 盈余公积	本年金额 未分配利润	本年金额 所有者权益合计	上年金额 实收资本（或股本）	上年金额 其他权益工具 优先股	上年金额 其他权益工具 永续债	上年金额 其他权益工具 其他	上年金额 资本公积	上年金额 减：库存股	上年金额 其他综合收益	上年金额 专项储备	上年金额 盈余公积	上年金额 未分配利润	上年金额 所有者权益合计
一、上年年末余额	220 000				4 000				27 400	14 000	265 400											
加：会计政策变更										745	745											
前期差错更正																						
其他																						
二、本年年初余额	220 000				4 000				27 400	14 745	266 145											
三、本年增减变动金额（减少以"－"号填列）																						
（一）综合收益总额										59 250	59 250											
（二）所有者投入和减少资本	40 000										40 000											
1. 所有者投入的普通股	40 000																					
2. 其他权益工具持有者投入资本																						
3. 股份支付计入所有者权益的金额																						
4. 其他																						
（三）利润分配											-33 770											
1. 提取盈余公积									9 480	-9 480												
2. 对所有者（或股东）的分配										-33 770												
3. 其他																						
（四）所有者权益内部结转																						
1. 资本公积转增资本（或股本）																						
2. 盈余公积转增资本（或股本）																						
3. 盈余公积弥补亏损																						
4. 设定受益计划变动额结转留存收益																						
5. 其他综合收益结转留存收益																						
6. 其他																						
四、本年年末余额	260 000				4 000				36 880	30 745	331 625											

（4）"利润分配"各项目的填列。①"提取盈余公积"项目，根据"盈余公积"科目本期计提的"法定盈余公积""任意盈余公积"金额填列。②"对所有者（或股东）的分配"项目，包含对普通股东和对其他权益工具持有者的股利分配。该项目根据"应付股利——普通股股利""应付股利——优先股股利"科目的发生额填列。

（5）"所有者权益内部结转"项目的填列。反映"资本公积转增资本""盈余公积转增资本""盈余公积弥补亏损""设定受益计划变动额结转留存收益""其他综合收益结转留存收益"等情况。应根据所有者权益各项目之间变动额、其他综合收益变动额填列。其中，"其他综合收益结转留存收益"项目，主要反映：①企业指定为以公允价值计量且其变动计入其他综合收益的非交易性权益工具投资终止确认时，之前计入其他综合收益的累计利得或损失从其他综合收益中转入留存收益的金额。②企业指定为以公允价值计量且其变动计入当期损益的金融负债终止确认时，之前由企业自身信用风险变动引起而计入其他综合收益的累计利得或损失从其他综合收益中转入留存收益的金额等。该项目应根据"其他综合收益"科目的相关明细科目的发生额分析填列。

（6）本年年末余额。根据表中各项目计算：本年年初余额 ± 本年增减变动金额 = 本年年末余额。

4. 所有者权益变动表的编制实例

现根据第十一章中"表 11-14 利润分配明细账"都江厂本年度利润分配情况、第十三章"表 13-1 资产负债表"中所有者权益年初、期末余额情况及第十三章第五节现金流量表都江厂全年综合经济业务中所有者权益变动情况的记录填入"所有者权益变动表""本年金额"栏各有关项目（见表 13-3）。

第五节　现金流量表

一、现金流量表的作用及编制目的

现金流量表主要有四大作用：一是更好地帮助投资者、债权人和其他人士评估企业在未来创造有利的净现金流量的能力；二是评估企业偿还债务的能力、分配股利或利润的能力，并对企业资金筹措的情况做出评价；三是确定净利润与相关的现金收支产生差异的原因；四是评估当期的现金与非现金投资和理财事项对企业财务状况的影响。编制现金流量表的主要目的是为报表使用者提供企业一定时间内现金和现金等价物流入和流出的信息，以便于会计报表使用者了解和评价企业获取现金和现金等价物的能力，并据以预测未来现金流量。

二、现金流量表的编制基础

现金流量表的编制基础是企业所拥有的现金和现金等价物。现金是指企业库存现金以及可以随时用于支付的存款，它包括"库存现金"账户核算的库存现金，"银行存款"账户核算的存入金融企业并可以随时用于支付的存款，"其他货币资金"账户核算的外埠存款、银行汇票存款、银行本票存款、信用卡存款、信用证保证存款和存出投资款等。现金等价物是指企业持有的期限短、流动性强、易于转换为已知金额现金、价值变动风险很小的投资。其中，"期限短"一般是指从购买日起 3 个月内到期。现金等价物通常包括 3 个月内到期的债券投资等。权益性投资变现的金额通常不确定，因而不属于现金等价物。可见，现金流量表中的现金是一种广义的现金，现金流量也是相对于广义现金（现金及现金等价物）的流入和流出数量，但不包括购置和处理附属企业及其他营业单位产生的现金流动、非持续经营企业的现金流动和接受其他企业委托业务发生的不属于本企业所有的现金收支。

三、现金流量表中的收支内容

（一）经营活动产生的现金流入和流出

（1）销售商品、提供劳务收到的现金。它是指企业销售商品、提供劳务实际收到的现金，包括销售收入和应向购买者收取的增值税销项税额。具体包括：本期销售商品、提供劳务收到的现金，以及前期销售商品、提供劳务本期收到的现金和本期预收的款项，减去本期销售本期退回的商品和前期销售本期退回的商品支付的现金。需要注意的是，企业销售材料和代购代销业务收到的现金，也在本项目反映。

（2）收到的税费返还。它是指企业收到返还的各种税费，如收到的增值税、营业税、所得税、消费税、关税和教育费附加返还款等。

（3）收到其他与经营活动有关的现金。它是指企业除上述各项目外，收到的其他与经营活动有关的现金，如罚款收入、流动资产损失中由个人赔偿的现金收入等。其他与经营活动有关的现金，如果价值较大的，应单列项目反映。

（4）购买商品、接受劳务支付的现金。它是指企业购买材料、商品、接受劳务实际支付的现金，包括支付的货款以及与货款一并支付的增值税进项税额。具体包括：本期购买商品、接受劳务支付的现金，以及本期支付前期购买商品、接受劳务的未付款项和本期预付款项，减去本期发生的购货退回收到的现金。

（5）支付给职工以及为职工支付的现金。它是指企业实际支付给职工的现金以及为职工支付的现金，包括本期实际支付给职工的工资、奖金、各种津贴和补贴等薪酬，以及为职工支付的其他费用。不包括支付的离退休人员的各项费用和支付给在建工程人员的薪酬等。支付的离退休人员的各项费用，包括支付的统筹退休金以及未参加统筹的退休人员的费用，在"支付其他与经营活动有关的现金"项目中反映；支付的由在建工程、无形资产负担的职工薪酬，在"购建固定资产、无形资产和其他长期资产支付的现金"项目中反映。

（6）支付的各项税费。它是指企业按规定支付的各项税费，包括本期发生并支付的税费，以及本期支付以前各期发生的税费和预缴的税金，如支付的教育费附加、矿产资源补偿费、印花税、房产税、土地增值税、车船使用税、预缴的营业税等。不包括计入固定资产价值、实际支付的耕地占用税等，也不包括本期退回的增值税、所得税。本期退回的增值税、所得税，在"收到的税费返还"项目中反映。

（7）支付其他与经营活动有关的现金。它是指企业除上述各项目外，支付其他与经营活动有关的现金，如罚款支出、差旅费、业务招待费、保险费等。其他与经营活动有关的现金，如果价值较大的，应单列项目反映。

（二）投资活动产生的现金流入和流出

（1）收回投资收到的现金。它是指企业出售、转让或到期收回除现金等价物以外的交易性金融资产、债权投资、委托贷款、长期股权投资、其他权益工具投资而收到的现金，但不包括其中收回的利息，以及收回的非现金资产。收回的利息在"取得投资收益收到的现金"项目中反映。

（2）取得投资收益收到的现金。它是指企业因股权性投资而分得的现金股利，从子公司、联营企业或合营企业分回利润而收到的现金，以及因债权性投资而取得的现金利息收入。股票股利不在本项目中反映；包括在现金等价物范围内的债券性投资，其利息收入在本项目中反映。

（3）处置固定资产、无形资产和其他长期资产收回的现金净额。它是指企业出售固定资产、无形资产和其他长期资产所取得的现金，减去为处置这些资产而支付的有关费用后的净额。处置固定资产、无形资产和其他长期资产所收到的现金，与处置活动支付的现金，两者在时间上比较接近，以净额更能反映处置活动对现金流量的影响，且由于金额不大，故以净额反映。自然灾害等原因所造成的固定资产等长期资产的报废、毁损而收到的保险赔偿收入，也在本项目中反映。

需要注意的是，固定资产报废、毁损的变卖收益以及遭受灾害而收到的保险赔偿收入等，也在本项目中反映。如处置固定资产、无形资产和其他长期资产收回的现金净额为负数，则应作为投资活动产生的现金流量，在"支付其他与投资活动有关的现金"项目中反映。

（4）处置子公司及其他营业单位收到的现金净额。它是指企业处置子公司和处置其他营业单位实际收到的现金净额。

（5）收到其他与投资活动有关的现金。它是指企业除上述各项目外，收到其他与投资活动有关的现金。其他与投资活动有关的现金，如果价值较大的，应单列项目反映。

（6）购建固定资产、无形资产和其他长期资产支付的现金。它是指企业购买、建造固定资产，取得无形资产和其他长期资产所支付的现金，包括购买机器设备所支付的现金及增值税款、建造工程支付的现金、支付由在建工程和无形资产负担的薪酬等现金支出，不包括为购建固定资产而发生的借款利息资本化部分，以及融资租入固定资产所支付的租赁费。为购建固定资产而发生的借款利息资本化部分，以及融资租入固定资产所支付的租赁费，应在"筹资活动产生的现金流量——支付其他与筹资活动有关的现金"项目中反映。企业以分期付款方式购建的固定资产，其首次付款支付的现金在本项目中反映，以后各期支付的现金在"筹资活动产生的现金流量——支付其他与筹资活动有关的现金"项目中反映。

（7）投资支付的现金。它是指企业进行权益性投资和债权性投资支付的现金，包括企业取得的除现金等价物以外的交易性股票投资、交易性债券投资、长期股权投资、债权投资支付的现金，以及支付的佣金、手续费等附加费用。企业购买债券的价款中含有债券利息的，以及溢价或折价购入的，均按实际支付的金额反映。

需要注意的是，企业购买股票和债券时，实际支付的价款中包含的已宣告但尚未领取的现金股利或已到付息期但尚未领取的债券利息，应在"支付其他与投资活动有关的现金"项目中反映；收回购买股票和债券时支付的已宣告但尚未领取的现金股利或已到付息期但尚未领取的债券利息，应在"收到其他与投资活动有关的现金"项目中反映。

（8）取得子公司及其他营业单位支付的现金净额。它是指企业购买子公司和处置其他营业单位实际支付的现金净额。整体购买一个单位，其结算方式是多种多样的，如购买方全部以现金支付或一部分以现金支付而另一部分以实物清偿。同时，企业购买子公司及其他营业单位是整体交易，子公司和其他营业单位除有固定资产和存货外，还可能持有现金和现金等价物。这样，整体购买子公司或其他营业单位的现金流量，就应以购买出价中以现金支付的部分减去子公司或其他营业单位持有的现金和现金等价物后的净额反映。

（9）支付其他与投资活动有关的现金。它是指企业除上述各项目外，支付其他与投资活动有关的现金。其他与投资活动有关的现金，如果价值较大的，应单列项目反映。

（三）筹资活动产生的现金流入和流出

（1）吸收投资收到的现金。它是指企业以发行股票、债券等方式筹集资金实际收到的款项净额（发行收入减去支付的佣金等发行费用后的净额）。

需要注意的是，以发行股票、债券等方式筹集资金而由企业直接支付的审计、咨询等费用，不在本项目中反映，而在"支付其他与筹资活动有关的现金"项目中反映；由金融企业直接支付的手续费、宣传费、咨询费、印刷费等费用，从发行股票、债券取得的现金收入中扣除，以净额列示。

（2）取得借款收到的现金。它是指企业举借各种短期、长期借款而收到的现金。

（3）收到其他与筹资活动有关的现金。它是指企业除上述各项目外，收到其他与筹资活动有关的现金。其他与筹资活动有关的现金，如果价值较大的，应单列项目反映。

（4）偿还债务支付的现金。它是指企业以现金偿还债务的本金，包括归还金融企业的借款本金、偿付企业到期的债券本金等。

需要注意的是，企业偿还的借款利息、债券利息，在"分配股利、利润或偿付利息支付的现金"项目中反映，不在本项目中反映。

（5）分配股利、利润或偿付利息支付的现金。它是指企业实际支付的现金股利、支付给其他投资单位的利润或用现金支付的借款利息、债券利息所支付的现金。

（6）支付其他与筹资活动有关的现金。它是指企业除上述各项目外，支付其他与筹资活动有关的现金。其他与筹资活动有关的现金，如果价值较大的，应单列项目反映。

（四）汇率变动对现金及现金等价物的影响

编制现金流量表时，应当将企业外币现金流量以及境外子公司的现金流量折算成记账本位币。《企业会计准则第31号——现金流量表》规定："外币现金流量以及境外子公司的现金流量，应当采用现金流量发生日的即期汇率或按照系统合理的方法确定的、与现金流量发生日即期汇率近似的汇率折算。汇率变动对现金的影响额应当作为调节项目，在现金流量表中单独列报。"

汇率变动对现金及现金等价物的影响，是指企业外币现金流量及境外子公司的现金流量折算成记账本位币时，所采用的是现金流量发生日的即期汇率或即期汇率近似的汇率，而现金流量表中"现金及现金等价物净增加额"中外币现金净增加额是按期末汇率折算的。这两者的差额即为汇率变动对现金的影响。

（五）其他有关问题的说明

（1）关于金融保险企业的现金流量。金融保险企业经营活动的性质和内容与工商企业不同，从而直接影响其现金流量的分类。例如，利息支出在工商企业应作为筹资活动，而在金融企业，利息支出是其经营活动的主要支出，应列入经营活动产生的现金流量。再如，银行等金融企业吸收的存款是其主要经营业务，应作为经营活动产生的现金流量反映。因此，为了满足金融保险企业的特殊要求，《企业会计准则第31号——现金流量表》对金融保险企业特殊项目的现金流量以及归类单独做了规定。

保险企业与保险金、保险索赔、年金退款和其他保险利益条款有关的现金收支项目，应作为经营活动现金流量进行反映。

（2）特殊项目的归类。特殊项目是指企业日常活动之外特殊的、不经常发生的项目，如自然灾害损失、保险索赔等特殊项目，应当根据其性质分别归并到经营活动、投资活动和筹资活动现金流量类别中单独列报。

（3）关于现金流量是以总额反映，还是以净额反映的问题。现金流量一般应当以总额反映，从而全面揭示企业现金流量的方向、规模和结构。但是，对于那些代客户收取或支付的现金，以及周转快、金额大、期限短的项目的现金收入和现金支出应当以净额列示。因为这些现金流量项目周转快，在企业停留的时间短，企业加以利用的余地比较小，净额更能说明其对企业支付能力、偿债能力的影响；反之，如果以总额反映，反而会对评价企业的支付能力和偿债能力、分析企业的未来现金流量产生误导。金融企业的有关项目也按照净额列示。这些项目包括短期贷款的发放与收回的贷款本金、活期存款的吸收与支付、同业存款和存放同业款项的存取、向其他金融企业拆借资金以及证券的买入与卖出等。

根据以上现金流量表收支内容列示的现金流量表见表13-4。

表13-4　现金流量表

编制单位：都江厂　　　　　　　　　20××年度　　　　　　　　　（单位：元）

项　目	上年	本年金额	补充资料	上年	本年金额
一、经营活动产生的现金流量			1. 将净利润调节为经营活动现金流量：		
销售商品、提供劳务收到的现金		3 744 709	净利润		59 250
收到的税费返还			加：资产减值准备		-37
收到其他与经营活动有关的现金		119 100	固定资产折旧、油气资产折耗、生产性生物资产折旧		11 700
经营活动现金流入小计		3 863 809	无形资产摊销		47 837
购买商品、接受劳务支付的现金		2 135 702	长期待摊费用摊销		3 500
支付给职工以及为职工支付的现金		1 255 809	处置固定资产、无形资产和其他长期资产的损失（收益以"-"号填列）		
支付的各项税费		299 877	固定资产报废损失（收益以"-"号填列）		17 600
支付其他与经营活动有关的现金		41 506	公允价值变动损失（收益以"-"号填列）		
经营活动现金流出小计		3 732894	财务费用（收益以"-"号填列）		9 700
经营活动产生的现金流量净额		130 915	投资损失（收益以"-"号填列）		-5 100
二、投资活动产生的现金流量			递延所得税资产减少（增加以"-"号填列）		
收回投资收到的现金		16 400	递延所得税负债增加（减少以"-"号填列）		
取得投资收益收到的现金		4 700	存货的减少（增加以"-"号填列）		-36 100
处置固定资产、无形资产和其他长期资产收回的现金净额		24 863	经营性应收项目的减少（增加以"-"号填列）		13 153
处置子公司及其他营业单位收到的现金净额			经营性应付项目的增加（减少以"-"号填列）		9 412
收到其他与投资活动有关的现金			其他		
投资活动现金流入小计		45 963	经营活动产生的现金流量净额		130 915
购建固定资产、无形资产和其他长期资产支付的现金		84 757	2. 不涉及现金收支的重大投资和筹资活动：		

（续）

项　　目	上年	本年金额	补 充 资 料	上年	本年金额
投资支付的现金			债务转为资本		
取得子公司及其他营业单位支付的现金净额			一年内到期的可转换公司债券		
支付其他与投资活动有关的现金			融资租入固定资产		
投资活动现金流出小计		84 757			
投资活动产生的现金流量净额		－38 794	3. 现金及现金等价物净变动情况：		
三、筹资活动产生的现金流量			现金的期末余额		83 751
吸收投资收到的现金		15 500	减：现金的期初余额		10 200
取得借款收到的现金		37 800	加：现金等价物的期末余额		13 500
收到其他与筹资活动有关的现金			减：现金等价物的期初余额		
筹资活动现金流入小计		53 300	现金及现金等价物净增加额		87 051
偿还债务支付的现金		6 400			
分配股利、利润或偿付利息支付的现金		38 670			
支付其他与筹资活动有关的现金		13 300			
筹资活动现金流出小计		58 370			
筹资活动产生的现金流量净额		－5 070			
四、汇率变动对现金及现金等价物的影响					
五、现金及现金等价物净增加额		87 051			
加：期初现金及现金等价物余额		10 200			
六、期末现金及现金等价物余额		97 251			

四、现金流量表的编制方法

（一）经营活动现金流量的编制方法

1. 采用直接法和间接法两种方法

编制现金流量表时，经营活动现金流量的列报方法有两种：直接法和间接法，它们通常也被称为现金流量表的报告方法。

（1）直接法。直接法是指按现金收入和支出的主要类别直接反映企业经营活动产生的现金流量，如销售商品、提供劳务收到的现金，购买商品、接受劳务支付的现金等，就是按现金收入和支出的来源直接反映的。在直接法下，一般是以利润表中的营业收入为起算点，调整与经营活动有关的项目的增减变动，然后计算出经营活动产生的现金流量。

采用直接法时，有关经营活动现金流量的信息，一般通过以下途径之一取得：①企业的会计记录。②根据以下项目对利润表中的营业收入、营业成本以及其他项目进行调整：当期存货及经营性应收和应付项目的变动；固定资产折旧；无形资产摊销等其他非现金项目；其现金影响属于投资或筹资活动现金流量的其他项目。

（2）间接法。间接法是指以净利润为起算点，调整不涉及现金的收入、费用、营业外收支等有关项目，据此计算出经营活动产生的现金流量。

我国《企业会计准则第31号——现金流量表》及其应用指南规定采用直接法编制现金流量表，同时要求在现金流量表附注中采用间接法将净利润调节为经营活动产生的现金流量。

2. 直接法下经营活动现金流量各项目的编制原理

（1）"销售商品、提供劳务收到的现金"项目，根据"库存现金""银行存款""应收账款""应收票据""合同资产""预收款项""合同负债""主营业务收入""其他业务收入"等科目的记录分析填列。

（2）"收到的税费返还"项目，根据"库存现金""银行存款""税金及附加""营业外收入""其他应收款"等科目的记录分析填列。

（3）"收到其他与经营活动有关的现金"项目，根据"库存现金""银行存款""营业外收入"等科目的记录分析填列。企业收到的政府补助，无论是与资产还是收益相关，均填入此项目。

（4）"购买商品、接受劳务支付的现金"项目，根据"库存现金""银行存款""应付账款""应付票据""主营业务成本"等科目的记录分析填列。

（5）"支付给职工以及为职工支付的现金"项目，根据"应付职工薪酬""库存现金""银行存款"等科目的记录分析填列。

（6）"支付的各项税费"项目，根据"应交税费""库存现金""银行存款"等科目的记录分析填列。

（7）"支付其他与经营活动有关的现金"项目，根据有关科目的记录分析填列。

（二）投资活动现金流量的编制方法

（1）"收回投资收到的现金"项目，根据"交易性金融资产""长期股权投资""债权投资""其他债权投资""其他权益工具投资""库存现金""银行存款"等科目的记录分析填列。

（2）"取得投资收益收到的现金"项目，根据"库存现金""银行存款""投资收益"等科目的记录分析填列。

（3）"处置固定资产、无形资产和其他长期资产收回的现金净额"项目，根据"固定资产清理""库存现金""银行存款"等科目的记录分析填列。

（4）"处置子公司及其他营业单位收到的现金净额"项目，根据"库存现金""银行存款"等科目的记录分析填列。

（5）"收到其他与投资活动有关的现金"项目，根据有关科目的记录分析填列。

（6）"购建固定资产、无形资产和其他长期资产支付的现金"项目，根据"固定资产""在建工程""无形资产""库存现金""银行存款"等科目的记录分析填列。

（7）"投资支付的现金"项目，根据"长期股权投资""债权投资""其他债权投资""其他权益工具投资""交易性金融资产""库存现金""银行存款"等科目的记录分析填列。

（8）"取得子公司及其他营业单位支付的现金净额"项目，根据"库存现金""银行存款"等科目的记录分析填列。

（9）"支付其他与投资活动有关的现金"项目，根据有关科目的记录分析填列。

（三）筹资活动现金流量的编制方法

（1）"吸收投资收到的现金"项目，根据"实收资本（或股本）""其他权益工具""库存现金""银行存款"等科目的记录分析填列。

（2）"取得借款收到的现金"项目，根据"短期借款""长期借款""库存现金""银行存款"等科目的记录分析填列。

（3）"收到其他与筹资活动有关的现金"项目，根据有关科目的记录分析填列。

（4）"偿还债务支付的现金"项目，根据"短期借款""长期借款""库存现金""银行存款"等科目的记录分析填列。

（5）"分配股利、利润或偿付利息支付的现金"项目，根据"应付股利""应付利息""财务费用""长期借款""库存现金""银行存款"等科目的记录分析填列。

（6）"支付其他与筹资活动有关的现金"项目，根据有关科目的记录分析填列。

（四）补充资料项目的内容及填列

1. "将净利润调节为经营活动的现金流量"各项目的填列方法

"将净利润调节为经营活动的现金流量"实际上是以间接法编制的经营活动现金流量。它以净利润为起点，调整四大类项目：一是实际没有支付现金的费用；二是实际没有收到现金的收益；三是不属于经营活动的损益；四是经营性应收应付项目的增减变动。各具体项目的填列方法如下：

（1）"资产减值准备"项目，反映企业计提的各项资产的减值准备。本项目可以根据各项资产减值准备科目的记录分析填列。

（2）"固定资产折旧、油气资产折耗、生产性生物资产折旧"项目，反映企业本期累计提取的折旧或折耗。本项目可以根据"累计折旧""累计折耗""生产性生物资产累计折旧"科目的贷方发生额分析填列。

（3）"无形资产摊销"和"长期待摊费用摊销"两个项目，分别反映企业本期累计摊入成本费用的无形资产的价值及长期待摊费用。这两个项目可以根据"累计摊销""长期待摊费用"科目的贷方发生额分析填列。

（4）"处置固定资产、无形资产和其他长期资产的损失（收益以'－'号填列）"，反映企业本期由于处置固定资产、无形资产和其他长期资产而发生的净损失。本项目可以根据"资产处置损益""营业外支出""营业外收入""其他业务收入""其他业务成本"科目所属有关明细科目的记录分析填列；如为净收益，以"－"号填列。

（5）"固定资产报废损失（收益以'－'号填列）"项目，反映企业本期固定资产盘亏、毁损报废后的净损失。本项目可以根据"营业外支出"科目所属非流动资产处置损益明细科目分析后填列。

（6）"公允价值变动损失（收益以'－'号填列）"项目，反映企业交易性金融资产、交易性金融负债，以及采用公允价值模式计量的投资性房地产、衍生工具、套期保值业务等公允价值变动形成的应计入当期损益的净损失。本项目根据"公允价值变动损益"科目所属有关明细科目的利得扣除损失后填列。

（7）"财务费用（收益以'－'号填列）"项目，反映企业本期发生的应属于投资活动或筹资活动的财务费用。本项目可以根据"财务费用"科目的本期借方发生额分析填列；如为收益，以"－"号填列。

（8）"投资损失（收益以'－'号填列）"项目，反映企业本期投资所发生的损失减去收益后的净损失。本项目可以根据利润表"投资收益"项目的数字填列；如为投资收益，以"－"号填列。

（9）"递延所得税资产减少（增加以'－'号填列）"项目，反映企业本期递延所得税资产的净减少。本项目可以根据资产负债表"递延所得税资产"项目的期初、期末余额的差额填列。"递延所得税资产"的期末数小于期初数的差额，以正数填列；"递延所得税资产"的期末数大于期初数的差额，以"－"号填列。

（10）"递延所得税负债增加（减少以'－'号填列）"项目，反映企业本期递延所得税负债的净增加。本项目可以根据资产负债表"递延所得税负债"项目的期初、期末余额的差额填列。"递延所得税负债"的期末数大于期初数的差额，以正数填列；"递延所得税负债"的期末数小于期初数的差额，以"－"号填列。

（11）"存货的减少（增加以'－'号填列）"项目，反映企业本期存货的减少（减：增加）。本项目可以根据资产负债表"存货"项目的期初、期末余额的差额填列；期末数大于期初数的差额，以"－"号填列。

（12）"经营性应收项目的减少（增加以'－'号填列）"项目，反映企业本期经营性应收项目（包括应收账款、应收票据和其他应收款中与经营活动有关的部分及应收的增值税销项税额等）的减少（减：增加）。

（13）"经营性应付项目的增加（减少以'－'号填列）"项目，反映企业本期经营性应付项目（包括应付账款、应付票据、应付福利费、应交税费、其他应付款中与经营活动有关的部分以及应付的增值税进项税额等）的增加（减：减少）。

（14）"其他"项目，反映除了上述所有项目外影响净利润的业务金额。例如，增设"待摊费用""预提费用"科目的企业，应将"待摊费用减少（减：增加）"填入该项目，它根据"待摊费用"账户期初、期末余额的差额填列，期末数大于期初数的差额，以"－"号填列；还应将"预提费用增加（减：减少）"填入该项目，它根据"预提费用"账户期初、期末余额的差额填列，期末数小于期初数的差额，以"－"号填列。

补充资料中的"经营活动产生的现金流量净额"要与现金流量表中"经营活动产生的现金流量净额"的金额相等。

2. "不涉及现金收支的重大投资和筹资活动"各项目的填列方法

"不涉及现金收支的重大投资和筹资活动"反映企业一定期间内影响资产或负债但不形成该期现金收支的所有投资和筹资活动的信息。不涉及现金收支的投资和筹资活动各项目的填列方法如下：

（1）"债务转为资本"项目，反映企业本期转为资本的债务金额。

（2）"一年内到期的可转换公司债券"项目，反映企业一年内到期的可转换公司债券的本息。

（3）"融资租入固定资产"项目，反映企业本期融资租入固定资产记入"长期应付款"科目的金额。

补充资料中的"现金及现金等价物净增加额"与现金流量表中的"五、现金及现金等价物净增加额"的金额相等。

五、现金流量表的编制程序

1. 工作底稿法

采用工作底稿法编制现金流量表，就是以工作底稿为手段，以利润表和资产负债表数据为基础，对每一项目进行分析并编制调整分录，从而编制出现金流量表。

在直接法下，整个工作底稿纵向分成三段：第一段是资产负债表项目，其中又分为借方项目和贷方项目两部分；第二段是利润表项目；第三段是现金流量表项目。工作底稿横向分为五栏，在资产负债表部分，第一栏是项目栏，填列资产负债表各项目名称；第二栏是期初数，用来填列资产负债表项目的期初数；第三栏是调整分录的借方；第四栏是调整分录的贷方；第五栏是期末数，用来填列资产负债表各项目的期末数。在利润表和现金流量表部分，第一栏也是项目栏，用来填列利润表和现金流量表项目名称；第二栏空置不填；第三、第四栏分别是调整分录的借方和贷方；第五栏是本期数，利润表部分这一栏数字应和本期利润表数字核对相符，现金流量表部分这一栏的数字可直接用来编制正式的现金流量表。

采用工作底稿法编制现金流量表的程序如下：

第一步，将资产负债表的期初数和期末数过入工作底稿的期初数栏和期末数栏。

第二步，对当期业务进行分析并编制调整分录。调整分录大体有这样几类：第一类涉及利润表中的收入、成本和费用项目以及资产负债表中的资产、负债及所有者权益项目，通过调整，将权责发生制下的收入费用转换为现金基础；第二类是涉及资产负债表和现金流量表中的投资、筹资项目，反映投资和筹资活动的现金流量；第三类是涉及利润表和现金流量表中的投资和筹资项目，目的是将利润表中有关投资和筹资方面的收入和费用列入现金流量表投资、筹资现金流量中去。此外，还有一些调整分录并不涉及现金收支，只是为了核对资产负债表项目的期末期初变动。在调整分录中，有关现金和现金等价物的事项，并不直接借记或贷记现金，而是分别记入"经营活动产生的现金流量""投资活动产生的现金流量""筹资活动产生的现金流量"有关项目，借记表明现金流入，贷记表明现金流出。

第三步，将调整分录过入工作底稿中的相应部分。

第四步，核对调整分录，借贷合计应当相等，资产负债表项目期初数加减调整分录中的借贷金额以后，应当等于期末数。

第五步，根据工作底稿中的现金流量表项目部分编制正式的现金流量表。

2. T 形账户法

采用 T 形账户法，就是以 T 形账户为手段，以利润表和资产负债表数据为基础，对每一项目进行分析并编制调整分录，从而编制出现金流量表。采用 T 形账户法编制现金流量表的程序如下：

第一步，为所有的非现金项目（包括资产负债表项目和利润表项目）分别开设 T 形账户，并将各自的期末期初变动数过入各该账户。

第二步，开设一个大的"现金及现金等价物"T 形账户，每边分为经营活动、投资活动和筹资活动三部分，左边记现金流入，右边记现金流出。与其他账户一样，过入期末期初变动数。

第三步，以利润表项目为基础，结合资产负债表分析每一个非现金项目的增减变动，并据此编制调整分录。

第四步，将调整分录过入各 T 形账户，并进行核对，该账户借贷相抵后的余额与原先过入的期末期初变动数应当一致。

第五步，根据大的"现金及现金等价物"T 形账户编制正式的现金流量表。

六、现金流量表编制举例

（一）都江厂 20××年度综合经济业务及其会计分录

（1）A 工程完工：

借：固定资产　　　　　　　　　　　　　　　　　　　　　10 400

　　　　贷：在建工程——某工程　　　　　　　　　　　　　　　　10 400

（2）B工程完工：

　　借：固定资产　　　　　　　　　　　　　　　　　　　　19 000

　　　　贷：在建工程——某工程　　　　　　　　　　　　　　　　19 000

（3）投入固定资产（未取得增值税专用发票）：

　　借：固定资产　　　　　　　　　　　　　　　　　　　　40 000

　　　　贷：实收资本——股本　　　　　　　　　　　　　　　　40 000

（4）投出厂房：

　　借：固定资产清理　　　　　　　　　　　　　　　　　　23 000

　　　　贷：固定资产　　　　　　　　　　　　　　　　　　　　23 000

　　借：长期股权投资　　　　　　　　　　　　　　　　　　23 000

　　　　贷：固定资产清理　　　　　　　　　　　　　　　　　　23 000

（5）固定资产（一辆小汽车）盘亏：

　　借：待处理财产损溢——固定资产　　　　　　　　　　　17 600

　　　　累计折旧　　　　　　　　　　　　　　　　　　　　1 900

　　　　贷：固定资产　　　　　　　　　　　　　　　　　　　　19 500

（6）处理上项固定资产盘亏：

　　借：营业外支出　　　　　　　　　　　　　　　　　　　17 600

　　　　贷：待处理财产损溢——固定资产　　　　　　　　　　　　17 600

（7）接受现金捐赠：

　　借：银行存款　　　　　　　　　　　　　　　　　　　　17 500

　　　　贷：营业外收入　　　　　　　　　　　　　　　　　　　17 500

（8）计提折旧：

　　借：制造费用　　　　　　　　　　　　　　　　　　　　11 000

　　　　管理费用　　　　　　　　　　　　　　　　　　　　700

　　　　贷：累计折旧　　　　　　　　　　　　　　　　　　　　11 700

（9）卖股票：

　　借：银行存款　　　　　　　　　　　　　　　　　　　　6 000

　　　　贷：长期股权投资——股票投资　　　　　　　　　　　　6 000

（10）购买专利：

　　借：无形资产　　　　　　　　　　　　　　　　　　　　61 837

　　　　贷：银行存款　　　　　　　　　　　　　　　　　　　　61 837

（11）摊销无形资产：

　　借：管理费用　　　　　　　　　　　　　　　　　　　　1 000

　　　　贷：累计摊销　　　　　　　　　　　　　　　　　　　　1 000

（12）付固定资产改良费：

　　借：长期待摊费用　　　　　　　　　　　　　　　　　　2 500

　　　　贷：银行存款　　　　　　　　　　　　　　　　　　　　2 500

（13）摊销固定资产改良费：

借：制造费用 3 500

　　贷：长期待摊费用 3 500

（14）付工程款：

借：在建工程 20 420

　　贷：银行存款 20 420

（15）收到政府补助，同时付赔偿金和对外捐款：

借：银行存款 9 000

　　贷：营业外收入 9 000

借：营业外支出 5 400

　　贷：银行存款 5 400

（16）取得长期借款：

借：银行存款 31 000

　　贷：长期借款 31 000

（17）偿付借款本息：

借：长期借款 6 400

　　财务费用 3 300

　　贷：银行存款 9 700

（18）发行债券收款和期末计息：

借：银行存款 15 500

　　贷：应付债券——面值 15 500

借：财务费用 5 400

　　贷：应付债券——应计利息 5 400

（19）付融资租赁费及资本化利息：

借：长期应付款——融资租赁费 11 500

　　在建工程——某工程 1 800

　　贷：银行存款 13 300

（20）分配薪酬：

借：生产成本 820 000

　　制造费用 274 104

　　管理费用 9 500

　　贷：应付职工薪酬 1 103 604

（21）计提职工福利费：

借：生产成本 114 800

　　制造费用 38 375

　　管理费用 1 330

　　贷：应付职工薪酬 154 505

（22）接受现金捐赠：

借：银行存款 1 801

　　　　　　　　贷：营业外收入　　　　　　　　　　　　　　　　　　　1 801

（23）取得运输收入：

借：银行存款　　　　　　　　　　　　　　　　　　　　　　13 311

　　　贷：其他业务收入——运输收入　　　　　　　　　　　　12 212

　　　　　　应交税费——应交增值税（销项税额）　　　　　　1 099

（24）与运输费有关的税金及附加：

借：税金及附加——运输税金及附加　　　　　　　　　　　　110

　　　贷：应交税费——应交城市维护建设税　　　　　　　　　　77

　　　　　　　　　　——教育费附加　　　　　　　　　　　　　33

（25）收回货款：

借：银行存款　　　　　　　　　　　　　　　　　　　　　170 728

　　　贷：应收账款——某单位　　　　　　　　　　　　　　170 728

（26）退预收款项：

借：预收账款——某单位　　　　　　　　　　　　　　　　　6 000

　　　贷：银行存款　　　　　　　　　　　　　　　　　　　　6 000

（27）卖短期债券：

借：银行存款　　　　　　　　　　　　　　　　　　　　　10 400

　　　贷：交易性金融资产　　　　　　　　　　　　　　　　10 000

　　　　　　投资收益　　　　　　　　　　　　　　　　　　　400

（28）付清理费：

借：固定资产清理　　　　　　　　　　　　　　　　　　　　4 100

　　　贷：银行存款　　　　　　　　　　　　　　　　　　　　4 100

（29）残料变卖收现：

借：银行存款　　　　　　　　　　　　　　　　　　　　　　5 000

　　　贷：固定资产清理　　　　　　　　　　　　　　　　　　5 000

（30）应收保险赔款（厂房毁损）：

借：其他应收款——保险赔款　　　　　　　　　　　　　　　24 000

　　　贷：固定资产清理　　　　　　　　　　　　　　　　　24 000

（31）销售商品：

1）收款部分：

借：银行存款　　　　　　　　　　　　　　　　　　　　　92 410

　　　贷：主营业务收入　　　　　　　　　　　　　　　　　81 779

　　　　　　应交税费——应交增值税（销项税额）　　　　　10 631

2）未收款部分：

借：应收账款——某单位　　　　　　　　　　　　　　　　23 980

　　　贷：主营业务收入　　　　　　　　　　　　　　　　　21 221

　　　　　　应交税费——应交增值税（销项税额）　　　　　2 759

（32）销售商品：

1）收到票据：

借：应收票据——某单位　　　　　　　　　　　　　　　　　　　　2 415

　　贷：主营业务收入　　　　　　　　　　　　　　　　　　　　　　2 137

　　　　应交税费——应交增值税（销项税额）　　　　　　　　　　　278

2）欠款：

借：应收账款——某单位　　　　　　　　　　　　　　　　　　　226 071

　　贷：主营业务收入　　　　　　　　　　　　　　　　　　　　200 063

　　　　应交税费——应交增值税（销项税额）　　　　　　　　　　26 008

（33）代垫运费：

借：应收账款——某单位　　　　　　　　　　　　　　　　　　　　1 636

　　贷：银行存款　　　　　　　　　　　　　　　　　　　　　　　1 636

（34）购料付款及未付款，并向个体户付材料装卸费、搬运费、运输费（未取得增值税专用发票）：

借：材料采购　　　　　　　　　　　　　　　　　　　　　　　1 295 308

　　应交税费——应交增值税（进项税额）　　　　　　　　　　　168 390

　　贷：银行存款　　　　　　　　　　　　　　　　　　　　　1 463 698

借：材料采购　　　　　　　　　　　　　　　　　　　　　　　　1 453

　　应交税费——应交增值税（进项税额）　　　　　　　　　　　　189

　　贷：应付账款——某单位　　　　　　　　　　　　　　　　　1 642

借：材料采购　　　　　　　　　　　　　　　　　　　　　　　671 204

　　贷：银行存款　　　　　　　　　　　　　　　　　　　　　671 204

（35）工程建造损失转出进项税额：

借：在建工程　　　　　　　　　　　　　　　　　　　　　　　8 980

　　贷：应交税费——应交增值税（进项税转出）　　　　　　　　8 980

（36）销售收款：

借：银行存款　　　　　　　　　　　　　　　　　　　　　　3 381 593

　　贷：应交税费——应交增值税（销项税额）　　　　　　　　389 033

　　　　主营业务收入　　　　　　　　　　　　　　　　　　　2 992 560

（37）付广告费：

借：销售费用　　　　　　　　　　　　　　　　　　　　　　　27 807

　　贷：银行存款　　　　　　　　　　　　　　　　　　　　　27 807

（38）转出本期未交增值税：

借：应交税费——应交增值税（转出未交增值税）　　　　　　　33 400

　　贷：应交税费——未交增值税　　　　　　　　　　　　　　33 400

（39）缴纳上期未交增值税：

借：应交税费——未交增值税　　　　　　　　　　　　　　　　33 100

　　贷：银行存款　　　　　　　　　　　　　　　　　　　　　33 100

（40）缴纳本期增值税：

借：应交税费——应交增值税（已交税金）　　　　　　　　　　240 034

　　贷：银行存款　　　　　　　　　　　　　　　　　　　　　240 034

（41）收欠款及发生现金折扣：

借：银行存款 92 540

　　财务费用 1 060

　　　贷：应收账款——某单位 93 600

（42）销售退回：

借：主营业务收入 10 000

　　应交税费——应交增值税（销项税额） 1 300

　　　贷：银行存款 11 300

（43）发生销售折让：

借：主营业务收入 3 000

　　应交税费——应交增值税（销项税额） 390

　　　贷：应收账款——某单位 3 390

（44）产品完工入库：

借：库存商品 3 208 344

　　　贷：生产成本 3 208 344

（45）结转售出产品成本：

借：主营业务成本 3 188 744

　　　贷：库存商品 3 188 744

（46）计算产品销售税金及附加：

借：税金及附加 26 742

　　　贷：应交税费——应交城市维护建设税 18 719

　　　　　　　　　　——教育费附加 8 023

（47）售出材料：

借：银行存款 11 427

　　　贷：其他业务收入——材料销售 10 112

　　　　　应交税费——应交增值税（销项税额） 1 315

（48）出租专利使用权收款：

借：银行存款 63 600

　　　贷：其他业务收入——无形资产出租 60 000

　　　　　应交税费——应交增值税（销项税额） 3 600

（49）转让专利摊销账面部分价值并发生税费等：

借：其他业务成本——无形资产出租 46 837

　　税金及附加——无形资产出租 360

　　　贷：累计摊销 46 837

　　　　　应交税费——应交城市维护建设税 252

　　　　　　　　　　——教育费附加 108

（50）取得短期借款：

借：银行存款 6 800

　　　贷：短期借款 6 800

(51) 付票据款:

借:应付票据——某单位 200

　　贷:银行存款 200

(52) 付职工养老保险基金等:

借:应付职工薪酬 800

　　贷:银行存款 800

(53) 缴纳教育费附加:

借:应交税费——教育费附加 7 403

　　贷:银行存款 7 403

(54) 车间支付办公费:

借:制造费用 1 600

　　贷:银行存款 1 600

(55) 支付借款利息:

借:财务费用 1 000

　　贷:银行存款 1 000

(56) 购债券 (3 个月内到期):

借:交易性金融资产 13 500

　　贷:银行存款 13 500

(57) 预付款项:

借:预付账款——某单位 600

　　贷:银行存款 600

(58) 收保险赔款、报销差旅费、冲销多计提的坏账准备:

借:银行存款 23 963

　　贷:其他应收款——保险赔款 23 963

借:管理费用 137

　　贷:其他应收款——备用金 137

借:坏账准备 37

　　贷:信用减值损失 37

(59) 现金短缺:

借:待处理财产损溢——流动资产损溢 2 963

　　贷:库存现金 2 963

(60) 车间付办公费:

借:制造费用 1 400

　　贷:银行存款 1 400

(61) 车间付财产保险费用:

借:制造费用 700

　　贷:银行存款 700

(62) 付福利费、上年错支福利费调整:

借:应付职工薪酬 152 898

　　　贷：银行存款　151 405
　　　　以前年度损益调整　1 493
（63）提现：
借：库存现金　1 103 604
　　　贷：银行存款　1 103 604
（64）发薪酬：
借：应付职工薪酬　1 103 604
　　　贷：库存现金　1 103 604
（65）结转制造费用：
借：生产成本　330 679
　　　贷：制造费用　330 679
（66）生产耗料及材料入库：
借：生产成本　1 980 000
　　材料成本差异　20 000
　　　贷：原材料　2 000 000
借：原材料　1 988 000
　　　贷：材料采购　1 967 965
　　　　材料成本差异　20 035
（67）结转已销售材料的成本并计算应缴纳的税费：
借：其他业务成本　8 600
　　材料成本差异　86
　　　贷：原材料　8 686
借：税金及附加——材料销售　131
　　　贷：应交税费——应交城市维护建设税　92
　　　　　　——教育费附加　39
（68）缴纳城市维护建设税：
借：应交税费——应交城市维护建设税　19 340
　　　贷：银行存款　19 340
（69）收到股利：
借：银行存款　4 700
　　　贷：投资收益　4 700
（70）处理无法查明原因的现金短缺、收到政府补助：
借：管理费用　2 963
　　　贷：待处理财产损溢——流动资产　2 963
借：银行存款　27 199
　　　贷：营业外收入　27 199
（71）结转成本税费支出：
借：本年利润　3 294 524
　　　贷：主营业务成本　3 188 744

　　　　税金及附加 27 343
　　　　其他业务成本 55 437
　　　　营业外支出 23 000

（72）结转收入、收益：

借：主营业务收入 3 284 760
　　其他业务收入 82 324
　　营业外收入 55 500
　　投资收益 5 100
　　贷：本年利润 3 427 684

（73）结转期间费用：

借：本年利润 54 160
　　信用减值损失 37
　　贷：管理费用 15 630
　　　　财务费用 10 760
　　　　销售费用 27 807

（74）计算应缴纳的所得税：

借：所得税费用 19 750
　　贷：应交税费——应交所得税 19 750

（75）结转所得税：

借：本年利润 19 750
　　贷：所得税费用 19 750

（76）上年少转材料价差而调整：

借：以前年度损益调整 500
　　贷：材料成本差异 500

（77）结转以前年度损益调整（所得税税率 25%）：

借：以前年度损益调整 993
　　贷：应交税费——应交所得税 248
　　　　利润分配——未分配利润 745

借：利润分配——未分配利润 75
　　贷：盈余公积 75

（78）提取盈余公积：

借：利润分配——提取法定盈余公积 5 925
　　　　　　——提取任意盈余公积 3 555
　　贷：盈余公积 9 480

（79）应向投资者分利：

借：利润分配——应付现金股利或利润 33 770
　　贷：应付股利 33 770

（80）向投资者分出利润：

借：应付股利 34 370

　　　　　　贷：银行存款　　　　　　　　　　　　　　　　　　　34 370

　　（81）结转净利润：

　　　　借：本年利润　　　　　　　　　　　　　　　　　　59 250

　　　　　　贷：利润分配——未分配利润　　　　　　　　　　59 250

　　（82）结转利润分配：

　　　　借：利润分配——未分配利润　　　　　　　　　43 325

　　　　　　贷：利润分配——提取法定盈余公积　　　　　　　6 000

　　　　　　　　　　——提取任意盈余公积　　　　　　　　3 555

　　　　　　　　　　——应付现金股利或利润　　　　　　　33 770

　　（二）根据上述会计分录登账（略）并编制试算平衡表（见表 13-5）

表 13-5　都江厂 20××年 12 月 31 日试算平衡表　　　　　　（单位：元）

序　号	会计科目	期初余额	借　　方	贷　　方	期末余额
1	库存现金	3 000	1 103 604	1 106 567	37
2	银行存款	7 200	3 984 472	3 907 958	83 714
3	交易性金融资产	10 000	13 500	10 000	13 500
4	应收票据——某单位	6 000	2 415	0	8 415
5	应收账款——某单位	25 500	251 687	267718	9 469
6	坏账准备	−128	37	0	−91
7	其他应收款——应收保险赔款		24 000	23 963	37
8	其他应收款——备用金	900	0	137	763
9	预付账款——某单位	1 000	600	0	1 600
10	材料采购		1 967 965	1 967 965	0
11	原材料	24 480	1 988 000	2 008 686	3 794
12	材料成本差异	−480	0	449	−929
13	制造费用		330 679	330 679	0
14	生产成本	10 000	3 245 479	3 208 344	47 135
15	库存商品	6 000	3 208 344	3 188 744	25 600
16	利润分配	−14 000	86 650	103 320	−30 670
17	待处理财产损溢——流动资产		2 963	2 963	0
18	待处理财产损溢——固定资产		17 600	17 600	0
19	长期股权投资	13 000	23 000	6 000	30 000
20	固定资产	235 200	69 400	42 500	262 100
21	累计折旧	−105 000	1 900	11 700	−114 800
22	在建工程——某工程	40 000	31 200	29 400	41 800
23	固定资产清理	36 000	27 100	52 000	11 100
24	无形资产	9 000	61 837	0	70 837
25	累计摊销	0	47 837	−47 837
26	长期待摊费用	32 700	2 500	3 500	31 700
27	短期借款	7 800	0	6 800	14 600
28	应付票据——某单位	1 200	200	0	1 000
29	应付账款——某单位	2 700	0	1 642	4 342
30	预收账款——某单位	11 000	6 000	0	5 000
31	应付职工薪酬	2 472	1 257 302	1 258 109	3 279
32	应交税费——应交所得税	8 200	0	19 998	28 198

（续）

序　号	会 计 科 目	期 初 余 额	借　　　方	贷　　　方	期 末 余 额
33	应交税费——应交城市维护建设税	300	19 340	19 140	100
34	应交税费——未交增值税	2 500	33 100	33 400	2 800
35	应交税费——应交增值税（转出未交）		33 400	0	−33 400
36	应交税费——应交增值税（进项税额）		168 579	0	−168 579
37	应交税费——应交增值税（销项税额）		0	433 033	433 033
38	应交税费——应交增值税（进项税额转出）		0	8 980	8 980
39	应交税费——应交增值税（已交税金）		240 034	0	−240 034
40	应交税费——应交教育费附加	2 200	7 403	8 203	3 000
41	其他应付款	1 400	0	0	1 400
42	应付股利	1 000	34 370	33 770	400
43	长期借款	17 400	6 400	31 000	42 000
44	应付债券	12 000	0	20 900	32 900
45	长期应付款	18 800	11 500	0	7 300
46	实收资本——股本	220 000	0	40 000	260 000
47	资本公积	4 000	0	0	4 000
48	盈余公积	27 400	0	9 555	36 955
49	主营业务收入		3 297 760	3 297 760	0
50	主营业务成本		3 188 744	3 188 744	0
51	税金及附加		27 343	27 343	0
52	其他业务收入		82 324	82 324	0
53	其他业务成本		55 437	55 437	0
54	销售费用		27 807	27 807	0
55	管理费用		15 630	15 630	0
56	财务费用		10 760	10 760	0
57	信用减值损失		37	37	0
58	投资收益		5 100	5 100	0
59	营业外收入		55 500	55 500	0
60	营业外支出		23 000	23 000	0
61	本年利润		3 427 684	3 427 684	0
62	所得税费用		19 750	19 750	0
63	以前年度损益调整		1 493	1 493	0
	合　　计	680 744	28 500 929	28 500 929	894 548

注：表中余额合计 894 548 元包括两部分：借方余额 447 274 元 + 贷方余额 447 274 元。

（三）采用随时确认法编制现金流量表

所谓随时确认法，是会计人员在平时处理经济业务编制记账凭证时就应确定现金流量表的具体项目，对其进行编号，然后定期或不定期对记账凭证中已编号的项目金额进行汇总，于期末正式编制出现金流量表的编制方法⊖，现金流量表项目编号如下（第 42 号前括号内文字为现金流量表各项目简称）：

01　销售商品、提供劳务收到的现金（销售商品收现）

04　收到的税费返还（收到税费返还）

05　收到其他与经营活动有关的现金（收到其他经营活动款）

⊖　见《四川会计》1999 年第 6 期，朱学义《论现金流量表的随时确认法》。

06　购买商品、接受劳务支付的现金（购买商品付现）

08　支付给职工以及为职工支付的现金（支付职工现金）

11　支付的各项税费（支付各项税费）

12　支付其他与经营活动有关的现金（支付其他经营活动款）

21　收回投资收到的现金（收回投资款）

22　取得投资收益收到的现金（投资收益收现）

23　处置固定资产、无形资产和其他长期资产收回的现金净额（处置长期资产收现）

24　处置子公司及其他营业单位收到的现金净额（处置子公司收现）

25　收到其他与投资活动有关的现金（收到其他投资活动款）

26　购买固定资产、无形资产和其他长期资产支付的现金（购买长期资产付现）

27　投资支付的现金（投资付现）

28　取得子公司及其他营业单位支付的现金净额（购买子公司付现）

29　支付其他与投资活动有关的现金（支付其他投资活动款）

31　吸收投资收到的现金（吸收投资收现）

33　取得借款收到的现金（借款收现）

34　收到其他与筹资活动有关的现金（收到其他筹资活动款）

36　偿还债务支付的现金（偿债付现）

38　分配股利、利润或偿付利息支付的现金（分利付息付现）

42　支付其他与筹资活动有关的现金（支付其他筹资活动款）

62　净利润

63　资产减值准备

64　固定资产折旧、油气资产折耗、生产性生物资产折旧

65　无形资产摊销

80　长期待摊费用摊销

66　处置固定资产、无形资产和其他长期资产的损失

67　固定资产报废损失

68　财务费用

69　投资损失

70　递延所得税资产

84　递延所得税负债

71　存货的减少

72　经营性应收项目的减少

73　经营性应付项目的增加

83　其他

89　现金流量项目

99　非现金流量项目

100　现金之间转换

设置 89 号、99 号是专门用于调节经营活动和非经营活动现金流量项目的。例如，产品生产领用原材料实际成本 1 500 元，建造厂房领用原材料实际成本 200 元，增值税进项额转

出 34 元。会计分录如下：

　　借：生产成本　　　　　　　　　　　　　　　　　　　　　　1 500
　　　　在建工程　　　　　　　　　　　　　　　　　　　　　　234
　　　　贷：原材料——89　　　　　　　　　　　　　　　　　　　　1 500
　　　　　　　　——99　　　　　　　　　　　　　　　　　　　　200
　　　　　　应交税费——应交增值税（进项税转出）　　　　　　　　34

　　上述业务中，在建工程用料属于投资活动，不属于经营活动，用非经营活动现金流量项目"99"号划出，意味着期末现金流量表补充资料 1 中"存货的减少"不再考虑这 200 元，"经营性应付项目的增加"也不考虑这 34 元。

　　设置 100 号是专门用于货币资金之间划转业务的。例如，从银行提取现金，借记"库存现金——100"科目，贷记"银行存款——100"科目，这样标志后，意味着确定现金流量时不再考虑这部分相互划转额，因为货币资金之间划转不产生现金流量。

　　采用随时确认法确定现金流量表各项目金额的具体计算过程如下（等式右边为前述会计分录中的业务号）：

"01" =（23）13 311 +（25）170 728 −（26）6 000 +（31）92 410 +（36）3 381 593 +（41）
　　　　92 540 −（42）11 300 +（47）11 427 = 3 744 709（元）

"05" =（7）17 500 +（15）9 000 +（22）1 801 +（48）63 600 +（70）27 199 = 119 100（元）

"06" =（34）1 463 698 +（34）671 204 +（51）200 +（57）600 = 2 135 702（元）

"08" =（52）800 +（62）151 405 +（64）1 103 604 = 1 255 809（元）

"11" =（39）33 100 +（40）240 034 +（53）7 403 +（68）19 340 = 299 877（元）

"12" =（15）5 400 +（33）1 636 +（37）27 807 +（54）1 600 +（59）2 963 +（60）1 400 +
　　　　（61）700 = 41 506（元）

"21" =（9）6 000 +（27）10 400 = 16 400（元）

"22" =（69）4 700（元）

"23" =（28）−4 100 +（29）5 000 +（58）23 963 = 24 863（元）

"26" =（10）61 837 +（12）2 500 +（14）20 420 = 84 757（元）

"31" =（18）15 500（元）

"33" =（16）31 000 +（50）6 800 = 37 800（元）

"36" =（17）6 400（元）

"38" =（17）3 300 +（55）1 000 +（80）34 370 = 38 670（元）

"42" =（19）13 300（元）

"62" =（81）59 250（元）

"63" =（58）−37（元）

"64" =（8）11 700（元）

"65" =（11）1 000 +（49）46 837 = 47 837（元）

"80" =（13）3 500（元）

"67" =（6）17 600 = 17 600（元）

"68" =（17）3 300 +（18）5 400 +（55）1 000 = 9 700（元）

"69" =（27）−400 −（69）4 700 = −5 100（元）

"71" = "存货"期初余额 – "存货"期末余额 = 39 500 – 75 600 = – 36 100（元）

"72" = 经营性应收项目期初余额 – 经营性应收项目期末余额 = 33 400 – 20 247 = 13 153（元）

其中，33 400 = "应收票据"期初余额 6 000 + "应收账款"期初余额（不含坏账准备）25 500 + "其他应收款"期初余额 900 + "预付款项"期初余额 1 000 = 33 400

20 247 = "应收票据"期末余额 8 415 + "应收账款"期末余额 9 469 +（"其他应收款"期末余额 800 – "其他应收款——应收保险赔款"期末余额 37）+ "预付款项"期末余额 1 600 = 20 247

"73" = 经营性应付项目期末余额 – 经营性应付项目期初余额 = 49 119 – 30 727 – 8 980 = 9 412（元）

其中，49 119 = "应付票据"期末余额 1 000 + "应付账款"期末余额 4 342 + "预收款项"期末余额 5 000 + "应付职工薪酬"期末余额 3 279（资产负债表数）+ "应交税费"期末余额 34 098（资产负债表数）+ "其他应付款"期末余额 1 400 = 49 119

30 727 = "应付票据"期初余额 1 200 + "应付账款"期初余额 2 700 + "预收款项"期初余额 11 000 + "应付职工薪酬"期初余额 979（资产负债表数）+ "应交税费"期初余额 13 448（资产负债表数）+ "其他应付款"期初余额 1 400 = 30 727

8 980 = 增值税进项税转出 8 980

将以上计算结果填入现金流量表（见表 13-4）。

（四）采用 T 形账户法编制现金流量表

1. 编制现金流量表所依据的资料

（1）利润表（见表 13-2）。

（2）资产负债表年初年末的差额。现据表 13-1 和表 13-5 整理编制资产负债表调整项目差额表（见表 13-6、表 13-7）。

表 13-6　都江厂 20 × × 年 12 月 31 日资产类项目年初年末差额　（单位：元）

序　号	会 计 科 目	（1）期初余额	（2）期末余额	借差 =（1）–（2）
1	库存现金	3 000	37	2 963
2	银行存款	7 200	83 714	– 76 514
3	交易性金融资产	10 000	13 500	– 3 500
4	应收票据——某单位	6 000	8415	– 2415
5	应收账款——某单位	25 500	9 469	16 031
6	坏账准备	– 128	– 91	– 37
7	其他应收款——应收保险赔款	0	37	– 37
8	其他应收款——备用金	900	763	137
9	预付账款——某单位	1 000	1 600	– 600
10	原材料	24 480	3 794	20 686
11	材料成本差异	– 480	– 929	449
12	生产成本	10 000	47 135	– 37 135
13	库存商品	6 000	25 600	– 19 600
	存货合计	40 000	75 600	– 35 600
14	利润分配	– 14 000	– 30 670	16 670
15	长期股权投资	13 000	30 000	– 17 000
16	固定资产	235 200	262 100	– 26 900

（续）

序　号	会计科目	（1）期初余额	（2）期末余额	借差 = （1）-（2）
17	累计折旧	-105 000	-114 800	9 800
18	在建工程——某工程	40 000	41 800	-1 800
19	固定资产清理	36 000	11 100	24 900
20	无形资产	9 000	70 838	-61 838
21	累计摊销	0	47 838	-47 838
22	长期待摊费用	32 700	31 700	1 000

表 13-7　都江厂 20 × × 年 12 月 31 日权益类项目年末年初差额　　　（单位：元）

序　号	会计科目	（1）期初余额	（2）期末余额	借差 = （2）-（1）
1	短期借款	7 800	14 600	6 800
2	应付票据——某单位	1 200	1 000	-200
3	应付账款——某单位	2 700	4 342	1642
4	预收账款——某单位	11 000	5 000	-6 000
5	应付职工薪酬	2 472	3 279	807
6	应交税费——应交所得税	8 200	28 198	-19 998
7	应交税费——应交增值税	2 500	2 800	300
8	应交税费——应交城市维护建设税	300	100	-200
9	应交税费——教育费附加	2 200	3 000	800
10	其他应付款	1 400	1 400	0
11	应付股利	1 000	400	-600
12	长期借款	17 400	42 000	24 600
13	应付债券	12 000	32 900	20 900
14	长期应付款	18 800	7 300	-11 500
15	实收资本——股本	220 000	260 000	40 000
16	资本公积	4 000	4 000	0
17	盈余公积	27 400	36 955	9 555
18	以前年度损益调整	0	0	0

根据表 13-6、表 13-7 可以按资产类、权益类相应列出 T 形账户。现列举两个资产类 T 形账户和两个权益类 T 形账户如下：

应收票据		应收账款		短期借款		应付票据	
2 415			16 031		6 800	200	

根据以上 T 形账户借差或贷差和利润表各有关项目组合，以编制调整分录的方式推断出现金流量。编制调整分录时，一要运用利润表各项目及其金额作调整分录的借方或贷方；二要利用 T 形账户中的借差或贷差，编制与借差或贷差方向一致的会计分录。例如，上述"应收票据"借差 2 415 元，编制调整分录时，应借记"应收票据"科目 2 415 元，贷记利润表中项目。

除了列示资产类、负债和所有者权益类 T 形账户外，还可列示损益类账户。损益类账户的金额可直接取自利润表（见表 13-2），其中，主营业务收入（见表 11-1）、其他业务收入（见表 11-7）、主营业务成本（见表 11-3）、其他业务成本（见表 11-8）、税金及附加（见表 11-6、表 11-9）的数据要分别取自各账户。

2. T形账户法下调整分录的编制

(1) 分析调整主营业务收入。会计人员平时编制与主营业务收入有关的分录时，常常涉及的对应科目有：银行存款、应收账款、应收票据、预收账款、应交税费等，因而调整主营业务的会计分录如下：

借：01 销售商品收现   3 293 230

  应收票据   2 415

  预收账款   6 000

  财务费用   1 060

  贷：应收账款   16 031

    主营业务收入   3 284 760

    应交税费 $[(2\ 415 \div 1.13) \times 13\%]$ 278

    12 支付其他经营活动款   1 636

上述调整分录中应收账款、应收票据、预收账款科目及金额是表13-6、表13-7中借差或贷差，主营业务收入金额是第十一章表11-1主营业务收入明细账上累计数额。未收到款的增值税销项税额仅由应收票据产生，预收账款借方6 000元是企业退回的预收账款，应收账款贷方1 6031元是收回客户欠款的体现，财务费用1 060元是给客户的现金折扣，12支付其他经营活动款1 636元是代垫的运杂费。剩余均为收到款的主营业务收入，在现金流量表中列入"销售商品、提供劳务收到的现金"项目，此处以"01销售商品收现"反映"现金流量表"上"销售商品、提供劳务收到的现金"。下述调整分录用编号更显方便。上述调整分录中"应交税费"，实指"应交税费——应交增值税"明细账户。

(2) 分析调整主营业务成本（见第十一章表11-3）：

借：主营业务成本   3 188 744

  预付账款   600

  应付票据   200

  存货   35 600

  应交税费 $[(1\ 642 \div 1.13) \times 13\%]$ 189

  贷：应付账款   1 642

    06 购买商品付现   3 223 691

(3) 分析调整税金及附加。都江厂税金及附加在利润表上为27 343元。它包括两部分内容：一是城市维护建设税；二是教育费附加。而"应交税费——应交城市维护建设税"贷差-200元（实为借差）、"应交税费——教育费附加"贷差800元属于主营业务和其他业务共有的。在调整税金及附加时首先应注销这两个税费账户。

借：税金及附加   27 343

  应交税费——应交城市维护建设税 200

  贷：应交税费——教育费附加   800

    11 支付各项税费   26 743

(4) 分析调整其他业务收入（表11-7明细账中全年收入82 324元，其中，出租商标权收入60 000元和增值税3 600元）：

借：05 收到其他经营活动款   63 600

    01 销售商品收现   18 724

    贷：其他业务收入   82 324

 （5）分析调整其他业务成本（表 11-8 明细账中全年成本 55 437 元，其中，出租无形资产摊销价值 46 837 元，销售材料转销成本 8 600 元）：

   借：其他业务成本   55 437

    贷：累计摊销   46 837

      存货   8 600

 （6）分析调整销售费用。对于有些费用，先都假设全部用现金支出，最后再做调整。

   借：销售费用   27 807

    贷：12 支付其他经营活动款   27 807

 （7）分析调整管理费用和资产减值损失：

   借：管理费用   15 630

    贷：12 支付其他经营活动款   15 593

      信用减值损失   37

 （8）分析调整财务费用（其明细账中应付债券计息 5 400 元，预提借款利息 1 000 元）。前述调整分录（1）已在"财务费用"借方调整 1 060 元，这和借差 10 760 相比，还差 9 700 元应补上。

   借：财务费用   9 700

    贷：应付债券   5 400

      38 分利付息付现   4 300

 （9）分析调整投资收益（其明细账中现金股利 4 700 元）：

   借：22 投资收益收现   4 700

    21 收回投资款   400

    贷：投资收益   5 100

 （10）分析调整营业外收入（其明细账中收到捐赠款和政府补助共计 55 500 元）：

   借：05 收到其他经营活动款   55 500

    贷：营业外收入   55 500

 （11）分析调整营业外支出（其明细账中支付赔偿款和捐赠款 5 400 元，其余为固定资产盘亏转销）：

   借：营业外支出   23 000

    贷：12 支付其他经营活动款   5 400

      固定资产   17 600

 （12）分析调整所得税费用 19 750 元：

   借：所得税费用   19 750

    11 支付各项税费   248

    贷：应交税费——应交所得税   19 998

 （13）分析调整坏账准备：

   借：坏账准备   37

    贷：12 支付其他经营活动款   37

（14）分析调整其他应收款（其明细账中在列示备用金的同时收到保险赔款 23 963 元，应收 24 000 元）：

借：其他应收款——应收保险赔款　　　　　　　　　　　37
　　23 处置长期资产收现　　　　　　　　　　　　　　23 963
　　12 支付其他经营活动款　　　　　　　　　　　　　137
　　贷：固定资产清理　　　　　　　　　　　　　　　　　24 000
　　　　其他应收款——备用金　　　　　　　　　　　　　137

（15）分析调整无形资产摊销（其明细账贷方摊销无形资产价值 47 837 元，对应转入管理费用 1 000 元，转入其他业务成本 46 837 元）。上述调整分录（5）已在"累计摊销"科目贷方调整 46 837 元，这里再调整 1 000 元：

借：12 支付其他经营活动款　　　　　　　　　　　　　1 000
　　贷：累计摊销　　　　　　　　　　　　　　　　　　　1 000

（16）分析调整长期股权投资（其明细账在投出固定资产的同时，收回投资 6 000 元）：

借：长期股权投资　　　　　　　　　　　　　　　　　17 000
　　21 收回投资款　　　　　　　　　　　　　　　　　6 000
　　贷：固定资产清理　　　　　　　　　　　　　　　　　23 000

（17）分析调整固定资产（其明细账借方形成固定资产主要有两条途径：一是建造完工转入 10 400 元、19 000 元，共 29 400 元；二是投资者投入 40 000 元）。前述调整分录（11）已对固定资产盘亏处理 17 600 元（贷方转销），和固定资产借差 26 900 元比，还差 44 500元（17 600 + 26 900）应补上；同时结合固定资产（16）及对外投资转销固定资产清理23 000 元做出处理（差额调节累计折旧）：

借：固定资产　　　　　　　　　　　　　　　　　　　44 500
　　固定资产清理　　　　　　　　　　　　　　　　　23 000
　　累计折旧　　　　　　　　　　　　　　　　　　　1 900
　　贷：在建工程　　　　　　　　　　　　　　　　　　　29 400
　　　　实收资本　　　　　　　　　　　　　　　　　　　40 000

（18）分析调整在建工程（其明细账借方付工程款 20 420 元，付资本化利息 1 800 元，增值税进项税转出分摊工程承担 8 980 元）。上述调整分录（17）已在"在建工程"贷方调整 29 400 元，和在建工程借差 1 800 元相比，还差 31 200 元应补上。

借：在建工程　　　　　　　　　　　　　　　　　　　31 200
　　贷：26 购买长期资产付现　　　　　　　　　　　　　　20 420
　　　　42 支付其他筹资活动款　　　　　　　　　　　　　1 800
　　　　应交税费　　　　　　　　　　　　　　　　　　　8 980

（19）分析调整固定资产清理（其明细账借方付清理费 4 100 元，贷方变卖残料收现5 000 元）。上述调整分录（14）、（16）、（17）已在"固定资产清理"贷方调整 24 000 元和借贷方各调整 23 000 元，和固定资产清理借差 24 900 元相比，还差 900 元应补上。

借：23 处置长期资产收现　　　　　　　　　　　　　　5 000
　　贷：23 处置长期资产收现　　　　　　　　　　　　　　4 100
　　　　固定资产清理　　　　　　　　　　　　　　　　　900

（20）分析调整累计折旧（其明细账贷方计提折旧 11 700 元，对应转入制造费用 11 000 元，转入管理费用 700 元）。前述调整分录（17）已在"累计折旧"借方调整 1 900 元，和累计折旧贷差 9 800 元相比，还差 11 700 元（1 900 + 9 800）应补上。

借：06 购买商品付现　　　　　　　　　　　　　　　　　　　11 000
　　12 支付其他经营活动款　　　　　　　　　　　　　　　　　　700
　　贷：累计折旧　　　　　　　　　　　　　　　　　　　　　11 700

（21）分析调整无形资产（其明细账借方购专利付款 61 837 元）：

借：无形资产　　　　　　　　　　　　　　　　　　　　　　61 837
　　贷：26 购买长期资产付现　　　　　　　　　　　　　　　61 837

（22）分析调整长期待摊费用（其明细账借方付固定资产改良费 2 500 元，贷方摊销转入制造费用 3 500 元）；同时，调整车间支付办公费和财产保险费 3 700 元［业务（54）1 600元 + 业务（60）1 400 元 + 业务（61）700 元］：

借：06 购买商品付现　　　　　　　　　　　　　　　　　　　3 500
　　贷：长期待摊费用　　　　　　　　　　　　　　　　　　　1 000
　　　　26 购买长期资产付现　　　　　　　　　　　　　　　　2 500
借：06 购买商品付现　　　　　　　　　　　　　　　　　　　3 700
　　贷：12 支付其他经营活动款　　　　　　　　　　　　　　　3 700

（23）分析调整短期借款：

借：33 借款收现　　　　　　　　　　　　　　　　　　　　　6 800
　　贷：短期借款　　　　　　　　　　　　　　　　　　　　　6 800

（24）分析调整应付职工薪酬中社会保险费（企业为职工缴纳养老保险基金等）：

借：应付职工薪酬　　　　　　　　　　　　　　　　　　　　　800
　　贷：08 支付职工现金　　　　　　　　　　　　　　　　　　800

（25）分析调整应付职工薪酬中工资部分（其明细账借方支付工资 1 103 604 元；贷方发生应付职工工资 1 103 604 元，转入对应科目"生产成本"820 000 元、转入"制造费用"274 104 元，转入"管理费用"9 500 元）：

借：06 购买商品付现（820 000 + 274 104）　　　　　　　　1 094 104
　　12 支付其他经营活动款　　　　　　　　　　　　　　　　9 500
　　贷：应付职工薪酬　　　　　　　　　　　　　　　　　　1 103 604
借：应付职工薪酬　　　　　　　　　　　　　　　　　　　1 103 604
　　贷：08 支付职工现金　　　　　　　　　　　　　　　　1 103 604

（26）分析调整应付职工薪酬中职工福利费（其明细账借方付福利费 151 405 元，上年错支福利费调整 1 493 元；贷方计提福利费转入对应科目"生产成本"114 800 元、转入"制造费用"38 375 元，转入"管理费用"1 330 元）：

借：06 购买商品付现（114 800 + 38 375）　　　　　　　　　153 175
　　12 支付其他经营活动款　　　　　　　　　　　　　　　　1 330
　　贷：08 支付职工现金　　　　　　　　　　　　　　　　　151 405
　　　　以前年度损益调整　　　　　　　　　　　　　　　　　1 493
　　　　应付职工薪酬　　　　　　　　　　　　　　　　　　　1 607

（27）分析调整应付股利借差 600 元（其明细账户借方支付股利 34 370 元）：

借：应付股利   600

  未分配利润   33 770

  贷：38 分利付息付现   34 370

（28）分析调整长期借款（其明细账借方偿付本金 6 400 元，贷方取得借款 31 000 元）：

借：33 借款收现   31 000

  贷：36 偿债付现   6 400

    长期借款   24 600

（29）分析调整应付债券（其明细账贷方发行债券收现 15 500 元，计息 5 400 元）。前述调整分录（8）已在"应付债券"贷方调整 5 400 元（债券计息），和应付债券贷差 20 900元相比，还差 15 500 元应补上。

借：31 吸收投资收现   15 500

  贷：应付债券   15 500

（30）分析调整长期应付款（其明细账借方支付融资租赁费 11 500 元）：

借：长期应付款   11 500

  贷：42 支付其他筹资活动款   11 500

（31）分析调整盈余公积：

借：未分配利润   9 555

  贷：盈余公积   9 555

（32）分析调整以前年度损益调整（其明细账借方上年少转材料价差 500 元，贷方上年错支福利费 1 493 元）。前述调整分录（26）已在"以前年度损益调整"贷方调整 1 493 元，此处调整借方 500 元。借贷差额 993 元分为已交所得税 248 元和未分配利润 745 元两部分。

借：以前年度损益调整   1 493

  贷：存货   500

    11 支付各种税费   248

    未分配利润   745

（33）分析调整存货项目。前述调整分录（3）已调平了存货借差 35 600 元，但由于调整分录（5）、（32）又在其贷方分别出现 8 600 元、500 元，现予调平。

借：存货   9 100

  贷：06 购买商品付现   9 100

（34）调整应交增值税。第十一章表 11-5 "应交税费——应交增值税"明细账借方"进项税额" 168 579 元（结合现金流量表编制分录 34 中未付款增值税 189 元），实付进项税额 168 390 元；已交增值税 273 134 元。通过调整进项税额、已交税金后，剩余部分可视为销项税额。前述调整分录（1）、（2）、（18）已在"应交税费"科目贷方分别调整了 278 元、189 元、8 980 元，这和"应交税费——应交增值税（已交税金）"科目贷差 300 元有很大差别，需要通过以下步骤调整：

1）反映支付进项税和上交的增值税：

借：应交税费   441 524

  贷：06 购买商品付现   168 390

　　　　　11 支付各项税费　　　　　　　　　　　　　　　　　　　273 134

2）反映收到的增值税销项税额：

借：01 销售商品收现　　　　　　　　　　　　　　　　　　432 755

　　贷：应交税费　　　　　　　　　　　　　　　　　　　　　432 755

调整分录中 432 755 = 441 524 − 278 + 189 − 8 980 + 300。

（35）结转净利润：

借：净利润　　　　　　　　　　　　　　　　　　　　　　　59 250

　　贷：未分配利润　　　　　　　　　　　　　　　　　　　　59 250

（36）调整交易性金融资产（其明细账借方购买 3 个月内到期的债券 13 500 元，为现金等价物，贷方变卖短期债券收回本金 1 000 元）和调整现金净变化额（货币资金借差 83 751 = 现金借差 37 + 银行存款借差 82 714）：

借：21 收回投资款　　　　　　　　　　　　　　　　　　　10 000

　　贷：交易性金融资产　　　　　　　　　　　　　　　　　　10 000

借：交易性金融资产　　　　　　　　　　　　　　　　　　13 500

　　货币资金　　　　　　　　　　　　　　　　　　　　　　73 551

　　贷：现金净增加额　　　　　　　　　　　　　　　　　　　87 051

3. 将调整分录过入 T 形账户

将以上调整分录过入各 T 形账户，其发生额借贷抵销后应等于先行列示的借差或贷差，同时，涉及现金流量表项目也过入"现金及现金等价物"T 形账户。"现金及现金等价物"T 形账户左边登记现金流入（分经营活动收入、投资活动收入、筹资活动收入三部分），右边也分三类资金登记现金流出，最终结出"现金及现金等价物净增加额"。现将"现金及现金等价物"T 形账户中的各项现金流量的计算过程列示如下（其中，"调01"是调整分录中"01 销售商品收现"的简称，其余均用此简称；等号右边为调整分录编号及金额）：

"调01" =（1）3 293 230 +（4）18 724 +（34）432 755 = 3 744 709（元）

"调05" =（4）63 600 +（10）550 500 = 119 100（元）

"调06" =（2）3 223 691 −（20）11 000 −（22）3 500 −（22）3 700 −（25）1 094 104

　　　　　−（26）153 175 +（33）9 100 +（34）168 390 = 2 135 702（元）

"调08" =（24）800 +（25）1 103 604 +（26）151 405 = 1 255 809（元）

"调11" =（3）26 743 −（12）248 +（32）248 +（34）273 134 = 299 877（元）

"调12" =（1）1 636 +（6）27 807 +（7）15 593 +（11）5 400 +（13）37 −（14）137

　　　　　−（15）1 000 −（20）700 +（22）3 700 −（25）9 500 −（26）1 330 = 41 506（元）

"调21" =（9）400 +（16）6 000 +（36）10 000 = 16 400（元）

"调22" =（9）4 700（元）

"调23" =（14）23 963 +（19）5 000 −（19）4 100 = 24 863（元）

"调26" =（18）20 420 +（21）61 837 +（22）2 500 = 84 757（元）

"调31" =（29）15 500（元）

"调33" =（23）6 800 +（28）31 000 = 37 800（元）

"调36" =（28）6 400（元）

"调38" =（8）4 300 +（27）34 370 = 38 670（元）

"调42" = (18)1 800 + (30)11 500 = 13 300（元）

4. 将调整计算结果正式填入现金流量表

（五）采用工作底稿法编制现金流量表

（1）设置"现金流量表工作底稿"（见表13-8）。

表13-8 现金流量表工作底稿 （单位：元）

项 目	期 初 数	调整分录		期 末 数
		借 方	贷 方	
一、资产负债表项目				
借方项目：				
货币资金	10 200	(36) 73 551		83 751
交易性金融资产	10 000	(36) 13 500	(36) 10 000	13 500
应收票据	6 000	(1) 2 415		8 415
应收账款	25 500		(1) 16 031	9 469
其他应收款	900	(14) 37	(14) 137	800
预付款项	1 000	(2) 600		1 600
存货①	40 000	(2) 35 600	(5) 8 600	75 600
		(33) 9 100	(32) 500	
长期股权投资	13 000	(16) 17 000		30 000
固定资产	235 200	(17) 44 500	(11) 17 600	262 100
在建工程	40 000	(18) 31 200	(17) 29 400	41 800
无形资产	9 000	(21) 61 837		70 837
固定资产清理	36 000	(17) 23 000	(14) 24 000	11 100
			(16) 23 000	
			(19) 900	
长期待摊费用	32 700		(22) 1 000	31 700
借方项目合计	**459 500**			**447 274**
贷方项目：				
坏账准备	128	(13) 37		91
累计折旧	105 000	(17) 1 900	(20) 11 700	114 800
累计摊销			(5) 46 837	47 837
			(15) 1 000	
短期借款	7 800		(23) 6 800	14 600
应付票据	1 200	(2) 200		1 000
应付账款	2 700		(2) 1 642	4 342
预收款项	11 000	(1) 6 000		5 000
应付职工薪酬②	2 472	(24) 800	(25) 1 103 604	3 279
		(25) 1 103 604	(26) 1 607	
应付股利	1 000	(27) 600		400
应交税费③	13 200	(2) 189	(1) 278	34 098
		(3) 200	(3) 800	
		(34) 441 524	(12) 19 998	
			(18) 8 980	
			(34) 432 755	
其他应付款	1 400			1 400
长期借款	17 400		(28) 24 600	42 000
应付债券	12 000		(8) 5 400	32 900
			(29) 15 500	

（续）

项　目	期　初　数	调整分录		期　末　数
		借　方	贷　方	
长期应付款	18 800	(30) 11 500		7 300
实收资本	220 000		(17) 40 000	260 000
盈余公积④	27 400		(31) 9 555	36 955
以前年度损益调整	0	(32) 1 493	(26) 1 493	0
未分配利润⑤	14 000	(27) 33 770 (31) 9 555	(32) 745 (35) 59 250	30 670
贷方项目合计	**455 500**			**447 274**
二、利润表项目				
营业收入			(1) 3 284 760 (4) 82 324	3 367 084
营业成本		(2) 3 188 744 (5) 55 437		3 244 181
税金及附加		(3) 27 343		27 343
销售费用		(6) 27 807		27 807
管理费用		(7) 15 630		15 630
财务费用		(1) 1 060 (8) 9 700		10 760
信用减值损失			(7) 37	−37
投资收益			(9) 5 100	5 100
营业外收入			(10) 55 500	55 500
营业外支出		(11) 23 000		23 000
所得税费用		(12) 19 750		19 750
净利润		(35) 59 250		59 250
三、现金流量表项目				
（一）经营活动现金流量				
01 销售商品收现		(1) 3 293 230 (4) 18 724 (34) 432 755		3744 709
05 收到其他经营活动款		(4) 63 600 (10) 55 500		119 100
06 购买商品付现		(20) 11 000 (22) 3 500 + 3 700 (25) 1 094 104 (26) 153 175	(2) 3 223 691 (33) 9 100 (34) 168 390	2135 702
08 支付职工现金			(24) 800 (25) 1 103 604 (26) 151 405	1 255 809
11 支付各项税费		(11) 248	(3) 26 743 (32) 248 (34) 273 134	299 877
12 支付其他经营活动款		(14) 137 (15) 1 000 (20) 700 (25) 9 500 (26) 1 330	(1) 1 636 (6) 27 807 (7) 15 593 (11) 5 400 (22) 3 700 (13) 37	41 509
经营活动现金流量净额				130 915

（续）

项　　目	期　初　数	调整分录		期　末　数
		借　　方	贷　　方	
（二）投资活动现金流量				
21 收回投资款		（9）400 （16）6 000 （36）10 000		16 400
22 投资收益收现		（9）4 700		4 700
23 处置长期资产收现		（14）23 963 （19）5 000	（19）4 100	24 863
26 购买长期资产付现			（18）20 420 （21）61 837 （22）2 500	84 757
投资活动现金流量净额				−38 794
（三）筹资活动现金流量				
31 吸收投资收现		（29）15 500		15 500
33 借款收现		（23）6 800 （28）31 000		37 800
36 偿债付现			（28）6 400	6 400
38 分利付息付现			（8）4 300 （27）34 370	38 670
42 支付其他筹资活动款			（18）1 800 （30）11 500	13 300
筹资活动现金流量净额				−5 070
（四）现金及等价物净增			（36）87 051	87 051
调整分录借贷合计	7170 648		7170 648	

①②③④⑤：表明年初数与资产负债表中年初数不一致，其原因是本年度发生的"以前年度损益调整"事项在资产负债表中已做了调整，此表未做调整。

（2）将资产负债表的期初数和期末数过入工作底稿的期初数栏和期末数栏（见表13-8）。

（3）对当期业务编制调整分录［见"T形账户法"调整分录（1）至（36）］。

（4）将调整分录过入工作底稿相应栏目（见表13-8）。

（5）核对调整分录，借贷合计要平衡，同时，资产负债表期初数加减调整分录中借贷金额以后，也应等于期末数（见表13-8）。

（6）根据工作底稿中现金流量表项目部分编制正式的现金流量表（见表13-4）。

第六节　财务报表附注

一、财务报表附注概述

财务报表附注是财务报表的重要组成部分，是对财务报表中列示项目的文字描述或明细资料，以及对未能在这些报表中列示项目的说明等。

附注披露会计信息的一般顺序是：企业基本情况（包括企业注册地、组织形式和总部地址，企业的业务性质和主要经营活动，母公司以及集团最终母公司的名称，财务报表的批准报出者和财务报表批准报出日）；财务报表的编制基础；遵循企业会计准则的声明；重要会计政策的说明（包括财务报表项目的计量基础和会计政策的确定依据等）；重要会计估计的说明（包括下一会计期间内很可能导致资产和负债账面价值重大调整的会计估计的确定依据等）；会计政策和会计估计变更以及差错更正的说明；对已在资产负债表、利润表、所有者权益变动表和现金流量表中列示的重要项目的进一步说明，包括终止经营税后利润的金额及其构成情况等；或有和承诺事项、资产负债表日后非调整事项、关联方关系及其交易等需要说明的事项。

企业还应当在附注中披露在资产负债表日后、财务报表批准报出日前提议或宣布发放的股利总额和每股股利金额（或分配给投资者的利润总额）。

二、报表重要项目披露的内容和格式

企业对报表重要项目的说明，应当按照资产负债表、利润表、现金流量表、所有者权益变动表及其项目列示的顺序，采用文字和数字描述相结合的方式进行披露。报表重要项目的明细金额合计，应当与报表项目金额相衔接。

（一）资产负债表重要项目的披露

资产负债表重要项目有：交易性金融资产、应收款项、存货、债权投资、其他债权投资、长期股权投资、投资性房地产、固定资产、生产性生物资产和公益性生物资产、油气资产、无形资产、商誉、递延所得税资产和递延所得税负债、资产减值准备、交易性金融负债、职工薪酬、应交税费、短期借款和长期借款、长期应付款、其他资产。其通用格式有以下两种：

1. 附注的余额披露格式

项　　目	期末账面价值	年初账面价值

2. 附注的增减余额披露格式

项　　目	年初账面余值	本期增加额	本期减少额	期末账面余值

（二）利润表重要项目的披露

利润表重要项目有：营业收入、公允价值变动收益、投资收益、资产减值损失、营业外收入、营业外支出、所得税费用、每股收益等。企业还要披露与利润表相关的"分部报告"情况。这些项目的披露通常采用下列"发生额附注格式"：

项　　目	本期发生额	上期发生额

（三）现金流量表重要项目的披露

现金流量表重要项目有：现金流量表补充资料（见表13-4）、取得或处置子公司的有关信息、现金和现金等价物等。

（四）其他重要事项的披露

其他重要事项有：政府补助、股份支付、债务重组、借款费用、企业合并、租赁、或有事项、资产负债表日后事项、关联方关系及其交易、终止经营等。

三、财务报表重要项目披露举例

（一）分部报告

1. 分部报告的内容

分部报告主要通过分部报表来反映。分部报表是反映企业各行业、各地区营业收入、营业费用、营业利润、资产总额以及负债总额的情况的报表。它是利润表的附表。企业应该既按业务分部编制分部报表（见表13-9），又按地区分部编制分部报表（见表13-10）。

表13-9　分部报表（按业务分部）

编制单位：都江厂　　　　　　　　　20××年度　　　　　　　　　（单位：元）

项　目	甲产品业务 本期	上期	乙产品业务 本期	上期	售料业务 本期	上期	出租商标权 本期	上期	其他业务 本期	上期	抵销 本期	上期	合计 本期	上期
一、营业收入合计	3 226 060		58 700		10 112		60 000		12 212				3 367 084	
其中：对外交易收入	3 226 060		58 700		10 112		60 000		12 212				3 367 084	
分部间交易收入	—		—		—		—		—				—	
二、营业费用	3 216 231		47 115		8 878		48 071		289				3 320 584	
三、营业利润（亏损）	9 829		11 585		1 234		11 929		11 923				46 500	
四、资产总额														
五、负债总额														
六、补充信息														
1. 折旧和摊销费用														
2. 资本性支出														
3. 折旧和摊销以外的非现金费用														

表13-10　分部报表（按地区分部）

编制单位：都江厂　　　　　　　　　20××年度　　　　　　　　　（单位：元）

项　目	东北地区 本期	上期	西北地区 本期	上期	东南地区 本期	上期	西南地区 本期	上期	其他地区 本期	上期	抵销 本期	上期	合计 本期	上期
一、营业收入合计	1 178 479		841 771		673 417		505 063		168 354				3 367 084	
其中：对外交易收入	1 178 479		841 771		673 417		505 063		168 354				3 367 084	
分部间交易收入	—		—		—		—		—				—	
二、营业费用	1 162 204		830 146		664 117		498 088		166 029				3 320 584	
三、营业利润（亏损）	16 275		11 625		9 300		6 975		2 325				46 500	
四、资产总额														
五、负债总额														
六、补充信息														
1. 折旧和摊销费用														
2. 资本性支出														
3. 折旧和摊销以外的非现金费用														

企业应当区分主要报告形式和次要报告形式披露分部信息。

（1）风险和报酬主要受企业的产品和劳务差异影响的，披露分部信息的主要形式应当是业务分部，次要形式是地区分部。

（2）风险和报酬主要受企业在不同的国家或地区经营活动影响的，披露分部信息的主要形式应当是地区分部，次要形式是业务分部。

（3）风险和报酬同时较大地受企业产品和劳务的差异以及经营活动所在国家或地区差异影响的，披露分部信息的主要形式应当是业务分部，次要形式是地区分部。

对于主要报告形式，企业应当在附注中披露分部收入、分部费用、分部利润（亏损）、分部资产总额和分部负债总额等。

企业提供分部报告的目的，在于评估不同因素对企业的影响，以便更好地了解企业以往的经营业绩，并对未来的发展趋势做出合理的预测和判断。

2. 分部报表的编制及有关说明

（1）分部报表"项目"栏，应按业务分部和地区分部分别编制。业务分部是指企业内可区分的组成部分，该组成部分提供单项产品或劳务，或一组相关的产品或劳务，并且承担着不同于其他业务分部所承担的风险和回报。

地区分部是指企业内可区分的组成部分，该组成部分在一个特定的经济环境内提供产品或劳务，并且承担着不同于在其他经济环境中经营的组成部分所承担的风险和回报。

如果两个或多个本质上相似的业务分部或地区分部，可以合并为单一的业务分部和地区分部，企业应当根据本企业的具体情况，制定适合于本企业的业务分部、地区分部的分部原则，并且一贯性地遵循这一原则。如随着情况的变化而做出调整的，应在会计报表附注中予以说明，并且提供调整后的比较分部报表。

分部报表"抵销"栏，反映各分部间销售所应抵销的收入、成本等。

（2）纳入分部报表编制的范围。满足下列三个条件之一的，应当纳入分部报表编制的范围：

1）分部营业收入占所有分部营业收入合计的10%或以上。这里的营业收入包括主营业务收入和其他业务收入，下同。

2）分部营业利润占所有盈利分部的营业利润合计的10%或以上；或者分部营业亏损占所有亏损分部的营业亏损合计的10%或以上。

3）分部资产总额占所有分部资产总额合计的10%或以上。

如果按上述条件纳入分部报表范围的各个分部对外营业收入总额低于企业全部营业收入总额75%的，应将更多的分部纳入分部报表编制范围（即使未满足上述条件），以至少达到编制的分部报表各个分部对外营业收入总额占企业全部营业收入总额的75%及以上。

纳入分部报表的各个分部最多为10个，如果超过，应将相关的分部予以合并反映；如果某一分部的对外营业收入总额占企业全部营业收入总额的90%及以上的，则不需编制分部报表。

如果前期某一分部未满足上述三个条件之一而未纳入分部报表编制范围，本期因经营状况改变等原因达到上述条件而应纳入分部报表编制范围的，为可比起见，应对上年度的数字进行调整后填入"上年"数栏。

（3）分部报表中有关项目的解释

1）营业收入项目。分部报表所称的"对外交易收入"，是指各业务分部对整个企业以外的单位销售所产生的营业收入；"分部间交易收入"，是指各个业务分部与其他业务分部销售业务所产生的营业收入。

2）营业费用项目。营业费用是企业营业过程中发生的全部费用，包括营业成本、税金及附加、销售费用、管理费用、研发费用、财务费用、信用减值损失、资产减值损失、公允价值变动收益、投资收益、资产处置收益和其他收益等。企业平时核算应分别核算各种商品或劳务的收入、成本和税附。对其他期间费用可以按照对外营业收入占全部业务（或地区）分部营业收入总额的比例进行分配。

3）分部资产总额。分部资产总额是指分部在其经营活动中使用的，并可直接归属于该分部的资产总额。

4）分部负债总额。分部负债总额是指分部在其经营活动中形成的，并可直接归属于该分部的负债总额。

（4）分部报表的编报。分部报表可与利润表一起编制。现以都江厂20××年经济业务为例，说明分部报表的编制方法。为了清晰地反映数据的来源及其分配，企业可补充编制"营业费用分配表"（见表13-11）。

表 13-11　营业费用分配表　（单位：元）

数据来源	项　目	甲产品	乙产品	材料销售	出租商标权	运输收入	合　计
表11-1 或表11-7	营业收入	3 226 060	58 700	10 112	60 000	12 212	3 367 084
表11-3 或表11-8	营业成本	3 142 963	45 781	8 600	46 837		3 244 181
表11-8 或表11-9	税金及附加	26 263	479	131	360	110	27 343
表13-2	其他期间费用　收入比重（%）	95.8	1.7	0.3	1.8	0.4	100.0
	分配额	47 005	855	147	874	179	49 060
营业费用合计		3 216 231	47 115	8 878	48 071	289	3 320 584

注：其他期间费用＝销售费用＋管理费用＋研发费用＋财务费用＋信用减值损失＋资产减值损失±公允价值变动损益＋投资收益＋资产处置收益＋其他收益＝27 807＋15 630＋0＋10 760－37＋0＋0－5 100＋0＋0＝49 060（元）。

将上述"营业收入合计""营业费用"各栏数据分别填入表13-9"分部报表（按业务分部）"。

"分部报表（按地区分部）"的编制方法与"分部报表（按业务分部）"的编制方法相同。企业主要报告形式是地区分布的，比照业务分部格式进行披露。编制结果见表13-10"分部报表（按地区分部）"。

（二）营业收入附表

营业收入附表是反映企业一定会计期间主营业务收入、其他业务收入实现情况的报表。它是利润表的附表。编制该表能分析企业收入变动对当期利润的影响，为企业未来发展提供决策。其格式见表13-12。本表根据主营业务收入、其他业务收入账户本期累计发生额填列。

表 13-12　营业收入附表

编制单位：都江厂　　20××年度　　（单位：元）

项　目	本期发生额	上期发生额
1. 主营业务收入	3 284 760	
2. 其他业务收入	82 324	
合　计	3 367 084	

（三）应收款项附表

应收款项附表是反映企业一定会计期间应收账款、应收票据、预付款项、其他应收款、长期应收款年初期末余额情况的报表。它是资产负债表的附表。编制该表能分析企业各项应收款项的余额及其变动情况，为企业制定赊销政策提供依据。其格式见表13-13。本表根据应收款项明细账余额分析填列。

表 13-13　应收账款附表

编制单位：都江厂　　　　　　　　　20××年度　　　　　　　　　（单位：元）

账　龄　结　构	期末账面余额	年初账面余额
1 年以内（含 1 年）	5 560	21 200
1 年至 2 年（含 2 年）	3 909	4 300
2 年至 3 年（含 3 年）		
3 年以上		
合　　计	9 469	25 500

注：应收票据、预付款项、其他应收款、长期应收款附表格式与此相同。

（四）存货附表

存货附表是反映企业一定会计期间各类存货价值增减变动情况的报表。它是资产负债表的附表。编制该表能分析企业各类存货增减变动的情况，为企业生产经营提供决策依据。其格式见表13-14。本表根据各类存货明细账分析填列（数据取自表13-5）。

表 13-14　存货附表

编制单位：都江厂　　　　　　　　　20××年度　　　　　　　　　（单位：元）

存货种类	年初账面余额	本期增加额	本期减少额	期末账面余额
1. 原材料	24 000	1 988 000	2 009 135	2 865
2. 在产品	10 000	3 245 479	3 208 344	47 135
3. 库存商品	6 000	3 208 344	3 188 744	25 600
4. 周转材料				
5. 消耗性生物资产				
⋮				
合　　计	40 000	8 441 823	8 405 774	75 600

注：原材料、周转材料的计划成本要加或减材料成本差异后填入表中。

（五）存货跌价准备附表

存货跌价准备附表是反映企业一定会计期间资产存货跌价增减变动情况的报表。它是资产负债表的附表。编制该表能分析企业各类存货（含建造合同形成的资产）跌价的情况，为企业存货的采购、生产、销售提供决策依据。其格式见表13-15。

表 13-15　存货跌价准备附表

编制单位：都江厂　　　　　　　　　20××年度　　　　　　　　　（单位：元）

项　　目	年初账面余额	本年计提额	本年减少额		年末账面余额
			转　回	转　销	
1. 原材料					
2. 在产品					
3. 库存商品					
4. 周转材料					
5. 消耗性生物资产					
6. 建造合同形成的资产					
⋮					
合　　计					

（六）短期借款和长期借款附表

短期借款和长期借款附表是反映企业一定会计期间各种借款年初期末变动情况的报表。它是资产负债表的附表。编制该表能分析企业各种借款尚未偿还及其余额变动的情况，为企业筹措和合理使用资金提供依据。其格式见表13-16。本表根据各种借款明细账分析填列（数据取自表13-5及表13-1，其中，1年内到期的长期借款均为信用借款）。

表 13-16　短期借款和长期借款附表

编制单位：都江厂　　　　　　　　　20××年度　　　　　　　　　　（单位：元）

项　　目	短 期 借 款		长 期 借 款	
	期末账面余额	年初账面余额	期末账面余额	年初账面余额
信用借款	14 600	7 800	16 000	6 400
抵押借款			26 000	11 000
质押借款				
保证借款				
合　　计	14 600	7 800	42 000	17 400

（七）应交税费附表

为了反映企业各种税金和教育费附加的欠交等情况，企业应按月编制"应交税费附表"，格式见表13-17。该表是资产负债表中"应交税费"项目主要内容的附表。它根据应交税费明细账期初期末余额填列。现以都江厂20××年经济业务为例，说明应交税费附表的编制方法（见表13-17）。

表 13-17　应交税费附表

编制单位：都江厂　　　　　　　　　20××年12月　　　　　　　　（单位：元）

税 费 项 目	期末账面价值	年初账面价值
1. 增值税	2 800	2 500
2. 消费税	0	0
3. 城市维护建设税	100	300
4. 所得税	28 198	8 200
5. 教育费附加	3 000	2 200
合　　计	34 098	13 200

（八）资产减值准备附表

资产减值准备附表是反映企业一定会计期间资产减值准备增减变动情况的报表。它是资产负债表的附表。编制该表能分析减值情况，预测未来前景，以供决策。其格式见表13-18。

（九）减值损失附表

减值损失附表是反映企业一定会计期间资产减值损失、信用减值损失导致当期损益变动情况的报表。它是利润表的附表。编制该表能分析资产减值损失对当期利润的影响，预测未来前景，以供决策。其格式见表13-19。

表 13-18　资产减值准备附表

编制单位：都江厂　　　　　　　　　　20××年度　　　　　　　　　　（单位：元）

项　目	年初账面余额	本年计提额	本年减少额		年末账面余额
			转回	转销	
一、坏账准备	128			37	91
二、存货跌价准备					
三、债权投资减值准备					
四、其他综合收益——信用减值准备					
五、长期股权投资减值准备					
六、投资性房地产减值准备					
七、固定资产减值准备					
八、工程物资减值准备					
九、在建工程减值准备					
十、生产性生物资产减值准备					
其中：成熟生产性生物资产减值准备					
十一、油气资产减值准备					
十二、无形资产减值准备					
十三、商誉减值准备					
十四、使用权资产减值准备					
十五、应收融资租赁款减值准备					
十六、合同资产减值准备					
十七、合同取得成本减值准备					
十八、合同履约成本减值准备					
十九、持有待售资产减值准备					
二十、其他					
合　　计	128			37	91

表 13-19　减值损失附表

编制单位：都江厂　　　　　　　　　　20××年度　　　　　　　　　　（单位：元）

项　目	本期发生额	上期发生额
一、资产减值损失		
1. 存货跌价损失		
2. 长期股权投资减值损失		
3. 投资性房地产减值损失		
4. 固定资产减值损失		
5. 未担保余值减值损失		
6. 工程物资减值损失		
7. 在建工程减值损失		
8. 生产性生物资产减值损失		
9. 油气资产减值损失		
10. 无形资产减值损失		
11. 商誉减值损失		
12. 使用权减值损失		
13. 合同取得成本减值损失		
14. 合同履约成本减值损失		
15. 其他资产减值损失		

（续）

项　目	本期发生额	上期发生额
二、信用减值损失		
1. 应收款项信用损失	37	
2. 应收融资租赁款预期信用损失		
3. 债权投资预期信用损失		
4. 贷款信用减值损失		
5. 合同资产减值损失		
6. 贷款承诺及财务担保信用损失		
7. 其他信用损失		
合　计	37	

（十）应付职工薪酬附表

应付职工薪酬附表是反映企业一定会计期间应付职工薪酬变动情况的报表。它是资产负债表的附表。编制该表能分析企业职工薪酬增减变动的情况，为企业分析成本、利润提供依据。财政部 2014 年 1 月 27 日修订发布的《企业会计准则第 9 号——职工薪酬》规定："企业应当在附注中披露与短期职工薪酬有关的"信息。"应付短期职工薪酬附表"的格式见表 13-20。本表根据应付职工薪酬明细账分析填列。

表 13-20　应付短期职工薪酬附表

编制单位：都江厂　　　　　　　　　20×× 年度　　　　　　　　　（单位：元）

项　目	年初账面余额	本期增加额	本期支付额	期末账面余额
一、工资、奖金、津贴和补贴				
二、社会保险费				
其中：1. 医疗保险费				
2. 工伤保险费				
3. 生育保险费				
三、住房公积金				
四、非货币性福利				
五、短期利润分享计划				
六、其他短期薪酬				
合　计				

企业除了上述短期职工薪酬信息在附注中以附表的形式披露外，还应当披露以下信息：

（1）披露所设立或参与的设定提存计划信息。包括：设定提存计划性质、计算缴费金额的公式或依据，当期以及期末应付未付金额。

（2）披露设定受益计划信息。包括：设定受益计划的特征及与之相关风险、设定受益计划在财务报表中确认的金额及其变动、设定受益计划对企业未来现金流量额、时间和不确定性的影响、设定受益计划义务现值所依赖的重大精算假设及有关敏感性分析的结果。

（3）披露支付的因解除企业劳动关系所提供辞退福利及其期末应付未付金额。

（4）披露提供的其他长期职工福利性质、金额及其计算依据。

（十一）固定资产附表

固定资产附表是反映企业一定会计期间固定资产原价、累计折旧、固定资产减值、固定资产账面价值增减变动情况的报表。它是资产负债表的附表。编制该表能分析企业固定资产增减变动的情况，为企业可持续发展提供决策依据。其格式见表13-21。本表根据固定资产及折旧明细账（见表7-16）分析填列。

表13-21　固定资产附表

编制单位：都江厂　　　　　　　　20××年度　　　　　　　　（单位：元）

项　目	年初账面余额	本期增加额	本期减少额	期末账面余额
一、原价合计				
其中：房屋、建筑物				
机器设备				
运输工具				
⋮				
二、累计折旧合计				
其中：房屋、建筑物				
机器设备				
运输工具				
⋮				
三、固定资产减值准备累计金额合计				
其中：房屋、建筑物				
机器设备				
运输工具				
四、固定资产账面价值合计				
其中：房屋、建筑物				
机器设备				
运输工具				
⋮				

（十二）　无形资产附表

无形资产附表是反映企业一定会计期间无形资产原值、累计摊销、无形资产减值、无形资产账面价值增减变动情况的报表。它是资产负债表的附表。编制该表能分析企业无形资产增减变动的情况，为企业可持续发展提供决策依据。其格式见表13-22。本表根据无形资产明细账、累计摊销明细账分析填列。

表13-22　无形资产附表

编制单位：都江厂　　　　　　　　20××年度　　　　　　　　（单位：元）

项　目	年初账面余额	本期增加额	本期减少额	期末账面余额
一、原价合计				
1. 专利权				
2. 商标权				
3. 土地使用权				
二、累计摊销合计				
1. 专利权				
2. 商标权				
3. 土地使用权				
⋮				
三、无形资产减值准备累计金额合计				

（续）

项目	年初账面余额	本期增加额	本期减少额	期末账面余额
1. 专利权				
2. 商标权				
3. 土地使用权				
⋮				
四、无形资产账面价值合计				
1. 专利权				
2. 商标权				
3. 土地使用权				
⋮				

（十三）营业外收支附表

营业外收支附表是反映企业一定会计期间与日常营业无直接关系的收入和支出情况的报表。它是利润表的附表。编制该表能分析企业直接计入当期利润的利得和损失，为评价企业经营者业绩提供依据。其格式见表13-23。该表根据营业外收支明细账发生额及上期本表分析填列（数据取自"表13-2利润表"及第十三章第五节现金流量表都江厂全年综合经济业务中营业外收支核算数额）。

表13-23 营业外收支附表

编制单位：都江厂　　　　　　　　20××年度　　　　　　　　（单位：元）

项目	本期发生额	上期发生额
一、营业外收入		
1. 政府补助	36 199	
2. 盘盈利得		
3. 捐赠利得	19 301	
4. 其他		
合计	55 500	
二、营业外支出		
1. 公益性捐赠支出	2 000	
2. 赞助支出		
3. 非常损失		
4. 盘亏损失		
5. 非流动资产毁损报废损失		
6. 其他	3 400	
合计	23 000	

（十四）递延所得税资产和递延所得税负债附表

递延所得税资产和递延所得税负债附表是反映企业一定会计期间会计应税收益与税法纳税所得发生暂时性差异需要递延处理所得税情况的报表。它是资产负债表的附表。编制该表能分析企业需要递延处理的所得税情况，为企业纳税提供依据。其格式见表13-24。该表根据递延所得税资产和递延所得税负债明细账余额分析填列。

表 13-24　递延所得税资产和递延所得税负债附表

编制单位：都江厂　　　　　　　　20××年度　　　　　　　　（单位：元）

项　目	期末账面余额	年初账面余额
一、递延所得税资产		
1.		
⋮		
合　计		
二、递延所得税负债		
1.		
⋮		
合　计		

（十五）现金及现金等价物附表

现金及现金等价物附表是反映企业一定会计期间现金及现金等价物结余情况的报表。它是现金流量表的附表。编制该表能分析企业随时可以动用的货币资金情况，为企业货币资金决策提供依据。其格式见表 13-25。该表根据现金日记账、银行存款日记账和其他货币资金明细账余额及上期本表分析填列（数据取自表 13-5）。

表 13-25　现金及现金等价物附表

编制单位：都江厂　　　　　　　　20××年度　　　　　　　　（单位：元）

项　目	本期金额	上期金额
一、现金	83 751	
其中：库存现金	37	
可随时用于支付的银行存款	83 714	
可随时用于支付的其他货币资金		
可用于支付的存放中央银行款项		
存放同业款项		
拆放同业款项		
二、现金等价物	13 500	
其中：3 个月内到期的债券投资	13 500	
三、期末现金及现金等价物余额	97 214	
其中：母公司或集团内子公司使用受限制的现金和现金等价物		

（十六）取得或处置子公司及其他营业单位附表

取得或处置子公司及其他营业单位附表是反映企业一定会计期间取得或处置子公司及其他营业单位资产、负债及其净资产情况的报表。其格式见表 13-26。

表 13-26　取得或处置子公司及其他营业单位附表

编制单位：都江厂　　　　　　　　20××年度　　　　　　　　（单位：元）

项　目	金　额
一、取得子公司及其他营业单位的有关信息	
1. 取得子公司及其他营业单位的价格	
2. 取得子公司及其他营业单位支付的现金和现金等价物	
减：子公司及其他营业单位持有的现金和现金等价物	
3. 取得子公司及其他营业单位支付的现金净额	

（续）

项　目	金　额
4. 取得子公司的净资产	
流动资产	
非流动资产	
流动负债	
非流动负债	
二、处置子公司及其他营业单位的有关信息	
1. 处置子公司及其他营业单位的价格	
2. 处置子公司及其他营业单位收到的现金和现金等物	
减：子公司及其他营业单位持有的现金和现金等价物	
3. 处置子公司及其他营业单位收到的现金净额	
4. 处置子公司的净资产	
流动资产	
非流动资产	
流动负债	
非流动负债	

（十七）发行在外的优先股、永续债等金融工具情况及变动表

企业应当在财务报表附注中增加单独附注项目，披露发行在外的所有归类为权益工具或金融负债的优先股、永续债等金融工具的详细情况。披露的格式见表13-27。

表 13-27　期末发行在外的优先股、永续债等金融工具情况表

编制单位：都江厂　　　　　　　　　　20××年度　　　　　　　　　　（单位：元）

发行在外的金融工具	发行时间	会计分类	股利率或利息率	发行价格	数量	金额	到期日或续期情况	转股条件	转换情况
工具1									
工具2									
工具3									
⋮									
合　计	×	×	×	×			×	×	×

说明：①表中"会计分类"栏应填写"金融负债""权益工具"或"复合金融工具"等，对于整体指定以公允价值计量且其变动计入当期损益的金融负债，在"会计分类"栏中只需注明"整体指定"即可。②"转股条件"栏应当披露合同中是否包含强制转股、自愿转股等条款。③"金额"栏以发行价格乘以发行数量填列。

企业还要编制"发行在外的优先股、永续债等金融工具变动情况表"。披露的格式见表13-28。

表 13-28　期末发行在外的优先股、永续债等金融工具变动情况表

编制单位：都江厂　　　　　　　　　　20××年度　　　　　　　　　　（单位：元）

发行在外的金融工具	年初		本期增加		本期减少		期末	
	数量	账面价值	数量	账面价值	数量	账面价值	数量	账面价值
工具1								
工具2								

（续）

发行在外的金融工具	年初		本期增加		本期减少		期末	
	数量	账面价值	数量	账面价值	数量	账面价值	数量	账面价值
工具3								
⋮								
合　　计	×		×		×		×	

第七节　财务指标的计算与评价

我国2007年1月1日实施的《企业财务通则》规定："主管财政机关应当建立健全企业财务评价体系，主要评估企业内部财务控制的有效性，评价企业的偿债能力、盈利能力、资产营运能力、发展能力和社会贡献。评估和评价的结果可以通过适当方式向社会发布。"评价企业有关财务状况和经营成果的主要财务指标如下：

1. 流动比率

流动比率是企业流动资产总额对流动负债总额的比例。其计算公式为

$$流动比率 = \frac{流动资产}{流动负债} \times 100\%$$

依前述都江厂20××年12月31日资产负债表为例（见表13-1，下同）：

$$流动比率 = \frac{193\ 044}{80\ 119} \times 100\% = 241\%$$

流动比率是衡量企业短期偿债能力的比率。它表明企业短期债务由可变现资产来偿还的能力。该比率表示每1元流动负债有多少流动资产做保证。因此，该比率越高，说明企业偿债能力越强。在西方会计中，一般认为该比率应维持二比一（即二比一原则），才足以表明企业财务状况稳妥可靠。计算结果表明，都江厂的财务状况是可靠的。

流动比率指标是假定企业全部流动资产都作为偿还流动负债的保证。然而，企业并不是全部流动资产都可以立即变现来偿还流动负债的，如存货的变现时间较长，因此，还需要补充计算速动比率。

2. 速动比率

速动比率是速动资产对流动负债的比率。速动资产是指货币资金以及在短期内能立即变现的其他各种流动资产的总称，包括货币资金、交易性金融资产中有价证券（指可以到证券公司或证券交易所立即出售变现的债券和股票）、应收票据、应收账款、其他应收款等。其计算公式为

$$速动比率 = \frac{速动资产}{流动负债} \times 100\% = \frac{流动资产 - 存货}{流动负债} \times 100\%$$

以本章表13-1年末资料为例：

$$速动比率 = \frac{193\ 044 - 75\ 600}{80\ 119} \times 100\% = 147\%$$

速动比率表示每1元流动负债有多少可立即变现的资产做保障。该指标数值越大，说明企业近期偿债能力越强。一般认为，速动比率维持在100%以上为最理想。由于速动资产与流动负债之比表现出来的是流动性的纯度，因而又可叫作酸性试验比率。从都江厂实例看，

该企业短期偿债能力较好。

3. 资产负债率

资产负债率是指企业负债总额对全部资产总额的比率。其计算公式为

$$资产负债率 = \frac{负债总额}{资产总额} \times 100\% = \frac{146\ 319}{477\ 944} \times 100\% = 30.6\%$$

资产负债率表示每 100 元资产中有多少负债。它反映企业利用债权人提供资金进行经营活动的能力，以及反映债权人发放贷款的安全程度。从债权人来看，资产负债率越低越好。这个指标的倒数反映了债权人权益的保证程度。因为当企业破产清算时，企业资产变现所得很难达到账面价值，所以，倒数数值越大，债权人的权益保证程度越高。据都江厂实例计算，每 1 元负债有 3.66 元资产做保证，债权人的安全程度高。

4. 应收账款周转率

应收账款周转率是指赊销净额与应收账款平均余额的比例。其计算公式为

$$应收账款周转率 = \frac{赊销收入净额}{应收账款平均余额}$$

公式中"赊销收入净额"是指一定期间通过"应收账款"科目核算的销售收入扣除现销收入、销售退回、商业折扣、销售折让后的净额。计算公式如下：

赊销收入净额 = 销售收入 − 现销收入 − 销售退回 − 商业折扣 − 销售折让

企业内部会计人员可以按上述公式准确计算"赊销收入净额"，进而计算精准的"应收账款周转率"。但是，由于企业赊销资料作为商业机密不对外公布，财政部规定，企业对外报告财务指标体系时，公式分子一般用营业净收入（利润表中"营业收入"）计算。

公式中"应收账款平均余额"应用销货期间各月平均余额为好，但报表外部使用者可通过会计报表附注资料用年初应收账款余额加年末应收账款余额之和除以 2 得出。

都江厂利润表（见表 13-2）全年营业收入 3 367 084 元，财务报表附注（见表 13-13 应收账款附表）中"应收账款"年初余额 25 500 元，年末余额 9 469 元，全年平均余额为 17 484.5 元 [（25 500 + 9 469）÷ 2]，则

$$应收账款周转率 = \frac{营业收入}{应收账款平均余额} = \frac{3\ 367\ 084}{17\ 484.5} = 193（次）$$

应收账款周转率表示企业在该年度应收账款转为现金的次数（都江厂为 193 次。假设的数据适用于应收账款不多的企业，下同）。它反映了企业应收账款变现的速度和管理的效率，该指标越高越好。因为周转次数多，表明收款迅速，坏账损失可以减少，偿债能力强。

反映应收账款变现速度，还可以用应收账款周转天数（或称应收账款平均收账期，或称应收账款账龄）来表示。其计算公式为

$$应收账款周转天数 = \frac{360}{应收账款周转率} = \frac{360}{193} = 1.9（天）$$

该指标表明，都江厂占用在应收账款上的资金平均回款期为 1.9 天。

5. 存货周转率

存货周转率是指销货成本与存货平均余额的比例。其计算公式为（用利润表和资产负债表中数据计算）

$$存货周转率 = \frac{营业成本}{存货平均余额} = \frac{3\ 244\ 181}{(39\ 500 + 75\ 600) \div 2} = 56（次）$$

用360天除以存货周转率，得出存货周转天数。都江厂存货周转天数为6.4天（360÷56），它表明该厂存货占用的资金平均6.4天收回周转一次。

6. 资本收益率

资本收益率是指企业一定时期内实现的净利润与平均资本的比例。其计算公式为

$$资本收益率 = \frac{净利润}{平均资本} \times 100\%$$

公式中，平均资本＝［（实收资本年初数＋资本公积年初数）＋（实收资本年末数＋资本公积年末数）］÷2。其中，"资本公积"仅指"资本溢价"。

以都江厂资料为例（表13-1资产负债表，表13-2利润表，该厂当年没有资本溢价）：

$$资本收益率 = \frac{59\,250}{(220\,000 + 260\,000) \div 2} \times 100\% = 24.7\%$$

它表明该企业每100元投入资本每年可创造净利润24.7元。该指标越大越好。

7. 销售利润率

销售利润率又称营业收入利润率，是指企业一定时期内实现的利润总额与营业收入的比例。其计算公式为

$$销售利润率 = \frac{利润总额}{营业收入} \times 100\% = \frac{79\,000}{3\,367\,084} \times 100\% = 2.3\%$$

计算结果表明，每100元营业收入能获取利润2.3元。该指标越大越好。

注意：销售利润率不等于营业利润率。营业利润率的计算公式为

$$营业利润率 = \frac{营业利润}{营业收入} \times 100\%$$

8. 成本费用利润率

成本费用利润率是指企业一定时期内利润总额与成本费用的比例。它同营业收入利润率的主要不同点在于：它是从耗费的角度来看企业的创利水平的。国务院国资委考核分配局考核企业绩效时规定的计算公式为

$$
\begin{aligned}
成本费用利润率 &= \frac{利润总额}{成本费用总额} \times 100\% \\
&= \frac{利润总额}{营业成本 + 税金及附加 + 销售费用 + 管理费用 + 研发费用 + 财务费用} \times 100\% \\
&= \frac{79\,000}{3\,244\,181 + 27\,343 + 27\,807 + 15\,630 + 0 + 10\,760} \times 100\% = 2.4\%
\end{aligned}
$$

计算结果表明，该厂每耗费100元（成本费用）能创造利润2.4元。

9. 总资产报酬率

总资产报酬率是反映企业全部资产获取收益能力的指标。其计算公式为

$$
\begin{aligned}
总资产报酬率 &= \frac{利润总额 + 利息支出}{平均资产总额} \times 100\% \\
&= \frac{息税前利润}{(期初资产总额 + 期末资产总额) \div 2} \times 100\% \\
&= \frac{79\,000 + (9\,700 + 1\,800)}{(353\,872 + 477\,944) \div 2} \times 100\% = 21.8\%
\end{aligned}
$$

公式中"利息支出"包括计入"财务费用"科目的利息支出和计入固定资产价值的利

息支出两部分。都江厂利润表中"财务费用"10 760 元中有 1 060 元是现金折扣,其余 9 700元全为财务费用。另查在建工程明细账,本期计入固定资产价值的"资本化利息"为 1 800 元,所以,都江厂本期利息支出共计 11 500 元。

10. 资本保值增值率

资本保值增值率是反映投资者投入企业资本的完整和保全程度的指标。其计算公式为

$$资本保值增值率 = \frac{期末所有者权益}{期初所有者权益} \times 100\%$$

$$= \frac{331\ 625}{266\ 145} \times 100\% = 124.6\%$$

该指标等于100%为保值,大于100%为增值。

11. 社会贡献率

社会贡献率是衡量企业运用全部资产为国家或社会创造或支付价值的能力的指标。其计算公式为

$$社会贡献率 = \frac{企业社会贡献总额}{平均资产总额} \times 100\%$$

企业社会贡献总额是企业为国家或社会创造或支付的价值总额,包括薪酬(奖金、津贴等薪酬性收入)、劳保退休统筹及其他社会福利支出、利息支出净额、应交增值税、应交税金及附加、应交所得税、其他税收、净利润等。都江厂全年社会贡献总额为 1 654 066 元,其中税收 296 078 元为上交财政总额,则

$$社会贡献率 = \frac{1\ 654\ 066}{(353\ 872 + 477\ 944) \div 2} \times 100\% = 397.7\%$$

该指标说明都江厂每 100 元资产为社会贡献 397.7 元价值。分析原因主要是职工薪酬福利偏高,即企业对工人做出了较大贡献。该指标越大越好。

12. 社会积累率

社会积累率是反映企业社会贡献总额中用于上交国家财政的数额的比例。其计算公式为

$$社会积累率 = \frac{上交国家财政总额}{企业社会贡献总额} \times 100\% = \frac{296\ 078}{1\ 654\ 066} \times 100\% = 17.9\%$$

以上 1~5 是从债权人角度考虑的指标;6~10 是从投资者角度考虑的指标;11~12 是从国家或社会角度考虑的指标。

国家为了综合评价企业的效益,确定了综合分数,其计算公式为

$$综合实际分数 = \sum 权数比分 \times \frac{实际值}{标准值}$$

现以都江厂指标为例计算综合实际分数,见表 13-29。

表 13-29 都江厂综合经济效益分数计算表

指 标	权数比分[①]	标准值[②]	实际值	实际分数
1. 销售利润率	20	5.6%	2.3%	8.214
2. 总资产报酬率	12	7%	21.8%	37.371
3. 资本收益率	8	8%	24.7%	24.700
4. 资本保值增值率	10	105%	124.6%	11.867
5. 资产负债率	10	60%	30.6%	10.000[③]

（续）

指 标	权数比分①	标准值②	实际值	实际分数
6. 流动比率	10	160%	241%	15.063
7. 应收账款周转率	5	6 次	193 次	160.833
8. 存货周转率	5	3.5 次	56 次	80.000
9. 社会贡献率	12	16%	397.7%	298.275
10. 社会积累率	8	40%	17.9%	3.580
综合分数	100			650

① 为财政部规定的分数。

② 应以行业标准值为依据，现用全国工业企业标准值（见《财务与会计》1996年第4期朱学义《建立新经济效益全国标准值的探讨》）。

③ 资产负债率实际值30.6%小于60%，得满权数分10分；若大于60%，实际分数按下列公式计算：

$$\text{资产负债率大于} \atop \text{60\%实际考核得分} = \frac{\text{实际值} - \text{不允许值}\,100}{60 - \text{不允许值}\,100} \times \text{权数分}\,10\,\text{分}$$

参考文献

[1] 财政部. 企业会计准则——2020 [M]. 上海：立信会计出版社，2020.

[2] 财政部. 企业会计准则——应用指南（2020）[M]. 上海：立信会计出版社，2020.

[3] 财政部会计司编写组. 企业会计准则讲解——2010 [M]. 北京：人民出版社，2010.

[4] 财政部. 企业会计准则——应用指南（2006）[M]. 北京：中国财政经济出版社，2006.

[5] 朱学义，王一舒，李兴尧. 中级财务会计 [M]. 5版. 北京：机械工业出版社，2016.

[6] 国务院国资委考核分配局. 企业绩效评价标准值（2020）[M]. 北京：经济科学出版社，2020.

[7] 朱学义，李文美，刘建勇，等. 财务分析教程 [M]. 2版. 北京：北京大学出版社，2014.

[8] 朱学义，李兴尧，朱亮峰，等. 会计岗位实务训练 [M]. 4版. 北京：机械工业出版社，2016.

[9] 朱学义，王一舒，朱亮峰，等. 会计实务综合训练 [M]. 4版. 北京：机械工业出版社，2016.

[10] 朱学义. 通用会计学 [M]. 徐州：中国矿业大学出版社，1993.

[11] 朱学义. 中级财务会计 [M]. 北京：机械工业出版社，1997.